生涯一片青山

林豐賓公職生涯回憶錄

林豐賓 著

推薦序／人與人貴在那份感覺

「人與人貴在那份感覺」。這是豐賓兄這本回憶錄第四篇裡的一個小標題。這句話說到了我的內心深處，也恰好是我對他的感覺。

除了我們都是政大校友外，我與豐賓兄幾乎是不同的人，無論家世背景、年齡層、工作環境、投票傾向、交友圈、甚至嗜好，都不一樣。但二十幾年前上蒼把我們放在同一個社區（汐止的「綠野山坡」）的隔壁，一聊起來竟相當投緣。其實我們兩人都常常早出晚歸，甚至會全家搬離社區一長段時間，所以彼此見面的機會並不多。如果機緣湊巧碰了面，兩人常常不顧形象，身著短褲背心，就站在巷子裡聊上好一會。此時如果清風徐來，明月高照，更感心曠神怡。他的「格格」（我們對麗娟的稱呼）及內子月卿偶而也會加入聊天。也有幾次四人約了去外地吃飯或在他家品嘗格格的精湛廚藝。

豐賓兄在本書中詳細說明了他遍歷府、部、會、市、縣的公職生涯。很明顯他一路上幫助了不少人，也成就了不少長官的風光。為了幫助老同學，他甚至兩肋插刀甘願降級屈就了長達八年之久。這些我不曾親眼看到但並不意外，因為他個性溫和、淡泊名利，舉重若輕，耐操耐煩，思維又十分細膩，身處台灣政治風暴眼的公務界居然不太政治，這種人當然會是大家喜歡仰仗的甘草。

最讓我欽佩又羨慕的還是，他是個生活家。他不僅成功地平衡在工作、家庭、及多樣性的娛樂中間，還有一個前世修來、能幹而且內外兼修的格格，讓他完全沒有後顧之憂，工作的時候可以廢寢忘食，休閒的時候可以盡情歡笑，空檔時還可以拈花惹草。週末兒孫跑來承歡膝下，退休後更常與格格攜手遊遍全球，還把所見所聞圖文俱全的寫成一本四百多頁的「暢遊：旅行日記」巨著。這都不是一般人能夠享有的福氣。

誰說人一定要有關係才能投緣？有感覺，珍惜這感覺，就是情分。感謝上蒼讓我們有這個難得的情分。

蘇　起　寫於汐止

推薦序／生涯青山史詩回憶

豐賓兄與我在政大法律系同窗共硯（一九六一～一九六五年）。畢業後，他第一位考取高考，經歷中央經濟部及台灣省政府千錘百鍊後，成為法政財經各領域全方位的高階文官。一九八九年底我當選台北縣長，他慨然義助，降職減薪，屈就台北縣政府主任秘書，總攬文官體系，輔佐縣政八年，匡我不逮。每日審定公文踰三百件，皆能適法行政裁量，既已達成行政目標，且不踰越法令規矩。陳水扁先生擔任市長及總統期間又延攬豐賓兄襄贊政務。豐賓兄精研勞工理論，也嫻熟相關實務，對於勞工政策及相關法令之制訂實施，以及勞工退休基金與勞工保險基金之管理及運用等事務，皆有卓越貢獻。

豐賓兄於公職生涯中，除了曾經追隨經濟部李國鼎、陶聲洋、孫運璿部長，以及省政府林洋港、李登輝、邱創煥省主席等國民黨籍政治精英之外，後來在台北市政府、總統府、勞委會服務期間，並曾襄助民進黨籍優秀從政人士如陳水扁、陳菊、李應元等，超越黨派、堅守文官格調，不亢不卑、不忮不求，樹立文官崇高中立的典範。

本書中，憶述南投家鄉及澀水鄉居生活點滴，也有智慧之語，如珍珠湧泉。而台灣勝景日月潭邵族浮嶼耕作和竹筏吊（漁）網傳統、奧萬大迷人楓紅秋景，以及魚池鄉（槌子寮）金龍曙光晨曦美景，句句珠璣皆出自豐賓兄的生花妙筆。本書既係歷史，令人深省，也像詩一般雋永清新。

尤清　寫於台北溫州街

推薦序／溫潤如玉的溫水之子

屈指數算，與豐賓主秘於台北縣政府縣長室短短共事，蒙其親切照顧的那段歲月，迄今竟已近三十載。當年甫出校門未久的我，因投身環保運動而輾轉進入縣府，擔任時為機要秘書的張國龍教授的第一位助理，也成為尤清縣長履行其反核政策的前線工作者。即使這段公務生涯前後未及兩年，其後兩度負笈法國也長達近十五載之久，與主秘相見機會其實十分有限，但這份情誼卻能持續迄今，在自己也已進入主秘當年年歲的階段，回顧這段恍如昨日的老時光，百感交集中，也更覺生命中的人情善緣如恩典，點滴都非尋常。而今以晚輩身份，受邀為主秘的這冊珍貴的回憶錄撰寫序文，心如鐘錘擺動，左來是不安，右去是榮幸；擺盪兩者間，但願自己不負所囑才好。

言此回憶錄珍貴，並非溢美之詞，主要是從時代與個人的社會角色這兩點為考察。自台灣解嚴前後的歷史角度觀之，主秘個人從七十年代至本世紀初，遍歷中央、省府、地方，再到中央，乃至自總統府退休，這個豐富的台灣公務員資歷，不僅是一份他個人精彩的生命履歷，更側記了台灣這個蕞爾小島風起雲湧的民主化歷程。因為不論是主秘在工作崗位上付出甚多心力的勞基法，或迄今仍十版長銷中的《勞動基準法論》（三民出版），乃至與他在公職場域交往互動過的政治人物或技術官員，這個罕見的歷史視角，使得這冊回憶錄不是主秘私下一再謙稱的個人記錄而已，亦有其值得探究的，富時代性的公共意義。

長年來，從我輩角度而言，「優雅」一直是主秘處世為人的風格印記。不論當他的身份是職場中的上司，或職場外的父執長輩，他的體貼、謙和與內斂、幽默，恐怕是一般出身公職場域中的政務官員中相當罕見的人格魅力。而主秘之所以能擁有一顆如此柔軟、從容的慧心，除了因牽手終生的美麗伴侶格格（粘麗娟女士）——主秘此生的至寶與福恩——綿長細緻的愛之外，也許其中的奧秘更來自他摯愛的故鄉——那片生養、孕育他，給予他莫大生命能量，有一天他也將回歸終老的台灣中部的小村莊：「南投縣魚池鄉大雁村澀水社區」——這個在主秘的回憶錄中花了相當篇幅，詠嘆再三幾近永恆的親愛家園。

是的，已走遍世界，在各國留下漫漫足跡的主秘，最愛的依然是、當然是，也永遠會是帶給他深刻幸福感的澀水。

猶記二〇一〇年，在法國諾曼第盧昂市（Rouen）經營有機餐廳與茶館的法國好友兄弟Cyrille和Fabien，帶著他們的母親Brigitte來台尋找台灣有機茶兼旅遊。那是接近歲暮的冬日時節，無法陪伴回台的我，只好越洋請託曾旅法十七年，已返台定居的版畫家好友楊炯杕，以及打從心底信任的主秘夫婦，幫忙接待好友們。猶記當年炯杕和伴侶佐君，載著Boissel一家三口跑遍全島各地。南下時，已在魚池等待的主秘和格格，不僅陪伴一行人至當地參訪紅茶廠，更招待大夥在澀水老家住下。翌日格格主廚的台式早餐，清粥佐著滿桌佳餚，咖啡和著新鮮水果就在老屋庭院的老龍眼樹下開動。這場我也曾有幸親嚐的晨間美宴，不僅有格格一大早便起身為大夥掌廚的親切情意，更有放眼賞不盡的青翠山色、充溢胸肺的草木馨香與鳥鳴啁啾伴隨。其實Cyrille自己正是廚師，母親Brigitte更是法式料理與甜點的高手。但格格這番台式早餐的風情與美學，自然家常又豐美。不僅讓他們返法後跟我快樂地重述這場澀水早餐的美好記憶，多年後仍不時提起這趟行旅。美麗的澀水緊鄰日月潭，山水氣息充滿靈性。農村風情宛若桃花源，村內在九二一大地震後，重建出一片新氣象。Fabien一家在主秘的導覽和炯杕的翻譯下，不只對澀水鄉間環境留下難忘的印象，也對當地親切淳良、友善質樸的民風念念不忘。這趟初訪亞洲的台灣行，後來甚至讓Cyrille動念移民台灣的可能性，若非中學階段的兩個孩子還在求學，太太在公立圖書館任職，他對這個亞熱帶的美麗島嶼，真是一見如故，喜愛到希望能來長住。

而這都要歸功主秘、格格和炯杕、佐君。他們將自己對故鄉的愛，對生活的熱情，自然而然地對外國友人真情流露。於是某種超越語言、文化的誠摯情感，便無國界地滋潤著人心。

土地，一直是直接給予人類生命能量的來源。這片醞釀、涵養人們生命氣質的澀水鄉土，有勤懇樸實的村民們，始終忠實於土地倫理，使家鄉成為台灣農漁村的典範。而這一切殷切、無形的人的意志，也構成了主秘的精神與人格的底蘊和教養。如果不是認識主秘，很可能長年身在他鄉的我，沒有機會認識故鄉島嶼有澀水這方自成一格的美好天地，也不會因此有幸受恩於一位原是上司的長輩，多年來溫潤如玉、真摯溫馨的情誼。

值此回憶錄出版前夕，深深祝福主秘——敬愛的澀水之子，一如往昔地在生活中發現美、實現美，也願未來有他回歸長住的澀水，將成為台灣更多農村汲取靈感、打造台灣人精神底蘊的啟蒙家園。

林瓊華（台北藝術大學通識教育中心兼任助理教授）

自序

這是一本回憶錄，從故鄉的懷念到生活的點滴，尤其是公職生涯四十載的回顧，只有平實的記述，沒有華麗的辭彙，更沒有璀璨迷人的地方。書名《生涯一片青山》，乃取自唐・顧況《歸山作》：「心事數莖白髮，生涯一片青山；空林有雪相待，古道無人獨還。」形容人生就像青山一片蒼茫。

每個人對人生的體驗和感受都有不同的態度和心境，而且隨著歲月的增長愈來愈濃烈。回首過去，一路走來，從人生的清晨到黃昏，較多平凡無奇，較少激情衝動，沒有精彩的人生故事，只有一步一腳印的往前行，在枯淡中見豐腴，從樸實中見真情。人生旅途上，有喜有悲，有風有雨，不同的階段有不同的境遇和幸福。在茫茫人海中，有夢最美，有些人執意爬上巔峰，但多數人在意的只是那份「曾經擁有過」的滿足。

人生就像一座舞台，絢麗多彩，變化多端，有一句話說：「心有多大，舞台就有多大。」在屬於自己的舞台，你是主角，擁有的可能只是瞬間的美麗；在屬於別人的人生，你是配角，至多只是一道風景，作為其他舞者的陪襯。人生永遠是一場沒有結局的戲，你扮演的角色小到如滄海一粟，很快就消失不見。重要的是，當謝幕時能留給觀眾多少感動或懷念。

公職生涯是自己唯一的職業選擇，於漫長的公職生涯中，經歷了經濟部、台灣省政府、台北縣政府、台北市政府等各級政府，以及後來的總統府、行政院勞工委員會、勞工保險監理委員會等等，有機緣參與重要政策、法規、制度的擬定與執行。我珍惜任何職位上的工作過程與成果，並留下日記與手札，經過彙集成冊，先後印就《阿呆宮日記》、《暢遊－旅行日記》以及與尤清、孫廷龍合著《曉曉懷顧——台北縣政府的那些年》等，如今繼續完成《生涯一片青山》一書，為比較完整的「回憶錄」，乃自序於書前。

林豐賓 寫於 汐止
二〇一八年七月一日

目次

Contents

第一篇

澀水是我家鄉

第一章　經典澀水　怡然樂活

我的老家「澀水社區」在二〇〇七年三月獲選台灣「十大經典農漁村」榮譽，並由當時行政院長蘇貞昌、農業委員會主任委員蘇嘉全等頒獎，村民雀躍萬分，推由廖學輝鄉長、邱長盛村長、蘇水定代表及鄰居、鄉親二十餘人前來台北領獎，我與牽手特別在三德大飯店設晚宴款待他們，大家很高興，笑逐顏開，喜形於色。

台灣「十大經典農漁村」選拔，是由水土保持局和觀光局主辦，經過遴選、複選後，再進行「網路投票」與「決選」，其他幸運獲選名單還包括：彰化縣田尾鄉打簾社區、雲林縣古坑鄉華山村、宜蘭縣蘇澳鎮港邊社區、花蓮縣光復鄉馬太鞍社區、苗栗縣大湖鄉大薑麻園地區、台東縣鹿野鄉永安社區、苗栗縣通霄鎮福至興臨社區、新竹縣新埔鎮照門地區、花蓮縣瑞穗鄉舞鶴村等，屬於最經典之農漁村。

澀水社區獲選「十大經典農漁村」，得此美譽乃結合生態、風土人文、地方特產和美麗風光，重新營造社區風貌，並利用原有紅茶、竹炭、陶藝、純樸民情以及鄰近日月潭地利之便，吸引旅遊興趣，增加觀光價值，呈現台灣農村之美。尤其「澀水紅茶」是「阿薩姆紅茶」的代表作，從採摘、萎凋、揉捻、解塊、發酵、乾燥、精製分級都是在地產業，特有的紅茶香挑動了味蕾，很多遊客慕名而至。

澀水社區只是台灣農漁村的一角，居民享受很棒的好山、好水、好氣候，宛如是世外桃源，日出而作，日入而息，帝力於我何有哉！無奈在一九九九年遭逢「九二一地震」帶來前所未有的災難，成了重災區，但大地震震垮了房舍，卻沒有震垮居民的心，反而震醒了大家，決定要改造自己的家園，成為獨特的社區建築特色，讓這裡天然環境優勢變成為一座生態教室。而小巧的陶製信箱，大片翠綠田野，一棟棟斜屋頂的農家，點綴成了童話故事裡的場景，猶如童話般的地方，如詩如畫。

瀝水，這個山谷的小村落，有幾次在電視螢光幕上被譽為「台灣的小瑞士」，至少那份恬靜、悠閒與淳樸極相近，尤其對我更有一份人親、土親的濃厚感情，在外地生活時時牽引、繫念。不過，最近幾次回家，似乎感覺瀝水已改變了，原有純厚風貌逐漸消失，人情淡了，功利多了，又熟悉又陌生。唐．賀知章《回鄉偶書》：「少小離家老大回，鄉音無改鬢毛衰；兒童相見不相識，笑問客從何處來。」很快的老成已凋謝，我輩轉老成。

有一句話說「落葉歸根」，比喻事物有一定的歸宿，指旅居他鄉的人，終要回到自己的故鄉。我在想，每個人漂泊一輩子，無論風光得意或黯然失意，老年最想要的還是回到自己出生的地方，縱然近鄉情怯，來自何處，回到何處，這是一種歸宿，也是一種滿足的喜悅。我殷切期盼落葉歸根，而不想看到落葉隨風飄去。

第二章　蛻變中的澀水

澀水，屬於南投縣魚池鄉大雁村，位於中潭公路大雁隧道西南側，北與埔里接壤，南有日月潭，距離兩地不出一刻鐘的車程，是山谷中一處小農村，也是一處寧靜的小聚落。澀水的開發以及地名的由來，至今缺少文字記載，也沒有口耳相傳的資料，但可想像那一定是胼手胝足、血淚交織的一段歷史。就我瞭解，澀水居民世代相傳務農為生，並在先民開墾留下的土地上辛勤種田耕作，日出而作，日入而息，生於斯、長於斯、死於斯，安身立命，與世無爭，沒有胸懷大志，也沒有浪漫奇想，但求生活溫飽，就是幸福滿足，並不在乎什麼才是快樂。

澀水小村海拔六百公尺，面積約六十公頃，四面山巒圍繞，山清水明，景致幽雅迷人，從高處鳥瞰山谷地形，就像綻放的蓮花，有近四十戶人家就散落在蓮心和花瓣，盆地景色如詩如畫，鳥語花香，陰晴晨昏各具風情，宛如世外桃源、人間仙境。小村裡有一條環村道路，沿著聚落蜿蜒而行，曲徑通幽，景色秀麗，小溪彎彎繞流谷地，遠山近水盡是美景，別有洞天，美不勝收。在路旁或溪邊，有花草、有樹木，有流瀑，村民也很貼心的築有木橋、涼亭和石板步道，可說處處有驚喜，漫步其間，微風輕拂，空氣清甜而乾淨，淡淡花香撲鼻而來，令人陶醉。

澀水有美好的自然環境，有山林、溪流、田園、原野，當山嵐彌漫、雲霧繚繞的時候，大地披上一層神秘的面紗，有如水墨畫般的美麗。澀水村落又有豐富的生態資源，包括有蝴蝶類、鳥類、蛙類、螢火蟲，以及各種知名或不知名的動植物，精彩多元，可以觀賞也可以研究。走在山谷中，聆聽潺潺的流水聲和蟲鳴鳥叫聲，有老鷹叫聲、竹鷄叫聲、蟬鳴聲、蛙鳴聲，此起彼落，聲聲入耳，譜成了最動聽的田野交響曲。遺憾的是，築了水泥護岸後的溪水變少了，從前小孩在溪裡戲水、捉魚蝦的景象不見了；

從前白鷺鷥棲息的整片竹林，如今竹林還在但白鷺鷥飛走了；從前農田中白鷺鷥站在牛背上的悠然場景，如今不但白鷺鷥不見了，牛隻不見了，而且水田也不見了。水田變成檳榔園後從此再也看不到綠油油的稻田，以及水稻成熟時的大片黃金稻浪，不只失去了黃金稻穗與稻香，更失去了收割時的那一份喜悅，尤其男女老少大家所懷念的割稻飯香。

澀水，居民只有二百多人，祖先是來自福建的移民，彼此有血緣或姻親關係，不是近親就是遠親，土親、人親，他們是一群善良、純樸、誠實的小農家，百年多來生活在這塊土地上，守望相助，相互扶持，異鄉成原鄉，路不拾遺，夜不閉戶，安居樂業，數十年如一日，彷彿遺世而獨立。

在上一輩的人，讀書識字不多，需要找人幫忙寫信、寫春聯、看稅單，但他們懂得守倫理、知廉恥、明是非，憨直的個性中有著舊禮儀的影子。他們視村民為一家人，有事全村相挺、相助，當農忙季節，相互結伴義務協助收割；遇婚喪喜慶，大家會放下手邊的工作，同心協力一起來；尤其是過年或廟會的時候，扶老携幼，攜家帶眷，歡喜齊聚百年歷史的廟宇，很虔誠地燒香、膜拜、祈安、求福。他們都相信「命運」，所以不會怨天尤人；他們也相信「舉頭三尺有神明」，所以不能說謊話、不敢做壞事。

在早期，其實時間並不久遠，澀水這地方仍偏僻又封閉，車輛不能到達，沒有電也沒有自來水，農民只能引溪水灌溉、洗滌及家用，而電燈在遠方街上才有，鄉下只能用微弱的煤油燈，在太陽下山後就無法閱讀、寫字，所以上學談不上有家庭作業或課後輔導，即使現在看起來很平常的手電筒，當時還是很神奇的奢侈品，非常難得一見，不是家家戶戶都有的。

在這裡沒有幼稚園也沒有學校，小孩上學必須打赤腳徒步走一個小時以上的石頭路，有時還要忍受塵土飛揚之苦，所以讀書不是辛苦而是痛苦，不過村子裡頭還是出了幾位「讀書人」；在這裡沒有診所也沒有藥局，一旦生病只能聽天由命，大病治不了，小病死不了；在這裡只有村子入口的一間小店鋪，賣些乾貨、糖果、餅乾之類，同時提供村民寄放郵件和對外聯絡的窗口；在這裡沒有集會場所，有時大家會聚集在廟埕閒談地方事，遇到選舉時大人們往往會神秘兮兮的竊竊私語。

嚴格來說，澀水居民除了務農種田之外，並沒有所謂傳統產業。最早有一家簡陋的「蛇窯」燒陶，就近取用當地黏土，以木柴燒製花盆、水缸等陶器用品，可是費時費工，手藝傳承不易，很難經營下

去，後來也就荒廢、被淘汰了。另外，像養豬、養鷄、造林、種菜、種花卉、種蔬果都是副業，早年唯有向農林公司租地種茶比較具規模，微薄的經濟收益可以改善不少家庭的生活，也有餘力送子弟到外面求學，造福不少學子。魚池鄉的紅茶，可追溯自一九二五年日本時代，在那時候從印度阿薩姆省引進大葉種茶種到台灣試種，澀水地方因氣候、雨量、土質適合而雀屏中選，從此對「阿薩姆紅茶」的栽培與推廣，有不可抹滅的貢獻。

澀水的農家建築簡單，大都是老舊木造屋或土角厝，經歷一九九九年「九二一大地震」的天搖地動，約有八成的房屋倒塌，所幸沒有人員傷亡，風水之說不徑而走，或許「天公疼憨人」，這是平常所供奉神明的庇佑。

「九二一大地震」撼動了澀水，帶來災難也帶來蛻變，更帶來風生水起的契機。就在居民徬徨無助中，激發了重建與轉型的決心，凝聚了高度的共識，並有了來自外力的奧援，得到熱心學者的幫忙，走過無數艱辛的日子，終於改變了世界，完成重建計畫也實現了夢想，意外的讓這個原本封閉羞澀的小聚落，搖身一變為假日休閒的熱門景點。不過，外在環境再改變，似乎也改變不了居民的內心世界，依然是那麼根深蒂固的守舊。

災後重建和社區總體營造，讓原本沒沒無聞的澀水脫胎換骨，被打造成一座有特色的生態村，浴火重生，再現旺盛生命力。老聚落換上了新衣裳，白牆、藍瓦、斜屋頂的建築林立，樸素典雅，精緻美觀。道路拓寬了，野溪整治了，水電齊全了，公共設施完善了，提升了居住環境品質，居民很高興看到得來不易的成果，在二〇〇七年被票選為「十大經典農村」，可以說實至名歸。

除此之外，並在農村轉型觀光的風潮下，居民除從事農作外，並導入休閒體驗，開始敞開大門迎賓，推廣紅茶、香菇、陶藝，並經營多家前所未有的民宿，吸引外來遊客，也與外地人合作興建大型渡假中心，開設餐廳，販賣特產品，接迎前來日月潭旅遊的中國觀光客。澀水因鄰近日月潭，景色怡人，居民友善，擁有豐富的生態資源，不遠處又可觀日出、賞雲海，也有櫻花、梅花、油菜花形成的花海，處處驚豔，成為後起重要旅遊景點，致有「台灣小瑞士」之美稱。但就少了在瑞士才能見到的美麗雪景、教堂及葡萄園，反而因遊客湧入而多了幾分吵雜與喧嘩，尤其來往車輛呼嘯而過，以及大型遊覽車的嗡嗡作響，已經干擾了這寧靜社區居民的生活。

隨著時間的推移，澀水被刻意改變了，功利指引生活，物質多於精神，有形勝過無形，每個人都無法避免承受所謂文明進步的痛苦。可是，我們意識到，新房子沒有舊房子的溫暖；柏油路沒有泥巴路的感情和味道；電視機也取代不了對收音機的懷舊；濃妝豔抹不如清新自然，眼前打扮入時的貴婦，那有樸素無華的村姑迷人。澀水改變了，記憶中的老人已凋謝，人情味也變薄了，這是歲月無情、物換星移的必然，不管帶來改變是憂？是喜？但過去失落的那些總是讓人非常懷念。

第三章　民宿應運而生

澀水的鄉村景物讓人喜歡，的確讓人著迷。在這裡，油菜花、波斯菊、冬竹荀、虎頭蘭是春節期間最耳熟能詳的應景花卉，每樣都叫人喜愛；在這裡，每天有百聽不厭的蟲鳴鳥叫，不論白天或夜晚；在這裡，可以很踏實的感覺清風、明月的存在，而除去身邊的塵囂與喧嘩；在這裡，才可以真正找到自我，不必偽裝、不必虛假。

因為「九二一大地震」後的重建，使澀水社區能夠翻新，浴火重生，雖未全然脫胎換骨，但已差強人意，甚或接近完美。煥然一新的農家因應風潮轉而經營民宿，一窩蜂成了一種新興的行業，也開了第一家的餐廳，和較大型的度假旅店，純樸的農村開始有了生意味，或許地處鄰近日月潭之便，而且村莊保持原有的民風和優美自然環境，慕名而來的遊客不少，從前平常少有陌生人出現的地方，現在卻常看到外地人車進出，他們也許只是過客而已，沒有為村莊帶來任何負擔，反而帶來生意也帶來生氣，不過已使澀水產生了蛻變，是福？是禍？一切很難預料。

澀水小聚落經由媒體不斷報導，已成為中部的一處重要旅遊景點，道路拓寬了，環境美化了，興建了涼亭與步道，常有遊客相約到此一遊，帶來熱鬧。新興民宿為迎合遊客，除原有山水之美、豐富生態之外，也增加了不少人工「傑作」，譬如：平房變樓房、戶戶裝冷氣、遍植花卉、庭園造景等，房間別致高雅，處處都可以發現主人的用心與巧思，而且利用網路行銷招徠客人，這都是從前傳統農村想所未想、見所未見的，唯有來過才懂得流連忘返，讓旅程留下充滿繽紛記憶。

澀水社區愈來愈美，但並不影響山谷中老居民的淳樸與悠閒，我喜愛這裡的原味和土味，尤其喜愛澀水的早晨和雨後的澀水。澀水的早晨很美、很宜人，靜止的空氣帶有花香、草香，呼吸中有一股甜味，令人心曠神怡，渾然忘我；而在雨後的鄉下格外清新美麗，周遭一切景物像剛被洗淨過似的，大地散發出泥土的芬芳，青翠田野美不勝收，引人佇足欣賞，蟲鳴鳥叫聲從白天忙到夜晚，譜成一曲自然美妙的生態交響樂，更是讓人喜歡。宋・蘇軾：「蛙鳴青草泊，蟬噪垂楊浦。」所譜成的旋律，乃長年居住城市的人聞所未聞，即使受人詬病的檳榔樹，如純以觀賞為目的確實也為景觀帶來綠意與美感。澀水終年氣候適宜，溪水長流，雖然不是夢中桃花源，但卻難得一片祥和寧靜，這裡才是最美、最舒適的居住地方。

第四章　年節回溜水

每遇年節尤其清明與過年，我必定回溜水老家，每次回家只覺興奮、開懷、忘憂無慮，有做不完的瑣碎事，屋裡屋外，忙進忙出，只需體力，不用腦力，在庭院打掃完之後續當園丁，學會整地、翻土、除草，等到驗收成果才是真正的喜悅和滿足，頗有「農家樂」的感覺。老家在山坡，屋外有觀景平台及流水景觀，前院與道路中間空地植有整排桂花樹，常有桂花香，側面涼亭旁又栽有數棵櫻花樹，每到櫻花綻放的季節，滿樹燦爛的緋紅花朵，吸引了不少路人的目光，整體環境雅緻寬敞，配合周邊植栽花卉，還有遠山近水，確實是很難找到的漂亮農家。

我記憶最深刻的是過年回溜水，圍牆內一排龍柏依然青蒼翠綠，超高的木棉樹葉已全數掉落，只剩交錯的枝幹及花苞，將待春天長滿疊疊的黃金色花朵，而兩棵大梅花樹只見披上滿樹雪白花朵，這種景象會讓人很敏感的感受到季節的更迭。在溜

水，早睡早起是農村生活的步調，山中的夜晚總是靜悄悄的，偶而從遠處傳來間斷的狗吠聲音，劃破靜謐的空氣，但很快大地回歸一片寂靜，就連平常擾人的蛙鳴叫聲也聽不到了，或許知道園主回來了，可以讓他一夜好眠，一夜好夢。

每當過除夕夜、吃團圓飯的時間，我們的老祖先很早以前就已為我們安排好了，白天忙著清掃屋裡屋外、準備年貨如年糕、年菜，而後在傍晚準備豐盛菜餚祭祖祈福，燃放鞭炮，接著就是「圍爐」吃年夜飯、團圓飯，飯後年幼小孩等著大人發「壓歲錢」，年復一年，一成不變。但隨著年歲增長，而有不同的內心感受。

大年初一，吃過早餐（齋）後全家出動，穿著新衣裳，滿懷喜悅，扶老攜幼人到附近「金天宮」參拜，祈求合境平安、事事順遂。此時，廟口早已聚集很多善男信女，都是村子裡的左鄰右舍，是熟識也是親戚，大家親切互道新年快樂，他們的眼神帶著關愛與羨慕，似乎很想從我口中知道外面世界發生的種種，鄉下人那敦厚善良的性格，那樸實可親的笑容，深深擄獲我的心，在都市裡是找不到的。

金天宮是百年古廟，是村子裡平常農閒或初一、十五村民聚會的地方，也是村民的終生信仰中心，供奉玄天上帝及諸神，其實村民並不費心探究什麼神明，只要傳統、世代相傳就信奉，其上如神在，心誠則靈，祈福、許願，大家就是這麼的虔誠，簡單的信仰沒有繁文縟節，就能讓內心快樂與充實，讓生活愜意而滿足。

在人生旅途上，有喜有悲，有風有雨，有起有落，每個不同的階段對節慶有不同的感覺，年少僅知歡喜玩樂，長成知所感恩惜福，老來只有應景、回憶和孤寂。

第五章　山中無歲月

我們常言山中無歲月，一點不錯，對長年居住在都市的人來說，濯水鄉下就會有這樣的感覺，寧靜悠哉，「不知天上宮闕，今夕是何年」。在這裡空氣是靜止的，可以放空一切，遠離塵囂，每天睡到自然醒，沒有朝九晚五的壓力，只有「明月松間照，清泉石上流」的優閒。錯失了這難得的時刻，會是後悔又遺憾的事。

很久以前，看過一篇有關嚮往田園生活的報導，很多人寧可毅然捨棄都市的繁華生活，孤寂地去追尋原野山林的閒適，而移居鄉下過著清淨純樸的日子，這些人來自不同階層，有老闆、有教師、有電子新貴、有退休人員，不一而足，但他們都懷抱著相同的築夢理想，期望離開都市裡患得患失的日子，尋找在鄉下那難得的步調和氛圍，過著簡單暇逸的鄉間生活，體察人與人之間最自然的善意。

追求精神層面的平靜與喜悅，放棄物質生活及感官的快樂，對那些整日栖栖皇皇的忙碌人來說，相信是人生的一種奢求。因為對於習以為常的都市生活環境，總有過膩的時候，難免心生反感或不悅，不論逃避也好、厭倦也罷，無不期待能有所改變或寄託，亟思返璞歸真回到原始與寧靜，在絢爛浮華的都市中尋找自己完美的影子，化繁為簡，回歸平凡平淡，找尋真正屬於自己的新天地、新家園。

每個人的新天地、新家園，不是像桃花源般的虛無飄渺，而是可見可及的，否則築夢容易圓夢難，不如現實些不必去自尋麻煩。或許有許多人想擁有的，只是在一塊屬於自己的土地上，構築自己喜愛的小窩，前有庭院，旁有菜圃，種植蔬果自娛，少與人處，自由自在，讓內心得到快樂與充實，讓生活得到愜意與滿足。

事實上，多數人的夢想或許也僅止於夢想，遙不可及，但對於我自己而言似乎比別人幸運許多，這些都是現成的、唾手可得的。溼水老家就是祖先恩賜的禮物，有別人夢想中的一切，日夜浮現在我腦海。說真的，我就想回我老家頤養天年。

李遠哲博士是諾貝爾化學獎得主，他對科學充滿信心、對生命充滿熱情，對台灣政治、社會、教育、人文的現象與發展，也充滿關心與憂慮。最近，他曾說過一句話：「離開台北，一切都變好了！」一或許這是居住在台北多數人的心裡話，只是台北觀點並不能代表台灣觀點，從台北看世界未必見到真實。所有城市是經過雕琢、塑造，而鄉下永遠是純真、樸素。前者重人工，後者尚自然；前者複雜，後者單純。在不同的環境中耳濡目染，學到的也會有奸巧與憨直的不同。

第六章　不捨龍眼樹枯朽

澀水老家前院有一棵老龍眼樹，生氣盎然，與我有過六十載的濃厚感情，只要我回到鄉下就朝夕相處、相望，在巨大的樹蔭底下度過了無數的清晨與黃昏。在我記憶中，老龍眼樹在很早以前就屹立在那裡，因為樹幹壯碩、枝葉茂密，所以並不覺得形單影隻，反而由於生長良好、樹形美觀、濃密遮陽，而成為我家的最佳地標，路過的人無不投以關愛的眼神，仰頭欣賞，這裡也是最美的拍照背景。

老龍眼樹是我的母親栽植，前人種樹，後人乘涼，隨著歲月累積，經歷了風吹、日曬、雨淋、霜害、颱風侵襲、地震撼動，依然生命旺盛，綠葉遮天，只是粗大的樹幹呈現陳舊的樹皮和年輪，就像老者臉上的縐紋，刻下生命和智慧的痕跡。老龍眼樹陪伴著家人和我度過數十寒暑，平常有不少的鳥兒棲息，每當花開時候會招來成群蜜蜂，穿梭飛舞，蔚為奇觀，而在夏天結實纍纍的時候，又可以分享左鄰右舍，而當有朋自遠方來，我們也都喜歡在樹蔭下泡茶、聊天、敘舊，清談世事炎涼及人間悲歡離合，有時甚至樹下擺桌用餐，把酒言歡，別有一番風味。

歲月創造生命也毀滅生命，萬物有生有死才能生生不息，曾幾何時發現老龍眼樹已經生病了，枝條掉落、葉片乾枯，找來「樹博士」搶救也束手無策，樹幹已呈乾枯腐朽，眼看樹皮一天一天剝落、枝葉一天一天枯萎，樹的生命已遭受凌遲，我們十分痛心與掙扎，深怕那天會看到變成枯樹朽木，我們更會天天難過，最後很不捨的僱人鋸伐移除。老樹倒了，從此再也看不到樹上的鳥巢與蜂窩，也感受不到樹下吹動葉子的風，只有心中老樹和父母的身影與懷念。我想到的是在書中描述的～

鋸齒在樹身拉開時
嗚嗚響
是樹的哭聲
還是人們奏起的
輓歌

第七章　土地公廟庇佑村民

澀水鄉下老家右側的坡地上有一座土地公廟，每天晨昏都有鄰居燒香禮敬，每逢過年過節也會有村民聚集祭祀，虔誠膜拜，「山不在高，有仙則名；廟不在大，有神則靈」。在我的記憶裡，小廟經過幾次重建與修繕，仍然可以看到先父手書「雅進宮」的題字，土地公廟與我有著濃厚的感情連結，也是我童年回憶和山居生活的一部分。後來幾次返鄉，發現小廟年代久遠已呈陳舊簡陋，遂有遷地重建之議，希望保持簡樸「小而美」特色，從設計、造型、配置、整地、方位、丈量、購料、建築、模板、鋼筋、灌漿、瓷磚、油漆，到神座、香案、燭台、香爐、供桌、金爐等，皆遵循古禮規劃施作，並擇吉日舉行遷建落成與入火安座儀式。

福德正神俗稱土地公，也有稱為福德爺、大伯公、福神等，乃屬於民間信仰中的地方保護神。福德正神是道教諸神中地位較低，也是與人民較親近的神祇，原稱后土，又稱社神。土地公廟的管轄範圍為村里，普遍受農民奉祀，又因管理世間財富，所以商人奉祀土地公為財神。關於福德正神的傳說有很多，在不同時代、不同地方的土地公有不同的傳說故事，自古所謂「有土斯有財」，農民祈求五穀豐收，商人期待財源廣進，都很虔誠的信奉，而成為社會各階層人士祭祀之神。傳統文化中祭祀土地神即祭祀大地，現代多屬於祈福、求財、保平安、添福壽。

土地公是自然界的崇拜信仰，將神予以人格化，因為是掌管土地的神，所以又有「田頭田尾土地公」的俗諺。土地公原為社稷土地之神，根據漢・蔡邕《獨斷》記載：「先儒以社祭五土之神，五土者，一曰山林，二曰川澤，三曰丘陵，四曰墳衍，五曰原隰。」及至今日，隨著時代演進，社會變遷，土地公雖然只是地方基層神明，但所掌理事務也隨之繁雜而忙碌，舉凡守護村里、庇佑鄉民、照顧田

園、牲畜、守護山林、橋樑、道路、堤防等，以及照顧收成、生意、疾病，甚至看守墳墓職責，信眾找到了寄託，添加很多瑣碎雜務，有了正業又有了副業。

土地公是民間最基層的守護神，乃是一位和藹可親、溫厚篤實、庇佑賜福、樂以助人的長者形象，露出親切仁慈的微笑，給人們一種可依賴的希望感，是農村的信仰和精神支柱，就像鄰居慈祥的長者一樣，永遠地活在我們每一個人的心中。

二〇一五年五月三十日土地公搬新家了，村民遵循古禮，恭送原有的土地公神像至埔里醒靈寺，上香膜拜，隨後恭迎新神像回澀水奉祀，村民備妥牲禮、花果熱烈歡迎。這在鄉下是一件難得的盛事，從每個人的臉上看出內心絕對的虔誠。土地公新家仍在我家土地上，青山環繞，溪水潺潺，前有雙心池及香蕉園，後方遠處是農村小聚落，周邊有花木，環境雅致。廟殿高懸【雅進宮】金字招牌，是先父林阿善的手書墨寶，右聯：「福降自天維守正」、左聯：「德能配地合稱神」，乃出自李轂摩大師的文句，但非親筆字體而改以梅體書寫，使用大理石金色刻字。

第八章　守護螢火蟲生態

澀水的私房景點有「火焙坑」看螢火蟲、「槌子寮」觀日出、賞雲海；鄰近旅遊景點有三育基督學院、日月老茶廠、文武廟、九族文化村、中台禪寺；稍遠處的車埕、水里、霧社、盧山、清境、奧萬大，以及更遠的東埔溫泉、合歡山等地。

每年四月至五月是中低海拔山區最適合觀賞螢火蟲的季節，而在鄰村蓮花池火焙坑是觀賞螢火蟲的秘境。從澀水老家出發，當車行漆黑鄉間道路，緩坡前行，車程約一刻鐘時間到達一平坦地方，公所在這裡建有停車場，方便來此訪客。停車後循山路徒步續行，兩旁皆是矮樹林，在黑夜中必須借助微光手電筒才能行走，約五分鐘抵達觀賞地方。村民在此路段入口處設有管制站，不時也有義工沿路巡視，防止人為的破壞，因為這是大自然送給村民最佳的禮物，大家都懂得如何珍惜。

當徒步行走在斜坡的路段，已可看到零星螢火蟲帶著微光飛舞，很是美麗動人，及至目的地，有生態老師低聲解說螢火蟲的迷人故事，我隨著眾人往下方窪地放眼望去，驚見滿山谷的螢火蟲，忽明忽暗，飛上飛下，確實壯觀、神奇，佇立凝望，耐人尋味，久久不忍離去。螢火蟲的台語叫做「火金姑」，是一種帶光的甲蟲，也是夜行性昆蟲，其一生必須經過卵、幼蟲、蛹、成蟲階段。螢火蟲依其生態區分為兩種，陸棲性螢火蟲生長在終年潮濕、草木茂盛的地方，其幼蟲是以河螺、蚯蚓、蝸牛為食，獵食時以大顎刺入獵物體內注射毒液使獵物麻痺，並注入消化液將獵物組織消化成液狀後吸取汁液；水棲性螢火蟲的幼蟲則以水為主要食物。

螢火蟲通常一年一世代，每逢春、夏季是成蟲飛舞活動的季節，充滿了無限的鄉野情趣，鄉下小孩都曾有過這樣美好童年的記憶。螢火蟲的發光現象，是因為體內含有會發光的含磷物質，與發光酵素產生氧化還原的化學反應。發光是雌雄間求偶的訊息，閃光訊號的方式可以在黑夜中辨識彼此的身分，通常一明一暗的發光程度是和呼吸的節奏有關聯，而不同種類的雌蟲、雄蟲每次所發出的閃光次數和明暗的間隔都不一樣。多數種類的雄蟲有翅而雌蟲則無，所以在夜空中一邊飛一邊發出求偶閃光訊號的大多是雄蟲，而雌蟲只是停在山壁上或躲在草叢中，發出螢光吸引雄蟲，生命週期雖短，但能發光發亮已是值得。

第九章　觀日出　賞雲海

台灣三大日出攝影聖地「北格頭、中五城、南二寮」，所稱中五城，位於日月潭國家風景區內，事實上隸屬於魚池鄉大雁村，俗名「槌子寮」，與澀水社區同村只約十五分鐘路車程，即可直接到達觀景亭，相當便利，現在已正名「金龍曙光」，因位於金龍山而得名。金龍山屬鄉有公共造產針葉林地，如今公共造林已成林，其中以肖楠為主，並種植許多櫻花供觀賞，乃為感念魚池鄉老鄉長陳金龍先生而取名。

金龍山曙光為台灣西部三大觀賞日出秘境之一，海拔約八百二十公尺，擁有雲海、琉璃光、曙光晨曦等難能可貴景色，依序設有三座觀景亭，最高點可以遠眺濁水溪及附近層層的山巒與林木，視野極佳。觀景亭交通方便，步道設施完善，小型車可抵達，也可自登山步道口健行約一・五公里到達，漫步林間蜿蜒山路也是享受。

觀景亭是觀日出、賞雲海的絕佳地點，遊客不必長途跋涉，但必須在天色未亮之前就定位，尤其攝影高手要挑選最佳方位，不能錯過瞬息萬變的美景。站在觀景位置，眼前低海拔的山巒環繞著魚池盆地，然後層層延伸到中央山脈，只見腳下雲氣浮動，山居農家的燈火把雲光、晨霧襯托得更為美麗，偶爾傳來廟裡渾厚的鐘聲，劃破寂靜的清晨。隨著時間的逼近，東方天際漸紅，晨曦也已緩緩升起，黃金般美麗的斜射光芒開始從峰巒灑下，此時雲海覆蓋盆地，或盤踞山間，變幻莫測，氣象萬千，層峰重疊，薄霧朦朧，宛如欣賞一幅油畫，更像潑墨山水畫。

第十章　水沙連的故事

「九二一大地震」之後，我閱讀了二篇有關「搶救邵族」的報導，敘述邵族的歷史文化和面臨的困境，實在發人深省，不禁令人心生共鳴。尤其文中提到的獨木舟、舂杵音、奇力魚、白鹿的故事，從小深深地烙印在我腦海中，從未被抹去或曾淡忘。

邵族是台灣原住民族之一，世居於日月潭湖畔，有文字記載始自一六九三年（清朝康熙三十二年），當時以「水沙連」內山「思麻丹社」名義記載於諸羅縣志。所指的「思麻丹社」，就是日後所稱的「水社」；而所謂的「水沙連」，採狹義的解釋，也是指日月潭附近的盆地，包括現在的魚池、頭社、水里等範圍之地名統稱。

邵族的人口極少數僅約三百人，一直保有其傳統的宗教祭儀和風俗習慣，其獨特的祖靈信仰至今傳承不輟，早期歷史因缺乏文字流傳，其起源與文化背景迄今仍是一個謎。事實上日月潭湖畔早有人類活動遺跡，只是不能證明與邵族有關連！

邵族歷經漢化和異族統治，逐漸失去了「真」的一面，不僅流失了土地，也流失了語言、流失了文化；不僅衝擊了生計，也改變了生活、威脅了生存。日本殖民時代一九三四年完成日月潭水力電廠興建工程，使水位上升十八公尺，蓄水容量增加六．七二倍，湖面增加一．三五倍，原本有八公頃面積的邵族祖靈聖地「拉魯」，僅存不到一公頃的露頭，被迫全部遷移，只為了創造四千五百萬千瓦的電流，不但淹沒了原有湖畔的家園、耕地和聚落，同時也淹沒了原有的文化、歷史和希望。

漢人的沙文主義和日本人的殖民主義，在湖光山色的日月潭也曾留下不甚高明的歷史痕跡，例如：日本人把邵族原始地名「拉魯」改稱「玉島」，後來政府改名為「光華島」，含有「光復中華」之意；

邵族居住聚落俗稱「伊達邵」，還被改名為「德化社」，含有「以德化民」之意。凡此種種，無意中都已傷害了原住民族的文化與尊嚴，突顯無知，損人不利己，對當地生活和發展並無實質上的益處。

邵族族人是經濟的弱勢族群，尤其是「九二一浩劫」，受創最深，震垮了當地居民的信心和美夢，面臨語言文化的斷層危機，就在政府擘劃日月潭觀光發展的同時，我們不能不思考這裡原住民族歷史文化的承傳延續，如何在傳統與現代價值之間找到平衡點，讓邵族族人永遠代代有尊嚴的快樂生活在這塊美麗的土地上。雖然日月潭有湖光山色之美，但是水沙連、拉魯、伊達邵的名字更美，聽來倍感親切，也使人陶醉。

第十一章　日月潭的魅力

南投因為有日月潭，又是台灣最高點玉山所在地，當地有溫泉、河流及連綿起伏的翠綠美景，曾經入選為線上訂房網團隊所選出的「十大新興亞洲旅遊城市」，這些城市在食物、文化、運動、休閒娛樂及購物方面，都能滿足各類旅客需要。其實南投縣山明水秀、風光綺麗，早已聞名遐邇，而日月潭經歷「九二一大地震」重創之後，浴火重生，已回復了好山好水的好景色，為國內外遊客喜愛的旅遊景點。

記得在之前，呂秀蓮副總統巡視日月潭災後重建情形，曾建議規劃日月潭為蜜月勝地，使成名副其實的「蜜月潭」。她表示，日月潭有優美的湖光山色，但仍應再加強人文特色，提升藝文氣息和旅遊品質。她建議，其中水上活動可規劃類似「愛之船」的大型遊艇，遊憩活動除了欣賞邵族原住民的歌舞表演，更應多元化與國際化，並可規劃藝術村邀請藝術家進駐等等。呂秀蓮副總統關心災區重

建，提供建設構想，點出經營轉型迫切需求，對於出生在當地的我，聽來十分感動。

日月潭在「九二一大地震」重建之後，已提升為國家級觀光風景區，守護邵族文化的保存與傳承，也積極投入建設，興建國際級飯店、闢建自行車道、修建碼頭、日月潭纜車、新建向山遊客服務中心，並舉辦多項享譽國際的活動，包括：國際花火音樂嘉年華、國際萬人泳渡嘉年華、日月潭紅茶文化季、九族櫻花祭、台灣自行車節等，吸引來自世界各地的觀光客，恢復從前遊客熙來攘往的風光場景。

邵族居住水岸，曾有「浮嶼」耕作和「竹筏吊網」捕魚的傳統，非常具有特色，可惜現在已消失。日月潭水產種類不多，俗名「曲腰魚」是特產，因為腹部略帶彎曲而得名，曾贏得當年老蔣總統的喜愛，亦稱「總統魚」，身價翻倍，遠近馳名。曲腰魚屬鯉科，學名翹嘴紅，魚身可長達三十公分以上，肉質細膩，風味鮮美，已成為當地招牌菜之一，如以破布子果實蒸煮，更受饕客們所喜愛，可是細刺很多，不得不「戒慎恐懼」，小心品味。其實我也曾深受其害，有刺在喉，從魚池到埔里由埔里轉台中，一路輾轉「急診」，最後才在台中榮民醫院得到「解救」，上演「吃魚歷險記」，備受折磨、折騰，留下痛苦但值得記憶的一天。

第十二章　我的母校

魚池鄉原稱五城堡，在日治時代乃屬於南投廳埔里支廳管轄，一九二〇年十月一日改隸台中州新高郡魚池庄，而於一九四六年一月二十一日改為台中縣新高區魚池鄉，復於一九五〇年十月二十一日改隸南投縣魚池鄉，全鄉總面積約為一二一・三七平方公里，屬亞熱帶季風氣候區域，年平均溫度約在攝氏十九度左右，現住人口約一七七〇〇人，大部分操閩南語，小部分客家語，日月潭有近百戶邵族原住民，大家相處融洽。

魚池國小是我的母校，歷史悠久，在「九二一大地震」時，所有教室毀損、倒塌，損失慘重，震災後由中國時報、教育部認養重建，合計斥資八千二百餘萬元，新建六十間教室，均採鋼骨結構、斜屋頂、灰瓦片設計，兼具安全與美觀，並由日月光企業集團捐贈電腦教室全部電腦設備，校舍工程順利完工啟用，鄉人稱慶不已。

魚池國小創校於一九〇〇年八月三日，屆滿百年，因災後復建中不及慶祝，於震災重建工程完成後補辦慶祝活動，由李清陽校長與學校師生具函邀請阿扁總統蒞校勉勵，由我就近在總統府轉呈。於二〇〇一年六月二十三日，與簡又新副秘書長陪同阿扁總統搭乘行政專機，抵達清泉崗基地，然後換車直奔魚池鄉下，首先到東光村參觀重建區香菇產業發展情形，接著再到魚池國小參加「一百週年校慶暨校舍重建完工啟用典禮」。在慶祝儀式中，特別安排學生朗誦詩歌及歡慶百年舞蹈，阿扁總統也親臨剪綵、揭碑、致詞與道賀，確實為鄉人帶來無上的榮耀與驕傲。

第十三章　埔里山城

魚池和埔里是距離溜水最近的城鎮，尤其後者在讀中學前難得一年去一趟，每次去了回來後可以在同學面前瞎吹一陣子。埔里是「九二一大地震」的重災區，旅遊景點受創嚴重，而且復建不易，消息傳來感傷良多，因為那裡有我的同學、我的親戚、我的朋友，還有許許多多童年的回憶。如今經過災後大力重建之後，儼然已另有一番新景象。

埔里是山城也是小鎮，以「甘泉」、「美酒」、「鮮花」、「佳人」聞名，氣候溫和，山水秀麗，民風純樸，盛產紅甘蔗、筊白筍，尤其紹興酒更是名聲遠播，在日治時代名為「萬壽酒」，據說是進貢天皇的「貢品」。埔里有極豐富的山產和農產，是一個富饒的城鎮，雖然受到震災無情摧殘，但很快回復昔日舊觀，活力再現。

埔里酒廠是台灣「正宗」紹興酒產地，這裡是九二一災後在瓦礫堆中重建的紀念館和新市集，有浴火重生後的新風貌、新氣象。走進「酒甕隧道」回顧過往歷史，及品嚐由紹興酒研發出的各種另類食品，已成為旅遊的新景點，遊客絡繹不絕。

埔里屬於盆地也是小城，小城故事多，滿喜和樂。埔里位處台灣地理中心，四周群山起伏環繞，中央平坦，人口近八萬二千人，為典型的盆地型小鎮，但對「溜水人」而言已是大城市了。最近在埔里除了興起浪漫、精緻、典雅的民宿之外，又推出所謂Long Stay，也就是長期旅遊居住的安排計畫，鎮民期待甚殷。很可惜，第一對來埔里Long Stay的日本籍中村夫婦，入住十多天就嫌生活環境差，表示將要提前返國，不再長期旅遊居住，埔里人都感到很突兀。中村夫婦所抱怨的，包括：水質不好、摩托車太多排放黑煙、路上狗屎也多，影響居住環境與品質。事實上，台灣與日本的居住環境與習慣畢竟有別，如果溝通良好就能愉快相處。

埔里小鎮境內景點包括埔里酒廠、廣興紙寮、鯉魚潭風景區、虎頭山、台灣地理中心碑、桃米生態村等，附近著名旅遊景點有日月潭、霧社、廬山，再稍微遠些有溪頭、杉林溪、清境農場、奧萬大、合歡山等，其中清境農場綿羊秀、合歡山賞雪、奧萬大賞楓、廬山泡溫泉，連結成南投境內觀光帶，聞名遐邇，深受喜愛，這些地方與我有著一份很特殊的地域情感，孕育著我長大，我渴望它愈來愈美。

第十四章　奧萬大很迷人

在二〇〇四年秋天，我從溼水到埔里與玉山盟友會合，搭車經霧社接駁抵達奧萬大。道路彎曲狹窄，會車不易，車行懸崖間感覺有幾分驚險，但放眼翠綠山色，俯視萬大水庫蔚藍湖景及潺潺溪流，風景確實迷人。奧萬大為國家森林遊樂區，園區位處山谷台地，由林務局經營管理並設有遊客服務中心、山莊、木屋、停車場及餐廳等設施，供遊客居住與餐飲使用。我是第一次造訪，感覺既新鮮又興奮。

奧萬大位於南投縣仁愛鄉，海拔高度介於一千一百至二千六百公尺之間，全區總面積為二七八七公頃，主要為一溪谷地形，萬大溪是濁水溪的源流之一，水量豐沛，園區美景如詩如畫，又有豐富的鳥類生態資源，其中台灣藍鵲最具特色，已被票選為台灣國鳥。奧萬大四季皆美，標榜春櫻、夏瀑、秋月、冬楓，各具風情與特色。

我們一行在黃昏時候抵達園區，乍見廣場遊客甚多，停車場停放不少車輛，或許大家都慕名而來。分配住宿房間後，結夥徒步至附近瀑布觀賞，已有深秋涼意。我們步行約十餘分鐘，即可到達雙瀑觀賞平台，因地形變化產生了的不同型態瀑布群，有飛瀑、雙瀑、連瀑三個瀑布景觀。佇足於飛瀑前的木棧平台上，水霧輕拂，清涼氣爽，可感受到飛瀑氣勢磅礡、壯觀美麗，讓人久久不想離去。

奧萬大的清晨美麗而寧靜，是長久生活在都市的人無緣享受得到的，所以大家格外珍惜在這裡的每一時刻，一早聽聞鳥叫聲就起床。奧萬大擁有「楓葉故鄉」之美稱，是台灣名氣最響亮的賞楓地點，楓紅時節遊客如織，今天大夥兒在享用早餐後，循著山間小路徒步來回觀賞楓紅。穿過大森林，走在溪流旁，有石階、棧道、小橋，經過櫻花園、賞鳥平台、奧萬大吊橋、松林區，處處都有美景。而森林公園則是大片針、闊葉混雜的林木，可以享受到豐富的芬多精及生態景觀，其中觀賞到各種珍奇鳥類，也是奧萬大的另一項驕傲。園區特別貼心設有步道，供遊客散步、健行、登山、賞鳥、賞楓之用，包括；賞鳥步道、楓林步道、森林公園步道等，遊客甚多，又有取之不盡、用之不竭的芬多精來伴隨你。在林務局精心設計的平台上眺望遠山近水及成群楓紅，頓覺心曠神怡，不虛此行。

第十五章　回頭看農村

台灣的農村很長時間似乎沒多大改變，至少在我家鄉是這樣。農業沒有隨著經濟的發展而改頭換面；農民也沒有相對得到應有的物質享受；農會仍然不能照顧到需要受照顧的人；而許多農產品還是要看天吃飯，脆弱得經不起風吹雨打。最終真正獲得實惠的，大概只有那一些因農地一夕之間變成建地的「田僑阿舍」。

在我記憶中，不論是三七五減租，或耕者有其田，都未能真正解決農地利用，和農民問題。政府多項農業措施，包括所謂的「八萬農業大軍」、「精緻農業」等，只是為了討好農村、拉攏農民，事實上到了後來也都成了口號罷了，經過很短的時間，大家很快也就淡忘了。最後，農民還是農民，辛苦的守著家、守著土地。

政府在農業政策上似乎舉棋不定，不能貫徹農地農用，也看不到具體成效，失去了引導和輔導功能，讓農民自生自滅、自求多福。最近幾年，政府

修正農業發展條例，普設休閒農業區，利用田園景觀、自然生態及環境資源，以農業生活化為主軸，結合農林漁牧生產、農業經營活動、農村文化，提供國民休閒，增進農業及農村之體驗，不僅可觀光、採蔬果，也可了解農民生活，享受鄉土情趣。簡單地說，所謂休閒農業，泛指農業和休閒遊憩相結合，實現生產、生活及生態一體的農業經營方式，尤其休閒農場的設立，或許將是農民增加收入的一條思路。

我家澀水於二〇〇六年劃定為魚池鄉大雁休閒農業園區，活化土地利用價值，其所以被選定，是因為園區四面環山，生態資源非常豐富，而且氣候、水質極佳，每年都有候鳥來棲息，還有森林步道規劃相當完整，沿途景色優美、林相豐富、野生動、植物及昆蟲等多采多姿，適合遊客親臨體驗，漫步於林間享受森林浴。

澀水只是一處小角落，比較傳統封閉，他們大多數默默地生活，默默地工作，默默地承受。他們沒有聲音，但不代表他們沒有意見，也不代表他們沒有所求。事實上，世間一切是非利害、人情義理都在他們的內心深處，他們懂得尺度也懂得衡量。鄉下人永遠是可愛的，他們的笑容以及憨厚的鄉土味，永遠定格在我的腦海中。

第二篇

來自農村的小孩

第一章　澀水孕育著我長大

澀水，孕育著我長大，就如陽光孕育著生命和幸福。

我是一九四一年十一月二十二日出生在日月潭附近偏僻的一處小農村，有個可愛的名字叫「澀水」。當時值日本殖民時代，出生後半個月日本就發動突襲珍珠港事件，挑起太平洋戰爭，不久也把台灣推向戰爭的災難，開始每天躲空襲警報，過著悲苦的日子。雖然在鄉下地方沒有受到轟炸波及，可是戰時物資缺乏，生活緊張可以想像。但幼時懵然無知，不知天高地厚，只有在被關愛中幸福長大。

家是生活的城堡，像動物的窩，也像鳥類的巢，可以避風，也可以棲息，不但是居住的地方，而且也是生活的地方。我家位在山谷中的小盆地上，從高處俯瞰如蓮花一般，寧靜美麗，是屬於南投縣魚池鄉大雁村，有豐富的生態，也有山水之美，宛若人間仙境，人稱難得的寶地，真是名副其實的「門前有小河，後面有山坡」，青蔥翠綠，繁花茂盛，又有農田、果園、樹林、山巒，構成如畫美景。

澀水小村莊是典型的農村聚落，阡陌交通，雞犬相聞。我依稀記得小時候，每到傍晚成群的白鷺鷥把遠處竹林披上一片雪白，隨風搖曳，畫面生動。而山腳下綠油油的稻田，將收割時就換成了大片的黃金稻穗，風吹稻浪，飄來稻香，因季節形成不同的田園景致，同樣令人印象深刻。我也一直都記得，每天早晚長輩燒香禮佛的虔誠樣子，以及廟會時的熱鬧、過年時的歡樂氣氛，還有野小孩跑到小溪裡戲水被發現時的尷尬經驗。長久以來這裡的一切，我有一種特殊的感情存在。

小時候在鄉下的日子不多，童年記憶模糊，但所感染土性、土味卻從未曾離開過。尤其農村長輩口語相傳的俗諺俚語，隱含著叮嚀和警惕，簡練精闢，寓意深長，可以說成為受用不盡的座右銘。我們都明瞭，鄉下人保留農業社會的淳樸、率真，不善於拐彎抹角，沒有複雜、浮誇、華麗的詞彙，只用簡單明瞭、直截了當的表達，不修飾、不虛偽。在言談中，常會引用先人流傳下來的俗諺俚語，做為事情的最後解答。這些就是大家共同的語言，是對身邊事物的一種比喻、批判，乃人類智慧累積及生活經驗所得，也反映了一個時代的社會現象或習俗，具有勸世作用，在生活中點綴著幽默和自我解嘲，耳濡目染，從小深植我心，也一輩子影響著我。例如：「沒那個尻川，就不要吃那個瀉藥」、「拿別人的拳頭母捶石獅」、「人若衰，種匏仔生菜瓜」、「細漢偷挽匏，大漢偷牽牛」、「飼老鼠咬布袋」等等。

第二章　農業社會對科舉成名的憧憬

小時候過年老家正廳大門都會貼上「加冠」、「晉祿」字樣的紅紙，當時似懂非懂，只略知可以升官發財的意思。這是典型農業社會對科舉成名的憧憬，是鼓勵農家子弟奮發上進的期待。望子成龍、望女成鳳的心願，表露無遺。

升大官、發大財是貧窮社會對改變現況的願望，也是終身辛勞和教育子女的目標，不論這個願望和目標在有生之年是否可以實現，終歸日子過得有期待而踏實自在。然而現代的多數人家，卻少了這等強烈的意識和企圖，對生命的意義與目的另有不同的詮釋，而不知道「要怎麼收穫，先怎麼栽」的道理。

回頭過去，我似生活在感情的世界裡，用感情對待友誼、用感情分辨善惡、用感情看待人生。只是感情的世界很朦朧，感情的世界很縹緲，感情的世界很虛幻，我就生活在這樣朦朧、縹緲、虛幻的感情世界裡。而生活的一切，一切的生活，有時真，有時夢，有時純，有時蠢。

有豐富的人生才有美麗的回憶，缺少美麗的回憶就談不上是豐富的人生。而豐富的人生是點點滴滴多樣事與物的累積，從這樣的過程和結局，創造或留下諸多美麗的回憶，讓生活有色彩，也讓生命有光彩。

生命就必須像綻放的花朵，即使短暫但也充實。其實，虛度與白活是同義字，渾然不知什麼是人生，也渾然不知什麼是回憶。我想，如果把「豐富的人生」和「美麗的回憶」，當作我們辛勤追尋的目標，那麼「看雲的日子」，只能滿懷空虛，留下一片空白。

第三章　學習過程

我於一九四八年入小學，在之前沒上過托兒所或幼稚園，就直接開始接受「國語」教育，這時候已由出生時的「日本人」變成「中國人」，姓名中的「豊」也改寫成「豐」，唯一不變的是「台灣人」，在小小的心靈上，懵懵懂懂，只知其然而不知其所以然。那時候從家裡到學校，山路接碎石路，來回要徒步行走十餘公里，每天費時兩個多小時，父母親於心不忍，所以小學二年級之後就離開澀水老家，搬至魚池街上在外就讀，不同的是把玩泥巴、捉魚蝦，換成了玩紙牌、打彈珠，從沒有補習也沒有課後輔導，如此度過了天真無邪的童年快樂時光。在同學中，功課出色，師長疼愛。

魚池國小早創校於一九〇〇年，是我接受啟蒙教育的搖籃，是我的母校，當時雖然教室極為簡陋，師資也缺乏，但卻有我最甜蜜的童年回憶，學校的恩師和打赤腳的同學們，還有大操場、大榕樹、升旗台、木板教室，歷歷在目，不時仍浮現在我的腦海。其實那時候的老師，很多是接受日式教育，沒有真正學過注音符號，幾乎與學生同時學國語，就用五音不全的破國語教學，學生程度可想而知。記得當時學校還有體罰，但我已知道抗拒不當的管教，堅決不服從罰跪的處罰。

我有一個開明而溫馨的家，有兩位姐姐和兩位妹妹，而我特別受到呵護，不像同年齡的其他小孩從小學畢業後必須幫忙放牛、農作，我卻可以繼續升學，讓人羨慕。中學時候，除有一年半曾轉回埔里借讀外，大部分時間都離鄉背井，有時住校、有時租房、有時住同學的家，過著居無定所的寄宿日子，只有虛耗，乏人督促，感覺不是「苦讀」，而是「讀苦」。

從鄉下來到大都市，才初次接觸到漫畫、英文、美術、音樂，才猛然驚覺「天外有天，人外有人」，體會什麼是「城鄉差距」？什麼是「寧為雞首不為牛後」？其實自己只不過是井底之蛙而已。唯一值得炫耀的是，只有回去埔里借讀那年，意外以十四歲最小年齡獲准參加全國暑期戰鬥營，從豐原騎腳踏車遠征知本，並在鳳山軍校得到射擊比賽第二名，勝過高中生，因為槍法神準而被當時報紙喻為二戰英雄奧迪梅菲，感到得意洋洋，值得到處吹噓。除此之外，中學大部分時間就在想念家、交朋友，以及課業壓力下無情溜走，而所謂的「少年不識愁滋味，為賦新詞強說愁」，就是此青春歲月的寫照，真是令人不勝唏噓。

又是一次僥倖，大學考上台北近郊一所國立學校。開始憧憬大學生活，更嚮往自由自在的日子，也抱持太美好的幻想。在台北就讀必須繼續在外租屋，離家越遠，思念越深。我並沒有把握那些可以讓自己變得更好的時間，我遠離了圖書館以及社團活動，也一度迷失自己，直到成功嶺暑訓回來才有了醒悟，後悔該做沒做，也後悔不該做而做，只好利用大學最後一年埋首書本，準備考試，開始對未來懷抱美夢與理想。最終幸運地考取留學考試及全國高等考試，讓很多人吃驚，印證了「凡事只要有開始，永遠不嫌晚」的話。

考取留學考試是意外，放棄出國同樣也是意外。前者的意外帶來興奮與喜悅，而後者的意外卻讓我失望、失落。回想同班出國深造的同學，包括劉鐵錚、尤清、黃越欽、李憲榮、江英居等，有耕耘必有收穫，春天開花朵，秋天結果實，先後取得博士、教授名銜，在政治及學術領域表現傑出，我只能以「人生不要太圓滿，有個缺口才是真實的人生」，自我安慰。

第四章　友情最可貴

由於很長時間在外求學、就業的關係，讓我深深地感受到友誼的可貴和生活合群的重要。我喜歡交遊，朋友多了路就好走。有人說，友誼是人生的調味品，也是人生的止痛藥。所謂友誼之花是開在互相理解、互相信賴的土地上的，對於不能交為朋友的人，至少要避免和他們結怨。我從事公職極少交際應酬，又缺乏人與人之間溝通上通俗的工具，拙於行銷自己，亦未刻意去營造新的人際關係，始終抱持著順其自然的交友態度，不強求也不攀附，朋友是熟上加熟，親戚則是親上加親。我的朋友大抵來自同學、同事、社團及志同道合的人，交往不必有前提或條件，相遇是緣分，相知是福氣，重精神輕物質，貴在知心，彼此契合。

人類因為有了思想，所以有感情和記憶，而有別於其他動物，也由於感情和記憶的交互作用而產生了愛慕、感恩、信任、嫉妒、怨懟、不滿，使與人之間變得既複雜又困難。感情有親情、愛情和友情，唯透過記憶才能滋長。親情靠血緣，是天生天性；愛情和友情靠經營，是後知後覺。親情源遠流長，恩重如山，不離不棄；愛情和友情需要火花和交集，有濃有淡，容易昇華也容易冷卻。有人說，愛情經得起風雨，卻經不起平淡；友情經得起平淡，卻經不起風雨！

無論萍水相逢、近水樓台、投桃報李都能產生友情，邂逅也罷、機會也罷、緣分也罷，只要有開始就會有結束，輕者「不告而別」，重者「不歡而散」。其實待人以誠是交友的態度，不論如何，朋友之間如果已付出了真誠，卻得不到風度，那只能說明對方的無知與粗俗，不必為失落的友情難過。友情有時繫於包括職位、權勢和錢財的利用價值，所以有人警告，如果你沒有成就，你就會因平庸而沒有朋友；如果你有了成就，你就會因卓越而失去朋友。也因此有人說，人們嫉妒的往往不是陌生人的飛黃騰達，而是身邊的人飛黃騰達。

每個人都有朋友，交情有深有淺，常言「得意時朋友認識了你，落難時你認識了朋友」，所以「隨著年齡的增長，我們並不是失去了一些朋友，而是懂得誰才是真正的朋友」。所謂「友誼永固」只是天真的期待，堅貞的友情也可能因理念、尊嚴、權謀、個性而失落、褪色，昔日「濃情密意」成了今日「寡情薄義」。在人生旅途中不如意事十有八九，真正為你的難過而快樂的，是敵人；為你的快樂而快樂的，是朋友；而為你的難過而難過的，就是那些該放進心裡的人。

每個人的內心世界自成一個天地，很難捉摸、探索、洞悉。所謂看透人心、洞察人心，其實並沒有那麼高明；所謂將心比心，也只是互相體諒之心，即使改換立場，以他人處境設身處地著想，還是各自想各自的。因為人們內心的活動從沒有一定的軌迹，想到那裡走到那裡，所以「知人知面不知心」，而有了「猜測」、「猜疑」、「猜忌」，不是「高估別人，低估自己」，就是「高估自己，低估別人」，才會攪亂了既有的人際關係。

世間沒有絕對的事，變幻才真正是永恆。環境會改變一個人，一念之間也會改變一個人，利害關係更會改變一個人。縱使最堅定的信仰，不論愛情、宗教或政治信仰，都會有分歧與派別，而產生抉擇、挑戰及痛苦。凡事有是非曲直，正反與對錯，當你選擇其一，你就會失去另一；當你重拾另一，你就會失去其一。所謂志同道合都會變質，朋友變敵人，敵人變朋友，真的讓人捉摸不定、頭痛不已。

第五章　人生舞台

每個人在人生舞台上各有各扮演的角色，在劇烈的人生競技場上，也各有各需要面對的戰役，想戰勝別人就要先戰勝自己，而想戰勝自己必須從自我管理開始。因為自我管理的能力關係一生的性格與成敗，當自我管理出現了瑕疵或危機，就會失去了自主、理性和方向，凡事徒勞無功，變成名副其實的「忙」就是「盲」。

每個人對人生的體驗和感受都有不同的態度和心境，而且隨著歲月的增長愈來愈濃烈，很容易找更多的藉口來搪塞現實中的不快樂。實際上，只要你忙碌就表示你有工作，有工作就會有成就，有成就就會有快樂，而快樂才是人人都期待的。有人說：「人生不要太圓滿，有個缺口讓福氣流向別人是很美的一件事。」可是也有人想要問：「如果你是一個蚌，你願意受盡一生痛苦而凝結一粒珍珠，還是不要珍珠寧願舒舒服服的活著？」很顯然，這是選擇題而不是是非題。

擁抱理想和願景是驅動超越現狀的力量，在茫茫人海中，有夢最美，如果缺少了它，談不上有挑戰，也談不上有成就，而其實所有的挑戰只是過程，成就才是真正的結果。有些人執意爬上巔峰，但多數人所在意的，相信只是那份「曾經擁有過」的滿足和感覺。

在人生道路上，學術也好，事業也好，愛情也好，在到達巔峰之前，未必事事順遂，總是會遇到瓶頸和十字路口。遇到瓶頸，需要靠毅力和勇氣來突破；遇到十字路口，需要靠聰明和智慧來選擇。在人生道路上，平順也好，坎坷也好，當你走過就不必再回頭張望，淡淡的看待人生百態，又何必那麼慷慨激昂？又何必那麼義憤填膺？本來人來到這世界上，只是偶然，也只是過客，來時不經你同意，去時不問你意見，在浩瀚人海中能夠相遇、相聚、相識，就是一種緣分，既然是緣分就應該真情去珍惜。所以，無論你用什麼心情去對待今天，但願永遠是愉快的一天。

世間處處有舞台，政壇、體壇、畫壇、歌壇，甚至社團、幫派、不同職場都各有各的舞台，不同的舞台有不同的表演者，或稱歌星、選手、農夫、商人、政客、教授、醫生、律師、工程師等不一而足，各有各的角色。站上競技舞台，只要大顯身手、盡情揮灑，就能出人頭地、獨領風騷，很快成為大咖、名人或甚至於英雄。

就我們的認知，一般來說，舞台、演員、觀眾構成不可分的關係，三者如緊密連結、搭配，就能鋪排出一齣經典好戲。演員也是表演者，往往滿懷理想與抱負的追逐和成就，有一句話說：「渴望表現，就站上舞台。」渴望就是推動的力量，任何人如想被看見，就要勇於表現，努力找到自己的舞台。不要忘了有一句話說：「自信，舞台就是你的！」

人生就像一座舞台，絢麗多彩，變化多端。在屬於自己的舞台，你是主角，別人是配角，你也可能是一顆流星，擁有的只是瞬間的美麗；在屬於別人的人生，你是配角，也是他人的觀眾，你至多只是一道風景，用你的背景作其他舞者的陪襯。世界也是超大的舞台，只是你扮演的角色是何等的渺小，小到如滄海一粟，很快就消失不見。其實人生的價值，在於擁有自己獨特的思緒，能表現真實的自我。

有一句話說：「心有多大，舞台就有多大。」乃是野心的呈現。每個人各有各的企圖與衝動，無不渴望能夠站上亮麗的人生舞台，在絢爛的燈光下，當一位出色的演員，博得掌聲與讚美。可是人生永遠是一場沒有結局的戲，最重要的是，當謝幕時能留給觀眾多少感動或懷念。

人生舞台，燈紅酒綠，耀眼奪目，是給我們展現能力、風采的地方，希望出場受簇擁，退場有鮮花。在這花花世界、芸芸眾生，每個人都以不同的形態存在，扮演著不同的要角。其實，舞台上所有元素，包括性別、肢體、服飾、語言、動作、背景，乃代表時尚、傳統與文化；而所有稱職、優秀的演員，完全決定在基因、學習與磨練。兩者相得益彰，才能吸引舞台下觀眾的注目、關心與欣賞。

演員站上舞台就成為焦點人物，眾所矚目，光芒四射，雖然努力討好觀眾，也未必萬般寵愛集一身，有掌聲也有噓聲。但失去舞台就失去了機會與動能，不論是退場或被淘汰，都是一種嚴酷的懲罰。縱使好戲連台，只要是曲終人散，而在觀眾離去、卸下戲服的時候，唯有回到殘酷、現實的感情世界。

絢爛的舞台，如夢的人生，每個人可以自導自演一場人生的演出，可是更多的人寧為沉默的觀眾，不再因得失心而焦慮，更何況在光鮮亮麗的背後，有著太多的疲憊、辛酸與無奈，以及難以想像的失落感。因此，我們深信：油盡燈熄，人亡政息；退休就是退場，落幕就是落寞。

年齡是代表歲月的累積，不同歲月又累積多少不同的得意和不如意，點點滴滴堆積成為你的一生。為了追求更多的順遂，你必須付出更多的時間或代價，所以忙碌和操心也就長久伴隨著你，除非你是一無所知、一無所求！尤其是現代生活的節奏和步調，往往快得讓我們跟不上，對於新事物幾乎來不及有時間去吸收、去理解、或去反應，是因為忙碌的生活，破壞了自身情緒的韻律和節奏，而沒有給它保留空間和時間，像是旋轉不停的陀螺，得不到喘息，當旋轉停止的那一剎那，陀螺自然很快倒下。所以有人說：「我們需要心靈小歇，才能聽到心情深處的低聲細語。」也唯有這樣，才能儲備動力，才有時間反省。

人生的舞台永遠是熱鬧的，但不會只為你一個人搭設。當有機會輪到你上台時，你務必全力以赴賣力演出，就是沒機會輪到你上演，你也要學習如何坐冷板凳旁觀。有謂是「旁觀者清，當局者迷」不是嗎？戲中人絕非沒有你不可，事實上大家所關心的，只是這齣戲會是如何的繼續演下去而已，因為劇情往往比演員讓人印象深刻。即使最出色的演員，最終還是要卸下戲服，回首總是空幻一場。所以「你不必受到別人功成名就吸引，你的路與他們不同。你也不必陷入與他人競爭的泥淖裡，與其分食眾人搶食的大餅，不如創造自己的大餅。」

第六章　沒有絕對的苦樂

我常在想，當萬事順遂而在興高采烈的時候，我們會不假思索的說：「這就是我的人生！」但當挫敗傷痛而在悲憤懊惱的時候，我們又會萬般懷疑的說：「難道這就是所謂的人生？」所以，隨著心境的轉換，以及情緒的高潮或低潮，很顯然地必定左右我們對於人生所抱持的看法和態度。

所謂人生的意義或目的，指的是人生的重要性或價值，只是一個相對性的概念，非絕對性的概念。換言之，所指的乃是人生該追求的是什麼？有人認為，追求的並非全然是成就或滿足，簡單來說，或許追求的只是一種感覺而已。而所追求的感覺也不只是快樂的感覺，事實上有很多人追求的是真與假、虛與實之間，最後只不過是喜歡自尋煩惱罷了。

人生如夢？人生如戲？人生不是全理智或純感情，也不是能呼吸就是人生。胡適曾經說過：「人生應該有夢，否則人生不是太不豐富嗎？」而殷海光也說：「人活在這世界上，首先必須要能生存，接著才是由單純的物理層，進為生物邏輯層，再發展到生物文化界，最後人類有真善美的意識，有理想、有道德，這也就是價值層。」

我們常言，人生如朝露，生命短促，困惑所有的人。有人說，人生不是「得到」就是「學到」。因為你不是得到一份圓滿的因緣，就是學到怎樣更靠近幸福；你不是得到勝利，就是學到如何避免失敗；你不是得到最終自己想要的結果，就是學到世事總不會盡如人意。有人說，在很多的時候我們需要給自己的生命留下一點空隙，就像兩車之間的安全距離，有一點緩衝的餘地，才可以隨時調整自己。而其中生活的空間，須藉清理挪減而留出；但心靈的空間，則經思考開悟而擴展。

除此之外，也有人說，人生重要的不是發生了什麼事，而是我們處理它的方法和態度。最好的隱喻是，假如我們轉身面向陽光，就不可能陷身在陰影裡；假如沒有黑夜，我們便看不到天上閃亮的星辰；當我們拿花送給別人時，首先聞到花香的是我們自己；當我們抓起泥巴想拋向別人時，首先弄髒的也是我們自己的手。如果能對別人說一句溫暖的話，就像往別人的身上灑香水，自己也會沾到些許。

每個人都有不同的人生觀，對人生價值不同的詮釋，有的人樂觀，有的人悲觀，然而人生並沒有絕對的苦樂，所以世界上沒有絕對的樂觀，也沒有絕對的悲觀。我們可以肯定的是：努力過至少比沮喪地枯萎來得好；失望的人就像離開水的魚一樣的無助。實際上，我們都只是光陰的過客，而且都正在從時間中滑走，所謂秒、分、時、日不過是字眼罷了，我們最感在意的是「片刻」，而能擁有所有屬於自己的閒暇時間才是幸福。

第七章　公職是唯一選擇

走出校門，幸運之神還是沒放棄我，服兵役抽籤分發是大家所羨慕的兵種，在空軍總部擔任軍法預官，有機會真正接觸法律審判實務，只有訓練，沒有磨練，獲益良多。在服完兵役之後，被邀回到家鄉擔任中學教員，也使我有機會重溫與家人團聚的日子。不過，學期終了即接受高考分發投入公職生涯，再度北上任職。其實，公職生涯才是自己唯一的職業選擇，尤其行政管理也成為日後自己最熟悉的工作領域。

在漫長的公職生涯中，經歷了經濟部、台灣省政府、台北縣政府、台北市政府等各級政府，以及後來總統府、行政院勞工委員會、勞工保險監理委員會等，雖非位居要津，但有機緣參與重要政策、法規、制度的擬定與執行，也因此深諳政府組織運作及民意趨向與需求，無論在任何職位或工作上，自信有為有守，能知所進退，嚴守分際，不迷信權力，也不追逐權力，只希望能忠實的以個人成熟個性和思慮來執行權力，凡事稱職，互動良好，而能獲得肯定與嘉許。雖然公職生涯不是很令人羨慕，但比起其他職業還是很受尊重，即使奉獻全部黃金歲月，回想起來，點點滴滴，林林聰聰，仍有許許多多印象深刻的美好事物，很值得回憶。

這些年在公務體系裡，可以近距離的觀察到台灣經濟的重建與發展，包括幣制改革、土地改革、外匯貿易改革、獎勵投資、鼓勵出口、產業升級、國際化等，以及大規模公共建設投資，由農業社會轉為工業社會，然後再到發展通訊、資訊工業而成為經濟大國，締造所謂「台灣經濟奇蹟」。我也看到台灣蓬勃的社會及勞工運動，和退出聯合國失去國際社會支持帶來的衝擊，還有從戒嚴到解嚴，也經歷了社會變革與政黨輪替，雖然自己只是大時代裡微不足道的小角色，但有幸躬逢其盛，目睹精彩過程，了解社會脈動趨勢，而能善盡一份公民責任。

在數不盡的職位中，我少為「主官」，多任「副手」，不知是「命」或「運」，抑或缺乏「領導氣質」與「黨國思維」？所謂副手，顧名思義，乃是輔助或次要職能的人，通常是主官的輔助人或職務代理人，地位是較次的、附帶的，嚴格說來是配角、幫手，但也可以是得力的助手，就像左右手一樣，有著極為密切和配合的關係。其實，長久以來不必獨當一面，只有輔佐或聚合功能，寧為「潤滑劑」、「煞車皮」或「擋箭牌」，慢慢地體會「老二哲學」的深奧哲理，知道「穿什麼樣的戲服，就演什麼樣的戲」，不必期待有耀眼的光環，也不必期待掌聲和喝彩。

我能全心投入工作，妻子的角色不能少，她對家務事不厭其煩，相夫教子，任勞任怨，讓我無後顧之憂。她有理財的長處，菩薩般的心腸，不奢華、不虛假、不強求、不計較，隨遇而安，知足常樂；她健康、溫良、友善，思想開明，樂於助人，「寧可人負我，但我不負人」，只有付出和關懷，無論從家庭到職場或從職場回家庭，都能應付自如，對我幫助最大。有人說：「老伴是一生中的最後一本存摺，妻子是丈夫生命中的最後一個觀眾。」鴛鴦同命，共築幸福城堡。

由於長時間經過學校法律課程的訓練，實有助於日後在工作上對事理剖析和思考組織的能力，並從不間斷的學習中，知曉如何以嚴謹的態度來自我管理。同時，能夠體察到法政密不可分的關係，真正意會到自由民主乃是人類現階段最佳的生活方式，公平正義乃是維繫人類社會和諧共存最重要的力量。其實自己也相當明瞭，所謂高度自由民主的社會，絕不是天然造成的，也就是說，不是從天上掉下來的，而是需要付出相當的代價換取而來的，大則犧牲多少寶貴性命，小則增加多少災難與痛苦。

法政是我比較熟悉的語言，深深明瞭，政治可以妥協，但法律必須堅持，而且法律不是政治的工具。當面對高度政治敏感性的法律事件，絕不是「逞強」的時候，因為政治聯想決定社會大眾的觀感，而清楚避嫌才能事緩則圓。在容易惹人嫌疑的事情上，應該三思而後行，所謂「瓜田不納履，李下不整冠」，是自律也是德行，除非刻意的找碴、鬪臭。

自己一直相信「專業而敬業」是工作的起碼要求，但「勝任且愉快」才是工作的最高境界。在工作上應該具備法律素養，不管是自願或被迫投入那一個圈圈裡，就應該善盡自己的本能和職責，使能夠在別人眼中是個「有用」的人，也讓自己沒有「白活」的感覺。我同時也瞭解，任何作為或成就，都需要適時有好的機會來施展與催化，否則又有誰能感受？有誰能激賞？我更深信，任何人都不能失去主動和樂觀，因為「主動的芳鄰是進取」，它不畏艱難，接受挑戰，面對壓力，不會把挫折視為自身無法改變的致命缺憾；因為「樂觀的近親是希望」，它掌控情勢，主宰生命，等待收割，不會因感覺無望而放棄理想，或放棄自己。

詩人筆下的「今朝有酒今朝醉」與「花開堪折直須折」，就是勸人要把握當下，不必期待明天會更好，畢竟明天有很多個，可是今天只有一個。在時空長河中，永恆與瞬間幾乎沒有差異。但人總是習慣忘了現在，沉迷於無法挽回的過去，或是幻想著不可預知的未來，使自己生活變得迷茫、愁苦與怨悔。其實，我們應該拋開不切實際的妄想，學習活在當下，珍惜眼前每一分每一秒，關注日常生中的每一個人，體會每一件事的過程，感受它的存在，讓每天都活著有感覺，如此人生自然就能樂在其中。

第三篇

公職生涯四十載

第一章　服兵役與返鄉任教

每個國民有服兵役的義務，我也不例外。大學三年級時參加大專學生暑期集訓，畢業後接受軍法官及戰地司法幹部訓練，而後分發空軍總司令部服役，任少尉軍法預備軍官，參與軍法審判實務，為上下班通勤，軍中生活輕鬆愉快，結識優秀袍澤，他們後來相繼轉任法界，常有聯絡往來。當年總司令為徐煥昇上將，長官許遠佞、夥伴田松。

我在一九六六年七月退伍，次月獲聘擔任家鄉中學教職，因為另方面已積極準備出國讀書，而且已申請到入學許可，所以是「客串」性質，協助解決偏鄉師資缺少問題。白鶴亭校長問我願意教那一門課，我說除了國文和英文之外其他都可以，因為非我「母語」，不想誤人子弟。所以數學、歷史、地理、工藝、、、無所不能，無所不教。

當時我有進口的「山葉125」機車代步，常與同事宋國強玩在一起，記得有一次在南投鎮內被腳踏車從側面衝撞而出車禍，雙方受傷，當地的警察要我在和解前交保，不得離開，我說：「是他撞我，不是我撞他！」他說：「大人和小孩打架，就是大人的錯。」簡直是歪理。我隨即搬出法律交保的要件，他才知道我剛從軍法預官退伍，但改變不了他的初衷，問我：「你在南投鎮內有沒有熟人幫你辦交保？」我說：「沒有，我只認識縣長林洋港。」他不悅的說：「開什麼玩笑？」我借了電話，不久縣政府庶務人員趕到，警察把暫時「保管」的駕照還給我，開始友善為民服務。

回鄉下任教職不是我的本意，何況生來不像「為人師表」的料，不過能和父母親朝夕相處也是幸福，彌補了長時間離鄉背井在外的鄉愁。就在計畫出國的當下，接獲高考及格分發經濟部任職的消息及派令，同事為我高興，偏鄉的鄉民也為我道喜，而我憂喜參半，陷於兩難，魚與熊掌不可兼得。後來有朋友告訴我，經濟部商業司是主管派駐國外商務人員，將來有外派機會就可以選擇學校進修，可以省卻費用及時間。最後決定延長國外入學許可，「舍魚而取熊掌者也」，遂於一九六七年三月離家北上就職。

第二章　經濟部商業司任職

嚴格來說，經濟部任職是我第一份「正職」工作，或許就像明・羅貫中《三國演義》第三九回所言：「直須驚破曹公膽，初出茅廬第一功。」來比喻剛進入社會或工作崗位，缺乏經驗歷練。講得明確些，一位涉世未深的小伙子，從此將面對太多不可知的未來，忐忑不安，難免內心有期待也有膽怯，有夢想也有恐懼。

我記得很清楚，報到當天見了司長武冠雄以及幫辦陸潤康，很簡單問話後就把人交給科長蕭紹衍分派工作，在大辦公室的一張小辦公桌開始我的公職生涯。那時的辦公環境很克難，環視四周，辦公氣氛嚴肅許多，同事也都埋首「戮力從公」的樣子，冷眼旁觀來者是何方神聖？感覺不出有「迎新」的那份熱絡，最起碼的辦公用具也必須自己向人事、總務洽詢領取，這對新人在陌生地方是一種殘忍。

因為有了這一層的感受，所以在以後我有了機會當主管，遇有新進人員，我事前會交待同仁必須準備妥其辦公所需，包括文具紙張、工作上適用法規等，先擺置在辦公桌上，同時儘可能告訴他與機關之間的權利義務關係，甚至日後的升遷及發展機會，讓新人覺得溫馨而受尊重，不致人地生疏產生隔閡，影響做事興致和工作熱忱。

經濟部是「大衙門」

經濟部是「大衙門」，員額編制大，所屬國營事業多，業務龐雜，且與人民權益息息相關，包括：水利、礦業、商業、工業以及貿易等，包山包海。我在商業司承辦商業行政業務，包括商業法規訂定及修訂，公司法令解釋、僑外投資及公開上市公司登記及管理等，屬於制式工作，少創意、不會犯錯，從長官和同事之間學習很多，尚能勝任愉快。我的工作夥伴有連龍輝、朱華章、莊明憲、郭本厚、谷百泉，以及同辦公室的白先道、李子廷、江鵬達、曾連豐、蕭慶安、高一心，他們有幾位是留學生回國服務而以「臨編專員」進用，有些後來又派駐國外，與我都有深厚的情誼，他們的名字永遠留在我的腦海中。

當年還是「反共抗俄」時期、「戡亂戒嚴」年代，在「黨國體制」下相當守舊、封閉，法令不足，資源有限，很多是沿襲從南京帶過來的一些規定和做法。就以公司名稱登記為例，公司法第十八條規定：「同類業務之公司，不問是否同一種類，是否同在一省市區域以內，不得使用相同或類似的名稱。」在審查時所謂省市區域仍涵蓋「全國」範圍，所以在台灣組織公司之名稱，如經查覺與大陸原登記公司之名稱相同或類似而經營業務又相同者，就被駁回登記申請。例如「江南汽車股份有限公司」，只好被迫以「大南汽車股份有限公司」登記，諸如此類，現在看來離譜而彼時認為當然。甚至有些老舊想法超越法律規範，譬如以「越霸」作為名稱，被指有所影射不准使用，其他有外國意味的名稱，如東京、不二屋、湯姆斯等等也被禁用。其實，法人登記係採對抗主義，雖經登記仍可依法院裁判撤銷得到救濟。若給承辦人彈性和空間，就是給承辦人權威和機會。

一九六〇年代台灣的政治氣氛相對緩和，民生狀況也逐漸獲得改善，尤其美援規劃下推動各項經濟建設計畫，經濟成長率得以繼續成長，而在經濟行政方面的舊思維已不符時代潮流，何況社會仍有各式各樣的「特權」、「關係」和「特權關係」，破壞制度與公平，必須適度調整，才能夠簡政便民，以因應需要。所以我曾建議修正公司法、實施統一發照辦法、落實簡化作業程序與縮短辦案時間，並提出國內商業改進方案、著手訂定銀樓業管理規則、訂定徵信業管理規則、輔導成立百貨公司及超級市場，並召集全國商業行政會議等等，也協助擬定當舖業管理規則，以及對外貿易發展協會章程條文，雖然不是大工程，只是小環節，但對經濟活動很重要。

公司法是以公司之組織與活動為其規範對象之法律，不只關係公司個體之命運，且維繫社會經濟之發展，為國家最主要商事法律之一，同時也是商業司最主要的適用法規。我和同事郭本厚利用公務之餘，合力編輯並出版《最新公司法令釋解》一書，蒐集「司法判例」及「行政解釋」，綜合整理，彙整成冊，供工商企業參考借鏡之用，服務各界，也為當年在工作上留下些許的成績和紀錄，甚感得意。

放棄留學機會

自從投入職場到經濟部服務之後，我已專心於現職，滿足於現狀，不久與粘麗娟結褵組成小家庭，長子林宇聲、次子林愷聲也先後來報到，她又有機會在經濟部證券管理委員會工作，增加收入，從此小家庭生活安定幸福，而且後來經濟部駐外人事權已由商業司移轉到國際貿易局，傳聞是經濟部政務次長兼國貿局長汪彝定，與商業司長武冠雄爭奪權力的結果，種種因素打消了我出國的念頭，放棄了留學的機會，改在國內短期進修。

粘麗娟是在一九四六年出生，是彰化縣福興鄉粘厝庄人，粘氏為女真人後裔，鹿港小鎮才是她的家，既有兄姐，又有弟妹，俗稱「五福」，擁有比別人更多的親情。她樂在工作，和與人處，只有付出和關懷；她重視傳統信仰與倫常，講道理、思想開明、求知欲強，不論做為同事、朋友、人妻或人母，在不同的角色都能表現稱職、出色；她對家務事任勞任怨、不厭其煩，有烹飪的特長和興趣，而且樂觀、健康、愛美，幾近完美的性格，甚得人緣，讓周遭所有認識的人都很稱讚。

我常在想，人生本來就是一連串的選擇，從出生到死亡，在生命過程中不論漫長或短暫，每個人對於身邊所有的人事地物，包括食衣住行育樂或未來理想目標的追逐，擁有絕大部分的選擇權利與機會，這是與生俱來對生命最大的禮讚，也是天賦自由與恩賜，並從不斷的、重複的選擇中，得到不同的經驗與境遇，累積成就了所謂的人生百態。選擇是實現目的與結果前的手段和過程，是意願也是考驗。現實生活中，從飲食到衣著、讀書到升學、工作到創業、交友到婚姻、宗教到信仰，以及興趣、嗜好、性格、觀念的養成，都是一連串的選擇，但選擇往往只在一念之間；選擇發生在取捨之間，沒有選擇等於沒有機會，多一項選擇多一份機會，多一份機會多一層優勢，聰明的選擇得到幸福快樂，愚蠢的選擇換來迷茫痛苦。人生道路上有千千萬萬個十字路口，選擇前進、後退或拐彎、轉角總要有選擇，即使人都很容易被環境、事物所牽絆，一旦有了選擇，就不能停下來徘徊、猶豫，需要的是向前的動能與調適。

第三章　調派投資審議委員會工作

我在商業司服務期間，因與科長職位擦身而過，於一九七二年十一月被安排調派投資審議委員會擔任組長，而中斷了職位分類的適用。這一調動乃是商業司長吳祺芳簽報部長孫運璿並協調的結果，由我離開原代理科長職務另調袁坤祥接任，起初常務次長劉師誠認為應該由我留任遞補才適當，不過後來他並不再堅持。我當時提出兩項請求：一、組長與科長人事命令同時發布；二、現任組長段金生應先妥適安排出路。這些「額外要求」，也都得到「上級」的同意及允諾。吳祺芳司長是由經濟部研考處長轉任，甚得部長孫運璿的賞識，被認為是部長身邊的紅人，也是部長的文膽，他到任後肯定我的能力表現，希望留住我在商業司繼續工作，所以，最初是以派兼性質出任組長，不過後來還是改成專任簡派組長兼辦商業司專門委員工作，但萬萬沒想到，這一改變影響了以後我回任職位分類系統的困難。

投資審議委員會原名華僑及外國投資審議委員會，由各相關部會副首長組成，包括內政部次長、外交部次長、財政部次長、交通部次長、中央銀行副總裁、僑務委員會副委員長、、等，並由經濟部次長兼主任委員，採合署辦公，分組辦事。其實我對當時業務並不陌生，因為早在一九六九年十一月，我已接替林俊旭每星期一、三、五下午派兼該會工作。事隔若干年之後，我出任行政院勞工委員會副主任委員，同樣被派兼任經濟部投資審議委員會的委員，回頭見了老同事，不知是命運的巧合，抑或戲弄？

投資審議委員會工商行政組，除編制內專有人力外，另由經濟部、外交部、僑務委員會、入出境管理局等派員，辦理華僑身分認定、投資事業聘僱許可、長期居留證明、核發僑外投資公司執照等。有時參與僑外投資審議及投資事業考核，也有機會接觸到外匯、租稅及領事事務，而經常所適用的法規，包括：華僑回國投資條例、外國人投資條例，以及為獎勵投資、減免租稅、發展外銷所實施的獎勵投資條例等。在那些年，我的同事蕭慶安、林高明、林正雄、徐耀祖、林碧霞對我幫助很多。

研究發展專題屢次獲獎

我在派兼投資審議委員會組長期間，積極投入工作並力求表現，證明自己的能力，在很短時間內，代表商業司提出「簡化僑外資公司登記程序之研究」為研究發展專題，成績優良，榮獲孫運璿部長獎；接著代表經濟部提出「華僑及外國人輸入實物投資辦理公司登記問題之檢討」之研究報告，亦再度獲獎，並蒙行政院長蔣經國頒給獎狀及獎金。但當時我在日本旅遊不能親自出席，由袁坤祥科長代理領獎。

我有時會把工作上遭遇的問題，提出疑義和見解撰文投稿報社。記得那時候也曾為華僑身分認定，撰寫「華僑可用法人名義回國投資嗎？」的文章，並由經濟日報大篇幅刊出。緣起是華僑回國投資條例第二條規定：「華僑依本條例之規定回國投資者，稱為投資人。」同條例第二十二條第二項規定：「投資人為法人時，前項規定於其負責人適用之。」有些人據此規定，認為華僑有自然人和法人之分，而引起諸多爭論。我則認為這是立法的疏忽，因為是條文抄襲外國人投資條例的結果。

事實上，華僑是一般用語，泛指僑居國外之華人，其身分認定乃係依據「有效之僑居護照或有效之居留地重入境證明文件」，係針對個人而言，並無所謂法人之適用。況且公司設立時之發起人為法人時，既以公司組織者為限，因此旅居海外僑胞如依僑居地法律成立公司，並以其公司名義回國投資時，仍應屬於外國公司，適用外國人投資條例，縱然其內部組織人員全數具有中華民國之國籍，要無華僑回國投資條例之適用，更不能以其負責人為華僑，據以認定公司為華僑法人。所以，華僑回國投資條例所稱「投資人為法人時」，在學理上、法理上皆不可能存在。

台灣經濟的舵手

一九六〇年代和一九七〇年代是台灣經濟發展的關鍵年代，創造了台灣經濟奇蹟，重要包括：工業取代農業、鼓勵加工出口、實施「九年義務教育」培育技術人才、擴大公共建設渡過全球兩次石油危機、啟動「十大建設」奠定交通及工業良好基礎等等，為台灣經濟起飛帶來衝力。很幸運，這時候正是我在經濟部服務的時候，歷經李國鼎、陶聲洋、孫運璿、張光世等四任部長，他們都是台灣經濟的舵手，擘畫經濟建設藍圖，推動經濟發展願景，讓台灣社會翻轉，享受經濟豐碩果實。

當時我目睹了一切變革和走過的路，例如推動加工出口區、廣設職業學校、延攬人才回國、推動產業轉型、尋求多國雙邊經濟合作、穩定油源油價，尤其在面對能源危機以及退出聯合國的衝擊的時候，沉著應變，克服艱難，最終得以化解，安然渡過。李國鼎被尊崇為「台灣經濟的推手」，而孫運璿則有「工研院之父」的美譽，對推動台灣工業化與經濟發展的貢獻，功不可沒，實在令人永遠懷念。

建設首善之都芻議

台北是首善之都，各項環境、條件最好的都市，成為台灣人口最多的城市，也是台灣政治、經濟與文化的中心。包括：交通建設、就業機會、社群關係、衛生條件、生活及居住環境、社會安全及福利等，一向是各縣市望塵莫及的，還有醫療設施完善、文化教育資源豐沛，更是一個生活機能完備的城市。我求學在此、工作在此、居住在此，平常各種食、衣、住、行、育、樂的活動，也包括吃喝、玩樂、睡眠、休閒、寫作、閱讀、社交、訪問都離不開台北，對台北有非常深厚的感情。我很高興在這裡看到，隨著台灣經濟蓬勃發展，台北也日益繁榮、偉大。

我的宗親林洋港於一九七六年六月十一日出任台北市市長，他曾任南投縣長、台灣省政府建設廳長，行政歷練豐富，有敦厚樸實的鄉下人個性，甚得群眾愛戴，一直都是我學習的榜樣。我居住台北，長時間接觸市民，略知台北都市格調與欠缺，遂於一九七七年二月在自立晚報撰寫了《如何建設大台北》一文，強調建設之首要在民生，建議培養文化氣息、成立藝劇中心、綠化街道市容、塑造建築風格，在都市「量」的膨脹之餘，力求「質」的提升，希望引起他的重視，並提供參考：

壹、現況與期待

自從政府遷台以後，農、工、商業蒸蒸日上，民生經濟邁向繁榮，做為反攻復國基地的首善之都的台北，也因而日益壯大，吸引了來自各地的大量人口，興起了高入雲霄的大樓巨廈，道路不斷開拓，汽車急速增加，使整個市容為之全面改觀，於是大台北這個令人興奮的名稱也跟著出現，台北市，不但是中華民國最大的都市，同時也將向成為國際大都市而邁進。

我們對大台北之大的指望，並不只在於「量」的增加而已，僅以轄區擴大，人口增多，樓宇遍地，汽車滿街等條件，還不足以成為第一流的大都市。要成為第一流的大都市，必須在「量」擴充的層面上致力於「質」的提升。換言之，也就是整個都市高尚格調的塑造。如果我們沒有高瞻遠矚的眼光及計劃，那麼一個都市膨脹之後，將可能流入粗俗及大而無當的境地，因為一個都市邁向繁榮以後，會隨之附帶產生許多令人困擾及頭痛的問題。例如人口之增多會製造更多的垃圾，汽車之增加會帶來空氣污染及交通事故，娛樂設施之複雜會導致犯罪叢生等等。當然，除了這些基本問題之外，台北市還有許多更值得我們關心的問題。

貳、精神格調的培養

我們可以深一層的反省，在繁榮的台北市容中，是否也擁有經得起考驗的文化建樹或獨立風格？我們有國際水準的觀光飯店、百貨公司、中西餐館及電影院，是否也同時有夠水準的都市公園、大圖書館、現代美術館及音樂戲劇表演中心？我們有滿街汽車及林立的大廈，是否也有足夠綠化大都市的樹木及花草？在追求時髦摩登化之餘，是否也能顧及本土民俗文物的維護及發展？

我們在物質享受現代化的潮流下，應該同時考慮到精神格調的培養，我們要有文化氣息，因為我們具有悠久燦爛的歷史，同時也是六藝傳統國度的人民。許多崇洋的人可能還不知道，台北市有些咖啡館的室內裝潢，比巴黎的凱旋門大道及東京銀座的咖啡館還要來得豪華，裝潢費用動輒幾百萬，但在豪華氣派中，能否顯出獨特高雅的格調與藝術氣氛呢？

參、文化氣息的都市

在歐洲雖然工業化及財力均不及美國，但歐洲各大都市對觀光客的吸引力卻遠超過美國之上，羅馬、巴黎、日內瓦、倫敦、馬德里等等著名都市之所以成為觀光客嚮往之地，就是這些都市具有優美的文化設施及富麗的藝術風格。台北市現已成為對外代表中華民國的最大都市，為國際友人及外來遊客最注目的焦點，應該在都市政治地位升格以後，也在其他方面加以充實，使成為亞洲甚至世界最有文化氣息的都市之一。這是一個龐大的計劃，需要聚集眾多的專才及智慧才能全面推動。願就個人觀察所及，在此具體的提出一些意見，以成拋磚引玉之效。

肆、具體做法

一、台北市需要樹立代表性的標誌建築。環顧世界著名都市，差不多都有足以當作地標的建築物，例如紐約有帝國大廈及商業摩天大樓、巴黎有凱旋門及艾飛爾鐵塔、羅馬有古代巨大劇場、馬德里有唐吉訶德雕像及鬪牛場等。唯獨台北市還沒有足以當作象徵物的建築，或許有人會舉出東門、北門、南門等以前留下的古城門，這些城門固然有其特色，但無論規模、氣派及格局，早就無法匹配大台北的市容。象徵一個都市的建築物並不全是賴古蹟來成立的，在東京舉行世運會時所設計的螺旋塔形的游泳運動場建築，現已足以與皇宮並駕齊驅的成為代表東京的建築物。我們同樣也可以依新的形勢及觀念來形塑氣宇雄偉的代表性建築。

二、商店的招牌及廣告宣傳設計物，有必要透過更具審美的計劃加以管制。為了顧及市容，政府曾規定大街道旁的建築，必須超過法定的層數高度方得興蓋，這是十分有遠見的計劃。同樣道理，我們也可以進一步的要沿街商家的廣告招牌務必適合更富美觀整潔的格式來設置，亂貼膏藥式的招牌實有礙都市美觀。

三、鬧區人多車雜，行人與汽車爭道，常使交通陷於混亂不堪，為了顧及安全及減低污染，在最熱鬧地區中最熱鬧街段，宜選擇適當的時間或全面列為汽車禁區，以使行人方便，並使都市人有自由鬆弛的天地。

四、除了私人家園外，台北市所轄的一切樹木均列入管制，沒有特別理由及經過許可不准隨便砍伐，同時在行人道及安全島上，積極植樹，甚至可以獎勵沿街的住家及商店在門前行人道旁植樹木花卉，必要時由政府補助及輔導。這種由政府獎勵的私人草木培植，也可推行到各大建築物的頂樓。

五、在新社區不斷開拓，高樓大廈急速建立之際，也該同時尋找面積人口配合的保留地，遍植樹木花草，以供將來建設國家公園或其他育樂設施計劃之用，另外也可疏導台北市雨後積水。

六、儘可能加速設立現代美術館、博物館及音樂戲劇表中心，以提高國民的文化水準及藝術修養，進而可以大力推行與外國文化交流活動。

七、電影院一向為台北市民娛樂消遣最熱門的地方之一，今後電影院的設置，最好均衡分散各地，以避免鬧區過度擁擠一隅，並可利於市區的平均發展。

八、淡水河灌溉台北市區，河域寬廣，惜一直未能充分利用，特別在船隻的行駛方面，應研究出其可能性並大力促成，以利交通與娛樂事業的發展。

九、道路交通往立體化的方向發展。這雖是一個非常艱難、費用龐大的建設，但仍然必須逐步加以實施，因為台北市的街道，雖已拓寬許多，但仍不足以容納日益激增的汽車交通量。隨著道路交通的發展，停車場的設置也必須隨之增加。

伍、結語

以上之意見，屬淺陋的議論，雖然仍無法對台北市的各種問題，面面俱到，但相信可當作一種理想與參考。一個都市的健全發展需要全體市民共同關懷與合作，只要政府與民間協同努力，經由通盤而有遠見的計劃來邁進，必可開拓大台北光輝的未來。

失去了我最敬愛的父母親

我最敬愛的父母親，於一九七八年底在一個月內相繼辭世。父親居住南投鄉下，因罹骨疾臥病在床，母親則日夜陪伴在旁，隨時照料，或許勞累過度影響健康，看護先於病人撒手人寰，父親受此打擊，不久也永別塵世。天人永隔，晴天霹靂，「樹欲靜而風不止，子欲養而親不待」，感念父母養育的恩德，自己卻不得終養父母，悲痛萬分，傷心欲絕。「無父何怙，無母何恃，出則銜恤，入則靡至」，頓時失去了生活重心和精神支柱，更失去了工作興趣及未來，開始感到空洞、徬徨、不知所措。

英國最著名戲劇家和詩人莎士比亞（William Shakespeare）說：「思想是生命的奴隸，生命是時間的弄人。」而印度最著名詩人、作家、藝術家和社會活動家泰戈爾（Rabindranath Tagore）也說：「人生雖只有幾十春秋，但它絕非夢一般的幻滅，而是有著無窮可歌可頌的深長意義的；附和真理，生命便會得到永生。」

每一個生命都會結束，人類沒有能力也沒有權利加以改變，生、老、病、死終歸無可避免的。生死在一線間，人生如寄，人死如歸，無論精彩絢爛或潦倒無辜，一樣都只是短暫而已。生命是靠活著真實存在，也就是活著才有生命，才有感覺，才有愛和從容尋夢。生命是美妙的、奧妙的，來至哪裡？去到何方？不必下註解，也不必去挑戰。但人生無常，生命的意義由自己抉擇，生命的主人永遠是自己。

人生如夢？人生如戲？人生不是全理智或純感情，也不是能呼吸就是人生。胡適說：「人生應該有夢，否則人生不是太不豐富嗎？」殷海光也說：「人活在這世界上，首先必須要能生存，接著才是由單純的物理層，進為生物邏輯層，再發展到生物文化界，最後人類有真善美的意識，有理想、有道德，這也就是價值層。」如果生命是一種哲學，那麼生命就是最神秘又最難詮釋的哲學，或許生命的長度與生命的意義沒有直接關係，然而生命的寬度必然決定生命的價值。每個人來是偶然，去是必然，在相同的地方，相同的機會，卻留下不同的身影和懷念。我永遠敬愛我的父母，永遠懷念我的父母⋯⋯

生命中巨變的一年

一九七八年對我來說，是生命中巨變的一年，先是擔任首府國際青年商會會長，忙於亞洲大會的籌辦，包括：編列預算、籌措經費、借用場地、擬定議題、邀請貴賓及國內外會員與會等，林林總總，幸好與陳義雄領軍下的籌備委員，同心協力完成歷史大工程，得到稱讚，並獲蔣經國總統接見嘉勉。接著在年底，雙親先後在隔一個月的同一日過世，悲涼悽愴，刻骨銘心，才真正領悟到父慈母愛的偉大，還有自己感情的脆弱。烏鴉有反哺之恩，羔羊有跪哺之義，親情是我們生活中不可或缺的部分，失去至親，就像失去照亮前方道路的一盞燈，讓我哀傷失落，悲痛永遠。

在我連續喪假過後，第一天回到辦公室即獲通知，經濟部送我回學校短期進修，結業後還來不及靜下心來上班，又馬上派我前往美國及歐洲等國家考察，正好環繞地球一周。我知道這些都是長官刻意的安排，目的在我悲傷時得到溫暖，我感動「大衙門」的人情味，讓我得以平順渡過人生低潮。就在差不多同時，我的宗親林洋港已轉任台灣省政府主席，他交待人事處商調我回到中興新村服務，方便就近照顧老家，大家一片好意。

第四章　台灣省政府的年代

我對省政府的組織、職位、工作性質不甚了解，據說，原先要我轉任建設廳副廳長或合作事業管理處長，但考慮年齡及資歷，後來分別進用了蔡兆陽與陳伯村出任。而在商調過程中，才發現我由「簡派」到「簡任」因適用法規不同，必須「借殼」逐步完成送審程序，亦即從「聘派」到「簡薦委」再到「職位分類」機關，或許就是所謂的人事「洗澡」。因此，我由經濟部轉任省政府服務，由中央到地方，是先到水污染防治所薦任秘書兼總務室主任，再轉任建設廳九職等專門委員，又轉任社會處十職等專門委員，一路「過水」，最後目標是十一職等副首長職缺。

回想當年高考及格，當時可以選擇分發至經濟部或台灣省政府，而且有機會就近到南投縣政府服務，曾諮詢意見於縣長林洋港，他說，由中央下放地方容易，但由地方爬升中央困難，建議直接去經濟部報到。想不到今天由上而下，卻遇到改敘困難，人事任用程序未必輕鬆。所有過程全部由人事處長蔡經，以及沈崑興、謝其松居中協調、奔走，非常感激。

我記得，於一九七九年十二月十日國際人權日，我向台灣省政府社會處報到，當天住進中興新村宿舍，晚間電視不斷播出在高雄市發生的一場重大衝突事件，一連幾天我都關注事件的發展，甚至於所謂「公開審判」的全程，因為，裡面有幾位辯護律師是我的同學或舊識，我同樣用法律觀點去審視事件。這就是震驚海內外的「美麗島事件」，相當受矚目，乃為台灣社會從封閉走向開放的一次歷史事件，是台灣民主運動史的一個重要分水嶺，也是知識分子思想蛻變的一次沈痛洗禮，當時的場景，永銘於心。

令人懷念的中興新村

中興新村單身宿舍非常簡陋，有如軍中營房，住一些未婚的職員，或遠從外地來未攜眷屬的同僚。宿舍旁有一棵巨大茄苳樹，和一排楓樹，鄰近中興醫院，對面是農業電台，環境清靜。在宿舍我遇見吳光雄，他受邀出任台灣省綜合建設基金執行秘書，隻身寄宿這裡；另外也認識鄰室的方政治，他當時是農業電台台長。我們三人同年齡，趣味相投，經常結伴打高爾夫球，遊遍、吃遍南投、草屯、中興新村附近大街小巷。

吳光雄與我在大學有過同窗之誼，私交亦篤，為人謙虛、處事謹慎，他具有財政金融背景與專長，歷任要職，包括：行政院開發基金副執行秘書、台灣土地開發公司總經理、復華金融證券公司總經理、台灣證券交易所總經理，以及台證證券公司董事長等，是一位難得的財金、經建人才；方政治人如其名，對政治有相當的熱衷，黨性堅強，高度忠誠，他迷信權力，也追求權力，能清楚時局的走勢，也能接納外界的聲音，雖有企圖，但少謀略，亦無心機，始終保持鄉土本色，他能保護自己，肯幫助別人，對家庭極細心，對朋友講情義，也勤於經營人際關係。

中興新村為台灣省政府因應戰爭疏遷需要造鎮而成，是一座辦公與住宅合為一體的行政社區，佔地約有兩百公頃，於一九五七年建造完成，建築物整齊美觀，尤其中興會堂為二樓巴洛克式建築，白色造型，浪漫、典雅，具代表性的地標。其他各廳、處、局的辦公廳舍各據一方，建築寬敞，簡樸實用，而職員宿舍是獨立平房，享有清靜空間。整體園區環境優雅，擁有綠地、林蔭、噴泉、游泳池、荷花池、椰林大道，附設學校、醫院、郵局、銀行、公園、市場、運動場、高爾夫球場，是優質迷人的新市鎮。

中興會堂是集會、慶典、接待外賓的地方，曾風華一時。早期各機關推行「動員月會」，定期集合人員聽訓，後來改為「國父紀念週」，定期由機關首長或請專家學者專題演講，我因為佔「閒缺」經常被派去聽講。有一次如往常代表參加，結果發現搞錯了，這次對象是國民黨員，所以稱為「總理紀念週」，我誤入叢林，生平第一次聽到黨歌就是國歌、國歌就是黨歌，對何謂「黨國一體」有更深層認識。

社會處長許宗德是我的直屬長官，他是省主席林洋港的同學，難得的好公務員，奉公守法，中規中矩，忠誠、勤快、正直、知進退、守分際，對我照顧有加，亦師亦友，受益良多。他很嚴肅而有教養，講求行政倫理與團隊紀律，公正不阿，是非分明，而且嫉惡如仇，往往只有韌性而沒有彈性，是我遇到的一位非常值得尊敬的上司和兄長。

在社會處的同事們，都明瞭我志不在此，所以把我當「過客」對待，受到相當禮遇，安排在處長室「上班」，接觸「官場」文化，也學習另類為人處世的道理。因為想領導別人，就先要好好地學習如何被領導。同事也常找我到家中「作客」，或邀我打球，日子過得輕鬆愉快。

鄉居的日子

從台北到南投，原意是希望有沉澱的時候，來到中興新村之後，意外喜歡上這裡，喜歡這裡的空氣、草坪、樹木、花卉，還有濃濃的人情味。我本來發願在這段日子要閱讀百本書，但事與願違，我得到的只是愜意的鄉居生活，但我很懷念。寫道：

> 遠離了「金咖啡」，遠離了「愛谷」，遠離了都市的塵埃，也遠離了台北。當此舉世熙熙攘攘，淆亂嘈雜的時候，我卻獨自擁有屬於自己的這一份清靜。再也沒有聽不完的電話，再也不必擔心沒必要的應酬，日子是完全屬於自己的，看得到、摸得著，每天早迎晨曦晚送夕陽，三十年來未曾有過的悠閒。一切顯得那麼的美，美的出奇，美的醉人。
>
> 寬闊的田野，點綴著疏落的古樸農舍；後山的一片蒼翠，緊接連著的是蔚藍的天空。大王椰、鳳凰樹、聖誕紅、木棉花，碧草如茵，百花鬥豔。這個小城，是一首詩，是一幅畫，是上帝偏愛的地方。那草坪、那花圃、那涼亭，不知使多少人徘徊，也不知使多少人流連忘返。
>
> 沒有人擠人，沒有車連車，不慌也不忙，每個人似乎都很安然自得，滿足於周遭的一切，或許純樸和勤勞，唯有在這地方才可以找到。然而，文明沒有在這裡消失，圖書館、電影院、游泳

池、網球場、高爾夫球場，該有的都有了，只要你願意，你可以隨心所欲的選擇你所喜愛的，好像這裡的一切都是為你而準備似的。而我寧可回歸原始，散步和慢跑豈不是更接近自然！尤其在那帶著薄霧的清晨，或者伴著晚霞的黃昏，漫步竹林小徑，會使你淡泊得想摒棄世俗的一切。

有人說：沒有空閒，就沒有憂傷，就沒有寂寞。工作以外的沉思和閱讀，使內心不再有沉重的靜寂壓迫。初來的時候許下宏願，要閱讀百本名著，或可彌補自己的孤陋寡聞。可是沉思同樣可以使人成熟，使人正確地抓住人生的方向。想領導別人，就必須先學習如何被領導，人生是舞台，你演的是什麼角色，就必須認真地去演完它。當一天和尚，敲一天鐘，除非你已不再是一位和尚。

鄉居的日子，更使我倍感懷念逝世不久的父母親，自從一年前在短短的一個月內，您們忍心離我而去之後，內心的悲痛至今未曾平復過，這也是當初請調來此的原因。在這些日子裡，我已記不清楚次數，返回鄉下在您們的墓前，默默地禱告，默默地追憶，追憶那一萬三千五百多個備受呵護的日子裡所能追憶的一切往事。相信世間的真情，永遠是不會忘懷的！

人生如雲彩，誰也不知道將飄向何處？誰也沒辦法預料何時消失？時光是可貴的，境遇尤其難逢，只要在這裡停留一天，我願意緊緊地抓住每一分每一秒，不論時間的久暫，我都會珍惜真正屬於自己的這一點一滴。

台灣省工礦檢查委員會

我於一九八一年一月三十一日正式生效轉任台灣省工礦檢查委員會，在就任前我對這機構一無所知，後來才明瞭是省政府的獨立機關，由社會處長兼主任委員，我為專任副主任委員全權處理會務，有關敘薪及各項待遇、福利，相同於各廳處副首長。主要業務為依據法律對事業單位的勞動條件、工業安全、工業衛生、危險性機具，實施勞動檢查，保障勞工權益。工礦檢查委員會在台中的干城營區上班，把營房當辦公室，其簡陋、克難情形可想而知，其他還有省政府所屬單位如地政局、文獻委員會等已在這裡辦公良久。不過辦公室李芷嬌小姐告訴我，將來「黎明辦公區」蓋成之後將成為省政府的第二辦公區，乃位於台中的黎明社區，到時候就可以搬新家，而我也就一直盼望著那一天。在這之前，我仍住中興新村單身宿舍，自己駕駛公務車來回台中上下班，並不覺辛苦。

工礦檢查原屬中央政府職責，包括工礦安全、衛生、勞工檢查工作，後來才下放地方政府執行。工礦檢查機構因行政組織之調整而時有更迭，真正成為正式之機構有專任編制和獨立經費預算，是在一九六三年以後，但機關首長、副首長仍分別由台灣省政府社會處長、建設廳長、衛生處長兼任，後來為礦務行政一元化，於一九七〇年成立台灣省礦務局，並在一九七三年將礦場安全檢查業務劃歸經濟部，從此之後，工礦檢查機構分立、業務分流，而台灣省工礦檢查委員會專責勞工檢查業務，並設專任副主任委員一人統籌會務，我是第二任，這之前由吳鴻顯擔任。

迄一九八四年七月三十日勞動基準法公布施行後，依據第七十二條第一項之規定：「中央主管機關，為貫徹本法及其他勞工法令之執行，設勞工檢查機構或授權直轄市主管機關專設檢查機構辦理之；直轄市、縣（市）主管機關於必要時，亦得派員實施檢查。」及第二項之規定：「前項檢查機構之組織，由中央主管機關定之。」從此，勞工檢查機構取得法定地位，逐漸朝向事權統一、整理規劃的方向邁進。

台灣省工礦檢查委員會的組織，其內部依業務性質分組辦公，也在若干縣市設站服務，委員會係由社會處、建設廳、衛生處分別派員兼任主任委員及兩位副主任委員，並聘請專家學者組成，定期或不定期開會，另設有行政人員及檢查員執行職務，而檢查員則屬於技術人員進用，此外，並設有主任秘書、專門委員、秘書協助推動會務，麻雀雖小，五臟俱全。

勞工檢查員

勞工檢查是檢查機構的核心工作，而勞工檢查員是檢查工作的主力。所稱「勞工檢查員」，乃隸屬於勞工檢查機構執行檢查任務之人員，為國家公務員依法行使公權力，有關任用、考績、退休、保險、俸給、撫卹、懲戒等之一切權利義務，自應受公務員服務法及相關法規之保障與拘束。但依據國際勞工公約第八十一號第七條規定：「檢查員之任用，除適用一般公務人員任用法規外，應具有執行其職務所必須之資格。」所以各國有特別條款明定其資格並賦予職務上特別權力。

上述公約第九條對於檢查員之任用資格，補充訂定：「各會員國應依最適合其國情之方式延攬醫藥、工程、電機、化學等方面的專門人員參加檢查工作，以執行關於保護工人工作時之安全與衛生等法令，並調查工作程序、工作方法或原料對於工人健康及安全之影響。」事實上，勞工檢查工作非常廣泛，涉及範圍包括有生產技術、原物料特性、工時工資、勞資糾紛、福利待遇、童工女工之保護、違法案件之檢舉控訴與糾正等問題，所以必須具備專門技術、知識、能力及法律。

勞工檢查員應受充分之訓練，分為職前訓練和在職訓練，我國檢查員訓練採兩者並行並重方式，乃透過訓練課程的安排使之熟諳服務規則，增進專業知識，提高檢查技能，以達成檢查員訓練的目的。一般分為法律與行政課程以及學科與術科課程兩種，前者包括勞工法令、勞工政策、勞資關係、公文程序等等；後者包括工業安全、職業病預防、災害防治及其他電機、機械、化工等專門知識的傳授。

勞工檢查員為遂行其檢查任務，法律賦予若干特別權力，亦為執行檢查職務所授予必要之權力，或可稱之為勞工檢查權，包括：一、自由進入工作場所之權力；二、詢問雇主或職工之權力；三、對於依法令應備之簿冊及文件有查閱和抄錄之權力；四、對於所使用之原物料及器具等，於必要時有取樣權力；五、發現工作場所缺點有糾正或警告權力；六、勞工作業場所緊急發生職業災害或有發生職業災害之虞，有停工處分權力；七、發現有違反勞工法令事實，得視情節並依法律程序移請偵辦或罰鍰處分，是為控訴權；八、請求警察或行政機關協助之權力。

勞工檢查員工作性質特殊，一手拿著權杖，一手拿著聖經，既要執行權力，也要宣導法令，因此，除具有一般行政工作的通性之外，嚴格地說，勞工檢查員應同時兼具傳教士的精神和技術警察的權威，也唯有如此，才能順利的推展並完成其任務，所以為了達成勞工檢查的目的，另有其職務上不同於一般公務員的特性。

檢查機構是冷衙門

當年檢查員執行檢查任務，主要是依據「工廠檢查法」和「勞工安全衛生法」，法律並不完備，前者是一九三一年國民政府制定公布，乃過時的法律，而後者遲至一九七四年始公布施行，未見顯著成效。一直到了一九九三年，將「工廠檢查法」修正，並更名為「勞動檢查法」公布施行以後，才確立主管機關、檢查機構、檢查員、檢查事項範圍及程序與罰則，一律正名為「勞動檢查」，並實施「代行檢查」制度。

當時工礦檢查委員會是個「冷衙門」，不受重視、最不討好，外界很陌生又常被誤解，檢查員執行任務時常遭廠方「白眼」，視為專找麻煩的「眼中釘」，工作上有滿肚子的委屈，無處申訴，也得不到信賴。到任之後，首要提振士氣及打響機關知名度，我的積極做法包括：加強與各廳處橫向聯繫、安排向省府提專案報告、透過媒體報導強化行銷、建立檢查業務威信、增聘職業病醫師加入督導行列。並定期發行《工礦檢查》專刊，抒發工作甘苦談、案例分享及經驗交流，也邀請事業單位參加座談會，改變「單向灌輸」為「雙向溝通」的宣導方式，以大眾化的口氣宣導業務，使民眾都能聽懂、能接納。我們的努力終於使「冷衙門」可以熱起來、動起來，這段時間經常看到平面媒體討論工業安全衛生，以及組織結構的話題，甚至人物專訪，我也樂於提供有助於機關和業務所必要的任何資訊。

工礦檢查的目的在於貫徹勞工政策，督導廠場嚴格遵守勞工法令，但當時工礦檢查委員會卻因人力不足、設備不夠，沒有辦法突破檢查工作，檢查成效不彰，權威性無法建立。更何況，檢查的範圍亦從最初適用工廠法及礦場法，擴充到所有適用勞工安全衛生法的礦業、土石採取業、製造業、營造業、水電煤氣業、交通運輸及內政部指定的林業、伐木業、遊樂園業、汽車修理業、洗染業、潛水作業等，以及鍋爐、壓力容器、升降機、起重機等設備檢查，但因為檢查人力增加的指數無法趕上待檢單位增加的數字，以致差距愈來愈大，工作負擔也更加沉重。而且檢查儀器設備的質與量，無法趕上日新月異的發展，難以在廠場之間建立絕對的權威。此外，勞資雙方忽視安全衛生的重要性，也阻礙了這項工作的推展。

李登輝省主席的呼籲

一九八一年十二月五日李登輝接任台灣省政府主席，而林洋港調任內政部長，後者去職的原因在外界有種種傳聞，包括出國訪問掀起旋風而有功高震主的疑慮，據悉比較接近事實的說法是，當時行政院長孫運璿推動開闢二重疏洪道，涉及當地居民遷村爭議，中央認為省政府在既定政策推動上過度顧慮民意、民情，不夠積極、未能充分配合，致引起上位者的不悅。

李登輝主席就任不久，應邀在「勞工安全衛生觀摩會」講話時指出，過去政府在加強檢查、督導改善工業安全衛生工作時，事業單位總是直覺反應，認為政府在挑剔刁難，增加生產成本，但是最近事業單位已逐漸認知，改善設備安全裝置，購買環境測定儀器，應用安全作業方法，加強勞工安全訓練，並非沒有報酬的花費，而是一項利己利人很划算的投資，他呼籲雇主要負起企業家的社會責任。

對於職業災害，李登輝主席又表示，安全衛生有缺失，常會引起職業災害，使得勞工輕者受傷，重者導致死亡殘廢，對罹難家屬是件悲慘痛苦的事，且因災害而引起的家庭生計、家庭結構變化，每每演成家庭破碎的不幸結果。同時，職業災害撫卹、賠償，生產設備的損失，員工情緒低落，導致生產量減少，產品品質降低，甚至誤事費時，在在都增加事業單位的財產負擔與生產成本，對國家的保險給付及社會救濟負擔，以及因家庭問題所引發的社會問題更是錯綜複雜，其損失程度，既沒有用數值表示，也不能用金錢彌補，為預防個人、家庭、社會、國家遭到損害，政府、事業單位及勞工三方面，對勞工安全都有維護的責任和義務。

記得後來有一次，李登輝主席在一個星期六的上午，與相關廳處人員及幕僚蒞臨台中黎明辦公處，視察工礦檢查委員會業務，在聽完簡報並作成提示事項後離去。當時，我隨即把相關業務承辦人員和打字人員留下，指示將視察詳細作成完整文字紀錄，並把照片放大送洗，趕在次週一省政府會議之前呈送到主席辦公室，他很高興，並在府會上公開稱讚工礦檢查委員會是看過最有效率的單位。

讓大家共同來關懷勞工

一九八二年「五一勞動節」前夕，我撰文「讓大家共同來關懷－勞工安全衛生問題」投稿報社專欄，希望大家共同來關懷佔人口比例最多的勞工。文中敘述勞工問題不是單純的社會問題，改善生活素質，才能安定工作，關心勞工生命健康，應是社會共有責任。全文如下：

壹、前言

由於農業機械化之推行，農村人口日減，這些人力逐漸轉入工業，成為發展台灣工業的一股力量。在民國四十一年，工業勞動人口只佔總勞動人口的九・三％，而農業勞動人口佔六十一％，但是到了民國六十八年，台灣從事工，礦，製造，水電，煤氣及營造業之人口已佔總就業人口的四二％左右，為農業勞動人口的二・一倍，已顯示工業勞工人數年年都在增加，成為台灣勞動人口比例中之最大部分。事實上，當前台灣地區已逐漸成為一個典型的現代工商社會，估計為數高達三百八十萬人的勞工總數，為台灣的經濟起飛作最積極與直接的貢獻，而勞工對個人權益的認知與爭取，也不斷在繼續增高之中。保護勞工權益是現代社會法治國家的基本任務，我國憲法即以改善勞工生活為基本國策之一，因此，勞動者人性的尊嚴與合理的生存條件，應受保護與尊重。另一方面對勞工權益的適切保障，亦可促進勞資關係之和諧，以促進經濟的發展，因之，「勞動基準法」草案之經過行政院會通過，並送請立法院審議，對全國勞工來說這是大好消息，企業界對該法之實施亦寄以甚高期許，目前勞工問題已再度喚起社會各界的關切，這是一個好的開始。

勞工問題包括工時、工資、休假、退休、保險、福利、職業訓練及安全衛生等，因為就業總人口中，勞工居大部分，所以其影響層面至為深遠，已不再是單純的社會問題，往往可能造成複雜的政治問題，因此普遍的受到世界所有國家的重視，而保護勞工也成為各國政府的基本任務。就前述諸項勞工問題中，勞工安全與健康的問題，可以說是廣泛的社會安全福利問題。最近由於福田煤礦災變的發生，引起社會的注目，願就此問題，再度提出探討。

貳、工業災害帶來無謂損失

我國工業加速發展過程中，也如工業先進國家曾經發生過或仍在不斷發生的困擾問題，那就是工業災變所帶來的無謂損失問題。這些意外災害的發生，造成有人喪生，有人全部或局部永久殘廢或受傷，不但使受害者感到痛苦，也給家庭帶來了極大的悲哀。另一方面，也間接造成社會和經濟上無可彌補的損失，妨害工業的長足發展。

根據勞工保險局統計資料顯示，在將近兩百八十萬投保勞工人數中，於民國六十八年全年職業傷害一三九八四件，職業殘廢四〇二五件，職業死亡九八四件；製造業職業災害死亡千人率達〇・二四（扣除交通事故後為〇・一三），遠較日本〇・〇二，英國〇・〇三，美國〇・〇八，韓國〇・一九，加拿大〇・〇九，法國〇・〇九，西德〇・一四，高出甚多，每年因職業災害引起的殘廢、死亡給付及醫療費用、工廠停頓之財產間接損失、勞動力損失等，每年損失金額高達新台幣五十八億元以上，其原因不外乎為作業環境的安全設備不良與不符標準，及作業人員安全衛生知識不足、操作不當所致，造成這些損失，即使無法全部免除，卻能事先預防。例如平時注意消除作業環境危害因素，提供適當個人防護裝備，加強實施工作安全教育與訓練等，必能降低災害至最小程度。

參、各國勞工檢查制度比較

工業先進國家之勞工檢查機構，以美國而論，係採行中央集權與地方分權混合制，聯邦勞工部設有職業安全衛生署（ＯＳＨＡ），並分區辦理職業安全衛生檢查業務，雇用基準司專責工時、工資及休假等勞動條件檢查；衛生福利部設置職業安全衛生所（ＮＩＯＳＨ），專責安全衛生研究等事宜。部分州政府亦設有安全衛生檢查機構，自行辦理勞工檢查，但仍受聯邦政府之監督，雖各行其是但不相衝突，行之亦頗為有效。英國最早有工場法之制度，其內容安全衛生所佔份量極重，在一九七四年另制定就業衛生及安全法，於就業部下設衛生及安全委員會（ＨＳＣ）擔負安全衛生對策規劃任務，並設安全衛生執行機構（ＨＳＥ），分企劃及業務部門，實施安全衛生檢查。至於工資檢查由就業部另一個單位主辦，其系統與美國近似。日本在勞動省下設勞動基準局，局下另設安全衛生部，各都道府縣設都道府縣勞動基準局其轄區內再設若干勞動基準監督署，並由勞動省直接指揮，實施中央統一監督檢查制度。新加坡政府則設置勞工部，其下設工廠檢查局，依照工廠法主管工業安全檢查，並專設工業衛生局主管工業衛生檢查事宜，而工業關係及勞工檢查局實施工時，工資，休息，休假等一般勞動條件檢查。

我國勞工檢查制度於民國二十年採用中央集權制度，由實業部主辦工廠檢查。政府遷台後，中央限於政府人力、物力，乃於民國三十九年授權台灣省成立工礦檢查委員會，辦理工廠及礦場之檢查，雖受中央政府內政部監督，但本質上為採用地方檢查制度之精神。民國五十九年，另在建設廳之下成立礦務局，專責礦場安全檢查業務。民國五十四年，中央授權經濟部加工出口區管理處辦理工廠檢查業務，民國五十六年，台北市政府社會局設置工礦檢查所，民國六十八年，高雄市政社會局設置工礦檢查所，最近新竹科學工業園區亦自行辦理勞工檢查業務。因此，如何能統一事權，使之執行步調一致，以收檢查績效，再度成為重要研討課題。

肆、作業環境影響工作意願

推行安全衛生工作除了保障勞工生命安全與健康外，主要目的為提高勞動效率與生產力。按資本、機器、土地與勞動力為生產四要素，其中尤以勞動力最為重要。大家都知道，企業經營的最高目標為獲得利潤，而獲取利潤以增加生產力、降低成本為有效途徑，如果每一位經營者都能有損失控制之觀念，提供安全舒適的作業環境，即能激發工作意願減少意外事故發生，因此必須做好安全衛生工作，實施無傷害工時紀錄，減少失能傷害損失。

在過去一年來，我國的工商業一直在景氣低迷的情況下艱苦撐持，業者期待經濟景氣之復甦。所以如何改善投資環境提高投資意願，又成為現時熱門的話題。事實上，投資意願與工作意願是相輔相成的，因此，在我們大聲疾呼鼓勵提高投資意願的同時，也應正視勞工工作意願的問題。

投資意願主要在於有利潤可圖，而有利可圖必須在自由經濟下具有產品競爭能力，欲提高產品競爭能力，必須追求工作效率之提高，降低生產成本，提高勞動生產力及產品之附帶價值，此非提高勞動意願不可。因此提高工作志願為鼓勵投資意願之基本工作。工業先進國家均因勞工教育水準之提高，而對就業環境之需求諸如安全衛生及福利等，以及工作素質之改善要求提高，因此工業心理學等除了注意工資報酬外，應注意到工作誘因與工作激勵，以作增加生產及改善勞工生活的張本。目前國內工廠僱用工人流動力很高，另一方面則因工人不願參加他們的工作行列，如不設法改善工作生活的素質，提高安全衛生設施，將不易僱到足夠的工人擔任預定的工作，這也是目前投資者應考慮的另一個重要問題。

伍、全面推行自動檢查制度

勞工安全衛生法第五條已明訂設備及環境之安全化為雇主之責任，雇主應詳加研究法規實施自動檢查養成守法的習慣，政府機關處於監督檢查之地位，因為一個意外事件發生除了處於靜態不安全的環境與設備外，工人不安全行為與動作應為主因，因此唯有雇主自行實施安全觀察，執行標準操作程序及增加安全訓練等才屬澈底有效，這些動態的預防工作，政府檢查人力一般來說是無法代勞的。

由於政府監督檢查人力之不足，另因安全衛生工作應自事業單位自行自動自發做起方能有具體之成就，因之政府近年正大力推動自動檢查制度，其用意甚佳，且目標正確。但此種制度除了法律之強迫制裁外，另有激勵自行改善工作環境，減少及控制損失之深一層涵意。惟目前自動檢查之選擇實施對象，僅以雇用人數多少為依次實施對象，未能全面普及並予以適當之安全衛生評鑑，以評估其自行實施檢查之能力。安全衛生評鑑係依工廠設置安全衛生組織人員及設備危害，傷害率等加權評估，並列其等級，先進歐美國家民間服務機構及保險公司等皆已有安全衛生評鑑分級之制度可循，另外政府實施勞工保險制度，亦可採取勞動災害保險制度，以勞工災害率較高或安全衛生評鑑較差之單位負擔較多之保險費率，從而促使雇主更重視工業安全衛生工作。

陸、幾項應有配合措施建議

一、輔導工會協助推行勞工檢查工作

政府應該輔導工會，健全組織，強化功能，使勞工組織在實施安全衛生工作扮演積極而穩健的角色，減少政府檢查的實質困難，同時促使工廠建立良好之安全衛生管理制度，以工人直接參與安全衛生改善及監督改善之力量，努力促進勞資雙方之認識與協調，協力辦好安全衛生工作。

二、健全勞工法令使之完備以簡化

現行勞工安全衛生法規種類繁多，且政府管理工作過於繁瑣，應加適當檢討修正，合併或簡化；同時政府公布勞工法規過去偏重政府之意見，公布前未採行驗證或試行階段，增加日後執行之困擾，將來勞工界及企業界應多參預法規之制定工作，如此才能兼顧大眾利益，方便執行。

三、積極推行勞工安全衛生服務制度

民間安全衛生服務機構，對推行安全衛生工作幫助甚大。由於一般事業單位均缺乏安全衛生專業人才，所以政府應輔導民間普設財團組織之服務機構，高薪羅致專業人才以為廠商提供技術服務，並加強民間安全衛生宣導教育活動，而予以必要的財力及人力上之支援，擴大其服務項目與品質。

四、積極設置勞工安全衛生研究機構

安全衛生工作具專業化科技，需學術機構及安全衛生研究機構之參與，先進國家皆有工業安全衛生職業醫學、勞動科學等研究機構之設立，國內則尚付闕如，應有積極設置之必要，以廣聘專業研究人

員，充實圖書、雜誌及器材等，以提高安全衛生水準。另積極派員參加國際性安全衛生會議或研習，並考慮國內舉辦國際性安全衛生會議之可能性，以提高安全衛生地位，吸取先進國之實際經驗，對國內推行安全衛生工作助益必大。

五、置勞災專屬醫院照顧傷殘勞工

應用勞保基金設置勞動災害專屬醫院，照顧傷殘勞工，並有計劃培養專業醫師，加強醫療診斷及職業病鑑定工作，對罹病勞工有效的保障與救濟。日本勞動省所設置之勞災醫院、國立公眾醫學院，並從事勞動衛生研究與職業病預防，且對中小企協助特殊健康檢查工作，對罹病勞工建立健康管理手冊，由國家負責長期健康管理責任，成效顯著，可供國效法。

柒、結論

我國憲法第一五三條明文規定保護勞工為我國基本國策，並於第十五條將工作權之保障列為人民的基本權利。由時代的進步和生活水準的提升，對於上述工作權的要求，已不再以獲得工作機會為唯一滿足，因此，工作場所安全衛生的種種措施，應被合理的認為是工作權的延伸，受到應有的重視。而在企業界方面，企業家本應避免被譏為「狹隘的經濟動物」，倘能在提供工作機會的同時，關切勞工的生命與健康，才是應有的社會責任。如此，必能強化勞工與廠方之間的認同作用，本協調合作原則發展事業，兩得其利。

隨著社會經濟結構的改變，政府與民眾對於企業活動的干預程度，也愈來愈強烈，例如對環境的保護，對消費者的保護，及對職業安全衛生的強調與要求。然而，政府實施勞工檢查的目的，乃在於促使勞資調和而非對立，其執行處罰亦如「老鷹隱藏它的利爪」為不得已的手段。總而言之，勞工問題牽涉至廣，有賴於勞工、雇主、政府及各方面密切配合，誠意檢討，才能獲得解決，並具成效。

台中黎明辦公區

台中黎明社區，是台灣省政府於一九七四年興建的社區，作為省政府員工住宅及辦公區使用，總戶數共有一三一六戶，黎明辦公區則於一九七八年完工，面積約十公頃，是中興新村以外台灣省政府的第二辦公區，有ㄇ型三棟建築，中間為大禮堂，左右分別是勤政樓與廉明樓，還有莊敬樓、自強樓、至善樓，都是新建大樓，工礦檢查委員會搬至勤政樓，其他主要單位有水利局、地政局、環境保護局、合做事業管理處、訴願委員會、文獻委員會等單位，也先後從干城營區搬入黎明辦公區，在嶄新的建築及環境辦公。

工礦檢查委員會搬家，我也搬出中興新村單身宿舍，住進辦公室租賃的宿舍，而家人也搬來台中同住，小孩轉學就讀，重新適應新環境，似有長期抗戰的打算。在這個時候，我也遵從先父遺願，回鄉下整建老舊房子，於一九八四年仲春完成。

至於新辦公室是在高樓辦公，視野開闊，環境整潔寬敞，煥然一新，帶來新氣象。我的辦公室還是由李芷嬌擔當秘書工作，她聰明能幹、是非分明、誠懇負責，對文學詩詞有濃厚興趣，素養高人一等，能幫我處理文件、撰寫書函、打理雜務，是一位難得同事兼幫手。後來，她與檢查員林明修結婚，夫妻恩愛，鶼鰈情深，幸福美滿。

蔣文白是新任的主任秘書，他從軍中校官轉任文職，具有忠誠服從、吃苦耐勞的個性，承上轉下，溝通協調，盡職盡責。其他同事，例如：黃清嶺專委負責行政管理、李文元秘書負責技術總監，而游辛池、侯水棟、李海龍、李丙寅分任各組組長，陳大森、蘇德勝、范振雄分任各站主任，各司其職，在專業有優異表現。此時相繼進用不少檢查員，為檢查工作注入新血，我的同學王玉章也成了同事，他是我的同鄉，農家子弟，在軍中服役多年並曾送往美國受訓，有專技也有文采。

這時候，原任社會處長許宗德改由趙守博出任，順理成章也兼任工礦檢查委員會主任委員，視勞工行政為社會行政的一環，對業務關心較多也較深。他在中央警官學校畢業後拿到中山獎學金，赴美國伊利諾大學並獲法學博士學位，學成歸國，曾在救國團總團部及國民黨中央黨部服務，後來得到省主席謝東閔賞識，才拔擢出任台灣省政府新聞處長，林洋港主席時代轉任台灣省府委員，而到李登輝主席時代接任社會處長，為台籍青年才俊，博學多才，敢言雄辯，有時讓人感覺年輕氣盛、恃才傲物，理性多於感性，重權威式領導而忽略了與人之間的感情互動。

台灣省勞工檢查委員會

我國勞動基準法於一九八四年七月三十日公布，同年八月一日起生效施行，可以說是一項新興的立法，在此之前，有關勞動條件保護立法，分別散見於工廠法、礦場法、工廠檢查法、職工福利金條例、基本工資暫行辦法及台灣省廠礦工人退休規則等，零星落索，位階不足，執行不易，亟需整併，乃制訂本法的重要依據。勞動基準法為規範勞動條件的基本大法，涉及勞雇雙方權利義務事項至為複雜，非但與勞工生存權和工作權有極密切的關係，而且也對雇主財產權和管理權產生很大的影響。從而可知，勞動基準法不僅是維護勞工權益的工具，同時也是保持勞資和諧關係的重要手段，有助於生產秩序的改善和建立，堪稱進步的立法。

勞動基準法第十章監督與檢查，第七十二條第一項規定：「中央主管機關，為貫徹本法及其他勞工法令之執行，設勞工檢查機構或授權直轄市主管機關辦理之；直轄市、縣（市）主管機關必要時，亦得派員實施檢查。」第二項規定：「前項勞工檢查機構之組織，由中央主管機關定之。」明定檢查機構之名稱、設置程序等。為配合勞動基準法前述有關規定之實施，於是原有「台灣省工礦檢查委員會」，於一九八六年七月一日起改名為「台灣省勞工檢查委員會」，現職人員隨之改任換敘，職務不變，薪資待遇相同，換湯不換藥。後來不久又被整併為「勞工處」。

邱創煥省主席的時代

台灣省主席李登輝高升副總統，由邱創煥於一九八四年六月九日接任省主席，而在社會處長方面，則於一九八七年由許榮宗接替趙守博出任，仍兼任勞工檢查委員會主任委員。許榮宗原任省府副秘書長，是主席身邊紅人也是家臣，因為社會處長連續都由彰化縣「出產」，包括田尾鄉邱創煥、田中鎮陳時英、田中鎮許宗德、鹿港鎮趙守博、田中鎮許榮宗，「彰化幫」之說，不脛而走，是巧合？是刻意？

邱創煥主席任內，在台灣社會有了巨大變動，尤其民主運動蓬勃，影響政治發展深遠，雖然首當其衝的是中央政府，但省政府不能置身事外，必須以嚴肅態度看待，不是敷衍可以了事的。

首先是，一九八五年五月十六日為「省政府委員」預算違法，以多數暴力強行通過，引發黨外十四位省議員集體辭職抗議，在政治上凸顯國民黨違法違憲事實，而且也間接影響次年民進黨的組黨；其次是，一九八六年九月二十八日黨外後援會推薦大會於台北市圓山大飯店舉行，一三二位與會人士簽名組成民主進步黨，並由黃爾璇、尤清與傅正起草黨章與黨綱，迫於國內外情勢，蔣經國總統以「時代在變，潮流在變，環境也在變」而默許其成立，但成立之初並未得到國民黨政府的承認，而在新聞報導時刻意以「民×黨」、「×進黨」或「所謂的民進黨」字眼取代，表示否定與不承認；再其次是一九八七年七月十五日，中華民國總統蔣經國宣布解除戒嚴令，解除報禁、黨禁，民進黨繼續結合串聯各項社會運動，引爆台灣社會更多的參與和響應；其後於一九八八年一月十三日蔣經國在中華民國第七任總統任內病逝，蔣氏王朝並隨之結束；而在一九八九年末的縣市長選舉中，民進黨取得了台北縣、宜蘭縣、新竹縣、彰化縣、高雄縣及屏東縣等六個席次，又在增額立委選舉中取得二十一席。當時年代，是民主運動風起雲湧的年代。

民主進步黨為本土政黨，挑戰一黨獨大的中國國民黨，打破禁忌，逐漸獲得民意支持，開始被認同被接納，日益壯大，對自由民主帶來正向的力量。在這之前，黨外活動與集結，功不可沒，尤其當時省議會因有民意基礎，不同於日漸被人民蔑視、唾棄的「萬年國會」，儼然成為台灣的政治重心、媒體的焦點，才是真正的「議事殿堂」。那些年，我親眼目睹省議員質詢省府官員的精彩畫面；我親眼目睹省議員選任尤清為監察院（第一屆增額）監察委員的刺激過程；我親眼目睹省議員蘇貞昌、游錫堃、謝三升「黨外鐵三角」的亮麗表現，深深地感動人心。

蘇貞昌與我同是國際青年商會的會員，在一九七八年我們分別出任台北國際青年商會與首府國際青年商會會長，他因表現傑出獲選當年度「全國最優秀會員獎」，而我因主辦亞太大會空前成功獲選當年度「全國最優秀分會獎」。他言詞犀利，辯才無礙，後來，他被推舉競選「中華民國總會會長」，我則推薦我的前會長王世榕參選，粉碎了他的總會會長夢，不免對我耿耿於懷，但我想這一役的「輕傷」，對他日後走政治路、擔當「重責」，或許也是「推力」。

我和蘇貞昌在中部再度相遇，我在省政府他在省議會，雖然角色有不同，但理念並無差異，我甚為珍惜昔日舊識情誼，把當時省府組織概況與運作，政治生態與氛圍，甚至質詢事項與內容，提供參酌及交換意見。因為與他的這一層關係，我認識了游錫堃，他們已成為省議會的風雲人物，他們的聯合質詢最具震懾威力。我記得，有一次在省議會總質詢會後，蘇貞昌和游錫堃寧可缺席了邱創煥省主席的邀宴，直言要與我餐敘吃家常便飯，在別人眼裡這是「異數」，但我並不在乎。

那時候，很多人都有一個想法，如果當時質詢的對象換成林洋港省主席的話，肯定會是「仙拚仙」，而有更精彩的對話，激發出更多的火花，並且更有看頭，更可以大快人心。其實「英雄惜英雄」，我也牽線介紹蘇貞昌與時任內政部長的林洋港正式會面認識，安排在台北「通天閣」日本料理，把酒言歡，當時另有蔡兆陽陪伴，氣氛融洽。

在當時省議會已出現有省議員以台語問政，對不諳台語的外省籍官員是一大難題。記得，每次民政質詢的時候，勞保局總經理王家銓就坐在我鄰座，遇他被質詢我必須在耳邊充當即時翻譯，或臨時提供小抄，如果時間急迫的話，甚至直接告訴他應該答詢的內容，百無一失，從不「漏接」，所有的人都以為他很厲害能聽懂台語，其實是靠「通風報信」的結果，從此我們有了革命感情，交誼也更加深厚。

有一句話說：「君子之德風，小人之德草，草上之風必偃。」又說：「政者，正也；子帥以正，孰敢不正？」其實，所謂「風行草偃」，可說是「上行下效」之意。當年省政府所在地，因地處偏僻，缺少娛樂，中興新村遂成了「麻將城」；林洋港就任省主席之後，因為他喜愛登山健行，所以多數人也跟著登山；李登輝因喜愛高爾夫球運動，一些主管就轉移了嗜好打高爾夫球；邱創煥接續前任者興趣，省政府上下繼續風行高爾夫球運動，甚至有專屬的高爾夫球場，並已蔚為風氣。

事實上，我接觸高爾夫球運動是在更早時候，當年我的同鄉陳如舜是我的啟蒙老師，一起在台北青年公園練球。到了台中黎明辦公區，才與當時的地政處長許宗德以及環境保護局主任秘書古煥松組成了「黎明高爾夫球隊」，以球會友，按月邀請隊友聯誼。那個時候，經常在一起打球的好友還有羅得村、方胡通、陳祐治、張克仁、杜博仁、李正凱。經常一起聚首的好友有饒裕益、林助雄、張倉明、方政治、劉文斌、蔡祥通、林寶卿、黃西川等，當年在一起的時光，很令人懷念。其中，李正凱是同事也是好友，他中風早逝，讓我悲傷很久。

台灣省政府勞工處

勞工檢查為國際勞工檢查公約，所揭示的重要制度，也是實現勞工法令與勞工制度，應有的一種行政工具，已經普遍為世界各國所採行，在工業愈發達的國家，愈能體認其重要性，並且受到重視。我國從一九五一年草創台灣省工礦檢查委員會以來，迄一九六三年由兼辦正式成為獨立機構，復於一九八六年更正機關名稱為台灣省勞工檢查委員會，在機關組織方面先後做了十二次的調整和修正，以適應業務不斷的發展和擴充，在維護勞工權益方面扮演著重要角色，如此歷經三七個寒暑，忠實服務勞工，一直到一九八八年一月十五日成立台灣省政府勞工處，才功成身退。

我專職於台灣省勞工檢查委員會副主任委員，將近九年時間，好像累積了長期的工作經驗，其實易如反掌的重複動作，不叫經驗也不叫挑戰，說真的，日子好混，但並不紮實，還是缺少飽滿的成就感、滿足感，有時甚至感覺一事無成、一片空虛，茫然不知所以。勞工處成立的前夕，當時行政院副秘書長吳祺芳主動關心處長人選及我的去留，他是從前經濟部的長官，他轉來省主席邱創煥的訊息，大意是說，我屬於林洋港的人馬，會禮遇我但不會重用我。事實上我早已了然於胸，並不覺意外。

台灣省政府原定一九八八年一月五日分別成立勞工處及環境保護處，其中勞工處為新設，由勞工檢查委員會與社會處第一科、第六科和各區職業訓練中心以及就業輔導中心合併設置，而環境保護處則由衛生處環境保護局直接升格。但後來因故而延期，有一說是辦公廳舍尚未完全安排就緒，亦有一說是首長人選尚未經行政院會正式任命。趁此業務青黃不接的空窗期，應邀與黃健一赴澳洲考察，並獨自前往紐西蘭旅遊，對這兩個位於南半球的國家，美景如畫，讓人流連忘返。

一九八八年一月十五日，台灣省政府勞工處正式在台中黎明辦公區成立，其實在之前一九八七年八月一日，內政部勞工司已改制升格為「行政院勞工委員會」，成立中央行政層級的勞工部門，統籌全國勞工事務，首任主任委員鄭水枝為「大老闆」，他曾任樹林鎮長，台北縣議員及立法委員。

勞工處成立在省府是盛事，由主席邱創煥主持成立及布達典禮，就如同當初內定及預期，處長由省政府副秘書長蔡憲六擔任，副處長一職則由我出任。邱創煥主席強調，勞工處工作同仁的服務態度，應有愛心與耐心，全心全意為勞工服務，來增進勞工福祉，來調和勞資關係，並勉勵同仁今後加強下列五項重點工作：一、導正勞資觀念；二、切實執行勞動基準法及勞工安全衛生法；三、增進工會組織功能；四、重視勞工教育與技術進修；五、調整縣市勞工行政組織並充實其員額等。

勞工處既然由勞工檢查委員會與社會處部分科室合併設置，然而業務整併容易，人員磨合則需要時間。回顧來到省政府之後，我與勞工行政已結下不解之「緣」，總是在「勞工界」打滾，但對於「承上啟下」的職責，從未懈怠輕忽。不過，對於安全衛生檢查系統同仁而言，就像從「透天厝」改住「高層公寓」，多了行政層級，少了檢查特性及獨立性。

勞工運動風起雲湧

一九八九年前後，正當台灣勞工運動風起雲湧之時，引發了許多勞資爭議以及罷工事件，例如一九八八年桃園客運罷工事件、一九八八年台鐵局司機員罷工事件、一九八九年遠東化纖罷工事件等，也成就了著名的工運領袖，包括：羅美文、曾茂興等人。其中台灣鐵路管理局所轄「司機員」約有一千四百人，不滿將「公務員兼具勞工身分」的火車司機認定為公務員，排除適用《勞動基準法》規定，苛扣「加班費」，而以「集體休假」名義進行罷駛，實際上已達罷工實質效果，為第一件最大規模的工運罷工事件，也成了勞工運動的濫觴，創造以休假怠工進行實質罷工的模式。

勞權意識的抬頭、對抗雇主無理的壓榨、爭取自身應有的權益，乃是工運發展的趨勢，都能獲得民眾的廣泛支持。然而，工運的蓬勃發展，終究引來資方和國家機器的強力反撲，對工運採取了強硬的鎮壓行動，工會幹部、工運人士遭受資方不當解僱，甚至羅織罪名使受牢獄之災，當時律師郭吉仁、立委尤清、黃主文等都適時伸出援手，並助一臂之力。另外，馬赫俊神父在天主教支持下，成立桃園「愛生勞工中心」，從事勞工教育與服務，也支援勞工運動，為歷史留下見證。台灣基督長老教會，秉持耶穌基督的信仰及人道主義的立場，與弱勢者同擔苦難的精神，亦於一九八九年成立「勞工關懷中心」，除了輔導各類工會自立、自主外，並致力於基層勞工意識的教育工作，包括勞工意識的啟蒙、人才培訓、勞工權益之倡導以及推展工業社會工作等事工，實際從事關懷基層勞工朋友，貢獻良多。

紓解勞資糾紛

勞工處成立伊始，工運如雨後春筍般的蓬勃發展，方興未艾，在工運相對活絡的時代，勞資爭議在所難免，為應付日益頻繁的勞資爭議案件，公權力行使格外謹慎小心，往往兩面不討好，曠日費時。所謂勞資爭議，指權利事項及調整事項之爭議。前者指勞資雙方當事人基於法令、團體協約、勞動契約之規定所為權利義務之爭議；後者指勞資雙方當事人對於勞動條件主張繼續維持或變更之爭議。

當年的爭議，以交通運輸業尤其客運及鐵公路最常見，包括集體休假、年終獎金或工廠工人退休金、資遣費等，為此投注大量的人力物力，排解紛爭。事實上，基於勞工行政主管機關的立場，唯有持之以公正、超然的心態，竭力將各類爭端「單純化」，化繁為簡，才能妥善化解。而勞工行政基層主管單位處於第一線，辛苦為勞資抗爭問題取得協調平息之餘，更當切記癥結發生所在，並引以為鑑，不重蹈覆轍。

勞資爭議事件，是目前產業、經濟、社會結構應變下不能避免的問題，勞資雙方應以平和漸進的方式，維持一個談判協調的空間，儘可能在談判桌上攤開來談，不能動不動以尖銳激烈的手段為訴求。雖然勞工朋友一再強調生存權、工作權應受尊重，但這些都必須依附在社會中才能突顯出它的實際意義；相對的，雇主對於企業的管理權、經營權也認為不應受到侵犯，事實上在勞工運動中，雇主於經營企業的同時，應該了解到勞工法令訂定的精神及時代背景，順應時代潮流，多為勞工權益而考量。

我常認為，「任何競賽或遊戲，皆有規則可循，只要選手不逾越，種種抗爭情事自可消弭。」也認為，「只有對勞工法律專業知識的不斷充實，是真正紓解勞資糾紛的根本。」對任何爭議都須留下談判空間，才能避免兩敗俱傷。所謂勞資和諧，並不是要其中一方全盤忍讓接受，雙方為求得共識必須要有所讓步，所以勞工行政單位在處理爭議的中立立場上，思維要慎密，不能偏頗，否則很難獲得勞資雙方的認同。也就是說勞資爭議處理過程中，如何在雇主的財產權、經營權與勞工的生存權、工作權之間，能夠一直守住平衡點。

就在一次訪談中，記者王芝君以《勞資糾紛剪不斷理還亂》為標題，描述我抽絲剝繭細調理，一派氣神閒洋溢鄉村古意：

明快而不失樸實，正是林豐賓給人的頭一眼印象。在勞工、勞資問題益發糾纏待解的今日，勞工處的成立毋寧可視為負有時代性的責任，有關首長的表現與政務推行自令各方矚目。身為副處長，林豐賓感受的工作壓力或許較可減少一丁點，但他所散發出來的寧靜、和平的氣息，與他田野心性與冷靜的邏輯頭腦不無相關。

看起來彷佛四十許人的林副座，自稱是日據時代人物，他老家住在日月潭，因此他常告訴別人自己是「山地平胞」。這位「山地平胞」在分析事情時，可是條理分明，脈絡清楚。林豐賓說，這與當年考入政治大學第一屆法律系，在學校接受的法律訓練有關。

但是學校畢業後，他並未成為律師，反而一直在公家機關的行政單位服務。略為沉吟後，林豐賓表示，其實他自己非常喜歡有關法的訓練與思考，能使他用冷靜的思維面對社會、面對人生，就好比他平常對社會現象的注意與社會問題的探討就有極大的興趣，卻不願意成為公眾人物，不喜歡在大眾媒體上曝光。

以勞資問題層出的現象而言，他就認為，教育民眾尊重勞基法的立法精神要比推行來得重要多了。簡單而言，林豐賓可說是個愛「法」而尊重「法」的人。聽起來好像很嚴肅，然而另一方面，他又很念舊，很樸實，很輕鬆。

工作之外，他也會暫離煩瑣的塵囂，攜妻帶子呼朋引伴回到日月潭老家，在田園中種植花草，常被太座戲稱「拈花惹草」；或者也打打球，舒散筋骨一番。

在辦公室中，他自備了咖啡組具，偶爾泡一杯濃郁的咖啡自嚐或招待來賓，然後他會對人說，某某年他在台北市中山北路一家咖啡店裡喝了一杯道地的藍山咖啡，和藍山咖啡的起源，這是他的生活情趣。

然而在輕鬆的心情下，又有一分篤定，或許，正是「書生自有安邦策」的信念吧！

毅然決然轉換跑道

我的同學尤清代表民主進步黨角逐台北縣長，經過激烈的競爭和開票過程，幸運當選，並在一九八九年十二月二十日就任。他邀我出任主任秘書，在當時是幕僚長兼副首長角色，因商調函在翌日送達省政府時，消息走漏，在那以後的幾天，意外成了「熱議的話題」、「焦點的人物」，並且有著諸多揣測，有祝福也有惋惜，不過我還是處之泰然，認為只要符合興趣那裏工作都一樣，沒把它看成太嚴重。

當年在國民黨一黨獨大的政治氛圍下，突如其來的決定的確「驚人」，好像我已「捨棄了什麼」、「背叛了什麼」似的，投效到「沒有將來」的陣營；何況是一位省府副首長寧肯「降職」、「減薪」、「屈就」縣府的幕僚長，更是「破天荒」的大傻事。於是乎，我就成了「異類」，把角度放在我是無黨籍以及與司法院長林洋港的連結，而忽略了我與尤清的同窗情誼，以及想做事的那份衝動，尤其是「浸」在省府九年不進不退、寄人籬下的情境，理該有所改變。有關這幾天的新聞報導，包括：

聯合報　記者唐福春　一九八九年十二月二十二日

尤清同窗　省勞工處副處長

林豐賓　可望出任北縣主秘

不在乎「降級」　只希望能做點事

超級大縣台北縣政府的主任秘書人選，縣長尤清正式向省府商調台灣省勞工處副處長林豐賓，此一人事任命，將呈台灣省主席邱創煥裁定。

可望就任「重量級」主任秘書的林豐賓，現職簡任第十一職等，七十四年已取得第十二職等任用資格，改任縣府簡任十或十一職等職位，就行政官僚體系而言是「降級」了。

林豐賓昨晚接受訪問說，他是專業公務員，到那裏工作都一樣，只要能多做點事，不會在乎職等；但在此一人事未定案前，他不便表示意見。

非國民黨籍縣市長已成立「縣市長聯盟」，台北縣長尤清扮演重要角色，如林豐賓就任該縣幕僚長，因是無黨籍，政治背景單純，頗具挑戰性。

＊　＊　＊

台灣日報　記者方培敬　一九八九年十二月二十三日

不幹省勞工處副處長寧可當尤清幕僚長

林豐賓「降調」甘之如飴

省勞工處副處長林豐賓，被台北縣長尤清商調出任縣府主任秘書，引起省政圈內的注意，成了這兩天的焦點話題。

民進黨籍的台北縣新任縣長尤清，之所以被外界認為爆出冷門的找上林豐賓出任他的縣府主任秘書，有兩個原因，第一是真的找不到合適的人，原先有關主秘人選屬意康寧祥的傳說，只是說說而已，關於層次的關係，於尤、於康均不相宜，才找上老同學林豐賓；第二是林豐賓是尤清國立政治大學法律系同居畢業的同學，又是常相聚會的青商會友，最主要的是林豐賓無黨籍的「純」性，和他那種不重視名利的瀟灑個性，尤清認為是最理想的人選。

在林豐賓答應尤清出任縣府主任秘書來說，既無名利，也不沾政治。林豐賓官至簡任十一職等，並已取得十二職等資格，現任省府二級單位的副主管，他不是執政黨員，這一點對他的仕途雖無影響，但也顯示，他的個性，對名利並不太重視。這次答應老同學去幹縣政府十職等的主任秘書，比起十一職等又具有十二職等資格的副處長，在職務層次上由省府到縣府，算是降了一級，論利，除了縣長的額外津貼外，拿的薪俸也比現在要少得多，再就政黨分際上，他為民進黨籍的縣長當幕僚長，有人認為他是走上「不歸路」。而林豐賓卻瀟灑的認為，去台北縣不是為名、為利，更沒有政黨的政治因素，純是為了幫老同學的忙，談不上是走上「不歸路」。

林豐賓的商調公文經邱主席核准後即成為事實。離開省府是走定了，至於，林豐賓的此一去，對他自己的將來，是對？是錯？端看未來的發展和變化了。

＊　＊　＊

台灣時報　一九八九年十二月二十四日

尤清打的如意算盤　省主席點頭了

林豐賓轉任北縣府主任秘書

省主席邱創煥昨天上午批准勞工處副處長林豐賓轉任台北縣政府主任秘書，勞工處副處長人選將由主任秘書黃癸楠內升或省訴願會執行秘書柯欽郎轉任。

台北縣人口三百萬為台灣第一大縣份，民進黨強棒尤清入主縣政之後不斷推陳出新，主任秘書人選經過輾轉波折之後，省府已同意由林豐賓出任，省人事處昨並趕辦手續以應急需。

林豐賓在省政府蟄伏多年，七、八年前即擔任省工礦檢查委員會副主委，俟勞工處成立乃出任副處長，他處事嚴謹、理念開明、待人懇切，是省府公務部門行政主管中少見的非國民黨籍人士。

林豐賓生長在鄉間作風平實，對於司法院長林洋港堂兄弟親誼絕少提及，他遇事推理更不以黨派親屬論衡，不喜攀附權位官場積習。他和尤清的大學同窗交誼頗深，和苗栗縣民進黨縣議員陳文輝也是二十幾年深交，當年在木柵指南山麓一同賃屋研談新知暢論人世，如今更在政治舞台上相與輔佐。

尤清與林洋港政黨隸屬各異，但惺惺相惜之情則一，三年多前林氏在行政院副院長韜光養晦，民進黨甫成立，尤清還特別前往拜會共抒對世局國事看法。

此次尤清有請林豐賓轉職北縣，一度引起敏感聯想、揣測則肇因於此，加上歷來主任秘書人選都是國民黨特別側重的幹才，林以無黨籍身分頗為特殊，國民黨難以置喙，但台北縣與省府往後必然會時生齟齬造成事權對立的緊張，林豐賓挑起大樑居間協調應可化干戈為王帛，使地方自治工作順利推動，並避免無謂的紛爭，這也是相得益彰的安排。

說清楚講明白

事實上，「尤清有請同學當師爺」很單純，因為受限於縣市級行政體制，並囿於人事法規，他找不到有高階事務官任用資格的人，於情、於理我應該幫忙，況且當時自己也有思變的念頭，沒有所謂「三顧茅廬」、「透露不尋常訊息」的情事。我自己很了解，沒有大家想像中的那麼「偉大」，更沒有想像那麼「複雜」，就如同之前我所說的，「自己是一個平凡的人，將以平淡的心，去做平實的事」。

不過，在做決定之前，我確實在台北見了林洋港院長，他瞭解狀況後表示：「無論是做人或做事原則，你都該去幫忙老同學。」我問：「那我以後該怎麼做才好？」他說：「你的工作能力我不必擔心，不過要注意自己的健康。」接著又說：「待人以誠最重要，有事可以找洪吉春議長幫忙，我會拜託他！」這些話我銘記在心。後來我也找了許宗德、張嵩林、古煥松、杜博仁、劉文斌等人商討才有了結論。

聽說，商調公文在省府主席同意之前，有傳聞考慮調整我的職務，或為副秘書長或為台汽公司董事長，不過也僅止於傳聞，並未獲證實。其實，在當時縱使不獲核准，我也做了最後打算。至於勞工處長蔡憲六對人事異動「深表惋惜」，應該屬於「官話」，表示「生米已煮成熟飯了，不讓他離開也不行」，或許只是「氣話」。

新生報　記者林美玲　一九八九年十二月二十七日

被商調任北縣主秘
林豐賓　說端詳

因為台北縣縣長尤清，商調擔任台北縣政府主任秘書的人事案，提前曝光，而成為新聞目標的省勞工處副處長林豐賓，從本（十二）月廿一日傍晚就已行踪成謎，昨（廿六）日他結束休假第一天上班。

在接受訪問時他表示，這件人事商調其實事出突然，他也只是比大家早知道幾天而已。

至於從廿一日起，他的行蹤也並非如大家的各種揣測，只是因為有國外的好友來訪，特別請幾天休假，陪陪老朋友、略盡地主之誼。

接著他以慣有的輕鬆和坦誠，提到了台北縣長尤清商調的經過，以及他這幾天的行蹤。

林豐賓說，尤清縣長首次和他聯繫，是在十二月十四日那天，因為當時他人在金門，所以並不知情，直到十五日下午，回到台北才知道，並且只是在尤清要見李煥院長的前一個小時，才大致當面提到了這件事。

尤清當面很詳細的說明了他的建設構想，並且明白的表示，請他來不是要當幕僚長，而是要一起共事，希望能真正的為台北縣民盡量做事，因此也希望他能回去再考慮。

經過自己的思慮和掙扎，林豐賓在十八日晚上，並且特別把幾位至親好友請到家裡來，促膝商議反覆的考慮，直到十九日凌晨三點才做了決定，並且立刻打電話給尤縣長。

尤清於是約了他在十九日，於他在立法院發表了臨別談話後見面，兩人並且商談了一小時，才作決定。雖然尤縣長急著希望在第二天，縣長就職時公布這項商調的消息，但是因為他的要求，希望能尊重行政倫理，而暫時不對外發表，並且派了專人送件，以求能確實保密。

十二月廿一日人事商調曝光的當天，他正帶省府重大勞資爭議協調會報的全體委員，訪問美上美公司和遠東機械公司，並主持了座談會，直到傍晚才知道消息曝光，因此提早回到了辦公室，當晚就趕回魚池鄉的老家，因為遠從美國邁阿密大學來的幾位教授，也是老朋友，正在家裡等著他。

廿二日起他請了休假，抱著偷得浮生半日閒的好心情，陪著好朋友們四處走走，然後到日月潭去吃中飯，晚上到南投縣議長粘國西家中喝茶敘舊。

廿三日上午陪著老朋友們到九族文化村去玩了半天，因為有不少人打電話找他，於是回到了台中的家裡。

廿四日陪著三個朋友，去打高爾夫球，才發現自己成了新聞人物，球場上認識和不認識自己的球友，都紛紛過來給他鼓勵和支持，是他最感動的一天。晚上因為難得回家的孩子們都回來了，大家過了個心情百味雜陳的聖誕夜。

林豐賓說，其實做了這次的選擇，只有一個原因，就是希望能夠和老同學一起，好好努力的做做事，並且得到大家的支持和肯定。

* * *

民眾日報　記者劉善忠　一九八九年十二月二十八日

新任縣府主秘
千挑萬選　幕僚長終於出爐
尤清借重林豐賓勞工法令長才

經過精挑細選，台北縣政府主任秘書終於千呼萬喚始出來，由省府勞工處副處長林豐賓擔任，這也是台北縣政府幕僚長在國民黨視為「禁臠」四十年之後首次由無黨籍人員擔任。

據了解，尤清當選台北縣長，為了突破台北縣建設之瓶頸，推行縣政無礙，施政得心應手，苦思尋求幕僚長人才，除了要有協調折衝之能力外，省府，中央人際關係必須良好，才能扮演下情上達之橋樑溝通角色，最好是現任政府機構的官員又是無黨籍才能勝任，尤清找來找去，找到了廿五年前在政大法律系的同窗好友省府勞工處副處長林豐賓，尤清認為這名同學在政府機關任職多年，尤其在省擔任重要職位長達六年以上，又是法律出身，對現行法令瞭若指掌，擔任縣府「參謀長」是最好不過了，因此前往移樽就教，初始林豐賓對出任縣府主任秘書一職意願並非十分強烈，尤清於是「三顧茅廬」才感召林豐賓「下山」輔弼。

原擔任十一職等的省勞工處副處長林豐賓，除法律出身，學有專精外，主要係因職務關係與無黨籍身分，不具有濃厚的黨派色彩，處事思惟縝密，得心應手。

台北縣長是民進黨尤清，主任秘書參謀長是無黨籍林豐賓，打破國民黨主政台北縣四十多年的「傳統慣例」，未來台北縣政建設與施政推行之實務運作上，兩人又是同班同學，多年好友，復有法學素養及協調合作能力，尤、林兩人一搭一唱，將台北縣帶進更穩健、更美好的前途與明天，不但有助於實現尤清建設台北縣的創新與突破理想，同時更能強化縣府人事及行政效率。

歡送會上

一九八九年十二月三十日，是我在台灣省政府工作的最後一天。今天的心情很複雜，即將離開台灣省政府勞工處，前去台北縣政府與尤清共事，又難過又期待。回想從北部到中部，從經濟部到省政府，在台中黎明辦公區工作多年，環境熟悉、同事親切，難免有依依不捨之情。

臨別之前，辦公室的氣氛就是「怪怪的」，長官們從未找過我長談。聽說，有許多同仁反映，勞工處應該為我辦惜別茶會，於是蔡憲六處長才同意交辦。在惜別茶會上，我有感而發的講了以下的話：

如果說人類是感情動物的話，那麼我該是一位感情比較脆弱的人。當我走進這大門時，看到諸位如此的熱情，我內心無比的感動，有一種依依難捨、想哭的感覺。但我一再的告訴自己，我是希望帶著信心離開，而不是帶著傷心離開。

當從一個熟悉的工作環境到一個完全陌生的地方，可想而知，多少會令人徬徨不前，說真的，為了此次工作調動，我的確考慮了很多，也掙扎了良久，但當我做了最後的決定，內心反而覺得非常平靜，也因為有這樣的決定，而得到許許多多朋友的關心和鼓勵，甚覺人間到處有溫暖。

諸位都知道，尤清縣長是我的同班同學，他對於今後台北縣政的推動，有他的理想和抱負，在他需要人手幫忙的時候，基於同學情誼，我很樂意能助他一臂之力。雖然有很多人曾經提醒我，地方政治環境相當複雜，而且主任秘書工作非常繁重，今後難免會遇上許許多多的難題。但我也想，或許複雜的環境、艱難的工作更容易讓一個人成長。我們相處多年，也許各位多少瞭解我的個性，其實我就是一位習慣把苦惱留給自己、把快樂分享別人的人。

勞工處就像一個家庭，成立即將居滿二年，在大家辛苦努力下，已奠定非常堅實的基礎，我卻選擇在勞工行政工作亟需要大力推展的時候離開，不能留下來與各位同甘共苦，我感到非常歉意，但我相信在蔡憲六處長的繼續帶領下，必然能夠創造更豐碩的成果，而各位留在這裡工作也必然有遠大光明的前程，不必像我一切必須從頭開始。

今後各位就是我的上級長官，希望仍如往昔一樣協助我、照顧我，當我離開這裡之後，我會懷念這裡的每一個人、每一件事，甚至一草一木都會永遠留在我的記憶裡。祝福大家！

～惜別茶會上，有許多人感到不捨而哭了……

～惜別茶會上，很多人搶著與我拍照留念……

～當我離開後，黃癸楠遞補了副處長職缺……

～當我離開後，我常想念李芷嬌、鄭金水……

～當我離開後，太陽還是每天從東方升起……

第五章　台北縣政府的年代

我在一九九〇年一月三日正式報到上班，之前對台北縣政府是完全的陌生，很顯然這檔差事是一種挑戰、一種考驗，但我還是樂觀的懷抱著熱忱與信心，戳力以赴。我在台北縣服務八年，從最初答應的二年到四年，從縣長一任到二任，始終擔任幕僚長兼副首長的角色，回想起來，那是生命中最精華的一段時日，尤其在政黨高度競爭的夾縫中，有所為有所不為，每天必須面對多少複雜的人與事，而能犧牲享受，享受犧牲。無論如何，這是我平凡的生命中很值得記憶的日子。

在這之前，尤清與我有同學之情，但並無同事之誼，今後一起共事，一切須從頭開始。有一句話說，「共患難易，同享福難」，於我並沒有這方面的困擾，只知道做人與做事的道理都一樣，似乎不必過度憂心。我也體認到：選舉只是政治競爭，但當選後面對的是龐雜的行政工作，這些不折不扣的會落在幕僚長的身上，而我必須勇於承擔，也是此行的目的和正在走的路。我一再告訴自己，不論環境如何的變化，我都願意：以平淡的心，做平實的事，當平凡的人。

第一天報到即「上工」

第一天上班，毫無緩衝時間，來不及熟悉環境，辦公室就有上百件的公文等待批閱，而我也只能嚴謹以待。我沒有新官上任的「三把火」，不過實際上已經思索了三項應該馬上著手的工作，包括：一、簡化公文流程；二、補實人事缺額；三、與議會、媒體建立互信關係。我意識到，今後有漫長的路要走，希望平穩地走過，而不是走得踉踉蹌蹌。

聯合報　記者李龍光　一九九〇年一月三日

前省勞工處副處長　尤清大學同班同學
縣府新主秘林豐賓　今報到

台北縣政府新任主任秘書林豐賓今天到職，原任主任秘書陳延崑已發表省政府參議職務，也於今天向省政府報到。

發跡甚早的林豐賓，予人的印象是待人謙和，做事踏實，相當照顧同仁，此外他還非常孝順，當年他從中央轉到省政府工作，一方面是受到時任省主席的林洋港拔擢，另方面則因父母臥病，家中需要照顧，所以返回中部任職，最後兩老先後辭世，使他善盡了人子的孝道。

林豐賓以卅多歲的英年，擔任省政府工檢會副主委起，原以為可以一帆風順好好施展抱負，替勞工大眾服務，並且報答長官林洋港的知遇之恩，孰料竟在任職單位幾度更改名稱之後，仍枯守原崗位長達十一年，使他頗有意興闌珊的消沉感，這可能是他願以現為十一職等的職位，屈就十職縣政府主任秘書的主要原因。

一般認為，以林豐賓的能力，再加上與尤清在大學同班同學的關係，接任台北縣政府主任秘書後，兩人將能充分配合，林豐賓的長才更可以發揮，所以林豐賓這項選擇，雖然職等降級，但對他來說，未必不是突破現狀另創契機。

縣政府原任主任秘書陳延崑已六十一歲，在台北縣服務的時間超過四十一年，他歷任縣政府秘書，民政局長等職，奉公守法任勞任怨，擔任主秘五年多來幾乎以縣政府為家，天天晚飯後回到辦公室處理成堆的公文，非常辛苦，所以早在縣長選舉之前，他便向當時的林豐正縣長表示，將來無論何人當選縣長，他都要辭卸主秘職務。陳延崑已獲省政府發表參議職務，今天前往報到。

簡化公文作業流程

簡化公文作業流程，既「便民」也「便官」，屬於雙贏，乃行政革新重要的一環。我願當「師爺」，但不樂見自己成「案牘勞形」，更不想見「辦公不辦事」，而讓民眾權利「在字紙堆裡打轉」。我告訴同仁，行政革新很重要，行政革新沒有政治革命那麼可怕，隨時都可以做的。

我要求成立小組研究公文簡化、減量，包括授權、流程及補正手續；公文流程儘可能避免「持呈」、減少「會辦」，並由主管詳實審核負責，而不是蓋章了事；檢討一層決行的公文性質與數量，主要為人事、預算、重大及決策案件；儘速完成分層負責明細表之檢討及修正，使權責相符。

首位女性主管

台灣是相對尊重女性的社會，但在縣政府局處室卻找不到女性一級主管。所以農業局長出缺亟須找人遞補，由陳彩容技正內升，她台大農推系畢業、農推研究所碩士，專長資格符合，學歷好、經驗足，於是台北縣府出現第一位女性一級主管，立刻驚動府內上下，有人喝彩也有人遺憾，更有人反彈。事後她以卓越的能力表現，證明尤清這項決定是正確的。

不久之後，我推薦邱汝娜從省政府轉任台北縣政府社會局長，乃另外一位傑出女性加入工作行列。她是我在省社會處及勞工處的同事，於社會福利領域方面，學驗俱豐，對工作專注、自信、有創意，盡心盡力，盡職盡責，建樹不少，獲致好評。她是一位虔誠基督徒，擇善固執，沒有政治色彩的負擔，同樣也受到尤清縣長的賞識和器重。

除此之外，縣府也空出若干職缺等待遴補，包括：計畫室主任、人事室主任、動員秘書等，積極物色人才之中。不過，台北縣政府組織結構與人員編制，受限於「台灣省各縣市政府組織規程準則」不合時宜的行政命令，人事制度為組織層級制，而非組織責任制，並沒有政務官或調節職位的設置，人事法規「綁得緊緊的」，動彈不得，影響新血注入，機關守舊，制度僵化，民選縣長徒有人事權，但也莫可奈何！

列席議會

縣議會是縣的立法機關，也是全縣最高民意機構，致力反映民意、監督縣政；而議員則是代表人民行使政治權利的公職人員，等同於群眾的意見領袖。議會職權包括立法權、預算審議權、議案審議權、質詢權、其他如接受人民請願等，並由議員依循議事規則為議決或處分。

嚴格來說，行政與立法是分立而非對立，所以府會和諧才是推動縣政的力量，但在政黨政治及朝小野大的現實，似乎不容易，仍須盡力而為。

議會是由議員組成，代表不同民意，應該受到禮遇和尊重。在議會開議期間，主任秘書不是陪同縣長列席議會，就是代理縣長列席備詢，成了重要的工作和吃重的時間負擔。而幕僚長也是府會之間的橋樑，對建立府會和諧關係擔負重責。我希望與每位議員保持等距關係，不介入地方派系或利益，並將議員選舉政見及建議案件列表、列管追蹤，了解屬性及為民服務需求，誠意幫忙解決難題；但不私相授受，也不以情亂紀，拒絕非必要的公關或交際應酬，姿態可以放低放軟，可是法律不容討價還價。

尤清是全職縣長

尤清個性率真、充滿自信，白髮看來成熟而有群眾魅力；他能以無私的心去面對無情的政治環境，是非觀念濃厚，利害關係淡然；凡事要求能合理化、人性化，遇任何難題，在法、理、情先後順序尋找突破與答案；尤清信任部屬、尊重專家學者，這是他推動行政工作的長處，他不僅有政治理念，也重政治實踐，為當今難得的政治長才。他常說：「縣長是全民的縣長，不是專屬於特定政黨的縣長。」

尤清的施政理念是「清廉」、「勤快」、「效率」。他的態度積極，處事明快、果斷、負責，全力以赴，就任後為全職的縣長，也能「全方位」的投入工作，可是個性強、不服輸，在政治上容易與人「對撞」。其實，他是「刀子口豆腐心」，心地善良，也善待同仁。他的目標很明確，滿腦子的縣政建設藍圖，只是方法「急進」、「衝撞」，不懂「迂迴」、不夠「圓融」，而忽略了「事緩則圓」、「政通人和」的道理。

每天都在「備戰」

每天進辦公室有三多：公文多、電話多、訪客多，總有做不完的事，開不完的會，看不完的公文，晨起就有「備戰」的感覺。我告訴自己，既然不能創造時間，就必須善用時間、管理時間，而且要以愉快的心情面對即使不愉快的事情。我對政黨沒有偏見也沒有偏愛，反應在經費動用上，唯有符合縣民利益及預算支付程序，並儘可能尊重議會意見。

中國時報「焦點人物」　記者孫廷龍　一九九〇年三月二十五日

個性不相同　英雄惜英雄　同學成拍檔

林豐賓掌主秘　尤清無後顧憂

與台北縣長尤清同窗之誼的林豐賓到縣府擔任主秘兩個多月來，不但每天工作量加重了許多，每月待遇也較過去少了兩、三萬元，他除了替尤清分憂解勞外，還得隨時替尤清「踩煞車」，尤清對這位老同學也十分倚重，兩人儼然已成了最佳拍檔。

林豐賓與尤清是政大同學，畢業後尤清到德國留學，林則考上了高考開始步上公務員的生涯，多年來，尤、林兩人交往多半在同學會上，並無特別密切的關係，儘管兩人的個性也大為迥異，但卻欣賞對方。

林豐賓踏出校門後由基層公務員做起，由於能力強，做人處事本份，因此升遷的很快，到縣府任職以前是省勞工處副處長。

去年十二月尤清當選縣長後，就為了主任秘書人選而煩惱，這時突然想到了老同學林豐賓，但林豐賓剛好到金門訪問，尤清急著找人並請林豐賓的司機在他一下飛機務必先將他接到家裡，不過兩人第一次接觸林豐賓並沒有立刻答應擔任主秘。接著又連繫了幾次，由於尤清表現的相當誠意，林豐賓看在老同學的交情，也同意捨棄了高薪又輕鬆的工作，毅然到縣府任職。

據了解，主秘一職比起副處長每個月薪水少了近三萬元，可是工作量卻是副處長的好幾倍，甚至週末下午，週日還得加班。但兩個多月來卻沒聽到林豐賓有任何抱怨或反悔，為了到縣府任職，他還把家由台中搬到了台北。

尤清的政治魅力是無庸置疑的，但他沒有行政經驗也是事實，再加上他強烈的抗爭性格，因此在登上縣長寶座後，所做所為常令人側目。雖然尤清在短短兩、三個月內成了全省最突出的縣長，可是也經常讓人覺得他的言行像是民意代表而非行政首長。

而林豐賓在此情形下扮演了相當重要的折衝角色。有一次省府要到北縣考察社區，尤清聽了很不高興表示不接受考察，但林豐賓在一旁趕緊說「縣長忙縣長的，由我來接待」，第二天尤清雖沒露臉，但林豐賓將場面處理的十分圓融。

又有一天，尤清脫口而出要向任都局下「戰書」，討論林口特定區問題，林豐賓立刻提醒尤清不是戰書是邀請函。

由於林豐賓有豐富的行政經驗，溫文儒雅的個性，待人接物懂得拿捏分寸，因此不但尤清倚重他，在短短的兩個月內縣府員工對他也是讚譽有加。

林豐賓知道老同學尤清是急性子，個性也很強，所以隨時在替他踩煞車，免得尤清衝過了頭。尤清也知道自己的個性有時處理問題缺少經驗，所以只要是重要的會議或公文都會請林豐賓參加並表示意見。

儘管尤清對林豐賓十分禮遇，可是林豐賓知道自己應該扮演的角色，他絕不越權，只是盡一位幕僚的責任。

關於「統籌款」

所稱「統籌款」，被視為縣長的「私房錢」，是以每年地價稅、房屋稅、契稅的百分之二十計算，以鄉鎮繳縣由縣長統籌運用於地方建設的支出，以平衡貧富鄉鎮的建設差距，有時作為縣長出巡鄉鎮時的「紅包」，或應付議員對爭取地方建設的需要。因為這三項稅目都是屬於「機會稅」，事前無法列入預算，只在年度決算時列入，議會不能為實質監督。

台北縣統籌戶專款動輒數十億元，由各鄉鎮市繳縣統籌運用之，縣長得視地方實際需要彈性撥補，其性質屬於「代收代付」鄉鎮市預算，不失為縣長手中的一把「利器」，雖然尤清認為應該在不影響城鄉建設均衡發展的原則下運用，但在議員「窺伺」、「爭食」之下，已減少了運用的彈性和靈活度，在府會妥協的結果，實際上已削弱了首長的權力。

關於台北縣民

台北縣包圍著台北市，於一九六七年七月一日，台北市升格為院轄市，接收台北縣的南港、內湖、木柵、景美及陽明山管理局轄下的士林、北投等地，台北縣則轄有六市六鎮十七鄉，當時人口僅有一百一十萬人，但從一九七三年至一九七九年短短時間，則由一百四十萬人快速竄升到兩百一十萬人，迄至一九九〇年台北縣二十九鄉鎮市人口已突破三百萬人。

台北縣人多只是數字傲人，其實衍生的住宅、交通、教育、治安、就業及生活品質等，才是必須面對和解決的問題，有人指出，台北縣三百萬人口的誕生，若從建設經費不足、都市計畫凌亂、治安惡化、環境惡劣等角度來看，實在無法以「喜悅」來形容。眼前諸多難題，包括：道路、公園、綠地不足，影響民眾生活品質，尤其是校園教室不足，學童得分兩班制上課，影響受教權益等，都亟待一一克服。

參加國際社會福利協會「馬拉喀什年會」

一九九〇年六月二十二日，我隨團參加國際社會福利協會在摩洛哥（Morocco）馬拉喀什（Marrakech）舉行的第二五屆年會，粘麗娟陪伴。全程十五天，旅遊卡薩布蘭加（Casablanca）、馬德里（Madrid）、巴塞隆納（Barcelona）、羅馬（Roma）、開羅（Cairo）、雅典（Athens）等城市。

摩洛哥是非洲西北部的國家，充滿著伊斯蘭文化的奇幻國度。境內的卡薩布蘭加是個美麗的城市，街道寬闊、市容整潔，建築融合法國風格與阿拉伯傳統，充滿異國風情；馬拉喀什別名「紅色城市」又稱為「最快樂的不夜城」，城區分為新城區與舊城區，舊城區的歷史建築被列為世界文化遺產保護區，熱鬧的傳統市集，狹窄蜿蜒的長街，令人印象深刻。

有一次，參觀一處農村市集，保持「以物易物」最原始的交易，就在大家好奇觀看的同時，有位濃眉大眼的農稼漢，凝神望著我們同行友人的老婆，透過導遊對這位友人說：「你的太太很漂亮，我願意用兩隻駱駝與你交換！」果真是以物易物，大家聽了笑成一團，這位友人幽默地回答說：「好是好，不過我的困擾是，如何把兩隻駱駝騎回去台灣？」他老婆一臉尷尬，喜的是有人讚美，憂的是怎麼美女只值兩隻駱駝？

校長輪調有人抗拒

每年暑期校長調動作業，似乎都會有波折，大者風風雨雨，小者人心惶惶，甚至產生縣與省之間人事權的「拔河」，益加調動困難。我強調，調動作業應依照省頒教育人事調任遷調辦法辦理，要摒除政治或恩怨，以公平合理的態度，兼顧情理和地方需求，不要僅看到「點」，也要看到「面」，把它當成單純的行政管理來做，不要把它複雜化、政治化。所以我贊成建立公平合理而無特權的校長遷調制度，使政治歸政治，教育歸教育，畢竟學校不是政治競技場，萬萬不可將校長當工具或淪為祭品。

很不幸的，尤清首次行使職權調動校長就遇上「麻煩」，主要是秀朗國小校長張培方到任已逾十餘年，而改調永和國小校長，但他從家長會、教師連署、縣議會、省議會、國民黨部到教育廳，想盡辦法運用各方力量「圍剿」尤清，指為選舉恩怨「政治迫害」，拒絕移交，而省教育廳亦以張培方僅剩四個月任期就退休，調動未經其本人同意，藉故拖延核備，有意「護航」並拉長戰線，使單純的事情益加複雜，一發不可收拾。

媒體指出，尤清處理張培方案的手法並不高明，但是張培方對於民主政治，甚至對於教育界的負面傷害，可能遠大於尤清的錯誤。張培方校長的調動案，無論是在法理、事理、情理都講得過去，也是在正常的情況下調動，但卻有意料不到的發展。其實，教育家與宗教家要有相同的胸襟，事實上，我們看到的是教堂和十字架，不是神父或牧師，任何老牧師都會欣然答應並接受新工作，神職人員如此，教育家為何不能如此？

反對「軍人干政」形式重於實質

台北縣議會民進黨籍四位縣議員蔡憲輝、柯文興、王淑慧、周雅淑，在縣政聯合質詢的時候，表態反對「軍人干政」，不贊成郝柏村組閣，批評是獨裁者、台灣的諾瑞加。尤清也表示，由威權轉型至民主之際，強人政治已走向民主政治，如果再回頭由軍人組閣，前途非但不樂觀，也非常不適合，因此不贊成軍人組閣。

事實上，反對軍人干政形式重於實質，郝柏村在行政院長任內，大力整頓治安，尤其對影響治安的「八大行業」，包括歌唱業、理髮業、三溫暖業、舞廳業、舞場業、酒家業、酒吧業、特種咖啡茶室業等，加強取締及管理，同意各縣市政府增聘人力及經費補助，並針對程序違規、設施違規及業務違規實施聯合統一稽查，確實能夠維護社會安寧，績效卓著。

於一九九〇年十二月七日，郝柏村院長率行政院政務委員及相關部會首長視察台北縣，我們事前做好了模擬和準備，在聽完尤清縣長的施政計畫簡報，包括板橋新站建設、新莊副都會中心開發、大漢溪旁垃圾清除、垃圾及資源回收計畫、台北縣水患問題等，郝柏村院長隨即指示，地方建設應不分黨派，只有以是非道義看問題，並允諾所提重要構想將納入六年國家建設，促其實現，也全力支持板橋新站建設計畫，以及提供經費補助，優先清除大漢溪旁垃圾，對台北縣協助甚多。因此，有人指出，沒有郝柏村的主政，恐怕難有台北縣以後的建設發展。

我思故我在

四十幾年來，民進黨第一次在台北縣執政，尤清求好心切，如脫韁野馬，使得習慣於國民黨縣長領導下的各局處室主管大喊吃不消，感到不習慣又震撼，而我在這個時刻加入輔佐縣政，唯有腦子發脹、肩膀加重，在媒體常被喻為尤清「最佳人事棋」、「煞車器」或「潤滑劑」，但我不覺得自己有這種能耐。只是日子忙碌有挑戰，每天都有新事物讓我學習。

學習對我也是成長，只是學無止境、學而後知不足。事實上，當公務員有如吃苦瓜般的感覺，我珍惜在縣府工作的機緣，也感謝同仁的接納。有人說，天堂縱然令人嚮往，但還是希望留在人間，因為不願意去了天堂無所事事。我身為幕僚長，強調依法行政、公務中立，以及決策過程必須慎重的概念，我要求自己，溝通協調工作不能少，但體制內要講紀律，而體制外要講禮貌，凡事不能「以情害理」，更不能「以理亂法」。

我學到了一些道理：車子開得愈快振動也愈大，但也不能為了不振動而把車子停在原地不動；當作決定時，可留下一些空間，隨時修正，但當行動時，就必須勇往直前，不被趕上；工作態度不好乃是僅次於貪瀆而為行政工作上的弊病，不能得到民眾的諒解，更不能獲得民心。所指的工作態度不好，包括：不友善、沒禮貌、故意刁難、愛理不理、不能設身處地為對方著想，都將腐蝕及蠶食施政能力，遑論造福人民。

追求平淡而單純的生活，是我的第一願望，但希望「把平凡的事，做得不平凡的完美」，則是我最大的目標。沒有想好最後一步，就永遠不要邁出第一步。凡事多關心，但是禮與情、嚴肅與浪漫，應有分際。我在想，縣長不是三頭六臂，不可能呼風喚雨，也不是魔術師可以無中生有，只是一步一腳印；我在想，一個團體就像一個交響樂團一樣，在同一個指揮之下，各司其事，各盡其能，協力演奏美麗、動聽的樂章，乃是集體創作的結果，不是個人的表現，如果每個人都不聽從指揮，自以為是，為所欲為，就容易走音、變調，那來讚美和掌聲？

縣府與議會之間

府會各有「地盤」，在自己的地盤就是「老大」。府會關係沒有想像的複雜，只要拉近彼此距離，互相尊重，外加禮遇，當使事情更為和諧。但人是奇怪的動物，喜歡制定制度，玩弄制度，再以制度作賤自己，最後只是講形式，而不講實質。政見是理念，行政是手段，議會是落實理念、成就手段的途徑。凡事不要主觀的認為應該或當然，因為除了規章制度外，還摻雜著人的因素，尤其人性的問題和考慮。所以，寧可廣結善緣而不必處處設防，更不能心存報復，否則只有愈弄愈糟。

府會關係乃監督、制衡關係，對等而非對立，分工而非分裂，就像人際關係，是雙方面的關係。所以貴在溝通與協調，而且必須是雙向溝通、彼此協調，不是一頭熱、單行道、命令式的溝通、協調。雖然政黨各有其不同立場和主張，但是政治信仰歸政治信仰，是非自在人心。雖然對議員有負面的評價，但議會乃具正面功能。有人說，如果一個議會只限於扮演拒絕政府支出或通過議案，以及提交所代表的屬民請願的角色，這就是個徒有虛名的議會制，不能積極地參與政府工作，議員只能從事「消極」的政治，做為一種敵對勢力與政府分庭抗禮，也只能被視一種為障礙。

議員對對官員有質詢的權利，然而質詢絕不是簡單的「選擇題」或者「是非題」，涉及的層面很廣，恐非三言兩語的答覆即可涵蓋。因此，可以不同意他人的看法，但不能不尊重他人的發言；議會對政府有審議預算的權利，然而預算為預估數，也是一種期待而已，希望接近準確，但非絕對的精準，一旦經濟情勢發生遽變，就容易有估算不準的狀況。預算是呈現年度重要施政工作的方向和內容，應該用認真負責的態度對待。關於預算的涵意：政治方面，指政策宣示、利益調和；經濟方面，指資源與財富的分配；行政管理方面，指以預算為手段，達成具體實現政策目的。

官員與議員相互間，禮遇是應該的，特權則屬非是，也許關說與關心的界線很模糊，但每個人心中都應該有一把尺。人與人之間是對等關係，重要的是「互相尊重」與「互相體諒」，也就是人的「尊嚴」與「關懷」。如果彼此存著「面子」或「權威」，又如果彼此以「酒肉」取代「誠信」的人際關係，將是最壞的「公共關係」，想起來有多麼的悲哀！

公僕與民代

公務員不論被按放在那一個職位上，就必須要有接力賽的心理準備，肯定前人的貢獻與成就，也期待後繼者的接續努力。職位不同於座位，主要的差別在於要的是什麼？任何職位上，都必須要有自信，但卻不能感覺自滿。政治人物可以被當成箭靶，必須有接受批評的雅量，不過對於一位專業行政人員而言，比較重要的是工作的尊嚴，以及向來一定的堅持。

問政不僅用「嘴」，也要用「腦」，言而有義才叫「議」，否則只是憑空杜撰，言不及義，言而無物。應該尊重每位議員的質詢權利，但不一定認同其發言態度。所謂「道德勇氣」，是二者合一的，缺少其中之一，也就是少了應有的力量。如果要別人「敢做敢當」，那自己就要「說話算話」，凡事光明磊落，不必含蓄、影射或欲言又止，無的放矢或張冠李戴都容易造成對別人的傷害，而傷害的平復需要時間又費口舌，但很顯然地不公平已經發生，讓人無奈和無力感。有句話說「愈挫愈勇」，是很好的鼓勵作用，然而「無力感」與「挫折感」，有時卻會是同義字。

對於「操守」的要求，只有兩個字「嚴苛」，只要被質疑，就是對人格的傷害。讓經手的任何大小事都可以攤在陽光下，唯有如此才值得自豪。在複雜、是非多的地方能夠出污泥而不染，才是不容易，才能得到稱許。凡事避免兩種簡單邏輯上的錯誤，就是什麼人、什麼事不要吝於查證，而必須清楚，因為相遇未必相識，相識未必相知。空穴來風、子虛烏有、以訛傳訛，最容易傷及無辜，不能不謹言慎行。真的是公僕難為？一夕之間可以造就多少「英雄」，但也容易埋葬多少「忠良」。

尤清的創舉與創傷

尤清是出色的政治人物，規劃能力令人讚嘆，入主台北縣確實有許多創見和建設構想，均有利於社會和地方發展，但牽涉縣政組織及預算，在「朝小野大」的政治現實環境下，基於政黨競爭或意識型態，層層受限，往往立意雖佳而成曲高和寡，遭受挫折，創舉反成了創傷。包括發行社會福利彩券、發行台北縣建設公債、籌建二二八和平紀念公園、籌設縣銀行及交通電台、闢建特二號道路、收回淡水高爾夫球場公有用地、成立大台北土地發公司，以及其他政策性或事務性等計畫項目，琳琅滿目，因為需要編列預算支應，受制於議會致胎死腹中，最後讓縣府唱獨角戲。

有句話說：「人窮並不可恥，只是不便而已。」同樣道理，預算如果被刪減得使縣政府動彈不得，只是增加縣政府的不便和困擾，最大的損失，不僅是縣政推動因而遲緩，縣長政見不能實現，也將使縣民間接受害。其實對於意見分歧、見仁見智的問題，未有共識或成熟之前，即先提構想或計畫，容易遭受反對或打擊。所以，凡事等民意形成之後再順勢規劃，或許才可以減少阻力，並收事半功倍之效，問題是誰才能代表真正的民意？

政治人物不但要有理想，重要的是要有實現理想的具體步驟。在推陳出新，林林總總的計畫項目，尤清常透過每週的「主管會談」宣達任務，要求各單位即行評估、規劃、執行及管控進程，其實「萬事俱備，只欠東風」，尚缺臨門一腳，也莫可奈何！他明瞭，如果把政治技巧放在政治良心之前，最多只能求得表面的和諧，對大眾並無實質的好處。事實上，現代社會各業分工極為細膩的情況下，政府絕非萬能的，尤其縣長更不是無所不知、無所不能的，專業的知識還是需要依賴專業的人才。政治乃是一種分工合作的活動，亦即，縣長的智慧、能力與衝動，幕僚的公關和說服力，以及主管的經驗和辛勞，尤其議會的支持，密切配合，就容易見到績效。

收回淡水高爾夫球場用地

收回淡水高爾夫球場公有用地，是台北縣政府的權利也是義務，不但是之前議會的決議，也是唯一最直接、最和平的途徑，如不收回被指屈服於財力、勢力、壓力，甚至官商勾結，但欲收回則困難重重，不僅球場抗拒，議會不支持且封殺預算，冗長的協調和訴訟過程，讓縣府耗損人力物力，仍然不能如願以償，成了永遠的「痛」，遑論公地共享或公平正義！

回顧歷史，淡水高爾夫球場是從一九一四年日治時代開始闢建，到了一九二九年始由明治製藥公司董事長相馬半治投資成了十八洞的標準球場，但二戰後球場滿目瘡痍，在一九四六年有地方士紳陳金獅、陳火順、謝萬益等人申請接辦球場勉強修好九洞球道，後來由社會名流林獻堂、黃朝琴和畫家楊三郎等人發動募捐、義賣，逐漸修復成原來規模，迄至一九七九年再闢建為二十七洞，成了台灣首席球場，培育了不少高球的名將，有不可抹滅的貢獻。

淡水高爾夫球場占地六十三公頃，其中五五・八七公頃是向台北縣政府租用的公地，到一九八八年十二月底租約屆滿並未續約，翌年尤清就任縣長後，強推「反特權」、「公產公用」，局面不變，開始了一連串的爭議和訴訟。

壹、緣起

台北縣議會先後於一九八二年及一九八五年由議員動議要求縣府收回土地但毫無進展。迄一九八八年十二月底，每三年簽約一次的租約到期，屆滿後並未續約，也未繳納租金繼續使用公地。

尤清當選縣長於一九八九年十二月就任，為兌現競選時「公地共享」的政見，遂著手收回球場用地，認為屬公有財產收回出租，主管機關應該有權處理並決定，雙方開始溝通、談判，議會亦派員參與協調。

台北縣政府最初的立場是，租賃契約屆滿後已無租賃關係，而且議會亦曾決議，因此在手續上應全部收回，原則不變。但為兼顧球場營運實際需要，在方式上可以考慮「分段分期」收回的途徑解決，希望研議保存球場十八洞完整性的原則下，先收回部分縣有地後，可以繼續出租經營。因為雙方各有堅持，經數度協商不成，最後談判破局，承租人遂轉向議會訴求阻止收回，迫使台北縣政府採取法律訴訟途徑，收回淡水高爾夫球場用地。

貳、與淡水高爾夫球場纏訟

一九九一年六月二十八日，尤清在縣議會迄未討論是否准予動支淡水高爾夫球場訴訟費之前，在張政雄、林明華兩位律師陪同下，帶著多位縣府官員及數十位民眾舉標語聲援，突然間大動作遞狀向士林法院提起訴訟追討用地，引起議會和議員的不滿，原本租賃契約成了府會之間的角力場。我們觀察到，文化資產與縣府公產之間，已經超出單純的租賃契約問題，法律沾染了政治變得複雜難解。纏訟如同纏鬥，短時間是不能分勝負的。

其實，不能收回財產而訴之法院，乃為「省有財產管理規則」規定之方式，所以自始至終不是收不收回的問題，而是如何收回的問題。只是契約終了，雖然有權收回，但仍須取得執行名義，而後才能強制執行，純為程序問題。至於縣府迫不及待提出訴訟的原因：一、訴訟在法院係採到達主義，避免年度終了預算唯恐流失；二、雙方經過數度協調但仍無結果；三、公告現值將從七月一日調高，屆時縣府無力支付所增訴訟費用。

一、地方法院一審宣判縣府敗訴

台北縣政府與淡水高爾夫球場公地收回訴訟案，經台北地方法院士林分院民事庭鄭勤勇、任鳴鉅、林思山三位法官一年多的審理，歷經調解、開庭、會勘，於一九九二年八月十二日判決縣府敗訴，駁回縣府收回球場用地及拆除地上物之告訴。法院的判決理由，對於政府公產的維護及行政權的正當行使有很大影響，縣府上下一片嘩然，簡直不可置信。

對於一審敗訴判決，多數人包括法界都覺得「意外」。其實，司法判決重點不在輸贏，而是在於法律關係的確立，以及因為法律關係的重新確立而衍生法律權利義務的種種後果，屬於單純的法律案件，目的在於對土地所有權人應有權利之保障。因此敗訴判決將產生以下嚴重的影響，包括：一、如屬於不定期契約今後欲收回將倍加困難，甚至遙遙無期；二、今後公有土地或建築物之出租，如非以書面訂立契約，則將產生管理上的缺口或漏洞；三、超過十年以上之出租應經議會同意之規定形同具文，議會職權未被尊重。這些都是上訴的理由，也是財產管理者應有的態度。

二、高等法院判決縣府勝訴

法院一審宣判縣府敗訴，隨即由縣務會議通過上訴及先行墊付裁判費約五千四百萬元，趕送縣議會程序委員會，但遭拒絕排入議程，整體事件似乎有一隻看不見的手在背後操縱，我為此在議會「動氣」，而尤清也適時撰文發表《球場公地、縣民共享》的專文，投書報社，並訴之於社會大眾。

尤清為籌措淡水球場上訴費，寄望在縣議會同意墊付案，除連續舉辦十四場說明會之外，並由支持收回球場行動委員會連署近一百個團體，緊急向議會陳情。最後，因為訴訟費用受議會處處制肘，遂尋求民進黨對外募款，以有限的費用鎖定三十五筆六公頃的縣有地提出「局部上訴」。高院審理前後換過四名的承審法官，開過二十多次庭訊，以及進行言詞辯論庭，主要爭議點在於究係定期契約或不定期契約。在此之前，我曾與何既明會長商談兩全其美方法，但未有定論，讓人失望。

一九九五年四月二十六日，高院判決球場敗訴。根據判決，淡水球場應將三十五筆約六公頃縣有地返還台北縣政府，另球場會館佔用滬尾炮台古蹟部分亦須拆除。淡水球場應給付縣府損害賠償金，從一九九一年十一月六日至清償日賠償金九百〇二萬元，並按年利率百分之五計算利息。至於一審、二審上訴費，由球場負擔二十五分之二十四，縣府負擔二十五分之一。縣府終於從一審敗訴的陰影中「敗部復活」，尤清指稱「遲來的正義」。

三、高等法院更一審縣府敗訴

淡水高球場官司二審縣府勝訴，縣府隨即編列一億四千萬元的假執行預算，但議會對於這筆墊付款始終不同意，間接袒護高球場，令人不解。後來高球場如願提出上訴，未料最高法院發回更審，官司纏訟多年，夜長夢多，前途未卜。事實上，二審訴訟範圍包括球場用地及滬尾砲台部分，前者重財產維護、公地公享，其所有權、處分權、使用權及租賃關係，應透過民事訴訟程序決定之；後者重古蹟保存，應依文化資產保存法第三十五條之規定，以及回復原形原貌的要求，得本於行政權的公權力行使，遂行其回復的目的，而避免冗長的訴訟程序。

一九九七年四月八日，已纏訟六年的追討淡水高爾夫球場案，經台灣高等法院更一審宣判縣府敗訴，財團法人台灣高爾夫俱樂部無須拆除球場上的八幢建物返還土地，但須給付台北縣政府二二二九萬六千餘元的違約金。判決中認為，淡水高爾夫球場於七十七年向台北縣政府申請續約時，並未約定期限，成立了不定期限的租賃契約，而且台北縣所擬土地開發計畫遭議會以不符法令和實際退回，高院因而認定客觀上還無法進行開發，所以無權終止和淡水高球場之間的租約。事實上，在這裡我們又看到縣議會的角色，況且當事人未訂定契約，怎能以契約行為來判決？縣府頗受傷。尤清認為判決只在拖延官司，寄望等到他卸任後就可不了了之。

參、無言的結局

很遺憾！長久以來對於淡水高爾夫球場的處理態度，縣政府與縣議會之間並未取得共識，非但一直沒有交集，甚至在立場上、在理解程度上都是對立的，而且是兩極的。就整體的觀感，很明顯的讓人覺得縣議會是在杯葛縣政府的「做法」，但卻常有袒護球場的「想法」。對於「淡高訴訟」二審的訴訟費，以及二審勝訴後縣府須墊付的擔保金，議會一概不同意，顯然缺少「同仇敵愾」，有意「暗助」使球場得從容上訴。至於議員在議壇所提及其餘枝節，僅是在模糊主題而已，對解決問題恐無實益。

果不其然，纏訟多年的收回淡水高爾夫球場公有用地的訴訟，在尤清卸任縣長之前，官司未了，仍懸而未決。直到一九九七年十二月，蘇貞昌接任台北縣長後，幾經交涉，即與球場協商和解，停止訴訟，所有的訴訟費由球場負擔，而縣府繼續將縣有地租給球場，結束了七年的爭議。兩位相同政黨、同為律師的先後任縣長，一樣的標的，兩樣的看法，南轅北轍，各盡所能，各取所需。無言的結局，誰是誰非，自有社會公評。

政治與愛情

一九九一年六月二十日，公餘之暇，我應《自立晚報》「晚安台灣」專欄之邀，試寫了一篇《政治與愛情》的短文，刊登報紙。全文如下：

一九三六年十二月十日，發生了一件轟動國際的大事，英皇愛德華八世宣佈退位，決心與離過婚的辛普遜夫人共締鴛盟，這種不愛江山愛美人的宣佈，不僅震撼了英國，也為世人熱烈議論的話題。

事隔十七年後，美國好萊塢發行了風行全球的影片「羅馬假期」，電影中的女主角是某皇室的單傳公主（由奧德麗赫本飾演），為了承續王國的政治命脈而黯然揮別了愛情。

前後兩件情節相反的故事（一為真實，一為杜撰），均在突顯政治與愛情之間的矛盾與衝突。政治代表權力的掌握，而掌握權力就得負起責任，以為天下蒼生著想；可是愛情也是人類與生俱來的強烈本性的追求，其力量之大，足可搖撼江山。

政治與愛情之間的拉鋸，象徵了大我與小我的衝突，需要高度的智慧與豁達的心胸始能克服。如果小我不能適當的節制，對政治與愛情都會帶來傷害。其中潛藏的惡質心態就是「我得不到，你也休想得到」。

愛情貴在專一，而政治需要雅量、包容，甚至妥協。然而政治既然不像愛情，那又何來嫉妒？因此從政的人如果心存「別人的成就，就是自己的失敗」的想法，那將是何等的短視，何等的悲哀。

自從離開省府前來台北縣服務後，許多朋友都覺訝異，其實目的無他，只是懷抱著一種理想，也正如美國洛克菲勒所言：「希望將平凡的事，做得不平凡的完美。」但卻也在工作的同時，深深體驗朝野力角逐下的政治生態環境之複雜，有時不免有心力交疲之感。

我深感台灣的政黨政治要上軌道，除了要有公平的遊戲規則及健全的憲政基礎之外，重要的是必須培養健康的競爭心理，所謂君子之爭不失原則。因為，畢竟政治不像愛情……。

核能四廠惹出的麻煩

台灣有四座核電廠，其中核一廠於一九七九年運轉，核二廠於一九八一年運轉，核三廠於一九八四年運轉，而興建中的核四廠預定於二〇一二年運轉。除了核三廠設於屏東縣恆春鎮之外，其餘的三座皆設於台北縣轄內，分別是在石門鄉、萬里鄉與貢寮鄉。已有核一、核二廠，又有興建中的核四廠，台北縣民認為承受太多風險，台電「吃人夠夠」，縣民何辜？

近年來，環保意識抬頭，反核聲浪高漲，一波波抗議行動，不斷在各地發生。尤清入主台北縣之後，也祭出反核四的鮮明旗幟，並有實際的反核行動，包括拆除核四違建，以及舉辦核四公投與罷免擁核立委等。

壹、拆除核四違建

台北縣政府針對台電，於一九九〇年二月間，清查核四廠預定地上建築物，認定部分為違建，包括：受電室、蓄水池、冰水機房、氣象鐵塔、石碇溪護岸與駁崁等，責令工務部門於一九九一年五月間拆除。但經濟部搶先於四月二十七日呈報行政院許可，把這些建築物納入「特種建築物」，以適用建築法第九十八條：「特種建築物得經行政院之許可，不適用本法全部或一部之規定。」亦即不需地方政府建築執照。此舉引發中央與地方政府的重大歧見，被批評以事後救濟來補救事前的違法，但中央還是袒護到底。

核四廠用地違建問題的癥結，在於所謂「主體附屬工程」或「臨時性建築物」之認定，以及法律條文之適用疑義，所牽涉的「地方權責」與「法律尊嚴」的嚴肅問題。縱然核四廠預定地上的建築物被認定為「特種建築物」，建照核定由中央管轄，但仍應依法向地方政府以圖說報備，不過這部分台電也有疏漏，因此仍有違建的事實，縣府拆除行動已是箭在弦上，不得不發，並且對外宣稱必要時將動用「國民兵」對抗警察執行拆除任務，而扯出警察調度權及指揮權的統一問題。

一九九一年五月四日，台北縣政府派員拆除核四廠建地內部分違章建築，在拆除行動的前夕，經濟部仍繼續使用「共犯威脅」與「人情攻勢」來阻止。拆除範圍包括：崗哨、受電室、水塔、氣象鐵塔等，並由工務局長鄭淳元領隊、機要秘書張國龍負責協調，受到廠方警力阻擋，不得其門而入，雙方對峙，幾經溝通無效，最後是高高舉起，輕輕放下，雷大雨小，點到為止，縣府有了面子，台電有了裡子。其實，「反核」是尤清縣長的政見，而挑選核四違建拆除，嚴格說來，並非法律案件而是政治案件，而且宣示意義重於實質意義。經濟部和台電方面起初是有恃無恐，後來急就章找到擋箭牌，但沒有擊退台北縣政府；而台北縣政府大張旗鼓，其實也是「針對性」、「借題發揮」，目的在於表明反對興建核能發電廠之立場。

貳、核四公投與罷免擁核立委

由縣府主導在全縣舉行是否興建核四廠的公民投票，以及由反核人士連署罷免縣籍四名擁核立委林志嘉、洪秀柱、韓國瑜、詹裕仁，乃為公眾議題也是一項運動，受全國矚目，帶動一連串的玩法、修法、鬥法、執法的種種遊戲和困擾。最後決定兩項投票在台北縣一七六三個同一地點的不同投票場所同時舉行，這也是台灣首次大區域的公民投票，和第一樁罷免中央民意代表的投票，由縣府排除萬難完成。

核四廠所在地貢寮鄉，在鄉長趙國棟任內，於一九九四年五月二十二日率先辦理全鄉「核四公投」，投票率五八．三％，反對興建核四者高達九六％，但遭外界質疑「不具代表性」，因此有舉辦全縣「核四公投」的必要。縣選委會遂成立「核四公投委員會」綜理公投選務工作，決定於一九九四年十一月二十七日，和四位擁核立委罷免投票併辦核四公投，罷免投票具有法定效力，核四公投僅視同民意調查。貢寮鄉同意全力配合，並提供經驗與協助。

台北縣核四公投是台灣民主法治歷史上的創舉，如火如荼進行當中，但中央及省府都持否定的態度與看法，強調欠缺法源依據，語帶恐嚇意味要追究法律違失，但並無法指出觸犯法條及擔負責任。其實，台北縣辦理的「罷免案」和「公投案」，乃創下全國紀錄。其中「核四公投」僅在匯集民意，只不過是政府機關舉辦的一項活動罷了，是在「做與不做」之間，而不是「法與不法」之間。

我認為，選舉也好、公投也好、登山也罷皆為活動，而辦理一項活動只要具備：一、可行的計劃；二、合法的經費；三、非法律所禁止的，也就是未違反公序良俗，而在決策上認為可行者即可辦理。至於法源問題，那只在於規範程序並賦予法的效力，沒有法源就沒有法律效力，但不是因此而不能辦活動。譬如集會遊行，並非在「集會遊行法」之後才發生。

尤清也指出，公民投票是「依據主權在民之原則辦理，不必等立法才執行」，他說舉辦「核四公投」有三項意義：一、是台灣歷史上第一個針對重大政策舉行的全縣性公民投票；二、解決直接民主與間接民主的爭議，當公投踴躍時，就是人民講話時，也就是亞里斯多德所說的，代議民主就必須退讓；三、建立民政以外的第一套選務系統，培養選務人員。

台北縣辦理「罷免案」與「公投案」投票。罷免擁核立委部分，投票率只有二十一．三六％，沒有達到公民數三分之一的舊法門檻而失敗。至於核四公投部分，投票率僅十八．四五％，反對興建核四者，約三十三萬五千多票，佔八十七．一一％；贊成興建核四者，四萬三千多票，佔十一．二六％，其中貢寮鄉投票率最高為四十六．二二％，而反對興建核四之比率則高達九十六．〇五％。

一九九六年十二月十三日，事隔二年後，監察院通過監委陳孟鈴、趙榮耀及李伸一所提糾正案，理由：「台北縣政府事前規避縣議會預算監督，事後又未依法辦理經費核銷作業，且對統籌分配稅款的補助，遲未依法訂定對鄉鎮市公所補助制度。」不過，縣府認為內容與現實狀況不符：一、統籌款的動支，原本就是透過鄉鎮市公所辦理；二、統籌款的使用既無須經議會通過，則無規避監督之事實；三、核四公投經費，一切支用程序都依既有相關規定辦理，未動支部分也一律繳回縣庫，並已獲得審計室審核通過；四、省、縣統籌款之運用程序並無差異，應該受到同等對待。

參、台電核能電廠吃定台北縣

台電在沒有任何環境影響評估下，就把台北縣成為一個核電廠區，漠視大台北地區六百三十萬民眾生命安全。尤清始終堅持反核立場，曾表示，只要當縣長一天，絕不同意核四在台北縣興建，並遊說立委凍結該預算。

台電當初核二廠的一座核能廢料貯存庫，建築完成申請台北縣政府核發使用執照遭拒絕，內政部營建署竟然召開秘密會議，通過適用建築法第九十八條規定，視為特種建築，免使用執照即可啟用。此舉，顯然是中央主管機關與台電聯手逼迫地方就範，況且核廢料貯存庫，既無環境影響評估，亦無環境因應對策。事實上，中央與地方各有不同職權，依據權責劃分，越權不得，侵權不得。建築執照與使用執照是關連性的，中途變更為「特種建築」即予發照，程序不合，意在遂行其「縱容」的目的。

台北縣市之間

台北縣、市近在咫尺，可是淡水河兩岸存在著諸多棘手難事，事實上台北縣、市僅是行政層級的差異，但所存在的實質問題，也就是食衣住行育樂的問題並無不同，政府的服務、國民的福祉，不應該受到差別待遇。

壹、訪問台北市議會

台北縣對於「縣市對談」充滿誠意與期待，不過台北市不願面對，唯獨寄望於「省市協調會報」來解決彼此的問題，使得縣市間位階問題一再成為阻礙，之前吳伯雄市長直接拒絕，後來黃大洲市長間接迴避。其實，實質問題的解決不必拘泥於行政層級的形式，因為那僅是人為的限制。更何況，台北縣、市之間沒有隸屬的關係，只有共同性的問題，而且前者又是那麼主動希望協商，然而後者卻是擺高姿態無視於問題的存在。

一九九一年四月二十九日，終於有了初步的接觸，尤清應台北市議會民進黨議員的邀約，率隊與台北市議會進行『台北縣、市共同問題座談會』，就若干亟待解決的共同問題，尤其與民眾生活有密切關係者，交換意見。諸如：縣市之間水資源、教育資源的合理分享；廢土棄置區的設置，以及淡水河的整治；捷運及道路、橋樑規劃、闢建與管理；國宅興建與喪葬設施合作與經費負擔；核電廠之監督及興建意見和民意的蒐集等。

在座談會上，可以感受到台北市議會民進黨議員的熱情，與尤清縣長有相同語言。尤清把當天的座談會當成重要事情看待，一再叮嚀要準備好資料回應與建議，追蹤進度，關心可能發生的各種狀況，包括對方有那些單位人員參加，如何對台北市議會及議長應有的禮貌和尊重，極為用心並掌握一切。反觀黃大洲市長來去匆匆，說了話就走人，而給人不用心、不重視、沒誠意的感覺。在我印象中，他以學者從政，是少數不被官僚文化污染的人，沒想到遇到問題卻學會了外交辭令，敷衍了事，實在讓人失望。

貳、創造大台北的「共同命運體」

於一九九一年七月一日，自立早報《我愛台灣》專題座談題目：「台北縣市之間建立正式溝通管道的可行性。」，內容包括四大問題的探討有：一、一水之隔的台北縣市，其面臨共同問題的來源為何？

二、這些亟待解決的共同問題，對都會區生活環境影響的嚴重性為何？三、目前縣市間協調的溝通管道有那些？效果如何？為何仍有問題產生？四、縣市間建立理想的溝通管道其可行性如何？需要特別注意的事項又有那些？

我在座談時提到，台北縣市雖非隸屬於同一行政轄區，但若從地理環境、社會結構，以及經濟活動觀之，已由「都市化」演變成「都會化」，縣市之間已形成大台北都會共同生活圈，舉凡交通、環保、治安、教育、防洪、水源等已成為都會間之共同問題。目前「台灣省、台北市建設協調會報」，在運作上偏重行政層級，而忽略了實質的問題與現實環境的需求，可以名為「撞球式」的溝通協調，間接而不真實，不如「桌球式」的你來我往，來得直接、真實。至於業務局處之間的聯繫，僅能解決一般事務性問題，不能涉及政策層面，有時難免緩不濟急或於事無補。

我認為，台北縣市之間目前存在的溝通障礙，包括有；一、制度上的障礙，可以說是人為的障礙，也就是行政層級的差異造成溝通上的困難，因為直轄市與省平行，而省之下才有縣，縣市之間有距離、有隔閡；二、行政首長因官派與民選的不同，帶來個人特質的差異，前者一票當選，一板一眼，並受官僚體系的束縛，後者來自群眾，擁抱群眾，作秀心理，不拘小節；三、不同政黨的執政，產生彼此心理的距離，心存非我族類老死不相往來的想法；四、好官我自為之，多一事不如少一事，「各人自掃門前雪，莫管他人瓦上霜」，擔心因為你的成就，就是我的失敗。

其實，台北縣市唇齒相依、唇亡齒寒，台北縣等於擴展台北市民的生活空間，是台北市民的藍天綠野，也是台北市民的第二春，忽略台北縣就等於犧牲台北市民，唯有創造大台北的『共同命運體』，才是共同的利益、才是雙贏的局面。

參、尤清倡議台北縣市合併

一九九一年十月十六日，尤清應邀在台北市的美僑俱樂部對美僑商會演講，講題是「立足地方，放眼世界」。他表示，台北縣市的關係已發展成一對「不能分離的夫妻」，他建議成立特別委員會為縣市合併規劃遠景，動員所有都市計畫、大眾捷運、公共設施、社會福利、機關組織、文化和藝術等專家，對「大台北」作整體考量。他也指出：「中央政府仍然不顧地方需求而沉迷於統一中國的策劃。」

尤清強調，使「台北」成為真正的「國際」都會，而所謂的「國際」都會，不是成為旅遊昂貴的城市，其實就是一個生活品質最高的都市。他表示，由於台北縣的併入，新的「台北」將更完整，同時我們也可以很驕傲的擁有「藍天綠野」，只要成功的執行這一個方案，兩個縣市的人都將受益，而且將惠及未來的世代。

尤清說，二年前宣誓就職之後，就向中央及省政府強烈要求根據憲法以落實地方自治，但在現在的體制下，縣長所擁有的權限近乎荒謬，包括縣府所屬各局處的主管及國中校長的人事任命，必須向省府取得同意和核備，任何耽擱和不同意，都會影響縣政的推行，而這些方法常常是省政府阻撓他人事命令的對策。此外，他並稱台北市長黃大洲為在台北市政府服務的『伙伴』，他只重官場體制與不忘個人身段，虛矯推諉，忽略人民基本權益與實際需要，形成兩縣市的歷史包袱。

肆、省市建設協調會報

台北縣、市之間關係密切，但問題也很多，歸結乃是都市土地利用與社會責任之間的問題。前者少了區域合作的概念，所以多重疊或衝突，例如：公園、污水處理、住的問題；而後者包括其他相互影響的關連性問題，例如：水的問題、交通的問題、空氣的問題、垃圾的問題、就學的問題、就業的問題、就醫的問題等。至於關係台北縣、市的重大建設，包括：翡翠水庫、捷運系統規劃、八里污水廠以及縣市聯絡道路與橋樑、教育設施、垃圾處理等等，所涉及業務部門尤其多。此外，台北縣、市之間，在文化、藝術活動、人才培育方面，前者像小磁場，但後者像大磁場，兩者有極大的差異性，無論在內涵、資源、交流都不對等立場。

一九九一年一月十八日，舉行台灣省和台北市建設協調會報第八次會議，因所協調的議題或解決的問題，其實就是台北縣、市的問題，又置台北縣於何地？尤清縣長受邀參加，被安排「敬陪末座」而引發座次爭議，本欲退席僅留幕僚長列席說明即可，後經連戰主席勸說並調整座位而作罷。我們堅持的是：縣是自治體，乃為憲法保障之地位，縣長非屬省府廳處首長或幕僚，不應只重形式上的行政層級，而忽略了實質上的協調功能。其實這並不叫「行政倫理」，而是「官場文化」。

我觀察到連戰主席的不卑不亢；黃大洲市長的慢條斯理；尤清縣長的保持應有的氣勢和對問題的深入。會報解決了若干省、市問題，尤其台北縣、市之間的共同問題，除全面停徵過橋費須經行政院核定外，通過了台北縣政府所提四大議案，包括交通、廢土、垃圾、水源等，亦即：

一、台北縣區域性掩埋場、焚化廠尚未興建完成前，請台北市政府協助處理鄰近鄉鎮垃圾。

二、請台北市加強管制建築廢土棄置。

三、建請擴大評估「台北都會區大眾捷運系統遠期發展路網」，必須涵蓋台北縣轄區，以求均衡發展都會。

四、為使翡翠水庫供水水源發揮功能，並為大台北地區民眾分享飲水資源，請省市協調會報建議中央聯合台北市、基隆市與台北縣成立大台北地區自來水公司，加強管理水源品質確保民眾健康。

伍、縣市廢土之戰

台北縣市屬於命運共同體，舉凡垃圾、交通、水源、喪葬等關聯密切，尤其近來「國建六年計畫」的重大工程陸續開挖，產生大量土方，負責核發工程廢土證明的北市府卻任由廢土傾倒台北縣，致境內環河道路、林口山區、三峽郊區、汐止山坡地、新莊二省道及疏洪道等地方，到處可見成堆的小土丘，滿目瘡痍，慘不忍睹，北縣鄉土受踐踏、公共安全受威脅、交通路行受影響、環境品質受破壞。

台北縣忍無可忍，重啟圍堵行動，於一九九三年四月十五日，在連接縣市二十二個重要路口，指派環保人員和警力支援，強制執行「站崗查禁」，強力取締北市傾倒在北縣未經核准許可的廢土場上的廢土。尤清表示，對於廢土問題已到了「痛心疾首」的地步，有云「水來土掩」，對於北市的廢土北縣只好以人來擋。我則說，北縣不但分擔了捷運工程的經費，而且還要完全承受工程廢土所帶來的社會成本，使北縣雪上加霜，於情、於理都說不過去，極為不公平，雙方亟待共同思考解決。

由於台北縣的加強稽查行動，引起廢土車集結抗議，並於一九九三年四月二十六日包圍縣府，癱瘓附近交通，妨礙人車通行，因為訴求主題模糊，並未得到民意迴響。縣府強調捷運工程的開挖沒有法律假期，對廢土的運送、棄置仍應受現有法律規範，環保、警察、工務人員執行職務並不踰越，在台北縣已承受如此沉重負荷，土方業者又何必加深民怨？隨後並提出因應及排除措施，包括：

一、應由台北市依法負責管制追蹤廢土流向，避免影響台北縣交通及環境污染。
二、於近期內核可私人廢土棄置場，積極規劃完成公設廢土場的權宜應急措施。
三、繼續聯合並協助公所取締違規濫倒廢土，避免影響水流造成水患；另由縣府負責經費優先清除現有廢土。
四、由警察局協調圍堵車輛挪出空間，方便公共汽車、消防車、救護車通行，並與警政署研擬在不得已情況下採取強力驅散之方法與步驟。

陸、台北縣市首長「尤黃會談」

台北縣市首長會談是尤清的「熱期待」，但黃大洲一向是「冷處理」。我形容，即使中國之大、台灣之小都有兩岸交流與「辜汪會談」，然而同是大都會共同生活圈的台北市，何須在意放下身段與台北縣對談？因為彼時適值縣市爆發「廢土之戰」之際，情勢所逼，雙方倍感壓力，就在台北市議會協調下，鴨子被趕上架，遂促成黃大洲和尤清破天荒舉行會談。

在首長會談前，雙方各自準備議題，台北市政府工務局長曹友萍及第二科科長郭瑤琪，亦於五月十四日拜訪台北縣政府為首長會談鋪路，進行溝通，是為「會前會」。我說，縣市首長會談，外界稱為

『尤黃會談』也好，『黃尤會談』也罷，會談將以廢土問題為第一優先，有充裕時間再就其他共同問題交換意見，縣府並尊重北市安排的場地、時間。

尤清與黃大洲由於不同政黨以及官派與民選，多少具有政治層面的差異，但在「首長會談」上，希望著重在建設性、經濟性的共同議題，並把會談界定為事務性、功能性的協調，不必複雜化或泛政治化而模糊了主題與相互之間的誠意。所以，只有講事理、談問題，而沒有身段、輸贏和強弱。大家拭目以待，尤、黃的一小步，是縣、市的一大步。

眾所矚目，被喻為「小兩岸溝通」的台北縣市首長會談，在北市議會議長陳健治的邀約及主持下，一九九三年五月十九日在台北市「聯勤俱樂部」隆重登場。北市府由市長黃大洲、工務局長曹友萍、捷運局長賴世聲、環保局長吳義雄、警察局長陳學廉、翡翠水庫管理局長陳廉泉等出席；北縣府由縣長尤清、主任秘書林豐賓、環保局長莊育焜、工務局長鄭淳元、警察局長王安邦等參加。還有北縣議長許再恩、環保署副署長陳龍吉、營建署長潘禮門、省建設廳長許文志及縣市民意代表亦受邀與會，並有媒體記者大陣仗採訪，將狹小的會場擠得水洩不通。

會談在市長黃大洲及縣長尤清致詞後，雙方隨即進入廢土提案議程，針對「加強清查濫倒廢土由源頭管理」、「市縣間協調廢土處理管制要點內容之一致性」以及「定期會報規劃短、中、長期廢土資訊的交換」等，經協調後均順利通過。可是隨後在廢土地點的提供及核准程序的問題，顯現相當大的歧見，捷運局希望北縣能提供八里港作為捷運工程填土地點，但縣府表示八里港已將捷運淡水線、板橋線在縣境內的廢土納入，還必須容納地鐵及民間營建所需，以自用都不足的情形下加以拒絕。不過，雙方同意就林口海域棄土場進行檢討，希望省建設廳能協助將當地「海水浴場」的使用許可註銷，使達九十公頃的土地能作為棄土場使用。

接著雙方進入主要議題討論，台北市希望台北縣能允許民間及公共工程廢土倒在縣轄的合法地點，但是尤清指責台北市很不負責任，只有土方業者拿到地主同意書，就准許在台北縣亂倒的現象。他並指出，台北市議會統計捷運工程三十二標中共有三十一標廢土是倒在台北縣，顯示管理上的嚴重缺乏。尤清隨即話鋒一轉，他堅持北市先拿出誠意解決已傾倒在北縣土地上造成環境污染的舊廢土，縣市再來談其他新廢土的出路，「前土未清、後土免談」為底線，因為觸及清除舊廢土的經費，頓時會場氣氛凝重。當北縣要求回饋並協助收拾殘局時，北市捷運局長賴世聲仍一味要催討捷運工程配合款，「談錢傷感情」，唇槍舌戰，你來我往，互不相讓，形成激烈對辯，更使會談陷於僵局，最後不歡而散，只好約定下次再談。

柒、台北縣升格直轄市落空

台北縣和台北市同位在台北盆地，面積是台北市的七倍，人口多出六十多萬人，但因行政層級的不同，因此不論在組織員額編制、財政收入等各方面都有很大的差異，長年下來，縣市建設差距愈來愈大，遂有台北縣市合併之議，惟迄未獲得中央支持，轉而依照直轄市自治法之規定，透過縣議會第十三屆第四次定期大會提案作成決議，爭取升格為直轄市，以平衡台北縣市差距，促進地方繁榮發展。

根據直轄市自治法第二條規定，「人口聚居一百五十萬以上，並在政治，經濟，文化及都會區發展上有特殊需要者，得設直轄市。」實際層面上，北縣人口達三百三十萬人以上；政治面上，北縣的中央民意代表比高雄市多；經濟面上，北縣工商總值居台灣地區第一；文化面上，縣內有十五所大專院校並有縣立大學設置計畫；都會區域發展面上，台北縣鐵公路交通發達，百分之八十六人口聚居七市六鎮，具有都會生活型態，因此從各層面來說，台北縣已充份具備升格直轄市的條件。

台北縣爭取升格為直轄市案，經省府於一九九六年三月九日函轉內政部覆文指出，台北縣雖然人口數已達升格條件，但在政治、經濟、文化及都會區發展上，都有不足之處，還必須再評估，加上「行政區劃分法」未來在立法院審議通過，地方行政區域改制也須經各相關民意機關同意，而將台北縣升格案打了回票。其實，退回的理由太過牽強，台北縣市關係密不可分都是北部地區的政經中心，台北縣升格直轄市的資格條件早已具備，否決台北縣升格案就是抹殺台北縣各項建設成就；至於行政區劃法應該在省縣自治法通過前早該研訂，況且台北市、高雄市在沒有是項法規前就可升格為直轄市，所以不該以這項理由把台北縣排除在外。

台北縣升格為直轄市，可能帶來諸多有形無形的好處，但升格乃一廂情願的想法。因此，不論升格也好，合併也罷，應該從大都會發展的空間和需要上冷靜地去思考、規劃，而不是只在分享資源或優勢的角度上狹隘的去看問題。事隔多年後，台北縣始適用「地方制度法」先升格為「準直轄市」；而後於二〇一〇年十二月二十五日起，才如願以償正式改制為「新北市」，成為直轄市，並與台北市平起平坐，但已是尤清卸任縣長十三年後的事了。

願為「七世夫妻」

一九九一年九月十四日，結婚二十四週年紀念日，夫妻兩人接受《自立晚報》「婚姻檔案」記者許麗娟的採訪，細數結婚後生活種種，全文如下：

現代的夫妻能有一世姻緣已屬難得，但對台北縣政府主任秘書林豐賓夫婦而言，二十四年的婚姻卻使他們猶有「七世夫妻」的情分，他們笑稱是平凡中的幸福，然而幸福生活的背後依恃著的是雙方共同的信賴、包容與一顆發自內心深愛對方的心。

記者採訪的當天正巧是林豐賓夫婦結褵二十四年紀念日，一大早林豐賓的妻子粘麗娟就訂了一個冰淇淋蛋糕送到台北縣政府，中午兩人相約在來來飯店十七樓共進午餐，晚上則連袂參加觀賞一場音樂會。度過愉快又幸福的結婚紀念日。

林豐賓與粘麗娟的相識追溯到林豐賓與她的哥哥是政大同期同學，為了與她共組家庭，林豐賓放棄了留學的計劃，原本他已申請到學校，也同時考上高考，但他選擇了任公職而擁有幸福家庭的生涯路途，而林豐賓從未對當年的選擇有所後悔。

對於粘麗娟而言，雖屬女真族，但從小即生長在台灣社會下的傳統家庭，因此也承繼了母親傳統的妻子角色，以服侍丈夫為生活目標。為了照顧家庭，婚後只能斷斷續續地工作。

粘麗娟不僅菜燒的好，由於心思細膩週到，照顧先生及孩子也無微不至，無論林豐賓要早起運動或辦理公事，粘麗娟一定在他醒來時就已起床為他煮早餐；稀飯也必須控制溫度，要不會太燙卻又不會太涼，經常就得在碗下用冷水使之冷卻。當林豐賓開始吃早飯時，她就一個箭步到門口幫他擦皮鞋，鞋頭要朝外擺好，讓他一腳就可穿進出門……。

尤有甚者，無論是什麼水果，粘麗娟都得事先剝皮挑子，讓林豐賓不必費勁一口就可吞下，如荔枝、西瓜、枇杷等水果不僅要剝皮，還要挑子，送到他口中。

林豐賓因此養成了完全不管家中大小事的習慣，有次粘麗娟出遠門，甚至必須從台中打長途電話教他如何燒開水及使用微波爐。林豐賓也很自豪的說，算命師曾說他一生都沒有後顧之憂，也說他們的姻緣是七世夫妻，林豐賓開玩笑的說，希望今生已是最後一世了，但他深情的眼光卻仍在話語中不經意地透露出依戀的訊息。

粘麗娟對待丈夫如此週到的美名傳遍朋友圈及工作圈，因此也有朋友要求她開班授課，但她卻意味深長地說，這些事都是要發自「內心」地做，這也是如何維繫先生的心之秘訣，如果不是心甘情願，太太做的很勉強，也會很痛苦，反而變成夫妻間的一種負擔，也不能持久。

他們夫婦力行「身教重於言教」的原則，而夫妻間也從不吵嘴，意見不會的情形是一定有的，但兩人不會口頭爭執，而用傳遞紙條的方式將兩人的意見寫在紙上而暫時不交談，如此也才不會再加深歧見，父母從不吵嘴的情形也使得小孩間能夠相親相愛。

粘麗娟對於時間及金錢的觀念都非常精確，年輕時兩人約會都訂時，分數字相同的時間如六時六分，十二時十二分，如此能易記並遵守約定時間；在金錢方面，由於林豐賓二十餘年來皆擔任公職，薪水並非十分寬裕，但粘麗娟卻能在有限的家用中安排各種生活開支而不致窘迫，她笑稱這是她的「天賦」。林豐賓以前都是直接將薪水袋交給她，「但自己會先抽走幾張鈔票」，但是現在薪水都是直接匯到帳戶中，「連私房錢都不能存了」。

雖然粘麗娟是個典型的賢妻良母，但她目前仍未放棄事業上的衝刺，擔任一家冰淇淋連鎖店的企劃管理工作，她經常以「具傳統美德的現代婦女」自詡，而林豐賓在公忙之餘，也非常重視家庭生活，他堅持一天中三分之一公務時間，三分之一睡覺時間，三分之一是家庭生活，他從不會將公文帶回家，以免影響家庭生活，而這也是二人至今維繫幸福家庭的不二法門之一。

雖然二十多年前林豐賓是一位有志留學的青年，為了婚姻放棄了進一步求學的機會，但他認為自己是「塞翁失馬」，能得妻如此，夫復何求？

生日在議會

十一月二十二日是我的生日，回想當年，三十歲生日在經濟部，四十歲生日在台灣省政府，五十歲生日在台北縣政府，誰能預料六十歲將如何？有人說，人有二種壓力不能逃避，一是時間的壓力，二是成就的壓力，如今兩者都發生在我身上，我思考如何承擔得起，而且有完美結果。每個人的努力，不但希望得到別人的肯定，更期待能得到別人的讚賞，而人生的價值也從這裡面去感受。我心想，公務員非以處理公文為唯一公務，每個人對於本身的工作都有一份理想和抱負，這才是工作目標也是工作力量的來源。

主任秘書不是超人，更談不上是太平官。當「幕僚」是公務生涯的初次嘗試，所以特別珍惜，也特別惶恐。我不敢說，能做到盡善盡美，但起碼我保證做到盡心盡力。如果能力所及，我願意當文官制度的守護神，不能也不會去當文官制度的摧殘者，因為自身公務生涯的體驗，感同身受，我已深深地感覺到它的重要性。穿什麼戲服演什麼戲，既然穿上這套戲服，就應該思考如何扮演好這角色。我的做法，原則上：依法行政、公務中立（職務、作為）；工作上：承上啟下（理念、想法）；心情上：嚴守分際（人事、經費、業務）；態度上：有責無權（責任、榮譽、成就）。

在台北縣兩年生日都在議會議事廳嚴肅度過，談不上愉快或不愉快。不過，看見在二樓記者席上，有人拉著紙黏的長條，用多人的口紅描繪了『祝福主秘生日快樂』字樣，有難以形容的喜悅，心中多了一份溫暖。

教育局長任用爭議

台北縣教育局長一職，早在調動前局長溫鎮泉出任計畫室主任因而請辭後，縣府於是提報包括林玉体、邱守榕、張國龍三人名單，送省教育廳遴選出任，但省教育廳以任用資格有疑義致未獲核准，一直懸擱，遂任命由主任督學劉文通暫代，開始埋下日後紛擾不斷的種子，也是尤清在人事任命權上的重大挫折。

台北縣學校數、教員數、學生數最多，為使教育行政工作正常運作進行，持續與省教育廳溝通，並另設教育委員會協助業務推動。但在議會卻起了波瀾，有議員質疑教育委員會的地位與功能，有議員認為教育局長懸缺已久，應按鈴控告毛高文部長、陳倬民廳長和尤清縣長。我認為，前者只是諮詢性質並不涉及決策；後者只是找來「名人」陪同「遊戲」。

縣府教育委員會召集人林玉体為師大教授及台灣教授協會會長，美國愛荷華大學哲學博士，具教育史、教育哲學專長，尤清延攬至縣府服務，業經教育部同意借調一年，因受縣級地方政府用人限制，只能出任秘書一職，尤清遂函報省教育廳派兼教育局長，是繼勞工局長郭吉仁、文化中心主任劉峰松之後第三位民進黨籍縣府高階幕僚。但「派兼」案迄未得到回覆，成了一場拉鋸戰。尤清屬意林玉体代理教育局長，可是省方另有盤算，縣府只好逕行發布「派代」人事令，並擇日辦理交接，但此時省教育廳突然指出，林玉体代理案在該廳未核准前，原代理局長的主任督學可以不交出印信，緊急給了劉文通一道護身符，當天劉文通稱病請假故意缺席，丟出燙手山芋，省縣角力愈來愈甚，嫌隙愈來愈深，劉文通左右為難。

其實所謂交接，只不過是「職務代理人」的更換罷了，不牽涉「交接」的性質，而僅是教育局內部的職務「交代」和「代理」而已，有沒有印信並不受影響。在雙方僵持中，教育廳副廳長王宮田也至縣府協調未果，亦未有交集。此時，林玉体已「正式就位」，奉命行事，劉文通仍決定「堅守崗位」，執意頑抗，形成教育局長「鬧」雙包的「怪」現象。尤清不得不以工作不能配合為由，降調劉文通主任督學為民政局視導，指其涉及的教育局業務一概無效，但他認為主任督學的調動權在省府，而縣府的人事令是違法的。我感嘆的說，不要戲演完了還穿著戲服在街上走，讓人看笑話。

一波未平，一波又起，省教育廳於此刻出其不意推薦台東縣教育局長柯進雄轉任台北縣教育局長，我在縣長充分授權下隨即批示「請婉復」，意為拒絕接受，並指省教育廳很顯然是一種情緒化的反應，不免讓人覺得多此一舉、自尋煩惱，而且是在糟蹋權威，把問題越弄越複雜。據瞭解，省府堅持的是依據「行政院限制所屬公務人員借調及兼職要點」及「台灣省各縣市教育行政人員遴用辦法」規定；而縣府強調的是「台灣省各縣市實施地方自治綱要」，以屬地方自治權限為抗衡，無非是一條鞭集權制與地方首長之間的權責糾葛，可見省對縣教育人員人事權的緊抓不放。

事情一路演變，終於出現轉機，劉文通勉強至民政局報到，並同時辭去視導職務，任何事情總要有人做，問題是由誰來做比較恰當、比較理想而已。整個事件，由單純到複雜，主任督學劉文通也許只是被利用的無辜小角色，用來當作關鍵性的一顆棋子罷了，他總是直接的、間接的、有意的、無意的堅持不必要的堅持。其實凡事要看法律規定的真正精神所在，不能緊緊抓住法律的尾巴只為自己辯護，抗拒行政指揮監督。如果長官與部屬之間的互信基礎已破壞，顯然人地不宜，而調整職務是最好的選擇，以免爭執不休、爭議不斷。成語「旁觀者清，當局者迷」，勇士與烈士之間的抉擇，是在於自己而不在於別人。

省教育廳處理本案自始至終都在預設立場下作業，雖然勉強找到有關限制的行政命令，但卻漠視了地方法定權限，漠視了地方的實情和需要。相反的，台北縣政府的立場和要求很明確，不是在製造人事紛擾或混亂，而是期盼教育行政工作的順利推展和變革。尤清縣長的決定完全是在行政裁量權的範圍，但仍受舊勢力和既得利益者的挑戰，實令人遺憾。

省教育廳把北縣教育局長人事案複雜化，複雜了任用的程序與條件，也複雜了府會之間的關係。「派兼」案成了「懸案」，絕不是制度上障礙或法令上疑義，而是政治層面的問題，對業務正常進行帶來負面影響。或許行政僵化與過分保護既得利益有關，但行政改革又何嘗不是為了追求多數人的最大利益？這一事件，我得到的體認是：政府為機關體，應該由首長掌舵；所謂「尊重」，貴在相互體諒對方立場，不是在於使對方「聽從」；當務之急，必須儘速建立人才下鄉的暢通管道，而不受藩籬之限制。

爭取公庫計息

公庫計息是尤清於縣長任內的一大創舉及貢獻，在他上任後不久開始爭取縣庫計息，甚至在一九九二年十二月二十九日發出通牒，表示如果縣庫無法全面計息，請省府核准將縣庫業務委由他行庫代理。結果省府在一九九三年一月十五日函覆，與「台灣省縣市庫規則」明訂台銀為縣庫的代理機關之規定不合，未便同意，要縣府逕行與台銀接洽，但台銀強調仍須用通用契約，而依照銀行法第八條規定，契約仍需要上級核定，所以台銀也不敢作主。

縣府歷經三年的爭取，省府始同意專戶存款一百億元及代收代付款可以計息，但公庫存款仍不同意計息。不過即使如此，依據當時情形，縣庫未計息部分平均有一百五十億元，如果以活期存款牌告利率二%計算，縣庫一年也有三億多元的利息收入損失，因此，仍然持續據理力爭。

事實上，公庫法並沒有規定縣庫不能計息，或必須存放於台銀，省府只是以一紙行政命令規範，把縣庫業務交由台銀負責，實際有圖利之嫌。況且依據公平交易法，台銀的行為可算是市場獨佔，就是在特定市場處於無競爭狀態，或具有壓倒性地位可排除競爭能力者。據此，建議對於公庫計息採取以下三種途徑分別進行，持續爭取：一、先發函台銀要求公庫全面計息；二、以省府和台銀為共同義務人，向公平交易委員會提出申訴；三、以訴訟方式和台銀解約，另找適當且願意代理縣庫業務的銀行。

尤清爭取公庫計息是合法、合理的訴求，曾引起社會關注，但省財政廳擔心一旦開例，其他縣市將紛紛比照辦理，且對行庫的負擔非常沉重，遲遲不敢答應，經一再協調台銀稍作讓步，同意基金可以計息，縣府揚言開出一百億元支票，打算開設「建設基金專戶」，轉存計息，對台銀形成極大壓力，最後台銀板橋分行終於讓步，於一九九四年三月十五日通知縣府，只要在定存戶頭內皆可計息。從此增加公庫收益，也得到其他縣市的仿效。

台北縣幾次重大災變

所有的災變都是意外，意外的形成，有人為的因素和天然不可抗力的原因。很多意外都可以防止的，至少可以降低或減少意外帶來的損失，所以防災與救災同樣重要，有時候二者是一件事。

災變也好，災難也罷，都將造成災害，一旦災害發生，必須探究災害原因及其責任歸屬。所稱「責任」，有法律責任（民事、刑事）、行政責任（行政監督）與政治責任（隨著民意、輿論與政治環境而定）之不同，在公務部門，甚至有監察院的介入調查、糾正、彈劾與公務員懲戒。但任何責任都有一共通點，就是發生與結果必須具有相當因果關係。不過也可以透過規範強制投保以分擔責任與風險，補償無辜受害的第三人或消費者。

台北縣地大人多，經營管理不易，偶有意外災害發生，防不勝防，在尤清任內也遭遇幾次重大災難，包括：中和自強保齡球館火災、板橋瓦斯氣爆災害、賀伯颱風侵襲、林肯大郡坍塌慘案，造成人員嚴重傷亡及財物重大損失，重擊施政成果及尤清聲譽。分別說明如次：

壹、中和自強保齡球館火災

一九九二年五月十一日凌晨，中和市自強保齡球館發生火災，奪走二十條人命，是尤清縣長就任以來最嚴重的一次災害，乃涉及公眾安全的問題，但保齡球館並不在列管的八種行業或廿二種行業內，沒有特定目的事業主管機關，也沒有特定管理規則約束，只能從建築、土地利用以及營利行為來管理，既然發生在縣轄內的住宅區，造成重大災害，縣政府自難辭其咎。

據了解，自強保齡球館係位於住宅區卻擅自變更使用，發生災害時，尤清在第一時間趕至現場指揮救災，於災後並責由我主持檢討會議，作成以下的指示和決定：

重大災變速報制度的建立和落實，包括橫的聯繫、縱的層報。

由工務局召集警察、建設、教育、新聞等單位實施聯合安全檢查，針對公眾得出入之場所，包括保齡球館、百貨公司、餐廳、戲院、補習班、證券行及其他必要場所，進行檢查。

稽查重點包括：建築物擅自變更使用（建築法九〇、九四條）；違反都市計畫土地使用管制規定（都計法三四條）；消防設備欠缺（消防法及其施行細則）；營業項目超過登記範圍（營業稅法）等。

各業務單位依現行法令，如營業稅法、建築物擅自使用、違規使用、違規營業等行為，確實執行禁止。

業主應受之處分，由警察局依消防法、工務局依都市計畫法、建設局依營業登記法令，移送法辦並勒令歇業。

摒除主管的本位主義及駝鳥心態；宣導業者的守法精神與職業道德。

對行政人員有無失職之責任認定及議處。

貳、板橋瓦斯氣爆災害

一九九五年二月二日，發生板橋市中正路瓦斯氣爆災害，時值春節假期，尤清參加「台灣民主宣達團」赴美，而我在台中與友人聚會，突然接警察局王安邦局長的緊急電話，聯繫我務必兼程北上處理災變。到了現場，才發現災情嚴重，一片狼藉，怵目驚心，隨即在社后里聯合活動中心，成立「災民收容所」，並清查損失，總共造成房屋毀損七十九間、汽車二十九輛、機車一百輛及三十人受傷，由於發生時多數住戶返鄉過節，未釀成死亡災害。

翌日清晨，尤清自美國返回，隨即邀集相關單位研商緊急應變措施及善後處理，指示發放慰問金及進行災害鑑定，並以最快速、最簡便的行政程序協助救難及修復工作，一切符合從速、從寬、從優原則。緊急應變措施重點工作，包括：成立鑑定小組；救災、救護與救助；受災戶之安置；受損建物之安全檢測與賠償；瓦斯輸送管線之全面檢查與更新；汽機車之清點與理賠；現場清除與路面修復；消防器材之增購與補充；天然瓦斯和水電之恢復供應；房屋稅捐之減免；各界捐助之處理；重建規劃與經費。

一九九五年二月四日，行政院長連戰在內政部長黃昆輝、副省長林豐正以及警政署長盧毓鈞的陪同下，於上午十一時到達火災現場，指示地方政府進行災後重建，並全面檢討埋設在地下瓦斯管線的公共安全問題，而台北縣政府則提報各項改善建議。事實上，瓦斯氣爆災害發生後，台北縣政府即成立「受災戶善後協調會」，統籌中油、市公所、自來水公司、電力公司、新海瓦斯、電信局、里辦公處、衛生所及醫院等善後處理協調與分工。經鑑定證實氣爆是由中油的管線破裂所導致，與會的中油服務處長蔡三郎，一再表示，中油有絕對的誠意進行災後復建及賠償之工作，勇於挑起肇事責任，而受災民眾無論是臨時安置費、半年租屋補助費以及應賠償金額，確實獲得從速、從寬、從優的理賠，而使此次重大災害很快落幕。

參、賀伯颱風侵襲

一九九六年七月二十九日，賀伯颱風來襲，帶來三十年罕見的風災及水災，造成台北縣重創，許多地方嚴重淹水，尤其板橋市首當其衝有一半以上泡在水中，停水、停電，滿地垃圾、爛泥。尤清原本準備赴美與洛杉磯縣締結姊妹縣，臨時取消行程，指揮動員，分工合作，全力投入救災及災後復舊工作。首要救助，其次復建，而後防患未然。縣府社會局也適時成立捐款專戶，接受各界捐款，正隆公司董事長鄭政隆率先捐款五百萬元由我代表接受，全縣公教警察也各捐一日所得，而尤清則捐一月所得十六萬元，皆併入災害救助金，依照「天然災害救助金核發標準」統籌辦理救助。

一、板橋水災原因

經初步勘查，造成水淹板橋市的主要因素，乃是抽水站水門故障導致河水流進市區，加上板橋四汴頭抽水站故障無法適時將雨水抽出，省住都局和水利局難辭其咎。不過，於一九九六年九月五日，行政院檢討賀伯颱風災情，指責台北縣政府未辦理防汛演習及水門交接延遲釀成水災。省府官員加碼指責，台北縣配合防洪工程用地徵收不力、大漢溪沿岸舊有垃圾場腐植土未能及時清運，以及延誤堤防及抽水站工程進度等，始肇致嚴重的災情，有關災害責任歸屬，中央、省、縣都極力在幫自己辯護。尤清感慨縣府為了配合省府三期防洪堤防工程施作，拆除民房一千五百棟、徵收土地五百公頃，自信已盡心盡力防災，想不到防洪工程不堪一擊，愧對災民，深感委屈，於「賀伯颱風救災事宜檢討會」上悲從中來，當場哽咽落淚。

監察委員李伸一、趙榮耀、陳孟鈴等組成的「監察院大台北風災調查小組」，於一九九六年九月十八日約談尤清追究行政責任。而尤清指出，政府機關分層負責各有權限，不能因為「中央高於地方」就將責任推給他。他表示，從「施工、管理」方面應可以清楚追究出災害原因。對於大漢溪流域已堆積了二、三十年的五座垃圾場的清理，台北縣政府已盡力而為，但是「別人當縣長留下來的垃圾，我要來負責，哪有公道可言！」至光復水門未辦理移交，是因為板橋市公所以未設週邊安全保護設施為由，以及土城水門則是土城市公所表明沒有專技人員，俟僱用再辦理移交接管。

二、彈劾及行政懲處

賀伯颱風造成北縣相當大的災害，縣政府進行內部檢討後，認為縣府有關單位並無明顯疏失，但省府仍依據行政院的災害檢討報告，指示縣府提報建議懲處名單及復建報告，縣府遂於九月三十日提報工務局負責協調水門交接人員，水利課長蔡信雄、承辦人許京生各記過一次，勉強懲處的理由是「協調不力、督辦欠周」。另外，在監察院方面終於在一九九七年三月十二日完成調查報告，通過彈劾「未辦理防汛演習、河床垃圾清運」的台北縣長尤清，以及「未掌握颱風狀況」的前省府水利局長謝瑞麟，與「執行防洪工程計畫懈怠遲緩」的前住都局長林將財等人。

監察院專案小組成員指尤清遭彈劾的理由，洋洋灑灑有四大項：一、執行台北地區防洪第三期計畫大漢溪沿岸垃圾清理工作不力；二、未能切實停止在大漢溪傾倒垃圾，造成賀伯颱風來襲時，垃圾阻礙水流，釀成風災，使河床垃圾量與清理費持續增加；三、對於抽水站用地徵收及地上物拆遷過於遲緩，致未能配合抽水站興建行程；四、同時，尤清未督導所屬辦理防汛演習，以致賀伯來襲，官員應變能力不足等等。

針對監察院通過彈劾案，尤清縣長非常在意，緊急召開記者會，語氣激動強烈表達不滿，他說，縣府對大漢溪沿岸垃圾清理已經很努力，強調水門及抽水站未能發揮功效才是水患主因，分別是省水利局、住都局權責，至於防汛演習有沒有做，這與水患發生與否未必有關係。他籲請監察院應要釐清權責劃分及因果關係，不可以模糊問題焦點。民進黨秘書長邱義仁也聲援表示，民進黨中央完全無法接受監察院的舉措。迄至一九九七年十二月十二日，公務員懲戒委員會決議予以尤清記過一次處分，對監察院所提四項彈劾理由，認為前三項非縣府權責，或不可歸責於縣府，但防汛演習未辦理則尤清有監督不周。彈劾變記過，尤清感謝公懲會還他清白。

三、賀伯颱風激起的漣漪

賀伯颱風是三十多年來台灣最大的天災，風災、水災，災情嚴重，財物損失大，人員傷亡多，據統計全台灣有四十五人死亡、二十三人失蹤，以及四百五十人輕重傷。我們發現，人與土地之間的不協調，應是發生水災的一些共識，包括：一、人為對環境的破壞；二、政府該作為能作為而不作為；三、與山爭地，如濫墾、過度開發山坡地；四、與水爭地，如採砂、種植、居住、堤距；五、引海入地，如超抽地下水等。

賀伯颱風造成台北縣嚴重水患，其他行政及刑事責任受處分人員，包括時任縣府工務局長許時雄被省府記一大過；另外，板橋地方法院以廢弛職務、怠忽職守，依瀆職罪判處水利局第十工程處處長傅國雲徒刑四年、光復水門工務主任宋宏剛三年八個月、原工務課長蔡茂明三年二個月、原土城水門工務主任許富善三年六個月，但均可上訴。其中，傅國雲之前已經公務員懲戒委員會議決休職六個月的處分在案。

肆、林肯大郡坍塌慘案

一九九七年八月十八日，汐止鎮林肯大郡山坡地住宅發生嚴重坍塌災變，災情慘重，震撼全台。第一時間傳來，尤清表示，在未挖出最後一人前絕不離開災區，幾天來以車為家，全程坐鎮現場擔任搶救總指揮，用盡一切可能的方法，包括請來老礦工協助挖掘瓦礫下的罹難者，最後統計，造成有二十八人死亡、一百六十戶全數倒塌、三百多戶房屋受損。無情的風雨，無情的責難，使尤清面臨政治生涯嚴厲的考驗，心力交瘁，百感交集，面對無助的罹難者家屬，尤清黯然、落淚，透露出政壇鐵漢也有脆弱的一面。

災害發生讓縣府陷入愁雲慘霧之中，我隨即主持記者會，說明了林肯大郡核發建照的背景與災害處理原則。我強調，縣府不會規避責任，並說明，林肯大郡開發案係依縣府農業局六十九年「六九北府農六字第一七四〇七一號」函水土保持許可文件，及內政部頒訂的「山坡地開發建築管理要點」第二十五條規定，於七十九年四月十二日申請並經工務局於同年四月十六日核發雜項執照；其後再憑向地政單位辦理變更編定為丙種建築用地，然後再依規定向縣府申請建照。我指出，縣府災害處理原則，包括：救人優先；清理現場及安頓災民；控制災區防範擴大；成立小組研判災害原因；查明技術及行政責任歸屬；協調起造人及相關單位辦理災後重建等。

一、縣政府的作為

我每天主持記者會提供最新災情及因應措施，以及召開災後復建會議進行一切善後工作，氣氛相當沉重，隨時就被感染。我要求充分提供研判災情、案情必要的資訊，毫不保留，將林肯大郡的開發過程，包括：開發許可、建照、使照核發等相關資料、處理流程，都要對外公開，攤在陽光下，接受各界檢視有無違法、瑕疵，如有公務員涉及不法情事，依法嚴查嚴懲，絕不寬貸。但主持會議時，還要利用機會為基層員工打氣以及更多的精神支持，以維護縣府各項業務的正常運作。

縣府也與時間賽跑，積極作為方面，包括：為了避免建商趁機脫產，確保受災戶權益，緊急通知全縣地政事務所，暫停受理與林肯大郡建商及相關人的房地產轉移或設定抵押等業務；依台灣省天然災害救助金核發標準，從優從寬救助；成立法律服務中心，協助受災戶索賠，與建商展開協調或談判；協助辦理減免稅捐；配合檢察機關進行刑事責任調查；委請建築師公會、土木技師公會進行災害原因鑑定報告；發起縣府員工自由認捐一日所得，表達對林肯大郡罹災者一份心意。

除此之外，也全面清查「老丙建」。林肯大郡乃依據內政部營建署於民國七十九年修正「山坡地開發建築管理辦法」第二十五條大開後門，使敗部復活、起死回生，遂採取四項緊急措施補救：一、對所謂「老丙建」進行全面清查，嚴格列管追蹤。二、開發中的「老丙建」申請使照時應加具地質及地形等安全鑑定報告，對於非都市用地則專案列管。三、落實建築師簽證制度。四、建請修正「山坡地開發建築管理辦法」第二十五條的不合理性。

二、消費者的保護

縣政府與消保會站在保護消費者立場，就善後問題達成三項決議，由縣府協調廠商辦理，包括：一、提供一定金額作為賠償準備金，讓受災戶放心；二、從中促成廠商尊重受災戶的意願，自由選擇退還房屋或換房；三、緊急安置受災戶，儘量滿足受災戶需求、提供日常生活所需。但國家賠償是法律問題，不是政治問題，更不是社會救助問題，有一定的要件和必要的程序，應依個案做事實認定，而非單憑感覺。

三、為死難者超渡

八月二十日傍晚，法鼓山聖嚴法師到災害現場為死難者舉行超渡儀式，陪在一旁的尤清縣長在凝重的氣氛中一度落淚；八月二十五日上午，法鼓山文教基金會三百位法師組成的助念團，到縣殯儀館為林肯大郡罹難者助念。聖嚴法師開示，在天災中喪命的往生者，勿再執著世間的一切，應帶著平常所修的善念，前往無憂、無愁、無苦、無痛的極樂世界；往生者不要感到不平，佛說生命無常，人間的種種本來就如「空中的花、水中的月」。而尤清縣長夫婦及各局室一級主管都參加。

四、鑑定災害原因

林肯大郡坍塌當時，一般認為，由於溫妮颱風連日豪雨，造成社區後側擋土牆措施岩錨支撐力不足，水、土壓力暴增，滑動撞擊建築物，使最靠近山崖的房屋傾倒。後來台灣大學地質系教授陳宏宇前往現場勘察後指出，房屋崩塌主因並非地底有礦坑或水土保持有問題，而是該處乃標準的「順向坡」地形，把順向坡坡腳挖掉作成建地，就是犯了開發山坡地的基本大忌，坡地順著慣性整塊滑下來是遲早的事，所以造成了災害。

據了解，經過專家最後鑑定，發現坍塌主要原因，乃建商為增加建築面積多蓋些房屋，竟擅自變更水土保持，將山坡坡腳截斷超挖山坡地。又根據檢方調查，整個林肯大郡有一半以上的基地是建商超挖出來的，更有房子是蓋在回填土方之上，而且建商在作地質鑽探調查時，卻與工程顧問公司共謀作假，偽造不實的地質鑽探報告，以致溫妮颱風來襲時夾帶豪雨造成土石流，坡地不堪受力坍陷釀成災害。是天災，更是人禍。

五、後續發展

一九九七年八月二十五日，內政部營建署決定提高山坡地開發門檻，「老丙建」重新檢討與規範，坡度逾五十五%不得開發，並要求建商應全面建立山坡地監測系統；一九九七年十二月十五日，士林地檢署檢察官陳瑞仁，對林肯大郡慘案偵結起訴二十名官商，包括負責人李宗賢、建築師盧正堯等六名廠商及縣府農業局、工務局等十四名承辦人員。起訴罪名包括廢弛職務釀成災害罪、偽造文書罪、業務過失致死罪、圖利他人罪，從此進入冗長的訴訟程序；台北縣政府工務局、農業局前後任局長鄭淳元、謝富貴、陳彩容、葉義生及課長、承辦人，分別遭到監察院彈劾與糾舉，並送由公懲會決定停職或撤職不等的懲戒處分，讓每個人在公職生涯中留下永遠最不愉快的回憶。

舉辦「東亞企業人高峰會」

東亞企業人高峰會議為日本神奈川縣於一九九〇年首次舉辦，次年由韓國京畿道舉辦，而在一九九二年輪由台北縣主辦，當初因為三者皆屬於首都周邊的城市，性質相同，處境相近，形成自然而然的結合。高峰會議參加者幾乎都是東亞地區國家中生代的企業家，後來逐漸擴展而有馬來西亞、泰國、新加坡、越南等國的加入和接棒。迄一九九七年再由台北縣政府主導，由遠東集團、東元電機等主辦東亞企業人高峰會議，更有來自全球各地十八個國家政府與企業代表參與會議，獲得豐碩成果及與會人士稱讚。

壹、一九九二年東亞企業人高峰會議

台北縣主辦「一九九二年東亞企業人高峰會議」，為地方政府籌畫辦理國際性會議的頭一遭，相當難得，由縣政顧問莊恆雄協助建設局負責執行。本次高峰會主題為「亞洲共同發展的潛力與機會」，旨在促進東亞區域經濟的整合與提供企業具體可行的合作交流機會，並以「成功的海外投資」、「貿易機會和金融支援」、「垂直水平分業和技術轉移」、「中小企業的升級」為題進行分組討論。世界已有地球村的共識，亞洲也不能獨善其身，有必要共同努力描繪未來經濟發展的美好遠景。

第三屆東亞企業人高峰會議於十一月十九日在台北縣立文化中心舉行，由東元電機董事長黃茂雄擔任大會主席，分別有來自包括東亞、澳、歐、美等十九個國家約五百六十餘位的政、商企業界代表與會，開幕典禮由朱宗慶打擊樂團以三首組曲揭開序幕，李登輝總統也頒書面致詞，祝賀大會順利成功。而在前一天晚上，已由經建會主委郭婉容在福華飯店向與會者介紹台灣的「國建六年計畫」，引起眾人興趣。

主辦國尤清縣長表示，他很榮幸國際會議能夠由台北縣籌備並主辦，他說，身為亞洲地區國家，有義務在新的世界經濟秩序重整過程中，扮演分擔責任的角色，而地方政府之間的交流，更是區域整體發

展的基礎；大會貴賓經濟部次長江丙坤表示，世界經濟重心已從西方轉移到東方，東亞地區已成為全世界注意的焦點，它不僅有豐富的資源、資金及高水準的科技，在全球所扮演的經濟角色，也日形重要，他相信經過幾天各國代表交換意見後，對於東亞企業體的合作應有新的看法；韓國京畿道副知事金炳亮形容東亞各國企業就像未成串的一籃珍珠，如果將它串成項鍊，彼此加強合作，更能顯出價值。會中並由我國和來自日本、南韓、馬來西亞地方政府代表簽訂四項促進東亞地區經貿協定，包括加強企業人高峰會議的功能、鞏固各國企業關係、適當的經貿交流、合作，達成整個區域的繁榮。

貳、一九九七年東亞企業人高峰會議

由台北縣政府主導，遠東集團、東元電機等主辦的「一九九七年東亞企業人高峰會議」，於十月二十二日在台北凱悅大飯店揭幕，大會主題為「合作與商機」，有來自全球包括日本、韓國、馬來西亞、泰國、越南、澳洲、美國、德國、印度、以色列、巴基斯坦、俄羅斯及中國大陸等十八個國家政府與企業代表約五百人參與會議。

主辦國尤清縣長在開幕致詞時，提出「亞洲」新意涵概念，他認為亞洲不再只是一個地理名詞，每一個國家不僅要保障亞洲地區的安定，更希望藉由不斷運轉的高峰會，創造繁榮的新亞洲；他希望與會各國抱持「地球村人民」的態度，共創商機合作。縣政顧問莊恆雄也是高峰會執行長，他指出，台灣中小企業面臨經濟自由化及組織結構轉型期，因此擴展海外市場成為必須要走的路，而高峰會希望提供各種可能的機會與管道，讓國內企業透過國際活動的參與，達到跨國區域策略聯盟及技術資本的相互移轉，並且經由跨國工商業交流，開拓行銷世界眼界。他也說服俄羅斯、韓國工商界與台北縣政府及工商界訂定投資貿易等合作計畫。

主辦單位更邀請瑞士洛桑管理學院特賓（Turpin）教授演講，他指出，全球所有國家都想盡辦法為競爭力的提升而努力，事實上要提升競爭力，我們必須改變思考的方式，首要之務在面對現實，企業界和政府必須學習自我檢驗看清事實，妥善處理兩岸經貿關係，他形容政府的兩岸經貿政策是自我欺騙，使大家生活在虛幻的世界中。他也強調要提升教育，加強基礎建設等於提升競爭力，認為教育的目的不是學習技能而已，而是學習如何學習及成為世界公民。他說，教育作好是使國家成長的關鍵，台灣教育普及就是競爭力向上躍升的基礎，很值得學習。

參加高峰會的各國代表，在台北縣政府的帶領下，二十四日參觀新竹科學園區、聯華電子廠及東元電機，包括俄羅斯佛羅奈斯市副議長、泰國全國工業區管理署長、馬來西亞投資暨工業會主席等人，除對科學園區設計規劃及廠商設備讚賞之外，更提出包括如何吸引高科技人才及園區管理等之問題，一方面學習台灣科技發展之經驗，一方面交換投資與經營心得，對東亞區域的經濟合作必然有正面的意義。

「畫大餅」與「烘大餅」

拋開個人交情與友誼不談，尤清與我就以建立的工作關係體認，他是一位有理想、肯務實、能規劃、敢執行的人，非常盡責。議員常嘲諷尤清推動縣政是在「畫大餅」，我則形容他是在「烘大餅」，一塊接一塊出爐，這些大餅譬如解決國小二部制、推動社會福利措施、廣建國宅、開始清運經年累月的淡水河系老垃圾等，已看見慢工出細活的績效，今後缺少的似乎在於把「民眾可以切身感受得的」，列為施政要務，就像微波爐一般，可以收立竿見影之效。尤清有時會讓人感覺「不按牌理出牌」，其實他在出牌前早有盤算並做足了功課，堅持該所堅持，但也不忘調整自我，有時感覺亂中有序，自我成長，就像他所屬的政黨一樣。我逐漸了解他的思考邏輯和價值觀念，而且從中培養信賴與默契，可以得到相輔相成的效果。

我沒有「偉大的理想」，只有期待「心安理得」，除了工作之外，儘量避免成為公眾人物，因為成為公眾人物要付出相當的代價和自由，犧牲了嗜好、興趣和時間，而這些都不是我所願意的。我只有跟著「感覺」走，而不是跟著「人」走，要肯定自己，但不能膨脹自己；要信任別人，但不能依賴別人。世間事瞬息萬變，但無論環境如何改變或惡化，到最後時間才是萬物的主宰。我在台北縣對酸甜苦辣有比較強烈的感受。制度，繁文縟節；事務，零星瑣碎。官員找「理由」推卸責任，人民找「方法」解決難題。但始終認為相當程度的默契與充分的互信，才有助於工作的推動，而且相信為政不難，僅是耐煩而已。當處理任何一件事情的時候，想到的是「應該做」，即職責所在；「可以做」，即能力所及；「願意做」，即真心幫忙。任何事不能只看表面，必須了解實質內涵，並兼顧問題背後可能的影響，如果涉及的是人的因素，應該充分尊重人的「心境」和「感受」。

我們的社會最需要的還是清流和暖流，不過有些人只能「談事」，但不一定可以「談心」。一個人的特點在於突顯與眾不同的特殊地方，有可能是優點，也可能是缺點，而你最忠實的朋友還是「朋友」，絕不會是「財富」。我了解，信心來自知識，如同友誼來自真情一樣。但無論如何，二者皆不是來自財富，財富有如「過眼雲煙」。自古有所謂「無為而治」，也有所謂「鞠躬盡瘁」，其實「無為而治」的真諦，不是指毫無作為而言，乃指屬下已完全承擔了所有的困擾或責任，使得長官不必再費心，可以無憂無慮；至於「鞠躬盡瘁」的本意，是在竭盡所能，不在於死而後已！

我感受得到，人民與政府總存有距離，甚至敵意。人民對政府的刻板印象是過時、顢頇、官僚、僵化、缺乏效率。而且認為公家機關是由一群擁有鐵飯碗的人組成，只知道沈迷在瑣碎的權力角落中，喜歡發明一些瑣碎規定來為難民眾，他們保守的特質常使變革不得不踩煞車。事實上政府是一個機構，也是一部大機器，就行業類別來講是屬於服務業，也就是以「服務」為唯一的產品。為民服務應該涵蓋：制度的設計，包括「便民」也「便官」；而服務的品質，則包括方法、態度、觀念、精神、成果。至於為民服務講求的是：科學化的程序；資訊化的處理；人性化的管理。

我最關心的還是行政效率的問題，所指「行政效率」涉及內部管理、制度規章和革新便民諸問題，最直接感受的是公文處理流程的縮短，其中又涉及分層負責、打字繕校和管制考核等措施。但公文處理如果只是辦公而不辦事，並沒有實際解決問題，所以服務品質和服務態度在行政效率的課題上，佔有非常重要的成份。另外，在資訊非常發達的時代，對於事務用具和資訊器材的有效應用，也是提高行政效率的重要途徑。

一個機關就像一部大機器，每位員工就像大機器的一個小螺絲，螺絲難免有鬆動，問題是對於鬆動的螺絲是必須更換，抑或只要重新上緊它？事實上，人事安定乃是推行政務的重要因素，而每一位機關首長對於用人都有他的想法和特色，但其前提是在於能夠配合施政計劃的推動。升遷和職務調整，必須考量適才適所，包括摒除黨派考慮；任用資格及法定程序的完備；個人的意願及主管的意見。對人事的安排如果是「五日京兆」並非好現象，可是「一朝天子一朝臣」有時也是人情之常。人事安排遇上最大的困擾，往往就是人情的壓力，想破除須費一番工夫。

我在工作上最常接觸的還有媒體和民意代表。我認為，輿論的力量所憑藉的乃是社會正義，否則即失其價值和意義；民意代表所關心的是對於問題的需要性、嚴重性，而政府官員所關心的則是它的合法性、複雜性。議會政治真正在於反映民意和監督行政運作，每個人都有尊嚴，而尊重與被尊重往往也是對等的。我明瞭，「政治語言」往往會帶有膨脹或保留，而非唯一的真實。我也明瞭，爭執不等於競爭，因為競爭有壓力、有規則也有企圖，而爭執只是一種情緒的發洩，往往很容易出現非理性的行為。

福營國中危險教室拆除

教室是供學生學習和活動的空間，安全不能忽視，但在一次縣務會議上卻發現舊建築的「離譜」，讓人驚嘆、氣憤。當時新莊福營國中申報拆除危樓教室五十六間，拆除後重建經費高達一億三千多萬元，據教育局說明，這批教室在八年前興建，使用年限還有很長距離，已發現天花板水泥塊剝落、鋼筋暴露、牆面龜裂、教室傾斜等嚴重情況，學校被迫向外校借用教室並租用遊覽車接送學生，而這次是第二期拆除，第一期已拆建危險教室花了五億餘元，僅僅校長和總務主任受到記過處分，而未追究其他責任。

危險教室的拆除，將模糊、淡化或淡忘造成這種結果的責任歸屬，不但是良心問題，也是法律問題，報拆不僅手續而已，有時也別有目的，而縣務會議更不能成為完成手續的一部機器。我心想，巨額工程經費就如天女散花般的消失殆盡，乃是最明顯浪費公帑的典型例子，「成本」由社會分擔，「痛苦」由學生承受，公理何在？值得殷鑑。況且處理過程鴕鳥心態，不痛不癢，啟人疑竇。於是我要求政風室深入追查當初施工有否設計不當或偷工減料，對嚴重失職人員應澈底追究其行政及刑事責任，不可如此不了了之。縣長也責令組成專案小組召集相關人員及結構工程專家參加。

專案小組的任務在於彙整以往的調查及鑑定報告，繼續追查及補充事證資料，分別就工程設計、發包過程、施工承擔、材料品質、工程驗收等釐清責任歸屬，包括行政、刑事責任以及提起損害賠償的可行性。專案小組並作如下分工：由於建築校舍當初記載的監工日誌下落不明，必須調查其中是否有湮滅證據之嫌，由教育局和政風室移請調查單位處理；建築師方面如有設計不當之處，由工務局依法送建築師懲戒委員會懲戒；當初校長、總務主任等承辦人員，如涉嫌公務人員懲戒相關規定，由人事室依法移送懲戒；校舍驗收人員、設計和施工者是否構成刑法的公共危險罪，及民事損害賠償問題，由教育局委請律師研判、訴追；危險教室拆除時務必全程錄影保存證據。很遺憾，努力過後依然風平浪靜，苦心換灰心！

縣非公法人的爭議

台北縣政府在新莊福營國中危險教室案完成責任調查後，認為前任校長吳餘宣、前總務主任詹正治及已退休的事務組長魏展運等人，在建造教室工程時未能有效控制與管理，校方所購置之建材任由承包商人侵占挪移他用偷工減料，使建築物出現嚴重的結構安全問題，三人的失職直接造成教室拆後重建的二億八千餘萬元的公帑損失；且對建校時各種文件未善盡保管、歸檔與移交責任，而使得政府與包商的求償訴訟等後續工作不易進行，核有公務員懲戒法第二條第二款之情形，依同法第八、十九條規定，由縣長名義，直接將三人移送公務員懲戒委員會懲戒。

豈料公務員懲戒委員會以縣市政府係省政府所屬機關，不是地方最高行政長官之理由，將全案以不予受理退回縣政府。稍後，縣府援引憲法增修條文、省縣自治法等相關規定，認為否定縣長係地方最高行政長官有違背縣的自治權，向大法官會議提出聲請解釋案，但省政府在接到縣府要求層轉的解釋案公文後，就依司法院大法官審理案件法第九條規定，逕自把縣府的聲請釋憲案退回，要求依公懲會的決定辦理。縣府移送公務人員懲戒案被駁回，竟也沒有資格聲請大法官解釋。

依據憲法及省縣自治之規定，「省為法人，省以下設縣、市，縣以下設鄉、鎮、市均為法人，各依本法辦理自治事項，並執行上級政府委辦事項」；依此規定省縣均為「公法人」，省縣政府均為各該省縣的最高行政機關並無疑義，且為憲法所明文保障，則各省最高行政長官應是省長，而各縣市最高行政長官應是縣市長。在福營國中校長等懲戒案移送過程中，未作實質審查，就以行政程序阻斷懲戒，形同「銷案」，不無袒護之嫌，究係在規避些什麼？是保障合法抑或保障非法？

出席國際地方政府聯合會

在台北縣政府服務期間，先後有三次代表出席國際地方政府聯合會的年會或活動，包括：與葉國興參加加拿大多倫多一九九三年全球大會，以及與蔡丁貴參加以色列特拉維夫「地方政府應付災變與危機之對策研討會」，和第三十三屆模里西斯世界年會，滿載而歸，記憶深刻，懷念不已。

壹、一九九三年加拿大多倫多大會

一九九三年六月九日，我與葉國興代表台北縣參加國際地方政府聯合會（International Union of Local Authorities, IULA）在加拿大多倫多舉行的一九九三年全球大會（IULA 1993 World Congress）。葉國興當時任職台北縣選委會副總幹事，他為美國紐約大學比較法學碩士、美國哥倫比亞大學國際關係學碩士，並曾就讀於日本早稻田大學政治經濟學科，具英、日語文專長，有率真、草莽性格，涉獵廣泛，閱歷豐富。他聰明、熱情，思維縝密，觀察敏銳，講義氣、重然諾，有很強烈的本土意識。

我們途經西雅圖（Seattle），探望在華盛頓大學帶職進修的邱汝娜，她獲韓福瑞獎學金赴美深造。而後驅車至加拿大溫哥華（Vancouver）訪徐秀廷相約打球。到了多倫多（Toronto）遇見黃大洲市長也出席大會，他以「台灣經濟發展」為題提出專題報告，獲得熱烈迴響。隨後我們一起參觀多倫多巨蛋設施並聽取簡報，期為將來台北巨蛋的參考。

本屆大會的主題為「強化社區」（strengthening communities），乃以地方自治、經濟活力、社會福利、環境整合等項目為討論議題。基本理念是一個適於居住的自主社區，包括四大要件：一、一個負責、開放、鼓勵公民參與、有自主性的政府。二、充滿活力的經濟，既能重視政府財政穩定，又兼顧企業及勞工利益。三、環境整合，確保社區有健全、持續、均衡的成長。四、社會福利，使不同族群的市民享有大眾服務與公共安全。

在開會期間，我們抽暇先後見到李憲榮夫婦和賞啟新夫婦，他們居住在當地，熱心導覽市區觀光。李憲榮是我大學的同學，由台中北上就讀，毗鄰而坐，交誼甚篤，他負笈留學美國，取得北德州大學政治學博士，並曾任職加拿大外交部。

IULA全球大會結束後，回途經芝加哥（Chicago）及東京，分別受到杜博仁夫婦與郭榮桔夫婦的熱情款待。杜博仁由台灣移居美國，而郭榮桔博士為居留日本的台灣人實業家，出生台南麻豆，他是一位健談的長者，成功研發LAENNEC胎盤素，享譽國際，且長年支援台灣民主化運動，他同時是「世界台灣同鄉會聯合會」的創會會長。

貳、一九九四年以色列特拉維夫研討會

我與國宅局長蔡丁貴教授，在一九九四年十月十一日啟程往以色列出席「國際地方政府聯合會」（IULA）在特拉維夫（Tel Aviv）所舉辦的「地方政府應付災變與危機之對策研討會」，於往返途中並順道參訪荷蘭阿姆斯特丹、英國倫敦、法國巴黎等城市。以色列為「小而美」的國家，被形容「是一個把國家放在絕對優先、把安全看得比禮貌重要的國家」。任何去過的人，無論洽公或旅遊，在機場經歷的安檢震撼，以及看似無厘頭的詢問過程，例如「皮箱是否你的」、「誰替你整理行李的」、「行李有無離開你的視線」、「有誰拜託你帶東西」、「誰曾碰過你的相機」等問題，不厭其煩，反覆詢問，大家都會留下深刻印象，很難忘記。

大會討論議題包括：自然災害地震、颶風、捲風、洪水及火山爆發；化學污染及核子災害；地方政

府在緊急狀況之角色；都會區疏散及預警系統；救助及傷害處理與疏散；資訊與媒體；軍隊及警察之服務；重大災害管理之人力資源；觀光與生活線服務；法律、財務、產業及保險相關問題等。主要分為大會、分組議題討論、大型重大災害演習、高樓搶救表演及檢討座談。在大會期間，並安排聯誼及參觀旅遊勝地等。

特拉維夫是一座年輕的現代化大都會，為以色列第二大城市，也是最為國際化的經濟中心，因瀕臨東地中海，擁有藍天、白雲、沙灘、海水，以及典型的地中海氣候類型。城市建築有古樸、有新潮，街道整潔、綠化，繁華的市中心更是旅客逛街購物的地方，並沒有想像中戰地的氣氛，經常看到美麗的女兵悠閒走過。在開會期間，有一天傍晚去了海法（Haifa），這是以色列第一大港也是第三大城市，在港區餐廳吃晚餐後，夜遊海邊一處古堡遺跡，明月如鏡，發思古之幽情；又去了耶路撒冷（Jerusalem），是以色列第一大城，也是一座宗教聖城，以色列稱為「永恆的與不可分割的首都」，我們參觀了教堂、古蹟和名勝，前往象徵猶太民族心靈寄託的哭牆，寫上心願塞到石牆縫裡上傳給神。回程舉頭望見一輪明月高懸天空，優雅、寧靜又有幾分淒涼，彷彿夢幻般的阿拉伯神話世界。

最值得記憶的是，在特拉維夫所遇到的兩件「大事」。其一是，中國代表團施壓排除我國出席及要求降下我國旗幟，起初主辦國並不予理會，但後來在內塔尼亞地方（Netanya）舉行戶外重大災害演習時，在眾多旗幟中唯獨我國國旗緩緩被降下，經過嚴正抗議，最後大會終於決定把所有國家旗幟一律降下，以示平等對待並化解爭議；其二是，有一天特拉維夫市區發生首次公車爆炸恐怖事件，有平民二十二人死亡，四十八人受傷，當時我們正好在鄰近街道，時任以色列代表鍾振宏擔心我們安危，數度聯絡不上，親自到飯店等候，令人感動。他通曉希伯來文，與我舊識，我因錯失了一次與他在沙漠中揮桿打球的機會，至今還是有點後悔。

參、一九九七年模里西斯世界年會

一九九七年四月六日，我和蔡丁貴教授奉派代表台北縣政府參加「國際地方政府聯合會（IULA）

第三三屆模里西斯世界年會」，首次接觸有「印度洋珍珠」之稱的這個國家，也就是馬克吐溫（Mark Twain）筆下「比天堂還要天堂」的國家。模里西斯（Mauritius）孤懸於印度洋的西南方，屬於非洲但距離非洲大陸有二千四百公里，面積二〇四〇平方公里，人口一百二十餘萬人，曾為荷蘭、法國、英國屬地，於一九六八年獨立首都路易斯港（Port Louis），人民由多樣種族組成，包括印度裔、非洲裔、華裔及法裔，有高等教育水平，通行語言是法文及英文，為充分民主化國家之一。島嶼四周漁場廣大，工業僅限於輕工業，主要輸出品為蔗糖及茶葉。

今年ＩＵＬＡ大會主題為「第三個一千年的地方政府管理：地球村的地方分權、差異性與合作關係。」台北市長陳水扁亦率代表團出席，應邀並以「台北市之市民與民間企業團體合作從事台北市政建設之合夥經驗」為題用母語宣讀論文，並由張富美教授口譯為英文。我們同住於模里西斯帝王度假飯店（Imperial Resort），一起接受僑界的晚宴，並在卡拉ＯＫ歡唱。

飯店是由台北老爺酒店集團海外投資的度假村，乃位於模里西斯的西海岸，緊鄰潔白的海灘，椰林搖曳，佔地廣闊的熱帶花園，設備完善，可從事浮潛、釣魚、划水、賞豚、風浪板、獨木舟、香蕉船，或沙灘排球、網球、高爾夫球、騎馬等戶外活動，也可以靜靜地在海邊觀賞壯麗的日落美景。飯店設有一個大游泳池，池邊就是自助餐的地方，每到用餐的時候，就可以欣賞「美人魚」在池中翻滾。

記得有一次在飯店內吃鐵板燒，廚師說本來島上有一種渡渡鳥，或作嘟嘟鳥（Dodo），重達二十餘公斤，十六世紀後期歐洲人來了當成美食佳餚而大量捕殺，直到一六八一年最後一隻被殺而澈底絕滅，是恐龍以外最著名的已滅絕動物之一。

世界年會後，我和蔡丁貴教授續往南非（South Africa）約翰尼斯堡（Johannesburg）與開普敦（Cape Town）。約翰尼斯堡是南非最大的城市和經濟中心，同時也是世界最大的產金中心，期間也到太陽城（Sun City）又叫失落之城（The Lost City），在賭場打了一場高爾夫球，當球誤入有鱷魚群的池塘，只能揮揮手、望球興嘆。開普敦是寧靜美麗、繽紛多元化的城市，最知名的桌山（Table Mountain）被譽為「上帝之餐桌」，我們也租車往好望角（Cape of Good Hope），乃印度洋和大西洋的交匯點，登上觀景台眺望浩瀚大海、欣賞壯麗的群山和風光旖旎的自然公園。

選舉容易使一切走樣

任何人對選舉投入太深，就有患得患失的壓力，造成焦慮情緒，不但傷心、傷神，甚或可能傷人，這又是選舉的另一種隱憂，或許就是所謂的「選舉症候群」，容易精神緊繃、急躁或行為偏頗，我們不得不去關心。

壹、黃福田大肆抨擊縣政

國民黨縣黨部主委秦金生調任省府副秘書長，由黃福田空降接任，政壇人士便認為是衝著老長官尤清而來，因為黃福田為求年底縣長勝選，近來猛烈批評縣政，並抨擊尤清的用人政策，表示在他擔任環保局長期間非常認真負責，到頭來免不了遭到政治迫害，成了犧牲者。選舉是殘酷的，關係可以變質，人情可以扭曲。

其實在尤清上任的第一年間，林口嘉寶及八里下罟子垃圾掩埋場用地取得經費，黃福田未能執行已編列之預算，到了次年又未編列於預算內，使得尤清為垃圾場闢建進度十分著急，經我詢問平調其他局室的可能性，他因不願回鍋計畫室，但表示願意到勞工局，為了順他的意安排，縣政府還大費周章，把游長安局長先調往計畫室主任，但不料黃福田擔任勞工局長沒幾天就求去，讓一堆人感到錯愕和懊惱。

除此之外，國民黨台北縣黨部曾以「基層建設座談會」的名義，邀請了一千多位黨籍村里長、鄉鎮市長、各級民意代表、社團幹部以及蔡勝邦後援會的主要成員到陽明山中山樓座談，國民黨主席李登輝及省府秘書長林豐正都出席了這項為黨提名候選人蔡勝邦造勢的大會，同時對民進黨籍的現任縣長尤清任內的施政提出批判，李登輝批判尤清沒有建樹，林豐正批判尤清只會抗爭做秀，全場充滿了選舉語言。尤清後來指出，其實是李登輝向他關說不要收回淡水高爾夫球場，但遭到他拒絕，就以「憤怒的眼光」看著他，尤清說，「國民黨攻擊他無異是搬石頭砸自己的腳」。

貳、交通部為選舉急就章通車

北部區域第二高速公路中和至新竹段，由於新增土城、中和兩處交流道相關週邊道路設施未臻完善，其中土城交流道部分出口銜接道路仍未打通，而中和交流道銜接道路路權未轉移，都足以影響交通疏運的功能，並經縣府、警局一再反映暫緩通車，但交通部卻急於一九九三年八月二十八日開放通車，或許因選舉到了，各部門都忙著在「搶業績」。

因為包括聯絡道路、交通號誌等不足因應通車後需要，恐對土城、中和及鄰近鄉鎮市造成極大的交通衝擊，交通部未考慮地方實際交通狀況貿然宣布通車，根本是為通車而通車。遂由尤清隨即指示縣府工務、警力、交通部門全力配合，成立小組研擬因應之道，包括在土城、中和兩個交流道路口，由警力二十四小時協助疏導。

在現場會勘時我形容，北二高通車路段如同完成大動脈，聯絡道路就像小動脈仍未打通，通車後大批車輛湧上路，可能出現的情況不只是塞車而已。我認為，這種作法是「把榮耀歸中央，痛苦與難題留給地方」，而引起中央官員的不悅。但中央官大又是主管機關，可以不聽地方聲音。

參、顧問也因選舉跳腳

吳炎成的身分特殊，為尤清摯友、醫學博士、縣政顧問以及工策會總幹事，在尤清縣長身邊一直是不可缺少的「軍師」，他經常對縣政毫無顧忌地公開過問，為了讓尤清能夠順利蟬聯，希望各種活動能夠拉抬聲勢也會對縣府職員「大小聲」。

有一次在中和的一場縣政說明會（里民大會），縣長找不到放映幻燈片的人，我無端被「掃到颱風尾」，吳炎成興師問罪指責我「督導不周」，顯然找錯對象、撈過界。當初應邀到北縣服務曾就工作釐清權責，內部的業務包括各種的行政由我負責襄助，出了縣府的活動則是由尤清自己負責，如此怪罪，都是選舉惹的禍！

對於顧問「不問也顧」，表現對選舉積極作風，我產生「三個如果」的聯想：一、如果選舉是唯一的選擇，那其他的理由可能被認為藉口；二、如果先「製造」問題而後來傷腦筋，那必定是個傻瓜；三、如果傷害公務員的人格和自尊可以獲得選票，那麼我懷疑選票的意義和價值在那裡？

縣長長期「縱容」顧問干預縣政，直接指揮人員，破壞體制，很容易讓人想到是縣長的授意或默許，還是有其嚴重性的。行政應求常態，反常態的做法，會使人驚訝也使人遺憾。顧問是榮譽職，地位崇高受尊敬，可以是智囊，但不是幕僚；可以出主意，但應該是誰「問」就「顧」誰。顧問也應該「問而顧之」但「不問不顧」，不過卻偏偏有「問而不顧」，聊備一格，也有「不問也顧」，惹人厭煩。

肆、一任四年的焦慮

一任四年，縣長選舉開始了，我也有與縣長同進退的焦慮。四年來的工作，我很清楚自己的定位，自始至終，抱持「能給多少」的心情而不是為了「能獲多少」而來，只有額外的工作，沒有份外的要求，相當本份，保守也保留。不論「選縣長」也好，「當縣長」也罷，我未曾有過的念頭，因為既沒有「打天下」的雄心，也沒有「治天下」的本領。如果，結交了不少朋友算是此行「附加價值」的話，其實也如此而已，不再有其他。

我體認到，官派行政首長沒有選舉包袱，也欠缺挑戰、進步的壓力；但民選行政首長，對現行行政體制和人員，會有某種程度的排斥和不信任感，所以執政和施政最需要的是要尊重制度，也要信任別人。最怕的是，遇到主觀而固執的人，一路向前衝，往往只告訴他的決定，而少與你商議對策。殊不知，很多事情可以接受，並不代表滿意或感激。

不論出於自願或被迫，時候到了該走就走，我不是捨不得離開這裡的工作，而是捨不得離開這裡的人。因為人與人之間由相見、相識而相知，那是只有人類才有的感情，可以想見多麼的難捨。人不是萬能但只能求好心切，工作環境可以預期，但工作氣氛卻難預料。我們考慮的還是「功成身退」而不是

「功敗垂成」，做得「辛苦」是應該，做得「痛苦」就不必。

尤清縣長連任成功

尤清縣長競選蟬連，我受命自十月七日至十二月二十日接任縣選委會主任委員，並主持選監檢警聯席會報，嚴守中立，辦好選務，也循例前往視察選票印製情形及巡視投開票所。第十二屆縣長選舉設一七三一個投開票所，需要五一四七監察員，印製選票兩百萬多張，也首創印製點字選舉公報服務盲胞，都是全國之「最」，擔當責任更是「重中之重」。

於一九九三年十一月二十七日舉行縣長選舉投開票，過程順利，在縣政府設有開票中心，採用電腦開票，晚上七時五分計票結束，宣布結果。據開票結果：選舉人數一九九萬九〇六三人，投票數一三四萬二〇三五人，投票率六十七・一三%；民進黨籍尤清實力最穩，獲得六十一萬三二三六票（略少於四年前當選的六十二萬六三三三票），以最高票當選連任，擊敗另四名候選人（國民黨的蔡勝邦四十七萬五五八一票；新黨的李勝峰二十一萬五七八九票；無黨籍的張馥堂一萬四三三票、石瓊文七〇八九票）。在各政黨得票率方面，民進黨四六・三八%、國民黨三五・九七%、新黨一六・三二%、無黨籍一・三三%。尤清在台北縣二九鄉鎮市中的七個鄉鎮市（中和、永和、新店、淡水、瑞芳、三芝、烏來）失利，選舉勝負如同預料。從各政黨及候選人的得票可以看出端倪，值得警惕和參考：

一、尤清經過四年的經營所得選票仍少於之前的一萬三〇九七票，選票流失代表的是多重負面意義，包括沒有做出政績或不受肯定；

二、尤清得票沒有過半，對個人和今後施政信心都有影響，創新或改革容易受到挑戰，政策推動比較困難；

三、國民黨與新黨屬性相近，兩者相加得票率五十二・二九%，勝過民進黨四十六・三八%，選民結構使民進黨得不到便宜。

一九九三年十二月二十日，尤清再度宣誓就職縣長，我與他過去是老同學，後來變成老朋友，經過四年的共事又成為老長官，多層關係夾雜其間，自有不同的心情和感受。我當時信手拈來，在記事本上寫下這段感想：因為是連任，所以是左手交給右手，看似輕鬆，但是歷經艱辛過程，並背負沉重負擔。負擔的是今後四年縣政建設的壓力，以及如何順暢的帶領這一群工作同仁再走過後四年；四年來我唯一的工作是如何做好幕僚長的角色，所追求的只有兩樣：其一是為朋友盡心，另一是在工作崗位上稱職，如此而已並無其他；選票只能證明你是否當選，但不能保證你已經成功，因為要實現你的理想和政見，還有一段相當漫長的距離。政見只是具體的施政理念，施政計畫才是實現政見的途徑。

發放敬老年金

發放「老人年金」是尤清縣長競選連任的政見，為了名副其實，已將「敬老年金」正名為「敬老福利津貼」，由最初主觀的目標，經過客觀條件和利弊分析，並就實務作業檢討，已形成了政策，不過仍須尋求議會的支持，但對「錢途」憂心忡忡。實施老人年金制度主要困難在於如何籌措財源，簡單的說，錢從那裡來？以台北縣為例，六十五歲以上的老人約為十七萬人，扣除已領其他津貼或退休俸的人，估計所需經費高達一〇五億元，根據財源籌措規劃，縣庫自行負擔二十七億元，計畫發行彩券收入約八億元，其餘希望中央及省補助七十億元，顯然很不樂觀，不能可長可久，況且老人老化現象越來越嚴重，財源規模勢必越來越大，而越來越困難。

敬老福利津貼的本意在於「敬老」，而不是「救助」。因此照理來說，就不應該在經濟、社會層面設定若干受領限制，但無可否認的，在現階段現實環境下，我們似乎只有應付的小條件，而沒有實施的大條件，基礎不穩固怎能蓋高樓？我在想，討好選民的政策或決策，不一定是合理的、理想的，如果只圖一時的近利而忽視了長遠制度的建立，那絕不是一位政治人物應有的風度。民進黨在提出老人年金構想的當初，如果能廣徵意見，集思廣義，在純口號、純理論之外，也兼顧實際執行層面的話，或許今天就不會有「騎虎難下」的困擾。不過，敬老福利津貼就是年金的給付，讓人有臨場感的滿足與迷人的地方，它的「發明」引為社會關注議題，起了拋磚引玉的作用，以及建立制度的催化作用。

敬老福利津貼對既行的社會福利政策和制度，是一項初創、突破，但在規劃過程存有不少爭議和歧見，而且實際作業亦有細節上、技術上的若干問題，除了經費的籌措外，發放對象的個人基本資料建立也是頗費周章的工作。議員質疑，敬老福利津貼發放，縣府要求中央及省府補助三分之二的經費，如果不補助要怎麼辦？還有縣府要依賴公庫計息及發行福利彩券，可是所牽涉的問題也十分複雜，縣府有沒有辦法解決這些困難，著實令人擔心。因此認為，以縣府目前所擬定的財源將來勢必要跳票，若是為了發放而使未來地方建設陷於停頓，受害的將是台北縣民。

我在議會答覆議員質詢的時候，不諱言的指出，民進黨當初在訂定老人年金政策的過程我並不了解，但這一政策確實不夠嚴謹，這項措施政治層面的色彩濃厚，並非單純的施政計畫而已，在政黨之間不斷角力下，老人未蒙其利而行政部門則已深受其苦。不過不希望粗糙在先，不負責任在後，既然尤清縣長向選民做了承諾，一定要突破萬難付諸執行，希望議會能全力支持並通過這項計畫和預算，為今後全面實施敞開一扇大門。

所謂「敬老福利津貼」，其出發點和目的是敬老，所以理論上不應設定許多條件和限制，但在實施初期應該顧及資源合理分配與使用，不得不需要考量財源的量力而為，以及福利的重複支出，避免產生排擠效應，才有了階段、漸進到全面的過程設計，也希望經由這樣的刺激，對於爾後建立持續性、永久性的國民年全制度，能夠產生一種不可抗拒的催化作用。

我對「敬老福利津貼」政策的推出，感想和感觸是：凡事能水到渠成總比勉力規劃為佳，有一句話說：「強摘之瓜不甜，急就之事不美。」即是此意。我發覺，在議事堂可以為已執行或執行中的政策辯論，但沒有必要為不可知的未來爭論不休。我同時認為，成長中的政治人物並不等於成熟的政治人物；個人需要成長，同樣地，團體也需要成長，個人的成長依靠的是自己的努力，團體的成長則依靠組成團體的每一位成員來奉獻。

主管大異動

尤清縣長連任之初，對外聲稱人事不會大變動，信誓旦旦，但是不到三個多月時間卻兩次大幅調整一級主管，媒體形容「大搬風」、「大風吹」、「大地震」、「颱颶風」，讓外界感到「霧煞煞」。其中，真正大調動的原因無人知悉，能夠想到的是論功行賞、秋後算帳、親信關係、專業考量，或一時興起，也許二者以上都有；也有人好奇臆測，尤清是為了佈署下次的選舉，暗藏了強化班底的強烈企圖心。不過，『人』字寫來簡單，實際卻是最複雜的動物，所以『人事』問題，是最頭痛的問題。一樣米養百樣人，在處理上，除了儘可能單純化之外，也要切記所謂「不平則鳴」的道理。

接續兩波人事調整所引起的骨牌效應，除了財政局長吳家良，民政局長陳啟仁、法制室主任劉鳳岐三位前縣長林豐正時代的老臣，與教育局長鄧運林之外，其餘都受到連鎖反應波及。大變動的情形是這樣的：第一波，工務局長鄭淳元調台灣農工公司總經理，遺缺有國宅局長謝富貴接任，國宅局長遺缺借調台灣大學土木系教授蔡丁貴博士以秘書兼代；第二波，社會局長邱汝娜調計畫室主任，遺缺由人事室主任陳光榮接任，兵役局長王文繽調新聞室主任，遺缺由秘書室主任王玉章接任，環保局秘書陳嘉興調秘書室主任，環保局長莊育焜調地政局長，遺缺由建設局長高源平接任，農業局長陳彩容調建設局長，遺缺由地政局代局長葉義生調升，另外秘書吳信友則調升勞工局長。至人事室主任遺缺，則另覓人補實。

其中，鄭淳元被認為是一位好主管，操守和工作精神都受肯定，不是很樂意的「被迫」求去；陳彩容的專長為農業，一直也在農業單位服務，面對建設局的特種行業稽查及工商業管理，以及觀光業規劃推動，都是一大考驗；邱汝娜具有社會福利領域的素養，在社會局長任內有許多規劃及構想，例如社區無障礙環境、三重重殘養護中心、三峽潛能發展中心、新店示範托兒所、老人公寓都已逐漸推動，卻莫名的被撤換，也因為她是我推薦至縣府，而扯到尤清與我拍檔關係的揣測。

尤清一手主導人事「大洗牌」，是否諮詢其他「智囊」意見，不得而知，有媒體報導我事前不參與、事後不知情，好像「外星人」，事實也是如此。其實我看到名單的時候，只剩新聞室主任和計畫室主任尚未決定，他要我就邱汝娜與王文繽二擇一，算是對我的尊重。當下我想的是，怎能把人當棋子隨興擺放，豈非糟蹋專業。如果能使每個人都有擺對位置的感覺，又能發揮所長，那才是真正所謂的適才適所。所謂「駕輕就熟」、「熟能生巧」也是對「適才適所」的另一種註解。

政府首長具有一定的人事權，但大幅度的調整人事，我是有點心冷和意外，媒體以社會局長動向當指標，紛紛揣測縣長與主秘關係起了變化，其實我與尤清之間雖然有價值觀念和思考邏輯的差異，可是長久深厚的交誼也不致於脆弱到不堪一擊！更何況，邱汝娜能坦然面對，認為是由以管窺天的世界提昇到更開闊的天空，可以從計畫室的管制考核，落實縣政重大政策的推動執行，釋然於心，不生芥蒂。所以媒體的各種議論，或許像是「茶壺裡的風暴」，不會有什麼改變。但對人事安排我還是有幾分憂心：一、這種調整可能是一項冒險，種什麼因，得什麼果；二、存有兩極化評價，使「親者痛、仇者快」；三、被批評為政治考量、踐踏專業。不過，我只能說：「新手上路，請多包涵。」先走的棋子，也許只是當餌而已。

行政工作本質上是為民服務的工作，所謂服務就是誠心誠意為別人做事，不能勉強，也不是應付。政府本身就是一部大機器，每一位公務人員在大機器裡面，無論是馬達、齒輪、螺絲都是環環相扣，構成不可或缺的一部分，有它的功能和重要性。很遺憾，從長期的觀點，現有的文官制度和行政中立的理念都不被重視，首先就公務員待遇而言，總讓人是在被施捨的感覺，毫無制度化可言，更不把公務員的尊嚴放在心上；其次就職位而言，只是任人擺佈，個人的意願和專長似乎都不重要。

我的休閒生活

我已不再把每天都當作勝敗決戰的時刻，學會了事緩則圓的道理，知道適時放鬆自己，甚至放空自己。一九九五年二年十五日，我首次去馬來西亞觀光兼打球，短短五天四夜的旅行，球伴有林守俊、張秀明、廖裕德、林新欽、陳王正源等。先至吉隆坡（Kuala Lumpur）再到檳城（Penang），檳城是馬來西亞華人比例最多的地方，為數最多的是來自福建講閩南語的移民，長久以來仍保留著原有的習俗和語言。時值台灣冬末春初的季節，台灣天氣涼爽，但當地酷熱異常，豔陽高照，邊揮桿邊揮汗。在檳城我們走訪當地祖師廟，又稱蛇廟，為華人古蹟，主祀清水祖師。我也見到王秀琴表妹和她的夫婿，受到熱情招待，她是從台灣嫁至檳城。

我不是一位刻板、守舊的公務員，也懂得忙裡偷閒，公餘之暇為自己創造時間也善用時間，從嗜好中找到生活樂趣。這是在之前一篇有關休閒生活的專題報導：

大成報　記者　張慧娥　一九九四年九月二十日

身為台北縣府主秘　休閒生活仍多采多姿

林豐賓愛打高爾夫、爬山和集郵

絕大多數的政府機關首長需將自己的假日「奉獻」給民眾，相較之下，身為台北縣政府副首長的主任秘書林豐賓，在襄助縣長尤清之餘，仍有多采多姿的休閒生活，就很令人羨慕了。

林豐賓的休閒生活動態、靜態兼具，打高爾夫球、爬山和集郵是他的最愛，在平常心的心態下，從事各項休閒時總令他領略到不少人生道理。

閒暇時與好友一起打高爾夫球是林豐賓最大的享受，他的球技頗佳，曾有差點到八的紀錄。他認為高爾夫球是項紳士的運動，打球時注重禮貌，而且強調自我挑戰，不似大部分的運動需有對手並以擊敗對手為職志，失去運動修身的意義。

政界中喜愛打高爾夫球的人物不少，林豐賓經常有機會與政界要員打球，他常打趣說「陪大官打球很為難」，因為打得好，長官會質疑是否未專心上班，每天勤練球技；打得不好時，長官又會消遣連個小小的球都打不好。在他任職省府副處長期間曾陪當時任省主席的邱創煥打球，邱創煥要他儘量打，別客氣；只是為人謙遜的林豐賓仍會在不經意間稍微「放水」，製造皆大歡喜的場面。

由於生長於南投鄉下，小學時每天上下課，來回得走三小時路程；如到家裡種植的茶園，也得走上一小時的山路，因此爬山對林豐賓而言並不困難，大學時還加入登山協會，台北地區附近的小山都走過；現在閒暇時，也經常陪著前司法院長林洋港爬山，領略登高望遠的樂趣，而「上山容易下山難」的道理更令他有深一層的感受。

雖然經常走走小山，林豐賓深感遺憾的是尚未登過玉山，他認為爬山是一種樂趣，而不是為了征服山嶽的念頭。他說，日本人一生中以能夠親臨富士山為最大願望，台灣人也應有此雄心壯志，以登上玉山為榮，藉此帶動國內登山風氣。

集郵是林豐賓從初中起一直未間斷的興趣，不僅蒐集國內的郵票，出國時也會帶一些漂亮的郵票，朋友知道他有此嗜好，也會趁出國之便幫他帶各式各樣的郵票，至今，他已經有十幾大冊的集郵冊。他說，集郵非為保值，而是欣賞郵票的圖樣之美，並可從各國的郵票中看到世界各地的風土民情。生活要能懂得安排，才能過得恬適平靜，林豐賓就是最好的代表。

宋楚瑜在省議會抨擊尤清

一九九四年九月十六日報載，宋楚瑜主席在省議會答詢時抨擊縣長尤清，批評他把台北縣有限的預算拿去發老人年金，任憑淡水河沿岸建設破敗。因為尤清出國訪問由我代理縣長職務，隨即作了如下的澄清與聲明：

一、淡水河兩岸風光迥異，只是證明了省、市建設的落差，乃長期的現象，至於如何縮短這樣的差距，在省政府和縣政府方面都有責任，也是宋楚瑜和尤清應該共同努力的，任何一方都不能推卸責任，更不能做為藉口指摘對方。

二、更何況，省政府站在行政監督的立場，如果對縣政府有所糾正或建議，似可循行政系統為之，大可不必在省議會公開指責，損人不利己，於事無補。

三、事實上，省轄淡水河沿岸垃圾場遷移、堤防施作、河岸綠化美化也都在積極分期、分段、分區推動當中，在省政府水利局、環保處與縣政府工務局、環保局之間已有密切協調合作，並分擔所需之經費。

四、至於老人年金也就是敬老福利津貼的發放，台北縣在規劃和決策過程中已經儘可能淡化政治色彩，並提出中央、省、縣各負擔三分之一的構想與原則，量力而為，避免影響其他縣政建設的推動，而且整個計劃與預算已得到議會的主持和通過，並沒有帶來任何不良的反應或衝擊，與淡水河沿岸建設無關。

除了澄清與聲明之外，我並舉例，淡水河兩岸行政轄區分界，橋樑中間標示的是「台北市／台灣省」，而非「台北市／台北縣」，以及因河流行水移位需作行政區劃調整時，通常也依循行政層級由台北市與台灣省會商協調解決，足以說明省、市的對等和權責關係。當日縣府的聲明在晚報披露之後，宋楚瑜主席於晚間由幕僚以電話向我再作了一番解釋。

台北縣市「清水合作」

所稱「清水合作」是陳水扁的競選口號，其實有關「縣市對談」，台北縣政府由尤清指示，早在陳水扁就任台北市長後，即已著手準備會談相關議題，包括：土地交換撥用、淡水河整治、台北捷運工程經費分攤，以及國、高中跨區就學等。同樣是民主進步黨執政縣市，陳水扁比尤清幸運很多，前者雖然新手上路，但台北市為首善之都、政經中心，後者只有人多地廣、百端待舉。台北市的頭痛問題，台北縣都有；台北市的有利條件，台北縣都沒有。事實上，由於制度造成的問題，應由制度著手解決，才能找到立足點的平等及公平競爭的基礎。就以最起碼的用人為例，尤清比陳水扁困難，因為台北市為直轄市，依直轄市自治法一級主管都是政務官，除了警察、人事、主計、政風之外，皆由市長任免共進退，但縣政府一級主管則是事務官，只能自既有的公務體系尋求任用，兩相比較強弱已見。

台北縣、市是否會因行政區域調整而合併？什麼時候合併？影響未來發展的重要因素，但中央在決策上態度從未明朗化，對台北縣民來講也只能無奈的等待。如今台北縣、市兩位行政首長都由民進黨籍出任，擁有大台北共同生活圈六百萬人口，若能戮力齊心、共同合作，將來全面執政的可能性就不小。因為，有人對現今的政黨做了比喻：新黨好比一部流行的腳踏車；民進黨就好比一部有衝勁的摩托車；國民黨則是一部破舊的老爺車。機會是留給有準備的人。

淡水河系是台北縣市居民生活的命脈，因此淡水河的整治已成為台北縣、市政府的施政重點。尤清首先拋出這個議題，他說，淡水河整治有三大目標：一、洪水災害的防止；二、污染的消除；三環境保育和美化。在台北縣政府參與或推動執行的具體措施，包括：台北地區防洪工程第三期實施計畫、大漢溪沿岸老垃圾遷置計畫、河岸高灘地綠化及美化、板新給水廠水源區水量水質之保護等。為使日後之整治工作得以加速進行，建議設立事權統一之機構、確立社會發展以環境保育為基礎之政策、早日施作污水下水道系統、增加與河川整治有關之人力與經費。

台北縣、市廢土流竄一直是無解的習題，最近又變本加厲，台北縣政府遂發布於一九九五年二月二十五日凌晨開始展開圍堵北市廢土入侵，在縣、市十個交界處包括重要橋樑，如忠孝大橋、中興大橋、重陽大橋、台北大橋及高速公路交流道等處由警力設攔檢點強力取締，使雙方再陷入緊張，臆測「清水合作」已成了空談。其實兄弟登山各自努力，並不影響情誼。

事實上，台北市長陳水扁就任不到三個月，於一九九五年三月十五日禮貌拜訪尤清縣長，兩人並將「清水合作」計畫，正名為「縣市合作」，希望對長久以來縣市之間的歧見及共同性問題尋求解答，最大結論是將縣市共同問題，例如國宅、交通、環保、乃至淡水河整治，經由合作創造雙贏局面，把議題交雙方幕僚先接觸，台北市由秘書長廖正井主導，台北縣則由主任秘書林豐賓負責，定期會談，如不能解決再呈報雙方首長協商。我說，當年黃大洲市長任內曾就廢土做過協調，對方「吞吞吐吐」使問題進展緩慢，如今陳水扁市長「爽爽快快」當然底下的官員好辦事。

我並指出，大台北共同生活圈民眾對兩位期許甚殷，若能好好經營不僅不使民眾期望落空，對將來民進黨全面執政的可能性也大有助益，雙方合作是必要的，不論「清水合作」或「水清計畫」都不應流於形式，尤其地方建設及民眾需求不該在行政層級上做區隔，而應該以人民實質利益為依歸。我說，合作之餘，雙方仍將保持適當競爭才能求取更大進步。

台北縣市幕僚長會談

台北縣市幕僚長會談，是尤清和陳水扁兩巨頭為縣市合作，責成雙方幕僚長由我和台北市政府秘書長廖正井分別領軍定期集會，以解決共同性問題。經商定每個月共同針對縣市之間的問題舉行幕僚長會談，分為單、雙月由北縣、市邀集。但最終還是應驗了「一鼓作氣，再而衰，三而竭」的古訓，從流於形式到名存實亡。

台北縣市「幕僚長會談」，自一九九五年三月起每月輪流邀集定期召開，確實營造了「清水合作」的良好氣氛，不過舉行三次過後已呈疲態，雖然以後仍按月行禮如儀，未曾間斷，也討論了若干議案，包括：縣市合作發行公益彩券、縣市合作查察取締色情出版品及錄影帶、縣市交換土地、捷運廢棄土處理、縣市共管橋樑交通管制及改善等案。但並未有具體且有時效性的結論，逐漸流於形式，由濃而淡，後繼無力，遂於一九九五年九月三十日第七次幕僚長會談宣布改為不定期舉行。

根據縣府統計，在前六次的會談，陸續討論過四十四個合作案件，其中議決、解除列管三十九案件，繼續追蹤的有五案件，還有第七次會談，縣共同研商登革熱防治業務、精神病患收容及遊民問題等等，仍以一般行政案件居多，只須靠公文往返即可解決，既然少有建設性、前瞻性的議題，幕僚長會談的必要性已值得商榷。事實上，第五次會談之後已出現檢討的聲音，主要原因為台北市官員存有位階的心結，派出參與會談的層級愈來愈低，給外界有矮化台北縣層級的感受，予人不重視的感覺，而且會談總圍繞著不關痛癢的長久之計，未能真正解決影響民生甚鉅的教育、交通、用水，尤其是廢土處理、土地交換、捷運工程款撥付、縣市合作發行彩券等縣市之間的共同問題，只談未來計畫而忽略了當前存在的問題。

台北縣市每個月定期舉行的「幕僚長會談」，久而久之，失去了熱忱，無法發揮立即的功能與效果。台北縣寄望於台北市就教育、交通、水資源等的共享下取得台北市的尊重與合作，然而台北市只是圍繞著向台北縣追討捷運配合款的話題，一來一往，各彈各的調，效果不彰，問題難解，終於面臨談不下去了，其中有不滿也有無能為力。主要原因並非無話可談，而是台北市的老大心態，不論是由那個政黨執政都難改變，也顯示行政層級仍是淡水河兩岸打不破的藩籬，難怪台北縣在第七次會談臨時提案建議改以不定期召開，實際是為會談劃上休止符。

雙重國籍——唐裝與西服的迷思

一九九五年四月中旬我率團赴日考察，至大阪、京都而後到東京，並訪問神奈川縣，返國後第一天上班，就碰上兼代國宅局長蔡丁貴雙重國籍在議會掀起風暴，成了議員抨擊焦點。據了解，在台北市政府爆發兩位局長因雙重國籍被迫去職後，官員雙重國籍問題受到國人矚目與關注，波及北市陳師孟、北縣蔡丁貴的國籍問題。

蔡丁貴由學界借調縣府擔任秘書，是否受雙重國籍的限制？縣政府人事室主任呂光宇表示，蔡丁貴到縣府服務，屬於「借調」的性質，本職在教育界而不是在縣府，程序上無誤，不必依「任官原則」向省府報備，也絕非黑官；尤清縣長則指出，當初借調蔡丁貴在任用資格及程序上都合法合理，事情發生後他已同意蔡丁貴免除兼代國宅局長職務。目前省及中央都有雙重國籍問題，希望儘速釐清。

我從論法、論事、論人三個角度表示：就法論法角度上，國籍法施行條例第十條早於民國十八年公布，歷經七十多年，目前社會現象、國家現況早已不一樣，規定「中國人」一詞是否適用不無爭議，在邏輯上公務人員任用法也無明文規定國籍的限制；就事論事方面，蔡丁貴本職在台大，借調程序經依規定同意，縣府和台大的關係，在「借調」與「歸建」之間應有相互尊重、誠信問題，而不是借錢還錢的關係；至於就人論人部分，蔡丁貴「專業、敬業」，若以好或不好看這個人，他確是個好公務員，寧捨八、九萬元教職薪水，就每月四萬多元秘書薪水，實在不能再予苛責，雙重國籍於借調前已成之事實，任何處理必須兼顧其個人權益。

雙重國籍是最近新聞焦點，也是茶餘飯後的話題，乃是政治上反對陣營用來攻擊或指責執政用人不當的理由，也是立場易位之後「以子之矛，攻子之盾」而已，所以它的暴風半徑，只限於政治層面的範圍，不會無端擴大至學術、商業層面。但就社會層面來看雙重國籍，不論其取得是主動或被動，無可否認的在就學、就業、商業、居留或旅遊上，有它的實際需要和意義，勉強可以說包含著若干方便與尊嚴的問題，也因為如此，社會上能夠接受和容許存在，但與政治上所能期待和要求可能產生落差，這也是一般民眾百思不解，甚且抱持看熱鬧的地方。另就法律觀點來說，公務員服務法沒有明確規範，而且是適用時過境遷的法律，不論時宜或邏輯值得商榷。至於「雙重國籍」與「國家忠誠」之間沒有必然的關係，這就是「唐裝與西服的迷思」，事實上「落葉歸根」的心，才是精神上最重要的。

尤清心中有個總統夢

尤清具德國海德堡大學法學博士高學歷，曾任監察委員、立法委員，也是民進黨創黨人之一，又在人口最多的台北縣兩次縣長選舉中，連戰皆勝，順利連任，在民進黨內得天獨厚。衡諸檯面上人物，論學歷、黨內經歷及民意基礎，能與其相比評者少之又少，對於一位有遠見、有抱負的政治人物，心中自然有個總統夢。其實他在言談中，也曾明示和暗示過。

尤清是知識份子也是菁英份子，雄才大略，在政治生涯規劃中，縣長格局只是他邁向另一層樓的踏腳石，他參選總統的意願，自選上第二任台北縣長後企圖心愈來愈強，時機愈來愈近，主客觀條件愈來愈成熟。但是總統之路並不好走，還是有他意想不到的無奈和隱憂，包括：民進黨省長選舉失利，面對黨內派系對他輔選不力的攻擊，主角雖不是他但也「掃到颱風尾」；他要以「台北縣經驗」來競選首次民選總統，難免又走入競選省長時陳定南「宜蘭經驗」的覆轍，何況在台北縣的施政，處處受肘，並非特別迷人；他似乎被淡出民進黨權力核心，未能在黨內廣布人脈，難免隨時又有「尤清條款」，參選總統的道路似乎愈來愈窄。

尤清學識好、膽識足，有不妥協、不服輸的性格，有衝破惡劣環境的勇氣，他知道機會是留給有準備的人，因此廣邀國內外學術界的朋友，透過舉辦所謂「人本主義、國土規劃」的研討會，建立起雙方合作的管道，揭櫫了尤清觀點的「國政藍圖」，自認為最能突顯他個人問政品質及未來參選總統的國政格局。他準備好了總統夢的基石，即使率團慰問大專集訓學生，亦被指與總統大選關係曖昧而成為媒體追逐焦點。

一九九五年五月二十日，尤清參與民進黨總統提名初選，與許信良、林義雄、彭明敏等人競逐，他自詡為超派系的政治人物，平日與重要幹部鮮少聯誼，是優點也是缺點，既缺乏擔任幹部的同志奧援，也缺乏人頭黨員做為靠山，原本信心十足但初選終究落敗，也令很多人納悶。先後經過了省長、總統的兩次提名選舉都敗在黨內同志支持度不高，尤清發現也承認沒有派系運作，且對黨務不嫻熟，是相當不利的因素，痛定思痛，他說會加強黨務方面的經營，強調四年後將東山再起。

尤清太天真，只有政治熱情和理想，缺少政治藝術與謀略，尤其少人情世故，疏於經營黨務與人際關係，自信變自負，先進成先烈，姿態高，幕僚弱，都可能是失敗的原因。民進黨內總統提名初選受挫，固然遺憾但未嘗不是警訊，如果能夠適時調整腳步、修正方向、廣結善緣，或許挫折就是福音、就是轉機。然而時間感覺飛快，甚至生命都沒有辦法和時間賽跑，轉瞬間，今天成為昨天，現在很快就已成為過去。

完全中學突破縣設高中禁制

台北縣因為受「省辦高中、縣辦國中」的限制，每年有五萬多名國中畢業生，要升學極不容易，不得不擠向台北市的學校，但又是一道窄門。台北縣為了突破縣設高中的禁制，遊走法律與制度邊緣，遂開辦了「完全中學」，亦即同一學校包括有國中及高中部的中學，使增加在地升學的就讀機會，減少或擺脫多年來過度依賴台北市教育資源的窠臼。

經過排除萬難，終於在第一年成立明德、永平及樹林三校完全中學，踏出成功的第一步，以後將持續成立。當初構想是保留三〇%名額約十班採取推荐甄試，其餘二十二班委託「北區高中聯招委員會」代招，但卻遭該委員會否決，只好孤軍奮鬥，單獨成立「台北縣完全中學招生委員會」辦理招生，並進行推荐甄試事宜。自己的學子，自己救。

於一九九五年五月二十一日，在戒慎恐懼中，辦理推荐甄試登記錄取作業，以每年四萬元之獎助金，重賞吸引素質高的學生及優秀教師，並且敦聘台大、師大教授負責實驗班學生的甄選、課程設計及每週十堂課的授課事宜，對於數理方面天賦優異學生來說的確極具號召力，獲得學生、家長及教育界的熱烈迴響，並受肯定。在招生方面，共一萬一七七四人報考，為全省首辦完全中學聯招，台北縣民稱讚，為台北縣教改交出亮麗成績。

監察委員分區巡迴監察

監察委員分區巡迴監察行之有年，依據往例每三至六個月前往地方機關巡察，於縣市政府聽取業務簡報，並受理民眾陳情。簡報內容其實是與施政報告相同，並無差異，包括業務計畫和年度預算，乃屬於行政監督事項；而陳情內容五花八門，包括違章建築、道路開闢、土地糾紛等。因為既非屬破壞官箴，又不涉違法失職，理應不屬「事後監察」範圍。

監察委員巡察縣市之後，通常會在省府召開業務座談會，邀集各縣市長或代表與會，並聽取建議及意見。一九九五年九日十五日，第二屆監察委員由副院長鄭水枝偕同胡開誠、梁尚勇、林秋山三位監委，首度前往省府召開地方機關配合執行監察業務座談會。據報告，前年度受理人民陳情案件中，以內政類占二十九%最多，其次是司法類占二十八%，內政類又以地政類最惹民怨，且監察院委託地方政府調查的案件，超過三成案件未能如期完成。

我在會中指出，監察委員巡迴地方等候陳情的民眾應接不暇，如果能在地方機關設立「窗口」，不在巡察的時間內，只要是不涉及公務人員違法失職的案件，均可由地方政府先行過濾，達到便民的行政目的。接著我對監察委員分區巡迴監察及其監察權的行使，提出三點質疑：

一、監察委員分區巡迴監察，乃係依據「監察院分區巡迴監察暫行辦法」（一九五六年訂定），讓人錯覺又費解，尤其法律位階與效力也令人質疑。

二、監察權的行使，在分區巡迴執行上，與行政權的行使重疊，讓地方政府無所適從，如不能釐清，似可研究廢除。

三、現任院長陳履安參選民選總統，面對民意與選票的雙重負擔，是否影響監察權的行使與形象？如何才能避免？

擁有「治外法權」的特定區

台北縣轄內有六處擁有「治外法權」的特定區，包括：台北水源特定區（屬省府、北市）、北海岸風景特定區（屬交通部觀光局）、東北角海岸特定區（屬交通部觀光局）、林口特定區（屬省住都局）、陽明山國家公園（屬內政部）、觀音山風景特定區（屬省旅遊局）。當年劃定時，縣府卻未爭取到行政管理權，形同「喪權辱縣」。

這些特地區面積共計十萬三千多公頃，佔全縣面積的五十一％，涵蓋三芝、石門、金山、萬里、貢寮、雙溪、坪林、石碇、新店、烏來、五股、八里、林口、淡水等十四個鄉鎮市，分屬不同主管機關，平時負責當地的規劃和管理，例如區域內都市計畫、土地使用管制、土石採取管理、集水區治理及建築管理等業務，包括建築執照的審核與發給，不過一旦要查報違建，或移送法院時才由縣府名義配合辦理，權責不分。難怪尤清縣長感嘆說，台北縣權限都被瓜分了，戲稱只剩下管「垃圾、抓賊、讀書和小孩撒尿」等瑣事，指示積極研議爭取行政權歸屬縣府的可行性。

台北縣轄內被劃定為「特定區」之地區，對區內土地管理、處分及使用有特定主管機關，儼如「治外法權」，台北縣政府無權干預。就以林口特定區為例，尤清縣長對林口特定區開發十分重視，曾提出設立國會山莊的建議，希望中央機關能遷往林口，一方面可紓解北市的擁擠，另方面帶地方的繁榮，因此當司法院要求使用「機一」用地時即獲得縣政府協助，同時也得到林口鄉公所、內政部、交通部的同意及支持，並將司法院意見轉陳住都局採納。但時任省住都局長伍澤元執意將五公頃準備撥給司法院的土地變更為商業區，突然變卦，用意不明，縣府自始並不清楚，反而沒有置喙餘地，也暴露出縣府對縣內土地規劃沒有主導權的缺失。

再以台北水源特定區管理委員會為例，主要委員有台北市政府及省府官員，台北縣長是委員之一，每次開會總是「敬陪末座」，縣府也少有置喙的機會。為落實省縣自治法的精神，我表示，未來檢討的方向包括特定區的成立依據、省縣自治法的檢討、縣府與特定區權責的釐清，以及如何合理調整等，使地方自治權能夠真正做到事權統一，和權責分明。

自從有一次在植樹節，台北水源特定區拒絕尤清縣長帶領民眾舉辦活動後，縣府就積極檢討台北縣轄區內特定區的開發建設與土地使用調查，原本管轄權屬於省住都局的林口特定區，面積有一萬八千多公頃，管理權都是屬於省府所有，而相關的工程徵收程序及拆除違建等問題則交給縣府處理，因此形成事權無法統一的現象，致許多建設受到延誤，在縣府爭取後，省府已同意在林口新市鎮規劃完成後，把管理權回歸給縣府管理，避免法令管理事權不統一，形成執行上的困擾及申辦單位不便。至於其他特定區，縣府也擬定了收回管理權可行方案，分別是：一、爭取參與管理權的提升。二、爭取中央或省府負擔特定區開發與建設的全部經費。三、爭取北市為享用水權而付費。四、檢討縮小特定區的範圍。五、協調成立大台北自來水公司。六、完全收回特定區管理權等。

警察局長的人事案

台北縣警察局長鄭清松調任警政署保一總隊總隊長，警政署逕自推薦台南市警察局長鄭榮進接任，尤清縣長表示，並沒有排斥鄭榮進，只是希望至少提兩位人選供他選擇機會，但警政署卻堅持沒有第二人選，顯有逼尤清非接受不可的味道，讓人懷疑警察人事究是「一條鞭」或「一言堂」？如此強硬態度激起尤清不滿，讓警察局長的人事案進退維谷。

其實，尤清擔任縣長六年已有四位警察局長異動，先後更換了黃丁燦、余玉堂、王安邦、鄭清松等四名局長，但從來沒有鬧得像這一次那麼僵。平心而論，這件事弄到這個地步，始作俑者就是警政署，而最大關鍵是姚高橋署長的強勢作風，個性剛烈、強悍，已讓人覺得太霸道了。

依省縣自治法規定縣長擁有警衛權，對警察局長人選當然有權置喙，但警政署不經協調就硬塞一個人強迫接受，尤清要求再多提一人供選擇，既合情又合理。僵局怎麼解，端看兩位首長的智慧。雙方槓上之後，警方屢以溝通不成為由作推卸之詞，其實並未善盡溝通之責，我即指出，時任警政署副署長的黃丁燦、余玉堂皆曾經在尤清縣長任內擔任過北縣警察局長，雙方原本就熟識，警政署如果要溝通管道多得是，但結果並非如此。

尤清就任縣長對警察局的預算、福利都很支持，惟對警政「一條鞭」的制度一直很「感冒」，身為地方治安首長卻未獲充分尊重。此次有關警察局長的人事異動，尤清縣長與高雄縣長余政憲採取同一口徑、同一步驟，縣長余政憲仍堅持所爭的是制度與尊重問題，他更強調他是對事不對人，所做的是爭千秋而不是爭一時，或許這在中華民國才有的獨特現象。

考察北歐國家

一九九六年八月二十一日，帶領北縣鄉鎮市長考察北歐瑞典（Sweden）、挪威（Norway）、丹麥（Denmark）及德國（Germany），也訪問了斯德哥爾摩（Stockholm）、奧斯陸（Oslo）、哥本哈根（Copenhagen）、杜賽多夫（Dusseldorf）、科隆（Koln）、海德堡（Heidelberg）以及法蘭克福（Frankfurt）等城市。記者林守俊、萬仁奎隨團同行，為期十二天旅程。

第一站抵達瑞典的首都斯德哥爾摩，是一個美麗的水上都市，向來有「北方威尼斯」的美譽，參觀市政廳和瓦薩沉船博物館（Vasa Museum），前者為每年舉行諾貝爾獎晚宴的地方，後者乃存放著一艘打撈起來的古戰船。據說，古戰船由國王古斯塔夫二世（Gustav II Adolf）下令建造及臨時增建一層炮台，是當時世界之最，奈因設計錯誤導致重心不穩，於一六二八年下水隨即沉沒，迄一九六一年才重見天日。

搭火車從斯德哥爾摩至挪威首都奧斯陸，市區有各種博物館、美術館、展覽館，文化氣息濃厚。挪威最著名的是壯麗的峽灣美景，形容是「挪威的靈魂」一點也不為過。峽灣是由千萬年的冰河不斷地溶解、移動、切割而成，有峭壁、瀑布，地形崎嶇，河流縱橫交錯，景色之美，渾然天成，鬼斧神工，更令人驚豔不已，這是上帝賜給的禮物，壯觀又震撼。

從挪威至丹麥搭夜間輪船，寬敞舒適，翌日清晨抵哥本哈根，是北歐最大城市，也是著名的古城，為丹麥政治、經濟、文化的中心，市容美觀整潔，處處可見公園、廣場、噴泉、林蔭大道，也有博物館、歌劇院和古老的宮堡，既是現代化的都市，又具古色古香的特色。我在街上向一位老人家買了三幅水彩風景畫，當他用美工刀拆除畫框時劃破自己手指，每次看到這些畫就想起血流如注的那一幕。接著走訪德國的杜賽多夫、科隆、海德堡及法蘭克福，並於九月一日回到台北，滿載而歸。

什麼是「檳榔西施」？

一九九六年八月二十日，在縣府主管會談上，我首先提出「檳榔西施」的話題，指台北縣境內的高速公路交流道或環河快速道路附近，出現不少的檳榔攤，穿著暴露服裝、年輕貌美的「檳榔西施」，招攬、販售檳榔，駕車民眾趨之若鶩，影響交通秩序，是否有違善良風俗，值得注意，希望與會主管集思廣益，尋求如何處理的方法。所謂「檳榔西施」，顧名思義，乃指檳榔業者特意僱用具有姿色的女店員，藉以達到招攬顧客目的，是對於傳統檳榔攤因經營競爭壓力衍生出經營方式的改變。

有一次，省府委員伊慶春至北縣視察社政業務，見識了五股二省道「檳榔西施」的奇景，眼見穿著清涼火辣的稚齡少女，坐在貨櫃屋改裝的檳榔攤前搔首弄姿，直呼簡直是「國恥」，若是無法處理，相關單位又有何顏面面對一般善良百姓！穿著暴露的年輕女性在路邊販賣檳榔，總是「引人注目」，吸引許多過路人異樣的眼光，獨特的「檳榔西施」文化，不僅國人頻頻議論，而且引來外國觀光客的好奇。

一般人對「檳榔西施」，有「負面」與「正面」的不同評價，前者從道德層面觀點，認為傷風敗俗的亂象，而口誅筆伐；後者從生活層面看法，認為只是促銷商品的方式，而容許存在，且以國際模特兒、明星、展覽會女郎的性感形象為例，並不被社會認為是不妥當的，最多只是亟待導正以金錢為導向的物慾價值觀罷了，法律也不去規範，卻只禁止檳榔西施穿得稀少，顯然是一種階級歧視。

台灣獨樹一幟的檳榔西施文化，日益氾濫，在台北縣也不斷蔓延，於一九九七年三月十八日的縣府主管會談，警察局長鄭榮進工作報告上，提到取締檳榔西施情形指出，如果檳榔攤涉及佔用道路、空地、騎樓而妨害交通，縣警察可立刻取締，但這是一個多元的社會，民眾僅穿著暴露並不違法，警察無法取締。我則強調不是無法可管，而是需要好好地管，就算困難重重，縣府仍需面對檳榔西施的問題。於是指示成立專案小組，由警察局副局長黃柏翔擔任召集人，邀集工務、社會、稅捐、建設、環保、民政等有關單位，參酌道路交通管理處罰條例、社會秩序維護法、兒童福利法、少年福利法、商業登記法等相關規定，儘速研商解決之道。

其中，社會局處罰數起違反少年福利法案件，建設局也取締了二十二家違規營業案件，而縣警局亦於一九九七年三月二十六日，出動警力近百人配合拆除人員大規模拆除二省道、泰林路、新五路、五工路一帶違規檳榔攤五十一個攤位，並責成各警分局警勤區全面清查、造冊、列管違規檳榔攤共有二二七七攤位。不過，能夠引用取締檳榔西施的依據卻都相當薄弱，而且並非執勤的重點，致執行力道及成效有限。

「新板橋車站特定專用區」的規劃與開發

新板橋車站特定專用區，簡稱「新板特區」，是尤清縣長任內精心擘畫的傑作和成就，可是「前人栽樹，後人乘涼」，少有人知道他這項偉大工程的無私貢獻。最初特定專用區總共四八・二公頃，以板橋中山路、文化路、民權路、漢生東路的區域為範圍，涵蓋板橋酒廠舊址、團管區舊址、台北縣警察局、中山國中、台鐵板橋客車場、厚生橡膠公司及遠東百貨公司批貨中心等，有機關、企業、學校。

特定專用區分三期開發，第一期市地重劃區面積約十九公頃，於一九九六年一月九日舉行動土典禮，由尤清縣長等人主持，我亦躬逢其盛，是委由台灣土地開發信託投資股份有限公司承包，配合鐵路地下化及捷運工程，完成後成為以交通、行政機能為主，兼具文教、商業、住商混合的多功能副都會中心，具都市發展潛力。

板橋市原板橋車站附近已經是行政、金融、商業的集中地區，因為腹地狹小發展已呈飽和，遂有新板橋車站特定專用區的開發計畫，計畫中的板橋新站，乃集合地下鐵、捷運藍線、中運量環狀線以及高速鐵路共構，還有車站兩側的長途客運站與市區公車站，為台灣第一座成型的四鐵（台鐵、高鐵、捷運、客運）共構的車站，為僅次於台北車站的交通樞紐，遷站以後，使商圈擴大，帶動板橋繁榮。

另外，新縣政大樓位於新板橋車站特區內，工程造價四五億元，於一九九六年十二月十六日在縣府六樓大禮堂公開徵選設計圖，有五家參與競圖，前後歷經九個小時馬拉松式的評審，最後競圖出爐，是由羅興華、陳文彬建築師事務所的設計圖雀屏中選。評審委員會由縣長尤清擔任召集人，包括官員、大學教授、美學專家等共十一人組成。

大樓配置上結合板橋新站整體規劃，造型有創意兼具美觀雄偉，地上二十九層樓、地下四層樓，採古羅馬式廣場建築，係兼具歐洲風味及現代感的智慧型大樓，屋頂並設計一座直升機停機坪。競圖過程慎重且經過充分討論，中選理由：建築設計能夠結合縣政廣場及板橋新站大樓，連成一氣。二、造型美觀雄偉。三、空間及機能設計力求方便。四、設計新穎有創意。五、結構系統合理。六、建築風格兼具現代感及親民性。

還有，新板橋車站特定區內的縣民廣場，一九九七年八月十五日進行設計比圖，經過評選委員會選出最佳作品，得標設計圖著重縣民廣場休憩、集會等多功能利用，強調都會「綠森林」的設計理念，工程造價八億四千萬元，配合新縣政大樓的規劃。評選委員除尤清之外，還包括教授黃健二、邱昌平、林惺嶽等人，而得標設計圖主要內容有：一、雕塑公園。二、地鐵出入口廣場。三、活動廣場。四、街角廣場。五、觀景迴廊。六、景觀植栽等幾個部分及地下兩層停車場可停一千輛車。

陶瓷之都與藝術之旅

一九九七年一月十七日，德國史坦堡郡長福來與洛杉磯市長安東諾維奇及兩個姐妹城市的友人，應邀參觀鶯歌鎮的旺聲、市拿與傑作陶瓷的精品，欣賞美麗且富有千變萬化、造型巧妙特殊的陶瓷，廠商為了國民外交，也都贈送來賓們自己的特產。其中，旺聲陶藝是結晶釉的名家，在結晶釉上創意繪畫，精彩絕倫；市拿有台灣官窯之稱，有精緻仿古與創新作品；傑作陶瓷由許元和、許元國兄弟經營，安東諾維奇市長看到一個魚形陶瓷，還說了一句「年年有餘」，主人訝異又高興，當禮物相贈。

一九九七年一月二十一日於主管會談後，在我提議下，尤清率領縣府所有一級主管前往台北市國立歷史博物館參觀法國奧塞美術館名作特展，忙裡偷閒來趟藝術之旅。畫展共展出六十件印象派經典畫作，包括雷諾瓦的彈琴少女、梵谷的意大利女人、莫內的睡蓮池及聖拉撒爾車站等，足足參觀了兩個多小時，仍然流連忘返，大家深覺不虛此行。參觀全程由林惺嶽大師充任「超級解說員」，他說法國奧塞美術館幾乎蒐羅了印象派最顛峰的畫作，他盛讚這是國內有史以來最有價值的一次畫展。

因應口蹄疫情蔓延

一九九七年三月二十日，台灣爆發前所未有的口蹄疫情，台北縣也初發現有五個養豬戶有疑似病情，由於尤清縣長和農業局長葉義生剛好於前一天赴美國訪問，重擔就放在代理人身上，由我和郭步雲技正接下嚴峻挑戰。

我在第一時間召開緊急應變會議，成立「口蹄疫緊急防疫指揮部」，並建立二十四小時通報系統電話，針對全縣九百多養豬戶及十七萬一千五〇一頭肉豬現況展開了解，全面動員鄉鎮公所協助養豬戶進行豬場消毒防疫工作，並嚴禁豬隻販賣、移動，而且大量印發書面宣導資料，要求農戶必須配合事項，防疫對象包括牛、豬、羊、鹿等偶蹄動物，以免疫情擴大。家畜疾病防治所長林進忠擔重責大任。

指揮部每天召開工作聯繫會報，累計發病及死亡豬隻，決定防疫措施及善後處理方式，包括要求各鄉鎮公所成立緊急防疫中心、動支預備金購買消毒藥水及代購疫苗免費供應豬戶、責成環保局未雨綢繆先找好大量死豬的掩埋場、提供屠宰場檢疫協助做好瘟豬把關工作、巡視肉品市場了解豬隻交易並避免豬價崩盤效應。

一九九七年三月二十四日，邀集農政、環保、兵役、衛生及二十九鄉鎮市防疫中心，召開第一次全縣緊急防疫會議，決定一旦有感染情形即需撲殺，累計已有七戶養豬場六九七頭發病，其中已有三戶完成集體撲殺。據推估全縣病豬撲殺補償金可能需上億元，沒有包括撲殺的人力及物力在內，我當機立斷，為免中央補償豬戶撲殺病豬損失的美意打折扣，就農委會公佈補償標準由縣庫先行墊付發放補償金給養豬戶，指示農業局儘量減化農戶申請手續，以免養豬戶再度為生活無著而擔心。

撲殺是不得已的措施，要求鄉鎮市公所務必與民眾加強溝通，而掩埋時要依規定覆土、消毒不能馬虎，並呼籲惡意棄養病豬乃觸法行為須移送法辦。為嚴格管制病豬流竄，外縣市進入台北縣的活體豬要有家畜疾病所的無感染證明，偶蹄動物肉品（屠體）進入台北縣要有當地衛生局開具的健康證明否則不准進入，由警方即日起緊急動員轄內十五個分局在全縣各聯外重要路口、橋樑、高速公路交流道等設置三十八個攔檢點，進行可疑車輛檢查，做到滴水不漏，直到疫情控制為止。

有一天，在國軍官兵協助下撲殺豬隻，板橋、三峽、林口撲殺七百多頭、石碇撲殺一千五百頭，量多不及焚燒，或送掩埋場，或就地掩埋，工作人員忙到連捆豬都手腳發軟。縣府農業局及家畜疾病防治所為防疫和撲殺工作忙得人仰馬翻，唯獨有獸醫師編制並與農友關係密切的農會作壁上觀，有如置身度外。我不客氣說，農會在選舉時「熱熱鬧鬧」，遇到農民問題有關卻「冷冷冰冰」，實在令人費解。

一九九七年三月二十六日，疫情有了轉緩趨勢，初步獲得控制的徵兆，僅在傍晚才傳來樹林鎮有一戶豬場出現疑似病例縣累計感染場數增為九戶。此時傳來消息，北縣可望獲配五萬劑疫苗，當即指示在三重市公所成立疫苗發配中心，並公佈疫苗注射優先順序為：乳牛有一千八百頭、種豬約四千頭及疫情發生地週圍的豬場，希望藉此控制疫情蔓延。從此，北縣口蹄疫情終於歸於平靜，大家才放下心中的一顆石頭。回想處理過程中，毅然決定疫苗全數由縣庫代購免費供應，以及縣庫優先墊付豬隻撲殺補償金，認為是體貼農戶的明快作風，激發同仁最大的工作信心。

治安亮紅燈——白曉燕遇害

一九九七年四月二十九日，白曉燕被撕票的消息傳出，尤清正好在德國訪問，我在社會局長陳光榮的陪同下代表縣府探視白家、慰問白冰冰，並為治安惡化表達歉意。我說，政府應該提供民眾一個安居樂業的生活環境，尤其保護青少年的成長及安全，如果民眾連這麼一個最基本的要求都無法獲得滿足，那麼政府就應該感到汗顏。

面對媒體的訪問時，我形容，白冰冰遭喪女之痛，卻能如此勇敢、鎮定，有條不紊為白曉燕料理後事，實在相當堅強且令人佩服的女性。我除了再次強調歉意之外，也感慨萬分的指出，台灣被稱為「福爾摩沙」，意即「美麗之島」，但如今卻充斥著貪婪、投機、暴戾與色情，此種嚴重脫序的現象，應該由誰來負責呢？我說，如果能夠因為白曉燕的犧牲而喚起社會大眾的省思，或許那還算值得，但如果過了一段日子後，一切又為大家所遺忘，得不到教訓，那麼就太不值得了。

對於台北縣的治安問題，有人質問，根據縣政府所做民意調查顯示，台北縣民有三分之一表示不滿意目前的治安狀況，可是縣警察局長卻認為以此數據推論，表示另外有三分之二的縣民感到滿意，而且自豪台北縣的破案率極高。不過我則直言，認為治安的好壞，應該由民眾的感覺來決定，況且高破案率還不如低犯罪率。

尤清於五月五日從德國返台，抵達桃園機場，隨即直奔林口白冰冰家慰問，並且到白曉燕靈堂拈香致哀，然後趕回警察局召開臨時治安會報。有關於媒體訊問，副總統兼行政院長連戰批評治安不好，地方政府要負責任；尤清則表示，他身為縣長就應負很大責任，但目前仍以破案為首要，才能讓民眾恢復對政府的信心。

文明的社會，民眾追求的是乾淨的心靈、整潔的環境、安全的生活。台北縣乃是工商大縣、文化大縣、體育大縣，但治安也是大問題。白曉燕遭綁票後被撕票，據分析「致命」的近因，包括：人質安危判斷不夠準確、緝拿行動勤務規劃不夠周延、重大刑案警覺性不足、警察通訊設備不足。至於一位行政首長在整體治安方面所扮演的角色，應該就其權責分際也就是權責相當而論，如果對於警政運作毫無著力點，又如何能要求太多！

平心而論，很多人對於玩政治遊戲很熱衷，但能真正去關心社會的又有幾人？社會治安人人有責，誰都不能置身事外，居高位者，倘不知民間疾苦、不知地方行政首長的無奈處，而只一味苛責，這並無助於政治清明、社會安寧、個人官威，或許只能把它當成一種官場文化罷了。

沒有怨尤也不能有怨尤

歲月如梭，八年時間很快就要到了盡頭，我與台北縣有榮辱與共的感情，我自評雖非乏善可陳，但也僅止差強人意；雖非得意，但還算滿意。既來之，則安之，沒有怨尤，也不能有怨尤。本來世界上的事就沒有永恆的，即使「過程」再精彩、再投入，唯有「結果」才是真實的。其實，凡事我並不奢求，只希望讓大家都「可接受」就心滿意足了；世俗塵囂，我並不期待「好人出頭天」，但盼望「好人不寂寞」。

物換星移，一切都在改變。我累了，我需要休息，只因為我已倦怠。在一九九七年九月九日，我與朋友先到日本大阪，而後再到北海道參加札幌青年會議所的三十週年慶，有一個禮拜的放鬆旅遊；同月二十六日又應鄭政隆董事長之邀，參加「大蟲隊」赴日本九州宮崎高爾夫四日遊，入住北鄉溫泉飯店及Hotel（Sea Gaia）Ocean 45，初遊海洋巨蛋，有沙灘有海浪，令人驚奇萬分，也到北鄉鳳凰鄉村高爾夫球場、鳳凰鄉村俱樂部高爾夫球場、鳳凰高原鄉村俱樂部高爾夫球場，盡情揮桿打球。

追求完美有時候是一種痛苦，「過氣」的人，談「過去」的經驗，好比從結果看過程，任誰都可以當諸葛孔明。總結的時間快到了，說真的，要離開自己所喜愛、所願奉獻的公職生涯，難免會有點傷感。我很慶幸自己始終能堅持原則和保持那股傲氣，雖然無力「兼善天下」，但也確能「獨善其身」，沒有帶給首長不必要的困擾，也沒有帶給同仁不愉快的壓力，時候到了，大可揮揮手不帶走一片雲彩。

有人類活動的地方就有鬥爭、排擠，但也有關懷、友愛。眼看著歲月消逝、人間炎涼，難免會有些許的焦急和不快樂。我努力所扮演的角色是分勞分憂、榮辱與共，雖非盡善盡美，但已盡心盡力。我謹記《戒石銘》：「爾俸爾祿、民脂民膏」。而洪應明的《菜根譚》：「攻人之惡毋太嚴，要思其堪受；教人之善毋過高，當使其可從。」以及「辱人以不堪必反辱；傷人以已甚必反傷。」使人讀了咀嚼玩味。做人本該如此，嚴以律己，寬以待人，乃簡單的要求。

無欲則靜　靜則明

我常自嘲，年紀越來越大，白髮、皺紋、煩惱也越來越多，其實這些似乎都沒有發生在我身上。我深信，飲食影響健康，情緒影響生活。所以再忙碌從不把公文帶回家，也不把個人情緒帶到辦公室，公私領域分明。以下是之前的一則報導：

中時晚報　記者　黃天如　一九九七年六月十日

林豐賓年雖半百　儼然小生

滴酒不沾　早餐不馬虎　捨肉食改以海鮮　堅守無欲哲學

台北縣政府主任秘書林豐賓雖然已五十開外，卻保有相當標準的體態及紅潤的氣色，儼然還是一副令人生羨的小生模樣。談到個人的養生之道，林豐賓先是笑著說，因為家裡有個好太太事事張羅周到，所以「好吃懶做」正是他的駐顏妙方！然而深知主秘心性的人都知道，林豐賓一貫身體力行的「無欲」哲學，才是他真正從心做起的不老藥引。

以林豐賓在北縣政壇舉足輕重的地位，很難想像幾十年來應酬絕少，且始終滴酒不沾，總之他雖身在朝堂，卻常保心如閒雲野鶴般自在。

談到不喝酒的原因，林豐賓倒是說的言之成理。他說，他天生血壓低、心跳快，令他一喝酒便覺天旋地轉，心跳更急促如快馬加鞭的馬車，因此一般人喝酒是「痛快」，但他喝酒是「痛苦」，只好「敬謝不敏」。

不過，對酒敬謝不敏的林豐賓，卻是個不折不扣的美食家，尤其是早餐更馬虎不得。賢慧的主秘夫人自然不願教老公失望，每天總是絞盡腦汁變化花樣為林豐賓準備一天的活力泉源，而早餐桌上無論是家常的清粥小菜、菜頭粿，或是偶爾打牙祭的鮑魚粥，林主秘也從不忘歡天喜地的把老婆的愛心吃光光。

在多數男性較偏好的肉食方面，一樣愛吃肉的他卻自有一番取捨。他的第一個原則是雞肉不吃，不過這項禁忌倒與健康因素無關，只是幼時曾幫家中餵雞的林豐賓，因為不忍自己一手拉拔的雞子雞孫成了盤中餐，當即決心從此絕不吃雞肉；此外，基於膽固醇攝取的考量，林豐賓也儘量減少攝食牛、豬等紅肉的機會，而改以魚肉或海鮮取代。

林豐賓強調，其實所謂的養生之道，通常視個人的體質不同，並沒有一定的通則，就像他向來嗜吃甜食，但血糖總也不高；而別人可以千杯下肚面不改色，他則見酒就投降。

然而萬事從心做起，林豐賓認為自己「無欲則靜，靜則明」的處世哲學，倒是值得提供想要追求健康的人參考，想想唯此心中一念，萬般煩惱皆煙消雲散，整個人想不年輕也難。

福爾摩沙世界文化日

跨國文化的「福爾摩沙世界文化日」，是繼「台北縣文化博覽會」之後的另一個文化藝術饗宴。台北縣文化博覽會的舉辦，是藉由各鄉鎮市文化特色的呈現，讓縣民能重新認識「美麗新台北縣」，活動為期半個月，已有十五萬人次觀摩，不但創下北縣文化活動成功的紀錄，其背後發生的鄉土認同影響力，更是不同凡響。

同樣籌劃多時的「福爾摩沙世界文化日」，於一九九七年十月十九日在板橋新站廣場同一場地隆重登場，為期也是十五天，是結合歷史、文化、藝術與動態演出方式的一系列活動，乃由台北縣政府主辦、中國時報協辦、文建會贊助，安排了不同國家藝術團體做精彩表演，充滿異國風味。包括：法國熱情女郎的民俗樂舞、荷蘭克來克爾樂舞團的鄉村舞蹈、台灣育化民族舞蹈團的筷子舞、西班牙歌舞團的熱鬧舞曲、日本秋田市的竿燈會，還有德國史坦堡波慶管樂團與傳統服飾協會的民俗音樂及舞蹈、日本千代會舞蹈團的傳統歌舞、菲律賓卡瓦揚竹樂團及俄羅斯管弦樂團的樂曲演奏，帶來民族風味的音樂及舞蹈，讓民眾看得津津有味。

福爾摩沙世界文化日展覽期間，並設有「主題館」，展示台灣史百大事件，翔實記載台灣的發展過程，猶如走入時光隧道，看見台灣，認識台灣。除此之外，還有描述台灣發展軌跡的「人文歷史館」、刻劃美麗寶島的「自然風情館」、集合各種精巧藝術作品的「民俗工藝館」、讓人大開眼界的「生活益智館」以及老少咸宜的「美食禮品區」，內容豐富又好玩，兼具教育意義，參觀民眾爭相觀賞。

福爾摩沙世界文化日系列活動，於十一月二日落幕，壓軸是俄羅斯管弦樂團的表演，這個樂團有近百名團員，是俄羅斯最有歷史的樂團之一，參觀民眾在涼爽的夜色下，聆聽「小城之邊」、「愛情的故事」、「草原」等樂曲聲中相當陶醉，也為此次活動劃下完美的句點。吸引十五萬名觀眾，對關懷、熱愛鄉土有相當助益。

敬老福利津貼苦撐到最後

台北縣政府從一九九五年（民國八十四年）度開始編列敬老福利津貼，原本期待與省及中央「三對等」分攤各負擔四個月，但遭到拒絕，由縣府苦撐持續四年每年發放四個月，總共有八十多億元，乃民進黨主政下的縣市政府最賣力的，可惜的是除金錢以外，並沒有實績出現。

在台北縣長候選人撕殺過程中，李登輝總統兼主席為了替國民黨的謝深山造勢，忘掉曾經批判民進黨敬老津貼是「騙人」的說法，終於改口稱「只要有愛心肯做，怎麼會沒有錢，只要謝深山當選，一年十二個月，每月五千元一定會發給六十五歲以上的老人」，引起民進黨候選人蘇貞昌批評，指又一次講不負責任的話，根本沒有考慮到台北縣的財務狀況，也引發台北縣選委會對其違反行政中立的質疑。

回想當年發放敬老福利津貼，決策是草率的，而過程中議會強迫排除萬難要足額發放，更是情緒的，不論草率或情緒都是不負責任的。老人津貼如何發放，考量的主要因素應該是社會公平與財政負擔能力，而所謂的老人需要，其實只是次要的因素。因為是健康對老人比經濟更重要，所以福利設施比現金發放更具長遠性，而且不牽涉到排富與不公平的問題。

一粒老鼠屎壞了一鍋粥

一九九七年十一月二十六日，台北縣爆發三芝鄉土地使用分區編定更正弊案，涉收賄變更地目，由台北地檢署專案檢察官薛維平依貪瀆罪嫌將縣府地政局長莊育焜等人諭令收押禁見。媒體報導，檢調人員不排除案情會向上發展，致引發尤清的強烈反應，以及選委會質疑影響台北縣的選情，抨擊檢方一再違反偵查不公開原則。

繼三芝鄉土地弊案後，位於三峽的國立台北大學特定區開發案，也爆發官商勾結弊端，查出香港商界聞人、影視大亨、台灣大來紡織公司負責人林百欣，涉嫌透過國外金融機構洗錢管道行賄地政局長莊育焜，由檢察官薛維平偵辦，並依交付賄賂罪嫌於十二月十七日將高齡八十三歲的「林老先生」收押禁見。在洗錢過程中，莊育焜的妻舅林錦榮充當「白手套」的重要角色，而他在之前即已被收押禁見。

台北縣兩件重大土地弊案都發生在地政局長莊育焜身上，聽說後案是偵辦前案時「摃上開花」的，但實際上早已被監控很久，只是在尤清縣長卸任前夕引爆，難免讓人有政治操作的聯想。當時媒體窮追猛打，使用太多聳動、揣測、杜撰內容，例如：「高達億元以上款項流入莊育焜等縣府高層官員手中」、「竟然在莊育焜等高層縣府官員協助下溢領高達數十億元的土地徵收補償費」、「也以洗錢方式朋分給其他縣府高層官員」等，顯然對所謂「縣府高層官員」極不友善、存有敵意；而更毒、更誇張的是「懷疑本案是件集體貪瀆案」、「若無上級長官的包庇或支持莊育焜是不可能一手遮天的」、「專案小組追查莊育焜的人際關係及資金流向發現與其上級長官的夫人關係密切，懷疑是弊案幕後人士，或是收賄的黑錢有流入該官夫人的帳戶中」等等，如果不是檢調故意放話，就是媒體捏造事實危言聳聽。最後事實證明，莊育焜弊案乃一人所為，一粒老鼠屎壞了一鍋粥。

媒體製造「傳聞」，引人「想像」，傷害最深、最大的莫過於尤清，八年耕耘不見豐收卻毀於一人、毀於一旦，不是留下「感念」而是「破滅」。即使有許多人心中存有太多的問號，但我始終對這位老同學的清廉，深信不疑。有人說，尤清流年不利、官運不佳，很短時間內，連續遭逢賀伯颱風被監察院彈劾、公懲會記過；溫妮颱風奪走林肯大郡二十八條人命，縣府同仁被起訴；而地政局長莊育焜捲入了三芝土地變更弊案及三峽台北大學開發弊案，不僅使尤清頻遭流彈波及，連他的家人都不免被含砂射影困擾不已，當年縣長聲望如日中天，如今卸任卻要應付外界的風風雨雨，其間冷暖點滴在心。感恩音樂會「快樂頌」聲中一點也不快樂。

兩件弊案的主角莊育焜，是一位悶著頭做事的人，他在環保局長任內有建樹、有掌聲，於一九九四年四月十一日人事大異動時調任地政局長，尤清說法是要增加主管的行政歷練，但有不少職位外界的看法是跌破眼鏡。當時有媒體分析，莊育焜為政大地政研究所碩士，是這次調動中最符合適才適所原則的人選，有助於淡海新市鎮、三峽台北大學城、新莊副都心、板橋新站的繼續推動，可是事後證明不盡然，反而給了他「作弊」的機會。其實，地政工作深深影響每一位民眾「生」與「活」的權益，尤其，所謂「有土斯有財」的傳統觀念已經深植民心，對土地有一層強烈擁有的慾望與感情，很容易從中產生貪念。因此程序上的「公正嚴謹」和「絕對的公信力」，以及手續上的「簡政便民」，才是地政工作者的實在目標。

莊育焜在台北縣地政局長任內，收受香港麗新集團理事主席林百欣的巨額賄賂，轟動台、港兩地，創當時公務員收賄最高金額，而違法變更三芝鄉土地使用分區，及高價徵收三峽大來紡織廠圖利林百欣，經過漫長的訴訟程序，被依收賄、圖利兩案重判一九年入獄服刑，據聞太太滯美改嫁未歸，落得家破、淒慘下場。莊育焜鬼迷心竅、膽大妄為，自以為神不知鬼不覺，殊不知凡走過必留下痕跡，法律案件被當政治操作，巨大殺傷力重擊尤清與執政團隊，最後雖然證明莊育焜事件純屬個人行為，但傷害已造成，學生「殺尾盤」斷送老師政治生命，八年苦心毀於「莫名其妙」，再多的懺悔、抱歉也都無法挽回。至於三芝鄉土地編定舞弊部分，被告朱永惠等人，高等法院更三審仍認定罪證不足，維持無罪判決。

尤清八年瑕不掩瑜

光陰似箭，日月如梭，時光飛快消逝，八年時間一轉眼就過去了，但也嚐盡了酸、甜、苦、辣，看盡了人間冷暖。回顧走過的日子，有喜悅，有辛酸。尤清就這樣比喻，他說，八年施政像打八場棒球，有全壘打、有安打，也有被封殺的時候，被封殺時就應該檢討。

做為縣長的幫手，每天面對嚴肅而忙碌的公務生活，尤清和我難得有輕鬆心情，也談不上有風花雪月或詩情畫意。我們知道，政務官對政策負責，事務官只具支援性質；我們也知道，敬業樂群是工作起碼要求，其實敬業是一件事，樂群是一件事，二者可以兼而有之，並不衝突，也沒有比重的問題，可是只知敬業而不知樂群，或只知樂群而不知敬業，畢竟都是缺少了那麼一些些；我們更知道，「緣」就是「圓」，「忙」就是「盲」。

尤清即將功成身退，或許褒貶兼而有之，他直言「問心無愧」，我則說「瑕不掩瑜」。有人問他，成績如何？他說：「交給縣民打分數。」有人問他，今後打算如何？他說：「唛做牛免驚無犁拖。」事實上，尤清治理北縣雄心萬丈，完成多項縣政改革，影響深遠。細數這些年來的成就，只能說不勝枚舉，尤其教育、文化改革成績斐然，其中大要及可量化者，例如：普設垃圾掩埋場和興建焚化爐杜絕垃圾大戰、清運大漢溪五個垃圾山美化河川高灘地、改善交通闢建道路五三六條、消除國小二部制、完成國小五十五校設校、九所完全中學、一所高職學校、發放敬老福利津貼八十三億元、設立巡守隊四百隊以上；規劃興建板橋新站特區、縣政大樓、鶯歌陶瓷博物館、黃金博物館、十三行遺址等；但對籌設縣立大學、縣立銀行及收回淡水高球場則壯志未酬；對於賀伯颱風大水災、林肯大郡倒塌的大傷亡、白曉燕綁架撕票案及莊育焜的土地弊案，乃四件令他感到最遺憾也最痛心的事。

另外，在健全財政、增加稅收方面，也有長足的進步。尤清上任時，民國七十九年度預算為二七〇億元，至八十六年度大幅成長為六八〇億元，乃透過開源節流，廣闢道路刺激土地利用，增加土地增值稅及房屋稅收入，還有公庫計息收入以及成立發包中心節省一三〇億元公帑。在卸任前夕，至少仍可留下統籌款三億元、一四八億庫存及歲計賸餘六十億元。

距離卸任時間越近，越是感傷時刻。一九九七年十二月二日，縣長交接前最後一次的例行縣務會議，已感受充滿惜別氣氛，開始盤點政績並作移交準備；十二月九日我陪縣長到各局處室慰問員工的辛勞，替員工加油打氣。尤清表示，歷經八年任期後，已深深體會到公僕難為的心境，一曲德語的「快樂頌」，期勉同仁快快樂樂的工作；十二月十六日卸任前最後一次主管會談，大家開始話別，難分難捨；十二月十七日尤清夫婦在縣長公館款待全體一級主管，席間觥籌交錯，離情依依。十二月十九日卸任前夕，縣府在縣立體育館舉行「美麗台北縣之夜－感恩音樂會」，並由台北縣交響樂團演奏及台北縣愛心合唱團演唱，會場更瀰漫著離別的感傷。

尤清上任之初，強調清廉、勤快、效率為施政目標，自己確實也身體力行，本來想風光為兩任八年的任期寫下完美的句點，沒想到將成熟收割的時候，從天外飛來一波波的事端，把他捲入浪潮中，繪聲繪影，鬼影幢幢，如啞巴吃黃蓮，無處申冤，再多的澄清也趕不上流言的可怕，迫不得已，只要涉及誹謗或公然侮辱，他就訴之法律以回復名譽，而且每訴必勝，但不論是以訛傳訛或有人刻意操作，不知情的大有人在，看到他換來一臉的無奈與疲態，我為他難過、不平也不捨。

尤清在卸任前夕表示，離別代表人生另一階段開始無需感傷，勉勵縣府同仁再接再厲，全力協助新任縣長推動縣政。他強調，畢生以關懷照顧弱勢團體為職志，無論轉換那一個舞台都是為社會服務。尤清從不敗在自己，即使之前失去了參選省長和總統的機會，但他不氣餒、不服輸，永遠懷抱理想與鬥志，率性往前行。然而，時光巨輪不停留，歷史不斷推進，一九九七年十二月二十日尤清交棒給蘇貞昌，舞台不熄燈只是換了一齣戲。當有機會輪到你上演的時候需要賣力演出，就是沒機會輪到你上演也需要習慣當觀眾，任何戲中人絕非沒有你不可，何況劇情比演員更讓人印象深刻。即使最出色的演員，最終還是要卸下戲服，回首總是空幻一場。

我被孤獨的短暫留下

一九九七年十二月十二日，在沒有任何職位安排前，我毫不戀棧職務，正式提出辭呈準備與尤清縣長同進退，是慣例也是尊重新任縣長有充分的人事任用空間。但在十二月十六日與縣長當選人蘇貞昌見面商談，為延續縣政及業務交接，我答應留任到縣議員及鄉鎮市長選舉後離職。其實蘇貞昌與我也是舊識，在國際青年商會及台灣省政府常有往來。

尤清卸任後部分一級主管也萌生退意，包括：工務局長許時雄，他因林肯大郡災變多位同仁官司纏身造成內心衝擊；法制室主任謝美惠，與夫婿黃國精都是同班同學，到任二年多，她的信念是用心行政及依法行政；民政局長陳啟仁，在縣府服務四十五年，歷經七位縣長，進退得宜，拿捏恰到好處，曾獲選為特優保舉人員。

蘇貞昌就任之初，競選功臣林錫耀、李文忠皆出任要職，前者為主任秘書，後者為機要秘書，乃新科縣長左右手，只是在我離職前林錫耀暫以縣政顧問身分協助縣長處理縣政，但儼然鐵三角已形成，為低氣壓籠罩下的縣府帶來新氣象、新文化。

新人新政，為樹立廉明政風，縣長蘇貞昌上任後第一把火，燒向縣府內部同仁。一九九七年十二月二十二日我受命主持重大獎懲會議，李文忠機要秘書也到場，依公務人員考績法施行細則「違抗政府重大政令或嚴重傷害政府信譽有確實證據者」之規定，將已停職中的莊育焜及練瑞麟、許信行記兩大過免職。莊育焜被指是三芝地目更正弊案的首要分子；練瑞麟則是負責林肯大郡水土保持工作；許信行負責核發林肯大郡使用執照。接著於一九九七年十二月二十六日，頒定四項處理原則，強力掃蕩檳榔辣妹，包括提供私有土地或房屋設檳榔攤、私有土地上違建設攤、佔用公有地設攤以及鼓勵縣民檢舉等，從此不稱「檳榔西施」，應該稱「色情檳榔」。

我雖然仍處熟悉的環境中，但感覺不同的施政風格和工作氛圍，我只能拘謹不再隨性，但也不會刻意迎合。蘇貞昌逢人就說，與我有十多年的好友，也非常欣賞我「風趣、幽默的雅痞族」作風。雖然如此，其實朋友不必「拿捏」，共事就要有「分寸」。一九九八年一月十三日，北市府行文縣府指名商調我轉任市府參事，是出於尤清和阿扁商量的結果，本來尤清是不滿意的，但形勢比人強，是目前最方便的職位安排。事實上，之前宋楚瑜省長及蕭萬長院長只說「官話」，真正是「口惠而實不至」。

滿懷神傷離開台北縣

我於一月二十二日前往台北市政府拜會陳水扁市長，感謝他在我最需要的時刻保留了位置收容，我也提到台北縣捷運工程配合款應分攤部分，很快會墊付。他關切台北縣地政局長莊育焜所涉土地弊案造成的殺傷力，但相信縣市首長不可能接觸補償費查估及發放的細節，而尤清縣長連任成功以及蘇貞昌縣長順利當選，就是政績優異的證明；他重視人口成長及城市發展問題，若站在經營管理角度，台北市人口以兩百萬人最適宜；最後，他歡迎我先至市府，再談將來職務安排。

距離離開台北縣的日子越來越近，想到不可知的未來，心情越來越複雜，失去了當年從省府到縣府的那份豪氣和自信，換來的是寄人籬下的那份悲傷與孤單，但只能默默承受、隨遇而安，畢竟自己只是一顆棋子，而不是一位下棋的人，夫復何求！這一個月時間過得特別慢，飄浮過日子，或許是「延役」也是「延畢」的心情，五味雜陳，感觸良多。

有一天是在一個假日，蘇貞昌縣長隻身開車來汐止我家午餐、敘舊，我們有許多共同的朋友，我們談人生境遇，也談台北縣的過去和將來，我發現他思維縝密，做事積極，有定見、有謀略、果斷明快，但也小心謹慎，好惡表現強烈。他屬於領袖型的人物，也是顧家、惜情、念舊的人。

一九九八年一月二十六日，我主持了台北縣選務委員會後，參加縣政記者們在記者室為我準備的歡送茶會，看到桌上擺著「昆布、糕點、花生」三種點心，意在取其諧音，祝賀仕途「步步高升」，特別的日子、特別的祝福，我感到驚喜又開心。我說，在台北縣服務八年，全職、全心、全意投入，最欣慰的是自己任內所經手的公文從來沒給長官造成困擾，而為人處事也未曾帶來同仁不愉快的壓力，此刻的心情像是「待嫁女兒心」，面對即將就任新職，既期待又惶恐，但我相信自己是一位專職、盡責、快樂的公務員，任何職位都能勝任。我又說，一個團隊不僅是一個戰鬥體，同時就像交響樂團一樣，必須要做到和諧、同調才能奏出完美的樂章。

我把一生中最精華的八年歲月獻給了台北縣，不過主任秘書這份工作對我而言，從一開始是「不能不幹」，做了一陣子才發覺「不能久幹」，現在要離職了才發現「不能再幹」。台北縣是我的第二個故鄉，有剪不斷的感情，今後會繼續關心這裡的人、事、地、物，衷心祝福縣政、祝福大家。

第六章　台北市政府的年代

台北市為直轄市，位於台灣北部的台北盆地，四周被台北縣包圍，乃台北大都會的精華區，即所謂的「蛋黃區」。台北市為中央政府所在地，也是台灣政治、經濟、文化、娛樂與傳播等的中心，人文薈萃，各項環境條件最好的都市，總面積有二七一・八平方公里，人口總數近兩百七十萬人，是工商大城也是知名的國際城市。

我在高中二年級的時候第一次到台北，當時在台中讀書，一個人搭火車到台北找親戚，「劉姥姥進大觀園」，新鮮驚奇，大開眼界，看到總統府，去過新公園、西門町、圓山動物園，既興奮又驕傲。後來讀大學、服兵役、任公職以及結婚、生子、居住都在台北，把異鄉當故鄉。沒想到轉來轉去，還是轉到台北市政府工作。

我的職銜叫「參事」

一九九八年一月二十六日，我從台北縣政府至台北市政府報到，我的職稱叫參事，也是我在市政府服務期間的唯一頭銜。台北市政府組織龐雜，包括所屬機關、學校和市營事業機構，共有編制員工約七萬餘人，我只是其中之一，沒有新官上任的感覺。

參事辦公室位於高樓層，與技監、顧問及參議同在一個區域角落，每一位參事有一狹小的獨立空間，簡單的擺設，共用一位助理，沒有專車和司機，一切自力更生。聽說參事職是調節性職位，所以「左鄰右舍」有些是局處長調來的大老，其中有幾位是熟識，而我是新進菜鳥，輪不到有兼職，也沒有主管加給，只能當陽春參事。

參事的法定職務是，「承市長之命辦理市政設計、撰擬及審核法案、命令、工作計畫，並備諮詢有關市政等事項」。簡單地說，是專案、督導及交辦事項，表面好聽，其實如果市長不給「關愛的眼神」，只不過是無權、無責，甚至無所事事。因為參事沒有固定的、例行的業務，來去自如，沒有人管，儼然化外之民，雖然名為參事，其實無事可參、凡事不參，而且有人說文解字，參事過於用「心」，豈不成了「慘」事。

有一天，副省長吳容明緊急來電話表示，宋楚瑜省長關心我的工作安排，並詢問我個人的意願職位，我說我已被安頓就緒。每個人或許都有絢麗風光的年代，但年代已過了只能認份。唐・王維《酬張少府》：「晚年惟好靜，萬事不關心；自顧無長策，空知返舊林。松風吹解帶，山月照彈琴；君問窮通理，漁歌入浦深。」

人生有多種選擇，安安靜靜的人生，也自可以有無邊的想像；轟轟烈烈的人生，也有油盡燈熄的那一天。只不過，再好的音樂，沒有聽者，便近於是不存在的。

我看到的陳水扁市長

一九九四年台北市長選舉，陳水扁獲六一五〇九〇票以四三・六七%的比率擊敗國民黨候選人黃大洲及新黨候選人趙少康，終結從民國五十六年七月一日起改制為院轄市派任的局面，當選為改制後院轄市首位的民選市長。在之前，從民國三十四年十一月一日至五十六年六月三十日止，則屬於省轄市的市長，其中前四任為派任，後五任為民選。

陳水扁作為首都市長，鐵腕作風，獨斷果決，使整個市政府效率大大提高，留下不少為人稱道的政績，包括提升服務品質；改善市容街景；落實市內治安；建設污水下水道及推行垃圾不落地；雷厲風行掃黃、掃黑、禁止電玩；整頓交通完成一年一捷運；拆除違章建築，闢建十四、十五號公園；將新公園改名「二二八和平紀念公園」並設立二二八紀念館；將總統府前的介壽路改名為「凱達格蘭大道」等等。

陳水扁市長也曾數次出國訪問，促進城市外交，提升台北市的國際形象。在我來市府不久，他赴美訪問，與美方人士晤談，並在華府國家記者俱樂部召開記者會發表談話。根據報導，美國行政部門人士對於這位台灣政壇之星，所表現的理性與謹慎觀點以及認真傾聽美方意見的態度感到印象深刻；尤其，對他提及台獨只是理想，獨立也只是各種選擇中之一種的「彈性」說法，以及「主張與中國進行全方位的接觸、對話與談判」等說法都持肯定評價，如此具有「彈性與理性」的表態，令美國政府人士對他刮目相看，儼然已從一位從政者變成一位政治家了。

台北大都會區域合作

我住汐止橫科綠野山坡社區，與台北市南港區僅一水之隔，屬南港生活圈，可以感受縣市關係之緊密，以及區域合作的重要。由於之前「台北縣市合作」的經驗，我特別關注台北大都會區域合作的問題，這也是台北市政府極力推動的計劃，包括北台灣共同生活圈的合作、首都圈地方政府高峰會以及台北大都會區域合作會議的召開，尋求解決既存的共同問題，並且開展未來的繁榮遠景。

從前提及「台北都會區」，指的是台北縣、市及基隆市而言，而現在所提的「北台灣共同生活圈」，則涵蓋台北縣、市、基隆、宜蘭、桃園、新竹縣、市的範圍，往來頻繁有相互依存、共存共榮的關係。其中，台北縣、市之間的合作議題談論較早，包括：一般議題（例如：環保、交通、國宅、水、廢土、教育、資訊等）、捷運專案（例如：工程款分攤、共同投資、聯合開發、票價決定等）以及休閒規劃（例如：旅遊的點與線等）。

至於「北台灣共同生活圈」應建立合作架構，尋求合作機會和途徑。相關各縣市區域合作或辦理項目，包括：一、交通（建立台北都會區便捷運輸網路、建立北部藍色公路系統、計程車管理與輔導等）；二、環保（清除河川垃圾、共同處理廢棄物焚化、掩理等）；三、工務（污水下水道建設、污水下水道系統營運管理、建立各縣市營建廢棄土來源及去處之電腦連線，即土方資訊中心之設置）；四、教育（北台灣縣市青少年體育競賽、擴大學生城鄉交流等）；五、衛生（共同查核管制藥品、建立大台北區域緊急醫療網，醫療資源共享等）；六、一般行政（合辦員工訓練、原住民相關事務合作、台北都會區發展課題與解決策略等）。

參事是市府邊緣人

參事距離業務部門很遠，距離權力核心更遠，除了偶爾輪流出席市政會議，平常少有人過問，所以參事是市府邊緣人。在來此之前，我高估了自己的適應能力，現在不禁想問，寧願用「第二把交椅」換來一張「冷板凳」為什麼？或許這叫有志難伸，或許也叫虛擲光陰！

我總認為自己還是工作的年齡，不是享福的時候，沒有工作的日子比沒有朋友更難過。有人在拼鬥多年之後，期望能得到休息，於是選擇了享受舒適、壓力較小的生活。但休息時間拉長，隨著時間過去，才發現自己的智識、活力大幅衰退，缺少自律或信心，心智動脈硬化，開始承受退化的痛苦。我極不願意看見到這場景提早發生在我身上。

我們常說，休息是為了走更遠的路。其實，太空船要升空需要非常大的推力，才能脫離強大的地心引力。同樣道理，擺脫現況也是一樣，造就一個人也是如此。每個環境中都存在許多牽引力量，阻擋任何新衝勁，所以克服對過去的迷戀必須具備清晰的自我和強烈的意願，如果決心薄弱就會容易受到感情、情緒和環境的影響。

造訪俄羅斯

在離開台北縣政府之前，我於一九九七年十一月五日，帶領台北縣都市設計審議委員會委員考察歐洲，包括：奧地利維也納、法國巴黎、捷克布拉格、德國柏林、英國倫敦與劍橋等城市，也是「畢業之旅」。來到市府之後，我於一九九八年四月三十一日曾至韓國漢城旅行，觀賞北國春花鬥豔；復於一九九八年八月三日，隨同黃林玲玲帶領台北縣女子壘球隊赴莫斯科、聖彼得堡訪問，初次造訪俄羅斯這國家。

俄羅斯（The Russia）幅員廣大、歷史悠久、文化多元，在一般人的印象中，是一個神秘、嚴肅、封閉的霸權國家，其實俄羅斯在文學、藝術、建築及科學方面也有傲人的成就，尤其因政治、經濟、社會及法律方面的轉型成功，在現代化的國際社會中，佔有非常重要的一席之地，確實是一個非常值得深度探索的國家。其中，莫斯科（Moscow）是俄羅斯第一大城市，也是俄羅斯政治、經濟、科學、文化及交通中心，為國際知名大都會，參觀了紅場、克里姆林宮、聖巴西爾大教堂、列寧陵墓等；聖彼得堡（Saint Petersburg）則是俄羅斯通往歐洲的「窗口」，也是一座歷史文化名城，河流縱橫，風光旖旎。

首次從莫斯科搭乘夜間火車到聖彼得堡，車廂頭尾臥鋪由男性團員把關，以保護女性的安全。在聖彼得堡所住飯店靠海邊，有一天傍晚時看著許多人往沙灘走去，我也好奇的跟著走，原來是欣賞海上落日美景，這也是我所看過最紅最大的太陽。我們回程改搭飛機，我因買了一把仿古「寶刀」不能託運，由導遊出面靠「關係」解決。

莫斯科地下鐵是俄羅斯人的驕傲，聞名於全世界，宛如「地下宮殿」是一段流動的美麗風景，最深有一百三十公尺，全長約三百公里，處處散發獨特的迷人氣質，每一個車站有不同的特色，各式各樣的浮雕、玻璃彩繪、馬賽克、大理石、花崗岩，雕刻精細，栩栩如生，富麗堂皇，充滿藝術氣息。不過，地鐵出入雜亂，有一位同行的男士團員就在戒慎恐懼中被扒走錢包，令人不得不佩服扒手的神乎其技。

相繼出版勞工法著作

我在省政府勞工處副處長任內，完成《勞動基準法論》及《勞工安全衛生法概論與實務》兩本著作的草稿，先於一九八五年出版《勞工安全衛生法概論與實務》一書，提供經驗傳承及文案保存。後來因調任縣府主任秘書自顧不暇而把《勞動基準法論》一書擱置下來，直到一九九七年十一月離開縣府之前才定稿出版。

這次到了台北市政府有較多的時間，於一九九八年九月配合法令先後修改，利用這段空閒時間充實其內容，再將《勞工安全衛生法概論與實務》重新修訂，由三民書局重行出版。本書係就現行勞工安全衛生法及其相關或附屬法規作一有系統的整理和敘述，根據專家論著與個人實務經驗彙編成冊。之前於初版時，我在序言中說明三點：

一、在工業社會中，必須建立各種社會安全系統，以減少意外災害之發生。職是之故，勞工安全衛生立法，遂成為工業革命以後勞工立的重要課題，用以規範和解決勞工工作安全與健康的問題，故亦稱為危險保護立法。

二、勞工安全衛生法為社會安全有關法律，其訂頒目的不在於干擾工業的生產秩序，而是在於協助建立工作紀律，以試圖減少工作的傷害和損失，應為現代事業經營管理的重要環結之一，各國莫不重視。

三、我國勞工安全衛生法，自民國六十三年四月十六日公布施行以來，績效未臻理想，究其原因很多，然而雇主的觀念與作法，應是決定是項工作推行成敗的關鍵，另外，勞工對於安全衛生知識的淡薄與忽視，自然亦為重大阻力，凡此皆有賴於政府適切的引導、調和與干預。

考察美國加州區域合作計畫

一九九八年九月一日，我被指派參與美國加州區域合作計畫考察，這是屬於都市發展局的業務，由主任秘書何芳子、股長張立立、工程員張蓉真、聘用規劃師謝瑩榛等人參加，為期十天，前往舊金山、納霸郡、聖荷西、聖地牙哥等地方。

此行考察重點，主要涵蓋：聖塔克拉拉郡輕軌運輸系統、納霸郡防洪計畫及河流沿岸再生計畫、聖地牙哥區域性運輸系統規劃、舊金山灣區漫徑計畫等。而考察目的則包括：一、如何成立區域政府協會之組織架構，統籌區域發展建設之規劃事宜。二、成立區域性政府協會之時機，發展背景與條件，及其操作模式。三、區域性計畫案之提出，如何整合當地利益團體，鄰近政府及各事業主體機關間之協調溝通，以達成計畫案整合之目標。四、有關區域性規劃案建設經費及各縣市之經費運用與分配。五、經由計畫個案考察，深入瞭解各計畫發展背景、目的、內容，以及執行方式，作為未來我國研擬區域性發展計畫策略之重要參考依據。

考察行程中，特地訪問聖荷西市政府規劃局與發展局，並安排參觀都市成長管理邊界（growth boundary）劃設與矽谷高科技工業園區公私合作開發計畫案，也訪問舊金山灣區政府協會（Association of Bay Area Governments）研討組成地方聯合政府協會之課題與發展。此行，也參觀了納霸地區盛名之葡萄酒製造廠Cakebread，及聖地牙哥的海洋世界（Sea World）。綜合考察心得與建議如次：

一、區域性建設計畫需要有打破行政轄區之聯合政府協會或委員會，負責協調上級機關及相關權責單位，統籌區域性各事業計畫方案。這種組織應是一種半官方非營利組織，以協調各權責單位，來達成有關區域性合作之課題，提出解決對策與方案，提供各縣市共同合作方案協商之基礎。

二、有關需要區域性合作之計畫方案，事前可行性研究計畫費用可由相關各縣市所組成的聯合政府協會，先向中央政府爭取規劃經費，經審慎研究評估後，再由地方政府組成專責事業執行機構，負責推動投資興建、營建、管理之執行事宜。

三、推動區域性建設事業方案，籌設相關經費是非常棘手之問題。雖然一般稅源受到極大之限制，但為建設區域性公共投資事業，可運用增加消費稅（sale tax）為手段，做為區域性建設事業初期之經費來源，經完成建設營運後，再經由收費系統，來平衡財務收支。

四、由於生活圈領域常跨越縣市界，基於通勤、購物之便捷服務，及建立區域性交通網路為目前最需合作之課題。然而，交通建設必須有龐大的公共投資經費，非一般縣市所能負擔。是故，必須善用現有之交通網路資源，配合增設公共投資建設，構成完整之交通服務網路。

五、由於汽車持有率逐年增加，造成高速公路車流壅塞。為鼓勵共乘減少車流密度，建議劃設或增建二人以上共乘專用道路系統（car pool）。惟為挹注建設成本及提供尖峰小時時段急需快速通過之車輛，如非共乘車輛，可收取通行費。

六、區域性水患亦為各縣市政府亟需解決之課題，尤其在市中心區，及有洪水氾濫之虞地區，水患對於當地之經濟產業影響至鉅。為達成區域性防洪之目標，應協調上下游縣市政府，及水資源遊憩主管機關，共同規劃防洪計畫。由下遊利用河川寬度，以疏洪方式開始整治；並配合沿岸景色，塑造和親水活動空間，以達成防洪與親水的計畫目標。

訪問紐西蘭威靈頓友誼之旅

一九九八年十月八日，陳水扁市長指派我帶領台北市政府員工及眷屬訪問紐西蘭友好城市威靈頓（Wellington）作友誼之旅。從台北出發的友好訪問團有近一百六十名團員，浩浩蕩蕩，分成兩班次抵達首府威靈頓，並走訪南島基督城（Christchurch）、皇后鎮（Queenstown）、丹尼丁（Dunedin）、凱庫拉（Kaikoura）及北島奧克蘭（Auckland）和羅托魯瓦（Rotorua）等地方旅遊，讓人流連忘返。我和粘麗娟全程自費參加。

紐西蘭（New Zealand）位於赤道以南的南半球，一年四季與台灣正好顛倒，國土面積為台灣的七倍半，人口僅有台灣的五分之一。紐西蘭多樣化的地理風貌，有高山、森林、峽灣、冰河、海洋和充足的陽光，為大自然的地理教室，當地原住民族毛利人稱為「長白雲之鄉」。之前我於一九八七年八月曾單獨一人到此一遊，留下深刻印象。

翌日，在毛利人迎賓儀式歡迎會上，由威靈頓市長Mark Blumsky率官員隆重接待，感受異國的熱情。我在歡迎會並作如下的講話：

這是多麼令人興奮而喜悅的一天，我們相信「春天是從紐西蘭開始」的。當我們踏上這塊土地的時候，就已經被這裡清新的空氣、夢幻般的景色所著迷、陶醉。尤其，深深地感受到此地人們的友善和熱情。

紐西蘭與台灣之間雖然距離遙遠，但向來交往關係密切，並有濃厚的情誼。以下事實，可以證明：一、根據最近研究文獻指出，紐西蘭原住民族毛利人與台灣的原住民族有相當的血緣關係，而且據說最早來自台灣；二、紐西蘭與台灣經貿關係良好，並且已簽多項經貿協定，雙方每年進出口總值約為六億八千萬元，居紐西蘭第七位的貿易夥伴；三、兩國人民往來頻繁，從台灣來紐西蘭觀光人數，前年和去年兩年合計已超過十萬人，是我國人民嚮往旅遊的好地方。

至於威靈頓與台北市之間，於去年Prendergast副市長前往台北訪問時，相互簽署一項「台北—威靈頓經濟瞭解備忘錄」，雙方並於過去一年間，積極從事各項交流活動，並且促成台北市商業會與威靈頓商業會簽署合作協議書，深具意義。

本人停留貴市的時間雖短，但相信和所有團員一樣，對於此行必定留下深刻的印象，和美好的回憶，而且將畢生難忘。最後，謹代表台北市長陳水扁，祝福Blumsky市長和全體市民，快樂如意。謝謝各位！

威靈頓是紐西蘭的首都，位於北島南端，人口約四十萬，是紐西蘭第二大城市，我們此行，聽說是威靈頓未曾有過最龐大的訪問團，在當地英文報紙The Dominion（Wellington），於十月十日以顯著、大篇幅、文圖並茂的報導，全文譯成中文如下：

為數眾多的台灣旅遊業者和政府官員，於昨日抵達潮濕但新鮮的威靈頓，並由衷地讚揚威靈頓的「新鮮空氣」！

因天候大雨，威靈市政府原訂以毛利人迎賓儀式歡迎姊妹市台北市代表團一行一百五十五名，臨時改為室內舉行。威靈頓市長Mark Blumsky對此表示歉意。

威靈頓市長表示：「這是連續下雨的第一天。」又說：「我通常是戴太陽眼鏡和穿短褲的。」他同時向賓客推薦威靈頓的食物、夜生活和購物。原訂參訪植物園和維多利亞山頂，也因天氣因素而改至威靈頓市中心體驗商店購物。

台北市政府參事林豐賓說，威靈頓的美麗風景和清新空氣甚得遊客青睞。他並表示：「台灣和紐西蘭的地理位置距離很遠，但卻有著非常密切的關係。」同時也指出：「近期研究發現，毛利人可能源於台灣，這意味著我們是一家人。也因此我們雖身在此地，但卻有居於家中的熟悉。」

此次來自台北市政府的代表團，由威靈頓地區商會、市議會、和威靈頓台北文化經濟辦事處共同主辦邀請。威靈頓市政府希望這次的訪問，將有助於提升台灣投資移民，並推動當地觀光發展。

台北代表團抵達威靈頓之前，商會首席執行官Claire Johnstone表示，威靈頓觀光景點享譽盛名，當地旅遊業商機無限。威靈頓商會的數字顯示，台灣觀光客人數從一九九五－九六年的五七〇九五人，下滑到近期的三九九九三人。同期的投資移民人數則從六百五十人減少到四人。

抵達威靈頓第三天，欣逢一年一度的雙十國慶，我和部分團員受邀參加代表處和僑界舉辦的慶祝活動，並獲邀致詞。我說：

欣逢一年一度的雙十國慶，能夠遠渡重洋參加旅居紐西蘭各界的熱烈慶祝活動，甚感榮幸，也倍感意義非凡。

紐西蘭與我國之間，關係密切，民間往來頻繁，為增進彼此友誼，擴大相互交流，此次台北市政府特別組成近一百六十人的龐大訪問團，而且得以圓滿成行，應該感謝代表處的從中協助、安排。

台北市政府自陳水扁市長就任之後，即以「城市外交」作為施政的重要目標，三年多以來，先後相繼簽署了十四個姊妹市，使台北姊妹市總數已達四十四個城市。至於與威靈頓之間，在去年八月雙方正式簽署「經濟瞭解備忘錄」，希望能藉由經濟活動領航，帶動雙方各項交流活動的進展。

今天與會僑界朋友長年旅居海外，事業有成，令人欽佩，惟在國家艱難之秋，深盼經常心繫鄉土，為國家前途祈禱祝福。最後，敬祝健康快樂！

首次參加慶生聯誼

一九九八年十一月十七日，來到台北市政府首次參加慶生聯誼，提前慶祝生日快樂，這是同仁的福利，也如通常吹蠟燭、切蛋糕，彼此雖陌生但祝福只因珍惜，相互道賀福如東海、壽比南山。公家機關集體慶生，千篇一律，傳統、刻板、保守，不像私人的場合，充滿詩情、畫意與浪漫。但這時候，我在意的是時光的流逝。

年齡是代表歲月的累積，不同歲月又累積多少不同的得意和不如意，點點滴滴堆積成為一生。為了追求更多的順遂，必須付出更多的時間或代價，所以忙碌和操心也就長久伴隨著你，如此年復一年，人就在新舊之間不斷的追逐直到終老。

尤其，現代生活的節奏和步調快得讓人跟不上，對於新事物幾乎來不及有時間去吸收、理解或反應，像是旋轉不停的陀螺得不到喘息，當停止的那一剎那，陀螺自然很快倒下。有人說：「我們需要心靈小歇，才能聽到心情深處的低聲細語。」

「念舊」是一種感情的補償，「回憶」是一種感情的寄託，念舊與回憶佔據人生的大部分，世間多少有情有義都是在懷舊中擴散。回首想一想，如果跳脫當時的境遇，也就沒有現時的感覺，怎會留下心中那份震撼或溫馨？凡此種種的累積，也不管你願意或不願意，它就是你的往事，就是你的昨日，甚至就是你的一生。

我們只是光陰之過客，春去秋來，無冬無夏，花開花落，雲集雲散。歲月，因為走過而美麗；生命，因為經歷而豐盈。只要有努力的目標，那生活才會有意義。

選舉到了

一九九八年末的台北市長選舉起跑了，民主進步黨推出市民滿意度七成以上的現任市長陳水扁尋求連任，中國國民黨則提名一再強調不參選的前法務部長馬英九，而新黨推出前財政部長王建煊參選。但陳水扁與馬英九的正面交鋒，真正被認為是「世紀對決」，因為同屬中生代超級精英，來勢洶洶，旗鼓相當，戰情緊湊。

選舉為競爭關係，是一項選擇，選擇你所認同的人或習慣的方式。在選擇時往往感情多於理性，利益大於理想，不論你喜歡或不喜歡，只要是多數人的選擇就是決定，一旦決定只有接受，再也沒有「是或非」的問題。所有的選舉過程只在於暖場，而最後的投票才是結果。選舉結果也只有一個，所有的狂熱、激情、憤慨很快成為過去，每個人照樣要過日子。今天會變成昨天，而明天也會變成今天。

選舉到了，就會有政治聖嬰現象，很新鮮、很稀奇，同樣的政治戲碼總是一而再的發生，只是人、時、地、物有所差異而已，我想這就是選舉效應，也就是所謂的選舉症候群，或許也是一種選舉遊戲罷了！很奇怪，一到選舉時候，人就會變形而失去自我；一到選舉時候，媒體就會走樣，而所謂的民意調查也跟著離譜。

陳水扁在這場選戰中簡直將行銷策略發揮得淋漓盡致，除了本身的競選總部外，另外成立了一個名為「扁帽工廠」的另類競選總部，把選舉當作一件快樂的事。我只是一位政治生態的旁觀者，而不是實踐者。但我瞭解：民主，就是追求公平正義的過程；選舉，就是實踐公平正義的手段。選舉的首要就是公平，沒有公平競爭的選舉，民主將只剩下空殼，正義更蕩然無存。我也瞭解，民無信不立，做為一個政治人物，選舉許下的諾言就必須信守承諾，這也就是所謂的「誠信」。

對進步的團隊無情是偉大城市的象徵

一九九八年十二月五日，直轄市市長暨市議員選舉進行投票，新黨選前成功操作棄保效應，意識形態決定投票行為，馬英九獲七六六三七七票（五十一・一三％），陳水扁獲六八八〇七二票（四十五・九一％）、王建煊獲得四四四五二票（二・九七％）。獲施政滿意度七〇％以上的現任市長意外連任失敗，讓很多人感到錯愕。不過，在高雄市長選舉中，民進黨的謝長廷最後卻以四千五百多票的微小差距，擊敗尋求連任的吳敦義，同樣的意外。

民主政治的道理，就是由人民來做決定。陳水扁市長說，台北市民已經透過投票作了決定，誠摯地希望所有人，共同接受和尊重這項決定。他說，我們在四年的時間裡，把台北市從東亞的醜小鴨轉化成亞洲最佳城市的第五名，也在國際城市間站出來了，平均七〇％以上的施政滿意度，證明我們沒有辜負市民的期望。選舉輸了，但市府團隊沒有失敗，而是代表市民要求更高的市政品質和更快的進步。所以，選舉結果不是代表改革路線的失敗，而是代表改革力量還要加強、加快。

他舉英國首相邱吉爾來說明，邱吉爾帶領英國艱辛地走過歷史上最困難的時期，打贏了第二次世界大戰，但在大戰一結束的大選裡，卻立刻輸掉了選舉，而交出了首相職務，並在卸職的時候說：「對傑出內閣首相無情是偉大民族的象徵。」他也套用這句名言，有感而發地說：「對進步的團隊無情是偉大城市的象徵。」

面對支持群眾，阿扁說，我們一同打完這辛苦的一仗，我們曾經一同歡笑，一同流淚，這場選舉把我們緊緊地牽繫在一起，雖然一次又一次吶喊，一波又一波的熱情沒能改變這場選舉的結果。但是我們都盡力了，我們沒有悲觀的權利，只會匯聚更大的力量；我們被拉近的心，不會從此消失，而會緊密地連結在一起，也永遠和台灣人民在一起。最後他說，選舉已經落幕了，讓我們盡快地恢復平靜，在這個城市不同的角落、不同的崗位，繼續為這個偉大城市的進步來一起努力！

台北市長選舉過後

台北市是首善之都，市長選舉眾人矚目，不過選舉有不確定的結果，以及漫長而艱苦的過程，不管是候選人、智囊團或搖旗吶喊的人，都是最辛苦的。選舉過後，幾家歡樂幾家愁，有人歡天喜地，有人呼天搶地，尤其是一些投入太深的人，但絕大多數的中間選民，都能理性的、默默的接受選舉的事實與結果。

選舉或許是零和遊戲，但不是你死我活的爭鬥，任何自由意識下的公民權，都是珍貴的，必須受到最後的尊重，唯有尊重選舉結果才是該有的民主素養。不過，對選舉狂熱的人用情太深，就有患得患失的壓力，造成焦慮情緒不易紓解，可能傷心、傷神、傷人，這是「選舉症候群」，是選舉的另一種隱憂，也值得關注。

一九九八年十二月十五日，阿扁選後首次也是最後一次主持市政會議，指示各機關做好相關業務移交工作，方便新市長接手。他期勉市府員工繼續為市政工作努力，對經常性、連續性工作應持續辦理，特別指示每一位政務官必須有始有終，盡忠職守到任期最後一秒鐘。台灣政治板塊有藍、綠之分，鮮明對立，互有消長，選後局勢改變，影響最大的是政務官的更迭，必須隨市長同進退，已有依依之情。

政務官與事務官是互補而非對立，各司其職，相輔相成。前者在於政務領導或政策決定，後者在於法律與政策的執行；前者基於政黨之選任，後者則有一定任用資格；前者負政治責任，後者負行政責任。有人說，政務官是臨時的，事務官是永久的。其實，政務官是棋手，事務官是棋子；政務官是起子，事務官是螺絲。

自願退休

選舉已經落幕了，一切都要改變了，「樹倒猢猻散」，我雖是事務官受到保障，但熟人將離去，獨留我悵然。我知道失望固然痛苦，但等待有時是一種折磨，甚至是一種凌遲。一九九八年十二月十八日，我提出三十餘載公務生涯第一次自願退休申請。「辭呈」，這樣淡淡的寫著：

本人服務公職逾三十年，經歷中央（經濟部商業司、投資審議委員會）、省（建設廳、社會處、勞工處）、縣（台北縣）而到本府，始終知曉廉潔自持，嚴守分際，克盡職責。這些年來，有幸目睹台灣的快速變貌，身處其境，也能抱持相當的熱情，希望能為追求健康而成熟的社會，奉獻一己之力。然而，時光流逝，理想漸遠，因此，思之再三，決意提前辭退。以上所請，如蒙同意，擬依程序辦理自願退休手續，並自明年（民國八十八年）二月一日起生效。

人生最徬徨的時候

每天投閒置散，徬徨迷惘，果然「參事」用心成「慘事」，毫無成就感、充實感，讓我有一種「時間走過、生命枯竭」的感覺。本來服務公職是唯一的選擇，而且公職生涯也是自己最熟悉的領域和方式，倘若一時改變，談何容易！讓人躊躇。

提起所謂「自願退休」，應該只是一種法律名詞罷了，事實上相信每一位「自願」退休的人，少有心甘情願的，而情非得已的成份多，甚至經過幾番掙扎而後才作的痛苦決定，真的懷疑快樂有幾人？徬徨、迷惘，失落至此，只有寄望於另類期待了。人生最徬徨的時候，我們發現，人除了經濟安全感和社會歸屬感外，還需要成長和發展，對有價值的目標，能貢獻一己之力；我們發現，人不只是資源或資產，不只是經濟性、社會性或心理性生物，而是有靈性的生物，渴望做有意義的事；我們發現，人類活著不只是為了麵包，過日子絕非人類唯一的目的，而能夠讓人振奮、崇高，啟發、鼓勵人發揮到極致的目標與原則，才是人類所追求的方向。

一九九九年三月一日我終於提早退休，結束公職生涯，轉換跑道。在這之前我必須感謝歐晉德副市長和林豐正部長慰留與勉勵，但我辜負了；在這之前我必須感謝吳東亮董事長，張開雙臂收容了我，讓我眼前出現一個新世界；在這之前，我已放下心中的石頭，輕鬆地到盧山溫泉和清境農場度假，也愉快地回到老家過年。

天下無不散的筵席，只是宴會主人都走了，你又能待多久？

第七章　在總統府的日子

現在的總統府為日本殖民時期的台灣總督府，建造完成之後，在當時台灣人眼中看似僵硬呆板，早期一度被稱為「阿呆宮」。總統府在外界似乎永遠蒙上神秘的面紗，其實總統府建築物本身是一座很美的藝術品，莊嚴、肅穆、簡潔、雅緻。

總統府是權力的殿堂，也是最高的指揮樞紐，在以往披上的一層神秘面紗，如今被這塊土地的主人徐徐掀開。我有幸到總統府服務，如果說是意外，這意外確實也帶給我公職生涯上意外的圓滿，在這裡辦公是一種福分、驕傲和難逢的機緣。

從來好事多磨難

二〇〇〇年十月十六日，本來一切準備就緒安排今天報到赴任新職，突然被告知作業不及，依據新頒布的「公務人員陞遷法」尚需完成若干程序，而我是總統府首位適用這項法律的新進人員。公務機關的人事作業有時超出一般人的想像，於當事人往往也莫可奈何。由於新舊工作時間落差，今天開始「被迫」要失業，也不知需要失業多久？還好，失業可以有等待，如果失意的話恐怕永遠不能彌補。

因為一時大意和陰錯陽差的結果，在辭去台新銀行本兼各職之後，又不能按既定時程接續新職，我失去了工作、失去了辦公室，第一次嚐到所謂失業的滋味原來像浮萍也像遊民，我不必每天再趕著「朝九晚五」，而可以放慢腳步，可是忽然多出來的時間真不知如何去排遣，何忍讓歲月留白？好事多磨，或許是自我安慰的話，任何超出預期的、突如其來的改變了日常作息，不是一種享受而是難受。

就像應徵新工作一樣，我檢送了應備證書、文件、資料，包括：畢業證書、全國高等考試及格證書、考績通知書、銓敘部審定書、考績通知書、獎懲紀錄表、公務人員履歷表等。事實上，我已開始有點埋怨總統府人事作業程序的繁複費時。

中國時報萬仁煃記者以「揮別高薪返公職」為題，對我即將回任公職撰寫了一則特別報導，為我包裝行銷？許多親朋好友、「舊雨新知」看到之後，紛紛來電話詢問，有訝異者也有不覺意外者，有認為可以打造美好未來「公職第二春」而為我祝福，亦有認為放棄目前優渥待遇而感可惜。而我自己？其實心情是複雜的。

等待中的時間特別難熬，但既然頭已經洗了一半就不能抽身。難得的空閒，有殺不完的時間，遂與范光勳計畫赴新加坡舊地重遊，並找莊恆雄打球。我們於二〇〇〇年十月十八日啟程，為期四天三夜的自由行，到了新加坡入住Royal Plaza Hotel.有連續兩天在Sentosa Golf Club揮桿擊球，這裡有一個風景最美、最有挑戰性的高爾夫球場，依水而建，有山丘、溪流、湖泊，綠意盎然的熱帶花園中眺望浩瀚迷人的大海，蔥綠的草坪、波光粼粼的海景，為最負盛名的球場之一。莊恆雄來新加坡發展，從事水產加工及國際貿易，熟諳此地環境及人文習俗，是很好的旅遊導覽，他熱情的陪伴我們殺時間，安排行程，包括打球及美食佳餚。

回到台北，必須繼續打發多出來的時間，意識到秋天的腳步已悄悄來到，楓葉、櫻花樹已變黃，枯葉紛紛飄落，秋意漸濃，季節的轉換週而復始，對歲月的敏感也隨之強烈，時光一去不復返，但在得意與失意間，時間又能改變得了什麼呢？

我也利用難得的清閒，整理室內書籍與雜物，從照片及許許多多周邊事物，看到過往歲月遺留下的痕跡，點點滴滴，片片段段，可堪回味，記憶雖已褪色但依稀感覺五味雜陳。我是怕麻煩的人，無論是生活或思維，就喜歡簡單而井然有序，昨天整理了家居環境，今天把時間留給自己，埋首整理心中的若干疑問與思緒。

接受人事甄審「大會審」

二〇〇〇年十月二十四日，上午準時應召赴總統府履行人員進用程序，接受人事甄審小組的詢問，由人事處處長朱永隆主導，實際上是進行面對面的「大會審」。說實在的，當時我內心是有點不耐煩，認為這只是形式、多餘的，而且有損個人的尊嚴，早知需要經歷這樣的場面，我絕對不會自找麻煩，更不會為五斗米折腰！

我未來的同事們，提出了形形色色的「烤」題，雖然不被「烤焦」，但已懷疑自己何苦來哉？問題包括這些：

1. 你擔任台北縣政府主任秘書八年，亦即身為幕僚長兼副首長，你如何扮演好這樣吃重的角色？
2. 你經歷中央與地方不同單位與職務，前者重決策與督導，後者重執行，應如何區隔與調適？又對精省有何看法？
3. 你印象中所瞭解的總統府是怎麼樣的一個機關？
4. 你分別在民營企業和政府部門服務，有何感想？二者差異性為何？
5. 民間企業比政府機關待遇優渥，你如何取捨？有何心理準備？
6. 你對總統府體制外的若干小組，例如跨黨派小組、人權小組、科技小組等，從法律的觀點，有何看法？
7. 當女性同事比例多於男性，且多數主管為女性時，你將如何領導？有無領導上的困擾？

不過，我也曾經想過，尊重法律程序就是尊重法律精神和法律本身，是理所當然的，也是應該和必要的。如果中途放棄，豈非「為山九仞，功虧一簣」？因此，我也就感到釋然，並且愉快、誠懇地回應：

1.行政工作是我比較熟悉的領域，也是當初職業上的唯一選擇，因為這樣的工作目標和理想，也比較接近自己的期待，而目前的年齡和健康狀況，似乎也允許我在這方面可以多加著力。

2.在民間企業可以感受到一股活力，也可以感覺到一個企業的成長和一個企業文化的形成過程，但畢竟不是屬於自己的專業領域，所以有時會感到孤單，有時更會感到陌生得可怕。

3.做為一個專職的公務員，從事的只是行政工作而已，不同於政務官或政治人物，只要依法行政和維持行政中立即可，不必有政黨的包袱和束縛。

4.企業經營和政府行政最大的差異在於，前者偏人治，後者重法治；前者偏市場、商機和利潤，而後者重法令、民意和服務；前者多變化、彈性、創意，後者較嚴謹、保守、僵化。倘若二者截長補短，相互交流，皆可永續經營。

靜候佳音度小月

「大會審」過後可能就任的時間在十一月初，在這之前許多老朋友、老同事會找我餐敘，大家在一起有說、有笑、有調侃、有關懷，也同聲祝賀我新的職務帶來新的喜悅與收穫。有一天，饒裕益邀我去國家音樂廳聆賞布達佩斯節慶交響樂團（Budapest Festival Orchestra）的演奏，以及知名女高音卡娜娃（Kiri Te Kanawa）的演唱，由伊凡．費雪（Ivan Fischer）指揮，度過一個豐收的夜晚。

朋友見面有時離不開政治話題，尤其最近這段期間，由於政黨競爭和對立、股市低迷、以及媒體言過其詞的渲染，讓人感覺政局動盪不安而產生信心不足，致有產業外移的情形。或許這只是政黨輪替後的短期過程和現象，相信在所謂「利空出盡」後將回歸平靜而繁榮的局面，因為這塊土地上的人民，誰都想長治久安，政治的主張可以有不同，也可以大鳴大放，但對經濟發展的期望應該是一致的。

二〇〇〇年十月二十七日，行政院張俊雄院長宣佈停建核四消息，社會反應依然兩極。不過因停止續建核四而引起的政治風暴，意外地持續加溫、燃燒，在野勢力倡議結合、聯盟，以國會優勢遂行倒閣或罷免總統，但如此高難度的政治議題，能否獲得民意的支持，或必須付出多少相當的代價，恐怕誰都不能預料也沒有把握。

最近常聽到的一句話，就是所謂的「政治亂象」，但這樣的亂象似乎只能從媒體和政治人物身上才能感受得到。有亂象，就有亂源。大家所談論的還是倒閣和罷免總統的話題，我好奇以經濟奇蹟聞名於世的台灣，為什麼處處仍以政治掛帥。所謂的政爭，究何所指，是政策爭議、是政黨競爭、是政治鬥爭？不論為何，明爭暗鬥在所難免，傷和氣、傷元氣也在所難免，但為何彼此之間不能多善意而少敵意？

就任總統府第一局副局長

二〇〇〇年十一月一日，象神颱風侵襲帶來風雨交加，所謂「秋颱」確實潑辣，淹水、路斷、山崩、堤潰，都是颱風肆虐後的結果和景象。在昨天颱風夜，晚間二十三時十八分的時候，新加坡航空公司編號SQ006飛往洛杉磯的班機，墜毀桃園機場跑道，機身斷裂，起火、爆炸、燃燒，救難人員奮不顧身投入救災行動，機上一百七十九人傷亡慘重，電視畫面傳來令人看了悲痛。當人類遇到天然災害，畢竟顯得更加渺小。

本來預定今天回任公職，但仍痴痴的等候新職的派令，想不到總統府看似很近，而實際上卻是那麼的遙遠。一直到中午時候，總統府才來電話，告稱人事命令已發下，並即派車接往報到。但因象神颱風來攪局，道路淹水，汐止住家前往市區交通受阻，第一天就遇上老天爺不賞臉，只好以電話請假隔日再正式上班，世間竟然有這種事，多種巧合發生在我身上，從來好事多磨難，真的人算不如天算。

就任總統府第一局副局長，上下班有專車接送，進出戒備森嚴，辦公環境甚佳，辦公氣氛也好，只是感覺比其他地方嚴肅許多。先由廖勝雄局長引導並介紹同事認識，也拜訪府內其他部門主管，而後簡單整理辦公用具即開始「戮力從公」。我好奇的環視四周，辦公室已擺設幾盆由朋友和過去同事送來的蘭花，帶來喜氣，友情總是可貴的會在適當的時候送來溫暖。整體來說，辦公室古樸簡約，設備雖然簡單，但還算齊全，只是潔白的牆壁顯得單調，特地帶來一幅西畫吊掛，希望能增添色彩。

廖勝雄局長告訴我，府裡有一位大老不能不去拜會他，他是幾任總統的國策顧問倪摶九先生，勤讀聖賢書，謙恭尚廉潔，尤精通書法，對總統府的一切如數家珍般的清楚。我在二樓一間不算大的辦公室見到了這一位長者，雖已八十六高齡，且喪偶不久，形單影隻，但仍然體健、豁達，無所不知，無所不談，令人敬佩。

張嵩林的妹妹張瓊瑛小姐，是簡又新副秘書長辦公室的專門委員，她曾在第一局服務很久，特地前來探望我。她另一位兄長張嵩峨，最近升任彰化銀行總經理，之前派駐倫敦工作，一家人和氣、友善，各學有專長，事業有成，所謂積善之家慶有餘，使人羨慕。

總統府在外界似乎永遠蒙上一層神秘的面紗，不過身置其間並不若想像，我已感覺得到它那簡單樸素的一面。尤其，在這裡的每一位公職人員，都必須以身作則、為人表率，而有奉獻犧牲的體認。每個人都很清楚知道何謂「刻苦」？何謂「耐勞」？

面見阿扁總統

二〇〇〇年十一月九日，近中午的時候，我面見阿扁總統，親切之中隱約可以感受到他剛毅的個性，他對我個人以及目前工作狀況甚表關切。他說此次我回任公職是向台新銀行吳東亮董事長借將；他關心九二一震災後的復建工作，也詢及今後南投的選情；他提到對核電的堅定立場和宣佈停建核四的時機問題；他並以美國民主選舉總統之例，反觀國內所謂罷免總統的缺乏正當性。他心繫國事，談興不減，他說，當他遭遇挫折時，年輕就是本錢，民意就是靠山，他益加對國家願景充滿信心。

總統府沒有員工餐廳，每天午餐是一大難題，不過聽說如果習慣吃大鍋菜，在附近國防部餐廳和司法院餐廳都有廉價餐飲供應。有時候府內同事或局室處主管會相約聚餐，附近衡陽路大三元餐廳是常去的地方，府內因為人員較少，大家見面機會較多，彼此很容易熟識，所以感覺比較有人情味。不過也聽說在這權力的中樞，為樹立模範標竿，在各種福利與待遇較其他機關遜色不少，有時看在外人眼裡，難免會克難得寒酸，但在這裡工作的同仁，依然甘之如飴。

總統府讓人有一種威嚴、肅穆、神秘的感覺，好像遠不可及似的，最近為了改變一般人的刻板印象，不再使人覺得冰冷，希望拉近與民眾之間的距離能變得活潑而有生氣，所以選擇每週二、四兩天對外開放參觀，而前來參觀的民眾可說絡繹不絕。尤其每遇成群小學童排隊循序前進，從迴廊傳來天真無邪的童言童語或笑聲，聽來似人間真正最悅耳動聽的音樂，不由讓人覺得忽然年輕而又快樂。

在總統府上班訪客比較不方便，需要登記與管制，不像其他地方可以來去自如，出入自由，這可能也是與外界接觸少的原因。不過因為剛到任不久，所以仍然有不少熱心、熱情的老朋友、老同事相約一起來探視我，我時常有很忙碌、熱絡的一天。

葉國興是在台北縣政府的同事，曾與我一起赴加拿大多倫多參加國際地方政府聯合會（I.U.L.A）的年會，他現在擔任國家安全會議諮詢委員，得悉我也同在總統府上班，特地前來找我敘舊，老朋友見面格外親切，也就有談不完的話題。

平靜的總統府最近無端的被捲入了紛擾，先有了所謂「罷免案」，而後又冒出了所謂「緋聞案」，一波未平一波再起，政治的背後似乎讓人不得不感嘆已經失去了格調，而絕大多數沉默的民眾，卻要被迫忍受那麼多乏味的連續劇，以及被迫承擔那麼多的不快樂。這究竟又是什麼年代呢？難道要為自己慶幸躬逢其盛嗎？

隨同總統下鄉參觀產業

二〇〇〇年十二月五日下午，隨同總統下鄉走訪台北縣參觀產業，全程陪同人員還有陳哲男副秘書長、林信義部長、蘇貞昌縣長等人。首站到達五股工業區參觀台通光電公司，這是一家從前經營電線電纜而後轉型成功生產光纖電纜的公司；接著在工業區與區內廠商座談，並聽取廠商心聲與建言，受到熱烈歡迎；稍後往板橋參觀正隆公司紙器廠，由鄭政隆董事長率重要幹部迎接，並作簡報，粘麗娟赫然也在列；最後到鶯歌，參觀剛開幕不久的陶瓷博物館，館內展示琳瑯滿目的陶瓷作品，包括生活實用及藝術欣賞，應有盡有，從而體認本土陶業的特色和歷史。

走出鶯歌陶瓷博物館在總統專車上，阿扁總統談蘇貞昌縣長的政績，指縣政建設讓人刮目相看。我趁機報告總統，其實不得不歸功於尤清主政時候的擘畫與建設成果，蘇貞昌只是幸運的收割者。我坦言，他倆前後任縣長多少有些心結，其中原因包括：尤清任內所重用的一級主管，在他卸任後遭蘇貞昌全數汰換，沒有被尊重；當尤清受到子虛烏有的流言所苦的時候，蘇貞昌有機會但不願意適時替他澄清；尤清任內計畫並已進行中的重大工程，例如板橋新站的開發、縣政大樓、陶瓷博物館等，在他卸任後於蘇貞昌任內才完成者，尤清的貢獻和辛勞從不被提起，容易誤導大眾。我講的很直率，阿扁聽後表示願意找時間為他們兩人化解。

每次總統下鄉訪問，除展現親民、愛民的作風之外，通常會擇定一、二個重要主題來關心，這一次主要是關切產業的經營和發展，尤其在傳統產業已逐漸失去優勢和競爭力的這個時候，政府更有責任改善產業的經營環境，開創種種有利的經營條件，協助渡過難關與困境，不再被視為艱苦工業，也不再紛紛外移出走。今日總統不同於古代帝王，必須隨時「停、聽、看」民眾切身的問題，而思索解決問題的方法。因為已不再被神化，所以失去了偉大，即使再偉大，也只能叫公僕。

總統府是一座很美的藝術品

又到了民眾排長龍參觀總統府的一天，每當這個時候就可以看到許多來自各地的參觀民眾，尤其是來自鄉下的純樸農民，格外讓人感覺親切，日前也曾巧遇魚池老家同鄉，內心突發莫名興奮，人就是這樣一種可愛的動物，鄉情伴隨你終生。

總統府是日本殖民時期的總督府，建築採用日本長野宇平治的作品，於一九一二年六月正式開工，迄一九一九年三月始告竣工，建築物本身就是一座很美的藝術品，乃仿照文藝復興時期巴洛克建築式樣設計、建造，當你仔細觀賞，無論迴廊、拱門、圓柱或角亭，處處引人入勝，目不暇給。相信只要你來過，你會記憶永遠。

總統府的所在地是從前台北城的中心位置，而台北城大致是現在中山南路、愛國西路、中華路與忠孝西路之間的範圍。據說總統府建造完成之後，在當時台灣人眼中外觀看似僵硬呆板，早期一度被稱為「阿呆宮」，不知人呆或物呆？我想，如果仍繼續沿用此名，或許就與白金漢宮、克里姆林宮或白宮等齊名也說不定！

總統府是權力的殿堂，也是最高的指揮樞紐，從總督府到介壽館到總統府，雖然莊嚴、肅穆依舊，但以往披上的一層神秘面紗，如今已被這塊土地上的主人徐徐掀開，而且也漸漸地步向活潑化、平民化，這樣的過程，但願你我都有幸參與。

國際人權日總統頒特赦令

二〇〇〇年十二月十日，是國際人權日，阿扁總統今天首次發佈特赦令，特赦拒服兵役之宗教良心犯十九人及曾茂興、蘇炳坤等人。有人說特赦是總統的恩典，也有人說特赦是在濟司法之窮，但無論如何，特赦對於人權應具有特殊象徵意義。阿扁總統同時宣布推動制定「台灣人權法典」，並組成「國家人權委員會」，讓台灣成為二十一世紀人權指標。自由、民主、人權是普世價值，放諸四海而皆準。

就在二十一年前的今天，台灣發生美麗島事件，乃反對運動和追求民主政治的一次重大災難，帶給台灣社會一次很大的衝擊，是一個含淚播種的年代，也因而造就了諸多台灣政治菁英，事隔多年，雖然一切已獲得平凡，但人們記憶永遠深刻。記得也是二十一年前的今天，我從經濟部轉赴台灣省政府服務，當住進單身宿舍的那天晚上，電視不斷播出在高雄發生衝突事件的畫面和官員們的喊話，看在眼裡痛在心裡。對事件推展和演變，就法律人的觀點，有比別人更多的好奇和關心。

學生參與總統府降旗典禮

總統府每天升降旗有其象徵性意義，為了改變民眾對總統府的刻板印象，也為了迎合現代思潮，拉近總統府與民眾之間的距離，總統府推陳出新，除了每星期的二、四對外開放參觀之外，也選在每個月的第一、三週的星期六下午，擴大舉行降旗典禮，邀請大台北地區優秀高中職學生參與及表演，廣受學校及民眾歡迎。

二〇〇〇年十二月十六日，由台北景美女中擔綱降旗表演，正好由我輪值主持。我在前天看到媒體報導景美女中票選全盲同學陳盈君為優秀學生，今天又目睹一群精神抖擻的美麗隊伍，可以感受到的確是一所有愛、有活力、有希望的傑出學校。

景美女中樂隊、儀隊、旗隊成立甚早，陣容亮麗、堅強，曾出國訪問到新加坡與澳洲等地參加國際觀摩表演，甚受各國好評。今天受邀來總統府參與降旗典禮的演出，是由黃郁宜校長領隊，她喻為歷史性的一刻，相信只要參加必定會留下最美好的回憶。隊伍人數有一百八十五人，個個皆是太陽神的女兒，很多民眾佇足觀看。

在總統府上班是意外也是福氣

在台灣社會，由於對政治的過度熱衷，並時常表現出強烈參與的態度，很容易看到每個人的政治立場而被歸類為非藍即綠，加上社會上喜愛貼標籤的心理，也就無可避免地被推進政治漩渦，不能置身度外。尤其官場上所造成的排擠效應，不限於政務官層次，即使文官體系同樣受衝擊，因為政治信仰不同而被排擠或被冷落，其中或許摻雜若干主觀意識，但不可否認的，人的好惡往往被小圈圈的利益所左右。

台灣的文官體制，不像日本通過考舉制度後，即為自己戴上菁英的桂冠，其優越的地位幾乎不加掩飾。然而相反地，在台灣有時候容易受制於民選首長或政務官，就在不知不覺中失去了權威，也失去了尊嚴，太多的無奈讓文官扭曲變形，怎不令人嘆息？在蜜蜂及螞蟻的低等社會組織裡，都知道應精密分工和齊力合作，但自喻是萬物之靈的人類社會，卻依舊看到明爭暗鬥，甚至同根相煎。少了關心他人的人情味，就少了為你效命的人，這時不由讓人想起性善與性惡的難解習題。

公務生涯並非人人稱羨，但我習慣於官僚體系的紀律與氣氛，呼吸這樣的空氣也無比的舒暢，我沒有把它當成鐵飯碗，但我還是會很有尊嚴的捧著它、擁有它。如果到總統府服務是意外，那這個意外確實也帶給我公職生涯意外的圓滿，因為歷經各級政府包括中央及地方，獨缺總統府未曾待過，現在卻不在規劃的情況下來到這權力中樞上班，但願許多的意外也能有意外的收穫。從前看總統府有高處不勝寒的感覺，如今置身其間反而覺得溫暖有加，能有此境遇是意外也是福氣。

在總統府上班非常講禮儀重倫理，一切按部就班，循規蹈矩，不踰越，不奢華，人人謹言慎行，嚴守分際，形成一種獨特的文化，外界看來似乎僵化、刻板，但裡面的人卻行之有年，蔚成風氣，甘之若飴，怡然自得。這裡業務性質相較單純有制度，目標又明確，而同事之間親切有禮，彼此尊重，工作環境佳，工作氣氛好，至於工作待遇與福利僅能以差強人意來形容。古云：「堯舜三王之治，必本於人情；不立異以為高，不逆情以干譽。」亦云：「吉人之辭寡，躁人之辭多。」應該是說性格穩健、行事低調的意思，我相信，這也是每一位公僕應有的素養。

參觀秦代兵馬俑展出

二〇〇〇年十二月二十九日，總統府安排前往國立歷史博物館參觀秦代兵馬俑，是秦始皇陵墓挖掘出土的陪葬物，所以又稱為秦始皇陵兵馬俑。秦始皇陵建於西元前二四六年至西元前二〇八年，歷時三十九年。於一九八七年，秦始皇陵及兵馬俑坑被聯合國教科文組織列入《世界遺產名錄》，並被譽為「世界第八大奇蹟」。此次展出陶製及銅製各種不同造型的人物、馬匹與馬車，都如實物一般，栩栩如生，反映兩千年前在帝制統治下的社會、文化、藝術、軍事與戰爭的種種，實令人驚嘆。

自古以來，專制、獨裁與威權是同義字，乃是透過天威、高壓與愚民手段，達到治理國家的目的，甚至不惜任意踐踏無數生靈，而後換來顯赫武功或威懾事蹟，自以為在創造歷史、改變歷史，可以流芳百世受到後人景仰，可是最終還是無法抗拒無情歲月的摧殘，是非功過轉頭空，徒留白骨塵土，又有幾人能真情憑弔？

相對於過去的歷史，自由、平等、民主的社會，可以說是近代的潮流趨勢，乃是來自群體對生命的尊重，且歷經艱辛爭取過程，以無數熱血和頭顱換取而得，是當今最佳、最適合人類生活的方式。回顧過往，當我們很幸運的擁有了這些，就應該竭盡所能守護它、珍惜它、善待它，千萬不要等到失去了它而才後悔莫及。

蔡英文演講兩岸關係

行政院推動「小三通」於二〇〇一年一月二日正式啟動，首航從馬祖到馬尾及金門到廈門，順利成行並安抵對岸。這只是兩岸關係逐步開放中的一小步，卻被大事渲染，炒熱話題，甚或使人感覺有如「朝聖」一般的失態，趨之若鶩，何苦來哉！

在兩岸議題的熱頭上，總統府新年度首次「員工月會」，邀請行政院大陸委員會蔡英文主任委員演講兩岸關係。她說兩岸關係縱使曲折起伏，畢竟是一條不得不要走的路；她也指出，在政黨輪替之後，猶能讓外人以平靜的心看待兩岸關係在平穩中推進，誠屬不易；最後她坦言，倘若今後國人缺少凝聚共識的認知，則必捉襟見肘，受限太多無處揮灑，將使情勢在加壓與抗壓之間拉扯，耗盡精力。

在月會上交換意見時間也有同仁發言，對於總統府進出門禁加裝X光掃描器管制設施，徒增員工上下班不便，甚有可能因輻射造成影響健康與生育的疑慮，且有不被尊重的感覺，要求重作必要性之檢討，並獲得絕大多數人的鼓掌迴響。從而可知，任何一項創舉或措施貴在可執行，想要順暢推行最好先讓大家有參與感，抑或可以接受的程度，否則最終不是窒礙難行就是功虧一簣，而落得美中不足。

早期在政府機關或所屬單位，每個月都舉行「動員月會」，由長官做精神講話或政令宣導，久而久之，流於形式，之後改為「國父紀念週」，也是按月舉行，而在國民黨員另有「總理紀念週」，皆是例行的集會，參加的人也沒有熱情，虛應故事。記得在省府服務的時候，有一次無意中被指派代表參加「總理紀念週」，始發現原來國歌和黨歌是同曲同調同唱，這是唯一的一次經驗，難免少見多怪。

不存希望就不會有失望

游錫堃秘書長告知，廖勝雄局長調升後新任局長將另有人選安排，而我的直覺是「凡事釋懷，海闊天空」；「凡事在意，一籌莫展」。其實坦白不是罪過，奈何太多的人懼怕面對。美麗的謊言，出於善意；隱瞞的背後，則帶有神秘和權威。

凡事如不存希望，也就不會有失望；但不存希望的日子，那來驅動前進的力量？每一位成功的企業家，都需要有超人的腦力、不凡的膽識、迅速而正確的資訊，外加恰到好處的機會。同樣的，於任何一位出類拔萃的領導者，又何嘗不是呢？

凡事過猶不及，對待他人應僅止於真誠，如果過分的熱心、過分的熱情，甚至於毫無保留的付出和坦白，就像把自己攤在陽光下一樣變成極度透明、曝光，但當遇到不如意或不滿意時，容易產生懊惱、煩惱，有時像是虐待自己，有時也像是燃燒自己，好比蠟燭一般，只見照亮別人，而別人卻看不到你在哭泣、在毀滅！

所謂「黔驢技窮」諒必與「江郎才盡」是同義字。「它」代表的是挖空心思、停頓不前、無計可施、過時、瓶頸、死水、放棄、掙扎等等。

無論是偶發或可預期的不如意，當降臨的那一剎那，你的反應不外乎是抗拒、就範或逃避。抗拒，包括不滿、不妥協、不認同；就範，包括調適、忍受、服輸；逃避，包括負氣出走、遠離是非、劃清界線。當期待與現實有落差時，不必苛責現實的殘酷，只能責怪自己對期待的天真。事情想得太美，往往就會失去真實。

人難免會遇挫折，但比起更多挫敗的人應該為自己慶幸。不要被一時的陰霾重創你的智慧；也不要因為長時間在大樹蔭下過活，而喪失了在烈日下生存的能力。

林洋港的憂心與建言

二〇〇一年一月二十九日，長假過後開始上班，各機關循例在這一天舉行團拜。今天我被告知，阿扁總統希望近日中能訪視林洋港前院長，要我居間聯繫協調。兩位都是政治明星，我確實樂於見到有這樣的一天，因為謙卑和包容才是成就領袖不可或缺的特質。

日前農曆春節返鄉祭祖祈福，途經台中大坑原村林前院長新居賀年，獲贈《兩岸雙贏》雜誌，談及他對時局的憂心，以及兩岸未來的互動與建言，特予摘錄，並請馬永成主任轉呈阿扁總統，提供他訪視時參考：

一、因應台灣歷經政黨輪替後，政經環境變化，民眾對未來明顯表示悲觀，因此如何維繫人民的信心，建立民眾對政府的信賴感，是新政府當務之急。

二、無論執政黨與在野黨都應抱持人民福祉至上，拋棄一黨、一己之私，建立政黨間互信及其協商機制，以客觀理性論政。

三、政府應明示國家發展方向和財經政策，尤其兩岸關係是一切發展的前提。此外，必須提供企業良好投資環境，包括工時、行政效率等。

四、為了政局安定，在野黨所提的總統罷免案應予擱置。若是反對者硬要把當權者拉下來，不僅會造成不同意見的強烈對立，國內的安定團結亦不可得，將付出沈重的社會成本。

五、因應失業率與景氣，經由政黨協商，提特別預算專款專用，由政府發行特別公債，或向銀行借款，用於對增加就業機會有直接幫助的重大工程建設。

六、對於政局不安，朝野相互推諉責任，建議：執政者應謙卑，對待在野黨要禮敬，否則僵局無從化解，人民只會更加失望。

阿扁總統視察災後重建

二〇〇一年二月二日，上午趕赴松山空軍基地，搭乘總統行政專機前往清泉崗空軍基地，陪同阿扁總統視察台中縣災後重建情形，在之前他曾指示把「災區」改稱「重建區」。首先到石岡鄉聽取九二一震災石岡壩復建工程及重建計畫簡報；接著到東勢鎮關心重建區就業重建現況；隨後，再前往大坑原村拜訪政治前輩林洋港前院長，兩人闢室暢談國事並就時局交換意見，我與陳哲男副秘書長等候在外。

回程在行政專機上午餐，簡單可口。在飛機上總統不時關心行政院院長與立法院院長就核四爭議協商的結果，這是當下最棘手的政治議題、經濟議題，一般認為對此爭議最好是採行「政治衝突最小、社會成本最少」的對策，能盡速圓滿收場落幕，安定民心。事實上，阿扁總統對情勢的發展似乎了然於胸，也充滿信心。

蔡丁貴是台灣大學土木工程學系教授，也是台灣教授協會秘書長，非常關心時局與台灣前途，有理想也有堅持。最近對於核四停建或續建的爭議，以工程和學者的觀點提出策略上的思維和看法，主張新政府應對廢核有不變的實質立場，也說明興建工程與興建計畫的差異，他並傳真論述囑轉呈總統參採，可謂用心良苦。

非洲衣索匹亞國家有一句諺語：「足夠的蜘蛛吐絲時，可以把一頭獅子網住。」足以印證「以柔克剛」、「團結真有力」的道理，同時也說明「滴水可以穿石」、「眾志可以成城」。這樣極富哲理的諺語，在激勵世人堅持不懈才能突破困頓。

改變世界經濟的人

我日前閱讀美國企業研究所專任學者勞倫斯・林德西（Lawrence B. Lindsey）著作，《改變世界經濟的人》一書，乃以歷史的角度，深入解析美國、日本和德國政府的財經決策機構，並探討其決策者或幕後操縱者的思考模式、動機、權限以及其決策所受的影響，對全球金融與經濟情勢，有諸多論述與剖析，值得細讀。

本書提問究竟是「時勢造英雄」或「英雄創造時勢」？而決策者究竟是下棋的人，或只是棋盤上的一個棋子？姑不論答案為何，可以肯定的是，即使幕後操縱局勢者，也只能順勢擺動布偶，否則操控的線便會糾纏在一起，最後動彈不得。

本書又進一步分析提到，經濟和市場一樣，需要逆向操作者來維持穩定和平衡；相對的，群眾心理若不加以節制，行情必會大起大落，而政府理應扮演這種逆勢操作者的角色。然而遺憾的是，當經濟處於榮景時，政客不僅擁抱群眾心理，有些還急著跑在前頭，把群眾的期望帶到更高點，更重要的是，很多政客會把個人利益和政治前途，寄望於經濟不斷繁榮，甚至過度繁榮，不知不覺間帶來隱憂。

核四紛擾暫時化解

核四停建或續建的爭議與紛擾，衝擊台灣政局與社會的和諧和穩定，是半年以來新政府面對的最大難題，朝野各有私心和盤算，真正民意又是雲深不知處，所以「歹戲拖棚」，每天看到的就是媒體大篇幅熱騰騰的報導，而民眾只能目瞪口呆。

在朝野雙方為「考量政局穩定、經濟發展、人民福祉，並尊重國家體制及憲政法制精神」，已經行政院院長張俊雄、立法院院長王金平協議同意如下結論：

一、行政院即日宣布恢復執行核能四廠的法定預算，讓核能四廠復工續建，其後續預算，依相關法令處理。

二、我國整體能源未來發展，應在兼顧國家經濟、社會發展、世界潮流及國際公約精神，在能源不虞匱乏的前提下，規劃國家總體能源發展方向，務期能使我國於未來達成非核家園之終極目標。

三、行政院將提出能源相關法案，函請立法院審議，為使法案符合民意與周延妥適，法案需經朝野黨團協商同意後，始能完成立法程序。

四、立法院在野黨團聯盟同意於行政院宣布核能四廠復工續建後，即可開啟協商大門。

在核四朝野爭論不休而暫告落幕之後，阿扁總統隨即表示感謝行政與立法兩院的努力，在極困難的情況下協商出雙方都能接受的方案，他並強調反核是一條漫長的道路，雖然無法在一夕之間達成，但在兩院協商的過程中仍達成了一定的成果，現在「非核家園」已經成為台灣社會與朝野各政黨的共識，這個得來不易的共識應該珍惜，並盡最大誠意來積極推動。擁核與反核之間僵局總算暫時得到化解。

核四爭議真的就此塵埃落定？答案或許不然，因為後續似乎仍存有多種變數，未來發展誰都不能預料，恐怕會有波折或起伏。包括：跨年度預算的編列和審議、反核團體的強烈訴求、政治生態的不斷改變、公投法或能源法可能帶來的衝擊、新科技或替代物質的發明、世界潮流的壓力、及主政者或民意的堅持轉向等等。

對於公共政策的爭議，報紙評論指出，是「選擇題」而不是「是非題」。如果將政策爭議化成是非題，只有「非此即彼」，只有「零和輸贏」，只能二元對立，若再延伸成道德問題、良心問題，那就更無解了。反過來，如果將政策爭議導成選擇題，那就變成方案優劣評估的比較問題，方案之間只有相對適然，沒有絕對的必然，如此一來核四爭議就變成是環境、能源、經濟、安全的可行性評估了。

春暖花開的季節

亞熱帶的台灣春天來得特別早，這幾天天氣格外晴朗，已經可以感覺到春意悄悄的來到，庭院的茶花逐漸凋謝，櫻花開始盛開，落葉後的楓樹又冒出嫩芽，一些常綠的灌木和桂花彷彿再添新裝，季節的變化象徵著生命的存在。大地是我們的母親，孕育著生命也驅動著生命，春天來了，又開始帶著我們走向忙碌的一年。

自古以來，花開、花謝一直是詩詞的好題材，尤其風花雪月的故事少不了它，否則必然失色，甚而徒留缺憾。李克強是一位多愁善感的朋友，他在日前E-mail作品「花心」一文分享，提及「狀元紅」、「女兒紅」以及「花凋」的傳說故事，引唐朝詩人岑參「蜀葵花歌」一首，道盡「明日黃花」或「昨日黃花」的傷感：

昨日一花開，今日一花開；
今日花正好，昨日花已老。
人生不得長少年，莫惜床頭沽酒錢，
請君有錢向酒家。
君不見，蜀葵花？

妻舅粘榮森，有才華、有正義感、有女真族人的豪邁，不幸在睡夢中離世。固然生老病死人所難免，但生離死別卻是人之最痛，其悲痛繫於感情一線之間，或許這是上天對萬物之靈的一種處罰，相信也是為什麼人之所以成為萬物之靈的最好理由。當人類缺少了感情，不知又是怎麼樣的世界？人與人之間的感情僅是一線牽引，有時平淡，有時也濃烈，看似脆弱，但也厚實而強韌，誰都不能沒有它。

當大地春回，處處春暖花開的季節，也是結婚的良辰吉日。在今年西洋情人節，阿扁總統特地透過網路向天下有情人賀節，祝福有情人終成眷屬，不帶政治味的問候語，似更能打動人心。

今天連續參加了兩場婚禮：中午，林高明在福華飯店娶媳婦宴賓客，遇見許多經濟部的同事，大家親切寒暄；晚上，歐榮宜律師在國賓飯店娶媳婦宴賓客，林洋港院長是證婚人，黃昆輝秘書長是介紹人，阿扁總統致書面賀詞祝福。有情人終成眷屬，在家的庇護下，有情有愛有幸福。

雁群的哲理啟示

我鄉下小村莊就叫大雁村，其實我從小未看過這種鳥，一直到幾年前去多倫多的時候，才生平第一次見到有鵝一樣大小的雁，朋友告訴我那就是加拿大雁，只是不知道這與「雁南飛」的雁是否為同一種鳥？我對大雁有著相當的好奇和親切。

朋友E-mail一則描寫「雁」的故事，發人深省，令人感動，非常值得人類學習的哲理啟示，我特別予以摘錄如下：

1. 當雁鼓動雙翼時，對尾隨的同伴都具有『鼓舞』的作用，雁群一字排開成V字型時，比孤雁單飛增加了百分之七十一的飛行距離。
2. 不論何時，當一隻雁脫離隊伍，牠馬上會感受到一股動力阻止牠離開，藉著前一隻伙伴的『支撐力』牠很快便能回到隊伍。
3. 當帶頭的雁疲倦了，牠會退回隊伍，由另一隻取代牠的位置。
4. 隊伍中後面的雁，會以叫聲鼓勵前面的伙伴繼續前進。
5. 當有雁隻生病或受傷時，其他兩隻會由隊伍飛下協助及保護牠，這兩隻雁便一直到牠康復或死亡為止，然後牠們自己組成隊伍再開始飛行，或者去追趕上原來的雁群。

家族的凝聚力量

在台灣社會讓人感到溫暖，對家族的觀念和情感非常深厚，有血親、姻親和宗親，從父母、夫妻、子女、兄弟、姊妹開始，關係層層擴散，向心力層層堅實，彼此同甘共苦，榮辱與共。一人有喜則皆大歡喜，一人有難則同舟共濟。這無形的組織，確實是維繫社會和諧的重要力量。而有形的組織如宗親會，更是凝聚團結力量的基石。

人不能離群索居，也不能特立獨行，所以有社交、應酬以及人情世故，這些都是從家及家族為中心，慢慢發展到社會群體，不僅每個人都有參與感，而且也有榮譽感。

當家族遇有婚喪喜慶的時候，每一位成員都可以群策群力，分勞分憂，並且表現團結家族的可貴，而且成員之間的結合，完全繫於無價的倫理和親情，如果有誰破壞了這份倫理或親情，那會是一件非常嚴重的事，有可能被冠上大逆不道的罪名。

家族、親族、宗族、種族、民族「五族」共和，血濃於水，胳臂向內彎，「親疏擺中間，是非對錯放兩邊」，不論選舉或戰鬥，一體向外，與其說人情之常，不如說天性使然，實無可厚非。其實，這其間的選擇唯一的差別在於感情決定了一切。

歲月將奪走一切

人是群居動物，尤其在大都會人與人之間的接觸更頻繁，而在群體生活上的若干設計，例如各式各樣的聚會場合，包括餐敘、宴會、典禮、會議、研討、座談、競技、遊行、抗爭等，用意在匯集人氣、人潮，增進人與人之間的交流和互動。

很奇怪的是，與熟人相處可以推心置腹，百無禁忌，但與陌生人見面，往往多少有保留，而不能盡情、盡興，或許存有「知人知面不知心」的疑慮。不過，如果凡事都要處處設防的話，必然就會生活得痛苦、無趣，同時也會失去很多快樂。

我們常說，酒越陳越香，朋友結交越老越純，老來之所以會覺寂寞，相信是因為身邊少了可以鬥嘴、可以訴苦、可以一起打拼的老朋友，不能及時填補周遭太多的空虛。朋友當中，尤其是童年時代已開始認識的知心朋友，才真正彌足珍貴。

不久之前，林雲鶴告訴我，他一位長輩早年醫學院畢業，一生行醫，懸壺濟世，如今同學相繼過世，自己碩果僅存，同學會到後來人數一年比一年減少，最後再也沒有其他同學與會，孤零零剩下一人活在回憶裡。人生如寄，聽來覺得悲哀。

每個人對於自己的未來，或許無從想像也不敢想像，但可以肯定的是歲月將奪走你的意志、你的健康，老來不再箭步如飛，不再行動自如，不再為所欲為，只能每天回憶在得意與失意之間。人生如夢，陶醉中有遺憾，而遺憾時又帶有陶醉。

反核大遊行

朝小野大，動輒得咎，政策推行不易，自從行政院受制於立法院，宣佈續建核能四廠之後，台灣社會反核聲浪再起。二〇〇一年二月二十四日，由反核團體所發動萬人「反核大遊行」於下午在中正紀念堂集結展開，包括有政黨、宗教、社運、婦運等一百多個團體參加，人數眾多，遊行隊伍綿延二公里以上，行經信義路、新生南路、仁愛路，最後抵達凱達格蘭大道。整個遊行活動是以停建核四、核四公投以及建造非核家園為訴求，在遊行隊伍當中也首次出現總統府資政及國策顧問。

本來擔心今天的遊行出現「反核又反扁」，最後僅有零星爭執，而以和平落幕。在政黨輪替之後，主客易位，原先反對者的角色似很尷尬，難以扮演。但對長期反核的運動訴求，實在令人寄予同情和敬佩，慚愧的是自己只心動而未能行動。

我邀趙麟局長、彭昌盛以及房宜仙家眷到汐止家賞櫻並餐敘，又在寧靜的環境中品嚐、享受下午茶（咖啡）的濃郁芳香，有說有笑，度過一個輕鬆愉快的週末。但不時惦念參與反核大遊行的友人和感人場面，普遍認知擁核、反核還有得吵。

二二八紀念日

二〇〇一年二月二十八日，今天是「二二八紀念日」，發生在五十四年前的事件，當時是稚齡不懂事的小孩，尤其是鄉下地方，未曾親眼目睹或身歷其境，所以沒有留下絲毫印象，及至長大才斷斷續續、約略聽聞有關部分經過情形的轉述，在專制、戒嚴的環境裡，乃一般社會忌諱討論的話題，因此所知極為有限但仍心存好奇。

歷史是橫的政治，政治是縱的歷史。由於台灣特殊的政治歷程，要談論歷史有時特別困惑。但相信「還原歷史真相」是居住在這塊土地上的每一個人所期待的。

阿扁總統指出，二二八代表的是一個威權政權對人權的大規模侵犯和剝奪，也就是所謂的「白色恐怖」。他也針對二二八事件表示，要以「向前看」、「超越悲情」呼籲國人一起記憶、一起瞭解、一起從中學習。對於受難者家屬，他肯定其在漫長歲月中承受痛失親人的悲傷，默默等待公道與正義來臨，這樣的堅定信念與毅力，正是政府近幾年來療養二二八事件在台灣社會所造成重創的推動力量。

聖嚴法師說，人要能面對逆境，逆境就是我們的貴人。沒有貴人時，阻撓我們的人都是貴人。又說，面對任何問題時，要「面對它、接受它、處理它、放下它」。

日本漫畫家小林善紀

首次參加總統府年度業務檢討會，在一個傳統、封閉、保守的機關，此時或許可以表達員工的心聲和期望。但就像很多單位一樣，為開會而開會，形式重於實質，僅具象徵性意義罷了。我常與同事開玩笑說，總統府是古蹟，東西是古董，人是古板。事實上，總統府有它獨特的文化氣質，嚴謹、謙虛、不踰越是它的美德。

日本漫畫作者小林善紀繪著「台灣論」一書，因對部分內容解讀與認知的差異，尤其在有關「慰安婦」觀點上的南轅北轍，在台灣社會引起一陣騷動，造成爭議不休，風波不斷，成為國會重要政治話題，並且演變成所謂「媚外」與「仇外」、「國格」與「國恥」的情緒反應，使情勢更加沸騰而對立，短期內似不易平息。

我陪同陳哲男副秘書長列席立法院法制委員會審議總統府組織法修正案，有關「台灣論」仍持續延燒，除引發應否准許作者小林善紀的入境問題外，對總統府國策顧問許文龍、金美齡在關鍵時刻的言論也有不同評價，並牽扯出統獨與意識形態之爭，以及資政、國策顧問的聘任與功能等諸問題，讓在野黨找到了著力點。

中華民國總統府組織法規定，得遴聘資政三十人（1/2有給職）、國策顧問九十人（1/3有給職）及任命戰略顧問十五人（為上將），分別就國家大計、戰略及國防向總統提供意見，並備諮詢。有人認為這是至高無上的榮譽職，也有人認為只是論功行賞的一種政治酬庸，其實也可以說是舊體制下的時代產物，而有保守、傳統的濃厚封建色彩。姑且不過問其設置的原因為何，但對國之「三公」所代表的背景，無論是前朝遺老、國之重臣、紅頂商人、政壇新貴或社會賢達之士，過往傲人經歷與功績，皆值得吾人敬重，而關心國事所提國政建言，亦應受到肯定。

觀賞《驚爆十三天》的電影

在總統府，與總統比較親近，與副總統比較有距離。二〇〇一年三月十四日晚間，應呂秀蓮副總統之邀與總統府多位主管觀賞「驚爆十三天」的電影，大家很高興。

《驚爆十三天》的影片，乃是描述在一九六二年美國與古巴飛彈危機期間，白宮的危機處理過程，是將真實故事搬上銀幕。最初始於蘇俄援助古巴積極佈署飛彈，面對緊張情勢，美國軍方與總統幕僚如何研商對付策略，在戰爭邊緣皆各有掙扎和堅持，摻雜外交、媒體、民意種種壓力之下，有一位年輕領袖為秉持不到最後不放棄和平希望的努力，所展現的睿智與抉擇，成功地掌控瞬息萬變的情勢發展，最後採取海上封鎖奏效，而化解了整個危機和威脅。全片情節緊湊不冷場，劇情扣人心弦，而傑出的演技也使人動容，尤其犀利的言詞對白，更令人印象深刻。

美國甘迺迪總統（John F. Kennedy）聰明、瀟灑、堅毅、果斷，任內不幸被暗殺槍擊死亡，他英年早逝，舉世同悲，至今一直是人民心目中的崇拜偶像。我曾到華盛頓去過他的墓園兩次，他被殺死亡與我的生日同一天，那天我非常的難過。

保守的體制不必奢求創意

在保守的體制下工作，凡事有模式、有前例，或許「蕭規曹隨」才是最好的工作態度，前人種樹，後人乘涼，不必自作聰明，不必奢求創意，也不必期待突破，跟隨著走過的腳印，不必擔心跌撞受傷。如此好像就是在消磨時光、消磨銳志。

我當初回任公職是喜悅勝於憂心、期待多於惶恐，不過如今喜悅已漸褪色，期待不再強烈，伴隨而至的是封閉漸現，有時感覺鬱悶。如果早知道那些「如果」是無可避免的，或許我會重新思量。然而「對」與「錯」僅是一線之間；「得」與「失」只是個人主觀認定；而「正」與「負」也只不過是所觀看角度不同罷了。

淡淡的三月天，顯得慵懶，沒風浪、沒波折、沒起伏，沒有強烈企圖也不見濃情蜜意，只有百花爭奇鬥艷，不知不覺間，大地披上了新裝，草木欣欣向榮。杜鵑花開了，木棉花開了，一串紅開了，牽牛花開了，許多不知名的小花也開了，這是郊外踏青的好時候，我有一種旅遊的衝動，突然間，也興起出國觀光的欲念。

近日來，對於舊官僚缺乏效率，以及事務官對政策推動配合度不夠，又再度成為話題，引起行政中立的討論。有新聞分析指出，所謂「鐵打的衙門，流水的官」，指政務官來來去去、上台下台，事務官冷眼旁觀，自有一把尺。民進黨政府陷入官僚系統左支右絀是事實，其中或許有常任文官的消極不配合，也有民進黨政務官對官制、官規，甚至機關專業不夠深入的問題。不進入狀況，自然會被欺負。

國會只論事曲直不論人是非

陪同列席立法院法制委員會，審議立法委員提議修正總統府組織法有關資政、國策顧問、戰略顧問的存廢或設置名額及俸給等議案，朝野歧見頗深，壁壘分明，攻防犀利，有統獨不同意識，有情緒性言詞，拍桌、對罵。國會就是國會，再也找不到有此自由而多元的地方。國會是論政的地方，只論事曲直不論人是非，但有言論免責權的保護傘，高談闊論，能奈他何！以平常心待之，或許會好過些。

有人說，當我們拿花送給別人時，首先聞到花香的是自己；當我們抓起泥巴拋向別人時，首先弄髒的是我們自己的手。假如我們轉身面向陽光，就不可能陷身在陰影裡。

這些日子社會似乎不平靜，景氣低迷和高失業率使人沉悶，加上竊盜和其他重大刑案頻頻發生，讓人感覺社會真的生病了。何況一些政治人物又牽涉出「性」與「暴力」的瓜葛，經常有所謂投訴、聲明、控告、道歉以及種種密集的記者會，時而令人目瞪口呆，時而令人心驚肉跳，為這個社會帶來熱鬧，一點都不寂寞。

在人類文明的社會裡，人與人交往是以「禮」相待。廣義的「禮」，指一切禮俗在內，包括規章、制度、信仰與道德，乃人類之為動物而異於禽獸的地方，亦是文明與野蠻的主要分野。性騷擾、性侵害都是違反他人自由意志，踰越了人際間行為的規範；語言暴力也好，肢體暴力也罷，都是強加於他人不願接受的暴行，絕對不是文明社會應有的現象，否則隨意施暴，就如同叢林中弱肉強食的殘酷。

達賴喇嘛二度訪問台灣

二〇〇一年三月三十一日，西藏精神領袖達賴喇嘛二度訪問台灣，展開「慈悲與智慧」之旅。對於這一位獲得諾貝爾和平獎得主的國際級宗教領袖，所到之處廣受世人崇拜與敬仰。但他仍謙虛的說，他只是個平凡的佛教僧侶，不要把他給神化了。

宗教對於生死苦樂有比較多的領悟，達賴認為，利他才是離苦得樂的秘訣，人類不但要對自己負責，還要用慈悲心對待他人；又說，民眾沒有信心、希望，遭遇挫折就會覺得生存沒有意義，若能轉變心境讓自己走向快樂，追求內心的滿足，再艱難也可以熬過去。所以，讓人類頓悟生存的意義是快樂的生存，只要善加運用智慧，試著做對人有益的事情，就會發現永恆的快樂，才是值得人類去追求。

達賴表示，人類儘管文化、語言、宗教等背景不同，但人與人之間是很容易溝通的；他說，地球是我們唯一的家鄉，每個人都有責任相互關懷。就在全球相互依存關係日益密切的今天，他提倡人類彼此容忍、尊重、關懷、欣賞的共同價值。

達賴喇嘛結束來台弘法行程，他說，台灣是自由民主的社會，無論是好事或壞事大家都應該真誠誠實的說真話，無論是政治人物、生意人或行政管理人員，都有道德義務反省自己，即使對負面的事情也應據實客觀的追求真相。他強調一切都要有信心，而信心是成功的緣起；最後，他希望大家以慈悲心對待所有的眾生。其實行善是宗教的出發點，也是宗教的目的，至於淨化人心，則只是過程罷了。

首次造訪沙巴

二〇〇一年四月四日，與粘麗娟和方政治夫婦、蔡豐吉夫婦等前往沙巴渡假，這是我首次造訪。沙巴位於北婆羅洲，為馬來西亞之一州，外界亦以「東馬」稱之。

沙巴境內除馬來人之外，原住民族多，另有印度人和華人，彼此宗教信仰和習俗文化各有不同，但相互間和諧共處。從亞庇市到神山山麓約有二小時路程，沿途可看到原住民聚落和獨特的高腳屋，路邊偶有小販聚集。神山，聳立在雲霧飄渺間，神秘中帶有雄壯氣勢，有古老哀怨悽烈傳說，難怪原住民敬畏如神；禪園，是入住旅店，建築典雅，就如對聯所形容：「禪園盡攬山水趣；靜室能觀世外天。」

遊罷「保令溫泉」，有古木、竹林、吊橋，有飛鳥，有蝴蝶，隨處有鮮花。然後循著蜿蜒山路回到平地，進住Nexus Golf Resort Karambunai渡假飯店，設施齊全，應有盡有，堪稱一流的五星級休閒飯店，可以充分享受不同的南國情調。

行程中也安排海上活動，乘坐渡船前往馬努干島Manukan，位於東姑都拉曼國家公園範圍內的獨立小島，清澈海水，潔白海灘，岸上花木遍野，有餐廳，有出售紀念品小店，有住宿小木屋，可海釣、游泳、浮潛、泛舟，或乘水上摩托車、拖曳傘、玻璃船，任你盡情奔放，忘卻人間煩惱。中午就在島上樹蔭下烤肉、烤海鮮，有山珍，有海味；晚間在漁村海鮮餐廳，享用美味佳餚，並欣賞文化舞蹈。

四天三夜的旅遊，臨回家的那天清晨，在悅耳鳥叫聲中起床，倉促吃完早餐，隨即與方政治趕至飯店毗鄰附設的高爾夫球場租用球具打球，球場前九洞依山，後九洞傍海，別具風味，可惜趕時間而半途收桿。中午在絲綢港灣享用中華料理，之前先參觀了當地博物館及購買紀念品，而後趕往機場滿載美好回憶返回台北。

強化國會聯絡工作

總統府召開國會聯絡組運作協調會，我適時提供「白宮幕僚」一書摘譯的「國會聯絡室：憲政鴻溝的活動橋樑」一文參考。本文描寫白宮國會聯絡室的組成、運作的模式和談判的籌碼，以及聯絡人員的苦楚和心境，可以為取經並一窺究竟。

美國白宮總是在對國會進行永無止境的遊說，因工作性質關係，國會聯絡室人員可說鎮日遊走於國會，以緊迫盯人的方式打探消息、蒐集情資、爭取支持預算與法案。而其常用的方法，包括：或邀請國會議員到白宮參加總統的活動，或陪同總統搭乘「空軍一號」專機出訪，或邀請至白宮「家庭電影院」觀賞影片，或至大衛營紓緩身心，或邀請重要團體參訪白宮，並安排特殊簡報也為特定國會議員做人情，還有其他像是安排議員與總統合照，或使用白宮國宴時所保留的貴賓休息室，或是甘迺迪中心的三個總統包廂等等。

對國會聯絡室人員而言，文中最後引用白宮的一位過來人說，在無形中國會聯絡工作變成是一種生活型態，雖然你是打躬作揖，哀告懇求，但難免仍會被潑冷水，此時你不可心懷怨恨，而應體諒對方，因為無論如何，明天太陽依然會升起。學習別人的方法，總是比較可行。

人際關係的建立，必須靠平時的經營，能夠投入相當的細心和熱心，來妥善安排人與人之間的交往和互動。如果沒有交情，誰來相挺？而所謂的「交情」，說得現實些，倘使「平時不燒香」，那麼「臨時抱佛腳」是來不及的，因為那樣容易適得其反，甚至自討沒趣。燒香不是目的，只是過程或工具罷了，最重要的應該是心誠則靈。如果只為功利，心存利用，即使燒香再多，恐怕也是徒勞無功吧！

卓春英來了很快又要走

卓春英出任總統府機要室副主任，來了很快又要走了，她接獲緊急派令，將調任台灣省政府委員並兼代台南市長，事出突然但具挑戰性。

她告訴我這項消息，並謙虛請教如何扮演這個角色，事實上她來自地方當知地方事，曾任高雄縣副縣長的歷練，加上地域的熟悉優勢，肩負使命不難，不過還是告訴她：必須完全了解自己的角色以及法律的授權和依據；安定員工工作情緒；和諧處理與議會及媒體的關係；明確宣示不參與市長的選舉；不必急於表現政績，但求落實施政等等。

台南市早期為府城之地，所謂「一府、二鹿、三艋舺」，乃比喻當時台灣最繁榮的城市景象，如今雖已是物換星移，其他城市發展迅速，但是這三處開發較早的地方，依然保存古風甚具傳統。尤其台南市民性保守，繁文縟節頗多，即使表現在政治上似乎也是這樣，不知是否自古文人相輕，抑或各持本位立場濃厚，在政壇上一向不能給人平靜與流暢的感覺，究竟是人的原因？還是人的想法的原因？

阿扁總統喜見李安與金庸

著名導演李安和著名作家金庸，雖然出生背景不同，但是因為他們在電影和武俠小說創作上的成就，而揚名國際和華人世界，成為家喻戶曉的人物，廣受歡迎，深入人心。阿扁總統分別與他們見面，有精彩談話，是文化藝術界的一大盛事。

阿扁總統回台南親訪導演李安，他提到《臥虎藏龍》影片中，男主角李慕白說：「把手握緊，什麼都沒有；把手張開，就可以擁有一切。」他把這段話「剽竊」用在跨世紀元旦祝詞中，改為「繼續緊握對立的拳頭，就一無所有；張開雙手才能擁抱一切」，以此作為比喻兩岸關係，雙方必須放棄對立，才能握手、擁抱。

阿扁總統後來也接見作家金庸，並贈與武聖關公的布袋戲偶及清代名雜劇作家楊潮觀所題的詞：「百年事，千秋筆；兒女淚，英雄血。數蒼茫世代，斷殘碑碣。今古難磨真面目，江山不盡閒風月。有晨鐘暮鼓送君邊，聽清切。」並作為見面紀念。

阿扁總統說，金庸用佛家的利、衰、毀、譽、稱、譏、苦、樂「八風不動」，及孟子「有不虞之譽，有求全之毀」、「人之易其言也，無責耳矣」來自勵自勉，確有其小說中的俠士之風範。不過，他對於金庸曾經表示，新聞媒體應受政黨及政府的領導，以及對一九九六年美國派遣航空母艦駛經台灣海峽，以因應中共對台武力威脅，認為美國的作法阻擾中國統一的說法，很顯然存有不同的保留意見。

有健康才有希望

人們常說，有健康才有希望，有希望才會快樂。但這一切的前提必須是要有生命存在，否則一切歸零，一切都是空談。最近，我看到周圍有些朋友意外的失去了健康，也有失去了生命，使人感嘆也使人惋惜。前者如許宗德、黃健一、賴聰德等就是最好的例子；後者如李正凱、林宗次、莊動幄、陳義雄、劉元涵、莊文樺等至今猶令人懷念。人生固然無常，但當你有時間、有能力抓住你的生命、健康、希望和快樂，即使必須付出相當的代價，或再多的財富，你還是不能輕易放棄。

運動是維繫生命、塑造健康的方法，但是能夠有規律、持之有恆的人似乎並不多見，反而一曝十寒的人居多數，足證人性好逸惡勞。對運動的選擇因人而異，很久以來偏好高爾夫球運動，已經成為我個人的喜愛，從中發現不少樂趣和迷人之處，也是我健康和快樂的泉源。不過我也擔心，不知那天會像陀螺停止轉動？

強迫運動和旅行，或許是帶給一個人健康與休閒最好的方法。如果有心，不能以沒有時間作推托之詞，事實上時間是可以創造的，只要不浪費，都可以找出來。

總統府夜間照明美化

為迎接一個新世代的開始，總統府也力圖「改變」。首先是國防部與參謀總部的搬離，把空間歸返總統府使用，這是千禧年的內部革新；至於外部革新，是進行夜間燈光照明設計，希望將總統府前廣場的戒備森嚴，改造成真正的人民廣場。

總統府平常一到入夜顯得黯淡無光，就在阿扁總統就職一週年前夕，經過一番精心妝扮後，於夜幕低垂時分，由台北市成功中學樂、儀隊的護衛下，舉行照明美化點燈儀式，由游錫堃秘書長親自主持，受邀觀禮來賓包括有莊銘耀秘書長、張博雅部長、陳郁秀主委、馬英九市長等等，我與粘麗娟很榮幸也能躬逢其盛。

總統府夜間照明美化，以隱藏式白色燈光投射，照亮此一文藝復興時期巴洛克式的宏偉建築物，燈色柔和、優雅，層次立體、分明，使整體外觀無論中央高塔、塔柱、角樓、拱窗、圓柱、欄杆，在夜景中呈現精緻、美麗與雄壯氣勢。從此將是「永明之塔．日夜璀璨」，不僅是台北市的地標，同時也是遊客的觀光景點。

阿扁總統就職屆滿周年

二〇〇一年五月二十日，新政府執政屆滿一周年，民意調查顯示，對阿扁總統的表現看法兩極，有四成八的人表示滿意（非常滿意者一成、還算滿意者三成八），亦有近四成五不滿意（非常不滿意者一成七、不太滿意者二成七）。對展望新政府未來的表現，有四成七的民眾認為會「更好」，二成二的民眾認為會「更差」；至於放眼於台灣的未來，有五成四民眾頗有信心，但沒有信心的人也有三成七。

在這個特殊的日子，阿扁總統選擇洗車及拾垃圾，以號召國人當志工來度過就職周年，除此之外，沒有任何慶祝活動，專心準備將於明日動身訪問中南美友邦。不過，對於這一年來的執政感受和今後對國家大政的若干構想，他於兩天前即透過電視錄影談話，已經有所揭示和告白。

他說，我們必須承認，一年來朝野政黨的轉型都還沒有完全成功，導致民主蛻變的過程歷經新生的陣痛，其中難免也有挫折迷惘。他又說，台灣的確面臨艱難的考驗，但由於台灣人民勤奮踏實、認真打拼的精神，使台灣到處仍然充滿了生命力與競爭力，而兩千三百萬人民所創造的政治、經濟和文化成就，已經在華人社會奠定了難以取代的地位，值得驕傲。

在電視談話中，他也表示，台灣要面對低成長、高失業的景氣走向是一場必然的經濟戰爭，而過去一年朝野對立杯葛的僵局，永不停止的政治內耗的鬥爭，已經讓民眾厭倦；在兩岸關係上，儘管對岸從來不願意讓新政府得分，但是我們從來沒有失分，當別人越不看好，我們越要做好！所以，他提出以下具體的看法：

一、設置一個超越政黨的「經濟發展諮詢委員會」，邀請朝野政黨、學界智庫、企業領袖、勞工朋友一起參與，為國家經濟長期的發展貢獻智慧、對症下藥。

二、尋求「理念結合、資源分享、台灣優先、超越黨派」的結盟理念，在年底選後籌組聯合政府及國會多數的執政聯盟，共同改造國會、穩定政局。

三、願意在民主、對等、和平的原則下，隨時隨地與對岸展開協商和對話，不論什麼議題都可以談，並且慎重表達親自前往上海參加亞太經濟合作會議的意願，希望對岸也能夠打開歷史的新格局，共同締造兩岸領導人「握手的一刻」。

呂秀蓮副總統慰勞同仁

呂秀蓮副總統在大三元餐廳賜宴，為一年來工作的辛勞表示慰問。呂副總統思路清晰，辯才無礙，敢言、直言，善惡分明，義無反顧，是一位有才華、有智慧的女性。通常擔任副手是輕鬆愉快，而她卻是勝任愉快，因為她比誰都辛苦、都用心。有一句廣告詞說：「認真的女人最美麗」，她就是這麼一位認真的女人。

在紛擾的社會，有人嚮往「老二」哲學，知曉進退，明白利害。凡事躲在人後，躲在樹蔭底下；不身先士卒，不出人頭地；不做擋箭牌，不做白老鼠；無功也無過，無憂也無慮，受盡呵護，享盡清福。從前在銀行流行一句話：「大事找經理，小事找襄理，沒事聊天找副理。」作為副手，不知是該得意？抑或是該覺無奈？

最近聚會所關心的話題還是經濟景氣的問題，這也是目前台灣面臨的一大難題。根據最近官方公布的統計資料，台灣首季經濟成長率僅一‧〇六%，而失業率卻高升至三‧九六%，就整個全球大環境來看，我們不再有沾沾自喜的本錢，況且在政治上一直缺少同舟共濟的情操，以致延伸到經濟上的不同調，當執政者手忙腳亂的時候，在野者往往作壁上觀，甚至冷嘲熱諷，心存幸災樂禍，讓民眾聲聲無奈！

民進黨沒有執政的經驗，而國民黨沒有在野的經驗，為能突破朝野間長期以來的尖銳對立，也為解決景氣持續低迷的困境，執政當局拋出「聯合政府」的構想，以及籌組「經濟發展諮詢委員會」的期盼，但願這是一帖良藥，也是一帖補藥。

知識的貧乏是真正的貧窮

二〇〇一年六月二日，雖然已六月，但未感受艷陽天的炎熱。週休二日的第一天，邀請一局同仁攜眷來汐止住家烤肉，有大人有小孩，有美食有歡笑，賓主盡興。我常想，大家能成為同事是一種緣分，也是一種福分。我們要惜緣，也要惜福。

我也常想，容易滿足就缺少驅動的力量，就不會有進步；不容易滿足又難以充實期望，徒增苦惱。我們常聽講知足常樂，如果有太多的奢求，必然比誰都痛苦。

貧與富之間如何界定並不容易，問題不在於可否量化，可否計算，而在於自己的感覺，因為知足者不貧、不知足者難富，而曾經擁有過的，總比遠不可及的來得實在，雖然它早已過去不復存在。財富的不足絕非貧窮，知識的貧乏才是真正的貧窮；財富可來自承受，知識則源於自己；有聽一夕致富者，但未聞不學而能知書達禮者。所以，累積才是得到知識的唯一捷徑，經驗可以傳承，知識不能遺傳。

出國拼外交，回國拼經濟

阿扁總統結束十六天拉丁美洲五國訪問，過境美國返抵國門，劃下完美的句點。尤其過境美國紐約與休士頓時，所受「高規格」有別於以往「尊嚴」的對待，被視為與美國互動的一種「突破」。總括而言，此行各界皆給予高度評價和肯定。

阿扁總統認為此行出訪已完成四大目標，分別是：一、以台灣的民主成就作為與國際交往的資產；二、以台灣的經貿實力作為吸引投資與活絡經濟的動力；三、以加入區域性組織作為提升國際競爭力的基礎；四、以「多元外交」作為凝聚朝野共識、拓展全方位外交的策略。阿扁總統出國期間，充分掌握國內政經及兩岸局勢變化，一腳踏進國門即對國人信心喊話，他是「出國拼外交，回國拼經濟」，完全忘卻旅途疲累，馬上全神投入工作，恢復上班，宛若鐵人，讓人相當驚訝。

阿扁總統在就職週年談話時曾宣示，將在總統府設置經濟發展諮詢委員會，朝野反應熱絡。關於經濟發展諮詢委員會的設置所引發外界的疑慮和爭執，包括：如何定位？如何運作？為常設機制或臨時編組？組織成員如何產生？有無踰越現有機關權責或憲政體制？以何種模式凝聚共識？將來會商結論又如何落實執行？我於二〇〇一年六月十一日臨時接奉指示，試擬經濟發展諮詢委員會設置要點，經與同仁初步研商，將組織機制釐定為有關經濟發展策略的臨時諮詢機構，屬任務編組性質，定名為「國家經濟發展諮詢委員會」，並以活絡經濟、創造就業為手段，達成解決當成經濟問題、厚植國家長遠發展基礎的目的，而且能落實經濟優先之政治訴求。委員會的成員由總統遴聘朝野政黨、學界、工商企業、勞工代表等組成，並由總統親自召集主持。國家經濟發展諮詢委員會的任務，列舉如下：

剖析當前經濟發展困境。

研籌解決經濟問題對策。

擘劃未來經濟發展策略。
其他有關經濟重大事項。

積極參與「經發會」籌備事宜

二〇〇一年六月十三日，臨時接後獲指示，將於下午由游錫堃秘書長邀集召開「經濟發展諮詢委員會」（簡稱經發會）前置作業協調會議，並由第一局主辦，隨即與同仁分頭進行相關會議議程與討論事項等準備事宜，時間雖急迫，但資料準備完整，包括籌備工作分工、如何組成幕僚工作會報、辦公處所與設備、經費來源等，均經商討並獲致結論。另擬具委員會設置要點及會議進度表供參考，並就邀請各政黨代表參與籌備協商會議方式、場地、議題等交換意見，皆極順利，我也感滿意。

二〇〇一年六月十四日，報紙披露總統府將於本週日召開「經濟發展諮詢委員會」黨政協調會議的消息，對此游錫堃秘書長打電話給我表示不悅與不滿。但我堅信同仁皆有能力自我管理與約束，因此明確表示第一局同仁絕無自尋煩惱的可能，不應受到質疑。事實上，這項消息的報導並沒帶來任何負面效應，也就談不上「惹禍」，不過已清楚游錫堃個性的拘謹。

二〇〇一年六月十五日，為期周延準備「經濟發展諮詢委員會」籌備協商會議，與陳甫彥主任和李金鳳科長往台北賓館實地勘查會議場地與佈置。台北賓館曾是總督官邸，庭院深深，建築典雅，環境幽靜，草木扶疏，適合高層共商國事。抵達後已見第三局負責管理人員安排妥適，東廂做為貴賓接待室，而主談九人圓桌則安排在西廂，旁置六人長桌，供紀錄及工作人員使用，場地適合，設想週到。在送達各政黨邀請函方面，商定由我和陳烯堅副局長、陳文宗副主任「分勞」，並親自直接送達，以示尊重。

二〇〇一年六月十七日，「經濟發展諮詢委員會」籌備協商會議，在台北賓館如期召開，由游錫堃秘書長邀集並主持九人圓桌會議，各政黨及聯盟均出席與會，在和諧、融洽氣氛中，以輕鬆的心情討論嚴肅的話題，獲致五點共識：一、經發會之設置，應符合憲政體制；二、定位為臨時性、專業性、諮詢性的會議；三、經發會之籌備會由各黨派之代表共同參與，負責經發會議題之擬定，於籌備會任務完成後至正式召開會議前，將舉行會前會先行凝聚共識；四、經發會會議中不處理意識型態相關議題；五、於本年八月底前召開正式會議，並完成會議結論。

「經發會」的輪廓

關於進行中的經濟發展諮詢委員會議輪廓，分為定調、定軸、定位，包括：「定調」－解決當前經濟困境，厚植長遠經濟發展基礎；「定軸」－三個優先（台灣優先、經濟優先、投資優先）及四個方向（全面招商、吸引外資、活絡經濟、創造就業）；「定位」－臨時性、專業性、諮詢性等。雖然輪廓已清晰可見，但對於整體組織架構及分工、籌備委員會組成及委員產生方式，則迄未明確定案，需要分別再繼續研議。

第一局為「經發會」業務主辦局，我被指派邀集余新明局長、蔡崇振參事、呂美滿參事與張瑞亭副局長等，成立「五人前置作業研商小組」，參考國家發展會議模式，研議經濟發展諮詢委員會籌備組織、運作、成員建議方案，作為日後協商討論基礎。在以後的日子裡，我忙於參加前置工作小組會議、秘書處工作會報，擬定籌備委員會議議程，提報組織架構以及諮詢委員名單與分組情形，並提列討論預備會議議事簡則、分組會議注意事項、全體委員會議議事簡則、諮詢委員會議議題及其提綱等事項。這項會議大抵利用中午以便當充當午餐開會，並由游錫堃秘書長親自主持，他非常細心，凡事要思慮周延，議程與議事規範之文書作業非常細膩，力求完美而避免引起爭議。事實上，工作績效重結果，而工作關係重過程，為追求完美而過分拘泥於小處，必然苦惱自己，也苦惱別人。

「經發會」籌備委員會由張俊雄院長出任召集人，前後召開二次會議，確定全體諮詢委員為一百二十人，依擴大參與、代表性、專業性及均衡性的原則遴選產生，並議定委員會議組織架構、各次會議議事簡則與注意事項，並成立九人小組審定委員會議議題等，擬定討論方向內容為五大問題，亦即：一、失業率攀升問題；二、投資環境惡化問題；三、兩岸經貿關係改善問題；四、產業競爭力下降問題；五、財金情況日趨嚴重問題等。其中設副主任委員五人，經總統聘請：蕭萬長、張俊雄、王金平、辜振甫、王永慶等出任，充分考量功能性與平衡性，而降低政治色彩。阿扁總統亦在總統府以西餐宴請各副主任委員及各組共同召集人，並聽取與會多位人士意見反映，也作了「落實經發會結論，提振經濟信心」的宣示，而游錫堃秘書長在席上提出全體委員會議的規劃報告，說明一切準備就緒。

「經發會」預備會議，終於在二〇〇一年七月二十二日上午隆重召開，全國產、官、學精英齊聚一堂，為台灣經濟發展把脈也為景氣復甦開立處方。阿扁總統親臨主持預備會議，他重申對「經發會」的三個決心和一個貫徹，並向與會全體諮詢委員承諾，當大家有一致的共識時，「行政官員不能享有最後的否決權」。在預備會議過後，隨即進行第一次分組討論，二者在程序上皆花費冗長時間商議「遊戲規則」，各有盤算，時有離題發言。

另外，行政院呈請總統依據憲法第六十九條咨請立法院召開臨時會的公文，已交到第一局，隨即囑請擬就總統咨文，乃是行憲以來第二度由國家元首咨請國會召開臨時會，距離首次民國四十一年七月間，將近半個世紀矣。總統咨文以「金融控股公司法」等六項急迫性及重要性之金融改革法案，作為立法院臨時會優先審查之法案，期能刺激景氣提振經濟，促進金融體系健全發展，以營造企業資金運用之有利環境。

阿扁總統為「魚池國小百年慶」剪綵

二〇〇〇年六月二十三日，早晨起床，天氣意外晴朗，遠處五指山清晰可見，不久接獲告知，今天赴南投行程不變，但是必須提前一小時出發，因為原先準備由清泉崗搭乘直升機到暨南大學的一段路程，已決定改乘汽車直接前往。隨即趕赴松山空軍基地，搭乘總統行政專機，與簡又新副秘書長陪同阿扁總統先至清泉崗基地，然後換車直奔魚池鄉，我們先到東光村參觀重建區香菇產業發展情形，接著再到魚池國小參加一百週年校慶暨校舍重建完工啟用典禮，受到李清揚校長與全校師生及鄉民的熱烈歡迎。

魚池鄉原稱五城堡，日本殖民時代屬於南投廳埔里支廳管轄，一九二〇年十月一日改隸台中州新高郡魚池庄，而於一九四六年一月二十一日改為台中縣新高區魚池鄉，復於一九五〇年十月二十一日因台灣省調整行政區域，改隸南投縣魚池鄉，總面積約為一二一・三七平方公里，屬亞熱帶季風氣候區域，年平均溫度約在攝氏十九度左右，現住人口一七・六九九人，大部分操閩南語，小部分客家語，有近百戶的邵族原住民。

魚池國小是我的母校，創校於一九〇〇年八月三日，於去年屆滿百歲，因逢前年九二一大地震校舍全毀重建中，不及歡度，而重建在中國時報、華邦電子、華新麗華等民間企業熱心認養下，終於順利完成，在慶祝儀式中，安排學生詩歌朗誦及歡慶百年舞蹈，阿扁總統並親臨剪綵、揭碑與道賀，為鄉民帶來無上的榮耀與驕傲。

中午時候，送走阿扁總統一行驅車離去，而我留下參加表兄蘇天送娶媳婦宴客，並準備端午節祭拜祖先，王玉章也作陪留下。在晚上，黃榮村政務委員兼九二一重建委員會執行長，前來澀水社區家中小坐，並有幾位關心地方重建的鄰居也陪同。

翌日上午離開澀水，途經草屯南埔探訪林源朗新居，不期而遇李轂摩大師。中午在李轂摩大師家受到熱情招待，品嚐道地鄉村佳餚，參觀他的畫室和精心畫作，並獲贈墨寶與畫冊，我戲稱是不速之客，空手而來，滿載而歸。李轂摩大師出身農家，苦學成名，能書能畫，詩中有畫，畫中有詩，人中奇才，著實令人欽佩。

有信心就有機會

由於整體經濟不景氣，社會似乎感染低迷氣氛，無論在民間或政府，在政黨輪替後反而覺得沉悶，很多人都說這是信心的問題，其實，所以提振信心成為時下重要話題。然而，哪些方面的問題亟需提振信心？我的看法：對政府執政能力的信心；對改善投資環境的信心；對回復景氣的信心；對創造就業機會的信心；對台灣前途的信心。事實上，信心就是希望，信心可以把已沉寂多時的事情活絡起來，可以絕處逢生，可以變不可能為可能；信心就是力量，有了力量才能夠對抗，才能夠突圍，才能夠提升，才能夠創造。當失去了信心就失去鬥志，接踵而來的就是潰散，就是落敗，就失去一切所有。

完美也好，周延也罷，與其說是目標，不如說是理想。當你要求的是一百分，你實際可以達成的可能僅有八、九成而已；反之，如果你要求的僅是八、九十分，你極可能得到百分之百的成功。前者力有未逮加深你的痛苦指數，後者輕鬆達成讓你獲得滿足與喜悅。在這殘酷競爭的世界，你何必「曲高和寡」，自尋煩惱？

有些事情是重過程輕結果，有些事情是重結果輕過程，有些事情是重結果又重過程，因此從出發到終點，其間對二者的輕重取捨，必須靠聰明、智慧來判斷或衡量，如果適得其反，不但事倍功半，枉費心力，甚至可能凡事走樣，越走越遠。

無論是工作壓力、成就壓力或可能發生在你身上的任何壓力，你就必須面對，但不是反彈，也不是反抗。所謂面對，那是理性的，而反彈或反抗，則是情緒的。嚴謹與嚴苛有別，前者指的是態度，主觀認為不能有所疏失或疏漏；後者指的是要求，客觀的被認為是過分的要求，傾力也難以達成。而被指酷吏並不是一種恭維，有時代表鐵面無私、不近人情，所以是代表冷血，也代表嚴苛的那一面。

天災與人禍

被命名為「桃芝」的颱風，侵襲台灣，滯留期間帶來意想不到的豐沛雨量，各地受創嚴重，災情不斷傳出，從電視畫面上看到土石流滾滾而下淹沒道路、沖走住屋，以及災民受困等待救援的驚慌表情，令人難過。平常青山綠水、風光明媚的景緻，頓時成為水鄉澤國，山河變色，在狂風與豪雨的肆虐下，盡是洪流、斷橋、山崩、落石、屋毀、潰堤，遍地滿目瘡痍，只能用無助和無奈來形容，任誰也都無力可回天。最後已知有九十人死亡、一百三十四人失蹤、一百八十九人受傷，財物損失難以估計。在緊急逃難與救災過程中，發生許許多多感人肺腑的悲慘故事，令人動容。

聽說「桃芝」乃取自北韓名稱，是一種草本植物，類似人蔘，開藍色小花，根可醃製泡菜，廣受民間喜愛。但在其背後傳說著一則哀怨、浪漫的感人愛情故事，或許也是一種巧合吧，當「桃芝」颱風掃過，同樣留下人間不少的淒苦與悲傷。當大家如荼如火忙於救災的同時，中國國民黨於此時熱鬧地召開十六全會，進行所謂權力結構的重組，畢竟權力的競逐，容易引人著迷，也容易使人瘋狂。電視看到二者截然不同的新聞畫面，也讓人有不同的感觸，只能以感慨萬千來形容。

在李前總統登輝先生卸任之後，逐漸傳出對他的批判和不滿的聲音，日前又有中國國民黨元老夏功權「血諫」開除李登輝黨籍之舉，對於他任內一切是非、成敗與功過，歷史尚不及評論，卻由同志先發聲責難，隱約之中不難讓人聞到意識形態對立的味道。我們所處的是一個現實的世界，所以我們常說「人在人情在，人亡人情亡」，相信如果把時、空抽離，恐怕在你身上再也找不到什麼是感情。

不能改變人與人之間的交往記憶

經濟發展諮詢委員會議進入實質議題討論及分組會議之後，行政支援重擔轉移至行政院經濟建設委員會及各相關部會，在第一局前些時候「人仰馬翻」與「焦頭爛額」的工作壓力，已可以獲得短暫的喘息。因此，腳步放慢了，笑容也多了。

二〇〇一年八月二日，下午參加經濟發展諮詢委員會議秘書處例行工作會報，這項會報是每星期四定期舉行，首次邀請相關部會聯絡人員列席，會議席上我遇見了幾位從前的老朋友，他們是財政部主任秘書劉榮主、經濟部政務次長林義夫、行政院勞工委員會副主任委員郭吉仁，很高興看到他們在不同領域都有傑出成就。

台北縣市雖然只有一水之隔，但又似遙遠，自從在台北市工作之後，幾乎不再回到台北縣政府，並非自己故作瀟灑，事實上我常懷念在那兒走過的年華歲月，只是時空轉移，我明瞭「不在其位，不謀其政」的道理罷了。其實再頻繁的人事更迭或制度更張，不能抹滅前人走過的腳印，不能改變人與人之間的交往記憶，喜新厭舊固是人之常情，但懷古念舊卻也大有人在。二〇〇一年八月三日中午，陳冠甫、顏淑惠、陳順煌從板橋來台北與我午餐，他們都是我從前的同事，負責而進取。飯後三人首次至我辦公室小坐，大家非常珍惜共事時候的那段愉快時光。

李義郎熱心地方事務，去年八月七日曾邀約諸多朋友赴五股品嚐竹筍大餐，當時我戲稱可取名「八七會」，最好每年舉辦一次。他在今年果然再度邀集餐敘，選在週末並取名「爸妻會」，與會者除五股地方士紳外，大抵為尤清縣長的支持者及那時的一些主管，熱鬧的在觀音山風景區管理所席開九桌，大家敘舊兼聯誼。

大家都在寫歷史

二〇〇一年八月五日，美國參議院外交委員會主席拜登（Joseph Biden）等一行，搭乘專機專程來台訪問，並會見阿扁總統晤談甚久，他肯定台灣以耐心、理性、負責的態度處理兩岸關係，強調今後繼續以和平方式處理爭端，必能持續獲得美國依據「台灣關係法」所作的承諾。

阿扁總統表示，大家都是寫歷史和創造歷史的人，希望有朝一日，兩岸領導人能攜手言和，互相擁抱，為兩岸人民的共同福祉而作最大的犧牲與奉獻。他並說，在兩岸關係方面，如果美國不能扮演調人，但應可以是使者、平衡者、促進者，對於如何重啟兩岸協商大門，倘使美國能搭起舞台或橋樑，相信對亞太、對世界，甚至對全人類，都會是很大的貢獻。

風雨無情，人間有愛，風災過後留下很多問題，家破、人亡、遷村、重建、土石流、檳榔樹等等，必須刻不容緩的面對，已不是討論或爭論的時候了，而是政府展現智慧、格局、魄力的時候了。阿扁總統說：「能呼吸就有明天、機會和未來」，然而在傷心悲痛之餘，民眾不禁要問「牛肉」在哪裡？期待的時間總是漫長的！

阿扁總統風塵僕僕往返於台北與災區之間，深入受創最嚴重的角落，著實令人敬佩，這樣的關心美意卻有媒體形容是在「拼業績」，讓人聽了也心寒。在這資訊爆炸的現實環境，主政者的確有其難處，不做有人罵，做了也有人罵，但必須有接受批評的雅量和勇氣。沒錯，古有名訓：「過猶不及」，然而過與不及之間，又將如何界定？更何況，愛心與美意是需要堆積，不能吝於付出，嫌少不嫌多。

因喜悅而滿足也因滿足而喜悅

八月八日是「爸爸節」，或許取其諧音而來，也可能是在太平富裕的社會衍生的一項民間節日，專屬於家庭的時間。「爸爸」通常是指男主人而言，具有直系的血親關係，是子女的表率，也是一家的支柱，有他的天職和責任；爸爸是終身職，也是無給職，是出於天性的本能和自私，無怨無尤，只有喜歡，沒有厭倦，不能放棄，不能選擇；爸爸不一定是偉大的，但不分貧富與貴賤，不論所肩負的擔子是輕或重，都是叫爸爸。晚上，全家六口在來來飯店福園聚餐，共渡爸爸佳節。

滾滾紅塵，有人升官，有人發財，而我僅擁有喜悅和滿足。因喜悅而滿足，也因滿足而喜悅。服務公職是當年唯一的選擇，在三十餘年的公務生涯當中，未曾因擔任的職位而得意，但卻以服務的機關而自豪。有人一路走來，始終如一，我卻一路走來，隨遇而安，既不刻意追求，也不輕言放棄。凡走過必留下痕跡，回首過去，有甜美也有苦澀，當甜美多於苦澀，你就有權利喜悅，你就有義務滿足。

兩岸關係永遠若即若離，有人說台灣與中國大陸最大的區別是，三十年前台灣全心在「拼經濟」，而當時中國大陸則處心在「拼政治」；三十年後的今天，二者適得其反，中國大陸全力在「拼經濟」，而台灣則處心在「拼政治」。因為不同的政經環境而產生不同的願景與悲哀，歷史就是這麼可笑，有時會不斷的重演。

參觀嚴前總統家淦官邸

規律的生活就是安逸，不再使人呼吸倉促，但卻容易使人懶散、養成惰性，因而失去信心，也失去鬥志，而沒有鬥志就是好逸惡勞，就是停滯；沒有鬥志就像一潭死水，看不見漣漪，也看不見浪花；沒有鬥志就像行屍走肉，就像無頭的蒼蠅，失魂、落魄，而且不知方向。

嚴雋泰夫婦邀赴嚴前總統家淦官邸午餐吃牛肉麵。這是很講究的一座日式建築，聽說這是日本現存海外十大豪宅之一，當年在台總督曾在此居住多時，可惜年久失修，稍嫌破落，但從其外觀規模和庭園設計，不難想像當初的氣勢和雅緻。

嚴前總統具財經背景，對台灣社會有某種程度貢獻，他為人細心、謙沖、儒雅，日常喜愛讀書、電影、音樂、攝影，有關此類收藏甚豐。另外也參觀嚴前總統暨夫人生前起居擺設與室內存放之各種器皿、用具、手稿、禮物、藝術品等具歷史紀念文物，只是保存未能有系統的整理歸類，供外界參觀瀏覽，令人感到惋惜。

最近國內經濟持續低迷，第二季經濟成長率又是低於負二，不能不使人感到憂心忡忡。為突破經濟發展瓶頸，國策顧問黃天麟提議「建設台灣為全球之高附加價值製造中心」暨「減免製造業營利事業所得稅以促進投資」構想，總統為此主持「財經專案會議」，聽取相關部會首長人員的研析報告，集思廣益，共商國是。

夜遊木柵貓空

二〇〇一年八月二十一日，參加經濟發展諮詢委員會議秘書處例行工作會報，乃是全體委員會議前的最後一次，對各項工作進度和應行準備事項做最後的檢視和確認。

晚上，曾天賜夫婦邀請新加坡駐台商務處代表許國豐夫婦去木柵貓空「緣續緣」餐廳餐敘、喝茶，粘麗娟與我亦受邀同往。貓空位處政大後方山腰，是台北近郊新興土雞城聚集地，有觀光茶園陪襯其間，在環山產業道路兩旁建多樣餐廳與茶藝館，吸引不少年輕人前往消費，因為地勢居高臨下，可以遠眺台北市區閃爍燈火，讓人在寧靜的山巒間享受美好的夜晚，暫時拋棄塵埃，很是受到學生與外來人喜愛。

我對政大周遭環境記憶甚深，但此次到貓空發現變化之大超乎想像，在這裡有新街道、新建築、新社區，置身其間好像來到一個完全陌生的新地方，也許這叫做繁榮進步，然而對待舊時記憶又是何等的殘酷！我比較念舊，我還是懷念過去。

「經發會」全體委員會議開幕及落幕

二〇〇一年八月二十二日，蕭萬長是台灣經濟的關鍵舵手，他在「經發會」擔任首席副主任委員，今天主持各分組共同召集人會議，整合跨組意見及多數意見，並實際檢視共同意見之可行性。此外，他個人對於經濟發展將之定位為－根留台灣、跨越亞太、布局全球；而基本策略則是——台灣優先、經濟鬆綁、創新科技、全球運籌；至於具體做法，則涵蓋產業及投資、財政金融、加強就業與兩岸經貿等等。

經濟發展諮詢委員會開會期間，仍見少數團體，包括勞工團體陳情抗議，訴求多與經發會主題無涉，用意在於引起社會關注焦點，表達對政府在某項問題處理上的不滿情緒，尤其是對失業趨於嚴重的問題，但其訴求過程平和，未見激烈爭執。在經發會秘書處設有警衛交通組專責處理會場外秩序維護，但對於會場內無預警的偶發事件包括議事與庶務等，則另成立臨時應變小組隨時緊急因應。在會議前夕，已由簡又新副秘書長邀集成員開會研商事前假設與防範，希望做到「零事故」。同時我也隨同游錫堃秘書長等人，巡視即將開始為期三天全體會議的開會場地。

二〇〇一年八月二十四日，經濟發展諮詢委員會議全體委員會議揭開序幕，阿扁總統親臨主持開幕典禮，並將全程參加三天的會議。阿扁總統在開幕致詞中重申「新世紀、新國家、新中間路線」的主張；他也表示：「我們不怕不景氣，只怕失去克服困難的志氣」；他又說：「對這塊土地，我們沒有悲觀的權利，只有無法逃避的責任和使命」。最後阿扁總統引用宋朝詩人楊萬里的詩句，比喻所面對的經濟情勢：萬山不許一溪奔，攔得溪聲日夜喧；到得前頭山腳盡，堂堂溪水出前村。

經過一個多月的激辯、磋商、包容、調和，經濟發展諮詢委員會議已圓滿落幕，從籌備的過程到預備會的召開，從分組的討論到最後的總結報告，總計獲得三百二十二項共同意見，三十六項多數意見，凝聚朝野黨派、勞資雙方、學者智庫的智慧與共識，為台灣未來的經濟發展揭示了明確的方向，並在經濟發展與環境保護、產業投資與弱勢照顧、企業利益與勞工權益之間，找到穩定均衡的第三條路。阿扁總統說，讓經濟發展諮詢委員會議的共識成為未來施政的重點，讓經濟發展諮詢委員會議的模式成為朝野合作的起點；這不是一結束，而是一個新的開始。

攀登玉山之旅

玉山對台灣人來講，如同神山之於沙巴人、富士山之於日本人一樣，具有某種精神上的象徵意涵，因此攀登玉山是我從小的心願，希望有生之年付諸實踐，最近與幾位好友積極籌劃，也進行體能訓練，盼在六十歲來臨之前可以一償宿願。

二〇〇一年八月二十五日，大家在台北火車站集合，搭乘自強號火車從南下嘉義，臨時加入一位叫David的外籍朋友，他是第二度登玉山。乘坐火車有時是一種享受，可以沿途欣賞美麗田園風光，往往是旅遊的最愛，很高興能夠重拾這一份感覺。

壹、從嘉義到鹿林山莊

抵達嘉義時有玉山國家公園管理處人員接待，在真北平餐廳午餐後，即乘車直驅鹿林山莊，山路曲折、顛簸，可以看到九二一大地震及桃芝颱風摧殘過後的痕跡。鹿林山莊建於一九三四年，為一日式木造建築，曾經荒廢多時，之後依原形原貌修護，幽靜典雅，乃攀登玉山重要中途站。此處海拔二七〇〇公尺左右，雖值夏季但可感受到涼意。山莊設備齊全，有水有電，且有電視與卡拉ＯＫ，可供旅人排遣漫長夜晚時間。今夜是農曆七夕，俗稱中國情人節，晚餐時，大家舉杯同聲祝福！

二〇〇一年八月二十六日，清晨起床呼吸山上清新空氣，這在都市是一種奢侈享受。早餐後，隨即整裝出發，搭車至塔塔加登山口，而後下車開始步行登山，有原住民青年隨行護送，也協助背負食物與行囊。玉山國家公園範圍內，居住不少原住民聚落，在東埔、梅山一帶，以布農族群為多，生性樂天善良，因長期居住山上，活動於大自然間，體力充沛，男強壯、女健美，他們喜愛飲酒歌唱，無憂無愁。

貳、來到排雲山莊

從塔塔加登山口至排雲山莊全長八・五公里，沿途盡是蜿蜒羊腸小道，在桃芝颱風過後，路面坎坷難行，偶而會遇上碎石坡段或坍塌地方，更是舉步維艱，驚險萬分。途經孟祿亭、前峰登山口、白木林、大峭壁等地方，行行復行行，費時將近八個小時。在中途休息時，遠看群山並峙，重巒疊翠，雲霧裊裊，不禁驚嘆山川壯麗；俯視溪谷潺潺流水，有若聽聞天籟之聲，而路旁矗立林木與繁盛花草，相依共生，和諧共存，對自然尊敬之心油然而生。抵達排雲山莊約是下午三時許，正值太陽斜照山頭，仰望玉山山頂就在不遠處，不愧東亞第一高峰，永遠屹立不搖，又見山嵐有若波濤，逐漸覆蓋山林，充分體會「山在虛無縹緲間」的境界。

排雲山莊設備簡陋，因颱風過後目前仍值封山時間，並無其他登山遊客，我等一行可以自由放任，不干擾他人也不被他人干擾。晚飯前，大家跑至屋外聊天、欣賞風景，寄情山野，渾然忘我，無意間看到一隻羽毛艷麗的小鳥，後來得知名叫酒紅朱雀，習性停棲在高山冷杉樹上，輕巧好動；晚飯後，大家睡大通鋪，各據一方，睡袋加棉被，很快帶著疲憊入夢。排雲山莊位處海拔三四〇二公尺，相當寒冷，有人睡前擔心高山空氣稀薄，容易適應不良引發高山症，亦即感覺胸悶、頭痛、氣喘、噁吐、心跳快等之現象，預先服藥防範，我為得安心，也有樣學樣。

參、為山九仞，功虧一簣

二〇〇一年八月二十七日，根據行程規劃，原本安排在早晨三時起床，隨後摸黑攻頂在山頭看日出，豈料山區氣候多變，半夜驟雨不停，而且挾帶強風，隨行山青勸阻冒險，經過大家一起商議，最後心不甘情不願的放棄攻頂計劃，為山九仞，功虧一簣，美夢破滅，懊惱不已，徒留遺憾。大家失望、失落之餘，只好回鍋大睡。

早餐後，當大家懷著鬱卒心情準備回程，但蔡友才和David兩人心有不甘，臨時決定冒險攻頂，並請嚮導教練護送他們。我等循原路經大峭壁、白木林、前峰登山口、孟祿亭，回到塔塔加登山口，沿路景物似曾相識也覺親切。有道是「上山容易下山難」，事實上回時較去時快，只是路面濕滑，行時格外專心，約費時五個小時就抵登山口，而車輛已在此等候多時，隨後回到鹿林山莊沐浴和午餐。過不久，蔡友才和David也安然趕來會合，兩人成功攀登玉山主峰，引起大家羨慕。

午餐後，揮別鹿林山莊乘車到嘉義，改搭自強號火車北上返家。我心想，登山需要體力、耐力和毅力，事實證明我已做到了。更不可思議的是，我的牽手粘麗娟竟然在不知情和不及準備的情況下，也奇蹟般的做到了，值得自豪也值得記憶。

二〇〇一年八月三十日，晚間，由蔡友才夫婦邀約「玉山之旅」的山友，在希爾頓飯店牛排館餐敘，除美食佳餚之外，也交換欣賞登山照片，於席上每位各抒此行觀感，有興奮，有恐懼，有關懷，有溫馨。對一失足成千古恨的路況，猶且心有餘悸；對登山壯舉及未能實現攻頂，掩不住內心的喜悅與遺憾。或許運動、健康、壯闊是同義字。所謂犯難見真情，大家特別珍惜這份玉山行、玉山情，並相約續緣，來日再會。

邱連輝獲頒二等大綬景星勳章

二〇〇一年九月五日，邱連輝資政為資深民選的公職人員，今天榮獲阿扁總統頒授二等大綬景星勳章，他家人及謝天福夫婦同來總統府觀禮，我亦受邀參加，沾光也沾喜。同時獲頒另有簡欣哲、李黃恆貞、黃光平、余陳月瑛等人受獎，以表揚渠等長期對國家社會及民主政治的貢獻。觀禮畢，邱連輝資政與謝天福夫婦一行人到辦公室小坐，我請連一周參謀為他們導覽總統府，大家高興有此額外收穫。

邱連輝資政在國賓飯店宴請我等一行觀禮人員，席上加入吳仁春、粘麗娟二人，因已臨時約好要面見總統夫人吳淑珍，大家又匆忙趕至總統官邸，他們都與第一夫人彼此熟識，所以見面格外親切，但也抓住機會分別攝影留念。總統夫人行動不便，需要專人照護，但她始終是一位堅忍、偉大、有智慧的女性，讓人敬佩。

晚間楊兆麟夫婦在敦化北路台塑大樓招待所宴請玉山之旅的山友，品嚐道地台塑牛排，大家仍然陶醉在日前登山的種種回憶。事實上受天候影響沒有攻頂，應該非戰之罪，我說「我們並沒有失敗，只是沒有成功而已」，當場相約隔月再來。

謹誠從事，克盡職守

二〇〇一年九月六日，近日來總統府為副總統官邸編列預算事引起外界不少議論，讓人有幕僚溝通不良、上層默契不足的感覺，整個事件牽涉官舍體制、個人性格及預算籌編方式，每個環節都有值得檢討、反省和改進的地方。但在過程當中，倘若只一味把過錯推給別人，甚或作出情緒性的語言宣洩，而不能沉著或沉默以對，結果必是便宜媒體，藉機炒熱新聞，製造話題，而引起社會大眾搖頭稱奇。

呂秀蓮副總統曾點名游錫堃秘書長，應為錯失溝通協調機會而引發爭議負責。在事件震盪多日之後，阿扁總統終於在今天講話了，他說「官邸乃依職務需要，非因人設事，更無涉個人之喜好」，指示應儘速法制化，以維國家體制。而游錫堃秘書長亦以「謹誠從事、克盡職守」予以肯定，他並且希望所有風波到此落幕。

在多元而自由的民主社會，主政者不再是居高位而不可侵犯，從前的神聖和威權隨著封建思想的解體已消失無蹤，任何公職人員都應該接受來自不同立場和角度的公評，即使貴為國家元首或副元首也不能例外，就是所謂的進步，也就是所謂的現代。

韓國值得學習也值得敬畏

二〇〇一年九月十日，陳俊德宴請「駐台北韓國代表部」尹海重代表和來自韓國的兩位友人，席設晶華飯店三樓蘭庭，我亦受邀作陪。這是所謂的應酬交誼，長久以來不是我所習慣的場合，少了老朋友的熱絡，在鬧酒之餘，往往乏交集話題。

韓國民族性剛烈，好強、好勝、好情面，誇張但不奢華，具有與惡劣環境搏鬥的強韌精神，刻苦耐勞，堅毅不拔，在那裡跌倒就在那裡爬起，不服輸，不輕易低頭，當設定目標後會奮不顧身勇往直前，埋首苦幹，學什麼像什麼，做的比說的多，責任心重，向心力強，這是國力和競爭力主要來源，值得學習也值得敬畏。

韓國是中國文化、宗教、習俗東傳日本的橋樑，因此風土民情和典章制度，深受來自左鄰右舍的影響，處處可以看到中國和日本的影子，但不失其固有和本土，在傳統和現代之間，能捨也能取，截長補短，融會貫通，塑造了其傲世的一面。至於韓國與台灣之間的關係，在國際強權現實環境的考量，以及中國大陸市場龐大商業利益的誘惑下，幾年前已經被迫中斷了，從此悠久的兄弟邦交友誼，由當初的水乳交融，而降至現今的淡淡來往，不再依存，沒有互補，而僅止於藕斷絲連。

對生靈的慈悲付出

早晨起床，我從窗台看到一隻斑鳩在覓食，大搖大擺的不停走動，悠閒自得，但又帶有幾分緊張，深怕受人驚動，很難得的畫面，捨不得離去，靜靜地佇足觀賞。

我對周遭動植物的認識，是從小時候在鄉下環境中得到的，有幾種常見的飛鳥或走獸，以及常綠、開花、結果的植物，不僅可以辨認，而且很容易叫出名字來，比起生長在都市中的小孩，我多了一份樂趣，多了一份自信，也多了一份驕傲。

我常思索，人與動物之間，應是相容共生，惺惺相惜，奈何人類自私貪婪，常以殘暴血腥以對，戕害生命，濫殺無辜，目的只在炫耀人類是萬物之靈，至高無上的主宰世界，愚蠢又無知，幼稚而可憐，真不知幾時才能覺悟？幾時才能休止？

在不同的宗教信仰中，不同的文化有不同的飲食習慣和禁忌，對飲食常有不同的戒律。不過，只要對生靈的慈悲付出，相信所有的一切善行、善念，必得善報。

美國「驚爆九一一」

美國時間二〇〇一年九月十一日，電視新聞快報播出，美國「驚爆九一一」慘絕人寰的恐怖攻擊事件，震撼全球。在紐約世界貿易中心南北雙星摩天大樓及華盛頓五角大廈，先後遭受被劫持民航客機撞擊，是一種殘酷自殺毀滅行動，造成空前人員死傷和財物損失。

災難發生時，剎那間，濃煙蔽天，哀嚎遍地，眼看火球、人肉齊飛，頓時爆炸、樓毀、人亡，滿佈斷垣、殘壁、灰燼、煙塵，一片狼藉，真是怵目驚心，淒慘可怖。在混亂中，幸者倉皇失措，驚慌逃命，不幸者則埋屍瓦礫，天人永隔。雖然事件發生在遙遠的彼岸，但那一幕一幕悲慘的畫面，讓人哀傷心痛，相信有很多人與我同樣心情，徹夜守住電視機旁，憤怒又悲痛，一方面痛責暴行，並且一方面哀悼無辜。難道這是以捍衛人類自由為職志的國度，所應承受的「痛」？

美國對此前所未有的慘烈、恐怖攻擊事件，把它喻為「形同戰爭」或是「第二次珍珠港事件」，全民悲憤。布希總統沉著應變，指揮若定，數度向全國人民發表談話，安撫民心，穩定局面，並嚴譴暴力，誓言緝兇，也讓世人留下深刻印象。在世人眼裡，美國是自由樂土，遭受恐怖重擊始料未及，全國仍然籠罩在悲傷和憤怒的複雜情緒中。在一項民調反映，有八成六的民眾認為形同戰爭，有九成四的民眾支持採取軍事行動，舉國上下迷漫著對敵宣戰的氣氛，布希總統也誓言「打贏二十一世紀第一場戰爭」，只是敵暗我明，懲罰與報復將如何著手與善後，係屬高難度的政治智慧。何況又牽涉種族、宗教、國際秩序等複雜、難解習題。

美國逢此巨變，舉世震驚，普遍寄予同情，並允諾提供必要配合與協助，也激發全民團結愛國情操，凝聚民氣，同仇敵愾，頗令人感動。反觀，在我們國內每遇重大事故，只見不少人喋喋嚷嚷，使社會紛紛擾擾，吵吵鬧鬧，尤其有少數政客只顧一己狹隘主見的堅持，置公眾利益或別人的感受於度外，真讓人不敢相信。

人類終歸是渺小的

二〇〇一年九月二十一日，美國本土世貿大樓及五角大廈受到恐怖攻擊後，美國是否採取報復，如何報復？以及納莉颱風肆虐台灣各地後，民眾家園受損，政府又將如何重建？都是時下熱門話題，似為日常生活不可少的一部分，陰霾仍留在心頭。

在一個社會災難多，迷信就多，閒話也多。台灣遭逢水淹、水災之後，有人埋怨國家元首名字帶「水」，連累百姓，最好更名，真是無稽、無聊之至。事實上，名字只是一個人的符號代表罷了，最多僅涉雅俗無關禍福，沒必要從中做文章。

今天也是台灣經歷「九二一大地震」兩週年，記憶猶新，在車上聽到呂秀蓮副總統在南投一項祈福法會上說，人類終歸是渺小的，不可能對抗大自然，所以在面對災難的時候，不必埋怨政府，或是責罵別人，而要永遠地－敬天、惜地、愛人。

二〇〇一年九月二十二日，日月潭舉行「原住民文化節」開鑼，及「原住民人權婚禮」儀式，邀請阿扁總統主持，並且宣布邵族正名及為台灣原住民第十族，因為屬於家鄉事本來想參加，因臨時協調不及安排，只好作罷，錯失了一次返鄉的機會。

納莉颱風過後，途經忠孝東路看到兩旁垃圾堆積如山，汐止住處也未正常供水，民眾生活起居似乎還沒恢復正常，只能用「情何以堪」來形容。或許現代人都被寵慣了，就欠缺求生的本能。水與陽光、空氣同樣重要，水能孕育萬物，是人類賴於生存的必要條件，是一切生命的泉源，失去了它，也就失去生命。不過，水也難以捉摸，喜怒無常，因為水可以載舟，也可以覆舟，而洪水就與猛獸齊名。

二〇〇一年九月二十三日，連續幾天下雨，今天大雨猶未停歇，清晨一早與曾天賜趕赴美麗華高爾夫球場，應許惠祐之約與多位友人球敘。在大雨中擊球，已經是很久以前的記憶了，近乎瘋狂的遊戲，應該常見於年輕的歲月裡，老了就玩不起了。

黃越綏談《如何建立和諧的兩性關係》

二〇〇一年九月二十五日，總統府月會邀請國策顧問黃越綏女士演講《如何建立和諧的兩性關係》，包括：兩性平權對兩性關係的影響、瞭解與包容兩性間的差異、溝通的技巧與學習、角色扮演上的認知、幽默感有助兩性和諧等。黃越綏是我的同學黃越欽的妹妹，口齒清晰，辯才無礙，今天的演講是以日常周遭常見而熟悉的事物隱喻如何處理兩性或親情間的關係，為嚴肅的總統府帶來輕鬆的場面。

中秋節快到了，除了看到中秋月餅照常販售之外，似乎感覺不到有過節的氣氛，或許經濟不景氣、失業人口增多、接連發生災難等原因，應景樂趣都要被剝奪。

二〇〇一年九月二十六日，利其馬颱風來了，這次是南部地區遇襲，因此北部地區照常上班上課，不過仍然籠罩在豪大雨的陰影下，低窪地區人心惶惶，就在納莉颱風所受災害餘悸猶存之際，家家戶戶如臨大敵，同仇敵愾，與政府同聲對水宣戰。

近中午時候，總統辦公室馬永成主任傳達阿扁總統屬意我轉任行政院勞工委員會副主任委員。在此之前，江春男也曾以朋友立場探詢我個人的意願，但當時並沒有積極回應，而今天雖也明知這是一項苦差事，似也沒有理由回絕。過了中午之後，陳菊主任委員親自電話催請出任斯職，我則更加沒有立場和勇氣說「不」！

民丹島度假去

二〇〇一年九月二十七日，邀范光勳去新加坡旅遊，並找莊恆雄安排至民丹島（Bintan）高爾夫之旅。四天三夜，來去匆匆，並沒有靜下心來度假，真正享受輕鬆悠閒。

抵達後的次日，再到聖陶沙高爾夫俱樂部（Sentosa Golf Club）打球，曾經有幾次來過這球場，所以環境比較熟悉，但有同樣的迷人和挑戰，很受大家喜愛。第三天，從新加坡乘搭渡輪至民丹島，航行不到一小時，因屬於印度尼西亞（Indonesia）的島嶼之一，所以還是需要辦理簽證和入境，只是手續並不困難。

民丹島位於南中國海，離新加坡很近，有新加坡後花園之稱，全島面積三二〇〇〇公頃，終年陽光普照，海水清澈蔚藍，沙灘白淨，島上的酒店為度假（Resort）形式，休閒設施相當完善，都有屬於自己的海灘，椰子樹隨風搖曳，徜徉在沙灘、大海、陽光的懷抱中，人生難得幾回閒。

民丹島就是高爾夫玩家的天堂，島上興建了許多個高爾夫球場。踏上民丹島，我們即到一家堪稱亞洲頂級的球場Ria Bintan Country擊球，是由Gary Player負責規劃，設計了海景十八洞與森林九洞的複合式球場。晚上，入住Nirwana Beach Club Cabana Resort。

「政府再造」是一項重大工程

我國政府組織龐雜，存在歷史「演化」背景，有疊床架屋者，有不合時宜者，常倡議應該「瘦身」、「減肥」，但從未精簡過。最近阿扁總統重提「政府再造」，希望在「經發會」獲致佳績之後，可以乘勝追擊，營造另一個政治改革的契機。

其實，「政府再造」是一項重大工程，不論舊政府或新政府時代，都曾經把它當成施政要項。但是長久以來，仍然僅在紙上作業階段，迄今猶是「雷大雨小」、「只聞樓梯響，不見人下來」，想看到成果顯現，恐怕還有一段很漫長的時間。

所謂政府再造，涵蓋二項重要工作：其一是，機關組織的裁併；其二是，員額編制的縮減。前者，因其範圍而涉及憲法體制與法律規定，有修憲與修法的問題；後者，為員額設置標準的訂定或研修，必須面對冗員的安置問題。「法」是沒有生命，也沒有感情，唯有「人」才是最麻煩的動物，相信其成也人，其敗也人。

二〇〇一年十月三日，經濟發展諮詢委員會議圓滿落幕之後，又把政府改造委員會的前置作業和幕僚工作交給第一局，同仁因工作負擔比平常忙碌許多，但能克盡職守、任勞任怨，這也是總統府傳統文化可貴之處，不計較，不邀功，不推諉。

對每個人來講，生活中難免都有壓力，適度的壓力，可以激發成長，使人上進而有成就；但太沉重的壓力，有時也會帶來挫折，甚至使人崩潰。遇到任何壓力，必須面對不能逃避，需要找到紓解或抗壓的方法，把壓力變動力。壓力有外來的也有自找的，很多人把具有挑戰性的工作，當作選擇職業的一項條件，他們完全不在乎失敗，他們所要的無非就是那份挑戰的刺激，以及壓力背後的串串果實。

二〇〇一年十月十八日，「政府改造委員會議」幕僚工作會議由林嘉誠執行秘書邀集，確立各組職掌與分工，以及各項會議進行程序與時程，積極展開相關作業。林嘉誠現任行政院研究考核委員會主任委員，前於台北市政府任職期間曾有共事經驗，當時擔任副市長，也任大學教職，思維縝密，勇於任事，甚得同仁敬愛。

二〇〇一年十月二十五日，政府改造委員會議首次召開，是由阿扁總統親自以主任委員身分主持。他指出，希望在兩年內精簡行政院部會三分之一，同時國會改造與憲政改革，亦將列為下一階段的重點工作。他也強調，希望這是最後一次改造，至少是最重要的一次，也一定要成功。最後他表示，建立具有「高效能」、「負責任」與「應變力」的政府，是當前國家發展的願景藍圖。包括：

1. 國家面臨的挑戰與發展願景。
2. 政府效能與效率的提昇。
3. 中央政府體制。
4. 行政院組織架構調整。
5. 國會改革。
6. 中央與地方之關係。
7. 行政區劃與區域發展。
8. 文官體制及預算制度。

潭南國小校園重建落成

二〇〇一年十月五日，隨阿扁總統搭乘行政專機到嘉義機場，而後轉搭海鷗直升機前往南投信義鄉，視察災後重建成果。另有陳哲男副秘書長、行政院農業委員會陳希煌主任委員等陪同。在行政專機上遠望中央山脈，阿扁總統有感而發的說：「台灣真美！」接著聊到台灣的地名，我說，大人物喜歡改地名，就想把台灣的「土味」改成「文雅」些。像是「北窟」叫「德化社」、「珠仔山」叫「光華島」、「大貝湖」叫「澄清湖」、「達見水庫」叫「德基水庫」等不勝枚舉，自以為官大學問大，其實是漢人沙文主義的心理作祟。阿扁總統說：「我絕對不做這種事！」

首先到達信義鄉地利村，由郭清江副主任委員簡報災後河川整治以及雙龍村對外交通復原情況；接著參加浩然基金會認養的潭南國小校園落成典禮，殷琪董事長、彭百顯縣長及李文廣校長等人迎接。潭南國小校園重建落成，由師生、家長以及浩然基金會重建團隊的精心設計下，安排原住民舞蹈表演、聖歌祝福祈禱、聖恩獻禮學生歌舞、學生致感謝詞和捐贈儀式等節目，生動、感人而留下美好記憶。

潭南國小為一所原住民小學，位於日月潭之南而得名，毀於九二一大地震，因建於山谷，居高臨下，有山有水，風景綺麗，學生不到百名，重建後校園小而美，精緻而有特色，採開放式教學，將學校、家庭與社區緊密結合，可稱為三合一，充分融合了地區的歷史文化與生活需求，除了建築、自然生態的教材製作之外，也同步進行布農傳統文化的復育與傳承。阿扁總統說，校園重建完成，不是結束，而是另一段精采過程的開始；他並且說，這不僅是校園重建，也是思想的再生。

離開潭南國小，搭乘專車循著產業道路到日月潭德化國小，在車上我面報並請示總統赴行政院勞工委員會報到的時間，並建議現階段政府召開治安會議的必要性及其宣示意義，也建請在經發會後對第一局局長及同仁給予適當的嘉勉。這時林宗男趁機報告總統，希望邀我返鄉搭配他擔任副縣長，阿扁說：「這要問他本人願不願意？」其實，我對家鄉有濃厚感情，就沒有「衣錦返鄉」的那份衝動。

陳菊與郭吉仁為新工作的夥伴

二〇〇一年十月十六日，我邀請陳菊主任委員與郭吉仁副主任委員在來來飯店桃山日本料理午餐，對於即將成為新工作的夥伴，我有需要事先尋覓工作理念的共識和工作態度的默契，何況離開勞工行政已久遠，需要學習的又太多。陳菊與我將是二度共事，而郭吉仁與我將是三度共事，時間雖短，接觸不多，但印象深刻。

面對太多不可知的未來，我並不盼望大展鴻圖，只希望勝任愉快。不過，我似乎缺少從前那份信心，不能期待什麼，但又不能沒有期待。我懷疑，從冰封的環境中究竟能散發多少能量？我也懷疑，火箭升空需要推力，然而我的燃料在哪裡？

我深深地瞭解，愛和關懷是人類生活中諸多需求最重要的部分，倘若人類有一天沒有它，這個世界就會失去了色彩和光澤；同時我也明白，在群居的社會裡，並不能以冰冷的框架來對待深情的世界，否則將失去溫暖與焦距，必然失敗無疑。

欣賞總統府建築之美

二〇〇一年十月十九日，林高明、林武雄、林碧霞是從前在經濟部投資審議委員會服務時的同事，相處愉快，至今仍時有聯繫，我已換了幾次工作，他們仍守著舊衙門，聽說我即將就任新職，相約來看我，也參觀總統府美侖美奐的建築藝術。

晚上，與徐耀祖、袁坤祥、林高明在大三元餐敘，巧遇林紹明，熟朋友相聚一堂談的盡是老掉牙的陳年往事。林紹明是中泰賓館創辦人林國長的獨子，早期旅居美國，現在定居泰國，為繼承在台灣家產而爭訟多年，讓人百思費解。清・張英有謂：千里傳書為一牆，讓他三分又何妨；萬里長城今猶在，不見當年秦始皇。

二〇〇一年十月二十日，蘇振平審計長滿頭白髮，身體硬朗，邀約赴北海高爾夫球場打球，清晨驅車途經萬里、野柳、金山，沿路依山傍海，風景絕佳，看到早起的人有忙於農事或運動，而大部分的人相信只是為了呼吸那第一口清新的空氣。

二〇〇一年十月二十三日，一些熟朋友在我行將赴任新職之前都會相約來看我，順道參觀總統府。今天柯信雄、呂良輝、李照光、朱伯健一行近十人也來訪，我特地商請連一周上校參謀導覽，他對總統府建築的美，以及很多不為人知的歷史典故有相當研究心得，說者津津樂道，聽者頻頻稱奇，最後攝影留念，也滿載而歸。

時間可以決定命運

二〇〇一年十月二十五日，在從前，學校教導我們今天稱「台灣光復節」，但此時此刻卻感覺不出有絲毫節慶氣氛。或許這是政治不是歷史；或許時間久遠記憶已淡，歷史已不再是生活的一部分；或許人們有意走出歷史，急著卸下那沉重的包袱。

時間可以決定命運，命運卻經常捉弄人。當你興致勃勃想做一樣事或見一個人，而且有足夠的時間和理由必須這樣做，但終究不能如願以償的時候，內心的失望和懊惱是無法形容的。成就一件事或完成一件作品，須有諸多條件的契合，錯失時間和機會都是失敗的。契合不等於巧合，契合需要細心安排，巧合只是天意。

有人說，如能反向思考不如意事更容易讓人釋懷，至少也可以得到短暫的慰藉。舉例：因為是夫妻，所以才有離婚；因為是兄弟，所以才有鬩牆；因為是朋友，所以才有翻臉。告訴我們，未曾擁有那來失去？沒有滿懷期待怎會有大失所望？

我在想，一個人對工作的投入或狂熱，是理想和目標的追求，不是一種不滿情緒的發洩，否則縱使結果相同，但畢竟存有痛楚的代價。距離新職到任時間愈近，心境愈沉，雖然那不是全然陌生的地方，但一切從「零」開始，何況從此將面對「加速折舊」的處境，我已感覺歲月與耐心從身旁消失，換來的是些許的焦慮。

玉山攻頂成就願望

前不久玉山攻頂，功虧一簣，心有不甘，遂於二〇〇一年十月二十七日，再度整軍出發，滿懷成功在望的信心，有無比毅力。於上午從松山機場乘坐立榮班機南下嘉義，踏出希望的第一步，由嘉義林區管理處莊樹林處長等人迎接，而後再轉往阿里山。同行的有曾天賜夫婦、許志仁夫婦、韓玉杰夫婦、蔡友才夫婦、張立秋夫婦、許欽洲夫婦及謝金河等人。

壹、阿里山是中繼站

抵達阿里山後，略事休息並進午餐，隨即聽取莊樹林處長「阿里山森林遊樂區及森林鐵路」簡報。然後參訪阿里山森林遊樂區，包括：姊妹潭、梅花鹿園、受鎮宮、三代木、香林國中、巨木群棧道、沼平車站等景點。今晚入宿阿里山賓館。

二〇〇一年十月二十八日，阿里山人文與自然景觀豐富，以日出、雲海、晚霞、森林及登山火車聞名遐邇，因出產特有的原始檜木林而被開發。根據史料記載，一八九六年日本人長野義虎發現阿里山巨大密林，一九〇六年開工興築鐵路，於一九一三年延長至阿里山並開始正式伐木採運作業，持續三十餘年，而原始檜木林幾已採伐殆盡。

我們於清晨不到五點就起床，早餐畢乘車至塔塔加登山口，約於七點從塔塔加登山口出發，亦步亦趨，行行復行行，沿途景物似曾相識，記憶猶新，在午前十一點二十分左右行抵達排雲山莊，艱苦完成第一階段路程，遠比上一次來時腳程快許多。

貳、成功攀頂

午餐後，為免隔日重蹈覆轍因氣候變化不能攀登，大家決定為萬全準備，不想再抱憾而歸，於下午一點二十分左右，一鼓作氣，繼續攻頂，可是已有幾位山友不堪負荷而放棄。這是一段最艱難的腳程，我是在三點四十五分成功到達三九五二公尺的玉山峰頂，腳踏東亞第一高峰，興奮之情難以形容，頓時忘記身體的疲憊，內心充滿喜悅與驕傲。此時此刻，我真正見到台灣的美，也真正領略到台灣精神的偉大——「心清如玉，義重如山」。

在玉山峰頂徘徊良久，放眼天際，欣賞壯闊山川，意外驚見絢麗彩虹，大家嘆為人間奇景。在獨照、合照攝影留念之後，折返排雲山莊已是下午六點天黑時刻，沿途落日餘暉伴行，感覺這是生命中最具特別意義的一天，成功攻頂，也考驗自己的體力。大夥今晚入宿排雲山莊。

參、揮別排雲山莊

二〇〇一年十月二十九日，排雲山莊是登山客的休息站，也是避風避雨的地方，原有的住宿環境和衛生條件不甚理想，現在已經由林務局嘉義林區管理處重新整修，加惠登山客。但高山空氣稀薄，晚上集體睡大通鋪，多數人不習慣也不能適應。

清晨一早起床，簡易盥洗過後，享用山莊準備的早餐，而後瀏覽周邊美景。發現山莊後不遠處的小平地，居高臨下，可以遠眺北峰和山腳下東埔村落，以及無數高山、溪谷與峻嶺，風景綺麗，就像美麗的後花園或私房景點，令人驚嘆不已。

早上八點離開排雲山莊，循原路在近中午回到塔塔加登山口，而後由專車送至林務局員工宿舍洗盡一身塵埃和疲倦。午餐畢，再搭車至嘉義，隨即乘坐立榮班機返抵台北。此時已是華燈初上時候，而結束三天辛苦但愉快的登山旅遊。

總統府留下懷念

二〇〇一年十月三十日，在總統府剩下最後二天就要赴任新職，已有同事來話別，行政院勞工委員會也派人來辦公室協助整理和搬運用品，我真的開始有了離情。

下午，面見阿扁總統辭行，他特別囑咐經濟發展諮詢會議有關勞工就業的共識，應該落實執行，勞資雙贏，共創經濟繁榮，並勉勵戮力以赴，施展長才。隨後也分別向簡又新副秘書長、蔡明華主任等人話別，他們對於我的新職，均給予祝福。

晚間，趙麟局長在新光大樓福華雲采餐廳為我餞行，另邀約美國在台協會副處長蘇佩秋（Pamela J. Slutz）與政治組長唐若文（Joseph R. Donovan Jr.）以及許國豐代表夫婦、葉維銓、卓春英、劉世忠、都彥豪、李昌屏等人，賓主盡歡。

二〇〇一年十月三十一日，今天是在總統府上班的最後一天，分別向游錫堃秘書長、陳哲男副秘書長、江春男、葉國興、馬永成、林德訓等人辭行，大家互道祝福。

下午，第一局同仁以茶會為我惜別，並投我喜愛贈送「魚」紀念品，我感謝你們的細心。整整一年三百六十五天，總統府來去匆匆，我留下懷念，也留下歉意。

人求緣，事求圓；緣起緣落，圓缺圓滿。

第八章　我在行政院勞工委員會

我國早期勞工行政業務，在中央隸屬於內政部勞工司主管，在地方則由社會行政掌理。直到一九八七年八月一日，才成立「行政院勞工委員會」為中央行政層級的勞工部門，處理全國勞工行政事務，由鄭水枝出任首位主任委員；事隔近半年，於一九八八年一月十五日成立台灣省政府勞工處，並由蔡憲六為首任處長，我為副處長。

我與勞工事務的淵源，更溯及較早的工礦檢查委員會及勞工檢查委員會，同屬於台灣省政府的機關，但侷限於勞動安全與衛生的管理、訓練及檢查等範圍。我並根據個人實務經驗與參酌專家論著，將相關法規作有系統的整理和敘述，先後出版了《勞工安全衛法概論與實務》及《勞動基準法論》兩書，提供學校及各界參考。

第一天報到上班

醞釀已久，並通過攀登玉山的體能考驗，我於二〇〇一年十一月一日離開總統府轉換跑道，來到行政院勞工委員會第一天報到上班，雖然這並不是一個陌生的單位，而且也有不少熟識的朋友和從前的同事，不過在新環境，還是有不一樣的感覺。

其實在近一個月之前，報紙已先後披露我將出任勞委會常務副主委的消息，並獲陳菊主委的親口證實。自由時報於十月三日財經新聞報導：「據了解，林豐賓出線，主要是因為他曾擔任台灣省勞工處副處長，可謂勞工專業出身，並嫻熟勞工法令，也曾撰寫勞工法令著作，此外，林豐賓曾任台北縣政府主任秘書、台北市政府參事，不但與現任政務副主委郭吉仁兩度同事，又先後在尤清、陳水扁擔任首長時在職，與民進黨關係深厚。」報導並說，陳菊強調林豐賓為第一人選。

工商時報亦於十月七日「星期人物」，由杜慧儀記者報導：「認識林豐賓的人對他的修養都稱讚，而他自己公職經歷豐富，人脈佳，更是能在阿扁政府中游刃有餘的主因。」又指出：「林豐賓與民進黨扯上關係，與大學同窗尤清有很大的淵源，當時已經十一職等的台灣省勞工處副處長，毅然決然答應出任十職等的台北縣政府主任秘書，在外人的眼中認為是委屈了，但他覺得職等是人設計出來的，一點也不重要，只要是可以做事、可以發揮的地方，對於把公職當作終生事業的他而言都是好地方。」並據指出：「在陳水扁入主總統府之後，林豐賓重新回任公職，擔任總統府第一局副局長，因為當初離開台北市政府時，領取的月退俸已是最高俸點，完全是衝著老長官的面子，以及抱著還想做事的心情而來，未來若到勞委會，以過去曾經與現任勞委會主委陳菊、政務副主委郭吉仁共事的經驗，不少人也認為林豐賓應該可以勝任愉快。」其實，離開總統府，我也有過猶豫。

這是第一次走進行政院勞工委員會，在見過陳菊主任委員、郭吉仁副主任委員後，我逐一走訪處室，認識同仁，熟悉新環境也了解新文化，希望很快就能融入這個大家庭。辦公室位於民生東路，極為寬敞，居高臨下，採光良好，視野甚佳，內部擺設簡單樸素，不奢華也不庸俗，必要配備包括人員及辦公用具一應俱全。我發現有人送來盆景、盆花祝賀，浪費但也溫馨，僅留下幾盆，其餘送給同仁分享。

來了就直接「上架」

事實上，來了就直接「上架」，並沒有緩衝或學習時間，必須很快進入狀況。在翌日，即代表出席「行政院財經小組」第三十五次會議，討論推動「促進民間參與公共建設」計畫，得悉「勞工教育學苑」被列為十二項優先推動項目，並正進行評估職業訓練中心公辦民營之可行性，原來這些改變也屬政府改造的重要部分。

這幾天根據行程照表操課，在全國技術士檢定筆試測驗中，前往士林高商巡場，看到報考踴躍，檢定制度普受社會認同，對推動職場證照制度已奠下堅實基石；於首次參加主管會報時，依規行事，履行宣誓儀式，完成一切人事作業程序，而成為勞委會的一員，從此榮辱與共，禍福同當，只是不知道任職時間將有多長？

雖然到職只有短短幾天，但已感覺到公文量不少，開會與兼職尤其多，官大學問大的官場文化，長久以來似乎一直存在著，不得不疲於奔命，真叫人不可思議。因為剛履新，所以有些朋友會來看我，我也樂於接待。老同事蕭慶安、林正雄、林高明、林碧霞也來訪，特地從鶯歌買來大紅葫蘆形狀燒陶相贈，禮重情意重。

然而忙碌的日子，我並沒有放棄運動的嗜好。於二〇〇一年十一月八日，一早與范光勳、林宇聲、林愷聲開車南下嘉義，前往棕櫚湖高爾夫球場打球，父子同樂也是天倫之樂。棕櫚湖球場遍植棕櫚，具有熱帶氣氛，整體設計及管理不錯，隱秘而有特色，是喜好高爾夫運動的理想去處。返程，四人輪流開車，回到台北已是深夜。

學習與觀摩

二〇〇一年十一月十三日，上午，參加行政院衛生署愛滋病防治工作小組的會議，提報外籍勞工健康篩檢分析報告，以及勞工宣導配合事項；下午，出席內政部身心障礙保護委員會，乃屬於社會福利領域，幾位身心障礙者及關心弱勢族群的專家學者為成員，由張博雅部長主持，我為副主任委員之一。這段時間開會好像已經成為主要工作，發現經常不是在集思廣益解決問題，往往報告多於會商，過程重於結論，不過有許多人卻樂此不疲。

二〇〇一年十一月十五日，一早搭機到台中，而後轉往中興新村，參加由張俊雄院長親自主持的九二一重建委員會，會中並提報重建區培訓土木包工情形，以及重建區重建工程比例僱用災民的執行績效，會後又匆忙到台中搭機返回台北，而午餐是在中興新村到台中的途中吃便當，如此的克難，難怪最近發覺體重已減輕不少。回台北後趕到辦公室主持訴願審議委員會，據指出，目前已積壓約有千件訴願案亟待處理，擔心倉促結案品質堪慮。

二〇〇一年十一月十六日，中午，洪吉春前議長邀約故舊在濟南路千鶴日本料理餐敘，賓客有林洋港、邵恩新、魏登賢、蔡經、林堉璘、陳金德、林榮彬、黃建智與我等人，陳年老友談的盡是陳年往事，彼此交情濃厚，我只能以越陳越香來形容。每天不斷的學習與觀摩，凡事不讓我成局外人。

特別的日子也特別的忙碌

二〇〇一年十一月二十二日是我的生日，特別的日子也特別的忙碌，排滿一天的行程。忙就是盲，讓我沒有足夠時間回憶走過的路，也不及思考未來該走的路。上午，在勞工安全衛生研究所向勞動檢查員專題報告「我國勞工政策」，專題內容包括政策的意義、政策的形成、勞工政策在國家政策中的定位、現行勞工政策及勞動檢查在落實勞工政策所扮演的角色。

所謂勞工政策，依據勞工專家的說法，是指一個國家或政府對於勞工方面所制定的各種主張或政策。據悉，行政院勞工委員會是以「有準備的勞動力」、「安全的工作環境」及「人性化的勞動條件」為三大施政主軸，亦為重要勞動政策主張，我也在課堂上做了充分的闡述。

下午，出席行政院原住民委員會，對重建區重建工程僱用當地原住民災民，以及邵族文化復育工作，特別表示關心。我法定兼職原住民委員會委員，在開會之前曾禮貌拜會尤哈尼主任委員與邱汝娜處長，開會時特別介紹我與其他委員認識。

晚間，與家人全員在SOGO歡奇餐廳以自助餐充當生日宴，平淡的度過一甲子生日，但覺溫馨、幸福。我沒有祈禱也沒有許願，只想平靜地讓時光輕輕地從身邊溜走。

「亞洲職業疾病系統與補償」國際研討會

二〇〇一年十一月二十三日，受邀赴圓山飯店敦睦廳為「二〇〇一年亞洲職業疾病系統與補償國際研討會」開幕致詞，乃由中華民國環境職業醫學會與本會合辦，有來自澳洲、馬來西亞、泰國、菲律賓、韓國、日本等國內外專家學者共二百餘人參加。

中午，總統府第一局有幾位同仁來訪，安排在台北聯誼社午餐，大家很珍惜一年相處的感情，何況對我也是人生中重要的一個階段。餐後隨同一起返回總統府，順道串門子見了趙麟、葉維銓、曾天賜和許志仁等人，寒暄話家常，也想當年。

下午，近傍晚時候，陪同參加「二〇〇一年亞洲職業疾病系統與補償國際研討會」的國外貴賓，以及中華民國環境職業醫學會郭育良理事長等人晉見阿扁總統，報告會議宗旨及目標，阿扁總統承諾於明年在台北舉行第十七屆世界職業衛生會議時予以必要協助，並答應親自蒞臨大會。

接見貝里斯部長賈西亞女士

二〇〇一年十一月二十八日，貝里斯婦女暨人力資源部長賈西亞女士（Hon. Dolores Balderamos Garcia）偕夫婿應邀前來我國訪問，並在外交部安排下於今天拜會勞工委員會，由我代表在外賓接待室接見、會談，以及致贈真皮掛飾紀念禮物。

貝里斯屬大英國協一員，位處中南美洲，人口約二十餘萬人，多數從農業活動，國內政治安定、教育普及、幣值穩定、族群和諧，並且重視人權與自由，是移民理想國度。而且陽光、海水、熱帶雨林吸引人，也是觀光客的旅遊勝地和樂園。

菲律賓勞動部副部長來訪

二〇〇一年十二月十一日，菲律賓勞動部副部長Manuel G. Imson及駐台馬尼拉經濟文化辦事處勞工中心代表Eleuterio S. Cojuangco和副代表Virginia P Calvez訪問勞委會，商談對我國外勞政策改變的配合因應及期望，由我代表接見會談。

菲律賓是主要勞務輸出國家，也是人民賺取外匯的重要途徑，因為使用英語而受歡迎，但因生性樂天，缺乏嚴謹工作態度，逐漸由泰國、印尼、越南外勞取代。我國現時對於僱用外勞仍居優勢，應是作為外交談判的籌碼，而非以單純勞工行政事務視之。但為配合解決國內失業率節節攀升的問題，在外勞政策上目前已有所改變或調整，包括合理規範仲介費標準，避免中間剝削，由輸出國出具未超收仲介費之證明，以及逐年減少外勞僱用人數之五%（約一萬五千人）等之新措施。

下午，首次參加國家金融安定基金會議，會後直接乘車往宜蘭礁溪參加全國勞工行政會議，途經北宜公路，回味「九彎十八拐」的驚險場面，據新聞報導，之前李前總統登輝先生曾在此暈車，可見路況一斑。當車行至北宜交界處，時值日落黃昏，居高臨下，遠眺天邊晚霞，以及蘭陽平原萬家燈火，難得美景美得醉人。

二〇〇一年十二月十二日，早上時候，陳菊主委邀請部分同仁前去三星鄉享有當地早點，米粉加魚丸，可口對味。而後車行鄉間小道，瀏覽蘭陽獨特風光。蘭陽平原地方，山明水秀，地靈人傑，現今政府延攬宜蘭人才居高位者，有總統府秘書長游錫堃、行政院副院長賴英照、法務部長陳定南以及行政院勞工委員會主任委員陳菊等等，或許出自農村誠樸、肯拼的個性，他們是出掌公共事務的最好人選。

由我主持全國勞工行政會議第二天的議程，主要討論身心障礙者保護基金的運用，隨後又主持綜合座談，希望勞工行政同仁有良性互動關係。

勞動基準法不是惡法

二〇〇一年十二月十三日，立法院審議各部會預算，行政部門全員到齊備詢與備戰，這就是所謂的民主程序，也是國會監督，有它可貴的地方，也有它先天的缺憾。可貴是它貼近民意，缺憾是浪費冗長時間。

經濟部召開產業諮詢委員會議，以《迎向全球化的經濟》為主題，在會中有企業老闆以勞動基準法乃是產業發展的障礙而提出批判，實在太偏頗。事實上，勞動基準法並不是惡法，也不是那麼可怕和恐怖，它只在規範勞動條件的最低標準，一方面保護勞工，但也拘束勞工，另一面拘束雇主，但也保護雇主。因為，勞工的生存權和工作權，與雇主的財產權和經營權，同樣的重要，都必須受到尊重。

勞工是產業發展的助力而非阻力，與雇主之間應是夥伴關係而非對立關係，勞力與資本同為生產要素，兩者必須在互惠、共利的基礎上創造生產力、追求利潤，兩者是相互依存，缺一不可。

偷得浮生半日閒

二〇〇一年十二月十八日，我已開始感覺到時間的管理對我是一項挑戰，氣定神閒的時候越來越少，心急如焚的時候越來越多，長此以往或許只見疲憊和衰老，我懷疑有何成就和期待？從不停的開會中，固然可以學習到新事物，但在這過程虛擲的時光又何其多。官大學問大？官大會議多？這是官場怪現象之一。今天行程很滿、很忙，可以用「馬不停蹄」來形容。

二〇〇一年十二月十九日，忙裡偷閒，偷得浮生半日閒。拋開瑣碎事，與簡又新夫婦相約赴鶯歌與三峽作一日「知性之旅」。另有王玉章、許元和夫婦相迎作陪，及參觀鶯歌陶瓷博物館。

鶯歌陶瓷博物館規劃甚久，起建於尤清縣長任內，而竣工於蘇貞昌任內，現在已落成啟用，是全國唯一的陶瓷專業博物館，佔地廣闊，展示豐富，具有陶藝傳承與教育功能。博物館建築新穎，採光甚佳，空間與格局設計講究，在館內陳設不同時代、不同用途之各類陶瓷製品，細數先民到現代的陶瓷發展歷史。

中午，在小鎮上一家客家小館享用客家美食，大家稱讚鶯歌之美。於飯後，下午續參觀傑作、台華、市拿等三處陶瓷名店，而後轉往三峽參觀李梅樹美術館，對名家經典創作，驚嘆不已。今天是滿載豐收的一天，可謂乘興而去，盡興而歸。

行政院勞工委員會又搬家了

行政院勞工委員會一直是「無殼大蝸牛」，搬來民生東路已屆十年，因時有勞工團體至會址陳情或抗議，造成附近商家諸多不便，房東國泰人壽保險公司於租期屆滿時不再續約，只好四處覓新殼，終於在延平北路找到新家，很快要搬家了。

勞委會幾經波折才底定「房事」，要搬到「燈紅酒綠」的舊社區，並與「五月花大酒家」毗鄰而居，媒體把它當新聞話題，為勞委會搬遷新址作了免費宣傳。同仁打趣說，搭計程車說勞委會沒人知道，但說五月花就耳熟能詳。事實上，勞委會即便不能為已逐漸沒落的舊社區帶來商機，但至少可以引進人氣，何樂而不為！

二〇〇一年十二月二十四日，首日到新辦公室上班，因為尚未整理就緒，似乎顯得比較零亂。這是一棟屬住辦全新建築物，名稱「帝國花園廣場」，未曾使用過，座落於延平北路老舊市街，想當年也曾繁華風光一時，只是時光巨輪無情走過，處處留下歲月痕跡，也留下無限追憶。辦公室彭鳳美小姐新婚，於日前偕夫婿赴歐洲蜜月旅行，行前利用假日先將物品定位，而我在兩個月內換辦公室兩次，因攜帶物品簡單，所以感覺整齊清爽。辦公室不像住家，乃是公共活動空間，屬於團體生活的地方，不可能也不容許隨意選擇或擺設，但當你整日置身其間，如果環境不夠協調，或長時間受到干擾，必然影響工作情緒與效率，遑論好的工作氣氛！

年終是最忙碌的季節

年終是最忙碌的季節，在民間忙著辦年貨，雖說景氣不好，但是習俗不能免；在政壇忙著地方選舉，縣市議員和鄉鎮市長競選旗幟已是滿街飄揚；在國會有人忙著打包行囊，離情依依，惜別酒會上互道珍重再見；在官場則忙著搬風準備，誰也不相信所謂「上台下台一樣的自然」。而勞委會也循例舉行年終記者會，陳菊主委用心細數一年來的政績，但媒體對她是否角逐高雄市長的傳聞比較感興趣。

傳聞內閣改組已久，終於確定閣揆即將換手「張下游上」，也就是所謂的「有人起，有人落」，尤其一些政務官，更是應驗了「幾家歡樂幾家愁」這句話。我既不是棋子，也不是下棋的人，不是局中人不知局中事，當然不必刻意隨風起舞，也更不必擔心飯碗不保。

庭院櫻花盎然綠葉落盡，只見紅蕊初放，感覺時序快速更替，歲月催人老。宋朝詞人辛棄疾的名句：「廉頗老矣，尚能飯否？」也是一種激勵，生活若失去了理想、夢想、幻想，那生命便只是一堆空架子罷了。年終，我應邀參加台灣經濟研究院在士林僑園餐廳的尾牙，吳榮義院長和胡勝正都是「報派」閣員熱門人選。

游錫堃院長來巡視

二〇〇二年二月十六日，今天雖然是週休假日，但是游錫堃院長依然風塵僕僕率領林信義副院長、李應元秘書長、胡勝正政務委員、莊碩漢發言人等前來勞工委員會巡視，由陳菊主任委員作業務簡報。

游錫堃院長巡視時提到現階段的主要工作目標，也是內閣積極的施政方向，包括：拼經濟也拼人文；建設綠色矽島（科技島）；積極推動政府改造工作；建立學習社會（終身學習）的觀念；戰鬥內閣是為績效而戰鬥並非為選舉而戰鬥；職業安全應受重視哥等。

傍晚時候，首次邀請陳菊主任委員、郭吉仁副主任委員以及辦公室眾娘子軍，有王幼玲、曾姿雯、楊茹憶、楊琇雁、張舒喻、彭鳳美等人，前來汐止住家賞櫻及春宴，由粘麗娟親自掌廚，大家稱讚。飯後，以「卡拉ＯＫ」助興，賓主盡歡。

人權與勞動人權

參加行政院人權保障推動小組會議，討論我國「人權政策白皮書」的撰擬，並對「美國國務院人權報告」關於我國人權缺失部分，包括婦女、勞工、原住民族少數未能尊重人權的事例，研提現況說明及改進規劃。

美國國務院於二〇〇二年二月二十六日發表第二十五期關於人權狀況的報告，總體上對於台灣人權頗為肯定，指出新政府已經努力清除腐敗，並減少政治對司法的影響；員警和安全機構處於文職人員有效控制之下；經濟自由化削弱了政府所有或政黨經營的企業在產業中的主導作用，並使公民享有高生活水準和公平的收入分配；而且致力於國際人權公約國內法化和設立國家人權委員會等。然而，在報告同時指出，台灣有些領域仍存在問題，包括出現某些侵犯公民隱私的情況、歧視婦女和對婦女使用暴力、對原住民族的社會歧視、對勞工結社自由和罷工權利的限制等，仍然有少數未能尊重人權的事例。對人權缺失部分，政府有義務促使改進。

人權議題常在國際社會被提到，而勞動人權也常在工作上出現。所謂人權，乃是人類與生俱來的權利，簡單地說，是以人的資格而應享有的基本權利。因此如果人類生而不能享受這種權利，那就不能被指為過著人的生活。在一七八九年法國「人權宣言」中，已很明確地闡述，謂人出生以後，即有自由平等的權利，政府不得非法逮捕、監禁。事實上，人權涵蓋的範圍極廣，包括：人格權、生存權、財產權、參政權、自由權、平等權等等。因為，每個人本有的尊嚴和價值，如果都能落實在生活中得到尊重與保護，才是人權和基本自由的真正意義所在。

人權和基本自由也是人類能夠充分發展的動力，運用我們作為人的特性、智慧、天賦和良心，滿足我們精神和其他層面的需求。所以，人權和基本自由倘若被否定的話那是悲哀的，因為正如《世界人權宣言》第一句所言：對人權和人的尊嚴的尊重『是世界自由、正義與和平的基礎』。為此我們有責任強力加以捍衛。

至於所稱勞動人權，即指因勞動者身分而享有的基本人權；詳言之，乃指受僱從事工作而應享有的勞工權利。勞動人權是人權的指標，是人權內涵中重要的一環，是各國政府最重要的勞動政策，均受到國家憲法和法律的充分保障，不因種族、性別等而有差異。勞動人權是整體人權報告的重要部分，在國家整體人權政策之大架構下，遂行國際勞工公約之規範，完成尊重與包容勞動神聖的工作權之自由與平等。因此國際勞工公約以及憲法上的結社權、就業權、生存權皆屬主要依據，而法律上得組織工會、進行罷工、爭議協商、兩性工作平等、最低工資保障、限制逾時加班、職業災害保護等，都是構成勞動人權的重要內涵，為各國重視的勞動議題。

ＲＣＡ勞工訴訟輔助及救助

二〇〇二年三月二十七日，上午，主持勞工訴訟輔助審查會議，除一般例行性補助案件之外，亦對台灣美國無線電公司（ＲＣＡ）勞工及家屬兩百餘人請求損害賠償聲請假扣押案件，同意依法定限額一千萬元提供擔保責任保證書，首創先例。

其實於一月十六日在來來飯店萬壽廳已由胡勝正政務委員主持續研商ＲＣＡ桃園廠員工罹癌救助事宜，除勞工委員會之外，另有衛生署、環保署及經濟部投資審議會等單位參加，在相關流行病學調查研究不能證明土地污染與罹癌二者具有相當因果關係之前，為照顧並安定罹患癌症員工之生活與醫療，政府同意予以適當救助。事情演變一直到四月二十四日，由胡勝正政務委員邀集陳菊主任委員、李明亮署長等人，於來來飯店萬歲廳早餐會再度研商美國無線電公司（ＲＣＡ）受僱勞工罹患癌症及其家屬因生活困難之救助事宜，並獲致結論發給每位三萬六千元慰助金。

二〇〇二年三月二十八日，勞工委員會審查勞動三法（工會法、團體協約法、勞資爭議處理法）等之修正草案，委員會中對於勞工加入工會究採強制入會或自由入會，以及應否對政府行政公務人員、教師或現役軍人組織工會加以禁止或限制？學者及專家有不同看法，尤其勞雇雙方團體代表更有激辯，尚無定論，將續行研商。

春暖花開，歲月在時序轉換中從身邊悄悄溜走，即使心中有百個不情願，但又能抓住什麼呢？涼爽的天氣，使人感到疲倦，也覺得慵懶。不讀書，不閱報，沒有詩，沒有畫，不見思維、思緒與思想，生命漸枯竭，世界已昏暗，一切皆黯然。

金融機構合併所衍生的勞資爭議

台新銀行與大安銀行配合政府推動金融改革政策，首開金融界合併成功之先例，是金融界的一件大事。不料，進行合併之際，有部分當時大安銀行員工自願離職他就，發生應否由存續中的台新銀行發給資遣費的法律適用疑義，引起社會普遍關注。因為涉及了勞動基準法、企業併購法、金融合併法等相關規定，需要勞工行政主管機關明確解釋，為了考量曾受僱於台新銀行的特殊關係，在公務上刻意迴避，然而由衷希望爭議能早日圓融落幕。聽說，元大證券與京華證券合併後也發生員工資遣費而集體訴訟的事件，同樣的爭議重複出現，或許是現行法令不夠周延，或許是事前協商機制不夠健全。總而言之，已由法律問題衍生社會問題。

企業合併在制度上雖有權利義務概括承受的設計，但難免也會因公司組織變革而引發勞雇之間的緊張關係。台新銀行與大安銀行依據金融機構合併法的相關規定合意合併，在一切勞動條件與待遇未變的情況下，對自願離去員工應否發給資遣費，牽涉勞動基準法第二十條適用問題與疑義，在未完全釐清法律關係之前，仍有討論空間。然而，台新銀行董事會為展現對照顧勞工的美意，降低社會成本的負擔，和諧勞資關係，穩定銀行員工情緒，以及讓合併前大安銀行離去員工能夠早日安心投入工作，而主動放棄尋求以訴訟途徑解決本案爭議，實屬難能可貴！

看到台新銀行平和、圓融解決合併後的爭議，雖然增加成本負擔，但已贏得社會稱讚。在我的建議下，於四月二十二日中午過後，陪同陳菊主委拜訪吳東亮董事長表達對台新銀行經營理念的認同與其善待勞工的謝意。陳菊主委一再稱許吳東亮董事長的社會形象及其銀行長期以來的業績。並表示，勞委會基於照顧勞工、和諧勞資關係，對於處理相關爭議程序及明確法律規範等方面，仍有努力改善的地方，日後處理類似問題時，願意多聽取勞資雙方的意見，並對企業併購法及金融機構合併法相關規定的修改提前因應，以兼顧勞資雙贏並符合經濟發展的需要。

全國職業安全衛生會議

二〇〇二年四月十九日，行政院勞工委員會與台灣大學公共衛生學院合辦「二〇〇二年全國職業安全衛生會議」並以《邁向國際化的我國安全衛生制度與技術》為題進行兩天的分組研討，我應邀代表陳菊主委於開幕式致詞，感謝專家學者共襄盛舉。

我說，生命是無價的、可貴的、美好的，必須受到絕對的尊重。因此，推行勞工安全衛生工作，保障勞工生命安全與健康，乃是政府一貫的重要施政要項，除了可以提升作業環境的品質，並可降低職業災害，保障人民基本生存權、工作權之外，對於確保事業永續經營，提升產業競爭力和生產力，都有了莫大助益。就在這樣政策的要求下，行政院勞工委員會持續推動以下幾項具體措施和作為，包括：一、健全勞工安全衛生法制，透過立法保障勞工安全與衛生的工作條件；二、推廣勞工安全衛生教育訓練，普及勞工安全衛生知識及觀念；三、加強勞動檢查，督促事業單位強化勞工安全衛生措施；四、加強推動安全衛生宣導活動，建立維護工作安全的共識；五、督導事業單位確實做好安全衛生管理，防範職業災害之發生；六、強化勞工安全衛生研究，引進工作安全衛生新知識、新經驗等。

這些措施和作為，經過長期不斷推行以來，已頗具績效，與會各位熱心人士在這個領域，也都提供了相當的經驗和貢獻。二十一新世紀已經來臨，為了因應全球化職業安全衛生新趨勢，並配合國內「職業災害勞工保護法」的實施，勞委會與台灣大學公共衛生學院共同邀請各位學者專家，以及機關團體、事業單位代表，集聚一堂，藉由知識與經驗的交流，結合力量，期盼落實職業安全衛生工作，提升國家職業安全衛生水準。此次會議分成職業安全衛生政策組、職業安全衛生檢查組以及職業安全衛生研究組，進行研討，所有會議的結論與共識，都將作為今後研訂安全衛生政策、執行勞動檢查及落實安全衛生研究，最重要的參考依據。

職業災害勞工保護

二〇〇二年四月二十四日，接待外賓Mr. Balan G. Nair他是馬來西亞籍，現職國際建築及木業工人聯合會亞太區代表，他除禮貌性拜訪之外，希望瞭解我國外勞政策與實務，談及外勞營造工人的作業安全問題，關心台北金融大樓職業災害情形。我亦適時介紹台灣先進的勞工立法，諸如：職業災害勞工保護法、兩性工作平等法等等。我並提出我政府和工會參與國際勞工組織的強烈意願，尋求國際友人的支持和仗義執言，期能分享國際勞工事務的成果，分擔國際社會的應有的責任。

二〇〇二年四月二十五日，陪同「中華民國工作傷害受害人協會」張榮隆常務理事以及協會之若干成員面見游錫堃院長，行政院莊碩漢發言人及尤明錫組長也都在場。中華民國工作傷害受害人協會以照顧及協助遭遇職業災害勞工朋友及其家屬，於遭受身心重大創痛之後，能夠正視生命的價值，堅強勇敢地很快重新站立起來，再度回到社會。有部分協會幹部本身也是職業災害罹災的勞工，著實令人敬佩。

至於職業災害勞工保護法，已完成立法程序，即將在今年四月二十八日施行，這是一項具突破性而且相當進步的法律，該法案從起草開始歷經五年多漫長的立法過程，中華民國工作傷害受害人協會的朋友們，一直都扮演著推手和催生的重要角色。這一天可稱之為「工殤日」，將在高雄勞工公園舉行工殤紀念碑動土典禮，然而有勞工訴求「工殤即國殤」，提議職業災害死亡者入祀忠烈祠，永遠緬懷。

勞工人權婚禮

「勞工人權婚禮」是繼總統府人權婚禮及原住民人權婚禮之後舉辦，凡尊重兩性平權而對勞工人權有貢獻者，即可報名參加，日前由我主持的第一次籌辦會議初步構想以三十六對為限，將於五一勞動節在高雄舉行，屆時並恭請總統福證。接著又召開第二次籌辦會議，同時邀請文化復興總會、人權教育基金會、中央健康保險局、高雄市政府與會，議定企劃書、分工表、進度表及舉辦主題特色構想。

自古婚禮是一種儀式，也是一種桎梏，牆裡與牆外畢竟空氣不同。然而，多數人認為結婚並不是愛情的休止，同樣地，多數人也希望結婚是愛情的另一種溫床。有人說：『戀』讓你們身體分不開，不過，『愛』才是讓你們生命分不開；『戀』是你急欲開發他的身體，『愛』則是你從容探索他的心靈。前者像是提著元宵節的紙燈籠，後者像是九月時在河濱放風箏；另外，也有人說：「愛沒有重量，愛不是負擔，而是一種喜悅的關懷和無求的付出」。所以愛是不帶痛苦的，是不必期待結局的。因為所謂「有情人終成眷屬」，它也只不過是一種「但願」罷了！

勞工人權婚禮於四月初截止報名，總共受理八十對新人申請，經抽籤依序決定三十六對幸運參加者，並經選定民視文化事業股份有限公司承辦婚禮全程活動。依得標廠商承諾在原定名額十分之一範圍內，同意另提供四對名額分配使用，而不影響整體作業流程與經費負擔。之後，也先後再主持數次籌備會議，並聽取承做單位的簡報，就婚禮流程細節一一檢視，一切似已安穩就緒，但還是焦慮的等待成果。

舉行勞工人權婚禮的前夕，專程從台北飛往高雄，參加在國賓飯店國際廳舉行的勞工人權婚禮《揮別單身派對》晚宴，新人含蓄有餘，熱情不足，沒有想像中的狂野、奔放。而後夜遊愛河，燈光水影；再逛城市光廊，炫麗浪漫，光彩動人。

二〇〇二年五月一日，良辰吉日，上午邀請黃健一、陳田圃、蔡孟行、黃國師於高雄國賓飯店早餐，黃國師為民視公司主任秘書，他領軍此次承辦單位的計劃執行，大家同是國際青年商會的舊識，也是好朋友，老交情，彼此越陳越香。中午我另參加勞工人權婚禮「張燈結綵」午宴。

下午，勞工人權婚禮在高雄音樂館正式舉行，別開生面，喜氣洋洋，阿扁總統專程南下為新人福證，頒給每對人權版結婚證書，並由陳菊主任委員與謝長廷市長主婚，林惠官、侯彩鳳、黃清賢等勞工領袖及黃輝珍、王榮文、方來進等人為介紹人，場面溫馨活潑，搭配悠揚音樂與生動歌舞為新人祝福。阿扁總統並與新人逐一攝影留念。

我的祝福《有夢最美，希望相隨》：

1. 王子和公主般幸福美滿的生活，絕不是從天上掉下來的，而是需要付出辛苦的代價和努力追求的結果。有句話永遠是對的：「要怎麼收穫，先怎麼栽。」

2. 在浪漫擇偶過程中，不論是愛情長跑或是一見鍾情，都做了最好的選擇，也是唯一的選擇，從此不再有選擇的權利，只有同甘共苦、扶持同行的義務。

3. 家庭需要細心經營，快樂同樣也需要真心營造。同一屋簷下水乳永遠是交融的，兩性永遠是平權的。事實上，彼此之間的距離，最近的是心心相印。

「亞洲海員高峰會議」致詞

二〇〇二年五月七日，由中華海員總工會主辦的「第十九屆亞洲海員高峰會議」在台北環亞大飯店文化中心揭幕，有來自日本、韓國、印度、菲律賓、新加坡、俄羅斯等十四國家海員工會代表與會，特別應邀代表行政院勞工委員會於開幕典禮致詞，向與會各國海員工會的代表表示誠摯歡迎之意，並對大家齊聚一堂，透過會務交流以及政策相關議題的研討，尤其為海員權益所做努力，表示由衷敬意。

台灣是海島，四面環海，國家經濟發展與海運關係至為密切，對外貿易及進出口貨物主要皆係經由海上運輸。所以，發展海運事業，建立海運秩序，以及改善海運人力資源與海員工作權益等等，皆屬於國家重要政策。我們也深切地體認，在全球化高度發展的環境下，勞工權益及勞動條件的保障將受到挑戰，尤其亞洲地區的勞動者在此衝擊下，將面對更嚴峻的競爭。為因應此一課題，本次會議議題之一「成立亞洲海員聯盟」，正可藉此推動亞洲各國海員工會的結盟，共同維護亞洲地區海員工作權益與福利，並加強了解各國的航運政策，及其未來的發展。

我國已於今年元月成為世界貿易組織（ＷＴＯ）的會員國，與其他會員國之間貿易關係，以及勞資關係將更加緊密，在勞動政策上，我們將一本以往照顧勞工的本意，努力實踐國際勞工組織（ＩＬＯ）所宣示的核心勞動基準相關法律，以保障勞工基本權益。例如於今年三月八日實施的「兩性工作平等法」，即為保障婦女免受勞動市場性別歧視重要立法。

此外，為促成工會組織的健全發展，亦已著手研修工會法、團體協約法、勞資爭議處理法等，使工會組織在面對全球化的挑戰時，能夠透過結盟、聯合等策略，團結力量充分發揮其應有之功能。其中「工會法」乃以組織自由化、會務自主化、運作民主化為主軸，採取低度規範原則，以符合工會發展的國際潮流；「團體協約法」則以勞資自制自律及誠信協商的原則，促進集體勞資關係之運作；「勞資爭議處理法」係本於爭議處理應秉誠信、自主精神，兼顧社會秩序及公共利益，以健全勞資關係的完整法制。我們非常願意將這些經驗與成果，與世界各國共同分享，尤其是來自亞洲地區的海員工會友人。

本次會議主題，還包括「海員特許狀（Seafarers Charters）」、「全體船員總薪津標準」、「海上之恐怖行動之討論」，都是攸關海員工作權益與福利，相信經由與會代表們集思廣益的討論，必能獲得寶貴的結論，並且予各國帶來新的啟示。

人天生就是政治動物

二〇〇二年五月三十日，一早出席行政院大陸委員會召開的法政會報，會議由劉德勳副主任委員主持，以早餐會方式進行，會中聽取兩岸合作共同打擊犯罪的執行報告。隨後，返回辦公室主持例行性的人事甄審委員會，為業務單位甄選新秀。

下午，聽取職訓局身心障礙者就業服務情形及展望之簡報，並對殘障就業基金之運用交換意見，對於公設就業服務機構在轉介身心障礙者就業方面，僅佔身心障礙者就業人口一一六七五〇人之中的二・五七%，表示有雙層象徵意義：其一是，對於公設就業服務機構有疑慮沒有信心；其二是，公設就業服務機構仍有很大的努力空間。

在台灣，對於政治議題似乎比較容易吸引大眾興趣，好像每一個人天生就是政治動物一樣，對政治皆有強烈的嗅覺和偷窺慾，習慣把一般性議題泛政治化，讓人處處可以聞到政治味。每當在電視上看到政治人物彼此冷嘲熱諷，相互謾罵，壁壘分明。我不禁想問，難道除了政治細胞之外，人類真的就是這麼貧瘠、可悲？

事實上，政治本身就是中性的，只因人為私心或別具用心的操作，把它變了質、染了色，成了說謊者和投機客的表演舞台。因為政治是通往權力的捷徑，而權力背後代表的就是名位和利益。有人說：「政治是各種集團或個人為了各自的利益所結成的特定關係。」也有人說：「政治其實就是各種權力流動和鬥爭的現象。」

參訪武陵農場

二〇〇二年六月八日，玉山盟友於上午八點在國軍英雄館集合，走訪武陵農場。從台北到宜蘭取道濱海公路，欣賞東北角海岸優美景色，中途在「河東堂」獅子博物館小憩，館主高建文經營建築有成，是汐止綠野山坡社區的鄰居，平常較少見面。河東堂或許取自「河東獅吼」一詞，館址位於東北角風景特地區北關海潮公園旁，為兼具傳統與現代之閩式建築，周邊精心美化，小橋流水，景深無限。佇立此處，可以遠眺龜山島在平靜海面上沉睡著，美不勝收，而館內珍藏以石雕為主之各類獅子文物有兩千餘件，井然有序，造形多樣，年代久遠，值得流連。

將近中午時候，參觀礁溪大塭觀光休閒養殖區，從荒蕪田野開闢為養殖魚、龍蝦、紅蟳等高價值水產，已建立口碑，且遠近馳名。附設有餐廳，就地享用豐盛午餐。

蘭陽平原有濃厚鄉村味道，民風淳樸，熱愛土地，具移民堅毅性格，在台灣社會足為標竿作用。行車經棲蘭山莊的時候，已開始飄下濛濛細雨，特別駐車休息，享用香濃咖啡。此處山明水秀，景色奇佳，有謂「綠水本無憂，因風皺面；青山本不老，為雪白頭。」或是貼切寫照。抵達武陵已近黃昏，先觀看多媒體簡報，而後參觀行館並享用豐盛晚餐。飯後品茗、歌唱，也聆聽潺潺流水和蟲鳴鳥叫。

二〇〇二年六月九日，清晨起床，未及早餐，由賓館前往觀賞桃山瀑布，循著步道緩坡行四公里後抵達，聽說這段路程是台灣十大步道之一。桃山瀑布，又稱煙聲瀑布，海拔二二〇〇公尺，瀉長八十餘公尺，年平均溫十三度，對我已是舊地重遊。

武陵農場盛產高山蔬果，早餐後參觀水蜜桃栽培區，運氣好可以品嚐到早熟的桃子。隨後續往雪山登山口，欣賞風光，沿途依稀可以看到前不久「火燒山」肆虐後留下的痕跡。而後至七家灣溪畔，有國寶級櫻花鉤吻鮭，乃冰河時期遺留的生物，目前已瀕臨絕種，被列為極珍貴的保育類動物。在七家灣溪谷，也發現先民生活遺跡，並有多種文物出土，證明早期人類已在這裡從事狩獵、農牧的活動。

中餐後啟程返北，途經棲蘭山莊稍事休息，轉行北宜公路，回到台北已是華燈初上的時候，大家互道珍重再見，結束一次知性之旅，真正體認到「台灣之美」。

我的同學黃越欽

二〇〇二年七月九日，主持勞工住宅推動小組第三十七次委員會，並檢討輔建方案的執行績效，對於延宕多年未決個案，經衡酌實情予以清理，因為時間的累積有時候不但不能解決問題，反而將使問題更加複雜化，何況其間又難免牽涉利益糾葛。

行政院推動「挑戰二〇〇八：國家發展重點計畫」，其中「產業高值化計畫」的分項計畫「勞動力升級」，係由行政院勞工委員會主辦，並由職業訓練局規劃執行，為使整體計畫內容更臻周延成熟，今天下午在中華經濟研究院蔣碩傑國際會議廳召開研討會，奉命與蔡清彥政務委員共同主持，會中並由職業訓練局王幼玲主任秘書簡報四項子計畫，亦即：一、建立全國職業訓練網；二、培訓知識經濟所需人力；三、輔助弱勢族群及失業者參加職業訓練；四、加強勞工在職進修及第二專長訓練。隨後聽取產官學代表之建言，並且適時給予回應，使計畫更為完整。

黃越欽是大學同班同學，與我有好交情，精明機智，靈活幹練，曾任監察委員，現任司法院大法官，利用閒暇學習繪畫，最近在國父紀念館再度舉行個人畫展，勇於嘗試，精神可佩。他也是勞工法律學者，日前對國內現行勞工退休制度，根據國外做法提出顛覆性見解，認為要求雇主負擔勞工老年安養責任，有違「社會安定最低基準公約」和「憲法」之精神，也就是應屬國家責任範圍者，不能強求由企業責任負擔，事涉憲法解釋問題，引起廣泛討論，但不違背照顧勞工本意。

友誼與健康最可貴

二〇〇二年七月十四日，吳光雄約打球，另有戴一義與何既明醫師，盛夏酷暑，雖是艷陽高照天氣，但在長庚高爾夫球場喜愛打球的人仍然很多，已成平民化運動。吳光雄和戴一義先後與我有同學之誼，常有交往，情誼頗深。戴一義前些時候因心臟手術初癒，對人生有了頓悟和改變，也知道健康的重要。而何既明醫師棄醫從商，為人正直、好公益，有君子風範，年高德劭，受人敬重，與李前總統登輝先生交情甚篤，傳為佳話。他曾任淡水高爾夫俱樂部會長，與當年尤清縣長收回球場用地有不甚愉快的交涉過程，迄未有圓滿結果，而我當時夾在其中，左右為難。

二〇〇二年七月十五日，莊恆雄從新加坡返台，范光勳邀約午餐，同時有張壽雄夫婦參加，他們都是在新加坡工作，異地結緣，時相往來，很難得回到台灣又相聚。張壽雄任職台灣銀行新加坡分行經理，在即將調任美國洛杉磯分行經理前夕，因行前健康檢查發現罹患肺疾，情非得已，臨時改留國內服務，雖然於餐敘間談笑風生依舊，但已隱約可以感受到前所未有的憂愁與焦慮，而我也只能在內心為他祈福－吉人自有天相。在茫茫人海中，我們何等渺小，又能奢求抓住什麼，長命百歲？永浴愛河？超越顛峰？答案為－不能也不是。除了健康，一切莫非皆虛假！

歡迎海地總統亞理斯蒂德

二〇〇二年七月十六日，應邀列席中華民國中小企業協會第十屆第一次會員大會，在其他貴賓還有財政部長李庸三、經濟部次長陳瑞隆、中小企業處長賴杉桂等人，而游錫堃院長亦親臨致詞。中小企業協會是台灣五大工商團體之一，現任理事長戴勝通的帶領下會務蒸蒸日上，並與執政當局建立良好溝通管道。事實上，行政院勞工委員會與中小企業協會關係密切，因為中小企業是台灣經濟發展的主力，在經濟發展歷程中勞工則有相當貢獻，而勞工委員會乃兩者的居間橋樑，具有調和潤滑的功能，尤其在勞工保險、外勞引進和人力培訓方面，提供最直接的服務。

晚間，參加游錫堃院長暨夫人歡迎海地共和國總統亞理斯蒂德（Jean Bertrand ARISTIDE）閣下暨夫人於凱悅飯店三樓凱悅廳的晚宴，海地官員及眷屬四十人隨行，外交部簡又新部長伉儷全程在座相陪，是以西餐款式招待，伴以音樂演奏，氣氛和樂。

海地國家位於加勒比海北部，面積二七七九七平方公里，人口七八〇・三〇萬人，東鄰多明尼加，西鄰古巴，於一八〇四年獨立，是第一個黑人共和國，從一九五六年起即與我國建立邦交友誼。海地屬熱帶氣候，受北赤道暖流及東北季風影響，人民信奉天主教或巫毒教（Woodoo），通行法語和克雷奧語（Greole），是相對貧窮的國家。

失業不僅只是生存的問題

最近失業率又回升到五・一一％，在身邊幾位親友的晚輩也都忙於找工作，可以感受到經濟的不景氣。日前友人E-mail「勞動倫理的破產」一文，內容頗發人深省。文章帶感性但也寫實，首先提到，「失業」所觸及的不僅只是「生存」的問題，還包括「生命價值」的問題；又說，長期以來，我們已習慣於將「工作」視為社會地位和公民身分的表徵，而「失業」所代表的意義，不僅是失去飯碗，在失去工作的同時，也失去了名片上的頭銜，失去了購買力，失去了銀行的信用，他的「身分」變得模糊，原先在社會上的位置將被重估。而公司員工之所以失業，固然有很多私人原因，事實上往往是企業高層人謀不臧、玩虛弄假的最大受害者。

接著文章說，勞動者的勤奮與他的飯碗、職位並沒有必然的關係。因為一位兢兢業業的企業員工，隨時可能因為上層的金錢遊戲和權術把戲，一夕之間，失去了賴以維生的工作，同時，也失去了生命的指標。進一步指出，的確，當越來越多的受薪者被老闆耍詐玩弄，當他們的勞動世界受到輕侮，當他們在社會上頓失位置，當他們的公民身分變得模糊，當簽支票的手和掌權的手越來越難分你我，憑什麼要他們信守職場倫理？憑什麼要他們在政治上遵守「民主」的基本法則？我們看到一個未來的趨勢：資方無情，勞工無義，勞資關係進入全面緊張的新世紀！

見證高雄老火車站遷移工程

二〇〇二年八月十六日，陪同阿扁總統與林信義副院長訪視行政院南部服務中心，於行政專機上談及「一邊一國」的發表時機與後續效應等話題，他掌握各種情況。

卓春英現任行政院南部服務中心執行長，在簡報之後阿扁總統指示：南部服務中心是中央與地方的橋樑，並非僅是「郵差」的功能，而是中央各部會的分身；他說「台北有的，高雄也要有；中央有的，南部也要有。」務必做到南北平衡與南北同步。他要求傾聽南部聲音，整合區域資源，使南部服務中心能成為單一窗口獨立作業，在觀光旅遊、海洋開發、經濟科技、生態環境等，都有傲人的一面。

阿扁總統與謝長廷市長隨後又來到高雄火車站，主持並見證這座興建於一九四一年有歷史、有記憶、有生命的古老建築物遷移工程典禮，而我與許志仁很幸運能躬逢其盛。之後，並參拜三鳳宮古廟、接受鉅明精密工業公司林進能董事長午餐款待，也參觀其高爾夫球桿頭工廠生產製造，而於下午近三時許搭專機返回台北。

晚上，印度尼西亞於環亞大飯店舉行獨立五十七週年慶祝酒會，特地前往祝賀，並向駐台北印尼經濟貿易代表處陳蔽霖（Iskandar Sabirin）代表致意。因時值政府凍結印勞引進，以及呂秀蓮副總統訪問雅加達橫生波折，外界頗為敏感。

隨後，轉赴國賓飯店參加「品客會」聚會，輪由林春雄邀集，他細心介紹法國名酒特色與產地，也介紹歌劇女神Maria Callas的生平與愛情故事，並欣賞她片段歌劇。

外勞政策採行總量管制

日前主管會報時，據同仁轉述，陳菊主任委員曾提及工會的反映，希望訴願審議委員會有勞工代表為委員參與案件審議。事實上，訴願乃行政救濟的一種途徑，是公權力的行使和積極作為，有一定的堅持，並非提供爭議協商的管道。因此，是法律的、專業的、理性的、正義的；而非政治的、福利的、情緒的、妥協的。

最近外勞政策也一再被提出討論。前不久，印尼外勞因仲介剝削及逃跑率偏高，遭凍結輸入，引發爭論；日前又因與泰國簽署直接聘僱協定，陳菊主委未能獲得入境簽證觀禮，觸及外交敏感神經，終致雙方協定簽署不成，使「中泰勞工聯合委員會議」因而無限期延會，兩國關係平生變化，帶來諸多困擾也帶來不順遂。

台灣引進外籍勞工是從一九八九年開始，截至目前已開放國家有泰國、菲律賓、印尼、馬來西亞及越南等，迄二〇〇二年七月底統計，總人數有三十一萬二千餘人，其中泰國最多一二二八二九人，印尼居次九九四六五人，菲律賓六九四八五人，越南二〇三八一人，馬來西亞僅有四十人。至於僱用工作類別為，重大公共工程二四九四三人，重大投資製造業六五〇六三人，監護工一一一〇〇四人，家庭幫傭八三五一人，其他有一〇二八三九人。

現行外勞政策是採行總量管制，而且逐年遞減。主要政策方向為：一、輸出國多元（開發多原來源國家）；二、避免或減少仲介成本負擔（訂定仲介收費標準或簽署直接聘僱協定）；三、降低對就業市場衝擊（考量補充性、功能性、替代性、平衡性等需求）；四、維護外勞權益（基本權益上的公平正義原則／工作權益上的國民待遇原則／生活權益上的一視同仁原則）。其實，外勞質與量一直未能掌控。

失業給付是給真正需要的人

二〇〇二年九月十六日，參加行政院經濟建設委員會議，聽取「英國推動公共投資之財務策略與夥伴關係」及「社會資本與台灣知識經濟」之研究簡報。據指出，所謂生產要素產出＝土地＋勞動＋資本＋技術進步；技術進步指社會資本類同生產過程中的實體資本，可以強化社會生產力，降低生產成本，增進社會利益。包含：公民社會Civil Society、社會網路Social Network、公民約定Civil Engagement.等。

二〇〇二年九月十七日，有鑑於勞動節慶祝與模範勞工表揚，每年的例行活動已逐漸流於形式，今天特地邀集主辦單位及地方縣市政府研商，交換意見，希望有所變革。因為，流於形式則習以為常，久而久之又被視為理所當然，自陷於既有框框而不自覺。

出席行政院災害防救委員會議，由林信義副院長主持，是在內政部消防署召開。會後探訪柯欽郎副署長，因為原任署長趙綱辭退而他無緣遞升或覺「鬱卒」。今天也遇見前台北縣警察局長鄭榮進，他已由警專校長轉任內政部警政署副署長。

勞工委員會對於勞工失業給付金額不斷增多，形成財務沉重負擔，因屬於勞工保險給付範圍，沒有所謂「排富」條款的設計。聽說，有高科技產業或政黨高階黨職人員，在領得額外優渥退休金或獎勵資遣費之後，再請領失業給付者，所以有人質疑不無資源濫用之嫌。為了導正，今天邀集相關部門研商，盼在自願與非自願性失業之間能有所區隔，並把失業給付——給付予真正需要的失業的人。

公營事業民營化是趨勢

二〇〇二年九月二十四日，上午，參加國家金融安定基金專案小組會議，研商全權委託經營契約及基本管理費與績效管理費有關費率之訂定。中午，趕到大溪鴻禧球場，參加第三屆台商杯高爾夫球聯誼賽，是由財團法人海峽基金會主辦，許惠祐秘書長盛情邀約。晚間在鴻禧山莊舉辦盛大餐會，由辜振甫董事長親自主持，他年高德劭，受人崇敬有加。餐會穿插頒獎與摸彩頗為熱鬧，阿扁總統於中途蒞臨會場，講話、敬酒、頒獎優勝球隊，與台商有很好的互動。

二〇〇二年九月二十五日，主持「勞動及人力資源部」組織架構核心小組會議，重新釐定勞工退休基金監理委員會、就業服務中心、外勞許可作業中心、技能檢定作業中心的定位，並將原擬就業安全司與就業管理局整併為「就業安全署」，原擬職業安全衛生局之名稱配合修正為「職業安全衛生署」，各所屬機關皆設「分署」。

公營事業民營化已緊鑼密鼓推動中，乃是時代的趨勢，分別訂定有完成期程，其目標在於實現企業自由化，改變企業體質，提升產業效能及競爭力，不再有「呆人」與「呆料」，是改造也是變革。企業併購與公營事業民營化都將牽涉到員工勞動條件的變動和工作權益的維護諸問題，如缺乏周詳規劃或優惠誘因，自然產生阻力，絕非「共體時艱」簡單四字即可排除，因為勞雇關係，往往是複雜而不穩定的。

參加宏都拉斯總統伉儷訪台國宴

二〇〇二年十月二十一日，宏都拉斯總統馬度洛（Ricardo Maduro）應邀來台訪問兼度蜜月，阿扁總統伉儷於今晚設國宴於中興新村省政資料館，我與粘麗娟受邀參加。在宴會開始前，依循慣例安排晉見兩國元首及夫人，隨後國宴在音樂聲中隆重開始，阿扁總統親自歡迎國賓並頒贈勳章，宴會嚴肅而不刻板，除有地方精美菜餚之外，並演奏兩國歌謠與名曲，亦穿插表演節目貫串全場，賓主盡歡。

宏都拉斯共和國位於中美洲中部，國土面積一一二四九二平方公里，全國總人口數為五九〇萬人，其中有百分之九十為mestiza（亦即西班牙人與印地安人混血），信奉天主教，並以西班牙語為官方語言，社會教育不甚普及，經濟活動亦有待發展。

宴會結束後，邀許志仁一起返回魚池鄉下老家，並夜遊日月潭。此時夜深人靜，街道冷清，感受不到旅遊景點的熱鬧喧嘩，自從九二一地震之後，雖然已屆三年，但是重建牛步，昔日風華不再，蕭條的使人心酸。相較之下，我居住的澀水社區於蛻變中已明顯地看到了新的風貌，道路已擴寬，房子又新蓋，似覺幸運許多。

二〇〇二年十月二十二日，在龍眼樹下吃完早餐，與許志仁趕赴南峰高爾夫球場和張克仁、饒裕益球敘。球場位於八卦山麓，遠眺草屯盆地與九九山峰，景緻宜人。晚間，李成家夫婦邀在小西華餐廳餐敘，享用義大利料理美食，其他另有施顏祥夫婦、柯承恩夫婦、謝金河夫婦、許志仁夫婦以及陳紀元等多人參加。大家吃得開心，聊得愉快。

《尊重生命，關懷安全》座談會

二〇〇二年十月二十四日，與中國時報系林聖芬社長共同主持《尊重生命，關懷安全－加強局限空間作業勞工之安全》座談會，邀請產官學人士座談，透過中國時報專輯報導，提醒事業單位尊重勞工生命與健康，提升整體勞工之安全衛生意識。

我說：勞委會現階段三大施政主軸是：一、有準備的勞動力；二、安全的工作環境；三、人性化的勞動條件。三項主軸環環相扣，互為影響，其中安全的工作環境，關係勞工生命安全與健康，避免勞工職業災害之發生，所以格外受到重視。站在照顧勞工的立場，我們深深的以為－綠色矽島的經濟發展，必須以勞工安全衛生為前提和策略，透過安全衛生教育及改善工作環境來避免職業傷亡事故。在實務做法上，則釐訂逐年降低重大職業災害死亡人數的計畫，預期四年達到降低百分之四十的目標，而其重要途徑之一，乃運用民間資源，擴大安全衛生參與。

根據統計資料，近五年（一九九七－二〇〇一）局限空間作業災害累計共發生一百三十件，平均每年發生二十六件，共造成一百四十四人死亡，一〇七人受傷。其災害原因，乃是作業勞工「安全衛生認知不足，危害辨識能力缺欠」所致，純然是冤枉的，可以避免的。所謂局限空間，包括：化學反應槽、儲槽、穀倉、鍋爐、下水道、化學管線、涵洞等。而災害發生的媒介，包括：因空氣中氧氣被二氧化碳、氮氣等氣體置換，或因氧化還原反應消耗氧氣，或因有機物分解產生硫化氫、二氧化碳及甲烷等。至於災害類型，則包括：缺氧窒息、急性中毒、火災、爆炸、感電、墜落等等。

我接著說，為加強宣道防止局限空間作業職業災害的發生，有必要寬籌經費運用媒體加強多元宣導。而在另類「工安鐵四角」，亦即產、官、學與勞工的角色，應有適當的釐清，例如：雇主在追求企業利潤的同時，必須兼顧社會責任，包括對生命與人權的尊重；政府有義務制定優質勞動法規，有效率的執行公權力，包括實施勞動檢查；學界有責任提供相關學術理論，結合實務推行工安理念，包括志工參與；而勞工也應該重視並嚴守工作規則等工安紀律，包括所有作業程序與作業方法。

最後我提到：如果法規層面完備而落實，包括危害預防標準的訂定；如果控管措施嚴謹而周詳，包括作業流程與作業方法；如果雇主和勞工有足夠的安全衛生意識以及危害的辨識能力，包括教育訓練等。那麼，局限空間作業《零災害》絕不是夢想，而是可以完全實現的。只是先決條件是『如果』，就必須付出許多時間、溝通和代價。

第十七屆亞洲職業衛生研討會

二〇〇二年十一月一日，中華民國環境醫學會主辦「第十七屆亞洲職業衛生研討會」在台北圓山飯店隆重開幕，特別代表行政院勞工委員會受邀前往觀禮，大會並邀請呂秀蓮副總統蒞臨開幕致詞。她辯才無礙，侃侃而談，闡釋所謂「三生」有幸，是指生產、生活、生態而言；她並引用南非曼德拉總統的話—「不要讓世界上只有少數的幾個富裕島嶼，而周圍盡是貧窮的國家」；她也呼籲與會各國代表，能為我國加入聯合國和世界衛生組織而仗義執言。她一向關心自由民主人權議題。

我以主管機關受邀致詞表示：推行職業安全衛生工作，尊重生命、關懷健康，長久以來為我國政府重要施政計畫。因為如此，不但可以降低職業災害，提升工作環境品質，而且對於確保事業永續經營，促進產業發展與升級，皆有莫大助益。行政院勞工委員會主要勞動政策之一，在於維護勞動人權、保障勞工合理權益及安全舒適的工作環境。為實現此一政策目標的要求，已分別擬定並推動各項具體措施，包括：健全勞動法制、推廣教育訓練、加強勞動檢查與宣導、強化職業病研究、普及安全衛生知識及觀念等等。此等措施推行以來，已見顯著績效，造福勞工不少，願意藉此次難得的國際盛會，與所有與會專家學者分享成果與經驗。

我最後表示，如所周知，近年來我國產業結構變化甚鉅，半導體工業快速成長，傳統產業引進新的製程及新的化學物質，對健康認知與需求也相對提高，因此職業病預防工作日漸受到勞雇雙方的重視。與會人士是此一領域的專家學者，尤其對於職業衛生有深入的研究與心得，齊聚一堂，探討各國職業病診斷及補償、流行病學及環保制度之可能發展等議題，經由發表論文、提供卓見，必然有助於提升我國職業衛生的水準，並可增進與會各國相互之間在職業安全衛生工作方面的交流與合作。

每個人心中都有一把「快樂的鑰匙」

最近或許疏於運動，或許勤於飲食，很明顯地可以感覺到體重日漸增加中，雖然還不致於到腦滿腸肥的模樣，但恐非福相，而有害身心健康，不得不嚴陣以待。最近也常覺得莫名的心急、焦慮，似乎失去毅力與耐心。心急是已經感受到時光將流失殆盡，無力挽回；而焦慮的是那麼多數不盡的社會亂象，好像永不休止。

現實與理想的落差就是失望、不如意，不盡己意就帶來不快樂，到了內省或改弦更張的時候。有人說，每個人心中都有一把「快樂的鑰匙」，但不幸地，我們卻常在不知不覺中把鑰匙交給別人掌管，而事實上一個成熟的人知道如何握住自己快樂的鑰匙，他並不期待別人使他快樂，反而是希望能將快樂與幸福帶給別人。

又說，當我們容許別人掌控我們的情緒時，我們便會覺得自己是受害者，對現況已無能為力，於是乎，抱怨與憤怒成為我們唯一的選擇。而在此時，我們便會開始怪罪他人，把責任推給週圍的人，要他人為我們的痛苦負責，要求他們使我們快樂。與這樣的人在一起就是一種負擔，會使別人不喜歡接近，甚至望而生畏；反之，一個情緒穩定的人，可以為自己負責，和他在一起則是一種享受，而不是壓力。

在一次由李添財作東並由李伸一邀約的筵席上，賓客另有林柏川、楊兆麟等人，大家關心台灣經濟、兩岸關係與勞動政策。吳忠吉教授提出基本工資問題研究的心得報告，認為應以國家所得政策取代基本工資，取消基本工資規定，不但可以靈活就業市場，促進弱勢族群的就業，而且有助於景氣的復甦，與全民的就業。乃是另類思考，恐非三言兩語可以說明。

「草嶺古道」芒花之旅

二〇〇二年十一月九日，與「玉山盟友」完成一次「草嶺古道」芒花之旅，追尋先民足跡。從福隆火車站－拱型橋－跌死馬橋－草嶺古道登山入口－雄鎮蠻煙－虎字碑－啞口廣場－客棧遺址－桶盤登山口－大里天公廟－抵達金車企業會議中心。

草嶺古道是淡蘭古道僅存的一段，拓築年代久遠，是從前開拓者或商旅由台北至宜蘭必經之路，兩旁樹木青翠，芒花搖曳、野薑芳香。古道以石板鋪設，曲折幽靜，順著溪流而上，到啞口是最高點，而後是下坡路段，全程步行需二個多小時。沿途風景美麗，在啞口廣場觀景亭，可以眺望綠油油的蘭陽平原，以及孤立在太平洋上的龜山島，而在古道中途有「雄鎮蠻煙」與「虎」字碑，留供後人追憶。

晚間，李添財董事長在金車企業宜蘭會議中心設宴慇懃招待，除玉山盟友及眷屬之外，另有王永在、王文淵父子及劉守成縣長夫婦等人亦受邀參加，賓主盡歡。

第二天清晨天尚未亮，一行人即坐車前往礁溪高爾夫球場，安排分組較量。雖是舊地重遊，但仍喜悅莫名，或許離開都市愈遠，愈是快樂？近中午，在礁溪溫泉大飯店泡溫泉，由前礁溪鄉長吳正連招待大家午餐。而後，搭乘火車返回台北。

謝金河談《新世紀的台灣經濟戰略》

二〇〇二年十一月十二日，參加總統府中樞紀念國父誕辰典禮暨中華民國文化復興節慶祝大會，邀請謝金河專題演講《新世紀的台灣經濟戰略》，就財經現況、股市消長、兩岸關係等，作深入解析並接受問詢，破除制式成例，嚴肅中帶有輕鬆。謝金河首先提到，台灣如今遭遇的困難，乃是二十一世紀最艱鉅的一場經濟戰。他說，攤開全世界的地圖，台灣只是一個微渺的小島，可是島上兩千多萬人經過半世紀胼手胝足的努力，台灣已從一個小島變成了經濟大國。

根據聯合國貿易暨發展會議（UNTAD）在日內瓦公布的世界百大經濟體排行榜，台灣是全球排行第十六大的經濟體。又根據經濟部技術處ITIS計畫的統計，二〇〇一年全球排名前三大的台灣工業製品已達四十項之多，其中排名第一的產品有十八項之多，排名第二的產品也有十四項。到今天，晶圓代工在全球市占率高達七十二．九％，筆記型電腦產值占全球四十九％，ＬＣＤ監視器產量占全球四十一％。即使是連後起之秀的ＩＣ設計、數位相機、TFTLCD等，台灣也挺進到了世界第二位的地位，這些是台灣的優勢與成就。

接著他又說，然而，進入新世紀，台灣正遭逢了前所未有的挑戰，其一是，廠商大舉西進，產業外移，造成失業率居高不下；其二是，資產持續縮水，造成台灣金融體質的持續惡化；其三是，全球經濟猛烈向下調整，尤其是美國科技泡沫吹破，使台灣電子代工產業也遭遇到困難；其四是，景氣持續悲觀，造成民間投資持續衰退；其五是，中國搖身一變已成僅次於美國、日本及德國的全世界第四大工業生產基地，而中國廉價商品開始回銷台灣，也使台灣本土企業面臨到壓力。因此，他說這是一場台灣所面臨最具挑戰，也是最艱鉅的經濟戰，只有衝破橫逆，才能重現新台灣的活力。他認為必須：一、面對全球資產大減值要有體悟；二、金融改革：重建台灣的第一步；三、正視通貨緊縮的嚴重性；四、中國的崛起：台灣的大挑戰。他最後的結語與願景是：改革台灣才有契機。

景氣低迷人心也低迷

二〇〇二年十二月六日，週休二日時間好像過得特別快似的，一星期容易又消逝了。今天是星期五，戶外天氣格外清朗，街上鞭炮聲不斷，擴音器隨車喊叫，聽說是候選人為選舉做最後衝刺，不過多數人還是很冷淡，看不到昔日選戰熱烈場面，也許景氣低迷人心也隨之低迷，亢奮的情緒已被現實的環境所淹沒，莫可奈何。

早晨起來拉開窗簾，看見櫻花樹葉已飄落，白色茶花也綻放，一轉眼時序已進入初冬，雖然在台灣季節轉換並不明顯，但有時些微的變化，會很強烈反射心情的起落，何況面對的又是最敏感的歲月話題。汐止住家介乎都市與鄉下之間，不像都市的喧嘩，也不像鄉下的沉寂，幽靜之中有其生活上的方便，可以聽到鳥語，也可以聞到花香，更可以感覺到時光的失落和自己的存在，而且是幸福地存在。

有人說，時間會沖淡記憶，空間也會扼殺感情。但也有人說，日久見人心，路遙知馬力；老友如老酒，越陳會越香。時間最公平，但人卻用不同的心情對待它。

去泰國曼谷度假

二〇〇二年十二月十六日，利用年度休假與劉文斌、方政治前往泰國作高爾夫之旅，乘坐華航班機於傍晚抵達曼谷，禮遇通關。於安頓好住宿之後，在趕赴餐廳晚餐路上，真正領教曼谷交通之苦，也佩服當地人的耐性。晚宴時認識Mr. Porntep Techapaibul，據告訴，是泰國華人四大家族之一，擁有龐大產業，且長期從政。

晚餐後，逛夜市，這是一處稱仿冒街的地方，攤位林立，摩肩接踵，有當地小井市民，有外來觀光客，Mr. Porntep特別僱用保鏢兩人跟隨保護我等安全。徒步行走街上，狹窄擁擠，盡是販賣仿冒品及當地廉價商品，看熱鬧多，購買者少。偶爾從街上可以看見屋內鋼管艷舞秀，歌聲、音樂聲、吵雜聲，聲聲達於戶外。

第二天，早餐後坐車前往Burapha Golf Club打球，這也是Porntep的家族產業之一，路上遇警車攔檢，被告知違規行車，最後「有關係就沒關係」，司機並未受罰。球場平坦，闢有三六洞，擊球人不多，打來輕鬆愉快，只是天氣酷熱難耐。

泰國是佛教國度，土地富饒，人民樂天善良，經濟上是屬於開發中國家，但是社會貧富差距大，有錢有勢有方便，難免存在著特權，短期內似乎不易消除。

芭達雅（Pattaya）是第二度造訪，距離前次已有十餘年，一切都在蛻變中。晚餐前，在海邊靜觀落日餘暉的美景，隨後再前往市區欣賞變性人歌舞秀，只見人前歡笑不見人後悲傷。晚餐在岸邊一家海鮮餐廳吃海鮮，夜景很美，遠處有煙火點綴，生意頗為興隆，亦有不少西方觀光客光顧其間。飯後徒步逛街，有保鏢隨行保護，沿街遊客絡繹不絕，非常熱鬧，可以說是——燈紅、酒綠、歌舞、昇平。

第三天，在大型、寬敞、半開放式的咖啡廳，盡情享用自助早餐之後，坐車前往Windmill Golf Club打球，這個球場周圍環繞著白牆紅瓦的別墅群，建築美觀，與球場極為協調相襯，整體就是一個規劃完善的高級新社區。球場漂亮，多池塘與沙坑，挑戰性高，前來擊球的人不少，也遇見多位台商友人，雖然時值冬季，仍然高溫酷熱，與劉文斌中途離場休息，而方政治勇氣十足，勉力打完全程。在等候時間，於球場大廳安排古式按摩，消除疲勞，也是泰國的另一種觀光特產。

居住的飯店佔地寬廣，臨海邊，景色佳，花草扶疏，有各種遊樂設施，包括高塔與雲霄飛車等，但這些人工設施並不吸引外籍遊客的注意。離開芭達雅回到曼谷已是華燈初上的時候了，特別坐車前去品嚐道地泰國頂上魚翅，雖然店面不大，但老饕滿座，生意非常興隆。泰國飲食文化深受華人影響，出國在外吃也習慣。

第四天，住宿的Sofitel Central Plaza Bangkok是一家夠水準的飯店，聽說以前在這裡曾主辦過國際選美活動，當地人依然津津樂道，聽來在曼谷頗具名聲。在飯店內早餐同時，與林清文等幾位台商朋友聊天話家常，而方政治則利用時間前往參觀泰皇皇宮建築和寺廟。近中午時候趕到機場，搭乘中華航空返回台北。

阿扁總統元旦祝詞

二〇〇二年十二月三十一日，年終是最忙碌時刻，一年容易又過去了，很多人在這時候顯得行色匆匆，似乎想把身邊很多待辦的事趕緊辦完了事，每個人都想除舊佈新，但年復一年，新的很快又成為舊的，而舊的不是塵封不見，就是成了歷史記憶，人就在新舊之間不斷的追逐，直到生命終老。我們感嘆歲月帶來智慧，也佈施皺紋，還有那麼多不能抗拒的內心焦慮。

二〇〇三年一月一日，參加於總統府大禮堂舉行的元旦團拜，阿扁總統親臨並發表祝詞。阿扁總統提出「一個目標、兩個重點」，做為未來一年共同努力的方向。「一個目標」就是讓人民過得更好；

「兩個重點」就是「拼經濟」和「大改革」。他說，在不景氣的環境中，人民的挫折和不滿不是根源於統計的數據，而是直接來自日常生活的感受。

阿扁又說，在艱難的環境中，讓人民對未來有希望，國家的未來才有希望，讓人民過得更好，台灣的前途就會更好。在「拼經濟」方面，他指出，台灣的經濟發展要同時面對全球競爭、大陸磁吸效應及歷史的包袱等三大課題，我們沒有猶豫的時間，更沒有蹉跎的本錢；在「大改革」方面，他指出，當前民眾寄望最深的，可以說是金融改革、教育改革、司法改革以及政治改革。

關於兩岸關係上，阿扁總統重申，應該秉持「善意和解、積極合作、永久和平」的原則，共同推動兩岸關係的良性發展。除此之外，他希望海峽兩岸和平互動，提出有必要將「建立和平穩定的互動架構」，作為現階段共同努力的重大目標。

回到總統府，看見經過一番整修，不但長廊回復原貌，牆面重新粉刷潔淨，而且合理調配辦公空間，內部已經煥然一新，尤其使用燈飾與地毯的效果，感覺既有古意也有現代，更顯得雄偉大方而有人性化，使整棟建築物不失典雅也不刻板。

公共服務擴大就業計畫

二〇〇三年一月二日，行政院勞工委員會於新年度開始實施的新措施，包括：「就業保險法」及「公共服務擴大就業計畫」二項，最受勞工朋友與社會各界所關注。我國「就業保險法」立法時訂定有日出條款，今年正式施行，乃結合失業保險、職業訓練與就業促進等社會安全措施，保障範圍涵蓋本國籍現行勞保失業給付被保險人、受僱於四人以下企業以及無一定雇主的勞工等，估計逾五百萬受僱勞工受惠。至於就業保險法所規劃的保險給付，則有「失業給付」、「提早就業獎助津貼」、「職業訓練生活津貼」和「失業被保險人的全民健康保險保險費補助」等。

我國「公共服務擴大就業計畫」，乃師法韓國一九九八年三月實施的「公共勞務工作營運規程」，當年韓國於金融風暴時失業率達六・八%，迨至二〇〇〇年即降為四・一%，目前更降至三・〇%左右。公共服務擴大就業計畫係以勞力密集的工作內容為主，一年增加七萬五千個工作機會，對短期間創造就業有立竿見影之效，主要解決中高齡失業問題，降低消極的救濟給付支出，積極促進現有服務業的發展，全面改善國人的生活環境及品質，最終目標期使失業率於今年底前降至四・五％以下。

公共服務擴大就業計畫所需經費，除就業安定基金外，乃以專案立法方式籌措，排除預算法經資門支出及公債法上限之限制，另外研訂「公共服務擴大就業暫行條例」。因係救急措施方案，被質疑超短線而無永續就業之實際效益，甚至懷疑有選舉綁樁之嫌，以致目前於立法部門審議時，朝野意見分歧，面臨不少阻力。

民主的代價與民主的悲哀

二〇〇三年一月八日，列席立法院聯席審查「擴大公共建設振興經濟條例草案」，乃繼日前審查「公共服務擴大就業暫行條例草案」之後，另一提振經濟景氣及促進就業之重要立法案。兩者分別動支五百億元與兩百億元的特別經費，預期可以增加四萬人與七萬五千人的就業機會，並可以提升〇・三八％與一・一％的經濟成長率。

在國會殿堂上，議員意見分歧，往往不只是正反兩種對立而已，實際上是形形色色、五花八門。每遇審議法案時，有力挺的，有爭議的，有狀況外的，有為反對而反對的，多元、多彩、多姿，冗長耗時，枯坐久候，也許這就是民主的代價。

二〇〇三年一月九日，立法院預算及決算委員會邀集中央部會派員出席所謂「中央政府補助苗栗地方建設九十一年度預算執行情形」簡報及座談，由縣籍立法委員劉政鴻召集，眾官員不敢怠慢，長途奔往苗栗，還有其他縣籍立委、縣府官員、鄉鎮市長等亦被邀參加，形同中央與地方對質或詢答場面，甚或為爭取地方建設而公然數落中央官員的情形，如此變質又變調的會議，令人為民主政治感到悲哀。

上帝造人類就是這麼奇怪，同樣一種米卻養百種人，性格的差異是那麼大，所以產生人與人之間的喜歡、厭惡、相容、排斥。古書說，性相近，習相遠，把上帝的有心傑作，歸諸於後天環境使然，我想每個人都會半信半疑。究是不同的環境培養出不同的個性，抑或是不同的個性本來就不可能融入在相同的環境裡？頗費疑猜。但無論如何，相信溫、良、恭、謙、讓是比較容易構築良好的人際關係，而囂張、傲慢、銳利和得意忘形，或許只能逞一時之快，終將會被人群所唾棄。

考察原住民就業服務方案

二〇〇三年一月十六日，立法院衛生環境及社會福利委員會花東考察，行政院勞委會負責永續就業工程與多元開發就業方案推動情形，尤其對於原住民就業服務部分的執行績效考察項目。考察委員有徐少萍、高明見、楊麗環、李明憲、賴清德、廖國棟、章仁香等人組成，其中廖國棟、章仁香是阿美族的原住民籍立法委員。

在職業訓練局人員的陪同下，於上午搭機前往台東，首先參訪國立台灣史前文化博物館，乃是當年興築南迴鐵路施工時，挖掘出土卑南文化遺址，設館記錄保存台灣史前人類活動情形，也就是台灣不同原住民族的分佈、生活、習俗和演進，無論是建築主體、環境美化或展示內涵各方面，皆具一流國際水準。

隨後，前往參訪「布農部落」，建築簡樸，風景絕佳，由布農文教基金會規劃成立並經營，區內可提供住宿和餐飲，更可親近原住民文化，屬於新興的原住民休閒社區，為原住民青年創造可觀就業機會，而職訓部門亦投入不少經費協助，已能見到具體成效。剛至時，布農族人以歌舞迎賓，熱情洋溢，中午並於餐廳享用原住民佳餚美食，別具風味，一行人皆有不虛此行的收穫。午餐後，考察團續往知本溫泉。

回憶的日子遠比做夢的日子多

二〇〇三年一月十七日，今天抽暇回到總統府，探望第一局同仁，感覺活在回憶的日子，似乎遠比做夢的日子多了許多。總統府趕工修繕已完竣，內部重新粉刷、隔間和裝飾，並將外走廊恢復原狀，使顯得明朗而接近人性化，但仍不失其莊嚴和美感。

勞工委員會所屬勞工安全衛生研究所位於汐止住家不遠處，當年台北縣政府曾協助用地開發事宜，今天特別邀約本會技監與參事等前往參觀展示館，由戴基福所長和陳瀛洲館長接待和簡報，並觀賞立體動態宣導短片。參觀畢，回到家由粘麗娟親自下廚，宴請劉國雄、龔文廣、董泰琪、楊松德、朱鶴群、林振裕、孟藹倫等多位同事晚餐，大家閒話家常，有說有笑，賓主盡歡。

二〇〇三年一月二十一日，執政的民主進步黨再度舉辦集體入黨，共有五十一位不同領域的菁英和知名人士加入，包括：客家籍大老鍾肇政、總統府資政辜寬敏、行政院政務委員胡勝正和陳其南，及總統府機要室主任曾天賜、第三局局長許志仁等。

所謂「政黨自由」，包括籌組政黨、加入政黨和不加入政黨的自由。不過，一旦成為黨員，自應戮力推動黨的理想目標，嚴格受黨的紀律約束。此外，政黨既然是政治性的團體，則每一位黨員必須參與政治活動，譬如選舉、集會、勸募等；如果是從政黨員，更必須為政策辯護，也為政策負責。但黨意不高於民意。

由於長期以來服務公職，對政黨屬性和政治語言多少有所接觸，尤其對政治生態的互動和演變亦頗有感受。然而，自己一路走來始終如一，深信行政「中立」，不因強權或利誘而「位移」，不是潔癖或情操問題，是不願淌複雜的政治渾水。

台灣人應知台灣事

二〇〇三年二月十日，參加行政院經濟建設委員會一一一九次委員會議，會中由農業委員會提出「台灣農業生物技術園區規劃構想」，並由屏東縣蘇嘉全縣長、彰化縣翁金珠縣長、台南縣蘇煥智縣長，分別提出成立：屏東農業生物技術園區；彰化縣國家花卉園區；台南縣台灣蘭花生物科技園區。據規劃構想指出，因為農業生物技術園區的成立，對於台灣日後農業升級和轉型，助益頗大，而且經規劃單位估計可創造一萬五千個就業機會，站在行政院勞工委員會立場，理應樂觀其成。

國立故宮博物院舉辦「台灣的誕生・福爾摩沙：十七世紀的台灣、荷蘭與東亞」文物展，有來自國外三十幾家知名博物館典藏當時有關台灣歷史文物，呈現當時荷蘭人統治期間與漢民族、原住民及各國人士的交流與來往，是台灣文化的重要部分與珍貴史料，可以見證台灣自古迄今所遺留的豐盛歷史文脈，並深切感受寶島生生不息的生命力。每位台灣人不能不知台灣事，建議勞委會主管同仁前往參觀，所謂觀今亦見古，無古不成今；古人不見今時月，今月曾經照古人。

台灣人應知台灣事，更應知台灣歷史：早在一五四〇年代葡萄牙人在船上遠遠望見台灣，驚呼Ilha Formosa；一六〇二年荷蘭成立聯合東印度公司（VOC）乃行使國家權力的商人集團，經營對亞洲的貿易，而貿易與戰爭不只為荷蘭帶來了財富，也造成文化上的交流；荷蘭人於一六二二年佔領澎湖島，於一六二四年佔據台灣，台灣是十七世紀荷蘭在東亞重要的貿易轉口站，維繫與印尼、中國、日本之間密切的商業往來，當時台灣聚居著多種族群，非常國際化；西班牙於一六二六佔領基隆，建聖撒爾巴多要塞，並於一六二八佔領淡水，建聖多明哥要塞；鄭成功於一六六一年來到台灣，圍攻熱蘭遮城（Zeelandia）九個月，荷蘭人投降，結束三十八年的統治；鄭氏王朝在台灣立足二十二年，於一六八三年被清國征服，直到一八九五年又割讓給日本。

金融控股公司勞動關係之改變

二〇〇三年二月十七日，主持「金融控股公司與其有控股性持股之銀行、保險公司或證券商相關員工權利義務疑義」之研商會議，邀請學者、專家、律師、檢察官等與會，提供實務見解和法律意見。

金融控股公司法於民國九十年七月九日公佈實施，因為金融控股公司的成立，不但是改變了企業組織型態和管理架構，而且對已存在的若干法律關係也需要重新加以定位，尤其對於勞動相關法規的適用，例如結社權、協商權、爭議權的行使，在法無明文或缺乏前例可援引的情況下，應如何適用或面對解決，產生不少疑義和困擾。經過廣泛交換意見之後，有共識也有異見，包括：應跳脫傳統處理勞資關係的概念、強調對話機制的重要、企業和雇主定義的重新界定、法制建構和實務運作的重視以及保護勞工的最終目的等。

隨後主持考績委員會，選拔勞工委員會公務員楷模。接著代表參加行政院經濟建設委員會第一一二〇次委員會議，審議「新竹生物醫學園區計畫」及討論「推動產、官、學、研人才流通及運用積極研議公務人員可攜式退休金制度俾利公私部門人才交流」之報告案。其中參考擬議中尚未完成立法程序的勞工退休金制度（個人帳戶制、附加年金制及其他年金制三制併行）和勞工保險老年一次給付改採年金制，以及勞工保險年資併計與轉換軍保或公保有關老年給付年資保留之立法例。

二〇〇三年二月十八日，晚間，參加例行財經情勢會報。經濟部規劃舉辦招商大會，鼓勵外商來台、台商返台以活絡投資，首先必須著手改善國內投資環境，排除投資障礙，提供有利投資條件，例如土地、水電、交通、租稅等，而非單純的資金流動問題，所牽扯的影響因素甚至包括：獎勵措施、環保要求、行政效率、兩岸關係、地方政府配合、勞工素質與勞動成本等。勞動成本的負擔，往往也是投資意願的重要考量因素。所指勞動成本，涵蓋勞動法制與勞動品質，包括工時、工資、女工夜班、僱用外勞、技術引進、人員往來以及資遣費、退休金的負擔等。

歷史災難不斷重演

二〇〇三年三月一日，驚傳阿里山小火車發生意外事故，造成十七人死亡及一百七十一人受傷，令人悲痛。人類的災難似乎永不能從經驗中得到教訓，歷史不斷重演，忝為萬物之靈，聰明反被聰明誤，天災不能抗拒，人禍又何其多，奈何！奈何！徒留哀戚與傷痛。

阿里山火車僅次於安地斯山火車為現存世界三大高山森林火車，由日本人建造完成於一九一二年，從嘉義平地蜿蜒曲折而上，到達海拔二二〇〇餘公尺的高山，沿線景致宜人，變化萬千，途經熱、暖、溫、寒帶氣候，有村落、有雲海、也有森林，建築工程困難，具歷史意義與價值，現在則被作為觀光旅遊的運輸工具。

二〇〇三年三月三日，上午，聽取勞工檢查處提報「降災戰略」，傅還然處長足智多謀點子多，為降低職業災害死亡勞工人數，採取多項具體策略和作為，期能在今年第三年達成降災三十五%之目標。中午，會計室朱鶴群主任將提前退休，陳菊主委與單位主管在馬來西亞餐廳餐敘歡送。朱鶴群主任從軍中退役轉任行政部門文職人員，為人忠厚誠實，不失軍人堅毅本質，他說自小即離鄉背井來到台灣，退休後第一件事將先回大陸老家一趟，對所謂家鄉雖毫無記憶，但也算是一償宿願。

公務人員都是在既定軌跡運行，相當保守，少成就或創新，久而久之難免倦怠。最近容易心煩、沒耐性，對歲月惶恐，對生命憂慮，已失去強烈企圖和期待，常有茫然的感覺，只想要清靜。王維《酬張少府》：「晚年惟好靜，萬事不關心；自顧無長策，空知返舊林。松風吹解帶，山月照彈琴；君問窮通理，漁歌入浦深。」

接見泰國勞工黨主席

二〇〇三年三月十三日，今天在忙碌中過了一天，日子過得有節奏感，比平常要覺得充實多了，我笑說「物超所值」。首先，早上一上班就主持勞工訴訟輔助審查委員會議，未待會議結束，又接見泰國勞工黨主席Mr. Chin Thubplee（Head of Thai Labour Party），他是在外交部的安排下訪問行政院勞工委員會，雙方並就泰籍在台勞工和台商在泰國投資設廠等相關議題，廣泛交換意見，而我特別也以江丙坤副院長等赴泰簽證被拒一事為例，表達我國人善待泰勞但卻不能相對的得到泰國官方對我政府和人民同等友善的待遇，深感遺憾和不以為然，表達不滿。

中午，傅還然和陳大森邀約在「良芳川菜客家菜餐館」餐敘，為歡迎沈新添和黃孟儒榮調新職。沈新添原職台北區就業服務中心主任，調任職業訓練局公訓組副組長；黃孟儒原職台南區就業服務中心主任，調任職業訓練局企訓組副組長。他們兩位都是從前我在台灣省政府勞工處服務時候的老同事，有緣再度聚首共事。

下午，主持勞工保險局九十一年度考成複核會議，就其業務績效完成評定分數和總檢討報告，乃是制度上對公營事業單位的例行考核，公事公辦，形式重於實質。臨下班前，主持訓練甄審委員會議，審議委任升薦任甄選送訓人員，這是人事管理的新制度，以客觀量化分數方式，取代主觀印象成績。但真能舉薦真正人才？

人類對SARS的恐懼

最近世人極度恐慌不明怪肺炎的感染，最初媒體稱為「非典型肺炎」，實際上醫學則為「嚴重急性呼吸道症候群」（簡稱為SARS），迄至目前尚未查出原因，但已經造成多人死亡病例，全世界人心惶惶，嚴陣以待，就怕是人類的一場噩夢！

據了解，經過特殊細胞染色一連串檢驗，台大醫院對於罹病原因已排除現有的流感病毒、禽流感、呼吸道融合病毒及腺病毒的可能性，研判極可能為變種性相當大的流感病毒。簡單說，就是新型流感病毒，因此防疫成了最重要工作。

在世界衛生組織（WHO），目前也推測SARS的病原極可能是一種新的流感變異病毒。由於台灣並非世界衛生組織的成員，在疫情資訊、防治國際合作上都被排除在正式管道之外。倘若SARS的元凶果真是變種的流行性感冒病毒，醫界表示那將是一場噩夢。因為如果是變異的新流感病毒，不管是從小到老，任何人都沒有抗體，所有的人都可能受傳染，屆時死亡病例增加的速度，恐怕不是生產製造疫苗所能趕得上的。在驚慌之餘，但願人類的智慧，能夠儘早解開這不解之謎。

二〇〇三年三月十九日，參加行政院第二八三〇次院會，馬英九市長和謝長廷市長，在美伊戰爭議題上，先後表示我國在國際社會上應有角色和做法。游錫堃院長則指出我們的立場就是－「愛好和平」、「支持反恐」、「人道援助」、「不介入戰爭」。今天院會也討論兩項重大議題，首先是「非核家園」計畫的推動情形，以及所謂替代能源、節約能源、再生能源，在實現非核家園過程中的所扮演的重要角色。其次，行政院衛生署也就「嚴重急性呼吸道症候群」（SARS）疫情提出報告，在跨部會防疫合作機制方面，劉世芳秘書長提議增列行政院勞工委員會，除了協助疫情通報之外，對於發生

ＳＡＲＳ疫情地區，並應考慮暫緩或停止當地外籍勞工之輸入。隨後在新聞媒體報導中指出，ＳＡＲＳ元凶經檢驗比對疑是－副黏液病毒群。

加入ＷＴＯ之就業因應對策

二〇〇三年三月二十四日，參加行政院經濟建設委員會一一二五次委員會議，其中關於「我國加入ＷＴＯ之就業因應對策」有關本會權責部分，包括以下職業訓練和勞動市場兩方面，涉及就業需求人培訓及勞動法規增之修訂：

職業訓練方面－配合農業、工業、服務業的轉型和就業需求，由本會職業訓練局加強自辦或結合大專院校、財團法人及民間訓練機構，辦理各職類養成及在職訓練，提供所需專業或技術人力，以因應就業市場需求。

勞動市場方面－從法制面著手，增訂或修訂相關勞動法規，以降低勞資衝突，營造和諧就業環境，包括已制定就業保險法、大量解僱勞工保護法、職業災害勞工保護法，以及送請立法院審議中的工會法、團體協約法、勞資爭議處理法、勞工退休金條例等。

本案本會原提有關「肆、勞動市場」對策三、失業保險改制，僅僅敘及就業保險法已公布施行，似嫌簡略，建議擴大範圍改列「就業安全體系之檢討與改制」，涵蓋失業給付之改制與立法、外籍勞工引進政策之檢討等，並請綜合規劃處協調勞工保險處、職業訓練局完成因應措施文字內容，逕送經建會人力資源處修正。

台灣勞動力發展策略與趨勢

由行政院勞工委員會主辦的「人力資源發展研討會」，在台北環亞飯店舉行，有來自美國和國內學者專家、產業界先進、政府代表，以及其他對本議題有興趣人士等約五十人參加。此次研討會將以一天半的時間討論三項主題，分別為「職業訓練」、「就業服務」及「人力資源發展」。大家齊聚一堂，透過雙方多位專家學者的專題講演，分項進行專業與談，可以達到集思廣益與經驗交流的雙層目的，分享人力發展策略與資訊，擴大人力資源開發與運用的交流與合作，可謂一舉數得。我特別提出《台灣勞動力發展策略與趨勢》一文，供與會者之參考。

台灣勞動力人口結構的發展，在一九六〇年代是以農業為主，至一九七〇年代則以製造業為主，迄一九八〇年代以後服務業取代製造業成最大宗之勞動人口。在此期間，平均國民生產毛額（Per Capita GNP）也由一九六一年的一五二美元提升到二〇〇〇年的一四一八八美元，此繁華進步的榮景，實歸功於優質的勞動人力和豐沛的人力資源。

台灣特別在加入世界貿易組織（WTO）之後，同樣面臨產業經濟全球化與知識化的挑戰，受到產業結構急遽變遷的衝擊，從而二〇〇一年開始失業率便逐漸攀升，為了因應此一嚴峻情勢，政府在人力資源發展部分，已著手強化就業安全體系，推動公共訓練機構轉型，積極檢討調整訓練職類，擴大委外辦理訓練，增進多元訓練功能，並將勞動力升級作為「挑戰二〇〇八：國家發展重點計畫」項下「產業高值化計畫」的主要推動項目，期能達成以下的重要目標：一、建立全國職業訓練網；二、培育知識經濟所需人才；三、加強勞工在職進修及第二專長訓練；四、輔助弱勢族群及失業者參加職業訓練，尤其對於身心障礙者、原住民、負擔家計婦女、中高齡失業者、低收入戶及更生保護者等就業弱勢族群的加強輔導就業。

除此之外，政府並加強與企業界密切合作推展訓用合一、即訓即用，協助員工發展職涯規劃，積極推動技能檢定制度，落實職業證照制度，更修訂就業服務法、實施就業保險法、開辦失業給付及推動三合一多元就業開發方案等。另外，有鑒於二十至二十三歲年齡層即將就業者，乃是國家未來發展的主軸，為充實其就業技術能力推動，亦採行如下重要新的措施：

第一、「技職教育與職業訓練策略整合」計畫：其作法為在於高中職三年級及大學四年級之學程中導入以就業為導向之專業訓練。

第二、推動「台德雙軌式職業訓練實驗計畫」合作專案：引進德國雙軌制（Dual System）訓練，以高中（職）畢業生為對象，並施以長達三年「邊工作邊學習」的訓練，畢業後除可獲我國之專科畢業文憑外，亦可獲得德國工商總會之認證。

第三、推動「青少年就業工作體驗營」計畫：幫助青少年對觀光休閒業的工作探索與實際體驗，以儲備相關人才。

勞工保險與勞工退休基金之管理及運用

二〇〇三年四月十五日，監察院黃煌雄委員、謝慶輝委員、黃勤鎮委員關心我國金融國際競爭力議題，約詢郵儲、退撫、勞保、勞退四大基金負責人並作為總體檢之一部分，代表行政院勞工委員會率同廖碧英總經理、黃淳勝副處長等列席說明。

行政院勞工委員會主管部分，有勞工保險基金與勞工退休基金，前者依據「勞工保險條例」第六十六條規定，後者依據「勞動基準法」第五十六條第一項規定，分別設置成立。截至今年三月底止，前者基金規模為四五八三億餘元，後者基金餘額為二九〇六億餘元。兩者依法訂定有管理辦法，即「勞工保險基金管理及運用辦法」和「勞工退休基金收支保管及運用辦法」，用以規範基金之收支、保管和運用。

勞工保險基金和勞工退休基金之運用範圍，皆有嚴謹的規定與限制，受各該監理委員會的監督與考核，包括：一、存放於金融機構；二、有條件的貸款；三、投資股票或受益憑證；四、購買公債、金融債券、公司債或短期票券；五、其他經核准有利於基金收益之投資等。而監理委員的組成包括專家學者及勞工代表等。

勞工保險基金之管理及運用，由勞工保險局辦理，而勞工退休基金之收支、保管及運用，則指定中央信託局辦理。又依據各該管理辦法之規定，其運用並得委託經營，勞工保險基金和勞工退休基金各訂有相關作業要點與評選要件，定額委外經營投資股票，同時訂定相關操作準則與風險控管機制，予以嚴格稽核、考評。

現行基金委外經營，就專業經營與資金流動觀點，尤其在活絡市場交易，以及隱定股市民心方面，實有其必要性。因此，如果能建置完善風險控管機制、慎選專業經理人、訂定合理績效獎勵措施、確立市場應有紀律等等，應具有其正面意義。

擴大就業縮小所得分配差距

二〇〇三年四月十六日，代理列席行政院第二八三四次會議，本會就公共服務擴大就業方案前置作業提供「各部會執行計畫送達情形彙整總表」參閱資料，方便相關部會參考並速提送計畫彙整，輸入電腦登錄，將來可以很快媒合就業。可是於會後林信義副院長對所提供報表格式與內容甚不滿意，不滿意主題無名稱、無用途、為何提供及由何單位提供等，並責備本案承辦單位僅作統計工作並未主動追蹤。

行政院經濟建設委員會亦於會中提報「我國所得分配趨勢及對策」，分析我國所得分配趨勢，以「五等分位」家庭所得分配，最高所得組（最高二十%家庭可支配所得）與最低所得組（最低二十%家庭可支配所得）差距為：一九七〇至一九八〇年代，大致在四至五倍；一九八〇至一九九〇年代，上升至五至五．五五倍；至二〇〇一年則已上升為六．三九倍。我國所得分配優於美國及南韓，仍屬於較為均等的國家。至於影響所得分配差距之原因，包括：經濟結構、家戶結構、人力資本、社會福利等等。

好逸惡勞是人的本性，喜歡安逸，厭惡勞動，可是沒有工作就沒有收入，且專業技能工作者的收入高於一般工作者的收入。因此擴大就業和職業訓練，也是改善所得分配差距的有利途徑與對策。其中有關擴大就業策略之推動，包括：「中長期永續促進就業方案」、「職業能力再提升方案」及「照顧服務產業發展方案」等之實施，不但可紓緩嚴重失業問題，也可縮小所得分配差距，有必要持續推動。

勞工是成就台灣的基礎

二〇〇三年四月三十日，立法院聯席審查九十年度決算，身不由己不得不代表並率同相關人員列席「受審」。年度決算審查是審計部的權責，依循體制各相關部會派員陪同。在審議會上，立法委員謝明源、鄭朝明二人，曾先後提詢北、高兩市積欠勞保費部分應即強力催繳，以及政府公告營造工程禁用外勞後再行引進之廠商情形，均依據資料詳實答覆，並由勞保局廖碧英總經理與職訓局蘇秀義副局長予以補充。

二〇〇三年五月一日，今天是勞動節，不過勞動節慶祝大會暨全國模範勞工表揚，已於昨日提早舉行，阿扁總統親臨致詞。在大會上他說，打拼的勞工是成就台灣的基礎，也是台灣經濟的依靠；又說，身為長工之子，對於基層勞工的生活經驗最能夠感同身受，強調勞工是台灣最寶貴的資產，政府永遠會將勞工的心聲擺在最優先。

在經濟不如往日景氣的這個時候，勞工的訴求與抗爭活動隨之緩和，不再激進與強烈，尤其整個社會瀰漫者SARS的不安和恐懼，勞工團體能夠感受民情，在今天就取消了勞動節的若干遊行聚會，帶來一股祥和氣氛，而受到社會的普遍認同。

對抗SARS已陷入苦戰

SARS是極危險的RNA病毒，在自然條件之下是非常脆弱的個體，容易死亡，但是一旦進入人體，就可能造成破壞性的後果，可以導致肺部纖維化變得沒有彈性，病人不能自主呼吸，一旦抵抗能力變弱，就很容易因為肺部硬化而死亡。在目前人類並沒有根治RNA病毒的方法，AIDS也是一種，預防才是唯一「根治」的方法。

人類對抗SARS似已陷入苦戰，疫情擴散快速，以致人心惶惶。在防疫工作上受到世人刮目相看的台灣，已因台北市立和平醫院的淪陷，不再沾沾自喜。所謂的人定勝天，不能只靠運氣，而是要靠人類的智慧，同時經得起時間的嚴厲考驗。二〇〇三年四月二十八日，和平醫院因SARS被封院隔離，醫護人員有人默默承受、奉獻，亦有人反彈、逃離。看在眼裡，痛在心裡。臨下班前，邀集本會及所屬相關單位及人員，研商本會內防治SARS因應措施，如臨大敵，實施門禁管制及人員管制，並對來訪賓客接待設限，以及加強應有設施，包括：量體溫、帶口罩等。此外，並作了如下的防範：

壹、每日舉行晨報

SARS疫情持續升高，各公共場所或辦公處所都加強警戒，除了人人配帶口罩之外，每到一處皆被迫測量體溫，增加不少緊張氣氛。而且媒體一再播報隔離與死亡消息，讓更多人帶來疑慮與驚慌。

為了因應SARS疫情，每日均舉行應變小組晨報，模擬各種不同情況，苦思防治措施與對策，包括對產業協助與外勞權益等，簡直是風聲鶴唳，杯弓蛇影。依據世界衛生組織（WHO）所公布的死亡率統計資料，已從原先推估的四％修正為十四－十五％，從而SARS可怕的程度已在數據上得到說明，也難怪舉世驚惶，聞SARS色變，而衝擊每個人的正常起居生活。我心想，或許化繁為簡是解決複雜問題的最佳途徑，因為過猶不及，在周全準備與杞人憂天之間拿捏相對困難。

貳、主管會報以視訊會議進行

二〇〇三年五月十四日開始，為配合因應SARS疫情，今天下午舉行的週三例行主管會報，首次改以視訊會議方式進行，或許因為缺少臨場感，還是有不甚習慣的地方。今後每日召開的SARS防治晨報，也都將透過視訊會議方式舉行，避免大家集中會議增加病毒感染風險。

在全國上下都籠罩在SARS的陰霾下，帶口罩、量體溫已經成為日常生活不可或缺的一部分，人人戒慎恐懼，人人談「煞」色變，深怕不幸感染可能將失去生命中的一切，因而本來已就疏離冷漠的人際關係，為此更加疏離而冷漠。可是，縱然我們的社會是脆弱的，但人性光輝的一面仍到處可見，尤其是患難更能見真情。

參、抗SARS特別預算

二〇〇三年五月十九日，立法院預算及決算委員會等聯席會議審查「中央政府嚴重急性呼吸道症候群防治及紓困特別預算案」，整日列席備詢。抗SARS特別預算總共編列五百億元，其中本會三億九千餘萬元，用以支應勞工因強制隔離而發生之工資補貼、薪資補償及生活扶助，倘有不足由衛生署在本特別預算統籌科目項下支應。

二〇〇三年五月二十二日，公教員工待遇的調整，必須考量的因素很多，就勞工行政部門的觀點，支持不宜調升的理由，包括：一、基本工資從一九九七年的一五八四〇元之後迄未再作調整；二、失業率居高不下近五十二萬人找不到工作；三、民間企業薪資呈負成長現象，部分開始採減薪措施；四、SARS陰影未消除，社會沉悶，時機不對。

肆、實施首長、副首長分離辦公

為因應SARS疫情需要，避免受集體感染之虞，致影響業務運作順暢，在公務部門已實施首長、副首長分開地點辦公，有如作戰計劃一般，或許周延的設想是必要的，誰都不能保證那萬一的可能。何況整個疫情發展迄今，似乎高峰未過，可能病例已達二〇七例，死亡有二十八例，已被WHO宣布為少數旅遊警告區之一。

我於二〇〇三年五月二十七日，為配合因應SARS實施首長、副首長分離辦公之措施，暫借本會所屬安全衛生研究所上班，以後間隔兩星期與會本部間兩地來回辦公，直至SARS疫情解除為止。安全衛生研究所位於北二高南港段東側，地屬汐止橫科段，由勞委會依山坡地開發相關規定斥資興建，備有實驗大樓、展示館、教室、學員宿舍、會議廳等，整體設施完善，未能充分運用發揮功能，投資效益值得檢討。

不過到了二〇〇三年六月三日，行政院明令取消正副首長易地辦公之規定，又從安全衛生研究所搬回市區會本部上班。無事找事忙，是為萬全準備？或只是杞人憂天？無論如何都是怪SARS惹的禍。

遠離SARS感染的威脅

在SARS陰霾籠罩下，更能體察居住在山坡上的好處，有寬闊的環境和視野，空氣新鮮而流通，雖然是群居聚落，但家戶之間以及人與人之間都有相當的距離，只有相互關懷的社區意識，沒有接觸頻繁的人間煩惱，回到家自然就被「隔離」。

在這裡，每天能夠聽到蟲鳴鳥叫，是城市人所沒有的一大享受，人在福中當然不會忘記這就是福。在清晨，還在睡夢中就被斑鳩鳥咕咕~咕的悅耳聲音叫醒，有時遠有時近，每天從不間斷，就像鬧鐘一樣的準時；在白天，不同的鳥叫聲隨時可聞，偶而會有老鷹盤旋於空中，發出尖銳宏亮的聲音，傲視原野，氣勢非凡；在夜晚，尤其是長長夏夜，不知名的昆蟲鳴叫不停，可能是求歡，也可能是向生命哀嘆。

人與周邊的環境，包括自然生態，尤其是有生命的個體，應該和諧共生共存，凌遲、戕害、殺戮、戰爭都是殘酷的，縱然有一百個非做不可的理由，縱然說只是手段而不是目的，然而既為萬物之靈，當知生靈可貴，何必相互殘虐、毀滅?!

人類是群居的動物，最怕孤獨與無依，而且比其他動物擅長運用團體的力量來解決自身的難題，因此歸屬感與疏離感是最強烈的觸動。凝聚、擁戴、榮辱與共，是前者的延伸；憤世、嫉俗、顛沛流離，是後者的寫照。二者的差別不在於有形的距離，重要的是在於內心的感受，尤其是人與人相互之間的關懷、激賞和信賴。

台灣SARS疫情已漸趨轉緩，在這段期間的確也付出相當的代價，包括財物損失、人心驚慌、社會失序、國際形象受創等不一而足。自從疫情發生迄今已累計造成八十一人死亡，其中具勞工身分者十六人，行政院衛生署長涂醒哲以及台北市政府衛生局長邱淑媞先後被撤換或辭職，而和平醫院院長吳康文亦受調職並被約談偵辦。

一般相信，所謂SARS是源自中國地方，但在舉世防「煞」、抗「煞」的工作上，中國的表現非常讓人失望，尤其對於台灣極力爭取加入世界衛生組織（WHO）的議題上，百般的粗暴抵制，刺傷台灣人民感情，引起極度反感，恐怕得不償失。

二〇〇三年七月五日，台灣繼中國和加拿大多倫多之後，乃是最後一個國家從SARS感染地區除名，不知是否有政治角力的干預，但台灣在國際上的形象確已深受打擊。台灣雖非國際衛生組織（WTO）的一員，但在付出慘痛的代價之後，人民應從中學到教訓，知所警惕，抛棄迷思，畢竟個人與群體之間，榮辱與共，禍福相隨。

帶團參加瑞士「第三十七屆國際技能競賽」

二〇〇三年六月十四日，率團參加在瑞士聖嘉倫市舉行的「第三十七屆國際技能競賽」，因台灣已是SARS感染區，依據防疫要求，代表團成員必須自出國前十日開始每日早晚量體溫，並正確記錄，另於出國登機當天提出由醫生開立無任何SARS症狀的健康證明，雖然麻煩但應是做為世界公民的一項義務，有責任來保護這個地球，尤其居住在這個地球上的人類。

另外，瑞士聖嘉倫（St. Gallen）籌備單位對於來自香港、台灣以及加拿大參加「二〇〇三國際技能競賽」的參賽選手、裁判及場地管理員，規定應行注意事項，諸如於機場接受檢查、填報聯絡住處、隨身攜帶健康證明文件、每天量測體溫等，情況特殊，雖非苛求，確實不便，但有額外設限及不被尊重的感覺。我們一行，於曼谷機場轉機時，同樣看到泰國衛生部門如臨大敵，對旅客採取嚴密檢查措施。

壹、初抵Weinfelden小城鎮

二〇〇三年六月十五日，抵達蘇黎士機場，入境時簡單驗證照及ＳＡＲＳ健康證明後很快順利通關，看到王世榕代表、高一心主任、陳海馨秘書專程來接機，甚是感激。初抵Weinfelden比想像中寧靜許多，僅是一處美麗的小城鎮，入住廣場旁的一家Hotel Thurgauerhof，近兩星期時間都將住宿在這裡，距離大會場地聖嘉倫市需一小時車程。沒想到第一天就發生主辦單位的疏漏，未能按時派車接大家到會場，以致錯失出席歡迎晚會的機會，很多人吃泡麵果腹，還好選手因住不同地方很興奮都出席了晚會。

貳、造訪St. Gallen古城

二〇〇三年六月十六日，搭乘專車到大會會場聖嘉倫（St.Gallen），古城有其宗教和文化上的顯赫歷史，就像其他歐洲小城鎮一樣，建築典雅，街道整潔，處處可見樹木花卉，宛若一座大公園。在我國技術代表陳文平陪同下，先參觀會場和各職類競賽場地，然後拜會主辦單位負責官員，以及參賽國家之正代表或技術代表。

來到聖嘉倫市特地參觀馳名的主教堂，這是一座建築於一七五五年的偉大巨作，外觀宏偉，陪襯以廣場如茵草坪，本體建築就是一座藝術品，融和了巴洛克與歌德式建築之美，而內部繪畫及彩繪色彩強烈，是新古典主義的代表作，置身其間，肅穆靜謐，油然生敬。隨後參觀毗鄰的一間古老圖書館，收藏古書豐富，保存若干珍貴手稿，大抵與宗教信仰有關，難得的是已有現代圖書索引的進步構想。歐洲的歷史文化、音樂藝術、風土民情或生活習慣，與宗教、信仰產生密切的關係。

參、遊覽Mt.Platus

二〇〇三年六月十七日，我發覺瑞士的早晨很美、很寧靜，也發覺瑞士人很勤勞，大清早五點不到已有人開始工作，也許是街道清潔人員，也許是飯店送貨人員，每天這個時候都會在睡夢中被吵醒。等到清晨六點的時候，在不遠處的教堂，渾厚鐘聲響起，連續敲響三百餘下，遠近聽聞，很自然把沉睡中所有小城鎮的市民叫醒。

今天大會主辦單位仍續準備各項競賽事宜，遂與賴水欽、李秀芬、劉燕如選擇赴彼拉圖斯山（Mt. Platus），途經蘇黎士（Zurich）與琉森（Luzern）。導遊介紹，瑞士面積四萬餘平方公里，人口七百餘萬人，使用德、法、義三種語言，國民所得高，每月平均收入未達三千瑞郎（約新台幣八萬一千元），即屬低收入戶。

琉森（Luzern）位於湖畔，人口不到六萬人，是一處很美麗的城市，成為瑞士最具吸引力的觀光勝地。抵達後，首先參觀獅子紀念碑，雕鑿於石壁上，鬼斧神工。接著參觀在旅遊雜誌上經常出現的教堂橋及十三世紀興築的十角水塔，這裡也是琉森的代表象徵和地標。走在琉森湖邊或街道，不論閒逛或購物都是一大享受。

彼拉圖斯山（Mt.Platus）標高二一三二公尺，自古有龍的傳說，美景自然壯麗，登臨山頂，頓覺心曠神怡，迷醉忘情。記得多年前來時，曾在山莊目睹有人吹奏阿爾卑斯山大角喇叭，場景重現，歷歷如昨。物不變，人在變，千古定律。回程時，沿著陡峭山壁，坐齒輪纜車而下，及至湖岸，坐船遊湖，湖光山色，目不暇給。

肆、參加國際技能競賽開幕典禮

二〇〇三年六月十八日，蘇黎士台北貿易代表處主任高一心是從前在經濟部商業司的同事，前來接往近郊遊覽，一路閒聊，暢談陳年往事，深覺世事多變，人物皆非，確實有太多的回憶。三十多年了，怎堪回首？萊茵瀑布是萊茵河上唯一的瀑布，落差二十三公尺，氣勢磅礴萬千，臨近觀賞，水氣如煙霧遮天，頗覺震撼，岸邊紅瓦白牆住家陪襯，遠山含笑，宛如人間奇景，構成最美麗的畫面，令人驚豔不已。

趕到聖嘉倫市體育館參加開幕典禮，節目活潑生動，座無虛席，大會主辦單位以TAIWAN稱呼我國代表團，代表團在大會播放台灣民謠「四季紅」聲中，由我國大面國旗引導進場，而每位團員進入會場時，個個都手持小國旗奮力揮舞，抬頭挺胸、揚眉吐氣，全體觀眾也熱烈鼓掌回應，很令人感動，甚至有人熱淚盈眶。

二〇〇三年六月十九日，競賽開始的第一天，從Weinfelden趕到St. Gallen會場，觀摩競賽進行，並在賴水欽的陪同下逐一慰勉我國選手。每一位參賽國手工作桌上皆豎立小國旗一面，從很遠地方即可辨識自己國家的選手。本屆競賽有三十六個國家，三十八個正式競賽職類，四個表演賽職類，六百六十五位頂尖選手，我國選派十九位選手參加。我雖然告訴選手不必患得患失，而以平常心輕鬆應付，正常表現才會有好成績，其實內心既期待又害怕，而所有裁判和教練看似很鎮靜，事實上比誰都要焦急。

競賽期間各國裁判與選手必須隔離住宿，避免近身洩題舞弊，事實上這只是一種君子協定，形式多於實質，所以主辦單位強調「誠實是最偉大的道德」。今晚與賴水欽、陳文平及民視記者顏加松、連澤仁同赴選手住處Schloss Wartensee，共進晚餐並給予鼓勵加油。飯店為一老古堡重新改裝而成，依山面湖，視野廣闊，湖光山色一覽無遺，聽說最早建於十三世紀，不過內部已是現代設備，周邊空曠有農莊、有牧場、有果園，門外有一棵年代久遠的巨大松樹，更能襯托建築之美。

伍、瑞士人生活步調緩慢

二〇〇三年六月二十日，今天是競賽的第二天，遠離劍拔弩張的競技場，全天享受寧靜小城鎮的風光美景。我們住宿的Hotel Thurgauerhof，只能稱呼為小旅館，可以用簡單樸素來形容，不是超高建築，沒有豪華設備，即使大熱天冷氣也闕如，我多了別人一台小電風扇，算是享有特權。小旅館潔淨、明亮，早餐是在旅館後進的咖啡廳使用，屋簷下就是歐洲人喜愛的露天咖啡室，歐式早餐也僅止果腹而已。

早餐後，循著鄉間小路尋幽懷古，探訪建築莊嚴的老教堂、眺望位處山坡孤獨的古堡、欣賞歐式美觀住宅庭園，並漫步砌石街道上，不經心地瀏覽櫥窗，走累了就在路邊坐下來喝杯咖啡，濃郁撲鼻，口齒留香，悠哉遊哉，人生難得幾回閒。

瑞士人生活步調緩慢，不慌不忙，一餐飯可以吃很久，往往話比菜多，或許他們認為是一種享受，但在我們認為是一種痛苦。今天星期五週末，商店延長營業時間至八點，街頭巷尾可以聽聞歡笑和歌聲。今晚，是瑞士人最放鬆、是愉悅的一個夜晚。

陸、與王世榕代表相約見面

二〇〇三年六月二十一日，今天是競賽的第三天，平順的繼續進行。我與王世榕代表相約蘇黎士見面，搭乘火車前往，兩地車程五十一分鐘，分秒不差。大使充當臨時導遊，帶領瀏覽老街及舊市區，詳細介紹有關歷史典故，中午在老街一家馳名啤酒老店午餐，飯後續逛Bahnhof Strasse購物大街，從火車站直達湖邊，有軌電車行駛其間，街道兩旁商店林立，櫥窗潔亮，人潮擦肩接踵，向有瑞士香榭大道之美譽。

蘇黎士位於湖畔，擁有三十四萬人口，是瑞士最大城市，工商發達，經濟活絡，尤其國際貿易、財經金融服務，躍居世界首要中心與地位，成為歐洲最富裕的城市。晚上至兵器房餐廳（Zeughauskeller Restaurant），與高一心、陳海馨及顏加松、連澤仁等會合，一起享用歐式晚餐。這是一家遠近聞名的餐廳，故鄉人談故鄉事，有太多的溫暖。

柒、參訪古城Konstanz及Meinau地方

二〇〇三年六月二十二日，今天是競賽的最後一天，又逢星期假日，寧靜的早晨，寧靜的城鎮，街道也靜悄悄地，只是偶有行人或汽車經過。早餐後，步行小城鎮，沿路欣賞每家庭院不同設計與佈置，遇人親切打招呼，感覺這真是一個祥和的社會。

這個小城鎮是屬於瑞士的德語區，地名在德語是酒莊的意思，但不覺得酒是此地的特產，不過滿山谷葡萄園，加上充足陽光日照，或許就是產酒的好條件。居民就像多數的德國人，給人刻板印象，話不多，實事求是，信仰虔誠，星期日商店不營業，教堂人多忙碌，是日鐘聲不斷，乃是牽連上帝與你我之間的訊息橋樑。

王世榕與陳海馨於午後接我往Konstanz旅遊，並開車經過邊境到德國Meinau地方參訪。Konstanz位於瑞士與德國交界，為一歷史古城，也是當時宗教要地；而Meinau乃是一大花園，雖在德國境內，但屬於瑞典一位伯爵私有，有不愛江山愛美人的偉大愛情故事，頗為感人。此島周邊環湖，湖上帆船點點，遠處山頂積雪可見，有花圃、有巨樹、有小皇宮，有天然，有人工，遊客甚多，是一觀光勝地。

陳海馨駕車乘載我和王世榕來回瑞士與德國之間，只見他揮手示意，未經驗證即通行無阻，讓我想起日前為趕辦德國簽證遇到的麻煩，又何須多此一舉？晚上回到蘇黎士近郊陳海馨家晚餐，高一心夫婦也應邀，受他倆夫婦的熱情招待，滿滿台灣味鄉土菜，大家稱讚不絕口。陳海馨熟諳德語，有台灣客家人的苦幹精神。

捌、在歐洲乘坐火車是一種享受

二〇〇三年六月二十三日，今天開始進行競賽成績評分，大會並安排各國選手到Mt. Santis團體旅遊，紓解幾天來的緊張壓力，藉機會認識瑞士這一個國家。早餐時，遇見中央通訊社駐日內瓦特派

員呂志翔，前來採訪國際技能競賽的消息，非常敬業。早餐後，打電話至日內瓦與駐世界貿易組織（WHO）大使顏慶章聯絡，他在就任之後，曾因購買「房事」以及會籍被「矮化」，受到委屈，今天特別問候致意。

上午，搭乘火車再到蘇黎士，至Bahnhof Strasse名店街瀏覽，一路沿街徒步至湖邊碼頭，回想多年前曾在此坐船遊湖，如今記憶已模糊。中午，路過兵器房餐廳時特別留下午餐，食之者眾，只好在室外大樹蔭底下用餐，不過價錢並沒兩樣。

在歐洲乘坐火車永遠是一種享受，安全、舒適、便捷，可以一路觀賞窗外風光和鄉村景色。回程時，特地於Winterthur下車，造訪這個Zurich與Weinfelden之間的中途站，不過來去匆匆。艷陽下漫步在砌石街道徒步區，十足的愜意，欣賞店鋪櫥窗，欣賞建築之美，也欣賞路人的悠閒。走累了，露天咖啡隨處向你招手。

玖、參加Mt.Santis之旅

二〇〇三年六月二十四日，參加國際技能競賽主辦單位安排的第二梯次Mt. Santis之旅，與昨日選手們行走路線相同。首站到Romanshern與其他國家代表團會合，而後登船遊湖，從湖中回望岸上景色，艷陽下紅瓦綠地美麗耀眼。途經瑞士境內的小國家列支敦士登（Liechtenstein），不但麻雀雖小五臟俱全，而且分別為聯合國（UN）及世界貿易組織（WTO）等國際社會之會員國，財經金融與觀光事業相當發達，人口僅有三萬三千人卻有二萬九千個工作機會，是一個充分就業的福利國家。

中午在一處位於山坡的體育館午餐，因人多同時抵達，等候耗時，大家站立室外欣賞山腳下農村景色，遠眺群山環抱，目的地Mt. Santis就在不遠處，清晰可見。飯後，大型遊覽車隊續往Mt.Santis，一路觀賞鄉村景色，處處綠野山坡，居民工作勤勞，但人人幸福長壽。車抵山腳下，大隊人馬等待分批搭乘大型纜車上山頂。

瑞士位處高地，旅遊景點Mt.Santis標高二五〇四公尺，非常陡峭，從山下搭乘吊式纜車急速爬升，驚險刺激，工程浩大，令人嘆為觀止。聽說瑞士人擅長纜車工程架設，聞名世界，想必與其居住的自然環境有密切的關係。山上風大、氣溫低，但風景絕佳。晚上集體在大餐廳一同晚餐，有吹奏阿爾卑斯山長角喇叭等表演節目。

拾、參加閉幕與頒獎典禮——曲終人散

二〇〇三年六月二十五日，是大會閉幕與頒獎典禮，選在傍晚時候舉行，代表團團員利用難得空檔，紛紛抓時間前往蘇黎士，或觀光或購物，彌補這些日子以來的忙碌。本屆競賽最終成績公布，我國獲得金牌四面（資訊技術、鈑金、女裝、模具）、銀牌一面（家具木工）、銅牌二面（CNC車床、精密機械製造）及優勝獎九項，獲獎率達八十九％，成績相當優異。

當大會唱名高喊TAIWAN得獎時，我國得獎選手即持大型國旗上台，並於受獎台上揮動國旗，而代表團也在觀禮台上熱情揮舞國旗高聲歡呼，場面十分熱烈感人。其他各國得獎選手亦各持自己國旗領獎，而台下則尖叫、吶喊、鈴聲、喇叭聲不斷，熱情洋溢，喜樂亢奮，這是競賽的最高潮。

我國駐瑞士台北文化經濟代表團王世榕代表親臨閉幕典禮，與各國駐瑞士使節團同坐前排，我陪坐在旁。他嘉勉代表團的成果，並感動地表示，在如此盛大的國際活動舞台上，我國能不受干擾任由國旗飄揚其中，彌足珍貴，希望未來能繼續加強國內人才培訓，擴大參與競賽職類及陣容，爭取更多國際活動空間與地位。

在閉幕與頒獎結束後舉行惜別晚會，大家離情依依，彼此握手、微笑、交換紀念禮物，相互祝福的畫面令人感動。閉幕了，惜別了，燈熄了，互道珍重再見了。

出席回國記者會

二〇〇三年六月二十六日，這一趟出國在Weinfelden的Hotel Thurgauerhof整整住了十一個夜晚，一

樣的早餐，一樣的鐘聲，一樣的床鋪，一樣的夢，很快就到了整理行囊踏上歸途的時候。雖是歸心似箭，但又悵然不捨。有人形容瑞士是好山、好水、好無聊，沒有變化，沒有麻辣，只有一樣的早晨，一樣的夕陽，一樣的感覺。但縱使只是路過的旅人，也會永遠留下美好的記憶，還有那麼多點點滴滴的懷念。

二〇〇三年六月二十七日，經過長途飛行，於上午十一點四十平安返抵國門。隨後在桃園過境旅館午餐，並召開回國記者會，由陳菊主任委員親自主持，團員眷屬趕來參加。記者會上，我說，「國際技能競賽」是提供年輕人展現專技才能的世界舞台，自從一九七一年開始，我國從不缺席，而且一向有優異的成績表現。我們的實力備受各國肯定，可以說是擁有這方面才華的台灣青年揚名海外的最好機會。因為有我們的參與，在會場可以看到我們的國旗飛舞，也可以把台灣的名字大聲的叫出來。

又說，今年第三十七屆國際技能競賽在瑞士St.Gallen舉行，有來自三十六個國家六百六十五位頂尖選手參加，我國選派十九位國手參加十八職類的競賽，另外有十八位國際裁判，以及指導老師和行政支援人員組團與會，競賽過程激烈，緊張而冗長，總共獲得了四面金牌、一面銀牌、二面銅牌及九項優勝，獲獎率八十九%，團體表現優越，值得自豪和嘉許。

最後說，任何比賽都有失贏，唯有技能競賽可以創造三贏，贏得技能、贏得榮譽也贏得國際友誼，並能帶動技能教育的發展。我們應該珍惜這塊園地，且用心用力繼續經營，不應該退縮、不應該放棄，讓各國對台灣能夠留下最美好、最深刻的印象。

人口年輕化有利於勞動市場的活絡

二〇〇三年七月十四日，於行政院經濟建設委員會第一一三九次委員會議，聽取「人口老化與經濟成長」的專案報告，據指出高出生率將促使勞動力供應成長，而人口年輕化有利於勞動市場的活絡。至於高齡化，則對經濟發展及社會成本的提高造成影響，但似乎成為今後趨勢。根據統計，各國人口老化程度，亦即六十五歲以上占總人口的比例為：義大利十九%，日本十八%，瑞典十七%，英國與法國十六%，香港十一%，台灣九%，南韓與星加坡最低七%。

二〇〇三年七月十五日，全國產業總工會成立三年，今天是第二屆理事長就職典禮，在基隆路台電業務大樓舉行，賀客盈門，代表行政院勞工委員會前往道賀並致詞。我稱讚說：全國產業總工會可說三年有成，於三年前突破法令宣布成立，在首任理事長黃清賢的帶領之下，無論在產業民主、工會外交、勞工福祉各方面的推動，都有很大的貢獻和成就。就在這樣既有的良好基礎上，第二屆理事長盧天麟來接任，大家同樣寄予厚望和期待。盧天麟理事長有理想、有熱誠、肯付出，這是做為一位勞工領袖應有的起碼條件，相信在未來的這三年，必然會有豐碩的收成。

工會組織應是中性社團，亦即「勞工放中間，政黨擺兩邊」。然而在今天的就職典禮卻有來自各不同政黨的代表參加，包括卓榮泰、李明憲、穆閩珠、秦慧珠、黃義交、馮定國等多位立法委員。其實台灣很政治，社團就在左右逢源間壯大。

阿扁總統接見國際技能競賽團員

二〇〇三年七月二十四日，參加第三十七屆國際技能競賽的全體團員，在信義路聯勤聯誼社舉行檢討座談會，並以午餐招待。由中部辦公室重播電視採訪國際技能競賽相關報導以及業務檢討簡報，再由國際裁判及指導老師相繼熱烈發言，針對參加本屆國際技能競賽縮減經費及人員規模紛表異見，且對職訓功能與技職教育願景亦表憂心，提出若干具體建議意見，我要求主辦單位應給予滿意回應，並一一翔實記錄，供改善參考。

於當日下午三時，阿扁總統在總統府接見代表團全體團員予以嘉勉。我說，感謝總統閣下在日理萬機、百忙當中，接見國際技能競賽代表團的團員；全體團員也藉這個機會，敬向總統夫人此次歐洲之行帶回圓滿、光榮的成就，表達最崇高的敬意。

接著我說，國際技能競賽是國際社會組織中非常重要的一項活動，每兩年在不同國家舉辦一次。第三十七屆是在歐洲瑞士舉行，有來自三十六個國家、六百八十八位國際選手報名參賽。在三十八個正式競賽職類中，我國參加十八個職類的競賽，獲獎率達八十九％，包括金牌四面、銀牌一面、銅牌二面，以及九項優勝，成績斐然，得來不易。除選手表現傑出外，同行的國際裁判、指導老師也備極辛勞、功不可沒。本屆競賽，不論開幕、閉幕、頒獎或其他競賽場地，都可以看到中華民國國旗飄揚；而台灣的名字，也不斷被熱情的稱呼、叫喊。台灣雖小，但在國際技能競賽的領域裡，不折不扣是一個泱泱大國。

行政院勞工委員會十六歲生日

二〇〇三年七月三十一日，參加全國勞工行政主管聯繫會報，在花蓮理想大地渡假飯店舉行，來去匆匆，搭機當天往返。除勞委會外，也有來自各縣市政府勞工行政主管人員，共商勞工行政問題檢討與解決之道，並就當前重大勞動議題交換意見。

一向寧靜、民風純樸的花蓮，因為補選縣長如火如荼的熱烈展開，各種消息包括查賄選、棄保傳聞等選戰花招，每天幾乎佔據媒體最多、最重要版面，各候選人、各政黨皆投入相當可觀人力物力，有如誓死搏鬥，人仰馬翻，也許這就是民主過程，但未免付出過多社會成本。

台灣的開發從南到北、由西往東，因為隔著中央山脈，花蓮有後山之稱，由於開發較遲，少人為破壞，多自然景觀。花蓮擁有沙灘、溪谷、深山、田野之美；擁有好山、好水、好空氣、好陽光的地方。

二〇〇三年八月一日，今天是行政院勞工委員會十六歲生日，回想當年因勞工與環保意識抬頭，回應社會潮流強烈需求，在台灣省政府成立勞工處與環境保護處，而在中央成立行政院勞工委員會與環境保護署，匆匆走過十六個歲月，如今無論在組織、法制或業務各方面，順應潮流，幾經變革，不斷成長，都已奠定基石並漸臻完善。而我自己很高興能在這過程中，親眼目睹從無中生有，從弱小而茁壯。

勞工事務是廣義經濟事務的一環，而勞工政策則受到產業與勞工的拉扯和擠壓的影響，必須兼顧產業發展及勞工福祉的雙邊利益，拿捏之間嚴守平衡分際，中立而不傾斜，避免糾纏難分陷入泥淖。勞工行政工作吃力不討好，失業來臨時勞工找到你，勞動成本過高時雇主找到你，勞雇關係摩擦時雙方同時都找到你，往往「公親」變「事主」，不能受理性對待，承受諸多不滿和抗議，而且一再重演。

不同的宗教有不同的核心價值

二〇〇三年八月十一日，歐洲地方受熱浪侵襲，包括羅馬、倫敦、巴黎等地出現罕見高溫，久旱未雨，酷熱難耐，教宗若望保祿二世呼籲世界天主教徒祈禱降雨。而台灣亦創下最高三八．八℃的紀錄，天乾物燥，陽光刺骨，花草枯黃，農作物受損嚴重，人們只能慵懶地躲在冷氣房裡，短暫的享受科技的文明，誰說人定勝天？

二〇〇三年八月十二日，今天又是農曆中元節，民間習俗祭拜鬼魂，祈求平安，無論是在農村、商店或工廠皆有此信仰，而政府部門似亦不能免俗，成了一種傳統。台灣社會有絕對的宗教信仰自由，河水不犯井水，各行其是，相互尊重。民間習俗有其包容精神，無所不在，無所不拜，將信仰中的鬼神人性化、生活化，就像人類社會的階級與組織，各司其職，受到崇敬。這種多元傳統信仰的本身，已經包含畏懼、期待、慈悲、憐憫的複雜心境，乃是使人心向善的一股無形力量。

對宗教的信仰，有來自家庭的傳襲，有來自環境的耳濡目染，亦有來自個人的強烈追求，無論其原因動力為何，一旦入門大抵為終身信仰，少有改變。在不同的宗教，有不同的核心價值，而唯一相同的是從潛移默化當中能夠習得從善、奉獻與助人，這也是共通的精神和目的。任何附隨於宗教背後的神話、迷信或蠱惑，至多只能說是宗教信仰的過程，絕非真理或是宗教本質，但還是有人深信不疑。

印度國會議員來訪

二〇〇三年九月十日，印度資深國會議員巴世旺（Ram Vilas Paswan）伉儷及其兄弟拉強．巴世旺（Ramchandra Paswan）等人，在我國外交部官員的陪同下前來行政院勞工委員會拜會，特予以接待，並就兩國勞工事務包括：企業自由化、工會組織、最低工資、兩性工作平等、童工問題、失業率等廣泛交換意見。

印度雖有悠久的文化歷史和宗教信仰，但是現今人民生活條件較差，讓人感覺貧窮而落後，而且社會仍然存在所謂的種姓制度，亦即將人分成四大階級：婆羅門（通神者）、沙特利（貴族）、尼瓦爾（商人、知識份子）、沙陀羅（苦力、奴隸），不同種姓是不能通婚的。不過在現代的文明，印度對於資訊科技、電腦程式設計、醫學、數學、財務管理等方面，都有卓越的成就和貢獻，而且世界上有許多傑出的醫師、律師、會計師也來自印度。

公共事務難為

二〇〇三年九月十五日，參加在長庚球場舉行的第四屆台商盃高爾夫球聯誼賽，這是由財團法人海峽交流基金會所主辦的一項活動，有球賽、有摸彩、有餐敘，廠商也提供「一桿進洞」雙B大獎。就如同去年，於晚會時阿扁總統應邀蒞會致詞。

二〇〇三年九月十七日，參加行政院勞工委員會第二七三次主管會報，陳菊主任委員於會上首次透露，因縮減外勞政策遭人寄信恐嚇，再度澄清自己的親人絕未參與外勞仲介業務，她本人亦無懼威脅，不影響外勞政策的執行。行政首長是苦差事，職責重，困擾多，清譽無端受損，人身安全堪慮，讓人痛心何以公共事務如此難為？

二〇〇三年九月十九日，因為陳菊主任委員接獲恐嚇經媒體報導，近日來辦公室門禁較往常森嚴，而陳菊主任委員辦公室亦接到熱心人士致贈不少鮮花，人情冷暖永選就是對比的。

APEC化學對話——GHS國際研討會

根據二〇〇二年世界永續發展高峰會議執行計畫「健康與永續發展」具體重要共識，將於二〇〇八年施行全球化學品統一分類及標示制度，台灣據此承辦「APEC危險物品全球調和制度（Globally Harmonized System, GHS）研討會」，由行政院勞工委員會主司其事，並由我推動各項籌備事宜。在此之前，美籍Karon E. Armstrong亦由蘇德勝、石東生、張錦輝的陪同下特地為此來訪，交換意見。她任職於International Regulatory Affairs，是一位做事積極的女性。

為承辦GHS研討會，並先後舉行四次籌備委員會議如下：第一次籌備委員會議於二〇〇三年三月二十日舉行，議定經費籌措與分攤、籌備會組織架構與分工、擬定研討會議題、邀請聯合國官員來台與會等；第二次籌備委員會議於五月十五日舉行，除予以正名外，並決定開會地點、討論題綱、邀請對象與人數，以及聽取顧問公司規劃簡報與工作建議書，擬就分組討論主持人、協同主持人名單等；第三次籌備委員會議於七月二十八日舉行，聽取籌備進度、經費撥付情形、參加學員分配、議程規劃與確認，但對於是否邀請總統及行政院長以貴賓身分參加開幕及閉幕式，因為事涉政治敏感及APEC慣例，與會委員仍有爭議，尤其外交部代表更是表達保留態度，尚待協商；第四次籌備委員會議於九月八日舉行，完成各項報名、議程、接待、宴會、大會手冊等之準備工作，以及各項籌備事宜。

二〇〇三年九月二十二日，「APEC化學對話——全球調合制度」研討會，經前後四次籌備會議，上午在台北國際會議中心揭幕，共有台灣、美國、加拿大及日本等十三個APEC會員體、二十八位外賓代表，以及國內產業、工會、政府等相關人員二百三十餘人與會，進行三天的研討。由陳菊主委主持開幕儀式，隨後由我主持對外記者會。

我說，這次APEC化學對話小組選擇在台北舉辦全球調合制度（GHS）研討會，由我國擔任主辦國，扮演促進國際安全衛生交流合作角色。施行全球調合制度，將可提供國際上容易理解的危害通識系統，不僅提高人類健康及環境保護，並可節省跨國企業製作標示及物質安全資料的成本與時間。依據世界永續發展高峰會具體共識，要在二〇〇八年施行全球化學品統一分類及標示制度，而聯合國已於今年制定完成GHS，規範危險化學品之分類、標示及物質安全資料，APEC會員體將在自願性的基礎上實施GHS制度，並取代許多國家目前採用之相關規定，將對於業界化學品製造、輸入、輸出等造成影響，各國自應注意及GHS之發展及因應。

又說，為配合GHS制度之落實，主要議題為：GHS制度之簡介；化學品之危害分類；化學品之標示；物質安全資料表；政府、勞工及業界如何執行GHS制度；我國及其他APEC會員體推動危害通識之經驗分享；以及GHS執行之實務及技術性之探討。

二〇〇三年九月二十四日，「APEC化學對話——全球調合制度」研討會，經過三天忙碌而辛苦的研討，參與者都能貢獻智慧也分享經驗，並得到豐碩的成果。本次研討會獲致共識，包括：建議APEC成立GHS協調委員會；訂定GHS實施進度表；加強APEC會員體之教育訓練並納入責任照顧制度之一環；追蹤APEC會員體之實施成效；提供各會員體相關資訊，分享GHS制度推動實務經驗等。這些結論，有助於各會員體落實GHS制度，以保護環境及人類安全與健康，達成永續發展之目標。

這一次研討會的各項籌備事宜，都是在APEC的規範和慣例下進行，勞委會主辦單位勞工安全衛生處、勞工安全衛生研究所盡了一切努力，也獲得與會人士的佳評。今天下午和晚上，分別在世貿會議中心與凱悅飯店，前後主持研討會的閉幕儀式和惜別晚會，在依依不捨的氣氛中，互道珍重再見，為此一有意義的研討會，劃下最完美的句點。

二〇〇三年十月二十九日，外交部在行政院院會上提報「我國參加本年APEC年會成果簡報」，其中由行政院勞工委員會主辦的「APEC化學對話——全球調和制度（GHS）研討會」，獲APEC部長聲明肯定為我國重要工作成績，因為從籌備到會議結束皆全程參與，而感到與有榮焉。

接見國慶外賓訪問團

二〇〇三年十月九日，接見港九工團聯合總會訪問團李國強、司徒添等一行十人，並就勞工保險、失業問題、公營事業民營化、勞工法例比較研討會之舉行等，廣泛交換意見，彼等對於台灣進步的法制和維護勞工權益的種種措施，印象深刻。

二〇〇三年十月十四日，接見加拿大國會議員訪問團，包括團長Hon. Judi Longfield，以及Hon. Tom Wapple暨夫人、Hon. Ovid Jackson暨夫人、Hon. Gerard Asselin暨夫人，還有Hon Val Meredith. Hon Pierrette Venne等人。此行是前來祝賀我國雙十國慶，並考察經貿、科技、農業、勞工等相關議題，分別拜會相關部會，亦至故宮博物院、太魯閣國家公園等地參觀旅遊，全程都是由外交部安排接待。

訪問團所討論勞工事務涉及廣泛，分就失業者的職業訓練、人力發展趨勢、外勞的管理、專技人才的引進、勞工住宅輔助、勞保給付的範圍、職業災害的補償，還有所謂「性產業」的規範等作意見交流。在本會另有蘇德勝、周毓文及職訓局人員的陪同。

出席世界安全組織第十七屆年會

二〇〇三年十一月一日，帶團飛往美國，參加「世界安全組織」（The World Safety Organization. WSO）於丹佛市（Denver）舉行的「第十七屆國際環境與安全衛生大會」（17th International Environment Safety & Health Conference.）同行的團員有蘇德勝、蔡維誼、邱松嵐、林振榮、張世昌、蔣士宜及粘麗娟等人。

二〇〇三年十一月二日，與粘麗娟訪王振仁、黃麗娟夫婦，他們住丹佛市已十餘年，居家寬敞舒適，生活愜意快樂。同往近郊的Black & Central City，瀏覽採礦小城，此時山區滑雪場已經開放，而在路上巧遇天空飄著小雪，景色確實迷人。

二〇〇三年十一月三日，參加開幕典禮，由美國職業安全衛生署（ＯＳＨＡ）附屬教育訓練機構Hank Payne處長代表勞工部副部長兼ＯＳＨＡ署長John Henshaw發表專題演講，講題為職業安全衛生教育訓練之革新與展望，並再闡述勞工部的四大施政主軸為：一、有準備的勞動力（Prepared Workforce）；二、有就業安全保障的勞動力（Secure Workforce）；三、有品質之工作環境（Quality Workplaces）；四、具競爭力之勞動力（Competitive Workforce）。其中第三項乃為ＯＳＨＡ的施政目標。

二〇〇三年十一月四日，蘇德勝是ＷＳＯ的現職理事，盡心盡責，在分組討論中，被邀請並安排一項專題報告，講題是-Integrated Occupational Health & Safety Management and the Voluntary Protection Program in Taiwan. 除介紹我國勞工安全衛生管理制度與實施成效外，更比較我國自護制度與美國制度之差異性，內容受到各國代表的重視與讚揚，全體來自台灣的團員皆出席捧場，在他講演結束之後，循例接受與會人士的詢答，與世界各國進行實務經驗交流。

此外，大會分組研討共分成四個會議場地同時舉行，安排的各種研討課程相當豐富，與職業安全衛生議題相關，包括起重機安全、用電安全、機器安全防護、焊接切割等安全程序、開挖作業安全、安全管理整合、危害及風險評估、工作場所暴力，甚至ＳＡＲＳ議題、九一一後之飛航安全、恐怖份子生化攻擊威脅等等，我國代表團成員分別就其安全衛生專業領域與個人專業領域，參加各分組研討活動。

二○○三年十一月五日，上午，再度造訪市中心馳名的十六街，大家以最輕鬆的步伐、最悠閒的心情，欣賞這潔淨、美麗的街景。晚上，參加頒獎晚宴，餐點簡單，中間穿插西部老牛仔歌唱、獻技。頒獎典禮上，就如同所預期及推薦，蘇德勝在我國推動職業安全衛生制度及自護制度的貢獻，榮獲ＷＳＯ頒發國際勞工安全衛生貢獻獎；台灣塑膠股份有限公司在追求經濟成長的同時，仍一直堅持「安全生產」與「環保與經濟」並重的理念及致力「零災害」目標，榮獲ＷＳＯ頒發國際安全衛生公司獎。

二○○三年十一月六日，從丹佛飛往休士頓（Houston），在機場經過層層嚴密查驗後始獲登機，全然是九一一恐怖事件之後的不便措施，從這情景已經可以感受到美國人民為了安全必須付出失去自由的代價。飛抵休士頓，由林愷聲來接機。中午，在一家日式自助餐用完午餐後，即作市區巡禮，遊覽River Oak高級別墅社區，並造訪Rice University等。晚上，在一家叫珍寶樓的中華料理餐廳聚餐，除同行者外，有台塑德州廠蔣朝木副總經理、李錦芳資深經理和貝殼公司（Shell Oil Company）蔡善璞博士，及林愷聲和陳嬿琬等人參加，吃得開心，聊得愉快。

二○○三年十一月七日，參觀德州醫學中心（Texas Medical Center）及考察貝殼公司（Shell Oil Company）之健康服務中心。前者佔地七百四十英畝，由四十二個大小醫院及研究機構共同組成，提供人類健康促進與醫療服務；後者則由蔡善璞博士導覽並簡報公司健康自護管理制度，他是流行病學專家，現職經理兼教授。下午，離開休士頓坐車前往聖安東尼奧（San Antonio），車行筆直公路，一望無際平原，可以感覺到德州之大，聽介紹有台灣的十八倍。抵達市區已近傍晚，先至River Walk坐平底船遊運河，船伕一路介紹河岸兩旁建築與景點，對此一屬於自己的城市有份自信與驕傲。隨後在一家墨西哥餐廳，享用Tex-Mex式食物。

二〇〇三年十一月八日，參觀San Jose古城堡及老教堂，瞭解當初拓荒開墾的艱辛與血淚歷史；登臨America Tower鳥瞰全城風貌；造訪Alamo憑弔古戰場及紀念文物；觀賞Natural Bridge Caverns天然鐘乳石洞奇景，鬼斧神工令人驚嘆；遊覽Market Square市集廣場，購買墨西哥手工藝品，及欣賞拉丁舞蹈及歌曲。

二〇〇三年十一月九日，早晨沿River Walk散步，享受清靜與美景。兩岸遍植花卉和巨樹，偶見拱橋橫跨河岸，近旁有餐廳、旅館、商場等，構築人間最美畫面。送走林振榮和張世昌先行離隊，我們續往奧斯汀（Austin）出發，考察市政建設及營造工地安全衛生，於中途San Marcos地方有一處佔地寬廣的巨大型購物中心Outlet，稱得上是購物天堂。我們在這裡午餐及休息，也入境隨俗略作巡禮。

奧斯汀是德州的首府，有克羅拉多河（Colorado River）流經其間，也是一座美麗的城市。進城之後參訪宏偉的議會大廈，這是利用當地石材仿照華盛頓國會大廈建造的，完成於一八一八年，古典而堂皇，圓型屋頂是特色，屋內整潔明亮，大廳地板鑲有六旗圖樣，乃敘說德州過去滄桑歷史和光榮的一頁，而屋外翠綠草坪和整齊花木，更能陪襯整座建築物的突出和壯觀。走出議會大廈，再至附近代表University of Texas的尖塔建築物前照相留念。之後經過一番折騰才找到一家「鮑氏PAO's」餐廳晚餐，老闆是來自台灣屏東，很高興嚐到如此道地的菜餚。

二〇〇三年十一月十日，上午，在奧斯汀觀摩都市建設規劃、廢棄物清理規劃及建築工地，而後參觀詹森總統紀念圖書館（The Lyndon Baines Johnson Library and Museum），瀏覽University of Texas校園。接著至郊區一大水庫租船遊湖，每個人都親自體驗駕駛遊艇兜風的快感。中午再光顧「鮑氏PAO's」餐廳午餐。

回休士頓後，專程前往慕名已久的Taste of Texas Restaurant品嚐道地美式牛排，阿扁總統過境德州時曾來光顧，國內媒體也有報導，頗有西部粗獷風味，來此客人很多。而後於翌日，參訪NASA也是德州太空中心（John Space Center），寓教育於遊樂，老少咸宜。對人類登臨月球和探索太空的努力與貢獻，令人敬佩。

二〇〇三年十一月十二日，上午，與林愷聲至Sugar Lane地方的一處Grate Wood Golf Club競技，難得父子同樂。打高爾夫球是他在美國假日時候的唯一消遣，球藝進步不少，而且有益健康，很高興他有此一運動嗜好。晚間，蘇德勝、蔡維誼和邱松嵐三人，搭機先行返回台北，結束考察。

我的長官許宗德

二〇〇三年十一月二十七日，中午與粘麗娟和蘇麗瓊、林碧琴到馬偕醫院探望許宗德，看他臥病在床，插管維生，消瘦變形，有說不出的心酸難過。許宗德是在二十幾年前的老長官，他是林洋港的同學，當年我由經濟部轉任台灣省政府服務的時候，他正好任職社會處長，印象中他非常嚴肅而有教養，講求行政倫理與團隊紀律，勤快、耿直、守分際、明是非、辨善惡，是一位值得尊敬的兄長和上司。在之後，他又歷任省府副秘書長、地政處長、台開公司董事長等職務，都能恰如其分，都能受人尊敬。

後來與吳光雄、林宇聲再度前往醫院探望他，病情已日漸惡化，必須仰賴氧氣罩幫助呼吸，想起生龍活虎的當年，不禁感嘆歲月的無情。本來生、老、病、死是無可逃避的，但面對病痛和死亡的時候，任誰都不會快樂的。有人常說，人生苦短，來去匆匆，只知忙著生活，卻不及感受生命。又說，生命是依附於時間而存在，享樂時時光易逝，痛苦時時間難熬。

每一個生命都會結束，重要的是命運由誰主宰。如果是由自己掌控，那就是好命；如果是由他人決定，那就是苦命；如果是神的旨意，那就是宿命。英國最著名戲劇家和詩人莎士比亞（William Shakespeare）說過：「思想是生命的奴隸，生命是時間的弄人。」而印度最著名詩人、作家、藝術家和社會活動家泰戈爾（Rabindranath Tagore）也說：「人生雖只有幾十春秋，但它絕非夢一般的幻滅，而是有著無窮的、可歌可頌的深長意義的；附和真理，生命便會得到永生。」

無菸害的工作環境

二〇〇三年十二月三日，職場是每個人工作的地方，不論辦公或作業場所，都與日常生活息息相關，如果把一天二十四小時切割成工作、睡覺、休閒三等份，我們至少有八小時時間在職場範圍內活動，所以整體環境會密切影響我們的生活與健康。

每個人必須有工作，而工作在意的不僅是工作報酬、工作福利，其實工作氣氛、工作環境都非常重要。對於就業場所，在相關勞動法規有明確的規範，必須符合通風、採光、照明及安全與衛生設置標準，禁菸是其中之一。所謂「香菸」這二字取得好，何況有所謂「長壽香菸」聽來誘人，其實害人不淺，應該拒絕誘惑，甚至堅定拒絕二手菸。

禁菸或戒菸的理由有二：一、健康的理由——為自己的健康也為別人的健康；二、安全的理由——避免易燃性、發火性、爆炸性等危險物質產生災害。至於因抽菸引發周圍人士不悅，而造成人際關係的緊張，因而破壞彼此間良好的互動，當然也是可以想像得到的嚴重事實和後果。

二〇〇三年十二月八日，參加菸害防制優良職場表揚大會，是在台灣大學學生第二活動中心國際會議廳舉行，乃對得獎單位表示恭賀。這是一項很有意義的活動，由行政院衛生署國民健康局主辦，董氏基金會協辦，有三百餘職場熱心參與，希望藉由經驗交流與推廣，期能喚起事業單位與勞工對工作場所菸害問題之關注，進而創造安全化及舒適無菸害的工作環境。

關於工作場所吸菸的危害，除可能造成火災爆炸之立即危險之外，更是長期傷害勞工健康的重要危害原因。吸菸對於事業單位而言，可以說是一種潛在的風險，也是一種隱形的經營成本負擔。因此，本會在推動事業單位健康教育時，也加強菸害預防的宣導，而各勞動檢查機構在實施勞動檢查時也廣為宣導不吸菸運動，要求各事業單位利用各種集會配合推廣。

另外，本會也在下年度正式編列預算，推展勞工健康促進活動，該活動將安排授予吸菸與健康相關課程，使勞工瞭解吸菸對健康之影響。至於基於工作安全或公共安全的考量，亦嚴格要求事業單位在危險作業場所實施煙火管制、禁止吸菸，並要求明訂於工作守則或工作規則中。

阿扁總統贈勳證嚴法師

二〇〇三年十二月十日，搭復興班機前往花蓮，參加「人生列車——牽手向前行」東區活動。該活動以「尊重生命／關懷弱勢」為主題，邀請宜蘭、花蓮、台東地區社政及學者專家透過理論分析、專業諮商、案例分享等途徑，有效預防並協助走過自殺黑潮，迎向光明人生。呂秀蓮副總統蒞臨會場致詞勉勵，並安排參訪慈濟醫學中心，為新生兒祝福，為重症病患祈求平安，隨後在靜思堂拜會證嚴法師。

阿扁總統也來到花蓮，在呂秀蓮副總統之後，亦於靜思堂拜會證嚴法師，輕鬆談話，並親頒至高榮耀的景星勳章，贈勳儀式隆重，也先後致詞讚許與回謝。阿扁總統與證嚴法師都關注花蓮發展與生態平衡的議題。

二〇〇三年十二月十一日，台灣公民投票已為二〇〇四年總統大選帶來熱鬧議題，並引發國際社會討論。阿扁總統表示，防衛性公投是為了避免戰爭、免除人民恐懼、維持台灣現狀。阿扁總統說，「我們無意改變台灣現狀，也不允許台灣現狀被改變。」他並呼籲國際社會，不要把中國的武力威脅、飛彈部署視為理所當然。阿扁總統並指出，公民投票是普世價值、基本人權，公民投票的基本權利不應該受到剝奪、限制、阻擋與威嚇。

林信義指責勞委會「不懂產業」

二〇〇三年十二月十二日，凡事有一體兩面。據報載，行政院副院長林信義批判外勞政策表示，勞委會未能機動有效調整外勞政策，影響國內投資環境改善，致台塑六輕四期延宕不前，嚴厲指責勞委會「不懂產業」、「陽奉陰違」等語。若干工會聞訊後，相繼致送花籃慰問陳菊主任委員，表達渠等對於捍衛勞工權益的感激。

據瞭解，二〇〇一年八月經發會對於外勞議題有兩項共識：其一是，外籍勞工政策制度必須以促進本國勞工就業為目標；其二是，外籍勞工政策，應在補充性、總量管制原則及行業重新檢討原則下，繼續執行緊縮政策」。據此共識，立法院第四屆第三期衛生環境及社會福利委員會第十一次會議決議，達成每年刪減一萬五千名外籍勞工人數的目標。但隨著老人化以及降低勞動成本的需求，政策推動不易。

勞雇團體雙方對於外勞輸入，立場不同，看法不一。其實我國政府向來外籍勞工基本政策為：一、保障國人就業權益；二、防範外籍勞工成為變相移民；三、避免外籍勞工造成社會問題；四、不得妨礙我國產業升級與經濟發展；五、維護外籍勞工基本權益。而今後外籍勞工政策的走向則為：一、外籍監護工申請機制與國內照顧服務體系接軌；二、研議民間重大投資案引進外籍營造工；三、繼續停止政府發包重大工程引進外籍營造工；四、檢討調整製造業外籍勞工核配機制。

關於民間重大投資案引進外籍營造工方面，自從實施外勞緊縮政策以來，營造業外勞人數已明顯減少，可是營造業原有職業者之離職失業比率並未見明顯改善。攸關經濟發展之民間重大投資案，若因面臨所需勞力不穩定，將延誤興辦工期及增加成本負擔等問題，如因而影響投資意願也將使本勞就業機會無形中喪失。因此適度開放民間重大投資案引進外籍營造工，乃比較能符合當前經濟情勢需要，以及政府推動民間擴大投資、活絡經濟發展，並創造本勞就業機會之政策目的。

監察院約詢勞退基金投資作業

二〇〇三年十二月三十日，主持訴願審議委員會第二二六次委員會議，審議台北市政府因勞工保險補助款事件不服勞工保險局九二·五·七保債欠字第〇九二六〇〇〇九二一〇號處分提起訴願案，併同案前言詞辯論經冗長討論研酌，而最後以程序不受理作決定。

二〇〇三年十二月三十一日，參加行政院第二八七二次院會，科技顧問提報「研議放寬引進海外科技人才相關法規辦理情形」一案，有關碩士學歷免經歷限制，以及設立單一窗口受理工作許可，引進專門性與技術性之「白領」外籍人才，乃屬職訓局權責，已完成工作流程的準備作業，俟訂定工作資格及審查標準公布後即可開辦。

監察院馬以工、林鉅鋃委員為「勞工退休基金投資股票效益欠佳，影響整體投資績效頗鉅；另該基金應用最低收益率之計算，涉及大眾權益，逕於內規訂定，核欠妥適等情」一案，約詢勞工退休基金相關人員，包括監理委員會及中央信託局等前往說明，「項莊舞劍，意在沛公」。歸結約詢與建議重點為：一、監理委員會應增加勞工代表名額，且直轄市應為成員之一；二、調查曾否運用基金護盤而有干預或影響股市之行為；三、建議對禁組工會或未提撥勞工退休金之上市公司，就不應作為選股之對象。顯與調查原由有別，且似超乎事後監察之原則。

台灣社會有時一窩蜂

二〇〇四年一月八日，台灣的社會似乎很敏感，也很脆弱，有時一窩蜂，有時容易風吹草動，尤其一到選舉時候，全神貫注、投入，又經常激情而對立，加上媒體從旁推波助瀾，讓人眼花撩亂，模糊觀點，而在內心不斷湧出沒有答案的疑惑。

法鼓山創辦人聖嚴法師，有感而發表示：「政治和媒體讓人不快樂。」而在此同時，公視董事長吳豐山也撰文提到：「民主社會言論自由，假如只是不同主張，實在不必你死我活，媒體人士或者政治人物假如在其間推波助瀾，這是知識的失德；這種失德是在往與和平、和諧、幸福相反的方向走。」很多人看後也心有戚戚焉。

政治紛擾，輿論力量誤用，社會不夠成熟、健康，使人處處不安又分立，在這樣的環境和氣氛下，我更加嚮往靜謐無爭的桃花源，我家鄉下不就是這種地方嗎？不是逃避，不是落葉歸根，但把養魚、種菜、栽花，當成是我今後生活的全部。

台灣意見領袖的沉重

二〇〇四年一月十六日，參加行政院青少年事務促進委員會第三次委員會議，勞委會參與部分為青少年（十二～十四歲）工讀及進入職場前的就業服務與職業訓練。包括：設置工讀諮詢專線、工讀服務手冊、求職防騙ＤＭ、研習課程安排、企業參訪活動，以及規劃全國就業e網青少年工作專區、台德菁英計劃、展翼計劃等等。

王永慶、李遠哲、林懷民對二〇〇四年總統副總統選舉競選活動的諸般情況，透過聯合刊登廣告方式，表白內心的沉重。內文提到，「在這一次選舉活動中，看不到清明與理性的一面，卻看到朝野政黨仍堅持僵固的意識型態，以及太多的負面文宣、太多的口水叫罵、太多的意氣衝突。」因而，「認為這是錯用民主，也是對兩千三百萬台灣人民的輕蔑。」又說，「國家的建設是一條漫長的道路，國際大環境又隨時改變，必須朝野共同敬慎敬謹、妥善因應。」所以建議，「必須儘速建構一個和平、穩定的兩岸關係，裨益雙方經貿直接而雙向的往來。」最後呼籲，「國事蜩螗，至盼大家放下仇恨，遠離偏激，找回清明與理性，心繫台灣，眼觀全球，藉由一場高尚格調與深度內涵的選舉，終結台灣混亂困頓的情勢。」

同為總統候選人的阿扁總統回應，他對聲明內容深有同感，並願意反躬自省；而連戰也回應表示，不只支持，還呼籲全民一起來簽署，做為未來全民的公約。

學習捨棄與放手的藝術

陳彩容E-mail一篇《學習捨棄與放手的藝術》好文章，閱讀後頗有共鳴。文章敘述，有一位室內設計師說：「就建築或者室內設計而言，簡約比複雜的難度還要高上許多，因為加上東西是容易的，可是要減掉東西，卻需要更多、更敏銳的美學素養與判斷。」其實在人生之中能夠懂得捨棄、放手才真正是一種智慧。我們常說「由儉入奢易，由奢入儉難」，相信也是同樣的道理。

我們每一個人從哇哇落地開始，就一直學習用「加法」來面對人生的課題。從生理上的吃飯、長大；心理上的得到愛與關懷；知識上的不斷學習與吸收；抑或物質或成就上的累積和成長，比比皆是。我們不斷的把各種有形、無形的東西加在自己身上，好讓我們富有、充裕，讓我們壯大、盈滿。我們無知的相信，唯有在各方面都「長得像大樹一樣大」的時候，才是離快樂和富足的心境最近的時候。

事實上，這樣的信念卻在某一些時候會成為我們困陷、凝滯的關鍵。因為所謂的「加法」畢竟不是面對人生的課題時唯一的方法，有些時候需用「減法」才能夠解得開人生的糾結與痛苦。在正與負、得與失之間是沒有絕對值的，我們不是常說「塞翁失馬，焉知非福」嗎？而所謂的「減法」，正是捨棄與放手的藝術。

寓意很深的用人哲學

每次回去澀水老家，路過台中會與老同事敘舊，從言談中聽到埋怨。從前台灣省政府勞工處因精省改制為行政院勞工委員會中部辦公室後，群龍無首，升遷無望，人員出缺不補，十足被邊緣化，致士氣低落，怨聲四起，每與這些「老」同事見面，即有無限感慨，人微言輕，奈何心有餘而力有不足，無從照顧，甚感汗顏。

就在前不久，陳菊主任委員對勞委會內部人事作了部分調整，或許醞釀已久，但皆於事後才知曉。關於人事，這可能就是通常所說，身為副手應該禁忌的地方。其實，人與人的關係是多重的、複雜的，有親疏，也有好惡。即使對事看法容易一致，對人觀點則各有不同。所以，主其事者應避免用人陷於多主見、少客觀，有時力排眾議不見得就是「知人善任」或「適才適所」，真正人才容易被埋沒。

最近閱讀一則《獵人、鸚鵡、老鷹與雞》的故事，有寓意很深的用人哲學，這或許是一則「勿聽信讒言」的故事。它述及，當人們遭遇問題時，總是詢問與自己比較親近的人的意見，而絕大多數被詢問的人，或許無意進讒言，但總以自己的心態、能力、經驗，去解釋別人的心態、能力、經驗。所以當詢問對老鷹的意見時，應該詢問另一隻老鷹，而不是問一隻鸚鵡。或許鸚鵡是你信任的人，但你得到的不過是鸚鵡的看法，除非你只想得到一隻雞，而不是一隻鷹。故事也說明，如果你只是隻鸚鵡，千萬不要武斷批評一隻老鷹，否則可能會為自己帶來災難。

參與「手牽手護台灣」

二〇〇四年二月二十八日，今天是「二二八和平紀念日」，台灣人不該遺忘的日子，全台有一項「手牽手護台灣」的大型活動，是以「愛與和平」為主要訴求，從南到北綿延五百公里，有兩百萬人熱情主動參與，扶老攜幼，走出大街小巷，走出窮鄉僻壤，也走出仇恨與悲情。活動的靈感來自一九八九年八月二十三日，兩百多萬蘇聯統治下的愛沙尼亞、拉脫維亞與立陶宛人民，同時手牽手，牽起了一道六百公里長的護國鏈，搶回了國家的主權。

如同之前的規劃，邀約玉山盟友至汐止後山光明寺登山健行，粘格格找來外燴在家準備豐盛的自助午餐，男女老少近四十人，包括：曾天賜、謝金河、陳瑞聰、蔡友才、許欽洲、王英雄、黃寶任、王金丕等人及眷屬與友人。午餐後，一起到汐止北山大橋周雅玲縣議員所認養路段，參加舉國「手牽手護台灣」活動，此時傅還然、蔡東和及其家人也趕到，整個場面壯觀、熱情、沸騰而使人感動，大家手牽手成為一道沒有盡頭的人牆，也表達真正台灣意識的堅固長城，所有的人不斷高喊「反飛彈」、「愛台灣」、「反恫嚇」、「愛和平」，自動自發地把台灣的聲音傳達到全世界各個角落，也親身體驗用心愛台灣、用手寫歷史的偉大創舉。

「二二八手護台灣」活動，順利完成了不可能的任務，活動雖已結束，歌聲和誓願依然繚繞。據報導，台灣北從基隆和平島南到屏東昌隆，下午二點二十八分到來的那一刻，整個台灣西海岸連結成一條「人鏈」，面對中央山脈，齊聲高呼「族群大團結、牽手護台灣」、「和平公投、手護台灣」、「反飛彈、要和平」、「相信台灣、堅持改革」等的口號，大家用行動表達了對台灣信守不渝的愛，這一刻是全體台灣人民共同的驕傲，可以說四百年來在這塊土地上也從來沒有這麼激情歡樂過，全民團結，族群和諧，凝鑄了命運相同、生命相依的台灣共同體，台灣人民的確為自己寫出了歷史的新頁，每一位參與的人都覺莫大榮耀。

台灣人的心聲，在國際社會上具有嚴肅的政治意義和震撼效果；台灣人的心願，相信中國當局和國際社會都應該聽見了，也都應該看到了。根據報導，「二二八手護台灣」活動，不僅在國內引發熱烈討論，同時也受到國際媒體關注。英國國家廣播公司ＢＢＣ、美聯社、法新社、日本ＮＨＫ電視台及日本各大媒體等等也都有大篇幅的報導，認為是台灣有史以來最大規模的全島「示威活動」，其附加價值很有可能影響到台灣大選的選情點，而對拉抬阿扁總統連任的可能性似乎也增高不少。

一樣大選兩樣情

二〇〇四年三月二十日，今天是總統選舉及公投投票日，藍綠兩陣營不再有激情選舉動作或語言，顯然選戰熱情已冷卻，而各地投開票所投開票作業亦極平和順利，這些都是台灣長期累積厚實經驗的結果，可以讓世人目睹民主政治在台灣已臻成熟。

總統選舉投票率為八〇・二八％，總投票人數一三二五萬一七一九人。陳水扁與呂秀蓮得票數六四七萬一九七〇票（五〇・一一％）；連戰與宋楚瑜得票數六四四萬二四五二票（四十九・八九％）。至於公民投票（強化國防四十五・一七％，對等談判四十五・一二％）因投票率未達半數而否決。

選舉結果，扁呂以些微票數領先當選。阿扁總統在當選感言表示，這是一個新時代的開始，不僅是台灣民主的新時代、團結和諧的新時代，也是兩岸和平的新時代！「三二〇和平公投」將台灣民主向前推進一大步，他呼籲對岸的北京當局，能夠正面看待台灣總統大選及公民投票的結果，接受台灣人民民主的選擇。他在談話中也強調，選舉的結果，不是個人或政黨的勝利，而是台灣民主的勝利，台灣人民的勝利。他和呂秀蓮將勇敢承擔人民託付重責大任，竭盡心力、團結族群，相信台灣、堅持改革，讓台灣變得更好，讓人民過得更好。

可是在另外一個選舉陣營，也就是以些微差距敗選的連戰，卻意外的向支持者公開表示：「這是一場不公平的選舉，在疑雲重重的情況下，執政者始終沒有說明真相，讓雙方出現些微差距，我們不能再緘默以對，否則將對不起歷史、民主制度、尊嚴，也難以向二千三百萬子孫交代。」他進而宣布：「因此，國親政黨聯盟將提出選舉無效之訴，同時要求中選會立即查封所有選票，以便做為未來驗票的一個依據」。並說：「台灣真正不能輸，就不應該輸在這裡。」候選人突如其來的宣布，瞬間為台灣政壇及社會投下一顆巨彈，必將帶來不確定、不平靜的未來。

社會持續受到低氣壓籠罩

二〇〇四年三月二十一日，連戰一番「敗選感言」效應持續擴散，泛藍支持者無法接受連宋以不到三萬票的差距落敗，已分別傳出數起抗議事件，更集結前進總統府，表達他們的憤怒與不滿。連戰表示，應立即驗票，並交代槍擊真相；而宋楚瑜則質疑阿扁政府輕率啟動國安機制，剝奪二十萬軍警參政權，有「調虎離山」之嫌。

儘管法院已下令封存選票，執政當局不斷表達對抗爭訴求的理解、尊重之意，但在總統府前廣場抗爭群眾仍未散去，事態有逐漸升高之勢，從群眾所表現激昂的情緒，不達目的不干休，再加上連戰與宋楚瑜兩人都親自站上了第一線，顯然已經不是說幾句「冷靜」、「理性」等輕描淡寫的政治修辭，就可以輕易化解得了。

二〇〇四年三月二十二日，選後第一天上班，受凱達格蘭大道上抗爭群眾聚集影響，周邊道路交通受阻，每天必經的中華路段車行困難，難免引發很多人內心嘀咕。而股市開低走低，暴跌四五五點，直覺政治紛擾、社會不安對股市產生效應與衝擊。

政治人物可以簡單的分為二種，其一是政治家，其二是政客。二者的差異在於，前者處處為選民著想，後者時時在利用選民；前者以智慧決定是非，後者以聰明顛倒是非；前者受人尊敬，後者讓人不齒。事實上，選舉是一時的，而政治是長遠的，最終每個人都必須回歸到真實生活面，有良心肯負責的政治人物，應該以大眾的利益為利益，不應為一己之私而作錯誤示範，增加了無謂社會成本負擔。

二〇〇四年三月二十三日，整個社會持續受到低氣壓籠罩，對於選後凱達格蘭大道群眾抗爭，有愈來愈多的人反感。我在想，如果抗議不能獲得多數人的同情或共鳴，將不是一項成功的訴求。我們社會普遍厭惡政客操弄政治，不過仍會存在著少數盲從者，這些盲從者或許只有踰越常理的妄想，而陷於泥沼不能自持，但在不知不覺間，我們的社會已為少數的人付出相當的代價，這些代價又要我們來分擔。

我們常說造反有理，相反地，如果只是為反對而反對，如果因「四不一沒有」而反對，也就是不甘、不爽、不滿、不服輸，沒有半點道理而反對，那將會是一種悲哀。

抗爭落幕股市跳空大漲

二〇〇四年三月二十八日，台灣媒體似乎有意「放大」負面消息，而缺少機會教育的社會責任，所以愈來愈多的人想遠離媒體，尤其拒看電視政治新聞報導。原來耳根清淨是一種健康，也是一種福氣。聽說台北警方今晨已柔性驅離總統府前廣場的聚集群眾，這消息也是從別人口中得知，因為很久沒有翻閱報紙和打開電視了。

陳瑞聰夫婦邀約幾位朋友到東方高爾夫球場球敘及餐敘，大家的話題仍圍繞著大選後的政經局勢討論，也認為這些時候的抗爭，讓全體國人看到民主的可貴，同時也感受到為民主而付出了慘痛的代價，問題是大眾利益摻入太多私人感情。

二〇〇四年三月二十九日，上午參加中樞紀念革命先烈暨春祭忠烈殉職人員典禮，循例於台北圓山國民革命忠烈祠舉行，由阿扁總統親自主祭，五院院長及文武百官陪祭。

隨著總統府前廣場抗爭活動和平落幕，股市買盤回籠開高走高，跳空大漲三四一・四九點，收盤指數六四七四・一一點，成交值新台幣一一二四・三一億元，重新站回季線支撐，盤面上各類股全面走揚，有超過半數個股以漲停作收，股市就是如此多變，任何風聲草動都足以影響股市交易心理。

二〇〇四年三月三十一日，參加行政院勞工委員會第二九四次主管會報，這是總統大選後首次參加週三例行會報，選後內閣循例即將改組，而外界揣測陳菊主任委員有所異動，不過她仍然強調行政中立和延續性的重要，這也是她一再的宣示和主張。

總統大選後內閣人事異動是常態，而如何佈局是一種智慧，也是一種藝術，論功行賞固然重要，用人唯才才是根本。所謂「才」，不止才華、才幹而已，最起碼應該包括品德、操守與能力。除此之外，當然不能忽略政黨政治的重要意涵，這一切似乎都離我們太遙遠了，因為我們既不可能是棋子，更不是下棋的那個人。

自由不能拋離法治的規範

二〇〇四年四月六日，內政部長余政憲因總統受槍擊案件提出辭職，今天已正式發表由屏東縣長蘇嘉全接替，這是在五二〇總統就職而內閣必須總辭前，唯一閣員更換任命，受到外界注目。總統大選後屢傳內閣改組與人事異動的消息，陳菊主任委員因在勞委會任內的功勞與辛勞受到稱許，幾乎每次皆榜上有名，但是最後也都僅止於傳聞而已。

二〇〇四年四月七日，參加行政院第二八八五次會議，通過「科學技術基本法」等案，其中「行政院九十四年度施政方針」勞工專章有：推動就業措施與開發就業機會；建構職業訓練及就業服務整合系統；檢討延攬外國專業人才及外籍勞動力政策；促進工會自治自律；強化安全衛生管理及職業病預防；持續推動職工福利制度；推動非典型僱用型態勞動法制及工作平權環境；以及推動勞工保險老年年金制度等。

今天行政院會中，與會者對於總統選後一連串的紛擾及抗爭行為甚表關心。尤其對於政府在集會遊行申請及核准方面的正當性與合理性亦表質疑，認為在資訊發達、競爭劇烈、日新月異的環境下，我們社會已經沒有多餘的時間內耗、空轉。人是群居的動物，人與人的關係是建立在互信與互助的基礎上。在一個民主社會裡，人人固然都有自由表達意見的權利，但如果拋離法治的規範，缺乏紀律與秩序，那將是一個混亂而沒有是非的社會。看多了煩人的事，最近常萌生退休的念頭，不是功成名就，也沒有偉大的回憶，只是疲倦的想離開最愛的公務生涯。

下午，參加行政院九二一震災災後重建推動委員會，經過四年多來，舉國全力推動重建，當年房屋全倒三八九三五戶、半倒四五三二〇戶及其他公共建設重大損害，大抵已回復。重建經費編列二一二三・五九億元，其中也完成二九三所學校的重建，使重建區煥然一新。而重建工作將於九四年四月底結束，回歸常態，也就是「熄燈不打烊」。

選舉是一時的生活才是長遠的

自從三二〇總統大選之後，藍綠動靜分明，每個週六假日台北凱達格蘭大道就變得很「藍」，許多泛藍支持者選定「週期性」的定時、定點聚集抗爭。事實上，勝敗僅一線之隔，輸贏乃稀鬆平常事，其實勝敗之後的表現才是最重要，而這一切就存在於主事者一念之間而已，因為有時候支持與盲從是同義字。其實，任何抗爭與訴求，必須有明確而可以達成的目標，也唯有在理想驅動下所產生的熱情才能持久不變。如果是缺乏訴求主軸，而且方式離譜，目的變調，只憑一時情緒或一時狂熱，必然無力凝聚向心力量，終將師出無名，師疲無功，敗興而歸。

集會遊行都是抗爭與訴求的手段，而此種手段的運用不應背離民意的脈動，否則無的放矢也好，曲高和寡也罷，顯然得不到廣大社會的共鳴或回應，最多是一種情緒的宣洩，而在情緒宣洩的背後，有時必須付出極大成本與代價，得不償失。

從每次宣布聚會抗爭前後股市的變化，約略可以檢視抗爭活動所帶給社會衝擊的輕重，以及與民意之間的落差程度。經過四一〇抗爭的落幕，今天股市活絡且大漲一五七點，終場並以六七七七點收盤，說明民心思安的殷切渴望，何以視若無睹呢！

在總統大選近一個月之後，一切並未回復常態，許多人激情未減，而政治紛擾不斷，政黨惡鬥不止，以致衝擊經濟景氣，影響社會和諧，事實已為民主付出了額外的代價。台北街頭，仍然可以看到有人亢奮、咆哮，但也可以看到有人鬱悶、憂心，就在此時，不少人藉機出國遠遊以逃避壓力，然而大多數的人還是必須照常為生活而工作，因為選舉是一時的，而生活才是長遠的，只希望人們能從中學到一些道理。

阿扁讚譽陳菊是勞工永遠的朋友

二〇〇四年五月一日，今天是國際勞動節，雖有慶祝活動安排，僅止於應景而已，氣氛不比往常濃厚。而模範勞工選拔和表揚也顯得冷清，似乎已被社會所冷落。或許是勞工議題已不再是現今環境下所關切的問題，或許是社會已臻昇平成熟再也沒有勞工問題的存在，也或許是主事者有意降溫的結果，就是讓人費心思量。

阿扁總統接見全國模範勞工時，非常肯定行政院勞工委員會陳菊主任委員四年來的施政績效，讚譽是勞工朋友永遠的朋友、永遠最好的朋友，並表示她在此次內閣改組職務雖無異動，但相信以她的傑出表現，將來更上一層樓乃指日可待。

阿扁總統說，在競選期間屢向勞工朋友提出的六大承諾與保證不會忘記，包括以下：一、擴大就業，失業率降到四％以下；二、保障台灣基層勞工，禁止引進廉價中國勞工；三、提供每位勞工二萬元技能升級補助；四、建立勞工退休終身保障制度；五、完整保障勞工安全，持續降低職災傷亡率；六、勞動三法納入新憲法。

郭吉仁是受人敬重的謙謙君子

五二〇總統就職前，新內閣人事已逐漸明朗，游錫堃確定將續任閣揆，其餘閣員論親疏也論功行賞，聲明說考慮族群、性別，也考慮權力分配與平衡，可是整體而言，定位模糊，沒有給予外界耳目一新或震撼的感覺。

內閣總辭或改組，照例是政務官的事，事務官只在風暴的邊緣，很少受波及。新聞報導，現任立委賴勁麟將接替郭吉仁出任勞委會政務副主委一職，很令人意外。意外原因有二：其一，在前天與郭吉仁談論內閣人事時，他仍毫無所悉自己的動向；其二，賴勁麟擅長選舉，投入行政體系有角色轉換的適應問題。

郭吉仁是我任職台北縣政府主任秘書時候結識的，他當時是以秘書職位進用擔任總核稿工作，兼任勞工局長職務，很受尤清縣長禮遇和器重，與我相處愉快，有共同語言。他後來轉任台北市政府勞工局長，再到勞工委員會擔任現職。他具法學背景，受法官訓練，有律師資格，為人和氣善良，溫文儒雅，有理想，有堅持，待人誠懇，處事圓融，專業又敬業，熱心關懷弱勢與少數，很容易溝通，好商量，不邀功，不倨傲，隨遇而安，可以說，是一位非常值得敬重的謙謙君子。

二〇〇四年五月三日，週休假日後第一天上班，證實了郭吉仁異動的消息，他是在前天才獲告知，並聽說極有可能轉任勞工保險監理委員會主任委員職務，而不是報載將來提名監察委員一職。他將離開現職，頓時我有失去工作好夥伴的感覺。

根據報載，賴勁麟是民主進步黨新潮流派系立法委員，乃屬於台北縣籍，他出身學運，與工運團體關係密切，長期關注勞工事務，也曾任兩屆國大代表，又當選兩屆立法委員，認為應可在勞工行政部門發揮專長，這也是同仁們的共同期待。

上台下台都需要優雅的身影

在民主制度底下，官場浮沉乃是司空見慣的常事，尤其是在選舉掛帥的社會，迎新送舊的現象更是目不暇給，新舊之間往往可以看到人情的冷暖，有時更是「只見新人笑不見舊人哭」的殘酷。官場流行一句話，上台容易下台難，然而何事難？難在不欲思遷，也難在權力可以使人著迷。有人說，上台靠本事，下台靠智慧，其實兩者都需要有優雅的身影，才能讓人印象深刻，才能讓人懷念永遠。

上台是機緣，機緣可以放棄，放棄而後可能海闊天空；下台是定律，定律不能抗拒，抗拒而後可能身敗名裂。生涯可以規劃，但人生難料。惟不論身處何處，也不問願意與否，倘能始終抱持「瀟灑走一回」的心境，才是真正的灑脫與快活。

當人走到十字路口時，如何繼續走？往何處走？必須做決定，已沒有時間讓你東張西望。這時候，最需要的是抉擇，而抉擇必須靠智慧，不是聰明，也不是運氣。其實將屆退休之年，也該退休了。彩色的年齡遠了，繽紛的歲月也遠了，而規律的生活與紀律的工作塞滿所有的日子，沒有交際，沒有應酬，每天不及回憶，又不見企圖，生與老都已成過去式，病與死將是必走的路，人生短暫，何事計較？

用人邏輯不應過於粗糙與寡情

二〇〇四年五月九日，今天是母親節，多數兒女會為自己敬愛的母親獻上康乃馨的鮮花，表達真摯的感激與感恩，但於我只有「子欲養而親不待」的遺憾。當母親在世的時候，似乎未曾有過這樣的佳節，當然也更未曾感受過這個佳節所帶來的美意與溫馨。天下的母親永遠是最偉大的，偉大在於她對子女的無怨無悔的愛。

二〇〇四年五月十日，各部會九十一－九十二年消費者服務工作績效考評，由柴松林教授率消保會楊美鈴秘書長等人蒞會，由我親自接待並作重點報告，涵蓋以下的項目：一、就業服務與外勞管理；二、技能檢定與職業證照；三、勞動檢查與安全衛生；四、勞工保險與教育宣導。

二〇〇四年五月十一日，蔡丁貴是由台灣大學借調行政院研究發展考核委員會任副主任委員一職，純是學者從政，今天他告訴我已被告知即將離開現職，事出突然，很是訝異，也相當惋惜。或許政務官要有隨時下台的準備，但用人的邏輯似乎也不應該過於粗糙與寡情。我觀察到，總統大選後似乎沒有帶來歡欣鼓舞的局面，相反地，因街頭抗爭、選舉訴訟、驗票爭論等議題發燒，使社會呈現不安與焦慮，再加上政客從旁慫恿、媒體整天刻意操作，讓人極度厭煩、鬱卒、失望不已，大家無不盼望能早日真正看到安和樂利的日子。如今內閣改組在即，很多人認為應有機會可為社會注入新氣象，帶來新期許，然而報載內閣人事大致已敲定，但舉才過程並不如預期順遂，不但意者不來，而且意者求去，最後縱使勉強湊合成軍，已著實令人擔憂，在內心也徒增了幾分輕愁。

沒有偉大的總統只有偉大的人民

二〇〇四年五月二十日，上午，參加在總統府前廣場凱達格蘭大道舉行的「中華民國第十一任總統、副總統宣誓就職典禮」。大典有近二十萬民眾冒雨熱情參與盛會，並有來自五十個國家、十五位元首、十一個祝賀團，計四百人外賓參加，盛況空前。

阿扁總統在就職演說中，針對未來四年的施政方向、憲政改造、兩岸問題、族群和諧、選舉爭議都定下基調。他也說：「沒有偉大的總統，只有偉大的人民。」

在憲政議題方面，他認為憲政改造是為了政府的良好管理及效能的提升，工程浩大，影響深遠。他深切了解，涉及國家主權、領土、統獨的議題，目前台灣社會尚未形成絕大多數的共識，不宜納入此次憲政的範圍；在兩岸議題方面，他雖然沒有重複提到「四不一沒有」，但他說公元二〇〇〇年五二〇就職演說時所揭櫫的原則和承諾，強調「過去四年沒有改變，未來四年也不會改變。」他呼籲北京當局，應該充分了解台灣人民要民主、愛和平、求生存、求發展的堅定信念。如果對岸不能體會二千三百萬人民單純良善的心願，繼續對台灣施加武力威脅和政治孤立，無理的將台灣阻絕於國際社會之外，那只會讓台灣的民心和海峽對岸越離越遠。

阿扁總統希望在既有的基礎之上，持續擴大兩岸新聞、資訊、教育、文化、經貿交流的相關措施，以及推動恢復對話與溝通的管道，如此才能拉近彼此的距離，建立互信基礎。他承諾成立「兩岸和平發展委員會」，凝聚朝野的智慧與全民的共識擬定「兩岸和平發展綱領」，共同策進兩岸和平穩定、永續發展的新關係。

台灣治安每況愈下

二〇〇四年五月三十一日，今天上午，謝銀黨到辦公室來訪，他接任警政署長不久，於日前在黃建智邀約的筵席上也遇見他。他長期服務警界，與林洋港、林源朗昆仲交誼甚篤，歷任地方警察局長及中央警政署副署長等高階職務，著有績效，尤其在上任之後，隨即大力掃蕩詐騙集團，使民眾免於恐懼受騙，普受肯定與讚賞。

台灣治安每況愈下況，讓原本不健康的社會益形脆弱，隨時有崩潰的可能，幾乎每天詐騙、擄人、勒索、凶殺、性侵、家暴、虐童，層出不窮，甚或有為債務、感情、失業而發生人倫悲劇，越看越覺不可思議，究為社會演變的必然過程？抑或人心不古的當然結果？其實我們最期待的，永遠是有一個成熟而健康的社會。

台灣的優勢如果僅在於產業技術及經營層面，因而有能力追求物質享受與金錢遊戲，但如果忽略了人文與精神層面的內涵，這將是短暫而不夠厚實，中看而不中用，很容易被潮流所淹沒。當台灣優勢不再的時候，或將回歸從前一貧如洗?!

我們愛這塊土地，愛它就不要害它，不要摧殘它。我們對待這一塊土地，要先有付出才會有回報。為它建立典章制度，為它建立倫理規範，為它建立公平正義，也為它建立人與人和諧相處的禮儀尊重，我們得到的將是安和樂利的日子，兒孫得到的將是五世其昌的願景。

人類是群居的動物，從組成家庭、鄰里、社區、城鎮、國家，有其不可分的緊密關係，然而個體的獨立思考行為，往往影響與群體之間的交流互動，有人故意破壞規矩，有人存心毀損美德，不幸帶來共識與異議之間的緊張，永遠不能像交響樂團般的調和與共鳴，以致社會渾濁、價值錯亂。

勞委會成為中央重要部會

二〇〇四年六月二日，參加行政院勞工委員會第三〇〇次主管會報。「三〇〇」不僅是代表數字，也不僅是形式，它代表著歲月的累積，而且意味著無限的延伸；它代表著集體的創作，眾多智慧的結晶，有著過往歷史的點滴紀錄；同時，它也代表著多少人的行事風格，不論犀利或圓融，凡走過必留下痕跡。然而，又有多少人在這裡耗盡大半青春年華，不知究為生活，抑或執著地為追求那心中的一點理想？

行政院勞工委員會從當年草創到如今的規模，歷經多次遷址及人事更迭，而且在業務方面不斷推陳出新，已使組織趨於健全，典章制度完備，經費預算穩定，為廣大勞工朋友提供服務資源與窗口，儼然已成為中央重要部會之一。在這樣的過程中，有許許多多的人參與奉獻。然而有些人僅是蜻蜓點水般的來去，讓人不及記憶；有些則是苦守寒窯般的堅持，讓人由衷折服。但多數只因職業來到這裡。

我很幸運，此時此刻也出現在這裡，看它繼續茁壯成長，甚至看它涵蓋業務影響所及已成為社會不可或缺的一部分，與每個人日常生活產生連結及密切關係，尤其對勞工的照顧。不過機關可以長在，但人終究會被人淘汰，也會被歲月淘汰。

勞工退休金條例完成立法

二〇〇四年六月八日，主持研商中程施政計劃績效策略目標及其權重比率會議。包括以下項目及權重比率：全面提升勞工職能競爭力（二十五%）；落實勞工退休生活保障（二十%）；擴大勞工職場安全（十五%）；推動勞動三權入憲（十%）。另外，在人事、預算則各占十五%。

二〇〇四年六月十日，早上參加晨報，繼續研商九十四年度新興計畫與概算額度調整編列事宜，以及如何適切納入中程施政計畫內，得以落實推動。全國矚目的勞工退休金條例在立法院審議過程中，幾經無數次會議、公聽會、協調會等，迄未獲得最終結論，在這只缺臨門一腳之際，特別動員相關同仁及周邊可運用之關係，極力進行遊說。

二〇〇四年六月十一日，攸關台灣八百萬勞工權益的勞工退休金條例，爭議多時，一波三折，歷經行政院勞工委員會五位主任委員，費時十四年，於今天，趕在立法院會閉會前夕，艱苦闖關，在委員們挑燈夜戰的情形下，順利完成立法程序，勞委員上下終於鬆了一口氣。

未來勞工退休新制係採改良性「可攜式的個人帳戶制」，雇主每月提撥勞工退休金不得低於勞工工資的六%，勞工也可以在六%的範圍內再自行提繳退休金，轉換工作後退休金仍可隨個人帳戶帶著走，擺脫舊制年資中斷的問題，使勞工退休權益有更多保障。

人事沒有定律只有好惡與親疏

二〇〇四年六月二十三日，主持行政院勞工委員會第三〇三次主管會報及國際業務統合小組第三次會議，修正駐外人員評審要點，審查推動國際業務整體策略方案及職訓援外、WTO自然人移動、人力仲介供給服務業之現況、總體策略暨短、中程實施計畫等等。

二〇〇四年六月二十四日，行政院勞工委員會的人事續有更迭，就周邊熟悉人物而言，繼賴勁麟接替郭吉仁任政務副主任委員、史哲接替廖碧英為勞工保險局總經理之後，據悉，蘇麗瓊參事兼中部辦公室主任亦將調內政部接替邱汝娜任社會司長，蘇德勝參事則將提前退休轉往學校任職。另外，陳榮祿原為勞工保險監理委員會專任委員，亦將轉任本會勞資關係處視察以辦理退休，其遺缺並由唐雲騰接任等。

政黨輪替的重要意義，在於除舊佈新。而除舊佈新必須營造新局勢、新作風、新形象，尤其是在「以人領政」的現實要求下，當政者更是需要強勢主導新人事佈局，以利行銷新理念、新政策。然而，執政是經營、是管理，是為公共事務而奉獻；執政不是統治，也不是抓權，更不是志在從龐雜的社會環境中獲致名利。事實上，人事涵蓋人與事，似單純又複雜，沒有定律和真理，只有好惡與親疏。

在人生旅程上買的都是單程票

二〇〇四年七月一日，本來世事多變化是好事，因為有變化才有進步，沒變化就是停滯，而停滯不前的背後可能代表的是保守與懶惰，就是缺少做事的動力和向上的企圖，任由無情的歲月從你身上輾過，不知不覺間人生盡頭已至，空嘆何益？人生而公平，在人生旅程上，我們每個人買的都是單程票只去不回，時光巨輪是不可能倒轉的，旅程上站站可以有不同的風光，也可能有不同的境遇，但即使你費盡一切，可是光陰飛逝，事過境遷，再拼命扭轉，還是不被允許回頭再來。

二〇〇四年七月二日，參加行政院「產業高值化計畫」及「觀光客倍增計畫」滾動式檢討會議，由游錫堃院長主持。按「勞動力升級計畫」為「產業高值化計畫」的子計畫，屬勞工行政部門主辦，在推動過程中亦配合公共服務擴大就業方案的實施及整體勞動市場的變動與需求適時檢討調整。勞動力升級的積極做法，包括：一、建立全國職業訓練網及職業訓練評鑑制度；二、培育知識經濟所需人才（提供待業及失業者技能養成、第二專長及轉業職業訓練之統合職業訓練）；三、輔助弱勢族群及失業者參加職業訓練；四、加強勞工在職進修及第二專長訓練等。

中午，杜善良秘書長邀約去監察院餐廳小敘，飯後參觀監察院建築及設施。監察院原為日本時代「台北州廳舍」，始建於西元一九一三年，完成於一九一五年，乃為文藝復興時期風格的建築，是由當時台灣總督府官方建築師森山松之助負責設計，他師承英籍Josiah Conder教授，擅長歐洲式樣建築，其他為後人稱道者還有現今的總統府、台北賓館、公賣局、交通部、台中市政府等，都成為國家級的文化古蹟。

歸隱山林之夢

以前我經常說，一個人年過六十多活一天就算賺了一天。但事實上，隨著醫學的發達和對於保健衛生的重視，以及生活習慣的改變，人類已較從前長壽許多，尤其在先進國家例如日本、瑞士國民平均壽命已屆八十高齡，而在我國亦有人開朗的說：「人生七十才開始。」相較之下，我似乎是悲觀了許多。

生命的長度，或許與生命的意義沒有直接的關係，但生命的寬度，則必然決定生命的價值。當勞碌終生，猛回頭而有「為誰辛苦為誰忙」的感嘆時，想必會後悔沒有為自己留下較多的時間，可以安養天年，可以從容的安排走向生命的盡頭。

最近，愈來愈覺得自己的孤獨，也愈來愈得不到工作的快樂。只見人間冷漠，不見昔日熱情。在自己熟悉的工作領域裡，不覺得是理想的工作環境，也沒有喜悅的工作氣氛，但覺日子過得栖栖皇皇，乏善可陳，意興闌珊，而有歸隱山林之夢。

有時我約尤清、高源平、莊麗珍在喜來登飯店俱樂部餐敘，大家懷念昔日一起工作的愉快情景，而對現況則頗有鬱卒與不滿。尤清事母至孝，高堂過世之後開始習畫，寄情油彩，看來已消沉、消極許多，不見當年的雄心企圖，也不見當年的意氣風發，這無關學識、見識與膽識，只能用「形勢比人強」來自我解嘲。對這位老同學，滿懷壯志未酬，受此命運捉弄，著實也令人惋惜。我與尤清也談及不久將來的生涯規劃，他似乎安於現職的不分區立法委員，而我從來就別無選擇，僅能聊表一格，夫復何求？

人口老化與人力運用

二〇〇四年八月五日，參加「人口老化相關問題及因應對策研討會」，是在公務人力發展中心舉行，由行政院經濟建設委員會胡勝正主任委員主持開幕式，台灣經濟研究院吳榮義院長專題報告《人口老化的機會與挑戰》。

據指出，人口老化必然對產業、勞動力及就業市場帶來影響與衝擊，包括：勞動供給結構的改變與勞動供需失衡的產生、彈性化人力資源運用需求的增加、相關服務業如人力培訓服務業與照顧服務業的發展、以及由封閉的勞動市場政策走向開放的勞動市場政策等等。

在職業技能養成方面，人口老化對職業訓練的需求也會產生改變，包括：年齡愈高接受職業訓練的比率愈低、年齡愈高未來有意願接受職業訓練的比率也愈低。再者，人口老化必須面對的是，中高齡人力開發與運用的嚴肅課題，也就是中高齡人力的開發與運用將成為企業因應人口老化有關人力資源策略的重點，而政府推動及執行各項中高齡就業措施，也絕對有助於提升中高齡人力的開發與運用。

今天在研討會上，與經建會謝發達副主任委員、雲科大林聰明校長，擔任四大討論主題之一《人口老化與人力運用》的共同主持人，林大鈞為報告人、辛炳隆為引言人。按人口老化與人力運用涉及範圍極廣，如果把它歸納為三個層面，也就是如何充裕勞動供給、如何提升勞動力素質、如何促進中高齡人力運用，將涵蓋勞動條件、兩性工作平等、職業訓練、就業服務、勞工保險、外勞政策等等的領域，在在與勞工行政部門的業務有關，確實值得探討，並謀求具體因應對策。

事務官是螺絲，政務官是起子

二〇〇四年八月十一日，出席行政院勞工委員會第三〇八次主管會報，會報中因為日前有媒體報導勞工退休新制施行時程可能延後新聞一則，陳菊主任委員聞悉後大為不悅，並在今天主管會報上，語帶情緒對此不當發言的「高層」幕僚責備有加，不過因未明白指出「肇禍」之特定「高層」人士，殃及在座全體「文官」同僚。

其實文官的特質向為保守而重紀律，事實也該如此，況且古有明訓：「為政不在多言」。尤其在資訊極公開透明的時代，一言不慎，八面圍剿。但卻有人有意或無意為個人作秀、或為行銷自己、或為表示權威而甘願衝撞，已經逾越了事務官的分寸，以致遍體鱗傷。

事務官與政務官的性質不同、權責不同，但政務官與事務官是互補而非對立，各司其職，相輔相成。前者在於政務領導或政策決定，後者在於法律與政策的執行；前者基於政黨之選任，後者則有一定任用資格；前者負政治責任，後者負行政責任。有人說，政務官是臨時的，事務官是永久的。其實最貼切的比喻：事務官是棋子，政務官是棋手；事務官是螺絲，政務官是起子。

無知無覺也是幸福？

就如同大多數人一樣，我也經常有空虛無病呻吟的時候。有時會突然厭惡別人的錯誤、痛恨別人的不講理、不耐煩別人的話多，只奢望自己有不被干擾的寧靜。但在失去別人關懷的寧靜中，又頓覺無助與寂寞。

人類是萬物之靈，但人類有時候很愚蠢，愚蠢到有意無意的把自己推向生活中的瓶頸，而後再努力苦思突破。有幸突破，或許將是海闊天空，出現在眼前的是一條康莊大道；不幸不能突破，則永陷死胡同，作繭自縛，悔恨終生。所以，沒有理想就沒有挫折，沒有目標就不需要尋覓出路與捷徑。果真是無知無覺也是幸福？

每個人的境遇不同，而聰明才智也有差別，凡是遭遇任何事皆能游刃有餘、駕輕就熟、應付自如的人，必定是能幹而有自信的人，成功指日可待。然而，能者要多勞，否則在輕而易舉的背後，將留有太多空寂的日子，使人覺得無趣又難過。

人類社會總是不平靜的

人類社會總是不平靜的，日前南俄北奧塞提亞共和國貝斯蘭校園，發生暴徒挾持人質致演變成血腥泯滅人性的殘害事件，有超過三百五十人以上的死亡，以及五百人以上的受傷，多數為在學無辜兒童，震驚世界，令人髮指，同聲譴責暴力恐怖。

俄羅斯聯邦政府從事件發生以來，在普丁總統坐鎮指揮之下，自始採取強硬不妥協的手段，以暴制暴，以牙還牙，是地表上最強的戰鬥民族，終致以悲慘收場，出乎意料。我常在想，人類因對立而衝突，因仇恨而戰爭，因相互殘殺而滅亡。然而，何以人與人之間不能友愛相處、和平共存？任何冠冕堂皇的話，無論為民族也好、為宗教也好、為生存也好，都不能替殘忍的恐怖行為找到合理的藉口。

自從美國發生九一一恐怖事件之後，世界每一個角落都籠罩在恐怖的陰霾裡，各地爭鬥不斷，殺戮無辜，全人類付出無數代價，影響每個人的生活規律，把安居樂業當成一種奢望，讓社會退步，也讓文明停滯。而且，人類的禍害何止於戰爭或衝突，天然災難往往也是無可避免的，風災、水患、乾旱、蟲害隨時侵襲人類，而人類卻無力反撲，也無力抗衡，人類在大自然的威力下變得如此渺小、可憐。

勞動人權入憲

二〇〇四年九月九日，總統府蘇貞昌秘書長於日前來函徵求對憲政改革意見，今天特別回覆並檢送「勞動人權」一文，提供推動「勞動人權入憲」之修憲參考。我在信函中提到，憲政改革為深化「民主台灣」重要的議題，在這龐雜而高難度的工程中，總統府幕僚長銜命擔綱總工程師的工作，任重道遠，將來有成必在歷史留名。我又說，總統在今年五一國際勞動節揭示「勞動三法納入新憲法」的前瞻構想，帶給學者與勞動團體莫大的鼓舞與迴響，期盼亦殷。如今，憲政改革工程在他的運籌帷幄下，已營造氣氛並逐漸開展，相信不久將來可以看到豐碩的成果。

前述「勞動人權」一文乃藉職務之便撰擬，涵蓋台灣早期人權回顧、勞動人權的最高準據、我國現行勞動法制概況、勞動人權發展與檢視、現有勞動人權關注議題、國際勞動人權發展趨勢、勞動法制之展望等，內容雜而不華，可為參考。

今天中午，羅勝順邀約陳紀元及鄭優與媒體朋友多人，在裝修後的喜來登飯店一樓自助餐餐敘聯誼，我亦受邀參加；晚間，則由黃敏助邀請玉山盟友在大三元餐廳聚會，分享「蒙古與韓國之旅」的趣聞與喜悅，很遺憾這趟旅遊我失之交臂。

金錢和快樂一樣只是副產品

友人E-mail文章共賞，對人生意義有深入體驗和觀點，開宗明義提到，如果「將工作視為義務，人生就成了地獄」；如果「將工作視為樂趣，人生就成了天堂」。文章內並引用華德・迪士尼（Walt Disney）的話說：「一個人除非做自己喜歡的事，否則很難有所成就。」如果不能有所成就更難獲得快樂。又說：「金錢和快樂一樣只是副產品，人生最重要的事，是及早認清自己要的是什麼，只要能找到付出的意義，那麼賺到的就不只是錢而已，還包括了快樂的人生。」等語。

其實人是追求意義的動物，一旦你找到這個意義，找到一個值得付出的目標，你將獲得無上的喜樂。高爾夫球名將老虎・伍茲（Tiger Woods）曾說：「重要的是每天早晨當我醒來時，我去做的是真正樂在其中的事情。世上有多少人能夠如此？」

想想我們的身邊，多數人在成功之後，為什麼反而會感到空虛？因為這時候，你會發覺你「想」的，可能不是你「要」的。所以，當你賺到別人眼中的「成功」的時候，其實在你自己的內心卻感到

「失敗」。我們經常看到許多人，長久忍受著窒悶的生活，卻不懂得靜下來想想自己到底要的是什麼？如果你所追求的夢，使你鬱鬱寡歡，那麼你所追求的就是錯的。試想，當你拚命地爬上成功的階梯，直到頂端時才發現梯子靠錯了邊，難道不悲哀嗎？方向不對，那麼路是沒盡頭。

柔性外交

台灣在國際社會是屬於弱勢而孤立的，面對國家認同與強鄰壓境之情形下，處境艱鉅，動輒得咎。長久以來，如果沒有雄厚的民主基礎，恐怕早已被蠶食傾斜；如果沒有強有力的經濟實力，恐怕早已被鯨吞殆盡。

台灣外交困境一直難以突破，以往尚有所謂「金援外交」之惡名，如今則由女性拼外交，為台灣在國際社會新闢外交戰場，或可稱之為「柔性外交」。她們憑藉著台灣厚實的國家競爭力，能夠靈活運用環境與彈性策略為自己國家帶來意外而亮麗的外交成績。

首先是，阿扁總統夫人吳淑珍女士，日前乘坐輪椅遠赴希臘雅典，進行「超越顛峰，珍愛關懷」之旅，率團參加國際帕拉林匹克奧運會，歷經波折，終於獲得主辦國的善意與禮遇，成功地以團長身分出席開幕式、歡迎酒會、參觀景點，以及相關的所有賽程或活動，與各國代表團首席及重要人士互動，吸引媒體高度興趣與關注，替台灣出聲也替台灣打開國際能見度，我們不得不佩服她的勇氣。媒體評論她的成就歸功於：殘障奧運場域的特殊性、柔弱的外表、堅毅的性格、親切的態度。

其次，無獨有偶，行政院勞工委員會主任委員陳菊女士低調應邀出訪捷克。據報導，她除了拜會當地勞工及社會安全相關機關，洽談職業訓練以及促進高科技人才交流與合作之外，也以台灣官員名義出席「古巴民主論壇」，並與前總統哈維爾會晤，分享民主經驗及成果。哈維爾為著名文學家、傑出政治領袖，當年因結合知識份子反抗共產體制，被羅織叛亂罪名而坐牢五年，他出任捷克總統甚受民眾愛戴。

人力派遣業應運而生

在行政院經濟建設委員會的籌辦下，於日前召開「全國服務業發展會議」，規劃至二〇〇八年服務業的就業人口可以達到六十%，增加就業機會，紓緩失業壓力，但其中有關人力派遣立法議題，卻遭受勞工團體到場反對，乃擔憂人力派遣立法的後果，可能促使勞動條件下降，也將威脅正職勞工的工作機會，陷勞工於不利處境。而且，間接的還會使工會的會員人數流失，影響工會實力的壯大與發展。

事實上，環視當前國際潮流、產業結構和就業市場的客觀現實，人力派遣業有其正面的存在意義。我們知道，愈是國際化的國家，工會的力量也在明顯的削弱，勞資對抗的傳統操作模式已屬落伍；而企業為了長期維持其競爭力，並嚴格管控人力成本，經由職能分工，不得不將其核心周邊或支援性工作，採取委外承包的方式，從而也就會有人力派遣業的應運而生，方興未艾，這些都是必然的趨勢。

報導又說，國內勞工團體反對有關人力派遣的立法，其實並不能改變企業增加對派遣勞工的僱用，也不能阻擋人力派遣業的勃興。因而呼籲勞工團體，正面的看待產業結構改變所衍生勞動市場變化的事實，善意思索回應，並納入法律規範。

大稻埕的昔日風華

勞工委員會遷移地址至延平北路，一晃將近三年，很明顯地見到周邊舊市區又逐漸活絡起來，雖不及往昔的車水馬龍，繁華熱鬧，但有聚集人氣的作用，常有新店鋪開張，在舊有市街上又見人車爭道，熙來攘往。

早期大稻埕確曾盛極一時，馳名遠近，在當時商業蓬勃，藝文活動頻繁，儼然成為台北政經中心。但曾幾何時，物換星移，風華不再。從前在廟口的戲棚拆了，第一劇場不見了，永樂町改名了，江山樓、東雲閣也平地消失了。在經歷歲月無情摧殘之後，留下的只是那古樸的老街，陳舊的建築，還有當地安土重遷的老居民。有人說，今日大稻埕給人最深刻的印象是迪化老街以及一年一度熱鬧的年貨大街。

大稻埕老街或巷弄間，記錄著老一輩人走過的足跡，處處是歷史，處處是文化，非常值得我們懷念與珍惜。最近聽說，當大家忙著拼經濟的同時，有一群藝術愛好者已悄悄地進駐此一舊市區，重拾已褪色的回憶，在傳統與現代之間帶動一股藝文風潮，讓文化產業為古城注入新活力，著實令人感動，但願不久看見成果。

生命的誕生代表著愛與傳承

二〇〇四年十月二十日，深夜裡被電話鈴聲驚醒，林宇聲從台中榮總醫院先傳來王雅瑜進入產房待產的消息，我們夫妻兩人既期待又擔心，等候的時刻感覺鐘擺似格外緩慢。在焦慮與盼望中，林宇聲再傳來王雅瑜已順利剖腹生產的喜訊，如釋重負。懷胎三十週早產，母子平安，大家歡喜。出生時辰零時五十四分。生肖屬猴。

生命的誕生是莊嚴、尊榮的，是喜悅、歡欣的，是代表著愛、傳承與希望。傍晚時候，與粘麗娟兼程來回台中，急著見到剛出生的「金孫」，他在醫院嬰兒加護中心保溫箱受到細心呵護，健康可愛。親家與林宇聲也在病房陪伴王雅瑜，大家雖是辛苦，但興奮心情溢於言表。

今天，從起床到參加行政院第二九一一次會議，從上班到下班，從台北到台中往返，內心感到全是—喜悅的時刻、喜悅的日子。

玉山盟友秋遊日月潭

二〇〇四年十月二十三日，玉山盟友秋季歡喜遊的日子到了，由粘麗娟執行企劃，並由李成家擔任團長、曾天賜擔任領隊，邀請盟友夫妻同車同行，包括：謝金河、張立秋、楊恭聰、黃敏助、朱永隆、韓玉杰、劉敏豪等夫婦，以及莊樹林與黃士元、曾倬浩、謝恩、楊豐睿等人，並首次邀郭吉仁參加。清早於大安森林公園集合後，隨即搭坐遊覽車南下，車上備有早點，有說有唱，開心開懷，返老還童。

在中午前，抵達台灣地理中心－埔里鎮，逕往金都餐廳享用別緻紹興酒宴，及美味山產、野菜和炒米粉。飯後，續往日月潭朝霧碼頭搭乘遊艇遊湖，欣賞湖光山色美景，如詩如畫。並參觀拉魯島、玄奘寺及邵族部落，大家遊興濃烈。

傍晚，趕回大雁澀水老家，邀請大家漫步環莊大道，由蘇福來導覽，介紹村落過去、現在與未來，以及九二一災後重建成果。每位訪客放懷悠遊於鄉間田野風光，眺遠山，賞美景，一片寧靜祥和，也讓青山綠水洗滌來自都市的煩瑣與塵囂。晚上，在「阿滿姨庄腳菜餐廳」晚餐、暢飲，大家可以愉快品嚐到阿滿姨私房菜、刺蔥煎蛋、牛奶榕雞等另類美食。餐後自由活動，四健會、卡拉ＯＫ任君選擇。

二〇〇四年十月二十三日，在老家準備小菜、清粥歡迎貴客，就在埕前露天開飯，很多人都說已經很久沒有這樣痛快吃早餐了。飯後，飲茶聊天，論國事、談股市，在龍眼樹下享受鄉村清新空氣，還有略帶秋意的醉人陽光。此時，廖學輝鄉長和蘇水定代表先後前來致意，並贈送澀水紅茶品嚐。

隨後，專車前往九族文化村，這是鄉內鄰近日月潭的一處旅遊景點，除了解台灣原住民族之生活文化之外，同時觀賞不同族群歌舞表演，或乘坐空中纜車鳥瞰園區全景，或大膽嘗試自由落體的快速刺激。園內栽種的千種花卉，萬種風情，令人賞心悅目，紛紛攝影留念。

回程經埔里酒廠，地震後重建商機，大家下車參觀，並品嚐及購買由紹興酒所研發出之各類食品，包括紹興香腸、冰淇淋等。而後遊覽車走國道北上，中途，我與粘麗娟向大家道別，由林宇聲接往梧棲探望親家和王雅瑜，並到醫院看「金孫」。

石原慎太郎話中的「愚蠢的惡作劇」

二〇〇四年十月二十九日，日本東京都知事石原慎太郎向來對台灣極為友善，他為了信守先前的承諾，提高台灣觀光業在日本的曝光度，親自帶來日本媒體促銷台灣在日本的能見度，安排乘坐「寶島之星」列車，因巧遇納坦颱風襲台，路基受損緊急修護，勉強通行，被指享用特權，意外引發朝野口水戰之風波，無風起浪。

石原慎太郎都知事在日本政壇是一位傑出的重量級人物，在政治派閥上被認為是反共的右派保守主義者，他的知名度和民意支持度，在日本政治人物中一直維持著極高的水平，具有相當重要的政治地位和影響力。這位知名國際友人的來訪，理應受到台灣社會的歡迎，但在野黨及部分媒體把他貼上政治標籤，而製造無謂的問題，可能也是他當初所始料未及。

阿扁總統昨日接見石原慎太郎，兩度為他所受的委屈道歉，痛批有人將支持台灣的友人污名化、痲瘋化，是台灣內部不正常。而石原則強調他沒有放在心上，並反批媒體，這只不過是「愚蠢的惡作劇」。

平淡最好，無欲最美

二〇〇四年十一月一日，從總統府調任行政院勞工委員會服務，轉瞬間已屆滿三年，淡淡的度過，沒有強烈的企圖，不見偉大的抱負，只是盡份內襄助和副手的工作，以別人的理想為理想，省略了自己的主張和信念，少創見，不居功，迴避困擾，也迴避光環。我尊重但不分享首長的人事、經費、資源、權力。因為沒有思想，感受不到挫敗的痛苦與成就的喜悅。

每天太陽升起又落下，不會因有你沒你而改變，也不會因你用不同的心情或態度去對待而改變。但你的態度必然決定你的心情，而你的心情正是你快樂或不快樂的泉源。所謂快樂有短暫和永遠，但快樂不是天上掉下來的，「快樂的秘訣，不是做你所喜歡的事，而是喜歡你所做的事」。凡事不必勉強，平淡最好，無欲最美。

二〇〇四年十一月二日，前往台中港務局主持商港服務費福利專款管理小組第五十三次委員會議，會後參觀台中港碼頭裝卸作業，並且登上管制中心鳥瞰台中港全景。台中港從沙灘變良港，在建港之初，存有贊成和反對之不同意見，一九七六年完成初期工程，並開始營運，由於佔地理位置之便，如今頗具國際港之設備規模，且仍持續開發中，在「北基隆南高雄」之外，已成為台灣中部貨物最重要之進出港口。

民主選舉是君子之爭

美國第五十五屆美國總統大選，因俄亥俄州、愛荷華州與新墨西哥州的最後計票結果尚未公佈，尤其具關鍵性的俄亥俄州二十張選舉人票將延遲數日後計票完成，一般認為或將重蹈二〇〇〇年勝負懸而未決的覆轍，但民主黨總統候選人凱瑞卻很有風度的於關鍵時刻致電共和黨總統候選人布希，承認自己敗選，並且恭賀對方勝選，布希則稱許凱瑞是值得敬仰的對手，而兩位總統候選人並同意國家不能再分裂，需要攜手團結，從而大選底定，確定布希總統連任成功，立下民立典範。

據報載，全美開出九十九％的普選票中，布希約獲五八三六萬票（五十一％）；凱瑞約獲五四八四萬票（四十八％），負於布希三五二萬餘票。而在全國五三八張選舉人票中，布希只確定贏得二五四票，凱瑞則拿下二五二票，兩人都尚未跨越二七〇票的當選門檻。

美國總統大選是民主的典範，而候選人的風度更令人折服。反觀台灣二〇〇四年總統大選，政治紛擾不斷，由連戰、宋楚瑜提出的總統選舉陳水扁、呂秀蓮「當選無效之訴」，歷時七個多月的審理，業經台灣高等法院認定驗票後雙方差距及原告所提四大爭點（公投綁大選、製造三一九假槍擊案、刻意喧染扭曲三一九槍擊事件、非法啟動國安機制影響軍警投票等），均不足以影響選舉結果，判決原告敗訴，並須負擔一六九五萬餘元的訴訟費用，然而並未因而終止紛擾，且益形對立。

休士頓親情之旅

二〇〇四年十一月五日，利用年度休假與粘麗娟搭機赴美探親，經西雅圖（Seattle）抵達休士頓（Houston）。林愷聲和陳嬿婉離鄉背井在外，一在公司任職工程師，一在學校就學進修，兩人勉力持家，生活愉快。他們的新家環境清幽寧靜，道路清潔，建築整齊而有特色，戶與戶之間以翠綠草皮和簡單圍籬區隔，各自保有住家起居隱私，乃典型美式社區，雖不豪華但具居住品質，只是多了一些些寂寞。

林愷聲住家前院種有少許花樹，後院則是整片草皮，屋內光鮮明亮，而客廳、餐廳、臥室、起居室、書房採光極佳，擺放有櫥櫃、書櫃、床頭櫃、餐桌、沙發等等簡單之家具，動線設計人性，潔白牆壁，柔軟地毯，感覺寬敞與舒適，安全也方便。

在休士頓期間，他們兩小夫妻上班、上學，我們老夫妻則開車出社區，沿五十九號高速道路至沿途幾處賣場，逛街、購物、用餐、喝咖啡，享受陽光普照的秋天好天氣，體驗美式悠閒生活的樂趣。賣場規模大、商品多，五花八門，應有盡有，阿嬤也迫不及待幫在台灣出生不久的「金孫」買早產兒用的衣帽、手套、鞋襪。

林愷聲在美國依然保持高爾夫球運動的嗜好，或許也是他在人地生疏地方唯一的消遣。有一次，與他同往Tour 18 Golf Club打球，另有他公司的一位印度裔同事同行。球場是在休士頓的北邊，佔地廣闊，草木扶疏，每一球洞Copy不同球場聞名的球道設計，非常特別，雖然球道平坦，但多池塘及人工障礙，極富挑戰，是一座很好的球場。還有一次，與他到住家鄰近的Great Wood Golf Club球場打球，粘麗娟也坐球車陪伴繞場。這是Great Wood整個社區開發的一部分，周邊盡是別墅型的豪宅，與球場自然融合在一起，社區的居民及老人打球享有優惠。

在休士頓可以很方便吃到中華料理和日本料理，所以飲食並不覺不習慣，有一天中午與應用光電公司（Applied Optoelectronics, inc.）總裁林誌祥博士餐敘，他是林愷聲的大老闆。另外有一天，由林愷聲當導遊，開車到不遠處的State Park參觀，不到一個小時的車程，沿途皆是一望無際的綠色平原，有獨立屋，有小聚落，有矮樹欉，也偶有牛群徜徉其間。公園佔地廣闊，由沼澤地形成，保存原始樹林自然風貌，提供遊客觀賞和露營之用，園內有鱷魚、毒蛇、火螞蟻，提醒遊客小心。離開State Park回途中，在一家華式料理自助餐午餐，而後又回市中心逛賣場、喝咖啡，直到傍晚至學校接陳嫿婉，一起去Kirin吃日本料理。

二〇〇四年十一月十三日，是停留休士頓的最後一天，在家吃早餐、午餐席間感覺已有依依離情。下午時候，由林愷聲先送陳嬿琬至學校，而後到了機場附近餐廳吃簡便晚餐，再至機場辦好登機手續，很不捨的與阿愷揮揮手離開休士頓，結束這趟親情之旅。兩人在異國他鄉有小家庭，有滿足、成就與喜悅，兩老也就放心。

生日有感

歲月催人老，沒有人可以逃避或例外。「老」是一種現象，不僅是過程也是結果；如果有人說「老」是過程，而「死」才是結果，那是不盡然的。

生日，冷冷的一天多了少許的溫馨。
歡笑少了，孤單的感覺多了；
歲月走得快，又走得寂靜無聲。
再也不見昔日熱情的嬉鬧，只有
冷酷、空虛……伴隨著身影。

人生不要走得太匆忙

二〇〇四年十二月十日，田弘茂從駐英代表返台，回任財團法人國策研究院基金會院長，吳統雄在亞都飯店設宴款待，邀熟識朋友包括江耀宗、吳光雄、高志尚、陳河東、陳盛泉、蔡兆陽、簡明仁等人作陪餐敘，並由田弘茂院長講述出使英國期間的見聞及外交作為，大家細聽，賓主盡歡。飯後回到台中已近深夜十二點。

孰料翌日突然傳來噩耗，陳河東因腦溢血及心臟疾病而不幸辭世，幾小時前活蹦亂跳的人，一夕之間竟然天人永隔，讓人心酸不捨。

陳河東為人豪爽，經營企業有成，政商關係良好，樂於幫助別人，在群體中他是意見領袖，也是靈魂人物。稍後，我們夫妻與劉文斌也專程至三商企業集團總部，向這位好友靈堂致悼念。

人生而有始有終，喜於始，悲於終。無論悲或喜，這是人類才有的真情。我們每個人只有一次生命的機會，如果走得太匆忙了，近鄰不及熟識，遠親不及攀談，美味不及品嚐，美景不及流連，不知不覺會錯過太多的樂趣，留下太多的遺憾。

或許感觸比較多，最近發覺對週邊的一切事物已漸失去往日的熱絡與熱情，對人疏遠，對事缺少參與感，從最初滿腔熱血的「身歷其境」，到後來冷眼旁觀的「靜觀其變」，以至現在心灰意冷的「事不關己」，或許是歲月改變了心境，也或許只是內心莫名的反射作用，無論如何，自己似已慢慢地步向「淡出」的寂寞道路上，去面對孤單。

輸入印尼外勞解凍

二〇〇四年十二月二十一日，針對因故遭凍結已二年四個月的印尼勞工，就在陳菊主任委員受邀密訪印尼（峇里島），並與新任勞工部長伊特里斯Idris會面後，宣布自即日起開放引進，結束一波三折的解凍時程安排。冷眼旁觀，這次解凍除了順應民間需求並對外勞市場帶來變化之外，整個處理過程當中，彼此找到台階，符合各取所需，確實可以感受到所反應的若干政治意義，同時隱含外交操作的微妙。

行政院勞工委員會曾公開表示，引進外勞將與外交關係掛鉤，亦即十足表明引進外勞的政治取向。在全面檢討外勞引進政策時，也強調將根據外勞輸出國對台灣的「友善度」作為取捨斟酌，企圖以外勞籌碼協助政府突破外交困境。

根據媒體報導，就台灣當前時空處境而論，在中國嚴密而殘酷的封鎖下，對外發展關係相當困難，政府適度借重外勞政策支援外交工作，相信一般民眾並不會反對。然而政府如果過度重視政治效益而忽視民眾及業界現實需要，絕對會增加民眾及企業僱用外勞成本及風險，甚至造成雇主無所適從的後果，而影響產業及經濟發展。

原住民的工作權保障

二〇〇四年十二月二十二日，參加行政院原住民族委員會主辦「九十三年度僱用原住民績優機關及廠商頒獎典禮」，典禮在「紐約・紐約」展覽中心舉行，我應邀致詞及頒獎。

原住民族在就業、在職場是弱勢族群。我說，勞工委員會與原住民族委員會同樣重視原住民的工作權保障問題，而工作權的保障，必須透過幾種途徑與機制，包括：法律制訂、制度設計以及實務運作等，尤其是如何落實才是問題的重點，因此，如果能得到僱用機關及廠商的善意迴響，應是對原住民的一種福音與保障。

下午，參加行政院財經會報第八次會議會前協調會，有關勞工退休新制之配套措施議題，由本會李來希處長簡報相關內容，經會議主席胡勝正主任委員裁示，在勞退新制於明年七月一日施行前之緩衝期間，應針對相關作業及配套措施準備周延並加強宣導，尤其對民間及企業的諸多疑慮與誤解，必須對外說明清楚或為必要之澄清，避免中小企業藉故出走，而影響新制順利推動，乃是善意的叮嚀。

互動是了解的橋樑

互動是了解的橋樑，而走動是互動的開始。串門子也是走動的一種，它的另一作用是聯絡感情。所謂見面三分情，當面商談，比較容易溝通。

自從人類發明了電腦之後，人與人之間又多了一層隔閡，每天那種缺乏感情的反覆動作，操控了你的起居作息，可以不必與人接觸，可以不必察言觀色，而可自得其樂，並無視於別人的存在。獨樂樂不如眾樂樂，否則與自閉、孤獨又何異？

所謂：「秀才不出門能知天下事。」事實上，與坐井觀天無異，真正所知畢竟有限。如果不是歷歷在眼前、沒有臨場感、不能身歷其境，就沒有那份動心、動容的體會和感受。活在象牙塔裡，就像是溫室裡的花朵，不能野放，也不能久遠。

當你伸出善意的雙手，最想得到的是對方熱情的回應，也是拉近距離的捷徑，但如果受到的是意外的冷淡，那就好比一道牆、一條鴻溝，永遠存在於兩者之間。

二〇〇五年一月十二日，參加行政院第二九二三次院會，以及本會第三二四次主管會報，並主持九十四年第一次考績委員會，評定同仁年終考績。晚間，受邀參加陳菊主任委員邀請行政院勞工委員會全體委員及主管在國賓飯店摘星樓的年終聯誼餐會。

九二一震災災後重建

二〇〇五年一月十八日，參加九二一震災災後重建推動委員會第二十六次委員會議，由游錫堃院長親自主持，災民代表委員簡惠玲發言肯定勞委會就業輔導計畫的推動對災區民眾的助益甚大，希望業務回歸常態之後仍能繼續執行，使災民持續受惠。

行政院九二一震災災後重建推動委員會自民國八十九年六月起開始運作，重建特別預算編列二一二三億元，截至九十三年十一月三十日止累計執行數為一七九七億元，執行率為八四・六三％。重要業務包括：公共建設重建業務、產業振興業務、社區重建業務。

「九二一震災重建暫行條例」將於今年二月四日屆期，但已經立法院朝野黨團協商決議施行期限延長一年，如經完成程序，重建推動委員會將繼續存在運作，惟須積極進行組織人員精實整編，逐步辦理各項重建業務回歸相關部會繼續執行。行政院勞工委員會投入九二一震災災後重建工作係以就業輔導計畫業務為主，屬於產業重建業務，業於九十三年四月一日完成回歸常態繼續執行，績效受災民肯定。

人才培育及運用規劃

二〇〇五年一月十九日，參加行政院第二九二四次院會，開會議題與勞工委員會相關部分，包括「完備生活安全網」、「國家人才培育及運用規劃」、「勞動三法部分條文修法爭議」之輿論報導，及台印簽署勞工備忘錄之報告，為目前推動之業務。

勞工生活安全網是國家整體完備生活安全網的重要部分，在維護經濟安全、落實生活照顧方面，行政院勞工委員會就推動國家人力資源發展、促進教育系統與勞動市場的銜接、建構創業輔導措施、調節外籍監護工之引進等，皆研提執行策略與工作細項，包括實施勞工退休新制、繼續推動多元就業方案、加強人力培訓及職業能力再提升、檢討外籍政策、支援公共服務擴大就業方案執行成效等等，使勞工生活可以得到安全保障。除此之外，就業保險法、職業災害勞工保護法以及勞保老年給付年金化的實施，也是勞工生活安全網重要的一環，需要積極推動。

有關國家人才培育及運用規劃，涉及教育層面較多，但人才培訓是提升勞動力和勞動品質的重要途徑，行政院勞工委員會在人力資源開發、職業訓練、諮詢服務及對所屬訓練機構功能與定位檢討、訓練職類整併等，都依循國家人才培育及運用規劃案的業務分工，積極予以推動。至於勞動三法部分條文修正案，因引發教師可否組工會和所謂罷教權的問題，朝野協商未達共識，教育與勞工部門立場也不一致，以致嚴重延宕修法，目前仍續停滯立法院審議之中。行政院勞工委員會就此表明看法，不反對教師享有結社權，但究是在工會法或教師法中明定，尊重立法院的審議結果；另外，有關罷教權部分，宜由教育主管部門主其事，如同意教師享有罷教權，並欲在工會法中訂定，則必須加以條件限制和明確規範。

家傭與看護為「邊緣」團體

媒體報導：聯合國「移民組織（ＩＯＭ）」的刊物「國際移民」，最近一項研究報告「國籍的影響力：台灣ＳＡＲＳ與外國家傭的權利」，指出外國家傭在台灣的情況，並暴露印尼勞工受到不合理的待遇，損及台灣在國際間的形象，說明台灣外勞政策及待遇已受到移民組織（ＩＯＭ）、國際勞工組織（ＩＬＯ）及非政府組織的注意。

報告指出，台灣的外籍家傭及看護不受勞基法保護，許多人每天工作十四至十八小時，也沒有休假，完全看主人臉色；尤其ＳＡＲＳ期間許多外勞被「強迫隔離」，在台灣人及非台灣人之間顯然存有不平等。因此，研究報告認為，如缺乏有效確保及執行外勞權利的機制，任何先進及包容的立法只是尊重及保護外勞的表象罷了。

報告也指出，在台灣的印尼家傭與看護為「邊緣」團體，她們都集中於勞力市場中最差的部分，看護慢性疾病病患及老人，並要擔負家務及雇主所要求的工作。而菲律賓的家傭教育程度較高、能說英文、比較聰明及勇敢，更堅定保護自己權利，因此雇主對待菲傭都比較小心，證明外傭的國籍確實對其權益有相當關係。

謝長廷接替游錫堃出任閣揆

二〇〇五年一月二十四日，行政院舉行臨時院會，游錫堃院長率領全體內閣閣員總辭。據瞭解，游錫堃將回任總統府秘書長，現任總統府秘書長蘇貞昌轉任民主進步黨黨主席，而由高雄市長謝長廷籌組內閣。內閣改組是另一場權力爭奪戰的開始，派系、血統、屬性、背景往往就先決定了一切，縱使有人能力高於意願，但絕大多數是意願超過能力，因此只要勇於表態，不必去計較身段優雅與否，鎂光燈和眾人的目光就會投射在你的身上。在人聲喧嘩、吵雜中，我忽然覺得自己特別寂寞。

二〇〇五年一月二十五日，上午，勞工委員會新年記者會，以「弱勢優先，勞動尊嚴」為主軸，細數陳菊主政四年餘的政績與成果，並說這是屬於勞委會嶄新的年代，在這短短的期間所完成的新法案和推行的新措施最多，包括：實施新工時制度、完成兩性工作平等法制、施行職業災害勞工保護法、落實就業保險法、建立勞工退休金新制、降低工作場所職災發生率、實施就業促進措施、辦理失業救助措施、增進勞工老年給付權益、開辦勞工紓困貸款等。唯一缺憾是未能如願完成勞動三法和勞保老年給付年金化的修法程序，沒能建構理想而完善的勞動法制。至於記者朋友關心陳菊個人的未來，她說，在台灣土地有需要的地方，隨時擺好戰鬥的姿勢。

下午，接見多明尼加共和國駐華大使Victor Sanchez，職業訓練局郭芳煜局長陪見，商談協助多國辦理職業訓練，並安排參訪台北鄰近職業訓練機構相關事宜。晚上，參加行政院勞工委員會的年終聚餐，在信義路聯勤俱樂部舉行，各業務單位皆準備表演節目，有輕歌曼舞，有豐富摸彩助興。賴浩敏、張富雄委員以及已退休龔文廣、蘇德勝、朱鶴群等人亦回來參加。陳菊主任委員似為外傳職位異動所惱、所擾，並顯得忐忑不安。

內閣總辭期間

二〇〇五年一月二十七日，內閣總辭期間使我有機會回來中部辦公室，此行任務有二：其一是，頒發純金打造第三百萬張技術士證，以及上下號碼的得主。這樣的機率比中樂透彩還難，才真正是「天上掉下來的禮物」。這三位得主是黃智瑋先生、戴莉淑小姐、吳長芳先生，他們的得獎，也見證了台灣推行技能檢定三十年來艱辛的歷程和努力的成果；其二是，主持中部辦公室新任主任的宣誓就職。在此之前，這項職位是由林宏德專門委員代理，他中規中矩、盡職盡責，對於在代理期間的辛勞，也表示感謝與嘉勉。而新任陳俊綠主任，他從警界轉任行政部門服務之後，即與勞工行政結緣，歷任高雄縣政府勞工局股長、專員、副局長、局長，以及南區職業訓練中心主任，也是勞工委員會大家族中的一員。

行政院勞工委員會中部辦公室是由從前台灣省政府勞工處改隸而來，有很好的傳統基礎，也有許多優秀人才。但為了配合政府「精省」政策，使人有日漸凋零而即將曲終人散的淒涼感覺，不知明天大陽升起機關是否仍在？基於同事情誼，看了不忍也不捨，不能不寄予同情和關懷，因此真希望主其事者多費心與照顧。

二〇〇五年一月二十八日，內閣總辭期間，代理主持行政院勞工委員會第一五八次委員會議，審議「勞工退休基金收支保管及運用辦法」、「勞工退休基金監理委員會設置條例」、「勞工健康保護規則」等議案。賴浩敏、辛炳隆委員對勞工退休基金監理委員會採「行政法人」組織型態認欠缺法源依據，恐有爭議，惟業務部門說明這是配合政策研訂，且另有口袋備案，經冗長討論後勉予通過。行政院九四．一．二五院授人力字第〇九四〇〇六〇六三八號函示，勞工退休基金監理委員會為行政院組織改造行政法人化優先推動對象，囑督導研擬設置條例草案報核，並規劃相關配套措施。

泰國勞工部常務次長來訪

二〇〇五年二月二十一日，泰國勞工部常務次長Mr. Charupong Ruangsuwan率同副常務次長Mr. Thapabutr Jamasevi就業廳副廳長Mr. Songsak Tantayotin泰國貿易經濟處勞工處長Miss Pranee Sukkri等一行一〇人前來勞工委員會參訪，特於貴賓室代表接見並進行會談，並由職訓局郭芳煜局長、廖為仁組長等人陪同。泰國勞工部Mr. Charupong Ruangsuwan等此行，乃對陳菊主任委員於去年底赴泰簽證受到刻意遲延並發給不適當的tourist visa而表示遺憾，誠意修補已受損傷的雙方關係，也關切泰籍勞工來台受到「緩」處理的不利待遇，希望我方鬆綁。

關於外籍勞工事務，於會談中表達了我方三大堅持與原則：一、堅持「平等」、「互惠」、「尊嚴（相互尊重）」的原則；二、在台灣境內外籍勞工，不分國別、種族與性別，皆受到相同人道、人權和應有基本權利的照顧和保障；三、外籍勞工總量管制措施，將針對勞工在台管理及守法情形，並衡酌輸出國對我友善程度作為配額決定的依據。根據統計，迄本年一月底止，在台灣外籍勞工人數三一二三二七人，其中泰籍勞工人數有一〇四〇八三人，占三三．三三%，高居第一位。至於所從事之行業，以製造業八九五一四人最多，營造業一一二二七人居次，看護工三二六六人再次之。

雙方會談進行融洽，並獲致兩項承諾與共識：一、泰國同意重新主辦第九屆台泰勞工會議，預定三月中旬在清邁舉行；二、循例邀請陳菊主任委員赴泰與會，並承諾如第七屆舉辦時模式，發給適當之禮遇簽證。除此之外，郭芳煜局長也答允對方，在目前核辦中的泰籍外勞聘僱申請案如有特殊急迫性者，將簽報同意儘速核發許可，至於其他一般案件則俟台泰勞工會議後視情況依一般正常程序處理。

今天也出席經濟部貿易調查委員會第四十七次委員會議，審議「東和鋼鐵企業股份有限公司申請對自日本進口之H型鋼課徵反傾銷稅屆滿五年後繼續課徵案」產業損害調查結果報告。會後，接受何美玥部長在台北世貿中心聯誼會準備之筵席。

婦權運動與兩性工作平等

根據本會統計處一項「婦女勞動情勢簡報」的分析資料，「兩性工作平等法」實施屆滿三年，而事業單位對兩性工作平等法的看法，有三十·四%表示非常支持，六十一·四%表示支持，支持度已達九十一·八%。結果顯示，「兩性工作平等法」實施後對降低婦女就業之障礙、創造優質勞動環境、提升婦女就業能力與機會，具有正面效益。

世界各國因受工作性質、年資或危險性工作之影響，在兩性之平均經常性薪資仍有若干差距。在二〇〇三年，我國女性平均薪資占男性之七十七·九%，低於美國之七十九·四%，高於日本之六十六·八%。兩性之平均薪資差距，隨著兩性工作平等已逐漸縮小之中。為鼓勵及促進女性參與決策方面，行政院亦設有「金馨獎」及特別獎，每年都有頒獎活動，其目的在於揭示「兩性平權，共生共治」的理想目標，已逐漸引起重視。

根據記載，於西元一九〇九年三月八日，美國婦女社會團體為爭取男女待遇平等，在芝加哥舉行遊行示威運動，同時組織婦女運動聯合會，因此敲醒了沈寂已久的女性聲音。到了翌年復在丹麥哥本哈根舉行國際婦女大會，提出「男女同工同酬」及「保護女性」等要求，明定每年三月八日為「國際婦女節」，乃為婦女節由來。

台灣婦權運動蓬勃，婦權團體活動熱絡，對婦女權益、福利與地位的提升，助益甚大。而兩性平等的訴求，可以獲得重視和落實；兩性平等的觀念，並已成為社會的普遍認知和現象，實值得我們自傲。婦權運動另一重要收穫與目的，在於女性尋回「自信」，和肯定「自我價值」。台灣女性在職場工作環境已獲相當改善，而就業機會和工作表現絕不遜於男性，且從政人數比例也不斷增加，至台灣女性在政治上參與決策的人數及地位，高居亞洲各國第一位，也是全世界第二十位。

玉山盟友陽明山走春

二〇〇五年三月四日，玉山盟友到陽明山天籟溫泉會館泡湯、走春，氣溫驟降，大家還是有極高的興致。台北市位於盆地，人口集中，建築林立，近郊旅遊景點多在台北縣境內，尤其是北海岸、東北角地方，依山傍水，景色迷人，沿著海岸公路行車，一邊是青翠山巒，一邊是蔚藍大海，即使國外馳名美景亦莫過如此，實值得我們好好珍惜它。

在旅遊地點的選擇，國人似乎偏愛熱鬧、華麗與新奇，音樂、藝術、文化則在其次，從中往往可以發現動態的多過於靜態，而且習慣於陸地遠勝於水域，所以有人說南亞海嘯傷亡嚴重，華人遊客罹災者少不無原因，但也讓外國人不解。

二〇〇五年三月五日，連續幾天寒冷又下雨的天氣，位處亞熱帶的台灣在強勁寒流侵襲下，若干較低海拔的山頭也首次降雪了，清境、溪頭、草嶺地方紛紛傳出意外的驚喜，真正是令人難以置信的三月雪。看下雪，對絕大多數居住在台灣的人來講，是沒有這樣的親身體驗，因此不只是奢求，簡直可以說是想都未曾想過。

今天雖然雨停，但仍然寒風刺骨，有如北國寒冬。陽明山天籟溫泉會館的早晨，是寧靜又美麗，大家在經過一個夜晚的好眠，酒醉的也都清醒了，聚集餐廳同享自助早餐，有道不盡的話題，更有數不完的歡笑。飯後，分組帶開，各取所需，盡興而歸。

二〇〇五年三月六日，早晨的陽光灑滿大地，遠眺對面五指山麓清晰可見，清新的空氣雖仍帶有寒意，但在北台灣的汐止已算是難得的好天氣。今天天氣已放晴，許久未見的陽光露臉了，想不到令人難以捉摸的氣候，在一夕之間又給人有春天到來的感覺，看到庭院櫻花樹已冒出綠芽，而杜鵑花也已綻放，不覺讓人興奮。

春天悄悄地來到，邀請辦公室同事暨眷屬前來綠野山坡住家餐敘，賴勁麟夫婦、賀端蕃夫婦、賴瑞隆夫婦來了，彭鳳美、李玉如來了，大家相聚甚歡，度過一個愉快的週日下午。

人性關懷使政治發揮得更好

二〇〇五年三月十一日，列席立法院國是論壇，聆聽立委對時局的高談闊論，最主要熱門話題是「三一九槍擊案」和「反分裂國家法」兩件事，很明顯看到「藍」「綠」觀點有異，也各自在自己的觀點上發揮。所稱國是論壇，顧名思議，應該是對國家既定政策的討論。但在台灣是指立法院於職權外創設的一個問政模式，專門給立法委員用來抒發對國家事務的看法。在國是論壇中，登記發言的立法委員有三分鐘的時間，講什麼都沒關係，既可以和議案無關，也可以和登記議題無關，但是後來卻演變成立法委員作秀的大舞台。

新聞報導，在一項美國前總統柯林頓、老布希與布希總統一起的場合上，三人神情愉快，談笑風生。當初老布希曾稱呼柯林頓和他的競選搭檔是「兩個蠢貨」，而柯林頓也曾說老布希「不值得信賴」，如今心中不快已煙消雲散，沒有恩怨，也沒有仇恨。老布希還說：「他打敗我，不過事過境遷之後，我們的關係還蠻好。」

柯林頓與老布希兩人銜命代表布希總統往訪南亞海嘯災區，他們兩人都表示說，兩人之間的合作，對他們曾經去訪的海嘯受災國家，是很好的榜樣，「因為美國政治有時很不留情，還要強進強出。但有時美國政治又超出競爭，不管是民主或共和黨總有攜手合作的時候」。柯林頓也曾不只一次的說過：「政治不是不能有歧見，也不是不能有爭議，但如果我們記得共同的人性關懷，政治可以發揮得更好。」

勞動力流動與人權維護

最近已完成「勞動力流動與人權維護」報告摘要及參考資料之修正，以提供總統府人權諮詢委員會辦理「公義、幸福、人權系列研討會」簡報及答詢使用資料。在經濟全球化的今日，商品、資金、勞務、資訊的流動已打破國家的藩籬，逐漸無國界可言。尤其世界貿易組織（ＷＴＯ）的成立，在貿易自由化的原則下，跨國間的人力移動更見頻繁。而跨國間的人力移動，有其社會和經濟上的原因，包括難民、謀生、婚姻關係、殖民背景以及產業發展需求等。以我國為例，從一九八九年十月起陸續開放引進外籍勞工，以協助解決產業所需勞力不足之問題。而外籍勞工人權的維護問題更是國際勞工組織所關注的「特殊群體勞工」之保護問題。

我們如果以勞動力流入來看，目前我國勞動力流動較主要的來源有幾項，包括：一、藍領外籍勞工，有三一二三二七人；二、外籍及大陸配偶，有二四七九六六人；三、白領專業技術人員，有效聘僱許可人數計二一〇一三人，三者流入總共已達五八一三〇六人之多。外籍勞工因為語言、信仰、文化、生活習慣的不同，在台灣不免衍生諸多調適問題，其基本權益、工作權益與生活權益都應受到必要的維護和重視。原則如次：

第一、維護外勞基本權益——基本權益上的公平正義原則。

尊重國際人權自由平等普世價值的規範，以人道尊嚴及公平正義原則對待外籍勞工，使享有人類應有的基本權益，包括人身安全自由、宗教信仰、以及對其傳統文化的尊重等。

第二、保障外勞工作權益——工作權益上的國民待遇原則。

外籍勞工一旦投入勞動市場，受僱者與僱用者之間即形成勞雇關係，其相互之間的權利義務乃本諸勞動契約規範，提供勞務，獲取報酬。其工作權益除法律有特別規定限於中華民國國籍者外，應受到我國相關勞動法令的保障，並尊重所在地法律適用原則。

第三、確保外勞生活權益——生活權益上的一視同仁原則。

外籍勞工離鄉背井在外工作，為照護其生活與情緒，確保享有一視同仁的生活權益，應對其生活習慣和宗教信仰予以尊重和必要之庇護，並加強文化交流與認識，落實外勞生活輔導。

台灣是地球村的一員，不能自外於國際社會，而崇尚自由、民主、人權的普世價值，乃是與國際接軌的最佳捷徑，也是今後可以屹立不搖的基礎。然而，在台灣有些領域仍存在問題，包括出現某些侵犯公民隱私的情況、歧視婦女和對婦女使用暴力、對原住民族的社會歧視、對勞工結社自由和罷工權利的限制等。

其實，勞動人權是在國家整體人權政策之大架構下，遂行國際勞工公約之規範。為尊重並落實勞動人權，因應時勢變遷需求，迎合世界人權潮流，必須同步調整勞動事務運作機制，並秉持「勞工福祉、經濟發展及社會均富並重」的原則，規劃整體勞工政策，貫徹勞動事務之法制化，建構兩性平權的工作環境，積極研議調整與建立各項勞動事務合理的制度，包括勞資協商機制、工資保護制度、工時制度、勞工退休與保險給付制度、失業勞工保護與職業災害保護制度、安全衛生防護制度、勞動檢查制度、就業轉銜制度、弱勢勞工及外籍勞工庇護制度等，將台灣推向勞動人權高指標的國際舞台，使真正成為勞動者的樂土，以及被羨慕的地方。

人權改造工程涉及國家經濟發展、社會安定及人民福祉，屬於我國家總體政策的範疇，而外籍勞工人權政策是其中非常重要的一部分。現今國際化、自由化、平等化之世界潮流，為各國遵守人權之主幹，而享有思想、宗教自由，人格尊嚴不容忽視等人權規範，亦為國際文明社會所一致公認，並已成為我國憲法及法律主要規範內涵。現今藉由推動外籍勞工權益維護之相關措施，以彰顯我國政府維護外籍勞工權益之誠意與決心，期使全球化下勞動力的移動帶來各國正面的效益。

蘭嶼與綠島人文生態之旅

二〇〇五年四月二十二日，玉山盟友相約前往有「太平洋雙珠」美譽的蘭嶼與綠島，作三天兩夜的人文生態之旅。從台北搭飛機至台東，再由富岡坐輪船至蘭嶼開元。

太平洋一望無際，宏觀壯闊，輪船行駛於浩瀚大海，顯得孤獨渺小，凝望窗外時而可以看到飛魚彷彿小鳥躍飛水面，是奇景，也是初次觀賞。蘭嶼位於台東市東南約九十公里處的太平洋海域，全島面積有四十五・七四平方公里，周長約三十八・四五公里，乃為海底火山噴發形成的海洋性島嶼，也是台灣地區唯一具有熱帶雨林的島嶼。

蘭嶼顧名思義與蘭花有關，原名「紅頭嶼」，於一九四六年更名為「蘭嶼」，島上多山，最高峰為紅頭山，居民約三千多人，屬於達悟族，另稱雅美族。據瞭解，數百年前達悟族的祖先由菲律賓北方的巴丹群島遷徙而來，與巴丹島上的伊巴丹族有血緣關係，是台灣唯一的海洋原住民族群。蘭嶼地形經過火山、潮汐、風化等作用變動，呈現豐富的海岸、河流、火山等多樣地貌，岸邊多奇岩怪石，因形狀而被取名，例如鱷魚岩、坦克岩、雙獅岩、玉女岩、軍艦岩、情人洞、象鼻岩。

達悟族人為典型的太平洋島民，熟悉海洋的韻律，以及與土地、生態和諧依存的關係。船是海上營生不可或缺的工具，蘭嶼的獨木舟事實上是拼板舟，運用黑、白、紅三種色彩交錯而成，是雅美族人獨特的造舟工藝，也是最重要的文化資產與象徵。蘭嶼的傳統手工藝，還有以鈕扣為飾品的手環、項鍊及陶土等，而傳統的地下屋、甩髮舞也成為觀光客爭相目睹的景觀。蘭嶼的原始生態，已逐漸受到外來人類文明的破壞，而蘭嶼島上主人的傳統生活，也已逐漸受到衝擊而消失。財團法人基督教蘭恩文教基金會為蘭嶼寫說：

一個美麗純樸偏遠的孤島
善良達悟族人的家園

她正面臨現代與傳統的強烈衝擊
她需要的不是同情
而是你我的尊重和支持
讓我們一同努力
與蘭嶼人圓一個回家的夢

二〇〇五年四月二十三日，早餐後，結隊走訪天池，雖僅海拔四八〇公尺，但已考驗每個人的體力，多人功虧一簣。天池是火山岩漿噴出的火山口，由於雨水沖蝕而成的天然火山湖泊。來回都經過廢核料貯存場，看了真的為島上住民抱屈也感憤怒。午餐後整裝離開蘭嶼，行前參訪台灣基督長老教會漁人教會。基督教於一九五一年傳入島上，達悟族人很快接受了福音，並建立了教會，以作為敬拜上帝的場所。

搭船來到綠島，舊名火燒島，位於台東市東方約三十三公里的太平洋海域上，是一座由火山集塊岩所構成的島嶼，面積十六・二平方公里，人口約三三〇〇人，聽說早期蘭嶼原住民曾因捕魚短暫居住過島上。綠島景觀秀麗，近年來成為著名的觀光勝地，但旅遊規劃讓人感覺只是起步，欠缺寧靜與秩序感，尤其小島上二千輛的摩托車是主要交通工具，在方便之餘，必須付出噪音、雜亂和破壞生態的代價。

初次踏上綠島，參訪人權紀念公園、將軍岩和綠洲山莊，傍晚時登臨牛頭山觀賞日落海景。綠洲山莊是當年白色恐怖年代囚禁政治犯的監獄，林義雄、呂秀蓮、陳菊、施明德、姚嘉文、黃華等，都曾在這裡度過多少苦難歲月，每一個人的背後，都有一部感人的故事。聽，海濤拍岸；看，夕陽西照；想：

在那個時代
有多少母親
為她們

囚禁在這個島上的孩子
長夜哭泣

二〇〇五年四月二十四日，騎機車、載愛人，結隊遊綠島燈塔、觀音洞、小長城步道、哈巴狗岩石、睡美人岩、孔子岩、朝日溫泉等景點，邊玩邊欣賞風景，回到年輕時候，途中遇下雨，但很快回復天晴。最後至碼頭乘坐玻璃船，欣賞海底景觀。

午餐後，搭船離開綠島，回台東停留時間參觀國立台灣史前文化博物館，這也是首座國家級考古學博物館，具研究、收藏、展示及教育功能，以南島文化為主；而後又參觀卑南文化公園，現地展示有石棺及不同出土文物。然後在米巴奈餐廳用完風味美食後，搭機從台東回到台北，結束「三個太陽二個月亮」的快樂之旅。

出席世界安全組織第十八屆年會

二〇〇五年四月三十日，帶團飛往美國，參加「世界安全組織」（The World Safety Organization. WSO）於丹佛市（Denver）舉行的「第十八屆國際環境與安全衛生大會」（18th International Environment Safety & Health Conference.）同行團員有戴基福、高東生、王明民、余榮彬、蔡宗訓、賴添旺夫婦及粘麗娟等。

二〇〇五年五月一日，經西雅圖（Seattle）於夜晚抵達丹佛（Denver），當時天空飄著小雪，今天早晨仍然繼續下，後來才放晴。王振仁、黃麗娟夫婦利用星期假日至飯店邀往Rocky Mountain遊覽，並參觀一座教堂及Air Force展示。傍晚回到飯店參加主辦單位的迎賓晚宴，談及大會籌辦年會的情形及重要研討議題。

二〇〇五年五月二日，舉行開幕儀式，簡單隆重，由美國能源部Dr. Gary Lietz專題演講「I Was On My Mind」以工作環境狀態、管理制度及工作行為，三個角度分析，絕大多數工作傷害事故，是由於不安全行為產生，經由不斷教育訓練員工，由外在的訓練計畫，促成內在思考的改變，以達成安全是一種生活方式的目標。大會在操槍表演及主席致詞後，揭開序幕。開幕儀式後，分為四個研討室及一處展覽場，同時進行不同課題及科目的研討，與會者依專長或興趣自行選擇參加。

晚上，大會安排全體搭專車至Central city and Black Hawk並到Isle of Capri Casino消磨及晚餐，大家興奮。這是從前一處淘金小鎮，風華不再，現已荒涼。

二〇〇五年五月三日，本次大會安排的各種研討課程與職業安全衛生議題相關，包括電焊危害、聽力損失之衝擊、肌肉與骨骼失序症之預防對策、道路安全教育訓練、整合性安全管理、ＯＳＨＡ電氣安全標準回顧、殘障勞工的安全、礦場安全衛生紀錄保存、危害通識展望、航空安全與恐怖主義介紹等，議題頗多，內容豐富。

我國代表團工研院余榮彬副主任，受大會邀請進行我國危害通識之展望的報告，闡述我國整合環保、交通、勞工安全衛生、消防等分類、標示制度，並報告我國推動全球化學品調和制度（ＧＨＳ）之進展，也與各國代表進行實務經驗之交流。

二〇〇五年五月四日，上午，我國代表團成員分別就其專長領域，繼續參加分組討論及研討活動。中午時候，建議大家到丹佛市區的16th Street Mall午餐、觀光與購物。這非常美麗的觀光街道，是我和粘麗娟第二度造訪，格外令人懷念。晚上出席WSO Awards Banquet及惜別晚宴餐會。中油公司獲頒楷模獎牌，由王明民處長領獎，而後大家合影留念也揮手道別。

二〇〇五年五月五日，大會結束後轉往德州參觀訪問，瞭解化工廠安全衛生管理經驗及美國推動全球化學品調和制度（ＧＨＳ）之情形。於下午從丹佛（Denver）搭機抵休士頓（Houston），中油公司在此地Opicoil America, INC.的負責人戴文淵總經理來接機，聽說最近將調回台北。今晚入住Hilton Americas-Houston.

二〇〇五年五月六日，早餐後，由Jonathan Chiang安排與余榮彬、蔡宗訓前往參訪李長榮化工德州海灣廠（Baytown, TX.），聽取環境與安全衛生經理Terry Sain的簡報及意見交換。李長榮化工廠是台灣最大的溶劑製造廠，全球共有七個據點，有優良的環境與安全衛生紀錄，並落實履行自主管理，該廠執行相關法規及標準皆為聯邦法規職業安全衛生標準。據該廠稱，美國職業安全衛生署（ＯＳＨＡ）在三種情形下會至工廠實施稽查：一、員工抱怨；二、安全衛生及製程安全管理等的計畫性稽查；三、發生勞工死亡以及三人以上因職業上的原因而住院之情形。

二〇〇五年五月九日，參訪台塑美國德州廠（Formosa Plastics corp. TX.），台塑德州廠位於休士頓西南Point Comfort地方，於一九八〇年台塑自行建廠，生廠石化原料，已有垂直整合相關石化、塑膠產品製造能力。抵達後，聽取環境保護、工業安全與衛生的簡報，並考察化學品管理及ＧＨＳ制度，也參觀港務局各項輸送設施。

在自主管理方面，基於製程的操作特性，有關工廠原物料、儲槽、製程反應器、交換器、鍋爐、危險性機械及設備等，請顧問公司辦理風險評估，再運用評估結果，加強人員教育訓練、設備管理及各項操作管理，以降低不安全環境及減少不安全行為之發生；在全球化學品調和制度及危害通識制度方面，由於該廠產品主要銷售美國本土，因此產品標示分類仍以符合美國安全衛生法規、環保法規、交通運輸法規為主，並無ＧＨＳ相關之先期準備工作。而化學品危害通識主要工作，則包括危害物質混合物之分類、危害物質之標示、危害物質安全資料之製作等。

二〇〇五年五月十日，參觀Applied Optoelectronics, Inc.由董事長林誌祥博士介紹相關製程與產品，並瞭解實際工作狀況。呂秀蓮副總統不久前亦曾來訪問。中午，林誌祥博士邀請我、粘麗娟和林愷聲，再度光顧Fung's Kitchen午餐，巧遇余榮彬、蔡宗訓，他們參訪APTECH Engineering Services, INC.剛回來。傍晚，戴文淵總經理在Hilton為我們一行人餞別，林愷聲也受邀參加，飯後並與同仁一起親送我們至Bush International Airport.揮揮手，互道珍重再見。

回國後，於五月二十二日，邀約一起赴美參加ＷＳＯ的成員，外加饒裕益與蔡維誼，中午來汐止住家餐敘，品嚐粘氏的廚藝，佳餚美酒，人人稱讚。人海茫茫，滾滾紅塵，在地球任何一個角落，任何一個場所，你所遇到的、所認識的、所結交的人，無論交誼深淺，時間久暫，就是一種緣分，都應該珍惜。我和粘麗娟就是惜情，永遠的熱絡。在晚上，又邀謝天福夫婦來家裡聊天吃飯，清談古今。或許熱情的人就怕寂寞，但又有誰不寂寞！

《勞工安全列車》啟動

二〇〇五年五月十九日，帶領《勞工安全列車》訪問華映公司龍潭廠，成員包括陳俊勳教授、徐啟銘教授、傅還然處長、林進基處長、石東生所長等，並以「產業風險管理」為主題，與林鎮宏董事長及業務主管幹部座談安全衛生管理相關事宜。

桃園縣工廠林立，職業災害死亡情形嚴重，近三年計罹災死亡一〇三人，華映公司龍潭廠建廠以來，則發生意外災害八件，造成九人死亡，佔全縣約九%，災害發生率為全國平均數的八倍，乃締造單一建廠工程因職業災害死亡人數最高紀錄。

雇主和勞工對經濟發展有同等的重要，然而企業在追求業績、利潤的同時，應盡心為勞工創造優質的安全衛生工作環境，也是社會責任之一，而讓每一位勞工都能夠—快快樂樂的工作，平平安安的回家。

追求的只是祥和安心的日子

二〇〇五年五月二十四日，代表列席台灣區電機電子工業同業公會在國賓飯店國際廳舉行的第二十屆第二次會員代表大會，由許勝雄理事長親自主持，並邀請行政院副院長吳榮義蒞臨致詞，另邀請貴賓有許志仁、侯貞雄、劉國昭等人，聚集一堂。

許勝雄主持金寶、仁寶等企業有成，為人行事穩健，思維縝密，對產業發展侃侃而談，諸多數據倒背如流，有如電子處理資料一樣準確無誤，令人佩服；劉國昭是台北青商多年朋友，與妻林桂朱同為青商總會長，世居苗栗，為人忠懇憨直，誠意待人，他承襲父業並曾擔任國會議員，跨足政商兩棲，現為台灣吉悌電信股份有限公司董事長，他也另籌組中華民國中東歐暨獨立國協經貿協會出任理事長。

二〇〇五年五月二十七日，震驚社會的千面人「蠻牛、保力達B下毒案」，由台中市警察局於今日上午召開記者會，正式對外界宣佈破案。台灣的社會似乎已出現病痛，不知是否為邁入富裕必然的過程，抑或人心不古、世道淪亡，如果是的話，相信很多人寧願選擇過去貧窮的安定，或許因為這樣使人更懷念已消逝的日子。

當交通資訊愈便利，人與人接觸愈頻繁，而多數人狂熱地追求物質享受的時代，人心往往會變樣，人性往往會被扭曲，而人的價值與尊嚴不再是高貴，所看到的盡是詐騙、恐嚇、凶殺等不忍卒睹的景象，失去善良，也失去人際之間最可貴的信賴，一切似乎都在改變，愈變愈往下沉淪，有人歸咎於公民教育的失敗，也有人歸咎於社會風氣的敗壞，但無論如何，我們生活在這樣的社會總是不快樂的。尤其，對立的政治，帶來紛擾；紛擾的社會，帶來不安。試問，為什麼身邊不能多點文化、多點美而軟性的事物？其實，我們追求的不多，只是祥和安心的日子罷了。

人生境遇各有不同

二〇〇五年六月八日，杜善良邀約好友至監察院宴會廳餐敘，歡迎顏慶章辭卸駐WTO大使職務從日內瓦返國，他將棄政從商，據悉將轉任元大京華金控董事長職務。之前，顏慶章曾任總統府第一局副局長、局長，財政部次長、部長等職。杜善良秘書長在總統提名新任期監察委員未獲立法院行使同意權之前，仍續留守「看家」，而監察院已成空轉，五權憲法變跛腳，這樣的怪現象是一大諷刺，致有人質疑它的功能與存在的價值。

二〇〇五年六月九日，張國龍甫上任環保署長，親往道賀，並訪蔡丁貴副署長，而後一起午餐。據報載，張國龍反核立場鮮明，外界關注核四案、湖山水庫、蘇花高速公路興建案是否重新進行環評，張國龍表示必須兼顧政策延續性，不過他也表示「政策如果有小瑕疵，就必須做瑕疵的補足，最大的瑕疵可能就要翻案。」

二〇〇五年六月十日，今天是陳菊生日，人事室安排同仁在貴賓室為她慶生，有唱歌、獻花、許願、切蛋糕。人生境遇，各有不同，凡走過必留下痕跡。我想，陳菊在人生旅途上的經歷和體驗，比任何人都來得深刻、濃烈，而且具有意義，尤其是對社會國家的貢獻。

實施勞工退休金新制

二〇〇五年七月一日，對於勞工退休金制度而言，今天是很重要的日子，因為新頒訂「勞工退休金條例」從今天起正式實施。為迎接勞工退休金新制上路，行政院勞工委員會在公務人力發展中心舉辦《勞退新世紀‧勞工好福氣》的開辦活動，並邀請阿扁總統與謝長廷院長為歷史作見證。在退休金制度中，所謂勞工退休金舊制，乃指依據勞動基準法規定提撥、核算和給付的勞工退休金制度，通常被批評是「吃不到的畫餅」罷了；而勞工退休金新制最主要的精神，應是將退休金真正變成了退休時可以領取的個人帳戶，並由政府統籌收支、管理及運用，保證是「看得到、拿得到的甜柿餅」，而勞工在新舊制之間，絕對擁有自主的選擇權。

勞工退休金新制的實施，不僅改寫台灣勞工的退休保障，而且對台灣企業及整個經濟都將帶來衝擊與震撼，過程曲折，爭論不斷，雇主與勞工皆有不滿和疑慮，使政府左右為難，吃力不討好。尤其，台灣中小企業高居企業總數九成以上，絕大多數在過去並未依法提撥勞工退休準備金，也缺乏給付退休金的成本概念，如今於一夕之間要求每家企業依新制按月提撥員工薪資的六%，以備勞工退休時領取的個人帳戶中，並另外每月為保有舊制年資的勞工提撥二%作為退休準備，可以說是一項立即的、有形的、沉重的負擔。除此之外，就基金運用而言，有人也質疑，這些原本由民間支配的巨額資金，因為納入個人帳戶而不能實現的消費與投資，若運用效率不彰，或根本被凍結閒置，或成為公權力可以操控的工具，則國內資本形成將受嚴重摧殘，顯然大不利於總體經濟發展，讓勞工也忐忑不安。

根據報導，為因應勞工退休金新制，有些企業紛紛以降低固定薪資、加重浮動酬勞，以及緊縮部分業務、依賴外包代工等各種方式，企圖極力壓低雇主對於勞工退休金提撥的負擔，甚至藉機以裁員關廠、產業外移的方式找尋退路，造成勞資關係緊張，政府的態度又是強勢的圍堵及防範，使企業進退維谷，很難面對。然而，今天也有論者指出，當眾多企業將薪資結構朝向浮動酬勞傾斜，對於企業的經營而言，反而會更具彈性、更重績效，可以高度激發員工的潛力，尤其當退休金個人帳戶隨勞工移動，成為可攜式之後，不再受限於舊制必須連續在同一企業服務滿一定期間，始符請領退休金之條件的約束，將來人人享有隨意轉換職場之自由。因此，雇主必須想盡方法建立或調整企業足以吸引人的文化與體質，可使員工有更大的成長與發展空間，鞏固企業的凝聚力與向心力，也是意外收穫。

戰爭只有藉口沒有理由

二〇〇五年七月八日，英國倫敦遭受恐怖攻擊，發生三處地鐵車站及一部雙層巴士連環爆炸，造成近四十人死亡及數百人受傷，確實人數持續統計中，舉世震驚。媒體形容，連環爆炸發生後，傷者鮮血四濺，哭喊聲不絕於耳，數千人在倫敦街頭蹣跚而行；救護車與消防車警笛大作，衝往發生爆炸的出事地點，而緊急救難人員火速推著傷者，送到鄰近醫院急救。全市已籠罩在恐怖與哀傷的氣氛當中。

在倫敦大眾運輸發生連環爆炸時，G八高峰會議正在蘇格蘭集會，各國領導人也發表集體聲明，一致嚴厲譴責這種野蠻的攻擊行動。而英國首相布萊爾並兼程趕回倫敦，表示不畏懼恐怖主義威脅，仍堅持反恐立場，高峰會議也將繼續進行。

有人類就有戰爭，無論蠻荒或文明。歷史上，人類相互爭戰不休，不論爭戰原因為何，最後的結局只有殘酷與犧牲。所謂「世界和平」，事實上僅是一句口號或理想罷了，放眼望去，只有為「戰爭」而「戰爭」，沒有為「和平」而「和平」，說得更直接了當，即使為和平原因也可以發動戰爭，甚至美其名為「聖戰」。所以，任何理由的戰爭都是自私的，任何戰爭的理由都是藉口的，而且任何的藉口都是一派謊言。

恢復「台泰勞工會議」

二〇〇五年七月十九日，在獲得泰國方面的承諾與禮遇的氣氛下，勞委會陳菊主任委員日前率領職業訓練局郭芳煜局長、林三貴副局長及相關人員前往清邁，出席「第九屆台泰勞工會議」，返國後隨即宣布自即日起解除泰勞「軟性凍結」，全面恢復審核時效，結束過去因為泰國政府一連串的不友善態度（譬如刁難陳菊主任委員的簽證問題），而由我政府主動從去年底開始，單方採取「延遲核准」泰勞申請案所加之反制措施，可說贏回尊嚴也贏回面子與裏子，事件在找到台階後歡喜收場。

台灣是泰勞最大的輸出國，截至五月底在台工作的泰勞人數約有九五〇一三人，其次為越南的九二六二五，再其次為菲律賓的九二四三九人，至於印尼則僅有一九六〇五人。

根據報導，台泰雙方在會議中達成共識：我方將適時運用「指定國別」和「數額管控」機制，引進所需泰勞；研擬簡化相關作業流程，加強推廣雇主直接聘用引進泰勞；我方將辦理仲介評鑑機制，查察仲介收費問題。事實上，將外籍勞工引進作為外交談判籌碼，有利也有弊，見仁也見智。但在採取高姿態的背後，必須有足夠的優勢，當不具予取予求實力的時候就沒有資格撐場面、談高調，否則將兩敗俱傷，得不償失。尊嚴的維護，往往需要付出許許多多看不見的代價。

政務官與事務官絕非「井水」與「河水」

二〇〇五年八月十六日，人事行政局推動績效獎金及績效管理計畫，目的在於提高為民服務及施政品質，於上午由劉坤億、陳榮順等人率團前來訪查實際運作情形，除另安排相關業務人員予以簡報、座談之外，並先在辦公室接見及交換意見。

日前桃園缺水事件，引發行政主管部門誰該負責的話題，被點名的包括經濟部長何美玥、水利署長陳伸賢、自來水公司董事長李文良，而行政院長謝長廷也意有所指的表示，將了解次長在事件中需否負責，以致被媒體解讀為對常次尹啟銘的不滿。尹啟銘則坦然的表示：當公務員是良心事業，文官也應該要勇於負責，但應該要讓文官清楚地知道要負什麼職責與缺失、違反什麼規定。他並強調，文官養成需要幾十年時間，國家社會應珍惜文官體系，不應以政治考量來犧牲文官。

事情的演變，桃園缺水事件的懲處名單在翌日出爐，被點名的經濟部長何美玥留任、水利署長陳伸賢留任、自來水公司董事長李文良請辭照准，至於常務次長尹啟銘則遭調職處分。尹啟銘「被調職」

的理由，謝揆說是「經濟部需要一位懂水利的次長」。據悉，尹啟銘次長亦兼任水資源協調會報副召集人、水資源審查委員會召集人。對於尹啟銘次長在缺水事件落幕後成為最需要負責的人，並且遭受調職處分，恐非一般人所預期，因此在媒體也有不同的評論，甚至有認為政治色彩才是考量的因素。不過無論如何，一位高級文官就這樣折損掉了，總是一件遺憾事！

其實，政務官與事務官任用程序與資格有別，各司其事，各盡其職，同樣是吃公家飯、做公家事，絕非「井水」與「河水」的不同，分際不易，如何「苛」責！

高雄捷運泰勞暴動事件

二〇〇五年八月二十九日，眾所矚目的高雄捷運公司外勞抗爭事件，發酵多日，引爆開來。有媒體指出，外勞不是問題，真正的問題是我們自己把外勞當作勞動力和商品，而不把他們當作和我們一樣擁有平等的勞動人權，即使出自善心，想要幫助他們，也是站在具有種族優越感的施捨者地位，而不是平等的互相尊重的個人。

這次泰勞事件引發政治效應餘波盪漾，傳有多位立委及政壇人士介入仲介抽佣等弊情，不過都遭堅決否認，並稱「若有此事，立刻退出政壇」。行政院長謝長廷表示，如果有證據，一定嚴辦。檢察總長吳英昭則指出，泰勞暴動事件，內情似不單純，外勞仲介事宜有無官商勾結、非法抽佣、中飽私囊等涉及不法暴利，都要深入調查到水落石出，以保障外勞人權及維護我國國際形象。此外，華磐管理公司管理外勞不當，有無涉及凌虐及剋扣薪資等不法事證，也將一併深入蒐證。

高雄捷運泰勞暴動事件意外波及陳菊與陳其邁的高雄市長選舉提名心結。陳菊指出，處理高雄捷運泰勞抗爭事件，是基於維護勞工人權，與選不選高雄市長完全無關；而高雄市代理市長陳其邁則表示，同志永遠是同志，外界不應在政治問題上做過多無謂的揣測與沒有事實根據的聯想。就整個高雄捷運泰勞暴動事件的發展，不但引起泰國政府的重視，並以實際行動指派多位官員抵台訪察探視泰國勞工，而且也引起呂秀蓮副總統與阿扁總統對人權的極度關切。呂秀蓮副總統直言事件使台灣人權蒙羞，阿扁總統則下令檢調徹查，待有結果後，進行後續處理。

就勞工行政主管機關立場，陳菊主任委員在接受電視專訪時指出，高雄捷運泰勞抗爭暴動，她有監督不周責任，會向行政院長自請處分，若社會要她負責下台，她也會「歡喜擔當」。事實上，陳菊主委在週三主管會報即已語重心長的作了指示，她說：「這次高雄捷運泰勞事件清楚暴露外勞人權問題的嚴重性，我們一向認為人權是不分國界不分族群的，台灣引進外勞補充基層勞動力不足，政府有責任給予外勞同樣的人權基本保障，五年來我們不斷將這樣觀念落實在法制及政策改革，這次事件顯示，我們在執行監督上做得不夠，外勞管理制度依然有非常大的檢討及改進空間。

她也說，外勞受到被剝削、非人道待遇已讓台灣人權形象受到非常大的傷害，請職訓局立即與各縣市政府外勞查察員，針對進用外勞一百人以上之事業單位，展開全面外勞生活管理、安全衛生及勞動條件檢查，如發現違法，立即重罰，絕不寬貸。至於媒體報導有立委介入仲介業務的傳言，並請職訓局針對重大工程外勞審查流程舉行記者會，明確將外勞審查程序及標準對外說明。公務員依法行政是本分，政治壓力由本人承擔，同仁積極任事，不必畏懼外界壓力。」這就是她的說明和堅持。

陳菊為高捷泰勞事件請辭

二〇〇五年九月五日，針對高雄捷運泰勞抗爭事件，行政院勞工委員會陳菊主任委員於下午記者會宣布堅辭消息，並以「檢驗理想・承擔責任」為聲明主軸，強調深切反省後，自責讓台灣蒙羞，辭職以示負責，單純地回到民主政治責任原點。陳菊哽咽地述說她投入民主運動的心路歷程，她說台灣人民已用三十餘年的時間檢驗她「不是一個複雜的人」，外界不需要以無謂的動機來揣測或看待其決定，她只是基於責任政治的理念，以及自我要求的人權標準來對待自己。她也再度向國人及所有勞動者致歉，她說：「擔任政務官，不應該只是自責，重要的是必須負責」。她認為應該以最謙虛的態度完全承擔責任，以重建人民對於政府的信心。

陳菊指出，人權信仰始終是其生命核心價值，在其擔任行政院勞工委員會主任委員近兩千多個日子以來，無時不希望透過法令及制度改革，提升台灣勞動人權；身為勞動者的最後依靠，看到高雄捷運的外勞遭剝削與傷害，重創人權價值，讓她感到痛苦與不安，痛切反省，深刻自責。針對外界指說陳菊請辭在於逃避泰國外勞事件之責任，她強調「願接受任何形式的調查」；對於日前接受媒體訪問提及的有力人士說法，她希望外界「勿過度扭曲其談話內容」；至於所謂志在高雄市長選舉，她嚴肅的表明「這個時候，如果還想著選舉，那是一件可恥的事」。

在記者會上，賴勁麟副主任委員、史哲總經理及處長級主管多人都到場打氣，立委盧天麟等人聲援，但侯彩鳳則帶著工會幹部前來「插花」，使記者會匆匆結束。

二〇〇五年九月六日，我與行政院青年輔導委員會鄭麗君主委等，陪同謝長廷院長赴新竹科學園區力晶半導體公司訪視「青年職場體驗計畫」見習青年及參觀工廠。針對行政院勞工委員會主任委員陳菊及高雄市代理市長陳其邁相繼請辭，行政院長謝長廷在參加「青年職場體驗計畫」之後，應媒體要求表示，兩個請辭案都要等政務委員許志雄的調查報告出爐後再做決定。他並再次舉兩個佣人的例子，做事多的人常受批判打壓，以致士氣低落，不做事的人反而平安好過，且有較多時間數落他人是非。他說，這種「多做多錯，少做少錯」的觀念是不對的。他拜託記者不要遇事刺激，就好比瓶水經搖晃出現混濁，何不靜靜等它沉澱才能自清？他並強調曾有多次在行政院會讚揚陳菊，而且陳菊都已經說此時談選舉是「可恥的」。

行政院發言人卓榮泰表示，謝長廷院長希望兩位首長都能夠留任，而對於兩人的辭呈，謝長廷院長絕對不會以選舉的考量做為准否的依據。卓榮泰說，陳其邁請辭的原因，部分是跟其父親陳哲男蒙受冤屈有關，但這不是謝長廷考慮的範圍；而對於陳菊的部分，謝長廷已強力慰留，但看了陳菊的記者會感到似乎辭意甚堅。

我在中午返回辦公室的時候，與陳菊主委曾有短暫交談的機會，對她去留的決定表示關心，但無暇細說真正的感受，因為真正的感受包含有過去、現在與未來。

二〇〇五年九月九日，中午，行政院勞工委員會主管同仁與陳菊主任委員在馬來亞餐廳聚餐，是由賴勁麟副主任委員具名邀宴，是惜別？是歡送？我感受到，陳菊主任委員勇於任事、勇於負責、歡喜擔當，在此次高雄捷運泰勞抗爭事件，率先表明概括承受一切責任而堅辭，強烈展現政務官的優質風範。可惜原本單純的外勞管理問題，在媒體連續幾天苦心追擊下，演變成複雜的仲介剝削、工程採購、利益輸送、官商勾結的質疑問題，模糊了聚焦，可說始料未及。很多人好像已把陳菊的「歡喜擔當」，以及決意下台所代表的意義，慢慢地給淡忘了。

陳菊主任委員堅辭的決定，不會是別人的獻策或示意，而是個人直覺的反應，我想這樣的反應或許包括：一、行政院勞工委員會畢竟是外籍勞工引進和管理的中央主管機關；二、高雄市政府勞工局和捷運局在第一時間錯失表明負責及滅火的機會；三、不甘被外界持續質疑在高雄市長選舉提名上與現在代理市長陳其邁有心結；四、謝長廷院長在行政院勞工委員會完成調查報告出爐後，再指派許志雄政務委員調查責任，而感到挫折和不被信任；五、擔任現職五年餘，已經歷多位閣揆，為內閣閣員之最，應有思變的苦衷；六、所屬政黨及派系利益的牽扯等。

過點清閒日子有多好

人生如戲，戲如人生，不論「好戲連台」也好，或是「歹戲拖棚」也罷，總是有「曲終人散」的時候。時候到了該走就走，不必太眷戀也不必等「油盡燈熄」。

人生如夢，世事多變，月有陰晴圓缺，人有悲歡離合。有人說，生命中總有挫折，但那不是生命盡頭，只是在提醒你：該轉彎了，不要一味的在原地踏步、繞圈；放手不代表承認失敗，放手只是為自己再找另一條路走，要不然，只會讓你自己一直的陷在痛苦的深淵中。

很久以前看過一篇短文，寫得很好，文辭很美，我很喜歡。內容這樣寫的：「來是偶然，走是必然，天下無不散的筵席，亦無不下台的官兒，更無不死之人；世事紛紜，能早日退休，過點清閒日子有多好。」這些話，道盡人生無奈，讓我感觸頗深。

時候到了，就應該走，形單影隻是寂寞的、冷清的；時候到了，就應該走，不必問為什麼，只希望能夠留給自己有較多的時間，可以更從容的走向人生旅途的終點。

陳菊離職數度哽咽落淚

二〇〇五年九月十三日，謝長廷發布新人事佈局，葉菊蘭代理高雄市長，李應元出長行政院勞工委員會主任委員，卓榮泰調任行政院秘書長，大家好奇，但一般評價不錯。下班的時候，於回家途中接到李應元的電話，除確認他將出任勞委會主委的消息外，並禮貌性就業務作簡短的交換意見。

二〇〇五年九月十四日，參加行政院第二九五七次會議，會後至李應元秘書長辦公室討論交接事宜，以及今後施政的主軸和重要工作計畫的推動。而後一同返回參加陳菊主任委員的歡送會。歡送會也是惜別會，陳菊數度哽咽落淚，她說，這是她最不願意見到但又無可避免的一天，身為捍衛勞工尊嚴的守護者，面對外籍勞工人權事件，如果不離開，會讓她堅持的核心價值受到挑戰。她又說，離開勞委會是一個很痛苦的決定，也萬分不捨同甘共苦二千二百多個日子的工作夥伴，但政務官上台就有下台的一天，她謙虛的表示，過去她「只會工作與坐牢」，但在未來希望能夠發展其他專長。

李應元應邀致詞：菊姐一手推動的勞動三法、勞退新制等，績效卓著，只能用無限的感動、感謝來表達心中的敬意。未來將跟隨菊姐的腳步，繼續擴大、延續。陳菊則回應表示：李應元是「我的兄弟、多年好友」，相信會「做得比我好」，但仍有許多事情不放心，因此要「託孤」，向李應元請託盼其持續執行多元就業開發方案，給予弱勢、原住民、身心障礙者、特殊境遇者工作機會，優先照顧。隨後，陳菊主任委員在賴勁麟副主任委員及主委辦公室同仁的陪伴下，逐樓層與同事們話別，離情依依，有眼淚，有歌聲，也有加油聲，並在廣場攝影留念後，滿載祝福離去。我不清楚陳菊離職的原因，但我很清楚「認真的女人最美麗」。

今天也是結婚三十八週年紀念，粘麗娟送來三十八顆金沙巧克力，並得到喜來登大飯店安東廳精緻法國料理之回報。

二〇〇五年九月十五日，陳菊主委即將離開行政院勞工委員會，身邊機要與秘書人員包括：許立明、曾姿雯、楊琇雁、王端仁、洪志坤、簡煥宗、蔡政典、楊繡瑜等人，以及主任秘書賀端蕃都將「同進退」。長久相處，同事一場，難免低壓籠罩。

晚上，李應元邀約至長安東路「基隆海鮮和式料理」晚餐，他即將成為未來的老闆，彼此也就未來工作重點與方向，交換意見，他也提及當年有意參選台北縣長，所以對尤清主持下的縣政及施政績效，費了不少時間研究及瞭解。晚餐當時，另有蘇金鳳、王錫河參加。

李應元接掌行政院勞工委員會

二〇〇五年九月十九日，上午，參加行政院新舊任秘書長交接典禮，原任秘書長李應元轉任行政院勞工委員會主任委員並兼任政務委員，新任秘書長卓榮泰則由行政院政務委員兼發言人轉任。李應元著原住民服裝，象徵他就任後要優先解決原住民失業問題。對於外勞事件導致兩人職務異動，李應元自嘲說，「每次來行政院是意外，離開也是意外」；卓榮泰也語帶幽默說，他怎麼想也想不到泰勞事件會跟他們有關。李應元「虧」卓榮泰會是一位「陽光加月光秘書長」；而卓榮泰「虧」李應元兩度進出行政院，恍如兩場夢，第一場夢是一百五十幾天，第二場是二三一天，他又說「翻開行政院歷史，還從來沒有人做過兩次秘書長的」。

隨後，陪同李應元回到行政院勞工委員會，參加新卸任主任委員交接典禮，典禮由行政院副院長吳榮義監交。卸任主任委員陳菊推崇李應元對台灣的使命感及熱情，並說他也是民進黨刻意栽培的優質政治人物，非常放心把棒子交給他，她也一再強調，能與優秀文官共事是一生非常光榮的事。而新任主任委員李應元則對陳菊極為禮遇和推崇，多次要「菊姐」放心，致詞時並引用陳菊辦公室牆上掛的「勞工是咱永遠的寶貝」，表示自己一直是勞動者，一定會把勞工當寶貝，而且也說「不能讓菊姐白白犧牲」。典禮後，隨即舉行主管會報及介紹。

下午，與職訓局郭芳煜局長陪同李應元搭機來回高雄，訪視高雄捷運岡山外勞管理中心及楠梓捷運工地，高雄縣長楊秋興及立法委員侯彩鳳亦到場關心，一同參觀餐廳、宿舍、衛浴間與育樂室等，實地了解外勞生活環境，並聽取高雄捷運公司簡報目前外勞管理改善情形，象徵「從那裡跌倒，就從那裡站起來」。李應元面對媒體並作宣示，會把「全面檢討外勞政策」當作最優先推動重點，將就外勞引進質量問題、看護外勞與產業外勞政策以及仲介制度等提出具體檢討方案，並將在就業服務法中增列「外勞管理」專章，以強化外勞工作權益與生活管理。

李應元於參訪高雄捷運岡山外勞管理中心後鄭重表示，高雄捷運泰勞抗暴事件是偶發事件、是單獨事件、是孤立事件，希望大家共同見證外勞生活的改善，也讓全世界都知道台灣是人權進步的國家。事實上，台灣不但是人權進步的國家，而且也以「人權立國」自許，並以享有充分的「自由」、「民主」體制而感到自豪。

李應元是「全方位」人才

李應元主任委員就任後，隨即親自主持主管會報，由各業務單位簡報主要業務、經費預算及重要計畫之推動情形，並由我陪同至各處局分別聽取勞動條件處、勞資關係處、勞工保險局、勞保基金監理委員會、職業訓練局、勞工福利處和勞工保險處之業務報告及認識同仁。而且安排每週一召開「早餐會報」，就一週以來重要業務推展情形以及輿情反映，提出檢討與回應，掌握媒體動向並收集思廣益之效，他對勞工事務很快進入狀況。

李應元具熱情與活力，做事積極，步調快，目標明確，為人圓融，善溝通，身段柔軟。他有群眾運動的魅力，也有行政管理的專長，在政黨輪替後，於現今執政團隊裡面，是一位不可多得的「全方位」人才。

李應元指示，為因應勞資關係多元化發展，應重新研擬勞動三法（即工會法、團體協約法及勞資爭議處理法）之修正，朝向工會組織自由化、會務自主化、發展多元化等方向規劃，建立誠信協商機制及多元化勞資爭議處理管道，以因應產業變遷之多元化勞資關係制度。另外，也將持續進行「勞動權入憲」工作，將勞動權納入憲法基本權利。

除此之外，為回應之前全面檢討外籍勞工政策之宣示，我則建議成立研商「外勞政策」工作小組，進行檢討及法規研修作業，包括：人權、法制、就業服務、外勞管理之主管或相關人員，並由我主持工作小組會議。

現行外籍勞工政策之檢討，其重要參考依據，包括：「高雄捷運公司泰勞人權查察專案小組調查報告」及其他國外立法例、相關判例、評論、人權團體意見、學者專家看法等；而檢討項目，例如：仲介評鑑與認證、受僱條件、僱用資格、工作範圍及工作證之核發、逃逸防止、基本工資、雇主轉換、就服角色以及檢查機制等。至於工作小組運作以定期、不定期密集集會，如涉及法規修正事宜，另須依法定程序辦理。

參加「金展獎」頒獎及致詞

二〇〇五年十月六日，搭機來回高雄。「金展獎」是由行政院勞工委員會規劃辦理，是為了鼓勵進用身心障礙者績優機關與機構而設的獎項，主要目的乃是希望藉以得到國人對身心障礙朋友就業能力的肯定與認同。

身心障礙朋友在就業市場是屬於弱勢的一群，與一般人比較，就業率偏低，失業率偏高，尤其在求職的過程中，容易受到較多的挫折，而在就職期間更容易遭遇許許多多的不方便和困難，這些都是值得我們正視和關心的課題。事實上，身心障礙者與一般人有相同的聰明才華，有同樣的工作能力和工作意願，只因為生來身體上的缺陷，而不善表達其才能，或因而失去了工作機會，這是非常的不公平。

我說，人類生而平等，如何排除身心障礙者的就業障礙，是政府的責任，也是整體社會的責任。我們很高興看到這樣的努力，已經得到很多企業的迴響與共鳴，畢竟「缺陷美也是美」；畢竟我們已從進步的社會，慢慢地走向成熟、健康的社會。

以往「金展獎」皆集中於台北辦理，為擴大參與，從今年開始改分區辦理。今天在高雄市中正文化中心舉行的是今年第一場的頒獎典禮，有來自高屏澎東區共計三十三個單位得獎，其中僱用身心障礙人數最多的是吉聯企業股份有限公司六十三人；至於占總員工人數百分比最高者為「財團法人屏東基督教勝利之家」的四十二・四七%。今天的現場活動，還有身心障礙者就業博覽會，以及身心障礙社團展示會與才藝表演、庇護性就業產品促銷等，而前來登記求職和參觀民眾甚多，衷心祝福身心障礙朋友都能夠在現場找到適合自己的工作，不僅是只為工作，也為追尋夢想。

國際勞動暨社會安全學會亞洲區會議

二〇〇五年十月十四日，主持「國際勞動暨社會安全法學會第八屆亞洲區大會」工作會議。是項會議由中華民國勞資關係協進會主辦，並由行政院勞工委員會贊助經費。大會將於十一月一－三日在台北舉行，邀請國內外兩百餘人與會。研討主要議題，包括：勞動市場的婦女參與－邁向二十一世紀就業上性別平等的目標，包括性別歧視、家庭生活與工作生活之平衡等；經濟重組的動力與勞工權利的保護，包括法制之角色、團結權等；老年保障與退休金制度的亞洲經驗，包括雇主與政府之責任、福利服務與福利給付等。另外，圓桌會議主題──「全球化對於工作模式與勞動關係之衝擊」。

至於特別會議則將討論：一、勞動市場的婦女參與及就業上性別歧視的預防。二、亞洲勞資關係的重組。三、老年化、非典型工作與勞工運動：二十一世紀社會安全法的挑戰。四、勞工權利的保護：趨同或分歧？

二〇〇五年十一月一日，上午，陪同李應元主任委員參加「國際勞動暨社會安全法學會第八屆亞洲區會議」開幕典禮，會議在環亞台北假日大飯店舉行，大會並邀請阿扁總統蒞會致詞。他表示，沒有社會正義就沒有永久和平，強調台灣不僅要追求政治民主化及經濟自由化，更希望能落實勞動人權與社會人權，追求社會正義與真正和平。他說，未來希望將勞動三權納入憲法，使團結權、協商權和爭議權等基本人權受到憲法位階保障。有關外籍勞工與人權方面，阿扁總統強調，人權是普世價值，提升人權保障是政府責無旁貸的施政目標之一，我們必須自省實踐的不足，但也不能抹殺政府改善外籍勞工人權的努力，像是落實勞保、健保及基本工資等勞動基準，都是外勞在台灣和國內勞工享有同等權利的具體作為。

阿扁總統又說，目前台灣有三十餘萬名外勞，對台灣的經濟發展貢獻良多，我們應心存感謝，也願意藉此機會表達與國際組織及亞洲其他國家就移民勞工議題加強合作及對話的期望，讓台灣與國際攜手共同推動移民勞工的人權保障。阿扁總統接著又說，台灣雖然還不是國際勞工組織的會員，但是多年來，台灣一直努力將國際勞工公約的精神及內容納入法律中，包括通過兩性工作平等法，導正職場性別歧視，修訂企業併購法，增列保護勞工權利的規定等，十分重視勞動權利的保護。

第一屆美髮美容技能競賽頒獎

二〇〇五年十月二十日，應邀參加「中華民國第一屆全國精英盃美髮美容技能競賽」頒獎及致詞。是項競賽是由「中華民國髮藝美容造型技術指導員職業工會全國聯合會」舉辦，藉由競賽活動提升美髮美容技能水準。

我說，近年來隨著生活水準的提高，國內美髮、美容業發展蓬勃，而政府已充分注意到這個領域人才培訓的重要性，因而建立國家技術士證照制度。據統計，截至本年九月底止，女子美髮技術士發證數已達十六萬一六三八張，而美容技術士發證數更高達十七萬四八三八張，成績相當斐然。

事實上，推動技能競賽和技能檢定乃是政府的重要施政目標，也得到廣大的迴響與肯定。在美髮美容職類方面，本會希望配合時代的變遷及科技的腳步，真正落實職業證照制度，帶動國內美髮美容業整體發展，並積極建立技術人才國際交流平台，增進國際合作交流管道。

隨著知識經濟，全球化時代的來臨，各項新技術已跨越外交藩籬，不再以國界為限，因此未來技能檢定，本會除了積極建立技術人才國際交流平台、增進國際合作交流管道外，將朝以下方向努力：一、積極推動證照相互承認機制，簽署相互認可文件。二、藉國際研討會相互參訪機會對檢定規準（法令規章、規範標準、職類項目、證照等級）交換意見取得共識，建立交流平台。三、就相互採認項目、依國內產業需求揉合當地相關規範，因地制宜共同修訂技能標準。四、透過網際網路蒐集技能標準意見。五、成立技能檢定中心服務各產業。六、以民間力量推動結盟。

很高興看到國內人民團體致力於提升國內美髮美容產業，政府亦將廣納各界建議及現存缺失，鍥而不捨地改進與創新，以建立技術士證的公信力。至於「如何保有競爭力」，乃是大家迎向未來非常重要的課題，在此也希望各位回到學校及工作崗位後，能夠策勵自己不斷學習，保持個人競爭優勢，勉勵週遭伙伴一起努力打拼。今天是第一屆全國精英盃美髮美容技能競賽，有第一屆就有第二屆，有第二屆就有第三屆，但願今後能夠持續舉辦，而所有參加第一屆競賽的人，可以說都是站在歷史的起點，非常值得驕傲。所以，凡參加競賽的無論得獎與否，都已經歷了一次難得的經驗和體認，相信對技能的增進和人生的成長，應該有很大的幫助。

「三K產業」開放引進外籍勞工

二〇〇五年十月二十一日，主持研議「製造業三K產業特定製程開放引進外籍勞工」座談會，邀請全國總工會及全國聯合總會等勞工團體參加，希望協助產業找到所需要的勞工。會後與趙銘圓、梁允全、陳榮祿等在「良芳川菜客家菜餐廳」餐敘。

座談之前先有兩點共識：其一是，所謂總量管制，總量不是定量，只是一種動態概念；其二是，降低勞動成本並非引進外勞的唯一考量。座談過程中，有以下的疑問或疑慮，包括：三K？界定？人權？種族歧視？缺工人數？本勞優先？查核機制？製程人數比例限制？以及產業總人數比例限制？和落實勞動法規則無三K產業？等之問題。

所稱「三K產業」，源自日本，指骯髒（kitanai）、辛苦（kitsui）、危險（kiken）的產業；英文稱「三D產業」為骯髒（dirty）、辛苦（difficult）、危險（dangerous）的縮寫。其實，就我國勞工法規的規範，應指高污染、高危險及重體力之作業而言。

第三十五屆全國技能競賽頒獎

二〇〇五年十月二十四日，在職業訓練局台南職業訓練中心，主持第七十五次技能競賽委員會及第三五屆全國技能競賽頒獎與閉幕典禮。本屆全國技能競賽共計四十二職類五百九十八位選手報名參加，是由北、中、南初賽選出前五名及全國中等學校技藝競賽前三名，再參加本次全國競賽，分別擇優選拔各職類第一、二、三名的優勝選手。

我說，第三十五屆全國技能競賽，自十月十九日正式展開，經過三天激烈的競賽後，今天舉行頒獎暨閉幕典禮，競賽期間每位選手都能全心全力的投入，遵守競賽規則，也遵從裁判指導，締造個人卓越的成績，這是非常可喜的現象，不論獲獎與否，這種考驗與體認對人生的成長有很大的幫助。然而科技進步日新月異，不求進步就會被淘汰，希望大家都能不斷求新求精，建設我國成為綠色矽島而努力。

我國自民國五十七年舉辦全國技能競賽以來，一直受到青年朋友、各級學校、職訓中心及企業界的大力支持，使得競賽規模一年比一年擴大，競賽內涵一屆比一屆充實。同時也從當年開始，首度透過全國技能競賽選拔選手參加國際技能競賽，歷屆在國際技能競賽舞台表現相當優異，成績均名列參賽國前茅，而受到重視。舉辦技能競賽的目的，是希望喚起社會大眾對技能及技術的重視，同時也是驗收職業教育與職業訓練的成果，並不是在培養技能明星，而是藉由競賽的學習，提升選手個人技術水準，激勵職業教育及職業訓練，誘導更多優秀青年學習技術的行列，培養多樣化、具高水準的技術人力，加強國家在知識領域的國際競爭力。

本屆全國技能競賽，承蒙致遠管理學院、私立新榮高級中學、國立台南大學附屬高中及國立台南高級工業職業學校等相關單位鼎力協助，還有諸多熱心廠商的贊助、專家的參與、本會職業訓練局台南職業訓練中心同仁的奉獻，以及各媒體的熱心報導，使競賽得以順利圓滿完成，也藉此機會，再度表示衷心的感謝之意。

「高雄捷運弊案」傳訊「嫌疑人」

二〇〇五年十月三十一日，參加早餐會報，就「高雄捷運弊案」傳訊勞委會相關人員最新發展情形，交換意見。會後，參加行政院大陸委員會第一六三次委員會議。

今天勞委會籠罩著低氣壓，有不尋常的氛圍。據瞭解，檢調偵辦高雄捷運弊案，以所謂「嫌疑人」身分，傳訊前主任委員陳菊、前主任秘書賀端蕃、職訓局長郭芳煜、前副局長陳益民等人，釐清高捷引進泰勞政策由禁用到解凍的轉折，有無「圖利」或所謂「有力人士」的介入。在之前，也以同一身分和事由傳訊前副主任委員郭吉仁、職訓副局長孫碧霞、主任秘書王幼玲、外勞作業組副組長劉興台、承辦人員洪一男、林祐生等人，後三人於訊後並責付交保或被限制住居。

所謂「高雄捷運弊案」，多少可以感覺到政治角力和媒體炒作的詭譎氣氛，其實在這種情形下，是不是成「弊」，值得懷疑，也言之過早。而檢調看報辦案，不假思索，以「大動作」傳訊一干「嫌疑人」，聽說是從公文找「兇手」，只要名字出現在公文上，所有承辦、核稿和決行的人，一律列為「嫌疑人」傳來訊問，便宜了真正的壞人，忽視了好人的尊嚴和名譽，讓做事的人受挫折，真的公僕難為。

後來在第二天媒體也大篇幅報導：高雄檢調專案小組偵辦高雄捷運弊案，以他字案的嫌疑人身分傳喚前主任委員陳菊等人。陳菊於上午九點四十分左右抵達法務部調查局高雄市調查處，接受訊問，直至晚間九點五十分經檢察官複訊後飭回，時間長達十二小時。

陳菊抵達高雄市調查處時接受媒體訪問，強調將全力配合檢調偵訊，還原事實真相。陳菊表示是以「關係人」到案，她說：「如果我是嫌疑人，這個世間還有什麼公道？」至於所謂「有力人士」之說，她則表示乃是當時接受訪問時，三立電視「大話新聞」主持人鄭弘儀連續三次質問是否有「有力人士」，她附和主持人的推測，這樣的說法，她事後認為，身為政務官，確實不夠周延，她已向檢調還原實錄，說明並沒有所謂「有力人士」。

根據報導，針對高捷引進泰勞問題，陳菊指出九十年五月十日公告停止重大工程引進外勞後，清楚規定凍結引進是適用於領標或簽約時間在九十年五月十六日之後的公共工程，高鐵、高捷、海生館等BOT案均未在公告之內，本來就不在限制範圍，絕無所謂政策轉彎的狀況。而引進人數須依投資金額透過程式計算，按程序先辦理國內招工，招工不足時，再申請引進外勞，一切都是公開、透明，最重要是合法。至於雇主要直接引進或是委託仲介，是雇主的選擇，也是雇主的權利。

「高雄捷運泰勞事件」餘波蕩漾

二〇〇五年十一月二日，行政院勞工委員會前主任委員陳菊，在立法委員賴清德、盧天麟、王榮璋及律師劉志鵬、林世華的陪同下，召開「用生命捍衛人格」記者會，對高雄市調處調查高捷泰勞案過程中，任意放話，誤導媒體，強調以生命捍衛尊嚴。前副主任委員郭吉仁、前主任秘書賀端蕃及職訓局郭芳煜局長等人也出席記者會。

陳菊強調，沒有什麼比清白更重要。她說，她因高捷泰勞抗爭事件，為負起完全政治責任而辭職，並坦然配合檢調辦案，但調查局高雄市調查處卻對媒體選擇性爆料、誤導式的對媒體釋放訊息，對市調處公然違法洩密、違反偵查不公開的原則，表達強烈不滿與抗議。而同屬陳菊民主進步黨的新潮流系，亦予聲援力挺。

陳菊激動地表示，過去她以生命捍衛人權，沒想到現在居然還要用生命捍衛人格與尊嚴。她說，如果這是公道社會，就不會允許這樣污辱和遭受如此踐踏。事情是就是，非就非，指控的人證據何在？為了人格清白，她絕不沉默，絕不屈服。

高雄捷運泰勞事件，職業訓練局從承辦人到局長有十餘人被調查局高雄市調處傳訊，媒體報導將函送檢方偵辦，消息傳來，嚴重打擊局內同仁士氣，不少人情緒崩潰，大嘆「公僕難為」。李應元主委為此率主管攜帶蛋糕前往外勞作業組慰勞打氣，齊唱「伊是咱的寶貝」，並以「信・望・愛」相互勉勵。郭芳煜局長、蔡孟良副組長頗為激動和感傷，而部分同仁也當場落淚，表示不公平，已無心承辦手邊的工作。外勞作業組長廖為仁於事件發生後，對此事有監督不周的行政疏失相當自責，他已調任北區職訓中心主任，調職前發信勉勵同事，並無奈的表示：「政治的操弄與媒體的推波助瀾，遠超過單純的你我所想像。」同仁皆感不捨。

「外勞政策」工作小組完成報告

二〇〇五年十一月十七日，完成並提出研商「外勞政策」工作小組報告，作為決策之參考。按外籍勞工的引進有其歷史背景和社會經濟的因素，惟自始並未改變「補充性」的初衷與原則。在以往引進外勞乃偏重於採取防堵政策，因為深怕搶走國人就業機會，而現在引進外勞則應作積極思維，期能同時創造更多本國勞工就業機會。所以，引進外籍勞工，無論產業外勞或家庭看護工或幫傭，對發展或振興產業，以及促進或穩定就業，皆有其正面意義和功能，但也隨之衍生不同衝擊及問題，致必須建立相關管理機制，配合社經需要作適當而合理的質量管制與規範。

外籍勞工的引進不以降低勞動成本作為唯一的考量，乃係以解決實質缺工問題為主要目的。而外籍勞工的引進，因為其間牽涉到複雜的人的問題、產業的問題、社會的問題，不能完全交給市場決定，需要政府權力的公平介入與主導。此外，外籍勞工不是奴工，雇主應以人權、友善、關懷的態度相對待；而外籍勞工應有的基本權益、工作權益、生活權益則必須受到保障，不得以任何理由加予剝奪。

外勞政策與供需、結構、環境互為影響。鑑於近年來由於國內人口高齡化、就業市場轉變，為配合社會經濟急遽變遷，以及回應高雄捷運事件所凸顯外勞整體管理問題，經就較具爭議性的外勞政策議題，包括巴氏量表改善、外勞總量管制、外勞薪資與基本工資、特定辛苦製程產業與外籍勞工等等多項爭議之議題，深入再予探討，廣徵意見，並獲有結論。本案初擬研商結論，或可提供作為今後有關外勞事務決策以及擬就「外籍勞工政策白皮書」之參考。惟任何政策的轉變，不論體系的建立或作業流程的改變，關係深遠，均應經詳實評估階段，始能臻於完善。

全面檢討外勞政策是李應元主任委員在今年九月十九日就任當天所作宣示的一項施政重點工作，如果新官上任都有三把火的話，那全面檢討外勞政策應該是三把火中間的一把火。事實上，任何一個制度或法規，如果有不合時宜、窒礙難行、背離民意或不利經濟發展，都必須隨時檢視並提出修正，以符合環境實際需要。

這次外勞政策的檢討，是以組成工作小組的方式進行，匯集專業與經驗，經過密集集會研商，對社會普遍關注議題都已獲初步結論，並提出完整報告供決策參考。

「地區就業」政策學術研討會

二〇〇五年十一月二十九日，參加「二〇〇五地區就業政策國際學術研討會」，並代表致詞。學術研討會在台北國際會議中心舉行，由職業訓練局主辦，約有兩百餘人參加，也另邀請國外專家提供專題報告，包括Ms. Frau Ulrike Gartung（Director of Die Wserkstantt，德國）、島村博博士（日本協同總合研究所主任研究員）、Mr. Alven H. Lam（U.S. Department of Housing and Urban Development）等人。

台灣近幾年來，由於產業轉型及外移，工作機會相對減少，在二〇〇二年失業率更攀升到五・一七%的歷史新高，顯示結構性失業問題嚴重，尤其中高齡失業勞工再就業更是不易。為紓解這樣的現象，在促進就業方面，乃學習歐盟推動第三部門就業計畫的經驗，適時推出「永續就業工程計畫」及「多元就業開發方案」，激發民間團體研提具有地方特色及創意的計畫，促進弱勢失業勞工在地就業。根據統計，政府五年來，結合民間團體推動的四二三〇個計畫，已經創造超過五萬個工作機會。這些計畫，包括文化保存、工藝推廣、照顧服務或環境保護等，對於活化社區發展，改善地方整體居住環境和生活條件以及永續發展，帶來深遠的影響。

多元就業開發方案的特色，在於優先照顧弱勢失業勞工，透過公立就業服務機構的推介，進用人數中有五〇%為中高齡、十五%為原住民族，使原本處於就業市場邊緣的弱勢失業勞工，從領取失業給付或倚賴社會救助，轉變為付出勞力而獲取工作報酬，並能學習再就業技能，重建就業信心，穩定生活，找到家庭經濟的支柱。

多元就業開發方案的執行，雖然已經看到成效，而且也發展出屬於自己獨特的經驗，但「地區就業政策」不單是在地的內部議題，更是在地與國際對話的窗口。今天「二〇〇五地區就業政策國際學術研討會」的籌辦，正是建立一個交流與對話的機會，把台灣推動地區就業政策的做法，能夠與國外經驗接觸。對內而言，國內的專家學者可藉此對多元就業開發方案及相關領域，進行比較深入的研究，以提供我國規劃總體勞工就業政策的重要參考依據，並且得以深化國人對於地區就業政策的認知與了解；而對外來說，藉由相互瞭解和比較國內外不同的執行方法及成效，增進彼此的交流與認識，建立跨國合作網絡，進而分享資源、分享經驗，以協力發展區域經濟，並讓「地區就業」可以跨越國界，相互觀摩，截長補短，從而把視野放遠也放大，也是這次地區就業政策國際學術研討會的目的和意義。

選舉打亂了步調

二〇〇五年十二月十八日，星期假日，中午邀請李應元伉儷、蘇金鳳主任、陳財能夫婦、陳鴻達專門委員、張健臻秘書到汐止住家餐敘，雖非美食佳餚，僅是家常便飯，但誠意十足，賓客盡歡。晚上，陪同饒裕益與詹錦川畫家至「香港．香港」港式餐廳晚餐。詹錦川係龍潭人，年屆八十，身體硬朗，不忘創作，令人敬佩。

二〇〇五年十二月十九日，在「三合一」選舉之後，這幾天政壇依然熱鬧。阿扁總統對呂副總統辭民主進步黨代理黨主席的聲明與動作，表明「不堪其擾」，最後呂副總統接受續留任代理黨主席的職務，並聲明不會參與黨主席的競選；而游錫堃則辭總統府秘書長積極投入民主進步黨主席的選舉；另外，傳聞內閣即將改組，阿扁總統將找立法院長王金平組閣，而行政院勞工委員會前後任主任委員陳菊與李應元皆有意參選高雄市長的消息。

二〇〇五年十二月二十日，今天是縣市長當選人就職交接，許多縣市出現政黨輪替的現象，以致多位機要及主管隨同首長進退而失業，必須重新覓職就業，並調整生活步調與作息，深刻體會上台下台的滋味感受。台北縣在民主進步黨執政十六年後再度政黨輪替，又回到中國國民黨主政，縣政府人事自然會有所變動，聽聞若干同事已相繼去職，勞工局曹愛蘭局長亦是其中之一，她很抱不平，不禁要問：

「為什麼在縣政工作上已經盡心盡力做得那麼多、那麼好、那麼有績效，而且受到應有的肯定，但最終還是要被輪替，真不知道台灣人民真正需要的是什麼？」

新型流行性感冒B、C級兵棋推演

二〇〇五年十二月二十七日，上午參加行政院衛生署疾病管制局國家衛生指揮中心新型流行性感冒B、C級兵棋推演，代表勞委會根據劇本「照表操課」，提報不同級疫情應有因應策略與防疫措施。是由吳榮義副院長主持，李應元政務委員擔任指揮官。

因應新型流行性感冒B、C級疫情，必要準備措施包括：一、成立工作小組；二、設置〇八〇〇免費諮詢電話；三、提供高風險職場勞工正確防護措施及因應策略；四、加強各項緊急應變教育訓練；五、建立口罩性能基本檢測體系；六、建構高生物危害場所通風及硬體防護性能查核能力；七、對受強制隔離勞工發放薪資補償及生活補助；八、要求雇主不得以感染新型流行性感冒或有感染之虞為由，片面終止勞動契約。

下午主持就業安定基金第三十九次委員會議，審議「全國職場二二二減災方案」執行特定辛苦製程產業改善工作環境需增檢查人力及所需相對檢查經費等案。所指「全國職場二二二減災計畫」，乃是期於二年內（二〇〇六至二〇〇七）適用「勞工安全衛生法」事業之職業災害死亡及殘廢百萬人率，較前二年（二〇〇四至二〇〇五）之平均值各減少二〇％。行政院勞工委員會為推動是項計畫，之前曾銜命與傅還然處長拜會相關部會，尋求協助，包括同赴經濟部及農業委員會，先後拜會施顏祥次長與李健全副主任委員。

政府不能帶頭糟蹋古蹟

辦公室搬來大稻埕之後，因上下班經常路經北門，看見坐落延平北路上的一座陳舊古建築，雖未成斷垣殘壁，但乏人維護，破損不堪，幾已廢棄不用，不過從外觀不難想像興建當時的特殊風格，典雅不凡，每次經過都會被它的殘缺美深深吸引住，也對現存文化資產的不被尊重而感到惋惜和憤怒。最近幾次再經北門，看到這座破舊建築已搭建鷹架，似進行修繕工程。我很興奮，期待它風華再現。

根據文獻，位於台北市北門的這一歷盡風霜的老建築，在日本殖氏時代原來是為台灣總督府交通局鐵道部，是於日本大正八年（西元一九一九年）建築完成，台灣光復之後改為鐵路局。它的建築採用英國十八世紀維多利亞時期磚木混合造，形式上承襲自北歐木造建築趣味，屋頂及牆體樑露出木樑柱，並施以雕飾，屬於仿都鐸式半木構造建築，整體來看有磚的雄渾，也有木的細緻，設計者為鐵道部改良課的技師。這座建築與台灣的鐵路交通史息息相關，具有多方面的歷史意義。

至於所稱北門，即指昔日台北府城承恩門，位處台灣總督府交通局鐵道部的斜對角，建築時間更是久遠。據指出，清光緒元年清廷設台北府，然台北府城是於光緒八年（西元一八八二年）始召募粵籍工匠興築，而於光緒十年（西元一八八四年）完工，當時並開闢有五門，北門乃屬其一。北門的外觀不覺雄偉，僅是一封閉式碉堡，牆體為磚塊與石條砌成，內部有兩層牆壁，構造堅固異常，屋架為中國傳統式木構架，雕飾簡潔大方，屋頂採用歇山單簷，燕尾起翹，曲線流暢。而北門城額以石雕成，邊框雕蓮花卷草及花瓶，有平案祥和之象徵，門額題「承恩門」，有朝向北極星或承受皇恩之封建寓意。

在日據時代初期，原有台北城之城垣、城廓及西門都遭搗毀、破壞，僅存北門、東門、南門、小南門，而於台灣光復之後，才陸續整修尚存之舊城門，但很遺憾整修後除北門外，其餘城門大失舊觀，失真的結果也說明了政府帶頭糟蹋古蹟的事實，當時或許出自文化人的良心，唯獨北門幸運地被保留舊時原貌，後人得以追憶先民歷史，嗣後並被指定為國家一級古蹟，真的是實至名歸。

創造更生就業新紀元

二〇〇六年一月十二日，臨時應邀與法務部長施茂林出席「協助微罪、偶發初犯受刑人繳納易科罰金及就業輔導或參加職業訓練」擴大記者會。記者會在法務部一樓中庭舉行，以「創造就業新里程／更生新紀元」為名，而由財團法人台灣更生保護會及財團法人台灣更生保護會台北分會主辦。

此項善心計畫原本出自郭吉仁的構想，乃結合政府及民間資源，提供貸款，以協助受短期自由刑得易科罰金之收容人出獄，並輔導就業或使參加職業訓練，讓微罪、偶發初犯受刑人能夠重拾信心，並重回社會與職場，立意甚佳，獲得不少迴響，我也捐助十萬元，共襄盛舉。

今天是忙碌的一天，也代表參加國家金融安定基金管理委員會第三十八次會議，審議本基金九十四年十二月底收支運用情形、本基金九十四年度釋股辦理情形，以及本基金貸款利率調降與參加轉換台灣中型ETF等案。

傍晚的時候，勞委會全體同仁在士林外雙溪一處農場舉辦尾牙，仍如往年由各業務單位安排節目表演，並由各主管提供獎品摸彩。李應元主任委員是到任後首次參加，他能帶動氣氛，讓晚會熱鬧，也讓大家盡興。

迪化街宛若歷史的長廊

二〇〇六年一月十三日，賴勁麟副主任委員邀請辦公室同仁聚餐，是選在南京東路點水樓餐廳，空間設計典雅，菜餚美味精緻，人人口齒留香。賴勁麟平時話不多，對工作極為投入，學養俱佳，可塑性高，聽說另有生涯規劃，已辭政務副主任委員一職。我常在想，只要年輕就有機會，只要年輕就有希望，只要年輕就有前途。

今年台北年貨大街是在今晚正式開鑼，如同往年有數不盡的攤位齊聚迪化街，各式糖果、食品、南北貨一應俱全，熱鬧滾滾，且闢有年貨專車方便民眾前往購物。大稻埕上的迪化街，早期就是布行、茶行、米行、蔘藥行、南北貨的集散地，往來人多，商業鼎盛，迄今還有許多店家仍保有日本殖民「大正時期」的巴洛克式裝飾建築。至於迪化街是在國民政府接收台灣後得名，走進迪化街宛若走進歷史的長廊，歷經清末、日治、民國，以至於現今，難得的是仍維持應有的景觀和傳統的交易型態。

根據文獻記載，台灣開發是由南至北，由西向東。大稻埕原名奇武卒，乃是屬於平埔族群居住的地方，於清咸豐年間始有來自泉州府的同安縣人輾轉遷入居住，慢慢形成聚落，而霞海城隍廟是當時的信仰中心，後來大稻埕逐漸變成了通商口岸，也成為日後台北市的精華所在。相當幸運，我就站在這歷史命運的交會點。

謝長廷辭卸行政院長

二〇〇六年一月十七日，中午，謝長廷在行政院舉行記者會，宣布辭卸行政院長職務，並於下週一將率內閣總辭。阿扁總統之前在前線勞軍時已先證實閣揆異動消息，稱許謝揆功成身退。

謝長廷表示，感謝總統同意他辭卸行政院長職務，如釋重擔，一夜好眠。他說，他堅持提出總預算覆議案，因為他深信有力量才能共生和解，如今因覆議案未得到支持，堅定他離職的決心；他並說：「我求仁得仁，無憂無喜，無失也無懼」。謝長廷辭職的真正原因不得而知，但他看似有些不爽，他以「堅持理念，分擔責任」為題的辭職聲明，強調擔任閣揆不到一年，感覺與人民距離非常大，表示不接受任何職務安排，希望再走回民間，從事文化工作，包括寫作等。他也表示－「人生充滿無限的可能」。

二〇〇六年一月十九日，李應元與謝長庭「比較接近」，他在新年記者會時表示，雖然內閣總辭在即，但是內閣總辭屬於憲政體制正常運作，一切依制度進行，他個人每分鐘都活在當下，並自喻為「做工的人」，一切秉持平常心，至於職務是否異動，他個人則尚未收到訊息。在之前我曾告訴他，如果他離開主任委員職務，我也將同時求去。我說，蘇貞昌接任閣揆大勢底定，但非「順理成章」，只能說－「形勢比人強」。

內閣改組蘇上謝下

二〇〇六年一月二十三日，行政院長謝長廷率領全體閣員總辭，他遺憾總預算覆議案未能提出，也不認為「共生和解」不可行。謝揆說，短短一年內，內閣交出亮麗成績，不負人民所託，例如出口成長了八・五％，出超金額累積到七十八億美金，觀光客突破三百二十五萬人，失業率已降至三・九四％，同時也實施了勞退新制、通過最低稅負制。而今天在任內最後一次行政院會且通過了國民年金、二代健保、老農津貼提高到五千元、計程車燃料稅減免等，在維持經濟穩定發展的同時，也改善了經濟發展的品質，具體落實了經濟發展、永續環境、社會公義的所謂「黃金三角」理念。

謝長廷院長也說，要檢討反省必須謙卑地彎下腰來，傾聽人民聲音。在卸任之後，他將走入民間，重振台灣價值和信任，未來將以寫作、演講等方式，推動文化性、社會性的運動。他並說，有人民作伴，他會─「全力以赴，看好台灣」。

蘇貞昌內閣即將上任，新閣員包括副院長蔡英文、秘書長劉玉山、政務委員吳豐山、林錫耀、內政部長李逸洋、外交部長黃志芳、財政部長呂桔誠、經濟部長黃營杉、交通部長郭瑤琪、工程會主委吳澤成等等。而蘇麗瓊亦由內政部社會司長受到特別拔擢為行政院勞工委員會政務副主任委員，她來去自如，有陳菊的影子。

台北股市開盤就重挫百點，盤中在六四〇〇點形成攻防，可惜賣壓沈重，終場收在六三八一・九七點，下跌一〇四・六六點，成交七三四・七八億元。因時值謝內閣總辭、蘇內閣接手的時刻，媒體報導，也許市場上對新內閣的財經期望似乎不高，就是重挫走勢。

二〇〇六年一月二十四日，根據統計，二〇〇五年十二月的失業率為三・八六％，而平均失業率四・一三％，皆是近五年來新低，小輸韓國（三・七％），贏過香港（五・六％），而且也贏過美國（五・一％）、加拿大（六・七％）等先進國家。按二〇〇五年平均就業人數為九九四萬二千人，較二〇〇四年增加一・六〇％。製造業較前一年增加三・二七％，服務業增加一・六六％，農業則減少七・九四％。

隨著經濟結構改變，已開發國家都轉以服務業為主，對女性就業者的需求增加，加上部分工時工作機會增加，有利於育兒中的婦女就業，因此在去年兩性勞動參與率，男性降到六七・六二％，創歷史新低；女性繼續上升到四十八・一二％，是歷史新高。其實在職場上，近幾年「男消女長」的形勢非常明顯，兩性的差距正快速拉近中。

遲早生命的句點要輕輕劃下

林義雄為前民主進步黨主席，曾入鐵窗幽居苦讀四年半，後來負笈遊學美、英、日六年，專研政府組織與政治運作，屢為憂心國事、黨務提供建言，備受尊崇。如今，他意外地宣佈退出民主進步黨，選擇作為一個超然的民主國家主人，從此不再附屬於任何政黨。他說：東風送暖，寒天將盡，在人生旅途中，我時而駐足凝視野花的綻放，時而踏著普照一切的陽光疾馳，任天上雲舒雲捲，心中則無風無雨也無晴，夢魂所繫，唯婆娑之洋、美麗之島與同志之音容而已。又說，今將離別，難免感傷，然哭啼拉扯，終是小兒女態，故強忍滿眶淚水，謹借先賢名詩兩句明志並與各同志互勉：「豈是腸枯無熱淚，願留他日潤蒼生」。

人是政治動物，而政治與權力就像連體嬰，相互依存，永遠分不開。政治之所以使人著迷，是因為權力使人著迷，如果將權力從政治中抽離，那麼政治只不過是空殼子，又有誰想去觸碰？行政不是政治的核心，只是政治的附屬，或是政治的邊緣。長期的公務生涯，並沒有為自己帶來任何政治恩怨，但憑比較敏銳的政治嗅覺，對政治人物自然產生不同的喜惡，而漫長的歲月，也親眼目睹許多政治人物，從意氣風發到黯然失色，從趾高氣揚到銷聲匿跡，從權力的雲端摔下人間煉獄，回過頭來，相信有很多人會悔恨當初何苦成為政治人物！

心靜自然祥和，沒有期望就沒有灰心與失望。只是在獨木橋與陽關道之間，在坦途與坎坷之間，應有明智的抉擇。不能沒有懷抱願景與理想，但不必爭名與逐利，也不必趨炎或附勢，無論熱情洋溢或痛恨一生，遲早生命的句點，總要輕輕劃下。

農曆新年將至，陪同李應元主委提前至各業務處室以及職業訓練局拜年，互道新年快樂。李應元主委常掛在嘴邊的兩句話是「快樂」與「分享」。他是一位活在當下、樂在工作的人，也是一位肯與別人分享快樂的人。

我很想退休

很久就聽人說，幹一行怨一行。春節長假過後，我似乎少了工作的熱忱，嚮往悠閒，嚮往山林。我很想退休，如果說退休是一種逃避的話。事實上，說穿了並沒有什麼需要我逃避的，只是每天面對少有變化的日子，我想要逃避的應該是現實、是鬱卒、是厭煩的感受。我是很在意個人的感受，我也很期望能經常帶給自己快活的感受，然而諸事不盡然。紛擾的世界，何處是淨土？

我很想退休，如果退休可以真正找到心靈的自由與寧靜。我迫切的期待退休後的日子，不再每天朝九晚五，從此可以卸除戲服，卸除偽裝，也可以卸除責任；從此可以遠離城市，遠離媒體，也可以遠離是非。沒拘沒束，無憂無慮，可以不必談規章，不必談制度，不必談情面，隨心所欲，不必麻煩人，也不必被人麻煩。

歲月可以增長智慧，但未必能累積幸福。時間愈長久，思慮愈複雜，腦海愈覺空洞；時間愈長久，俗務愈煩瑣，心中愈覺孤零。我知道，沒有信念與信心，不會有勇氣與期待，更不會有功成與名就。我很想退休，如果說退休是一種逃避的話。

在這個時候，林瓊華從法國回我E-mail，她說，也許不宜有附和我退休的想法，但她能了解我的心境，覺得這些年我不止一回有這樣的念頭。她說，我的抱負與工作熱忱，在一點一滴被消磨耗損中，而漸漸升起歸去山林的意念，只待理由充足才著手去實現。她說，更何況我的性格中，也一直有與世無爭的隱逸本質。

她又說，這兩年來，想到家鄉都忍不住心生焦慮。她說，她是一定要回台灣的，在法國的生活，加上去了幾次非洲，以及研讀一些關於藏傳佛教、生死學與新世紀思想的著作後，唯一能確定的是，不論選擇怎樣的工作與生活方式，首先一定要能讓自己做得快樂或富有創造性、啟發性的，唯有將自己的身心靈餵養充實了，才能善待世界。

她也問我，是否曾經想過，這一生若不是服務公職，最想做的事是什麼呢？她表示不論選擇退休與否，希望都能以讓自己的「感覺良好」為首要考慮。畢竟人生倏忽即過，而最快意的人生，想來應是在能充分發揮自我，也善盡淑世之責的理想生活吧？淑世若未成，至少至少，自娛的生活總該保留住吧！最後她說，很快可以把論文完成，然後等待博士口試，現在可以瞧瞧法國人真正的悠閒。

吃魚歷險記

二〇〇六年二月十九日，回到魚池鄉下，早餐後，漫步於社區村路及鄉間小道，享受風和日麗的鄉下早晨，呼吸都市中沒有的清新空氣，很高興看到社區民宿興起，外來遊客日多，為地方帶來活力及少許的繁榮，這是九二一震災之後的一大改變。

中午到日月潭，在「古早味餐廳」原本有一個愉快的午餐，奈何品嚐總統魚佳餚時遇鯁在喉，備受折磨、折騰，演出精彩的「吃魚歷險記」。從日月潭到埔里轉台中，由埔里基督教醫院到吳錦翼耳鼻喉科診所，再轉台中榮民總醫院，終於因輾轉「急診」才得到「解救」，同行的陳滄霖、黃萬教也擔心而受累，讓人留下痛苦但值得回味的一天。這個時候，我才發現也感嘆城鄉醫療資源的嚴重落差。

日月潭特產「曲腰魚」，屬鯉科，學名翹嘴紅，俗名曲腰，因腹部略帶彎曲而得名。由於曲腰魚曾贏得當年老蔣總統的特別喜愛，所以當地亦名「總統魚」。曲腰魚非日月潭的特有種魚，聽說烏山頭水庫亦是產地，但日月潭的曲腰魚，魚身可長達三十公分以上，肉質細膩，風味鮮美，已成為當地招牌菜之一，如佐以破布子果實蒸煮，更受饕客們所喜愛，可是細刺甚多，不得不「戒慎恐懼」小心品味。

「全國職場二二二減災」誓師大會

二〇〇六年二月二十二日，參加「全國職場二二二減災」誓師大會，在蔡英文副院長帶領下，邀請勞、資、政、學各界共同建構「全國職場安全防護網」為活動主軸。而活動的時間就選在這特殊的日子，活動的地點則選在台大醫院國際會議廳舉辦。

所稱「全國職場二二二減災方案」，是行政院勞工委員會為降低職業災害所擬定降低「高致死」、「高致殘」及「高違規」危險職場的減災方案，宣誓兩年內將職災死亡、殘廢百萬人率各降百分之二十。並將職業災害類型前八名，包括被夾被捲、墜落滾落、被刺割擦傷、跌落、物體飛落、被撞、物體倒塌崩塌、感電等，列為優先減少危害重點，預計減少勞工死亡約六十人及殘廢約七百人作為目標。

李應元主委曾表示，職業災害不是宿命是可以預防的，希望透過未來一連串的系列活動朝向「全國職場二二二減災方案」的目標前進，呼籲勞工朋友，在工作時必須落實「裝備不嫌煩、檢查不偷懶、不自滿、不匆忙」的工作要點，避免不必要的職災發生。他也提出，預防職災的ＫＡＰ行為模式，Ｋ就是knowledge預防職災的知識、Ａ就是attitude面對職災的態度、Ｐ就是practice預防職災的作為。

全國職場二二二減災計畫，是一項浩大工程，也是一項嚴酷挑戰。誓師大會，除邀請相關部會首長參加之外，也邀請包括工商團體、勞工團體、安衛團體及產業、學術界代表等約三百人來共襄盛舉。李應元主任委員致詞指出，從最近幾起工安事件，其實只要提高危機意識，做好預防措施，任何職災都可避免；經濟部長黃營杉則表示，工安是一種良心、責任及專業，老闆應該重視員工職災問題，把員工的命當成自己的命；而蔡英文副院長亦指出，台灣的職場災害當中，超過一半都是發生在國家監管事業，例如發生在國營事業、工業區的職災比例就達六十三％，而交通部的公共工程建設也有十六％，顯示這些單位職災比重不低，需要再加強。

能大口呼吸的人就是最幸福的人

數月前，礦井工人劉敬德，在十米八地底遭活埋二十六小時，奇蹟獲救的脫險過程實錄，由作者毛瓊英採訪撰寫成書，書名《深井中的盼望》，行政院勞工委員會主任委員李應元特別專文推薦，並邀請劉敬德與同時受困獲救的張天賜先生擔任「工安大使」，共同來呼籲政府、全國企業主、勞工朋友、社會大眾都應貫徹對生命的尊重，以減少工安事故發生，落實零災害觀念，珍惜自己和他人的生命。

按「安全」、「快樂」、「尊嚴」是最重要的施政區塊和主軸，尤其保障勞工工作安全更是職責所在。所謂「安全」，簡單地說，乃是生命和健康不受到威脅或危害。而確保作業安全的方法，有理論與實務，有來自法規的揭示與科學的依據，也有來自老祖宗一點一滴的智慧累積。

劉敬德先生今天的獲救，正是這種經驗傳承的明證。凡走過別人走過的路，必然得以通行無阻，因為土法還是可以煉鋼。我們的信念是－「健康台灣／快樂勞動」。我們深信，有生命就有機會，我們也深信，有機會就有希望。生命是寶貴的，能大口呼吸的人，就是最幸福的人。

發生超乎尋常的境遇，就是奇蹟；化不可能為可能，也是奇蹟。這本《深井中的盼望》一書，就是在述說一個平凡的人、一個平凡的家庭的不平凡境遇，故事真實而感人，是傳奇，也是神蹟。它給人最大的啟示是，對生命的堅持與尊重，也就是永不放棄、永不絕望的求生意志，這裡面我們可以看到有來自信仰的力量，也有來自愛與信心的偉大支撐。這本書，確實值得一讀，更值得慢慢細心品味。

「性別主流化」的熱門議題

二〇〇六年二月二十四日，主持訴願審議委員會第二六四次委員會議。鄭津津教授為訴願委員，具法學背景與專長，現在中正大學任教，最近受託研究「性別主流化」相關題目，在開會之前，特地來辦公室並作問卷訪查，讓我開始真正關心這個新鮮議題。性別主流化是推動性別平等主要的全球性策略，而性別平等的目標已成為每個社會追求的方向。所謂性別主流化政策，就是所有的政策和計劃具有性別觀點，不論涉及到的是政治、經濟、社會、文化或任何其他層面，在決策之前分別對女性和男性的影響進行分析研究。易言之，性別主流化即在所有的立法、政策擬定、計畫規劃、方案設計、資源分配、人才培育等，以及組織的建構之過程中，把女性與男性的觀點與經驗完整的反映在政策與方案的設計、執行、監督與評估中。

所謂性別平等，是一種價值，一種思惟方式，是人類發展不可或缺的一部分；是二性、四性、全社會、全人類的事；也是一種攸關全社會、全人類幸福的價值。性別平等不是特定人口的福利，更不等於婦女福利。而性別平等，應包括建構法律上的平等及實際生活上的平等，前者如消除任何歧視性的法律，後者如創造均等的機會，例如就業和同工同酬的權利。多數國家的情況顯示，女性比男性的經濟參與率還要低，女性勞工在很多就業階段諸如進用、薪資、晉升、訓練、裁員、退休等承受歧視和性騷擾，這些都是因為根深蒂固的性別角色刻板印象所造成。

阿扁總統看見潮流，曾指示，應將性別主流化的概念與資源落實在人力、預算與組織架構等面向，尤其注意不同性別之間的階級、身分以及城鄉差異問題。在國家考試用人、教育訓練以及職業訓練部分，應從「性別主流化」的層面來思考，重新檢視現有的法律、政策與方案在人員進用、訓練與升遷上，是否符合性別平等的原則；在適用法律時，應避免司法裁判有不符性別正義、性別平等的地方；在人口政策的規劃上，將性別主流化意識全面的落實在國家長期發展的藍圖中。

世界潮流方面，關於「性別主流化」成為普世價值，始自聯合國世界婦女大會的宣示和努力的成果，包括：一九七五年，聯合國召開第一次世界婦女大會，強調女性應享有與男性相同的機會、相同的權利和相同的資源；一九七九年，通過「消除對婦女一切形式歧視之公約」（簡稱CEDAW）作為婦女人權憲章；一九八〇年，第二次世界婦女大會時，重新思考「保障婦女權利」和「促進婦女行使權利」間的差距；一九八五年，第三次世界婦女大會，瑞典提出「性別盲」的概念，應有性別觀點來檢視各種憲法及法律，讓女性能真正平等的享有社會參與、政治參與及決策參與，並且提出婦女的議題不是婦女的問題，而是全人類的問題；一九九五年，第四次世界婦女大會，提出「性別主流化」，以性別主流化的策略來達成性別平等的目標。

台灣是自由、法治、民主的國家，不能自外於世界潮流，應該從法制著手，將性別議題取代婦女議題，改變了過去封建、閉鎖的傳統。性別平等的建構成就，例如：一九九七年，通過「性侵害犯罪防治法」；一九九八年，通過「家庭暴力防治法」；二〇〇一年，通過「兩性工作平等法」；二〇〇二年，修正「民法親屬編夫妻財產制」等。

「圖利」與「便民」的差異

職業訓練局外勞作業組廖為仁組長、劉興臺副組長、科長林祐生及技士洪一男等四人，因承辦高雄捷運公司引進外籍勞工涉嫌圖利被起訴，引發同仁對依法行政仍有可能觸法之疑慮，以及行政裁量權限與圖利刑責之間的複雜關連應如何釐清和界定，咸認有必要加以探討。按公務員執行任務的行政裁量與權責擔當是否相符？便民與圖利之分際是否清楚規範？確實存有模糊地帶。所謂貪瀆、圖利認知的差距，似乎永遠存在於公務行政人員、偵查起訴人員和法院裁判人員之間，直接導致民眾懷疑執法機關的公信力，也間接造成公務員行政效率的無法提昇。

公務員對於「圖利」與「便民」很容易混淆，其實分辨並不困難。公務員依據法律執行公務，所做的行為是根據法律命令，在法律範圍內給予民眾方便，這就是「便民」。如果違背法律的規定，給民眾方便，那就是「圖利」，只是一線之隔。所以「圖利罪」和「便民措施」最大區別在於合法性及內心有無犯罪之故意，而圖利罪應受處罰，便民措施應予以鼓勵。行政程序法第八條明定：「行政行為，應以誠實信用之方法為之，並應保護人民正當合理之信賴。」不僅表現於「行政裁量」之行使上，也表現於「行政指導」之制度上。因此公務員若未謀求自己之不法利益，且依法予人民合法利益時，既屬公務員職責，不應以刑法加以處罰。

首先，所謂「依法行政」，乃指所有行政行為皆應受法律及一般法律原則拘束之意。其中主要包括「法律保留」及「法律優越」兩個原則構成，前者意指沒有法律授權，行政機關即不能合法的作成行政行為；後者意指一切法律行為及活動，不得與法律相牴觸。

其次，所謂「行政裁量」，係指國家為便利行政業務的執行，以法規對行政機關就其職權範圍內的事項，授予藉自身合理判斷作成決定的權力，本質就是政府為了因應社會環境千變萬化之複雜事態的需要，期以達到便民、利民之目標，貫徹行政目的，而延伸的機動法治之行政原則。換言之，行政裁量並非完全的放任，而是不能逾越法律的範疇，實踐上仍必須受到許多法制、基本法益及法律原則與事理的適用，而不能漫無限制的濫用行政職權。所以，公務人員行使裁量權，必須在合法範圍內，經過深思熟慮的抉擇，公平公正的考量，尊重法定的程序，並應避免違背誠信原則、平等原則及比例原則等之一般法的規範，才能使裁量之行政事宜，遂成合法而有效能的行政目的。尤其是在職務上給予人民利益之行為，若非為法律條款之授權，容易觸法並構成公務員圖利罪責。

最後，關於公務員「圖利罪」，狹義係指刑法瀆職罪章第一三一條第一項之罪，即公務員對於主管或監督之事務，直接或間接圖利者；廣義尚包括貪污治罪條例第六條第四、五款之罪，即對於主管或監督之事務，直接或間接圖私人不法之利益者，以及對於非主管或監督之事務，利用職務機會或身分圖私人不法之利益者。公務員的圖利犯罪要件有三：

第一、必須是公務員：刑法上所謂公務員，乃依法令從事公務之人員，包括民意代表、技工、工友等。

第二、必須就特定事務有主管或監督責任：所謂主管事務，乃指公務員本身經辦之公務；監督事務，指雖非本身經辦事務，但對其他公務員經辦之事務負有監督權責之人員，例如採購招標，總務部門就是主管事務單位，而會計部門就是監督事務單位。

第三、必須在執行職務上直接或間接圖利：指執行職務或利用職務機會，圖私人不法之利益而言。所謂直接圖利，例如經管財物人員，將經辦之公款存入私人銀行帳戶，賺取利息等；所謂間接圖利，例如負責工程招標人員，私自安排親戚在得標公司領乾薪或插乾股等情形。

不想看到落葉隨風飄去

二〇〇六年三月十日，今天又是星期五，整個禮拜的工作天結束了，心情也鬆懈了，不再公務纏身，通常會開始安排接續的兩天假期，這或許也是所謂文明人的文明煩惱。是運動？旅遊？訪友？休間？抑或在家枯坐發呆？除了由你情緒決定之外，還要看你與週遭環境的互動，這個時候你會發覺志同道合的朋友既可貴又重要，當你需要的時候會出現在你身邊，相反地，如果這時候偏偏找不到人，你就會感覺孤獨而多餘。

二〇〇六年三月十一日，回到鄉下澀水老家，習退休後日子的安排。我很想退休，也該退休。有一句話說：「上台靠機會，下台靠智慧。」這不是僅針對政治人物而言，在很多職場也可以這樣形容和適用。當你有比別人好的機會得到好的職位，就必須有比別人好的表現和好的貢獻，不過當你這一切都沒有了，都看不到了，都不被喜愛和肯定的時候，你就要開始思考如何優雅退場，最好是馬上行動，否則「上台靠運氣，下台靠生氣」就不好了。職場是競爭的，且有時也是殘酷的。

有一句話說「落葉歸根」。每個人漂泊一輩子，無論風光得意或黯然失意，老年最想要的是回到自己出生的地方，這是一種歸宿的感覺，也是一種滿足的感覺。來自何處，回到何處，也是一種喜悅。期盼落葉歸根，不想看到落葉隨風飄去。

二〇〇六年三月十二日，澀水地方最近興起民宿風氣，因地處日月潭鄰近之便，加上環境寧靜優美，村民純樸親切，所以投宿者多，帶動村莊活絡，增添少許繁榮。而附近的埔里，是盆地也是小城，但對澀水人而言，已經算是都市，在從前交通工具缺欠的情況下，一年也難得去一趟。數年前九二一大地震，埔里與澀水都屬於災區，經過重建後也都有另一番景象。最近在埔里除了民宿之外，又推出所謂Long Stay，就是長期旅遊居住的安排計畫，向外國遊客招手，而鎮民期待甚殷。

很可惜，第一對來埔里Long Stay的日本籍中村夫婦，入住十多天就嫌生活環境差，表示將要提前返國，不再長期旅遊居住，埔里人都感到很突兀。中村夫婦抱怨包括水質不好、狗屎太多、摩托車太多也排放黑煙，而影響居住環境與品質。其實，台灣與日本的居住環境與習慣畢竟有別，中村夫婦抱怨的或許也是事實，不過要經營Long Stay或有意作長期旅遊居住，雙方都應該有相同的認知，尊重對方不同風土民情，事前溝通良好，才能愉快相處，免得事後兩邊失望、反悔。

有理可以行遍天下

高雄捷運公司外籍勞工委由華磐公司管理，去年八月二十一日晚上泰勞因不滿管理方式而暴動，並且縱火毀損管理中心、車輛，毀損娛樂室、福利社、餐廳等設施，以及保險櫃被撬開，遭竊走現金，而引起社會熱烈關注。不料事隔多月，因不當管理引發泰勞暴動風波的華磐公司，突然對其中十四名泰勞提出民事賠償訴訟，求償新台幣一九六七萬元，再度引起外界一片譁然。不過華磐管理顧問公司對外聲稱，全案只是依法求償，讓放火滋事破壞宿舍等非法手段受到法律制裁，求償金額亦是依據實際所受損害計算，應屬於法律權利範圍。

華磐的求償行動，引起兩極不同反應，但批判者多，若干人權及勞工團體並給予泰勞聲援，媒體幾乎一面倒，同情弱者，主管機關行政院勞工委員會也對外表示「不以為然」的立場，一時之間，華磐成為眾矢之的，處境尷尬。整個事件，或許問題出自華磐與社會大眾之間，對「法理情」與「情理法」優先順序認知上的差異，但無論如何，凡事都必須站在「理」的這一邊，有理就可以行遍天下。

整起事件的演變是，後來華磐管理顧問公司針對高捷案十四名泰勞改為各提出民事求償一元，可是高捷泰勞仍然不滿，於三月三十一日上午，高捷岡山工地六百名泰勞集體罷工，除抗議華磐公司不放棄求償外，同時表示伙食差要求改善管理。據了解，台灣國際勞工協會成員於事件發生前曾與被起訴泰勞接觸，但據悉，高捷泰勞暴動案刑責部分由高雄地方法院審理中，將一併審理民事附帶求償部分。

我將轉任勞工保險監理委員會新職

二〇〇六年四月二十四日，從韓國旅遊回來，據告知，李應元主任委員已在週三主管會報上宣佈我職務異動，以及接任人選的消息，如今再經新聞媒體證實，我將轉任勞工保險監理委員會主任委員職務，而由郭芳煜局長接任常務副主任委員一職，這是意外也是驚喜。如果生涯可以規劃的話，這並不在我規劃的一部分。

有人告訴我，勞工保險監理委員會主任委員一職，是行政院勞工委員會副主任委員最好的出路，也是唯一的出路，所以我把它當作「天上掉下來的禮物」，我會珍惜，也感激李應元的費心安排。

我對勞工保險監理業務只是一知半解，而對監理委員會的人與環境也只是半生不熟。根據僅有的理解，我有以下一些粗淺的印象和看法：

這不是冷衙門、閒差事，還是有它的積極作為和功能。

監理工作是嚴肅的工作，凡事要有嚴謹的態度與要求。

以保護勞工權益為優先，但也必須兼顧社會公平正義的原則。

應該順應時代與民意需求，創新求變，而非一味墨守成規。

監理會採合議制，是勞資政的溝通平台，各方專業必須受到應有的尊重。

總而言之，勞工保險業務之監督、保險爭議之審議、財務帳務之查核、以及有關基金管理運用之審核等，皆與保障勞工生活、促進社會安定息息相關，亦屬整體勞工事務重要的一環，前輩已走出一條坦途，建置規章與制度，我只是接棒而已。

須臾之間走過四年六個月

二〇〇六年四月二十六日，中央信託局新任總經理林茂雄等來訪，就現有舊制勞工退休基金收支、管理、運用交換心得與意見，不久將來台灣銀行與中央信託局進行整併。下午，參加行政院勞工委員會第三七七次週三主管會報，會前勞工保險局史哲總經理來訪，談日後與勞工保險監理委員會的互動，以及目前亟待審議的重要議案。

二〇〇六年四月二十八日，唐雲騰、謝志雄到辦公室來訪，商談勞工保險監理委員會之職務交接事宜，並事先簡報相關人事、經費、業務等。唐雲騰現為專任委員兼任業務組主任，並暫代主任委員職務；而謝志雄係現任主任秘書兼任秘書室主任。

中午，李應元主任委員邀在華泰王子飯店午宴，王錫河主任秘書、蘇金鳳主任與粘麗娟一起參加。新職務來得突然，很快就將赴任新職，是歡送？或是惜別？下午，主持行政院勞工委員會第二六七次訴願審議委員會會議，也是最後一次主持。回顧四年半來，總共主持了九十次訴願審議委員會議，審議了一〇四三訴願案件，全體訴願委員及承辦人員，都是無名英雄。

二〇〇六年四月三十日，參加「全國第一屆勞動安全週」啟動典禮儀式，是在台北中油大樓舉行，並由李應元主任委員主持，阿扁總統應邀蒞會致詞，我向阿扁報告職務即將異動的訊息，因為來時也是總統的意思。

回到辦公室開始整理櫥櫃資料，我不想用「打包」兩字形容，因為那帶有傷感的意味。辦公室是每個人工作的地方，因此在辦公室的時間也就佔據了作息的大部分時間，而對辦公室的要求不外乎採光、動線、隱密的考慮，使用上起碼應符合舒適、方便、效率的原則。但在寸土寸金的都市裡，或許辦公室僅是「位子」的代名詞罷了。

我的辦公室一向保持整齊、潔淨、明亮，擺設簡單，井然有序，不凌亂，不礙眼，充分顧及整體的美感，也可以不必刻意「遮羞」隨時可供參觀，接待客人，尤其對於資料的蒐集、存放，亦甚講求實用與更新，而且要唾手可得，並作一切隨時可離去的必要準備，既不費時也不費力。

靜下心來想想，四年六個月的公職生涯，我是屬於幸運的，尤其是在民主體制下的政府工作。民主是絕對的可貴，可貴在民意、尊嚴和自由的被尊重。同時，民主絕非天上掉下來的禮物，它的開花結果也非偶然，它的發展過程總是跌跌撞撞的，難免也因阻撓、抗拒、摩擦、對立而受傷，甚或只是曇花一現罷了。至於政黨輪替，應該只是民主發展的一種過程而已，執政者不是征服者，也不是統治者，僅是資源的支配者，而非資源的擁有者。因此，執政者最重要的是，必須學習謙卑、寬容以及對人的熱情與關懷。我也在想，有幸在民主體制下生活，我們應該感恩與惜福。

人生如夢，歲月無情。回想在行政院勞工委員會的這些日子，有歡笑也有愁容，有豐收也有失落，但畢竟是人生有意義的大站。今天過後日子會是不一樣，工作不同，環境不同，交往對象不同，或許心情也會不同。此時，在我的內心，有擔憂，也有期待，但似乎就少了那股興奮和離情！

第九章　我在勞工保險監理委員會

勞工保險監理委員會成立時間很早，很多人只看到它成長、蛻變，卻沒有機會看它誕生；很多人只知道現在隸屬於行政院勞工委員會，但卻不知道當年是直屬於台灣省政府，而有相當的人事與業務監理權限。不禁讓人感慨，此一時，彼一時。

勞工保險監理委員會充其量只是一間「小廟」，但「麻雀」雖小，五臟俱全。雖有法律位階的組織條例，但沒有明確的組織定位，也沒有完全的獨立預算，僅在人事管理與職務列等方面，明定「比照公營金融保險事業機構辦理」而已。所以屬性未定，權責不明，業務混淆，目標模糊，這是先天不足、後天失調的事實。

宣誓就職主任委員職務

二〇〇六年五月一日，宣誓就職勞工保險監理委員會主任委員職務，由李應元主持交接及監誓，井然有序，簡單隆重。我並不覺得如願以償，但我感到任重道遠！如果生涯可以規劃的話，那麼今天的職務變動並不在規劃中的一部分，不過冥冥之中，還是有一種說不出的預感會發生，所以還能淡然以對，沒有很強烈的感覺。

二〇〇六年五月二日，安排並聽取各單位業務簡報，開始熟悉員額配置、職掌、業務概況以及未來工作重點。業務並不複雜，人事相對單純，無論垂直關係也好，橫向聯繫也好，都是少互動而缺乏踏實感，加上人員少、格局小，自成一「國」，不思改變，也不能改變，所以恐怕永遠很難「心想事成」，更談不上會有「豐功」或「偉業」。

二〇〇六年五月三日，勞工保險監理委員會為行政院勞工委員會所屬機關，今天也參加第三七八次主管會報。平常固定而熟悉的位置已更動，距離主持人似乎愈來愈遠了。反正「穿什麼戲服就演什麼戲」，或是「演什麼戲就穿什麼戲服」，都是一樣的，重要的如何去調適。

在公職生涯當中，幾乎不能「始終如一」，經過一個階段就會遇到職務調動，但除了當年初任公職第一個工作是自己決定之外，其他的都是被動的、自然的安排，從來沒有如意或不如意的問題，只有接受或不接受的問題，當然也未曾有逆來順受的問題。我容易適應，很明瞭「不在其位不謀其政」的道理。

勞工保險監理委員會掌理事項

二〇〇六年五月四日，主持勞工保險監理委員會第一一九次委員會議。委員會議審議事項單純而不繁雜，包括保險基金保管之審核及其運用之審議事項、保險業務之檢查及考核事項、保險財務帳務之檢查及考核事項、保險爭議之審議事項等等。

勞工保險局與勞工保險監理委員會是平行單位，各有所司，互不隸屬。前者為執行單位，後者為監理單位，共同的長官就是勞委會。

勞工保險監理委員會先天不足，後天失調，但即使人少、錢少、事也少，然而並沒有影響到它的存活和運作。我們這些人，從不奢求有一天「麻雀變鳳凰」，只求安心立命，不被無情風暴侵襲，不被洪水湮滅。

勞工保險監理委員會掌理事務單純而不繁雜，包括保險年度計畫及年度總報告之審議事項、保險年度預算及決算之審議事項、保險基金保管之審核及其運用之審議事項、保險業務之檢查及考核事項、保險重要業務之審議事項、保險財務帳務之檢查及考核事項、保險爭議之審議事項、保險法規及業務興革之研究建議審議事項以及其他有關保險業務監理事項等等。對於執行所定掌理事項時，除有關保險爭議審議審定書由主任委員逕予核定外，其他各款經決議事項，應報請中央勞工行政主管機關核辦或函請勞工保險局辦理，亦即制度上主任委員並不具實權。

有關勞工保險爭議審議事項，雖然只是訴願的前置程序，但是涉及投保單位、被保險人、受益人的權益保障，所以相當重要，而它的組織具有法律上的地位，它的審定也具有法律上的效力。勞工保險爭議審議委員會由社會、保險、法制、醫學及政府代表等十三人專家組成，公正超然審議保險爭議案件，另特約專業醫師十一人，協助傷殘等級及醫療爭議之鑑定。至於爭議審議事項，包括被保險人、受益人資格及投保事項、被保險人投保薪資或年資事項、保險費或滯納金事項、保險給付事項、有關職業傷病事項、殘廢等級事項、職業災害診療費用事項及其他有關保險權益事項等。

欲醜化別人必先美容自己

台灣是一個非常民主的社會，人人享有太多的自由，盛行所謂「爆料文化」，努力「揭弊」、「挖糞」，讓人與人之間充滿猜忌與緊張，扭曲了形象與價值，真假莫辨，是非難分。尤其媒體快速傳播，被爆料的人或事受傷已深，無端成了茶餘飯後的話題。不知不覺間，爆料侵蝕了我們的生活，也改變了我們的觀感。

在以往只有平面媒體的時代，並不常見所謂「爆料」，至多在選舉的時候偶而會出現，或是只有少數挾怨報復的場合，但拿捏之間多少有顧忌。有了電視、網路之後就改變了，競相製造焦點引人注目，日夜重複播放或轉載，讓每一位收看的人有近距離的「真實感」，不過往往難免與事情的「真實性」會有落差。

爆料必須內容麻辣勁爆才能讓人動容，習慣於爆料的人，不論「言之有物」或「言之有誤」，也不論是在「見縫插針」或「捕風捉影」，起碼都是口若懸河，言詞犀利，百無忌憚；至於被爆料的人，無厘頭被攤在陽光下透視，只能咬牙切齒乏力反擊，當一切無計可施的時候，最常聽的一句話「保留法律追訴權」。但不免也讓人開始質疑，此時的法律，果真能保護到你？果真能還你全部清白？

當爆料「公諸於世」的時候，一般人反應是「信者恆信」、「不信者恆不信」，呈現兩極化，爆料者不是成為「英雄」就是成為「公敵」，而對於被爆料者則是「親者痛、仇者快」。不過，如果同一「料」一再經由媒體窮追猛打，或是二手加工染色，久而久之，就會動搖那些「寧可信其無，而不信其有」者的信心，可能就變成半信半疑，最後便宜了爆料者，但已傷害了被爆料者，不寬容又如何？

任何人勇於舉發不法、不道德的人或事，為所該為，找回公平正義，是應該受到社會的尊敬，然而只憑不實傳聞、空穴來風、無的放矢、純屬虛構，僅是為爆料而爆料，逞一時之快，不惜加害於人，則非健康社會所該有，尤其在所謂「言論免責權」保護傘下的恣意傷人言論，更應該受節制，不要「見了兔子就開槍，遇到老虎就燒香」。對錯、恩怨分明，若欲醜化別人，必先美容自己。

觀賞「淡江夕照」

二〇〇六年七月十日，下午，林隆士邀約與蕭萬長、許志仁和我前往新淡水高爾夫球場球敘。我們彼此熟識，而且有同學、同事之誼。

新淡水高爾夫球場隔著淡水河與觀音山遙遙相望，無論雨中或天晴，也無論艷陽下或朦朧中，觀音山永遠就是那麼迷人，在這裡打球確是一大享受，因為居高臨下，所以可以俯瞰淡水小鎮，遠眺八里美景，尤其在傍晚時候，更可觀賞淡水河口彩霞餘暉倒映海面，一片金黃，這就是聞名遐邇的「淡江夕照」。

淡水河匯集了基隆河、新店溪與大漢溪等主要支流之後，於淡水鎮和八里鄉之間流入台灣海峽。在淡水河的出海口，每當夕陽西下時，映著水面炫眼的金光，彤雲滿天，彩霞片片，像是天際黃金遍地，壯觀而美麗，很多人就坐在河邊的堤防上，盡情欣賞這大自然的奇景，還有一艘艘捕魚回來的漁舟，這就是「淡江夕照」。

走訪埔里酒廠和紅茶的故鄉

二〇〇六年八月十七日，前往彰化鹿港勞工教育學苑立德文教會館，參加「九十五年第一次全國勞工行政主管聯繫會報」，並由行政院勞工委員會主任委員李應元與彰化縣長卓伯源共同主持開幕，也邀請各縣市勞工行政主管與會，除了討論提案「勞工行政問題檢討與解決之道」外，並聽取當前重大勞動議題專案報告，包括：一、台灣經濟永續發展會議「勞動市場及人力資源規劃」。二、建構弱勢勞工家庭支持服務安全網「特殊勞工家庭支持服務方案（FAP）」及「全民勞教e網」。三、全國職場勞動安全週簡介。

晚餐後，到彰化火車站與粘麗娟會合後返回瀏水，準備於明天迎接李應元主任委員和同事們到訪。她在前幾天已費心安排周延，製作精美的參訪與旅遊行程資料。

二〇〇六年八月十八日，上午，從瀏水趕到埔里酒廠，與李應元主任委員及來自全國勞工行政主管會合，並由林秋長廠長接待、簡報及解說，品嚐香醇陳年紹興及愛蘭紅酒，讓來訪賓客深深瞭解九二一重創下的埔里酒廠，如何在艱困中浴火重生。

中午，在金都庭園餐廳享用細緻紹興酒宴，美食加美酒，大家口齒留香，也稱讚埔里地方菜特色。飯後，留下李應元主任委員及勞委會同事約三十人，續訪紅茶的故鄉－魚池鄉，由廖學輝鄉長親迎至鄉公所紅茶廣場，品茗「鄉長紅茶」，其實就是聞名的阿薩姆紅茶，並聆聽專人解說魚池茶香走進紅茶國度的演進歷史。

隨後，參訪三育基督學院，院長陳廣惠已在校門口迎接，並親自導覽校園。三育基督學院是復臨安息日教會所辦學院，以基督教育培植青年，院區佔地寬廣，綠草如茵，樹木參天，風景優美，建築雅致，宛若一座大公園，置身此中就像走進圖畫裡，令人陶醉。校園風景優美，鄰近日月潭、九族文化村，成了知名景點。

傍晚時候來到大雁村瀏水示範社區，由邱長盛村長為貴賓導覽解說，參觀陶藝教室、竹炭一村，並到我老家小憩，聽我介紹環境及細數童年的「偉大」事蹟。天色將晚，大家可以放鬆身心，悠閒漫步於這一片寧靜的小村，眺望遠山、欣賞鄉村美麗景色，讓青山綠水洗滌城市煩囂與俗務，大家說宛如置身於世外桃源。晚上，就在社區唯一的庭園餐廳－阿滿姨庄腳菜，享用充滿古早味的鄉村菜餚，佐以美酒，大家都說讚。晚餐後，又以卡拉ＯＫ助興，意猶未盡，也回味無窮。

二〇〇六年八月十九日，大夥兒夜宿於澀水田園民宿及綠野鄉居。晨起，空氣清新，農村景色迷人，有人已散步回來，有人已爬山運動回來，大家約好齊至綠野鄉居早餐，是地瓜粥配鄉土小菜自助式早餐，美味可口。飯後，送走李應元主任委員和幾位同事先行回台北。同情大人物沒有自己的時間，也沒有忙裡偷閒的機會。

稍後，大家收拾行囊，揮別了小農村，搭乘遊覽專車在前往日月潭途中，並參觀中明村觀光老茶場，這裡是台灣農林公司所屬茶場，生產日月紅茶，也是我非常熟悉的地方，當年謝和壽教授與姑丈葉萬水場長的影子，至今仍留著深刻記憶。現在茶場已改成南投分公司，採有機栽培茶葉，全程由吳森林經理為大家解說茶的歷史和阿薩姆紅茶的由來，並導覽我們參觀紅茶的製作過程，如何從採摘、萎凋、揉捻、解塊、發酵、乾燥到精製分級，大家聽得津津有味，並且獲益不少。

近中午時候，來到水社碼頭搭乘遊艇欣賞日月潭湖光山色美景，如詩如畫，百看不厭。途中停靠娜魯島、玄奘寺、邵族部落伊達邵參觀。隨後，前往文武廟景聖樓餐廳享用豐盛的午餐。而後大家帶著一顆虔誠的心參拜文武廟，黃宋華總經理接待並介紹當年建廟及九二一災後重建經過情形。接著，揮揮手，互道珍重再見。

勞保給付年金化的變革

行政院勞工委員會已積極規劃勞工保險老年給付、身心障礙給付、遺屬年金的變革，包括請領條件、給付標準、給付順位、權利終止等。規劃中的老年給付，分為老年年金及老年一次金二種給付，對請領年齡並有逐步提高機制，而領取老年給付後，再從事工作者，僅能參加職業災害保險，且年金繼續發給；身心障礙給付，分為身心障礙年金及身心障礙一次金二種給付，障礙程度符合二項障礙項目以上時，綜合審定，並按其最高障礙等級升等核給給付，對於障礙程度加重者，亦有處理機制，而領取障礙年金後，日後障礙程度減輕至不符合年金請領條件者，依減輕後之程度核給一次金；遺屬年金，給付對象為配偶（指有婚姻關係或同居繼續五年以上者）及子女、父母，其請領給付權利因領取者死亡、配偶再婚或與他人同居、子女年滿二十歲或未滿二十歲已結婚而終止。

勞保給付年金化，如果是一種必然的趨勢，應該做為一種政策目標積極推動，但如果只在於逃避財務窘境的一種迂迴做法，那就自欺欺人。當「美意」與「謊言」二者之間如果留有太寬廣的灰色地帶，就會模糊或錯置「受益者」與「受害者」的角色。我認為任何變革都需要勇氣，而任何變革都會遇到阻力，甚至付出意想不到的代價。就在這樣的過程中，更需要深思熟慮和苦口婆心，利用真理和真實說服他人，當大多數人站在與你同邊，則變革就是贏家，變革就可以暢通無阻。

變革不是全盤推翻或通盤否定，變革用意在於簡化程序、方便操作、增加收益、鞏固保障。勞保給付年金化的變革，應以保障被保險人的立場作為出發點，而不是作為解決勞保財務困境的一種手段；勞保給付年金化，或許可以增加勞工另一層生活保障，但並非唯一的生活保障依賴；勞保給付年金化，勞工不可能完全滿足，然而不滿意但可接受；應非強制，而可選擇；勞工的感受和雇主的負擔同等重要；應先排除困難與障礙，並充分考量現階段的政治生態，免招致徒勞無功。

避開城市的躁動

二〇〇六年九月十日，回到魚池鄉澀水老家，鄉下間歇性飄著細雨，從薄霧中望著周邊田野農舍，有一種說不出的寧靜感覺，是多麼的協調與和諧，比起現時台北的躁動、徬徨、鬱悶，這裡才是真正讓人喜愛的地方。

所謂「百萬人反貪腐」靜坐活動，已開始在台北凱達格蘭大道賣力公演，雖然不是唱獨腳戲，但是也沒有造成熱力四射，而施明德、宋楚瑜、馬英九同台的畫面，更讓人印象深刻，從不知道何以會有這種的組合？看演出者咬牙切齒高喊「倒扁」、「下台」的口號，與之前兩次總統大選後，在凱達格蘭大道上激憤的同一群體民眾，沒有什麼不同。聽說，北部的磅礡大雨著實澆息了民眾的熱情，也打亂了倒扁靜坐的節奏和氣勢，「倒扁」反被「水扁」，不知是上天有眼，抑是好事多折磨？根據電子媒體報導，首日假日高潮人數有二、三十萬人，然經警方估算人數約為八萬五千人，甚至到深夜已剩下不到一千人，有人懷疑未來倒扁靜坐將如何「坐」下去?!

二〇〇六年九月十一日，從歷史傳統看台灣，這裡社會的特色是善良、容忍、韌性，只有親疏不分貧富，只有是非不分族群，大家和樂相處，友愛相待。但是這種得來不易的文明社會景象，卻在政治與媒體的操弄下，變成對立與分化，硬生生的被切割成「外省」與「本省」、「藍」與「綠」、「挺扁」與「反扁」，而且利用各種方式、手段，逼人「表態」或「就範」。這不叫殘忍，什麼才是殘忍?!

城市與鄉下有差異，前者奢華，後者純樸；前者競爭，後者融洽。有競爭就有勝負，有勝負就有比較、就有磨擦，對立與怨恨由此而生，甚或感染、擴散。有智慧的政治家，竭盡所能化解衝突；但有野心的政客，就會操弄情緒，獲致利益。

我家瀰水地方，是典型的台灣傳統農村，隨著文明腳步也在蛻變中，不過，傳統力量仍然深植人心，可以看到過去與現在每個人善良、容忍、韌性的一面。社區雖小但卻是台灣社會的縮影，僅有三十餘戶人家，居住著有閩南人、客家人、原住民、外省人、越南媳婦，大家都是台灣人，很容易生活在一起，勤勞在一起。

政治性罷工是不合法的

二〇〇六年九月十二日，所謂「倒扁總部」傳出擬發動全國罷工的訊息，即刻引起媒體一頭熱的討論，姑不論現實環境條件不備，以及欠缺足夠發動能量，但已達到讓外界「虛驚」的效果。狂人狂語，語不驚人死不休。經濟行政主管機關隨即表明，全國大罷工嚴重影響國內外投資信心，對國家經濟造成非常不利的衝擊，堅決反對任何罷工構想；勞工行政主管部門也同時指出，政治性罷工是不合法的。

所謂「政治性的罷工」，指以罷工、怠工為手段，遂行政治上目的者而言，已超出法律規範的範圍。至於工會法所指的罷工，必須是因勞資爭議而起，也就是為改變勞動條件等經濟性目的而起，並應具備各種法定要件者，才是合法罷工。

罷工應該有法律規範，依據工會法第二十六條規定，必須具備四個正當性：第一，主體正當性，由工會提出，經全體會員過半數同意；第二，程序正當性，勞資雙方爭議經過調解、仲裁，都無效方可提出罷工；第三，目的正當性，勞資爭議是為了調整或改善勞動條件的經濟議題，例如，調整工時、薪資待遇等；第四，手段正當性，罷工不得妨害公共秩序，更不可加害他人性命、財產與身體自由等。

據瞭解，在國外確實有容許政治性議題的罷工，但多是對勞工權益有實質幫助的罷工，才例外被容許；若屬政治性議題的全國性罷工，又與勞工權益無關，不僅不合法，根本不太可能推得動。合法罷工是受到法律保護的，雇主不能任意處罰勞工，但若是非法罷工，雇主因而造成的損失，可以向勞工求償，兩者有不同。

政治不可怕政客才可怕

二〇〇六年十月二日，立法院第六屆第四會期第二次衛生環境及社會福利委員會全體委員會議，邀請行政院勞工委員會李應元主任委員報告業務概況並備質詢，其他單位主管陪同列席。今天質詢仍以勞退監理設置、外勞政策、就業與失業、罷工議題等為主要。而且隨著政黨立場不同，對同一事實的解讀也會有所不同。勞工事務是中性的，因為有組織、有選票，而且可以左右社會運動，影響民心向背，所以有較高的政治性和敏感度。

台灣是一個充滿溫暖、關懷與包容，以及多元族群與文化的社會。但有人批評，台灣社會雖已走出了威權統治的牢籠，卻未走出泛政治化的枷鎖。台灣社會運作的主軸仍以政治為主，多數民眾、媒體所關注的大抵是政治議題與事務，尤甚者以政治意識與主張區分敵我，在民眾之間種下衝突、矛盾與對立種子。至於其他領域，包括經濟、科技、體育、文化、藝術等之成就，皆受到不當的忽視，遑論在各個角落中充滿人性光明面的故事，也都在刻意凸顯黑暗面的逆流中被埋沒。

有人說，政治是橫的歷史，歷史是縱的政治。政治充滿著權力、鬥爭和險詐，只是披著虛偽的文明外衣罷了；歷史是政治的堆積和延伸，也是當權者操弄政治的得意成就。所以，歷史不能當真，只能看到點，僅供參考。其實，政治並不可怕，政客才是可怕，他們可以不著痕跡的掩飾利慾薰心的本性，美化逞強鬥狠的醜態，把自己塑造成悲天憫人、捨我其誰的偉大人物，得意洋洋的在歷史橫流中擔當要角，如此「遊戲」人間，竟能得到掌聲，也得到崇拜，怪哉！

所謂政治清明，無關專制或民主，但必須要有廉能的公僕，而且所有從政者皆無一己之私，守紀守分，為民興利，不製造群體間的不安、緊張或紛爭，人人得以安居樂業，很有尊嚴的活在一有禮、祥和的社會裡。或許「禮運大同」的世界，只是一種理想，正如「桃花源」不是仙境一樣，即使在現實生活中還是可遇、可求。

埋怨是心靈的癌症

歲月摧人老，隨著年歲增長，生活步調放慢，似乎已不再有旺盛的動能，沒有濃濃的、烈烈的，只有清清的、淡淡的。我們每個人都會老，或許「人老」並不可怕，「心老」才是可怕。

人生在世，經歷愈多，挫折愈多，可是挫折不等於失敗，只是一種經驗，或一種教訓，可以選擇忘掉它，也可以選擇重新來過，只要有心，愈挫愈勇，最後總有得到彌補的一天。有人說，埋怨是心靈的癌症。沒錯，埋怨是怨氣的累積，而不是情緒的發洩。因此，如果遭遇挫折、不如意，而就耿耿於懷，鏤骨銘心，無法完全釋懷，將會是受折磨的開始，往後愈陷愈深，失去成就，也失去快樂。

任何社會都會有邊緣人，任何機關內部同樣有自我意識強烈的人，只要遇有不合己意的事，就會利用不同場合、透過不同管道來表達或訴求，甚至抗議或舉發，增加他人的困擾，成為名副其實的頭痛人物。頭痛人物有兩種，其中一種是「顯性」，另外一種是「隱性」。前者是在光明處與你爭吵；後者是在暗地裡與你作對。俗話說，明槍易躲，暗箭難防。俗話也說，害人之心不可有，防人之心不可無。但是，如果需要處處設防，不信任任何人，豈不是活得很痛苦？

事實上，所謂投訴，應是有苦傾訴，如果僅是無病呻吟，如果僅是夢想幻滅，那不是真實的苦，又何投訴之有？所謂檢舉，應就不法之事而為舉發，倘若本是合於情、理、法的事，只是不合你意而已，而發洩情緒，損人不利己，又何樂之有？

屆齡退休不是嚴冬只是秋涼

二〇〇六年十月三十日，繼續列席立法院衛生環境及社會福利委員會、預算及決算委員會第四次聯席會議，審議行政院勞工委員會及所屬職業訓練局、勞工安全衛生研究所九十六年度公務預算案會議。這是行政與立法交鋒的場合，後者佔盡優勢。

蘇金鳳主任電話告知，我的「屆齡續任案」，已由李應元主任委員報奉行政院核准。我覺得憂喜參半，憂的是可退而不能退，喜的是應退而不必退。所謂「屆齡退休」，對一位長期服務公職的人來說，是很難面對但又無力避免的。其實，這只是過程並非結果，也不是絕望，更不是毀滅。因為退休後還有很長的路要走，更何況，後面要走的路，是多彩的不是刻板的；是悠閒的不是倉促的；是平坦的不是崎嶇的。我想，屆齡退休如果是生涯規劃中的一部分，大家都會欣然接受，也期待它早日到來。浪漫地說，屆齡退休不是嚴冬，只是有秋涼的感覺。

今年將屆滿六十五歲，這是年齡重要的分界點，也是心情上重要的分界點。老人福利法所稱老人，係指年滿六十五歲以上之人，從此在社會上可以享有若干特權與優惠，亦即社會對老人提供了各種服務及福利回饋。包括：設立各類老人福利機構、保障老人經濟生活、提供相關居家服務、對老人搭乘國內公、民營水、陸、空公共交通工具、進入康樂場所及參觀文教設施，予以半價優待、對老人因無人扶養，致有生命、身體之危難或生活陷於困境者，必須予以適當安置等之措施。

歲月催人老，每個人都會老，所以老不是問題，問題是如何誠實去面對。老化的象徵，包括遲鈍、懈怠、健忘、無趣，我們隱約可以發現它，但不能阻止它。當遇此窘境，我們優先想到的應該是倫理、代溝、退場的認知。不過無論如何，即使人情變薄、可利用價值變少了，我們必須始終保持應有的尊嚴、優雅和歡喜。

陳定南是廉能政府的榜樣

二〇〇六年十一月五日，參加「輕鬆球隊」東華高爾夫球場的球敘，在球場餐廳晚餐的時候，大家談起前法務部長陳定南，我並以從前在省政府派往宜蘭考核「治山防洪計畫」執行績效的經驗，對於「陳青天」治理縣政及各項計畫推動的「完美苛求」，留下深刻印象，向球友敘述這段往事，並表達敬佩。但沒想到回到家裡，就從電視上看到他不幸逝世的消息，實在湊巧，也實在令人悲傷惋惜。

據報導，陳定南是在今天下午二時二十六分，因肺癌引發多重器官衰竭，病逝於台北台大醫院，享年六十三歲。他曾任宜蘭縣長、立法委員、法務部長，並參選首屆省長及本屆縣長挫敗，清廉從政，有口皆碑。他事前遺言交代後事，一切從簡，不設靈堂，不立牌位，婉拒接受致贈花籃或奠儀，並囑儘快火化，除將部分骨灰放於家族墓園之外，其餘灑在他最熱愛的蘭陽平原土地上，這是他的一貫作風。

陳定南在一般人的印象中，是「酷吏」、「龜毛」、「潔癖」、「不近情理」。其實，他堅持理念，崇尚簡樸，廉潔自持，剛正不阿，嫉惡如仇，縱使一路走來比別人孤獨，但求心安理得，不愧天地，而在真實生活中，他也有「鐵漢柔情」的一面，疼愛妻小，照顧鄉里，關懷弱者。他與眾不同的性格，得罪了不少人，但也得到更多人的崇敬。他最後的遺願，希望推動成立廉政公署，關心少年毒品防治，以及維護自然生態環境等。總之，他走了，走得又清又淨，永遠讓人懷念。

國家元首刑事豁免權的涵意

二〇〇六年十一月八日，政局紛爭依舊，顏色鮮明如常，亂亂亂，不禁讓人懷疑主流意見在那裡？核心價值是什麼？善良人性與傳統美德似乎已逐漸消失，看到的盡是赤裸裸的鬥爭。從這混沌中間，隱約發現意識形態決定了是非價值，媒體審判主導了社會情緒，而遺憾的是社會竟然用感覺來對待這一切，衝動而沒有理性。

台灣宜蘭地方法院法官兼院長黃瑞華，在自由時報以「檢察官寡頭式專制時代來臨？」為題，撰文探討憲法第五十二條國家元首刑事豁免權的涵意，對所謂國務機要費起訴案，提出法律人的觀點。她指出，「以總統為共犯方式起訴第一夫人吳淑珍涉犯貪污，該起訴書雖未直接列總統為貪污被告，但實質上已對國人乃至全世界，以檢察官的國家權威宣告總統為貪污共犯的『貪污總統』，所有外國元首使節還能尊重我們的國家元首嗎？三軍及文武百官還會尊敬、服從總統嗎？制憲者以憲法第五十二條想避免的所有惡害，都因這份起訴書而發生。」接著說，「總統不只失去憲法的元首保障，也沒有刑事訴訟法上被告的答辯權，這樣的起訴書沒有違憲嗎？」最後她並質疑「司法的謙抑性、司法的自制性格跑去哪裡了？」

二〇〇六年十一月十日，曾在二〇〇〇年總統大選力挺政黨輪替的李遠哲博士，越洋發表公開聲明指出，國務機要費案與檢方的起訴書正衝擊著台灣社會，乃是台灣進入民主時代最嚴重的危機，值此時刻，誠懇建議阿扁總統，慎重考慮去留的問題。李遠哲說，「第一家庭被調查或被起訴，雖在法律上並不代表定罪，但這是台灣司法邁出獨立的第一大步，也是二〇〇〇年政黨輪替的偉大果實。」又說，「人類畢竟不是天使，因此不可能不犯錯，自然也就沒有不犯錯的政黨。」接著指出，「願意堅守民主核心價值，承認錯誤，勇於改過的政黨，才會獲得人民的支持與祝福。」最後他說，「日前國務機要費案起訴書的公佈，意味著台灣舊體制的改革與民主政治核心價值的建立正遭遇嚴峻的挑戰。如果陳總統與執政黨仍無意放棄民主政治的核心價值，無意背棄台灣人民對民主政治永不中止的理想，那麼陳總統與執政黨就必須在「小我」與「大我」、「政黨」與「國家」之間，做出正確的抉擇。」

蘇貞昌的「歷史共業說」

針對所謂「國務機要費」及「特別費」眾說紛紜，行政院會有了表態，就行政部門對外說明制度沿革及改進。有釐清作用，但也有新疑慮。首先是，法務部施茂林部長指出，特別費的制度行之有年，一般認有實質法的效力，固然須使用於公務所需，但領取與支出並無明確或嚴格規範，認定較寬鬆，具有對首長「實質補貼」性質，相關支出「難以截然劃分公私」，且首長具領部分如未用盡，「慣例上亦無要求須予繳回」。他又說明，各機關對特別費的認知與處理程序，已形成大法官會議釋字四一九號解釋理由書上所謂「遵循『反覆發生之先例，並對一般人產生法之確信』的行政慣例，或行政上的習慣法之行政作為」。而且審計單位隸屬於監察院，具有準司法性，已經審計核銷的費用，不能隨便推翻。

其次是，許璋瑤主計長認為，特別費動支要件係朝「從寬發展」，五十餘年來，一向基於尊重、信賴首長、副首長，採「寬鬆彈性」的認定。只要在核定預算額度內，檢附相關的合法憑證，或在半數範圍內出具首長、副首長的領據，各機關會計人員僅就憑證作「形式審查」。他強調，特別費從預算的編列、經費的報支、核銷，會計報告的產生到決算審定，循例完成相關的法定程序，「長期以來並無爭議」。

行政院蘇貞昌院長則強調，這兩項費用的制度跨越人治到法治、威權到民主，使用相沿成習，是歷史共業，竟因時代更迭而出現意外的陷阱，沒理由因為總統姓氏不同而有差別待遇，也不應由任何個人去承受，更沒理由在舊時代不完備的制度上，衍生新的爭端，解決之道不能清算鬥爭、惡意株連，應以智慧由行政、立法、司法通力合作，朝法制化解決。所謂歷史共業，簡單地說，指歷史上發生過的事，是大家應該一起承受的業果。我在想，人類是如此愚蠢，先自縛而後找解套。

勞保基金紓困貸款

二〇〇六年十二月七日，主持勞工保險監理委員會第一二六次委員會議。審議勞工保險局函送「勞工保險基金投資政策書」、「九十六年度勞工保險基金運用計畫」等議案。據統計，截至九十五年十月底止，勞工保險基金，共計結存四二二九億五八四一萬二二五三元；就業保險基金，共計結存七九二億九三〇四萬九〇二五元；職業災害勞工保護專款，共計結存一二七億二三〇萬元。

另外，勞保基金紓困貸款，截至九十五年十月底止，計有九五億八〇九九萬二六九元，其中包含逾期未還，轉催收款部分三六億三〇四六萬九〇二四元；又截至九五年九月底止，估計到期應計老年給付可領取人數一五一三〇五一人，應付金額一兆五三七億六一三七萬六四四〇元。

勞保基金紓困貸款向有不同看法，其實所謂紓困貸款，顧名思義，應有真正做到紓困的目的和意義，如果失業的人、沒有工作的人而致生活貧困，但得不到貸款紓困，恐怕失去原有的美意；再者，紓困貸款是救急而非救濟，因此必須有償還計畫，不能寄望於被保險人將來領取老年給付時再扣抵，否則徒增請求權行使的困擾，累積逾放金額與比率，影響勞保基金應用，並對勞保財務造成衝擊；最後，勞保紓困貸款並非勞保基金年度運用計畫的一部分，換言之，不是勞工保險的經常性業務，如果有特殊性需要，應由主管機關作政策決定，並負決策責任。勞保基金紓困貸款是否開辦再次被提起，相信應由主管機關作明確政策決定，如經決定開辦，勞保監理委員會當即配合完成委員會審議程序。但站在勞保財務與業務監理立場，提出幾點意見與看法：

1. 紓困貸款如果常態化作為每年經常性工作，應列入年度基金運用計畫，並建立周延完整的監理制度。
2. 勞保基金紓困貸款是救急而非救濟，必須兼顧社會保險的本質和真正做到紓困的需要與目的。
3. 紓困貸款應有可行的償還計畫，並增列保人條款，解決逾放嚴重問題，而不能唯一寄望於被保險人將來領取老年給付時再予扣抵，否則不僅產生請求權行使的困擾和困難，也將衝擊勞保財務的健全與運用。
4. 金融市場資金鬆緊，以及代辦銀行的意願，亦應作為開辦與否的重要考量，而非一味討好或方便被保險人。

不論成功或失敗都是經驗

凡走過，必留下痕跡；凡走過，不論成功或失敗都是經驗。成功的經驗，應與人分享，而失敗的經驗，則是大家的共同借鏡，避免重蹈覆轍，並從失敗的教訓中獲得更多邁向成功的動力和能量。

挫折不是失敗，只是還不到成功的時候，因此挫折只是墊腳石，只是走向成功的過程，成功才是真正的結果。遭遇挫折，或因時空倒置，或因方法、方向錯誤，如經調整或校正，目標很快就會出現在眼前。

同樣道理，掌控不代表成功，因為還會有失足、失手的時候。更何況，外在形勢比人強，所有新事物、新環境都是需要磨合與適應，否則將失去優勢。尤其是，縱然得到口服，並非必然獲得心服。

古有明訓，滿招損，謙受益。沈迷在過去的成功經驗，執著於以往所養成的習慣，一旦環境改變，很容易落入一種「熟練的無能」，愈是熟練，愈是顯得無能。人是習慣性動物，而習慣是由時間養成，習慣一旦養成則改變不易，將會終身纏絆著你，並影響著你的性格、思維和生活。

十二月是感傷的季節

二〇〇六年十二月二十一日，利用休假與饒裕益結伴搭機赴新加坡旅遊，並與莊恆雄及友人見面敘舊，也到Laguna National Golf and Country Club打球，於十二月二十四日返回台北。雖然僅短暫四天三夜的時間，但卻全然的放空自己，有真實度假的感覺，而且可以感受耶誕喜樂氣氛，尤其夜晚在烏節路上活潑、多樣的火樹銀花，以及悠閒漫步的不同膚色人潮，令人留下深刻印象。新加坡總是讓人流連忘返。

二〇〇六年十二月三十一日，一年容易又過了，歲月一天一天的流逝，而生命一點一滴的消失，慢慢的、悄悄的，一切就在不知不覺間溜走。十二月是感傷的季節，莊恆雄遠從北國寄語：

十二月了
傷感的秋已經潰退
好像一隻脫落羽毛的鳥
在黎明的濃霧中墜落

十二月了
一片蒼白遲緩的陽光
消極地斜到窗口
然後怯怯的消瘦

十二月了
在北風的淫威下
病入膏肓的落葉
不情願的跌入冬的台布

十二月了
春天還在路上遊蕩
迎春的使者
卻在冬眠的花蕾裏埋葬自己

忙碌與偷閒

二〇〇七年一月三日，在山坡上的汐止住家，庭院樹葉已飄落，看著時光無情的飛逝，轉眼間，冬天的蕭瑟已來到，讓人驚覺又是天寒歲末的時候了，濃濃的感傷，不似「一葉知秋」淡淡的輕愁。每年到這個季節，讓人心境沉悶，也讓人心思撩亂。

忙碌與偷閒是截然不同的心境，忙碌中可以發現成就，成就可以使人得到滿足；偷閒將是無所事事，漫不經心，事不關己，不關心就得不到充實，而不充實使得生活空虛，最後就是枉費一生，白走塵世一趟。我們深信，成果帶來得意，績效帶來喜悅，雖然兩者不是同義字，但是結果都會令人雀躍感動，讚嘆生命可愛。

人類不同於其他動物，動物的本能只在於滿足飢渴與性慾，相當直接而強烈；但人知所羞恥而懂得遮掩，人知所禮儀而懂得進退，感情間接而深藏。所以，往往人的內心世界比外在形象更豐富、更精彩。然而，人類不同於其他動物，人因為有記憶才有痛苦，也因有記憶才有歡樂、才有經驗、才有歷史，才創造了文明。

人生追逐歲月，歲月戲弄人生

二〇〇七年一月十六日，中午，在彭園餐廳宴請考績乙等同仁，戲稱這是「一年乙班」同學聚會，這或許也是另一種慰勞。職場的考績是年終不可免的工作，不管形式或實質，只是手段並非真正衡量標準；只是負擔並非權威立信工具。年復一年做完它而不是做好它，勉強是說，這只不過是不公平中比較公平的一種方法罷了。

早晨天氣意外放晴，冬天陽光乍現，可以清晰眺望遠山，但午後台北天空又是霧氣矇矓，傍晚且下起細雨，一天天氣多變，讓人心思不定，感觸亦多。新曆年已過，農曆年將至，年終歲末，除舊佈新，心境既感傷又期待，已知的過去不能改變，不可知的未來還有憧憬。只能感嘆說，人生追逐歲月，歲月戲弄人生。

在一般情況下，今天是屆齡退休的日子，然而我跨越了它，是幸運抑或補償，自己也無從解釋。其實，退休就是退隱，不論解甲歸田也好，落葉歸根也好，應該遠離塵囂，與山林同在，匆忙換懶散，釋懷放空，不再有牽掛懸念，不再築夢想重新來過，不再有悔恨與嘆息，更不再擔心被權勢傲慢吞噬，或被醬缸污泥染黑。現在距離真正愜意的日子，似乎還有一段路要走，我等著也盼望著。

二〇〇七年一月十七日，人是善變的動物，知人知面不知心，所以人際關係尤為錯綜複雜，其中如果牽涉利益或感情，更是糾纏不清，甚或使關係變質。面對利益，唯在善念或貪念一念之間；面對感情，唯在悲歡離合與喜怒哀樂之中聰明抉擇。

如所週知，有理走天下，無理寸步難行，畢竟公理自在人心。但當理在你這邊的時候，還是要留點餘地給別人，不能因「理直」而「氣壯」，不能因「得理」而「不饒人」。因為這樣，如果待人處事能夠因「理直」而「氣緩」，或許可以得到更多人的更多感動。有一句名言：「人不講理，是一個缺點；人硬講理，是一個盲點。」凡事要留點餘地給別人，切忌趕盡殺絕，所謂窮寇莫追，避免反撲，傷了自己。

人類過慣群體生活

住家是在汐止山上的一處老社區，今天早晨起床，拉開窗簾，驚見屋後圍牆外有一棵櫻花已綻放，是早熟的山櫻花，樸素不華，雖不覺嬌嫩、貴氣，但有強盛的生命力，滿樹紅紅的花朵美麗極了，只是生長在四周封閉的空地上，顯得有點孤單，沒有往來路人欣賞，實在可惜，不過並無損於它的鮮豔迷人，很想多看它幾眼。

樹要成林，人要結群，人類本來就過慣群體生活，不能離群索居，而在人群中無可避免的存在著人與人之間的互動，這就是人際關係，也是相互依存和相互聯繫的社會關係或社會現象。面對群體，不同的人有不同的態度，有熱絡開放，也有孤芳自賞，前者指交遊廣闊，容易接納別人，而且對任何人都能寄予關懷；後者幾近自閉，不易與人相處，自以為是但不被理睬，最後是鬱鬱寡歡，孤獨一生。

在人類生活互動中，存在不同模式，有友愛及相扶持，但難免也有競爭、有摩擦、有衝突，最後也會有勝敗。這種情形，演變到群體與群體之間，就是部落、種族、國家之間的戰爭。面臨戰爭的時候，人類是自私的、沒有理性的，已找不到彼此的愛與憐，就好比其他動物一樣，只有弱肉強食、優勝劣敗，那是多麼殘忍可怕的結局?!

歷史的價值在於真相的真實傳遞

二〇〇七年二月一日，主持勞工保險監理委員會第一二八次委員會議。有關九十五年勞保基金經營績效卓著、亮麗，總收益高達三三三億四六四四萬餘元，年收益率七·九一％，對於相關人員的辛勞和成果，表示給予肯定與嘉許。委員會後在青少年活動中心「珍膳園餐廳」舉辦年終尾牙餐敘，邀請與會出列席人員參加，李應元主任委員及郭芳煜副主任委員也蒞臨，難得的輕鬆聚會，有「卡拉ＯＫ」助興，大家愉快。

我說，年終歲末，過去的一年是平安、豐收的一年，感謝同仁們的辛勞，以及委員們的奉獻；但願新的一年是快樂、喜悅的一年，讓大家一起來期待、來打拼。

最近，台灣歷史教科書修訂引發爭論，修訂後的新版並被扯及統獨的議題，其中包括去「國父」尊稱、把舊版「我國」改稱「中國」、把「本國史」改成「中國史」、把「武昌起義」改為「武昌起事」、把清朝治台「移民台灣」改作「殖民台灣」等等，最為敏感和關鍵。事實上，歷史的真正價值，在於真相的真實傳遞，所以中性、可靠、真實才是歷史的本質，不應偏頗，更不應該存有政治或其他目的。而這次爭論，歸結是在「台灣主體意識」與「中國中心觀點」兩者看問題的立場不同，致有差異和反彈，演變成一場「去中國化」與「反去中國化」之爭。

無可否認，台灣在中國國民黨執政下，歷史教科書源自「中國史觀」，但自從政黨輪替後，民主進步黨強調「國家認同」，台灣的歸台灣，中國的歸中國。有媒體指出，歷史教科書之所以會形成爭議，問題就在台灣內部有一些人的「中國中心主義」作祟，加上族群意識形態無限上綱，欲藉歷史教科書展開「反去中國化」的政治鬥爭，這是「台灣主體意識」潮流中的一股逆流。媒體接著也指出，舊版教科書的漢朝「征討」匈奴，新版改為「攻擊」匈奴，用意不使成為漢族中心、中國正統主義的歧視產品，職是之故，而台灣又何必依附中國的歧視史觀？

《大喇嘛與小老鼠》

最近，看了一則現代心靈寓言《大喇嘛與小老鼠》，寓有深遠涵意，反映我們的立身價值觀－『在別人面前，你可以裝、可以騙、可以假，唯有你自己知道，你是什麼就是什麼。』故事是這樣的，有一天住在西藏雪域高原上的老喇嘛，救了一隻小老鼠，從此小老鼠就陪伴在老喇嘛身邊，但小老鼠一直對老喇嘛的家貓感到懼怕，因此希望老喇嘛能夠把他變得比貓還強壯，這樣就不會再害怕貓了。

老喇嘛沉思之後，於是幫小老鼠變成為一隻漂亮的大灰狗，可是沒想到，這隻小老鼠變成的大灰狗，一瞥見家貓還是被嚇壞了。小老鼠希望老喇嘛能夠把他變成更兇猛威武的動物，老喇嘛只好再把他變成一隻雄健的金色老虎，不過，當這隻小老鼠變成的金色老虎看見那隻家貓，仍是害怕的，又趕緊逃回老喇嘛身邊去。最後，老喇嘛終於明白了小老鼠內心深深的恐懼。老喇嘛於是告訴小老鼠，一個人的外表如何並不重要，重要的是他的「心」，他的內心深處是一個什麼樣的人，那就是真正的他，那些花花綠綠的外表與掩飾，或許騙得了人，但卻騙不了自己。

這個故事發人深省，意在提醒大家在追求名利富貴的這一路上，不能只看到光鮮亮麗的外表，因為那些盡是虛假的，而內在的相對富足才是最重要的。因此，每個人時時要往自己的內心去探求，試著更了解自己，不要輕易「忘了我是誰」，常常自問－是否看見了自己的自信、淡定、坦率、平靜、寬容、謙和、柔軟。

春節假日在鄉下

二〇〇七年二月二十一日，與許志仁、江正治、范光勳相約到南投南峰高爾夫球場敘，於傍晚時候一起回到㵢水老家，在龍眼樹下享受鄉下的恬靜，還有撲鼻的桂花香。

春節假日是悠閒的、愜意的，是人人所期待而又不想放過的。羅勝順夫婦與家人春遊日月潭，順道來訪，特別留下晚餐，分享粘格格料理手藝，大家同聲稱「讚」。

二〇〇七年二月二十四日，櫻花已飄落、凋謝，短短不到兩個禮拜的花期，已經由滿樹紅花變成綠葉，歲月無情，告訴你又過了一年，不論是充實或虛度的一年，不管願意或不願意，就是一步一步的走向生命的終站，而最後生命之火也終將熄滅。

今年春節，很多人都有外出旅遊的安排，富裕的家庭舉家出國觀光，一般的家庭在地遊覽名勝。不過，每到一處旅遊景點，都是人滿為患，交通嚴重阻塞，尤其近幾年民宿興起之後，已帶動國人家庭旅遊風氣，只是沒能完全重視旅遊品質。

春節是家人團聚的時候，提供人與人之間比較親密互動的機會，但是長達九天的假期，如果不能有很好的規劃，將會悄悄地溜走，回過頭來，只有遺憾與懊惱。

人是高貴的動物，也是可憐的動物，對於逝去的已無力挽回，只能惋惜；對於未來可能發生的又無法預料，只能期盼。不過算是幸運的，還有現在可以去充實、去策劃。

我與同事們

二〇〇七年三月十七日，安排勞工保險監理委員會同仁到北美館「知性之旅」，而後再到汐止家「走春」，有二十幾位同事光臨，包括柳文震夫婦、黃國義夫婦、謝志雄夫婦、唐雲騰、朱柏樑、陳碧華、高靜萱、曾筱尹、白明珠、、以及蔡淑理姐妹等人，粘格格準備佳餚迎客，大家喝酒聊天、唱歌說笑，歡笑聲不斷。唯一遺憾的是，今天天氣不穩定，偶陣雨，霧朦朧，山朦朧，不能如願登山健行，許多人失望。

所稱同事，指在職場一起工作的人。同事來自四面八方，因工作而相識，不能選擇，只能接受。同事在工作上可貴在彼此默契，而默契是不斷地培養；同事由相識到相知，是經由互動，這也就是所謂的結緣。我的同事似乎冷漠多於熱情，保守多於創新，但這一些，都無損於應有的和諧與善良。

不久後，接續「知性之旅」我又邀請同仁參觀「世界文明瑰寶——大英博物館二五〇年收藏展」，由故宮博物院與大英博物館合作舉辦，選展瑰寶來台在故宮博物院展出，包括：雕塑、繪畫、珠寶、玻璃、金器、銀器、銅器、石器、木器和陶瓷器等有二七〇餘件，地區遍及五大洲，時間是從舊石器時期迄至二十世紀，真是難得一見。

這次展覽共分十三單元，包括：人類文明的曙光、美索不達米亞的多元文化、古埃及文化的藝術精神、古希臘的藝術與文明、羅馬帝國的藝術成就、早期歐洲的藝術風格、中世紀的歐洲、文藝復與近代歐洲、南亞與東亞文化、伊斯蘭世界、非洲文明的啟示，名副其實的文明瑰寶，有著神秘、深邃、瑰麗、永恆的感覺。導覽也很清楚地說：這樣一個多元文化展覽，不僅提供國人視覺上的饗宴，也認識到世界文明演變中各種不同的面向，以及人類在藝術文化上積累的輝煌成就。

健康的活著才有快樂

二〇〇七年四月十一日，林吉昌辭卸賦稅署長職務，專心住院療養，今天與羅勝順、張兆順專程前往台大醫院探視，看到他臥病在床，消瘦疲憊，很為這位球友擔憂難過。

人的一生離不開生、老、病、死，只是時間的長短不同而已。每個人都會老，老不是問題，問題是如何誠實去面對。老化的象徵包括遲鈍、懈怠、健忘、無趣，隱約可以發現它，但不能阻止它。遇此窘境，優先想到的應該是倫理、代溝、退場的認知，不過無論如何，必須始終保持應有的尊嚴、優雅和歡喜。更悲哀的是每個人都會病與死，而疾病的折磨，同時帶來身與心的創痛，不是一般人所能忍受，更何況，世上病與死的連結是那麼的密切和接近，不能預料，也不敢想像。有人說，要健康的活著，才有希望，才有快樂。無奈天有不測風雲，人有旦夕禍福。

二〇〇七年四月十三日，主持勞工保險監理委員會今年首次的慶生會。我說，今天是「十三號星期五」，西方人或許有黑色禮拜五的禁忌，但東方人並沒有這方面的迷信。試想中文「吉利」兩字，筆畫正好十三劃，今天十三就是大吉大利的日子。

粘麗娟在職場甚得人緣

二〇〇七年四月十八日，粘麗娟預備退休，正隆公司總經理蔡東和邀約顧問林萬生、鄭國明經理、李燈銘經理、林冠均經理及關係企業正大旅行社總經理胡成融、山隆通運副總經理俞蘭輝以及辦公室同仁，在板橋金富瑤餐廳設宴溫情歡送，我亦受邀作陪，與大家同享美食，並照相留念。從這裡可以見到她的人緣和受歡迎。

粘麗娟在正隆公司服務，她從當年的鼠年到今年的豬年，整整有十二年頭，她對工作和同仁都有同樣的熱忱，她體能好、精神好，凡事設想周到，每天看來都很忙碌、很開心，和與人處，樂在工作，所以甚得人緣。從她決定將退休的訊息傳開，大家都為之驚訝，而且感到不捨，這不是因為她的職位重要，而是她在這個職位上的表現已經獲得肯定，得到讚許。尤其親如家人的同事情誼，對人只有付出和關懷，從不埋怨也不計較，讓周遭所有認識的人都津津樂道，並心存感念。

每個人都習慣於自己的生活環境，也習慣於自己的生活方式，如果沒有計畫、沒有目的、沒有理想的驟然改變，任何人都難以得到調適，甚或手足無措，這就是所謂的生涯規劃。如果有理想、有目的的生涯規劃遠不可及，那會是失望而痛苦的人生；如果有理想、有目的的生涯規劃唾手可得，那就失去了挑戰的價值，也失去了很多人生的意義。然而歲月無情，誰也抗拒不了，當時光巨輪轉過，一切都會跟著改變。歲月會改變一個人的想法，也會改變一個人對時間的安排，這些都是自我管理的一部分，但無論從家庭到職場，或從職場回到家庭，以粘麗娟的個性必能愉快以對，應付自如，這就是她異於常人的地方，也是她終生的長處。

二〇〇七年四月二十六日，粘麗娟即將退休，正隆公司同事在板橋吉立餐廳熱情歡送，席開四桌，美酒佳餚，近五十人參加，並致贈禮物送上祝福，空前盛況，溫馨感人。我說，粘麗娟凡事盡心盡力，樂於幫助他人，向來是「受之涓滴，報以湧泉」的個性，遇到事情每每先想到別人再想自己，經常把問題、把困難、把責任攬到身邊，而從不邀功、不計較，擔心的不是沒能把事情做完，而是沒能把事情做到盡善盡美。

二〇〇七年四月二十七日，晚上，我跟著家內四處「交際應酬」，名義是「歡送退休」，由彭鳳美、楊秀惠、李玉如在「儂來餐廳」以魚翅宴隆重款待，甜在嘴裡，溫暖於心，讓人感動、回味無窮。

二〇〇七年四月二十八日，晚上，正隆股份有限公司鄭政隆董事長及夫人、鄭舒云副董事長及未婚夫劉御國、蔡東和總經理及夫人、鄭文明、游晴輝、俞蘭輝等為粘麗娟惜別，特別在「若竹日本料理」餐廳設宴盛情歡送，我亦受邀陪同。粘麗娟在正隆股份有限公司服務一二年，對公司貢獻良多。

二〇〇七年四月三十日，是粘麗娟在正隆公司上班的最後一天，我戲稱從明天起就失去了工作、失去了薪水、也失去了舞台，每天都會不知所措，感覺坐立難安。其實沒錯，當突然走出了自己熟悉的環境或習以為常的作息時間，必須面對的是心態和步調的調整。世界不論怎麼改變，日子同樣要過，生活同樣需要安排，在不同的時空需要相同的幸福與快樂。

每個人的年歲都會增長，而且是自然的增長、公平的增長，任誰都沒有能力、沒有辦法去阻擋它、去改變它，更不可能因為富貴貧賤而有差別待遇，這是人生定律，不同於所謂物競天擇或優勝劣敗。可是很悲哀的，當我們一旦跨進公認為老年的門檻，許多事情都是無可避免的，不但失去了工作，也會逐漸失去了幽默、失去了歡笑、失去了朋友。

有人說，很多的時候，我們需要給自己的生命留下一點空隙，就像兩車之間的安全距離，一點緩衝的餘地，可以隨時調整自己，進退有據。生活的空間，須藉清理挪減而留出；心靈的空間，則經思考開悟而擴展。

李應元突如其來大動作的請辭

二〇〇七年五月一日，今天勞動節，一如往昔，同樣的熱鬧慶祝，也同樣的熱鬧抗爭。政府、雇主、勞工永遠是無解的三角習題，只要關係存在，問題就永遠存在。基本工資的調整，本來被當作一份送給勞工的禮物，但最終結果還是不能滿足勞工的期待，同樣也讓雇主反彈失望，政府又無端被指「政策買票」。總而言之，立場不同，需求不同，看法也不同，呈現的態樣更不同。然而，任何的變革不能現實多於理念，更不能使政治利益高於理想，否則就會失去目標，也失去群眾。

在勞動節的今天，行政院勞工委員會主任委員李應元，於中午時緊急電召主管開會，告知基於公私分際、政治倫常，以及所謂「三好一公道」（即呂、游、蘇三好；還謝一公道），已向阿扁總統表明辭職之意，並向蘇貞昌院長提出辭呈，做好一切辭職安排，他說，在行政院勞工委員會服務是他最快樂的時光。隨後，他正式發表辭職聲明－「良心公道守護台灣－實踐深烙在台灣土地裡的感動」。

李應元突如其來大動作的請辭為政壇投下一顆震撼彈，不難觀察到，他的辭職是在情義相挺謝長廷總統初選出線，並對行政院就調整基本工資不能如期發布而心中留有遺憾。在記者會上，他引用前民主進步黨主席林義雄所說：「在追求自由和平公義時，能夠勇敢挺身而出，在面對困難挫折時，不會失去奮鬥的意志；無論順境逆境，永遠保有慈悲善良柔軟的心。」毅然決定回到草根、回到民間。對於他的請辭，縱然有不同政治解讀，包括有人形容是悲壯，有人說是政務官的風範，有人認為是不負責任的做法，但亦有認為是別有所圖，總之並無人知曉，他自己形容這項決定很困難，心情很激動，不過提出以後，生活就變得更簡單。

蘇貞昌院長突然辭職

二〇〇七年五月十二日，參加經建球隊在長庚高爾夫球場的月例球敘，在中午於餐廳用餐時候，得悉蘇貞昌院長緊急召開記者會發表辭職聲明，事出突然，大家議論，也有各種不同臆測，不過多數人雖然驚訝，但似乎並不感意外，只是原因難懂。

民主進步黨所謂呂、游、蘇、謝四大天王，經過總統初選激烈競爭過程，不難看出彼此勢力的消長，名次已反向排序。而蘇貞昌在擁有完整的政治閱歷，並握有龐大行政資源的情況下，總統初選卻落居第二名在謝長廷之後，相信也是始料未及，因此面對敗選慘酷事實，必須要有道德勇氣承擔，誠如呂秀蓮所形容，雖說是坦然接受，但有誰心裡會真正高興？如繼續留在閣揆位置上，處境必然尷尬。

民主進步黨四位天王參與總統初選過程中，從表面看來，蘇貞昌似乎比別人佔有「天時」、「地利」的優勢，唯獨因「人和」不足而成劣勢。據悉，這是他南征北討參與選戰的第三次挫敗，第一次是國際青年商會中華民國總會長選舉輸給王世榕；第二次是屏東縣長連任選舉輸給伍澤元。在一般人的觀感，他個性嚴酷但少圓融，有信念但乏理念，具執行能力但缺規劃能力，而且常與人保持距離，看不到知心和知己，有時候過度謹慎而不近情理，以致容易樹敵、容易得罪人。

大家也憂心忡忡

二〇〇七年五月十八日，參加行政院勞工委員會歡送李應元主任委員的茶會，他選擇更寬廣的道路要走，臨別依依，大家同為他祝福。接任人盧天麟也來歡送，他說是惜別，而李應元形容兩人交接是「無縫接軌」。然而不知這究竟是官場話或言過其實?!

李應元從二〇〇五年九月十九日接任行政院勞工委員會主任委員迄今，僅有一年八個月的時間，來匆匆，去也匆匆，不過「時間長短並不重要，精彩就好」。更何況這裡只不過是他從政生涯的一個小站、一個過程罷了，相信不會是終站，也不會是句點，還有更重要的工作等著他。他說，一向只做對的事，只做正確的決定。

世上沒有不散的筵席，也沒有不下台的官兒。當走在人生的十字路口上，應該如何抉擇與應變，相信並不是靠勇氣、靠魄力，而是要靠真正的聰明和智慧。尤其是久居高位者，應該明瞭有一天如何優雅下台，才能讓人懷念尊敬，否則抗拒、戀棧都不是真正價值所在。因為看不開、放不下就是人生的死胡同，誰也救不了。

二〇〇七年五月二十一日，張俊雄內閣就位啟動，上午在總統府宣誓完畢後，隨即在行政院進行交接，並由阿扁總統指派呂秀蓮副總統進行監交。在未來僅有一年任期時間，外界不免好奇能有多少作為？即使是阿扁總統雄心滿滿，但大家也憂心忡忡。

第一次來監交的呂副總統，期許不是結束阿扁總統主政的八年，而是開啟民主進步黨另外一個八年，她送上這般涵義深遠的祝福。蘇貞昌當然百般不捨，跟舊屬離情依依，匆匆別離後，不知道飛往何處？相信他有失望、落寞和無限的感觸。而在行政院勞工委員會也召開臨時主管會報，由新任主任委員盧天麟首次主持，與各處室局會主管第一類接觸，闡述今後施政理念和重點工作目標，可是並無新意。

二〇〇七年五月二十二日，行政院勞工委員會新任主任委員盧天麟帶領相關人員前來聽取勞工保險局及監理委員會業務簡報，兩部門皆提出人力需求及組織定位問題。盧天麟說，他年輕、步調快、好相處，同仁對他可說亦師亦友。他指出，雖然僅有一年任期，但必須負有政策性任務，並延續以往未了計畫；他提出經濟安全的勞動政策概念，包括基本工資調整、推動勞保年金化、勞退監理會設置等。尤其在勞保年金推動過程中，難免會受到外界政治干擾，而被誤認為有紓緩財務危機的動機，因為現有勞工保險基金規模，不足支應老年給付所需，已是事實。不過我所擔心的是，以後會不會是勞工叫好、老闆叫苦？而到最後連選票也沒拿到。

盧天麟也特別提到，應有效善用職業災害勞工保護專款。事實上，關於職業災害勞工保護專款，在主管機關行政院勞工委員會負責政策釐訂，勞工保險局負責收支、管理與審核，而勞工保險監理委員會負責監督和審議，各司其事，各盡其責，至於有關法規如何鬆綁？是否擴大適用範圍或對象？涉及法律修正與條文之解釋問題，應屬主管機關權責，必須由行政院勞工委員會主政並依法決定之。

尤清不背叛自己也不背叛他人

二〇〇七年五月二十四日，民主進步黨立法委員黨內初選民調揭曉，尤清雖然黨員領先但最後仍然敗給自稱「十一寇最後一寇」的李文忠，讓很多人扼腕錯愕。其實，尤清自始至終都沒有改變，而改變的是選民，因為選民要的是來自媒體的印象，而李文忠正好可以給選民這些。事實上，選舉是不必去計較什麼是價值？不必去計較什麼是內涵？也不必去計較什麼是道義？也許這就是「民主」可貴的地方！

今天上午，向尤清電話表示慰問，言談之中，他或許有失望，但並不難過，也沒有任何怨言，這就是他的率真、善良的地方。他還是繼續做他的事、走他的路。

尤清長期奉獻民主運動，歷經民主進步黨創黨前後的最艱難階段，他一路伴隨民主進步黨的成長、茁壯，但在黨內卻少了派系的奧援和相挺，有時難免形單影隻，孤芳自賞。他能面對挫折，不懼困難，即使處身逆境都無損他的高度熱忱，而他的毅力、他的寬容，以及他對事的樂觀、對人的信任，在在都顯現出是一位有風格的政治家。他堅持理念，篤信真理，不背叛自己，也不背叛他人，但在現實的環境裡，卻疏於經營「人情」這一塊，也因為他不投機、不傾斜、不迎合，所以他容易「失敗」。但我為他叫屈，始終是懷疑像這樣的結局就是所謂的公道？

勞保監理會業務訪查

二〇〇七年五月二十九日，勞工保險監理委員會同事及業務訪查相關人員等一行，包括唐雲騰、柳文震、黃國義、陳順來、孟藹倫、高靜萱、胡友平等多人，先走訪澀水社區，我與粘麗娟從台北回來接待，安排下午茶、社區巡禮、阿滿姨庄腳菜晚餐、夜遊水社碼頭，晚上則住綠野鄉居。大家稱讚鄉下空氣好、景色好、人情味濃。

雨後的鄉下，顯得格外清靜美麗，環顧周遭，雖然景物依舊熟悉，但是一切像似洗淨過的，容易引人注目，也容易使人喜歡。尤其，傾聽悅耳的蟲聲、鳥叫和整夜未曾停歇過的蛙鳴，譜成自然美妙的交響樂曲，讓住慣城市的人，讚嘆不已。

二〇〇七年五月三十日，勞工保險監理委員會安排業務訪查伊達邵部落社區合作社，並由勞工保險局配合派員參與。政黨輪替後，重視原住民權益，尊重原住民傳統與文化，從前斗大「德化社」字樣已不復見，回復「伊達邵」原音、原味，而「光華島」也改稱「拉魯島」最原始名稱。沒有歧視才是相互尊重的第一步，也唯有不受歧視才能做到真正的平等。

通過基本工資調整

二〇〇七年六月六日，行政院會通過基本工資自今年七月一日起從現行的每月一萬五八四〇元調整為一萬七二八〇元，每小時六十六元調整為九十五元，調幅九・〇九%。張俊雄院長表示，這項調整已考量及勞工基本生活所需及對產業競爭力的衝擊等因素。

基本工資已經十年沒有調整，而由行政院勞工委員會在李應元主政時主動提出討論，經勞工與工商企業界的強烈拉扯與討價還價，專家學者的介入探討，以及決策過程的幾經轉折，迄盧天麟接任後方始定案，此時已歷經蘇內閣到張內閣，可見其間的牽涉與複雜，綜合社會、經濟與政治層面，而非單純的公共政策議題。

行政院核定的方案是經過折衷均衡的結果，但與工商企業界要求基本工資調幅最多五%的期待有相當落差，為降低雇主方面的反彈，減少負擔，避免產業出走的藉口，政府隨即發佈五項為期一年的配套措施，包括時薪勞工「僱用安定」、弱勢勞工僱用獎助、失業勞工就業服務、調整外勞膳宿費用，以及補助企業職業訓練。這樣的決策是否沒有選舉的考慮？這樣的調整是否真正帶來勞工與企業的雙贏？補貼經費由誰來埋單？是否符合社會公平正義？皆值得深思與觀察。

因為有感情、有記憶而有煩惱

二〇〇七年六月十一日，台灣連日來豪雨，發生低窪地區淹水、山區土石流災情，大自然的力量是可怕的，是不可抗力的，人類面對這樣的災難，只能臣服，只能承認自己的脆弱與渺小。所謂「人定勝天」，也只是一種勉勵或安慰的用語罷了。

氣象局已持續幾天發布豪雨特報，由於受到鋒面徘徊影響，天氣仍然不穩定，在短時間內不可能放晴，每天看著濕答答的天氣、灰暗的天空，見不到陽光，很容易使人心煩、焦慮。環境影響一個人的個性和心情，陽光就是溫暖、就是希望。

人類因為有感情、有記憶而有煩惱，煩惱是來自對人、對事的憂心、憂慮，不過也有「杞人憂天」或「無病呻吟」的人，但那只是假設性的苦惱，是沒有必要的煩惱，即使為此「日坐愁城」，最後也是「枉費心機」。

真正的煩惱常發生在身邊，不論過去的挫折、現在的困難、將來的障礙，都是帶來煩惱的緣由，需要勇敢接受和虛心面對的。所謂的「沒有遠慮必有近憂」，用意是在警惕世人，凡事要有周詳準備和計畫，面面俱到，無懈可擊，而後才能在順遂的過程中如意成就。

「目標管理」是屬於行為科學的運用

二〇〇七年六月二十三日，參加行政院勞工委員會第四二六次主管會報。我想了兩個問題：其一是，基本工資調整後與失業率是否有連動關係，應就統計數字分析尋找答案；其二是，國民旅遊卡的設計已完成階段性任務，而且容易滋生爭議與弊端，其存廢問題需要面對與檢討。

今天主管會報也談及「目標管理」，希望能夠透過問題、現況、困難、建議的呈現，清楚計畫目標，尋求解決途徑，顯示工作績效。目標管理是看得見的、可評量的、可實現的；而且必須是質量並重、有管理的價值、有評估的方法。其實，所謂「目標管理」，根據管理大師彼得・杜拉克（Peter F. Drucker）的說法，它是一種制度，是屬於行為科學的運用，而以設立目標為手段，以提高績效為目的，並設定期限、工作項目、數值、標準價值，以作為執行人員努力的方向。

勞工保險監理委員會的業務屬於靜態、被動性質，欠缺可以量化或可評量的目標值，所以不宜單獨訂定工作績效考核項目，而以能否實際督促執行單位勞工保險局達成政策目標為衡量指標，換句話說，也就是非以監理之過程或手段作考量。依據勞工保險條例及勞工保險監理委員會組織條例之規定，勞工保險監理委員會主要任務在監督勞工保險業務及審議保險爭議事項，近年來又依據就業保險法及職業災害勞工保護法之規定，同時負有監督就保業務、審議就保爭議事項，暨監督職災勞工保護專款、審議相關補助事項之任務。任務的達成，乃透過審議及業務檢查之手段，以期發揮監理之功能，故監理績效之衡量，應視被監督機構對於政策目標落實程度而定，非以審議及檢查等工作項目之執行作為績效考核指標。

搭遊輪欣賞淡水暮色

二〇〇七年六月二十四日，傍晚，應劉敏豪夫婦之邀，與粘麗娟、林宇聲、林廷翰至關渡碼頭搭乘「大河之戀皇后號」遊輪，欣賞觀音山落日餘暉及淡水暮色。劉敏豪是現任昇陽扶輪社社長，夫婦兩人熱心，包租全船舉辦授證及捐贈醫療器材活動，保留了若干ＶＩＰ座位給玉山盟友，另有李在方及許欽洲夫婦、韓玉杰夫婦暨家人等參加，品嚐自助美食、觀賞歌唱表演，享受一個輕鬆的仲夏夜之旅。

這艘「大河之戀皇后號」，聽說是耗資一・五億元打造的頂級遊輪，也是台灣首艘五百噸級內河最大載客觀光遊輪，有大廳、包廂和露天甲板，從關渡碼頭往返於淡水河巡航，行程為二個多小時，可以遠眺淡水河岸美景，觀音山就在不遠處，沿途河面廣闊，可飽覽關渡平原自然生態美景，包括竹圍水筆仔、關渡候鳥、白鷺鷥、小水鴨，尤其晚間星光滿天，兩岸燈火點點，氣氛浪漫，使人回味。今天晚上「金孫」林廷翰玩得很開心，也給足大人面子，在小小腦海裡留下難忘記憶。

二〇〇七年六月二十五日，尤清在扁政府末年才將派駐德國任代表（大使），前台北縣政府舊屬在「彭園餐廳」林森店聚餐歡送，也慰勞葉倫治、張孟豐、劉邁方等國會助理，張國龍、蔡丁貴、吳信友、高源平、楊國柱、邱汝娜、陳彩容、莊麗珍、鄭淳元、葉義生、陳光榮、王安邦等皆出席，而我和粘格格也參加，大家很感觸。

我們戲稱，今晚是「台北縣流亡政府」的再一次聚會，都很高興。與會的人皆已先後離開台北縣政府，有自願他就，也有被迫離職者，不過所有不愉快都在蘇貞昌接任縣長後發生，所以對他也有「數不盡」的怨言，而對尤清則表現尊重與感激，並有「道不完」的美好回憶。吳信友是唯一「碩果僅存」仍在台北縣政府服務的同仁，雖然官拜參議，但終非「正統」，只能勉力從公，不得志也不得寵。

勞工退休基金監理會揭牌

二〇〇七年七月二日，參加勞工退休基金監理會揭牌儀式。在茶會時候，盧天麟介紹監理會主任委員黃肇燕、副主任委員李瑞珠、主任秘書劉麗茹與媒體認識。他在之前表示，勞退基金的運用，應具備收益、安全、流通和福利的功能與目的。勞工退休基金監理會揭牌後，將負責監督、管理所有新、舊制勞工退休基金，迄今前者基金規模一七二二億元，後者基金規模四三三〇億元，合計約為六〇五二億元。

阿扁總統應邀致詞表示，他要求把監理會成立時程提前一個月，是為了八百多萬名勞工著想，不是為選舉考量，因為時間就是金錢。他又表示，勞退三部曲已圓滿達成，並舉例說，在前年七月一日勞退新制開辦時，台股指數六二七二點，而今年三月二日勞退基金監理會組織例三讀通過時，台股指數漲為七六七〇點，但至六月二十五日台股到了八九三九點，漲幅度分別高出十七%與四十三%，顯示勞退基金投入股市的效益遠高於銀行定期存款。另外，張俊雄院長則勉勵同仁說，勞退監理會要以專業、效率、公開透明、利益迴避及公平原則，為勞工謀取福利。

二〇〇七年七月四日，參加行政院勞工委員會第四二七次主管會報。甫成立兩天的勞工退休基金監理會黃肇熙主任委員首次與會，盧天麟表示其與勞工保險監理委員會之間應具合作和競爭關係。惟事實上，前者新開張，後者是老店，兩者在組織定位、法源依據、業務範圍、基金屬性、收益保證、給付種類等皆有不同，只是在基金投資運用上，可以期待做法相同、目標一致，然而這些並非基金存在的唯一或最主要目的，何況在相同市場、有限籌碼下，爭相搶食大餅而期待有卓越績效，除了靠努力也要靠運氣。總之，兄弟登山各憑本事，但也不必過度去責難。

人生要有所取也要有所放棄

二〇〇七年七月七日，從南投趕回台北，參加李義郎在五股的「八七會」（爸妻會），長久以來，因為他的熱情和誠意，使得這樣的聚會能夠一年接一年，已經連續舉辦九年，除了提供台北縣政府舊同僚歡喜聚首的機會之外，並且可以攜眷盡情品嚐觀音山名產綠竹筍，這也是大家的最愛。今年為了歡送尤清老縣長出使德國，提早一個月時間在「天山鄉土雞城」聚會，參加的同僚如同往昔依然熱烈響應。

尤清在政黨輪替後，執政的民主進步黨並沒有善待他、眷顧他、重用他，任由他自己孤軍奮戰政壇，勉強擔任不分區陽春立法委員，但他仍堅持一貫對黨、對民主的信念，不離不棄，令人敬佩，但我要為這位同學抱不平。如今，漫長執政七年已過，長江後浪推前浪，尤清年歲漸長，光環漸失，忽然還得銜命拼外交，遠赴歐洲出任駐德代表，時候似乎晚了些，但以他留學德國的背景，以及對德國當地國情、環境的熟悉，相信還是可以替台灣做更多的事，我們都衷心的祝福著。

邁入「老年」之後心境自然不同，最明顯的是動與靜的差異。凡事少主動多被動，寧可耗時回憶過往，也不願費心規劃未來，又不能真實的接受現在；以冷漠取代熱情，以淡然取代濃烈，不計較得失，不在意功過，不關心成敗；從當初的不能調適到今天的得過且過，也從昔日的快樂、幸福到今朝的遺憾、焦慮。我明瞭，快樂並不是擁有的多，而是計較得少，而幸福只是點點滴滴的心靈感受。知道一件事怎麼做，叫成長；知道一件事該不該做，叫成熟。人生要有所取，也要有所放棄；相信完美，但不要追求完美，因為遺憾與痛苦多是來自追求完美。

嚮往田園生活

二〇〇七年七月十一日，看到一篇有關嚮往田園生活的報導，並舉實例說很多人寧可毅然捨棄都市繁華生活，孤寂地去追尋原野山林的閒適，而移居鄉下過著清淨純樸的日子，這些人來自不同階層，有老闆、有教師、有電子新貴、有退休人員。

遠離都市塵囂是許多人的夢想，尤其對那些整日栖栖皇皇的忙碌人，如何能夠追求心靈的健康與平靜，相信也是一種人生奢求。因為對已經習以為常的都市生活環境，總是會有過膩的時候，難免心生反感或不滿意，不論逃避也好、厭倦也好，無不期待有所改變或寄托，亟思返璞歸真回到原始與寧靜，化繁為簡，捨絢爛而就平凡，甚至於放棄所有找尋真正屬於自己的新天地、新家園。

每個人的新天地、新家園，不是像桃花源般的虛無飄渺，而是可見、可及的，否則築夢容易圓夢難，不如現實些，不必去自尋麻煩。或許，許多人所想擁有的，只是在一塊屬於自己的土地上，構築自己喜愛的小窩，前有庭院，旁有菜圃，種植蔬果自娛，少與人往來，自由自在，讓內心快樂與充實，讓生活愜意而滿足。

事實上，多數人的夢想，或許也僅止於夢想，遙不可及，但對於我自己而言，幸運許多，這些都是現成的、唾手可得的。澀水老家就已具備所有別人夢想中的條件，而且日夜都會浮現在我腦海。說真的，我很想現在就退休回家養老過日子。

交友的態度「自然就是美」

從事公職四十載，因個性與嗜好關係而少交際應酬，又欠缺人與人之間溝通上的通俗工具，不抽菸、不喝酒，只習慣在熟人間應對，朋友是熟上加熟，親戚則是親上加親，而不習慣與陌生人交往，亦未曾刻意去營造新的人際關係，不善行銷自己，一路走來，始終抱持「自然就是美」的交友態度，不強求，不攀附。

走過大半人生，或許高爾夫球是剩下唯一與他人的共同語言，也是維持情誼和交友的重要方式。球友都是健康的，沒有利害關係，只有相互激賞，可以一起追求球藝，一起學習球品，競技的過程是公平的、是文明的，只求自我提升，而不必爾虞我詐，只求自我超越，不必看人臉色，也不在意親疏，確實是一種紳士運動。

走過大半人生，似乎比別人幸運許多，沒有衝撞，也沒有波折，但在走進生命的末端，已逐漸學習到喜愛沉思與寧靜，偶爾找來老友相聚，大家談的都是年歲、養生或陳年往事。也許伴隨「老人」的只是孤獨和回憶，而後就是靜止與死亡，才是人生最後的歸宿。

勞工保險財務結構之隱憂

二〇〇七年七月二十六日，勞工保險開辦迄今已有五十七年，老年給付已臻成熟期，而且長久以來實收保險費率均低於精算費率，加上政策決定放寬條件增加給付，以及從八十四年三月醫療部分移出到全民健康保險後，於九十一年開始出現當月保費收入不敷支付保險給付現象，以致普通事故保險基金累存金額開始逐年遞減，而影響整體財務結構之健全，帶來隱憂。因此，如何將保險財務資訊適度透明、公開，並在相關條例明定合理費率調整機制，相信會是有助於勞工保險事業之永續經營。

目前研擬之勞工保險老年給付年金化，固可延遲老年給付之支付，但在現況下就長期研判，此不足之缺口仍會持續擴大。又在實施年金化之同時，如果年金的條件沒有較現行給付的條件具有優勢，必須考量已具有請領資格之被保險人有選擇一次領取老年給付之可能；至若採行強制年金給付，亦有造成「擠兌」之疑慮。

勞工保險條例第六十九條規定「勞工保險如有虧損，在中央勞工保險局未成立前，應由中央主管機關審核撥補。」所指虧損撥補，依據行政院勞工委員會八十六年五月五日函釋，係指「當年度保費收入（含其孳息及收益）扣減給付支出，而以累存勞工保險基金彌補耗盡後亦無法支應時，始由政府撥補。」惟以行政命令解釋法律涵義，似較乏說服力，如其解釋為立法原意，則宜於勞保條例中明確規定。

勞工紓困貸款可以方便解決勞工的短期窘境，但若因而造成被保險人將未來照顧其老年生活之保險給付提前使用，致其給付條件成就時所領取之老年給付金額因扣除紓困貸款本息後而減少，與社會保險保障勞工老年生活之意旨相違，不屬勞工保險基金之常態運用範圍，亦非勞工保險局之專業，且逾欠金額嚴重，影響基金之流動性，並增加行政作業成本，是否續辦有待斟酌，仍有正反不相同意見。

截至九十六年六月底止（保險費係計算截至九十六年四月份止），台北市政府積欠應撥未撥勞保費補助款二三二億八九三〇萬五八二二元；高雄市政府積欠一六一億三一一一萬二九七二元，合計積欠計三九四億二〇四一萬三，五五四元，已占基金規模八・九一%，且金額持續增加中，嚴重影響勞工保險基金收益及財務結構之健全，並使外界質疑政府欠費未加徵滯納金之公平性。應從法制面或政府財政負擔上，尋求解決之途徑。

城市經過雕琢而鄉下永遠純真

行政院勞工委員會改變之前每週舉行的主管會報，為每月第一個週三舉行，大家認為省事不少。每一位首長都有不同的行事風格，也有不同的領導統御方法，縱然可以因人、因時、因事而異，但領導者對一群被領導的人，無論依靠的是專業、權威或感情，都需要有服眾的本事，也需要有接受挑戰的能耐，如此才能坐穩位置，並且得以長久屹立不搖、不墜。

西藏有句諺語：「能解決的事，不必去擔心；不能解決的事，擔心也沒用。」所以，並非所有的「問題」都必須「解決」，有時與「問題」共存，往往也是「解決」的辦法之一。因為讓時間去解決，雖然不是最好的方法，未嘗不是最後的方法。時間可以沖淡一切，時間也可以治療一切。

李遠哲是一九八六年諾貝爾化學獎得主，他對科學充滿信心、對生命充滿熱情，對台灣政治、社會、教育、人文的現象與發展，充滿關心與憂慮。最近他說：「離開台北，一切都變好了！」或許，這就是居住在這裡多數人的心裡話，因為台北觀點並不代表台灣觀點，從台北看世界未必見到真實的世界。城市是經過雕琢、塑造，而鄉下永遠是純真、樸素。前者複雜，後者單純；前者重人工，後者尚自然。在不同的環境中耳濡目染，最後也有奸巧與憨直的不同。

郭芳煜夫婦走訪澀水

二〇〇七年九月一日，與郭芳煜夫婦暨其寶眷與友人搭船遊日月潭，聽取船家介紹周邊地理環境、人文、邵族祖靈及史話，以及壩堤建設和現代旅遊設施等，有些是我已知的，有些是我不知的，不過因為太商業化了，所以難免失真、失傳，欠缺的是專業與深入，而且過分期待中國大陸客的到來，以致忽略了旁人的感受。

在玄光寺碼頭巧遇呂清泉夫婦及其家人一行，不期而遇，意外驚喜。日月潭有湖光山色之美，一天有四季，景色多變化，從清晨到白晝、黃昏到夜幕低垂，都有不同的迷人風貌，晨霧、晚霞、山嵐、潮汐，為日月潭帶來幾許神秘。而水沙連、拉魯、伊達邵都是很美的名字，不知讓多少人流連忘返。只要來過，必然陶醉。

今晚，在「阿滿姨庄腳菜」款待郭芳煜夫婦等一行，這是澀水社區唯一的餐廳，頗有特色，很多外地人都慕名而來，生意興隆。晚飯後賓客們宿於妹妹的「綠野鄉居」民宿。

二〇〇七年九月二日，與郭芳煜夫婦等一行在「綠野鄉居」用過早餐後，請邱長盛村長導覽解說巡禮澀水農村，呂清泉夫婦等一行亦趕來加入，驚讚小農村宛若世外桃源。隨後，我們續走訪三育基督學院，並參觀健康中心，以及步行綠色隧道，呼吸「甜」的空氣，感受「美」的景色，我相信「人間仙境」也不過如此而已！

中午，在日月潭「古早味」餐廳，請台北來的貴客品嚐山城小吃，大家吃得得開心。飯後，與郭芳煜夫婦一行在粘格格帶領下，往訪共和村臨埔里的一處「拂水山莊」，山莊遍植多年生五葉松，地處偏僻、隱密，自成一個小天地。莊主以五葉松為食材，自製多種養生飲食，招待訪客兼配售，甚具特色。

於傍晚，大家揮手道別各自回到台中。

尤清就任駐德國代表

二〇〇七年九月三日，尤清即將出使德國，單獨約請了他到「大正浪漫」日式料理餐敘，我們同學四年，同事八年，有聊不完的話題。我們細數過往種種境遇，從學校談到家庭、社會、政黨以及政治人，也論及時局與選情，他首次提到曾因攝護腺病症而手術，如今老來又要辛苦流浪海外，看來頗為傷感，也感覺落寞。

尤清是一位有學識、有膽識、有智慧的人，簡樸、善良，雄才大略，不拘小節，只是不善經營人際關係，不逢迎、不拉攏、沒心機、沒計謀，雖有群眾魅力，但少得人緣，很快由一位政治明星而失意於政壇。政治是現實的，形勢比人強，很為他難過，也為他惋惜。他留下德國的聯絡地址和電話，甚盼好友們去找他。

二〇〇七年九月七日，與莊恆雄、饒裕益去龍潭拜訪詹錦川畫家，隨後再一起到龍潭高爾夫球場午餐。大師因整補牙齒用餐不便，以酒充當液體麵包，頗有豪氣。詹錦川生於一九二六年，在六十歲才開始學畫油畫，不是學院出身但有繪畫天分。他現在已八十二高齡，大部分時間都住龍潭尋找靈感創作，畫風特殊，人稍清瘦，惟老而彌堅，充滿活力與赤子之心，生活簡單樸實，個性隨性率真，自得自在。有人形容，他是一位抒情的、自戀式的素人畫家，不過在台灣畫壇也甚受人敬重。

尤清出使德國終於成行，搭乘今晚長榮十一點五十五班機直飛歐洲，我和粘格格、莊恆雄、饒裕益，以及從前台北縣政府舊屬及主管等二十餘人為他送行，他一一話別。今天曹子勤和小寶亦隨行赴任，不過等到柏林安頓後就將返台，讓尤清隻身留在德國，不難想像今後他在異地的日子，一定不會過得很快樂，必然是孤單的、黯然的、鬱卒的。

人老才識自己

閱讀《人老才識自己》一文，對人到老年的心境、領悟和理解，有深刻的描述和體認，不但能坦然面對自己的平凡，而且裝得下四海風雲、容得下千古恩怨，可以把美麗的花朵和豐收的果實糅進生命的脈絡。特予摘錄數則，供省思與參考：

1. 人到老年，才真正「認識自己」，也才真正屬於自己。並且用一種寬容、舒適和誠實的方式接受自己；人到老年，「已懂得安慰自己」，並且學會了在似乎無盡的黑暗中為自己點「一盞」希望的燈。
2. 人到老年，開始明白，老年自有老年的風景。青春雖然美麗但它會隨時間的流逝而褪色，而青春的「心境」才是生命中一道「不變」的風景；人到老年，開始明白「衰老」不是從中年開始，而是從對生活的「厭倦」開始的。

3. 人到老年，開始明白，人生一世，無論成功與失敗，歡樂與痛苦，盛衰與榮譽，都如自然流水，從哪裡來還將到哪裡去；人到老年，開始明白，世事並非黑白分明，在黑白之間往往有「一系列的中間色」。

4. 人到老年，開始明白孤獨、寂寞、痛苦、失敗是人生不可缺少的調味品。他們明白，並非人人都能成功，人人都能大有作為，但做人也是一生的事業，只要自己奮鬥過、追求過，失敗了又何妨？

如果生命可以重來

如果生命可以重來，不只在於反省或回顧，而是真正澈底的再生，澈底的脫胎換骨。從此，在對與錯之間，在可變或不變之間，在可選擇或不能選擇之間，走的道路會是正確的，而不是冤枉的，會是最美好的，而沒有缺憾的。不但沒有相同的後悔和遺憾，而且擁有相同的珍惜、感恩與歡欣。如果生命可以重來，我願意：

1. 如果生命可以重來，我還是願意出生在相同的家庭，有相同的家族血緣，雖然不是很富有、很顯赫，但是小康之家，父母慈愛，姊妹融洽，和樂而幸福；如果生命可以重來，我還是願意出生在相同的鄉下，雖然只是個農村，但是世外桃源，民風淳樸，土地芬芳，愜意又溫馨。

2. 如果生命可以重來，我願意不斷的求學、升學，學無止境，活到老，學到老，不論任何困難或藉口，我都不會放棄出國留學的機會，我會精修外國語文，涉獵不同知識領域，因為學問畢竟是對人的一項衡量指標。但在工作專業上，我寧可捨法律而就建築，因為這才是美與藝術，才是永恆的不朽傑作。

3. 如果生命可以重來，我願意先立業而後成家，因為有了麵包才能談愛情，何況經濟才是真愛的最堅實基礎；如果生命可以重來，結婚生子仍然是我生命中最重要的部分，我滿意今生妻賢子孝，我會珍惜緣定三生，緣續七世，但我也期盼有女撒嬌，那將會是圓滿而無缺。

4. 如果生命可以重來，我願意學習活潑開朗，學習表達能力與技巧，擅長最文明和最通俗的交誼溝通方式，不僅能傾聽也能傾訴，隨時伸出友善的手，用心活絡人際關係；如果生命可以重來，我不後悔對社會的關懷和對政治的興趣，但絕不會為了沽名釣譽，只是盡一份人類群體的天職罷了。

5. 如果生命可以重來，我會選擇至少一項運動嗜好，高爾夫球仍然是我的最愛，因為不但有競技比賽的刺激，而且也是最佳交際與健身的工具；如果生命可以重來，我會特別喜愛旅遊世界各地，欣賞人類歷史文明遺產，看看自然壯麗景觀，體驗不同風土民情，充實自己生活內涵。

6. 如果生命可以重來，凡事要積極，不能猶豫，不宜保守，即使沒有企圖，也要有所期待，即使沒有期待，也要心存夢幻，那才是真正存活的動力；如果生命可以重來，我會正面思考宗教的信仰與需要，有了靈性才能美化人類醜陋的軀殼，不過我想到的宗教力量，應該是教化而不是神化。

7. 如果生命可以重來，我將更完美；如果生命可以重來，我將永不虛度。

別人禮遇的只是頭銜

二〇〇七年十月十八日，友人E-mail摘錄自周祖秋《別跟自己嘔氣》一文，主旨是「別人禮遇的只是頭銜」，對權力與頭銜有極深入的見解。事實上，權力與頭銜如影隨形、相輔相成、互相輝映，失去任何一方，剩下的一方自然變成空洞，不是有名無實就是無所依附。而別人對你的頭銜尊重，因為頭銜背後有一股不能抗拒的權力；而別人因為對你的權力產生敬畏，所以對你的頭銜也就格外的禮遇。

本文內容說，沒有永遠存在的權力，與其緊抓著頭銜不放，倒不如好好的修養自己；如此一來，你能得到的，會遠比頭銜給你的還要多。而且也說，有很多人因為自己的頭銜很高，就因此而目中無人，以為每個人對他的禮遇和尊重是理所當然的，可是一旦卸下了這個頭銜，以往的尊重和禮遇就全都不見了。這時，他們才落寞地發覺，別人真正尊重的，其實只不過是他的頭銜而已，而不是他本身。

文章最後說，不管是多威風、多顯赫的頭銜，總會因為時間的變化而褪色，因為使頭銜發光發亮的是別人，所以使它褪色的也是別人。由歷史上的種種例子，我們可以得知，世界上沒有永遠存在的權力，人生舞台上也沒有永不退場的演員。

離職的心一直沒有改變

二〇〇七年十月二十五日，中午，林宇聲、張慧娥來辦公室與我共進午餐，他們對老一輩的人都能處處表達關心和敬重。林宇聲特別帶來一台新款的輕薄型筆記型電腦，隨時隨地可以上網，準備送我將來退休之後供居家或旅遊使用，確實貼心。

下午臨下班前，突然接獲許志仁從美國來電話，他說我的工作和延任的事，聽說行政院已在整體考量並研商當中，將會如何調整或決定，相信近期中會有答案。其實，只要周遭工作氣氛已變了質，對我而言，必須離職的心理準備一直沒有改變，一方面是不想為難太多人，另一面是凡事不要勉強，順其自然才是真的美。

不要存有憎恨的念頭
不要讓憂慮沾染你的心
簡單地生活
多關愛
少欲求

我的辭呈

在去年就職儀式上我說過，勞工保險監理委員會主任委員一職是行政院勞工委員會副主任委員「最好的出路」，也是「唯一的出路」，這只是當時調侃的一番話，沒想到如今又將成為「最後的出路」。只是來匆匆，去匆匆，如此虛晃一招，乏善可陳，真是愧對同仁。

回想走過漫長公務旅程，歷經中央、省、縣、市，甚至到總統府，以及現職的事業機構，從未主動爭取過任何一項職位，也未曾搞砸任何一份工作，凡事順遂，遇人和善，比起別人來幸運許多，已屬難得，非常值得慶幸與欣慰。因此縱使隨時須離職，亦無些微的怨尤。

勞工保險監理委員會將是我公職生涯的終點站，雖然不是最完美的句點，但已讓我懷念不已。本來退休是遲早的事，也是愉快的事。我願意以非常正面而歡喜的心境來看待這一件事。我已擬就了自二〇〇七年十一月二十二日起辭卸監理委員會主任委員一職的辭呈，等待適時提出。內容如次：

1. 很久以前看過一篇短文，寫得很好，文辭很美，內容是這樣寫的：「來是偶然，走是必然，天下無不散的筵席，亦無不下台的官兒，更無不死之人；世事紛紜，能早日退休，過點清閒日子有多好。」這些話讓我感動，同時也告訴我退休確是一件愉快的事情。
2. 歲月是退休最好的藉口，人生如戲，總是有「曲終人散」的時候。時候到了就應該走，不必問為什麼，只希望能夠留給自己有較多的時間，可以更從容的走向人生旅途的終點。從此，海闊天空，可以隨性做自己想做的事，或不想做任何事；不干擾別人，也不被別人干擾。
3. 回顧在漫長的公職生涯中，無論在任何職位或工作上，向能堅持理想，不迷信權力，也不追逐權力。本來人生的舞台永遠是熱鬧的，當有機會輪到你上演的時候，你務必全力以赴賣力演出，就是沒機會輪到你上演，你也需要習慣或學習如何旁觀與欣賞，因為任何戲中人絕非沒有你不可，何況大家所關心的只是這齣戲會如何的繼續演下去而已，劇情往往會比演員讓人印象深刻，即使最出色的演員，最終還是要卸下戲服，回首總是空幻一場。

帶著傷感揮別公職

二〇〇七年十一月九日，趁著卸下職務之前，利用休假與粘麗娟搭機飛往休士頓，探望林愷聲與陳嫵琬兩夫妻，也兼旅行度假。前後有十二天的假期，可以無負擔、沒牽掛的悠閒過日子，更能享有天倫之樂。抵達休士頓後，每天安排不同節目，打球、逛街或遊覽不同景點，接觸不同事物。於十一月二十日上午返回台北，未及休息直接衝到辦公室，隨即知會專任委員唐雲騰、柳文震、黃國義等，告知決定從十一月二十二日辭職，託請謝志雄主任秘書代送辭呈至行政院勞工委員會，也E-mail給同事及朋友們，但婉拒盧天麟主任委員三番兩次的邀約餐敘。我只想留下格調及優雅的身影。

二〇〇七年十一月二十一日，行政院勞工委員會林振裕技監、胡天榮技監、董泰琪參事、洪瑞清參事、莊鎮坤參事、賴錦豐參事等來訪，邀往「川料亭」日式料理午餐。據悉，賴錦豐參事已內定將接任我的職缺，他說只是在配合演出，而我只能搖頭。

晚上，接受勞工保險監理委員會同仁及勞工保險局總經理、副總經理和各主管們的歡送晚宴，並誠意為我暖壽，在「天然台」席開五桌，格格也應邀參加，很溫暖也很感動。我說，來時意外，離去也意外，短短一年六個月二十一天，來去匆匆，像是虛晃一招，乏善可陳，對同仁們甚感歉意。但慶幸的是，大家相處愉快，樂在工作，我既感激，又懷念，這是美好的日子，也是快樂的日子。我又說，在這一段時間，對於諸位委員的支持和費心，以及勞工保險局的配合和辛苦，我必須致上最大的敬意和謝意。並說聲－珍重再見。席間同仁們獻花、贈送禮物、照相留念，而後再一一握別，我只有感傷和傷感。想到明天將是嶄新的一天，我惘然若失！

公職生涯的句點

勞工保險監理委員會是我公職生涯的終點站，回想走過漫漫長路，比別人幸運許多，未曾主動爭取任何一項職位，也未曾搞砸任何一份工作，凡事順遂，沒有衝撞，也沒有波折。但走到生命的末端，必須面對的是最後的退休，我曾經告訴別人，也努力說服自己，退休是快樂的事、遲早的事，不是世界末日，也不是人生盡頭，不會因你的退休而使光明變昏暗，使環境變生疏、無趣，萬物依舊運行不息，該動的還是要動，該轉的還是要轉，更何況，「跳脫」也是「解脫」，外面的世界才是無限的寬廣。

有一句話說：「上台靠機會，下台靠智慧」。不僅針對政治人物而言，在很多職場也可以同樣形容。當你有比別人好的機會得到好的職位，你就必須有比別人好的表現和好的貢獻。不過當這一切沒有了、看不到了，不再被肯定或喜愛的時候，就要開始思考如何優雅退場，最好是馬上行動，否則「上台靠運氣，下台靠生氣」就不好了。我發現職場是競爭的，有時也是殘酷的，但對每個人都是同等的待遇。

本來公僕就是難為，當走出這段生涯，也就是走出是非與困惑，不再計較得失與成敗。退休改變了心境，也改變了對未來的期盼，不再有夢、有憧憬，只能冷冷的看待世界，再也找不到那顆熱熱的心；退休失去了權勢與責任，也失去了朋友與快樂，過去是空的，未來是虛的，雲淡風清，澹泊自甘；退休回歸自然的田園生活，我寧可遠離城市熱鬧的街景，回到真正屬於自己的寧靜家園。

退休以後

人因年老而退休，而年老是不可抗拒的必然現象，無需埋怨。所謂的「時間」只停留在年輕人身上；所謂的「機會」永遠是屬於年輕人的。而世間最殘酷的是剩下「孤獨」和「耐性」才是真正屬於年老的人的專利。

時光總是悄然流逝，不過不必害怕，也不必妄想長命百歲，把退休後的時間當黃金時間看待，善用剩餘時間去圓夢，去做那些想做而還沒做的事，免得到時候又是後悔莫及。

其實，人老並不可恥，不服老才可悲，通常老年人習慣過於自信、自負、執著與癡心，不願承認體力下降、記憶減退、思維局限或反應遲鈍，事實上這時候已經不再適合做一些複雜、煩瑣、重責、時空精確的工作，不然又為什麼要退休呢？

退休生活也是生涯規劃的一部分，為繼續追逐夢想的手段。所謂生涯規劃，乃面對未來的歲月做好構思與有所安排，也就是規劃人生的遠景，包括退休後最想完成的心願。曾經有人說，退休終於卸下沉重的使命，其實不盡然，有人退而不休，繼續奉獻，發揮餘熱，名利雙收；有人輕鬆過活，遊山玩水，頤養天年，享受自己的夕陽人生；有人回歸鄉里，勉力付出，寄望老來臥病可以得到兒孫的床前關懷；有人則退而「命休」，失去工作，失去激勵，失去樂趣，最後失去生命。每個人因為有不同的境遇，和不同的選擇，而有不同的結局。

我喜歡一個人淺嚐孤獨的滋味，冷眼旁觀這個世界。我在想，失去工作不代表失去一切，只是失去了當公務員的熱忱，仍然有許多的新事物等著去學習、去認識；我在想，退休是享福的開始，也是失意的開始，因為不再有成就的喜悅，也不再有收割的滿足；我在想，退休後時間多沮喪也多，因成長已過飽滿，路程已到盡頭，色彩不再光澤，笑容不再璀璨；我在想，退休是人生重要分水嶺，由上坡變下坡，由成人變老人，由忙碌變閒暇，一樣的天空，不一樣的世界，一切都在變，變得前後兩模樣。

不過，再多的變化也不忍放棄我的喜愛和嗜好。我喜愛旅遊，尤其不同的自然景觀、不同的風土民情、不同的文化歷史，深深地吸引著我，只要是初接觸、新造訪，都是最入眼、入畫的景色；另外，高爾夫球運動是我唯一的嗜好，也是唯一與他人的共同語言，只求自我提升而不必爾虞我詐，只求自我超越而不必察言觀色，是一項紳士運動，隨時表現禮貌和運動家精神，因已陪伴我走過大半的人生，我不會放棄，也不忍放棄。

在很久以前，鹿港詩人施文炳，贈我一幅《靜如山》的字畫，並題字「無欲則靜，靜則明」；另有草屯畫家柯耀東，贈我描繪農村的水墨畫，附有對聯寫道「放懷於天地外，得趣在山水間」。兩幅墨寶寓意深遠，我愛不釋手，細心的珍藏。我把前者作為服公職時對自己的要求，我把後者作為退休後生活追尋的目標。

在人生漫漫旅途中，有悲有喜，有圓有缺，最糟糕的境遇不是貧困或厄運，而是精神和心境處於一種無知覺的疲憊狀態，那才是真正的可悲。人生無常，小時候多夢想，年輕時多妄想，年老時只剩回想，回想曾經擁有過的，也回想那麼多擦身而過或遠不可及的一切。如果回想是重拾記憶的話，是複雜而滿載的，有感動，有喜悅，有遺憾，有懺悔，而且有酸甜苦辣。但這一切的一切，不過是人生的過程罷了，無論多華麗、多激情、多愜意，最後都將歸於零，也隨風飄落，而那才是人生真正的結果。

第四篇

民間社團與民間企業

第一章　民間社團

參加社團服務

人是群居的動物，在這個社會存在著各種不同的團體，也不斷朝著多元化發展。這些團體有以利益相結合者，有以理念相結合者，亦有因聚集人氣而結合者，而我卻捨棄政治性團體，選擇了公益性的國際社團，包括「國際青年商會」以及短暫參加的「國際扶輪社」、「國際社會福利協會」。

所謂「樹要成林，人要結群」，人類本來就過慣群體生活，不能夠離群索居，在社團中可以學習人與人之間的互動，建立較好的人際關係，並且抱持服務人群與訓練自己的雙層目的，確實受益良多。

我是在一九六九年參加台北國際青年商會，被指派負責經濟事務委員會，也有過幾次主持「台日經濟會議」的經驗，結識許多日本青年會議所的成員，他們都是經營事業有成。我先後擔任台北青商的理事、中華民國總會的會務執行長、財務長等職務，積極參與會務活動，也廣交朋友。其中，一九七四年出席國際青年商會札幌亞洲大會，是以菲律賓籍大會主席David Tsai的特別助理名義與會，會後與王朝培及幾位日本友人，從北海道一路玩到北九州，再從別府乘船到神戶，印象極為深刻。

主辦「國際青年商會一九七八年亞洲大會」

在經濟部投資審議委員會工作項目固定，沒有時間壓力，也沒有想像中困難，所以開始較常與外界接觸、走動，認識鄉親、結交朋友、參加社團、服務人群。一九七五年與許國宏、沈志宏、陳義雄、王世榕、林武雄、范光勳、呂良輝等人籌組首府國際青年商會，當時仍然適用「動員戡亂時期人民團體組織法」，突破層層限制而後成立，我接任第四任會長，並推舉王世榕當選中華民國總會會長，也往韓國南漢城青年會議所與會長金澤勳締結姊妹會，另與大墩、巨港分會簽訂會務合作計畫，一直延續至今。

我在公餘時間參加的社團當中，其中以國際青年商會涉入較深，曾經歷重要職務，並積極熱心的參與、主持、規劃多項有意義的活動，特別在擔任首府國際青年商會會長那年，帶領工作團隊成功主辦「國際青年商會一九七八年亞洲大平洋地區大會」，有三十六個國家的三千多名會員代表參加。大會主題為「兒童——我們的寶藏，我們的希望」，藉以喚起世人對兒童的關懷與注意，也舉辦都市問題、文化保存講習會、亞太地區會務諮詢會議，以及國際之夜、姊妹會議、家庭接待、高爾夫球賽活動，創造空前紀錄，贏得世界總會及國際友人的讚許，而蒙蔣經國總統於會後召見嘉勉。

第二章　民間企業

我曾短暫的離開自己終生所喜愛的公職生活，從台北市政府「自願」退休到台新國際商業銀行，擔任董事長辦公室主任兼副總經理，同時被派任台北智慧卡股份有限公司董事，也參與籌備「財團法人台新銀行文化藝術基金會」並出任董事，加上後來又兼任「財團法人台新銀行公益慈善基金會」董事，是在同一民間企業不同的職銜，看似眼花撩亂，事實上職務單純。而在這之前，亦曾由台北縣政府派任台北大眾捷運股份有限公司董事，勉強稱為企業經營的歷練，是額外的收穫。

當年「棄政從商」是經過幾番掙扎，確實有一份難以割捨的感情，既期待又怕受傷害。但在不同的領域裡，從頭開始適應叫人很為難，我心想能多一份選擇，就多一份優勢，有挑戰就有成就，應該值得嘗試。就在新的企業環境裡，我可以親身感受到一個企業的成長，也可以看到一個企業文化的形成過程，但終歸不在屬於自己專長的工作領域，所以有時會感到格外孤單，有時會陌生得可怕。因為企業經營與政府行政畢竟不同，前者重人治，後者重法治；前者重市場、商機和利潤，後者重法令、民意和服務。兩者之間存有本質上的差異，不過也各領風騷。

企業責任就是社會責任

我經常在想，企業貴在永續經營，貴在發揮正面的影響力，給外界留下好的社會形象，這也就是企業創辦人的理想與責任。企業存在的目的是創造價值，為人類社會貢獻心力，以一種可持續性的價值，例如帶給人們歡樂、帶給廉價的消費、帶給消費者方便，而所謂永續經營，就是追求這種可長可久的價值，不是把營利當作唯一存在的價值。企業責任就是社會責任，就是道德責任，如從企業中抽離這些，就失去了精神價值，縱使得到利潤，也只不過剩下一個空殼子而已。

每個企業有不同的企業文化，優質的企業產生優質的文化，優質的文化成就優質的企業。企業文化是在工作團體中逐步形成的規範，是企業內群體對外界普遍的認知和態度，為全體員工所認同並遵守的使命、願景、宗旨；企業文化也是企業的靈魂，其核心是企業的主要精神和價值觀，包含企業理念及企業形象與標識。

我在公職生涯中都在行政部門，幾乎與企業經營絕緣，距離最近是在經濟部服務時候，接觸到公司組織及僑外投資事業，但涉及的是法律而不是實務，在後來有機會以政府股東代表出任台北大眾捷運股份有限公司董事，但仍形式重於實質，直到進入台新國際商業銀行，才真正有企業文化的體驗，可是依舊隔行如隔山。

台新國際商業銀行

一九九九年三月一日，我從台北市政府退休進入台新國際商業銀行。其實來此報到之前，經由吳統雄的引薦已認識吳東亮董事長，並於一月二十七日邀請吳東亮、吳東昇、吳統雄、吳光雄、吳敏暐、郭蕙玉、陳淮舟、陳龍政，以及鄰居蘇起夫婦等人在汐止家裡聚餐，大家稱讚粘麗娟的廚藝，也關心財經和治安話題，以及經濟景氣和股市、金融情勢。後來於二月二十三日，再度會見吳東亮，談論工作的方向和細節。

台新國際商業銀行於一九九〇年財政部開放民間成立銀行時，由吳東亮先生邀摯友及企業界人士共同發起創設，於一九九一年八月獲准設立，再於一九九二年三月二十三日正式營業。設立時資本額為新台幣一百億元，主要股東包括新光紡織、新光合成纖維、味全、味王、三信商事、東元電機及九如實業等，為新設立銀行的模範生。主要營業項目，包括收受存款、辦理放款、進出口外匯、票據貼現、匯兌、保證、保管、信託、信用卡、衍生性金融商品交易、投資及承銷有價證券、境外金融、發行金融債券等。公司股票於一九九八年十月公開上市發行。

我進入銀行體系因不具金融人員任用資格，只好以董事長辦公室主任兼副總經理名義進用及支薪，當時在中山北路大樓上班，由於公務生活與企業文化是不同的二種工作領域，難免一則以憂，一則以喜，喜的是有新環境、新期待，憂的是自己的產能在那裡，產值有多少？不論轉換跑道或另闢戰場，總盼望冬天走了，春天到了！

我們的社會是多元的，而且人各有志，因此有學而優則仕、有學而優則商、有棄商從政、有棄政從商。我心想，在世界上如果每個人都能適才適所、發揮所長，那這個世界一定是太平的、繁榮的。

在陌生的環境裡摸索

在陌生的環境裡工作，對周邊一切都覺新鮮、新奇，有制度依制度，有標準依標準，依樣畫葫蘆，遇事懂得先摸索而後才能熟悉、融入，最後才談得上貢獻。不過，如何定位自己很重要，名不正言不順，任何職位都有框架和無形界線。我記得陳河東曾說過的：「做事的道理和做人的道理是相同的，不會有兩樣的。」

有人說，傑出的企業都有一個強勁有力的「企業文化」做為基石。而我有這樣的選擇是，我認同台新穩健的企業經營理念與文化，以及經營者的全神投入和強烈企圖，當然個人對新事物的學習興趣，也是一股催促的力量，只可惜學無止境，凡事不能一蹴可及。

銀行是金融業也是服務業，服務業必須重視客戶關係的建立，需要用心與耐煩，也需要明瞭自己的強項，因為所有的競爭都是殘酷的。服務業就是提供「服務」給顧客，提供的包括感受、過程、效率、節奏、態度、素質、判斷力等。我一再的強調，與人講話的方式包括語氣、態度，和講話的內容是一樣的重要；而所謂能力，包括專業、機會與人際關係。我欠缺專業，或許可受禮遇但我知道不會被重用。

拿到在民間工作的第一份薪水

一九九九年三月十六日，我拿到在民間工作的第一份薪水，優渥待遇，公家機關應該汗顏。不過，我內心有一種複雜的感覺，真的走出框框、海闊天空、自由自在？在日本有所謂「下凡高官」，意思是指辭去官職後被安排在民營機構任要職者。尤其在大藏省與金融機構之間，因為大藏省對金融機構握有強大的權限，包括許可權與裁量權，亦即含解釋法令、斟酌情況等。但我不具這種角色和這種功能。有時候一個人的存在價值等於被利用的價值，但只是現實層面，背後往往還有更可貴的情義成份。有時候禮遇和重用之間有差距，像是曲高和寡、叫好不叫座。

事實上，企業要有好利潤，員工才有好福利。追求利潤是企業經營的本質，所以有人說，不論是白貓或黑貓，只要會捉老鼠的貓就是好貓。其實，企業能夠有好的營運業績，能夠創造更多的利潤，應該有多種因素的配合，包括：內在因素與外在因素，前者例如卓越的領導人、專業而敬業的幹部、誠實執行的員工、完備的規範法規和制度；後者例如有利的大環境（包括政府的措施、經濟的景氣）、社會的評價、民眾的信賴。我環顧四周圍，這些條件都已發生在台新企業身上。

在這樣的新環境裡，我可以感覺到一個企業的成長，也可以看到一個企業文化的形成。就如同一個新的團體一樣，有它的活力、朝氣、願景。但在商言商，對於商機的掌握、對於風險的迴避、對於情勢的瞭若指掌，自有它敏銳的嗅覺，以及妥善處理之道。除此之外，人與人的競爭，企業與企業的競爭，也是在所難免。

良禽擇木而棲

台新銀行待我不薄，為我準備一獨立空間當辦公室，配有助理和車、司機。助理邱慧萍是范光勳推薦，輔仁大學會計系畢業，乖巧、嫻靜，對我工作幫忙很多。有一句話說：「良禽擇木而棲，賢臣擇主而事。」在官場、在職場同樣道理，其主動權、抉擇權在自己，不遷就、不勉強，也非情非得已，接著就盡其在我了。

有人說：「個性決定命運，命運決定一生。」意思是說，有好個性才有好人生，有正向的個性，才有正向的人生。有人說，好宰相只做二件事，一是建立制度，一是選拔人才，反駁能者多勞的說法，即使權力在握也要拿捏分寸、知所進退。

最近看了幾本書，其中包括Alison M.S.Watson原著汪仲翻譯的《歐元世紀》、王增祥著的「日本金融大崩潰」、花房孝典原著楊鴻儒翻譯的《危險的中國》，以及王作榮自傳《壯志未酬》。我需要充實自己，因為行政長才有可能是企業界的低能兒。

最怕的是寂寞

在新的工作裡，我失去了熟悉的環境、熟悉的朋友，有時讓我孤單。其實，我怕寂寞，寂寞帶來孤獨，而孤獨的背後是無助、焦慮、恐懼；我怕寂寞，寂寞帶來空虛，而空虛的背後是無聊、貧乏、失落，和無法填補的缺口。我常在想，何不抱持欣賞的眼光用心去體會，有時候會發現空白也是美，就像殘缺也是美一樣。

我常懷疑，自古英雄皆寂寞？不過，每當覺得無所事事、無所作為的時候，相信第一個想到的是「尸位素餐」這一句話，是多麼的頹廢。唐．杜牧《冬日題智門寺北樓》：「滿懷多少是恩酬，未見功名已白頭；不為尋山試筋力，豈能寒上背雲樓。」

我常懷疑，人是不是活著越久就越淡然？還是自然而然降低對完美事物的要求？得過且過般的。但無論如何，不可以忘記要時時心存對於提高人的素質的期望。季辛吉說：「憤怒不是一個政策。」得意事來，處之以淡；失意事來，處之以忍。

訪問新光合纖廠

新光合成纖維公司是大新光集團旗下的一家企業，也由吳東亮擔任董事長，我被安排走訪包括中壢廠、桃園廠、觀音廠，實地瞭解生產、管理與訓練等情形。我的心得是：一、正確的決定是投資獲利的重要關鍵；二、工作（程序）的簡化不能因而犧牲（或動搖）原有的信任感；三、專業經營者要有拍胸膛的勇氣，而投資者要有使專業經營者有拍胸膛的機會。

來到台新將近三個月，日子對我來說，依然有一種不落實的「虛浮」感覺，沒有挑戰、沒有真正的充實感，談不上潛力、談不上爆發力，好像失去了所有的舞台似的。受的比給的多，不種樹那來乘涼的權利！沒有信心不可能有成就，沒有成就也就不會有信心；自信與恆心是攻頂的捷徑。邱吉爾說：「偉大的代價是責任。」

首次踏上中國大陸

一九九九年六月五日，首次經由香港前往北京參加「兩岸銀行業務實務研討會」，係由中國銀行邀請彰化銀行、中國信託、農民銀行、上海銀行等八家行庫組成台灣代表團，由我代表台新銀行出席，內人粘麗娟及幾位夫人亦隨行旅遊，參觀天安門、故宮、萬里長城、十三陵等名勝古蹟和景點。在北京住中苑賓館，也品嚐全聚德烤鴨，並在釣魚台大酒店舉辦惜別晚宴，全部由中國銀行指派專人安排款待事宜。

在中國境內商業銀行業務剛起步，大抵屬於國家銀行，所以較刻板、保守、缺少靈活度和彈性，但也急著觀摩和學習。兩岸銀行業務實務研討會主要研討議題，包括：

1. 兩岸最新經濟、金融現狀及其對銀行業務的影響。

2. 兩岸銀行匯款及結算業務實務。
3. 兩岸銀行信貸業務合作探討。

在北京的研討會結束後，六月九日飛抵上海，參訪上海證券交易所，以及中國銀行的地區分行，並遊覽浦東新區、東方明珠塔、豫園、城隍廟等地，入住錦滄文華大酒店。於翌日，赴蘇州參加高爾夫球聯誼賽，是在雨中舉行，頗覺掃興。

六月十一日前往南京遊覽中山陵、明孝陵、秦淮河。中山陵為孫中山的陵墓，位於南京紫金山南麓，碑亭上刻有「中國國民黨葬總理孫先生於此中華民國十八年六月一日」等字樣；明孝陵是明代開國皇帝朱元璋和皇后馬氏的合葬陵墓，坐落紫金山獨龍阜玩珠峰下，東毗中山陵，是南京最大的帝王陵墓；秦淮河流經南京城內的這一段河流被稱為「十里秦淮」，古時曾是人文薈萃、商賈雲集之地，乃為「六朝煙月之區，金粉薈萃之所」。遊罷秦淮河畔夫子廟及商場，回到上海。第二天六月十二日，經香港返回台北，結束為期八天七夜的中國大陸「處女航」。

時代無情的往前推移

時代不斷的在改變，無情的往前推移，不同的時代有不同的現象、規律和問題，由野蠻到文明，也產生不同的困惑。農業時代經驗就是知識，貴在傳承，所以是「父教子」的時代；工業時代，知識爆炸，各具專長，所以是「父子同學」的時代；現在資訊時代，科技瞬息多變，不學則廢，所以又是「子教父」的時代。

知識隨著時間和環境成長，但感情卻隨著時間和環境變化。我們常發現，人與人之間的感情，包括友誼和愛情，會因時間和空間的轉移由濃變淡，甚至於消失，難道就是所謂的人在人情在！但很遺憾的是，為什麼連職務和工作的變動，也會讓人深刻的感受到人情炎涼？或許牽繫感情的元素很多，而利害關係也是其一。

偷得浮生半日閒，前往大溪山莊參觀《寄暢園》的收藏品，令人嘆為觀止。私人有這樣的收藏規模的確不容易，必須有相當程度的嗜好、偏愛和著迷，當然背後也要有相當的財力支持。尤其，重要的是要有比別人更執著的個性，經過漫長的歲月仍然一路走來始終如一。有人說藝術無價，也有人說有錢又有閒才有資格談藝術，姑且不論如何，但對美的事物，相信每個人都希望欣賞它、親近它。

我觀察到，一個企業願意贊助文化藝術活動的因素很多，包括有出於熱情，也有出於偏好，更有出於責任。例如：行有餘力以善盡社會責任；希望建立良好形象獲得外界較高的評價；可以得到廣告的效果，而增加營收；以及企業主持人的喜愛和興趣。

自我管理的能力

我在每星期一固定參加新光合纖經營決策會議，對企業的經營有深一層的接觸。事實上，工作性質雖然與從前自己所熟悉的方法截然不同，但並沒有隔行如隔山的那份恐懼，相反地，對於周圍的一切，無論人或事，都帶有一種新意和喜悅。

所謂行行出狀元，是在鼓勵年輕人力爭上游的話，讓每個人在自己的本行上都存有期待和願景。有句話說，「男怕入錯行，女怕嫁錯郎」，所以對於職業的選擇，尤其在踏出社會第一步的時候，那是很重要的關鍵，往往這麼決定了一生要走的路，當選錯了邊、入錯了門，後悔來不及，回頭一場空，一切似乎為時已晚矣！

在人生道路上，每一個人自我管理的能力，關係一生的性格與成敗。自我管理出現了瑕疵或危機，很顯然的就會失去了自主和理性，像無頭蒼蠅一般，找不到方向，不是徒勞無功，就是事倍功半，也就成了名副其實的「忙」就是「盲」。

自我管理能力，是有意識、有目的地對自己的思想、行為進行轉化控制的能力。自我管理首先必須由時間的管理開始，遵守時間是給人的第一印象，善用時間則是到達成功的捷徑。我常有天真想法，如果一天二十四小時切割成為三部分，其中八小時是工作，八小時是睡眠，其餘八小時就必須作自己最稱心的安排，包括：讀書、進修、交際、應酬、家庭、休閒，以及其他非現實的理想或夢想的實現。

人與人貴在那份感覺

人與人之間，尤其男女制衡關係的法則，包括：放棄以自我為中心的自私原點、以同理心關照對方的處境及想法、以自由信任取代權力慾望的掌控、以理性溝通取代情緒化的對峙、以相輔相成的觀念取代一爭高下等等。事實上，人與人之間的關係，真正可貴在於彼此內心的那份感覺，也可以說一種直覺，除此之外，似乎沒有一定的公式可以作為衡量的標準工具，否則與不具感情的機器人有何差異？

入境隨俗也是拉近人與人之間距離的橋樑，但入境隨俗不是外表形式而已，而是內心真正的接受。入境隨俗與同流合污不同，二者有絕對的差異，前者沒有所謂善與惡的問題；後者是指失去了從善的能力，而對不同邪惡的誘惑的屈服。所以不能以入境隨俗為藉口，來減輕同流合污的罪惡感。很遺憾，二者經常被混淆。

最近閱讀《工作自尊心》一書，提到所謂「自尊心」，是指所有能讓你有能力應付生活基本挑戰，覺得自己有資格享有幸福人生的種種經驗。自尊心低落，就容易抗拒改變，死守熟悉的事物。書中也闡述：所謂智慧，是人類生存不可或缺的必要條件；所謂身分，不再是繼承而來，而是你所創造且可當之無愧的事物。

我們經常犯的一個錯誤，就是常常以現在的標準評斷過去，而未能以當時的時空條件來衡量。在書中也提到：「服從與可靠的特質，仍是稀有的美德，不是到處可見。」又說：「人所以要工作，是因為上帝對人的不順從，所給予的處罰。」

人是群居的動物，所以有部落、村莊和城市，組成各種不同的社團、政黨、還有形形色色的團體，甚至不同的社會和國家，每個人都在這種圈圈裡頭生活，有些是默默地生存著，有些則是忙碌的想表現突出，無論大圈圈或小圈圈，誰都不能置身度外。不管自願或被迫投入在哪個圈圈裡，就要善盡本能和職責，和諧地處理與團體之間關係，使自己成為「有用」的人，讓自己沒有「白活」的感覺。

對季節變化比較敏感

隨著歲月的增長，對季節更替似乎也比較敏感，台灣雖然沒有「一葉知秋」的明顯變化，還是感覺得到春、夏、秋、冬輕輕的從你身邊走過。在不同節令有不同節慶活動，是古人的智慧結晶，世代傳承。傳統最初可能來自迷信，但傳統並非就是迷信，而是一群人經過日積月累、習以為常的生活觀點或方式。所以，不能否定傳統，也不必迷信傳統。然而「整齊劃一」不一定是最好的生活習性，有時「亂中有序」反而會為生活帶來樂趣，只要不必刻意地去塑造它、奢求它。

有一天在車上聽到廣播，提到當事情發生時，很多人的本能反應是，為什麼會這樣？為什麼會是我？而不先尋求解決的方法。譬如說，當別人擦撞到你的車子，你會馬上開口說：「你為什麼撞我？」而且在心裡想：「為什麼倒霉的是我？」而不會先接納這事實，再心平氣和的談如何處理善後。事實上，事後處理往往是最重要的，至於釋懷那是求得內心平衡的方法，因為不在這樣平衡的出發點上，別人的任何金玉良言，都會變成廢話一堆，尤其對於那些亟需要心理建設的人。其實誰都明白，接納與釋懷才是面對困境和不如意的不二法門，但又有幾人能做到！

人不能沒有工作，不論是為生活而工作，或為工作而工作，但可以肯定的是生活不只是工作而已，因為除此之外還是要有時間去適應這彩色繽紛的世界。我們也知道，工作必須勤勉，而懶散、鬆懈是成功的絆腳石，可是紓解工作壓力最好的方法，絕不是工作、工作、再工作。知識是一種專業技能，而常識則是一種普遍認知，如果只有工作知識，但欠缺生活常識，就容易養成孤僻個性，而與世格格不入；如果只有生活常識，但欠缺工作知識，就會喪失競爭能力並使精神貧瘠。

領導與被領導

經營領導不是一件容易的事，需要各種條件的配合，包括人才、錢財、環境、機會缺一不可。至於企業經營獲利的兩大因素，乃是永遠保有優勢並能迴避風險。所謂領導，大致分為「感情領導」與「權威領導」二種。前者，係以交情、關懷來感動他人，而使他人願意「聽」、「從」於你；後者，不一定是指權勢、威望而言，有時也指他人不具備的那種專業技能或知識，而使他人「信」、「服」於你。

要領導別人，就必須先學習如何被領導。因此壓力、鼓勵和扶持都很重要，尤其壓力可以使人專注、使人成長；也可以使人挫敗、使人崩潰。

很早以前，聽說過絲瓜成長的故事，至今記憶猶新。大意是說：相同的絲瓜種子，在相同的品種、相同的土壤、相同的氣候、相同的水分條件下，播種長成的二棵絲瓜，其中之一由人工架設棚架，使其攀附成長；另一則任其在地上自由成長，最後開花結成絲瓜時，前者必定量多味美，後者則小而少收成。這也隱喻，兩個相同才能的人，其中一人如果缺乏別人照顧提攜，那麼發展機會就會受到限制，而生不同境遇。

人生多樣，無論感情或事業，有人喜歡追尋轟轟烈烈，有人但求庸庸碌碌，沒有對與錯的問題，只是價值觀和境遇的不同而已，完全看自己的選擇，也看自己的造化，別人是愛莫能助的。我常在想，能在貧窮家庭聽到歡笑聲，那才是真正的快樂，因為它不是用財富換來的，也不是用財富堆砌起來的，所以才格外可貴。

重視人與人的關係

社會上特別重視人與人之間的關係，但「重視」僅是「講求」而不是「珍惜」，所以並不代表這個社會是溫暖的、公平正義的。找工作也好，升遷也好，或是有事協商也好，免不了套人情、找關係，否則好像對可能的結果就失去了信心。當有了這些過程，即使結局不是你所願意見到的，你也會以「盡人事，聽天命」來自我安慰。而所謂「盡人事」，也就是指你所能夠用得上的任何關係與背景。

我們經常聽到所謂「圈內人」、「圈外人」，是分別同業與非同業最簡單的用語；我們也經常聽到所謂「內行人」、「外行人」，同樣也是分別專業與非專業最簡單的用語；其他還有所謂「局內人」、

「局外人」，應該指當事人或非當事人而言，就是整個事情經過的關係人或非關係人，明確地說，也就是參與人或未參與人。

另外，時下也流行所謂「邊緣人」，常聽到的有社會邊緣人、法律邊緣人。前者應指社會上缺乏人照料或不食人間煙火的人；後者應指於法律在規範與不規範之間，看似觸法又無可歸責的情況。但無論如何，人要走正路、做正事、當正人。

九二一大地震

一九九九年九月二十一日，凌晨一點四十七分，台灣發生芮氏儀七・三級地震，初步傳來震央是在日月潭附近，後來證實在南投縣集集鎮地方，所以定名為「集集大地震」，或稱「九二一大地震」。聽說這是台灣百年來最大、最嚴重的一次地震災難，也是全球近十年來傷亡最慘重的地震中排名第八位。初步統計，罹難人數已達一千七百餘人，受傷者達四千餘人，失蹤兩百餘人，而陷於瓦礫中待救援者亦有將近三千人。至於房屋、建築大樓倒塌以及供水、供電、油管系統等之受損，以及其他財物毀壞更是不計其數，而且災情仍續擴大之中。尤其是位於震央帶的南投縣及台中縣，媒體形容是一片「斷垣殘壁、哀鴻遍野」，確實是讓人怵目驚心、無語問蒼天。

南投是我的家鄉，災難臨頭，有比別人更多的憂心和傷痛。面對突如其來的天災地變，人類就變得非常渺小、脆弱、無奈與悲哀，也唯有在這個時候，患難見真情，才能夠打破鴻溝與國界，伸出援手，救災救難，讓人感受到另類不同的愛。

地震過後的第三天是中秋節，為傳統的重要節慶，但多數人籠罩在愁雲慘霧中，絲毫感受不到歡樂的氣氛，無論是直接受害、間接受害、或幸運逃過一劫，全部人的心情都是沉重的、悲傷的。月圓人不圓，花好人不好，多麼令人心酸難過。

電視傳來這次人類的浩劫，災區滿目瘡痍，慘不忍睹，傷亡人不斷增加，同時傳來看不完的感人肺腑畫面，數不清、講不完的淒慘、悲涼故事，而人性善良光明的一面，在這時候流露無遺，人與人擁抱在一起，不是兔死狐悲，而是至情大愛。李登輝總統引述證嚴法師所說的話：「九二一大地震的所有罹難者都是大菩薩，是老師，用生命作教材，現身說法，代替兩千兩百萬台灣人受災受難，救了我們下一代。我們應該從過去的錯誤中學習重生、感恩，讓社會充滿祥和與善良。」

林宇聲與王雅瑜結婚大喜

一九九九年十月十一日，林宇聲與王雅瑜結婚大喜，在來來大飯店宴請賓客。結婚是終身大事，為人父母自然特別操勞、操心，在幾天之前，就忙裡忙外，忙得不亦樂乎，從訂酒席、送喜帖、迎親、宴客，以及邀請證婚人、介紹人，樣樣親自張羅，疏忽不得，尤其正值震災的時候，這中間還包含多少人情、世故和無奈！

台灣社會各種喜慶繁文縟節，從農業社會到現在沒多大改變，有些顯然多餘，但當事者似乎都不想去違背它，這也是為什麼一直沿襲引用的原因，久而久之，也就習以為常，很自然地就成為禮俗。我們不能「免俗」，但也不能落入「俗套」。婚禮席開六十桌，邀請宋楚瑜當證婚人，蘇起與王玲惠為介紹人，吳東亮夫婦為貴賓；黃健一特地由高雄坐飛機、坐輪椅來參加，必須當天往返，實令人感動。

我致謝詞說：期待了將近三十二年，今天終於來臨了，非常歡迎各位蒞臨參加婚禮。首先，感謝宋楚瑜省長，在馬不停蹄的這段期間，能夠為這一對新人福證；其次，感謝我的好鄰居蘇起主任委員和王玲惠理事長，特地前來介紹這一對新人。同時，要感謝我的親家王振元、陳淑桂夫婦，將最疼愛的唯一掌上明珠嫁到我家當媳婦，佳偶天成，非常高興。

今天婚禮的很多工作人員，有些是我過去的同事，有些是我現在的同事，還有些是媒體的記者朋友，我也要特別感謝你們的幫忙。最後，我必須感謝各位貴賓的蒞臨，使今晚的喜宴更加喜氣洋洋，增添無限光彩。不過，這是我家三十二年來的第一次，難免招待不周，還請多多包涵。敬祝大家平安幸福！

維持一個「家」並不容易，就像其他動物的「窩」或「巢」一樣，這不但是延續生命的地方、是避風港、是學習成長和製造美好回憶的地方，而且也是可以同時接納各種不同喜、怒、哀、樂的地方。

「家」，需要家庭所有的成員來共築、來支撐，也唯有使每一個家人都有真正參與感，你就會更珍惜這個家、更愛這個家。

親戚的感情細水長流

王雅瑜歸寧的日子，在台中長榮桂冠宴客，張溫鷹市長夫婦特地到場祝賀。因為親家公王子癸是前台中縣長、黑派大老，所以有許多的地方政治人物前來參加。

親戚的感情比較「純」，也比較「醇」，不分貧賤與富貴，不計較，不遮掩，而且真心流露；親戚的感情細水長流，不容易褪色，也不容易變質，而且心甘情願的付出多於收受。親戚有血親與姻親，前者具血統關係，後者來自婚姻關係；前者與生俱來，例如：父母、叔伯、兄弟、姐妹等皆是，後者決定在於當事人緣分、感情和志趣的結合，而後衍生的各種關係，例如：岳父、岳母、親家、配偶等。

世間有些事是無可選擇的，有些事是可以選擇的。對無可選擇的事，一切已安排就緒，沒有反對的權利，願意與否不能悉聽尊便，例如：父子、同事、同學；對可以選擇的事，要如何選擇，就要靠的智慧和判斷，例如：職業、婚姻、朋友。

所謂「血濃於水」或「胳臂往內彎」，是對親情的註解，其實只不過概念罷了，有時候難免感嘆「遠親不如近鄰」，既然不能一概而論，所以答案也就不盡然。

個性貴在可以讓別人接受

最近看了ＥＱ二一書，書中曾提到：「評估你的不只是個人的聰明才智、受過的訓練和專業能力等，還得看你如何自處，如何與別人相處。」又說：「新的測量標準把工作所要求的智力、能力技術視為必備條件，更關鍵的是個人的特質例如主動、同理心、適應力和說服力。」這是在競爭劇烈的現實社會，不能不銘記於心的。

書中也提到，現今社會中，個人的前途遠景，取決於如何更巧妙地自處和處理與他人的關係。所以把「能力」定義為：可導致更有效或更優異工作表現的個人特質或習慣。而所謂「專業能力」，是常識加上工作中所累積的特殊知識和技巧。

個性決定命運、態度決定格局。辭海記載：所謂「個性」，指個人所具的性格；而所謂「性格」，則指個人的品質而言，即是由道德和心智兩方面集合而成的；至於所謂「情緒」，指情意多端，如絲有緒，是若干感情結合而成的複合作用。個性是長時間養成的，平常所表現的例如：急躁、懶散、保守、武斷、善變、多疑、穩健、勤奮、樂觀、進取等；情緒則是一時的發洩，所表現的例如：憤怒、悲傷、亢奮、衝動等。個性貴在可以讓別人接受，而情緒則應避免低落或失控的時候，因為低落的情緒會使得可愛的人變醜，失控的情緒會使得聰明的人變笨。

人的本性，應指本質而言，亦即包括：知、情、意的稟賦。有一句話說：「江山易改，本性難移。」由此可見，根深蒂固的個性，往往會與眾格格不入，任誰也莫奈他何。所以人與人相交、相處，是否「對口」很重要，不一定「水乳交融」或「如膠似漆」，但至少也要「情趣相投」，就好此是「咖啡加牛奶」的自然對味。

每個人都會有不同的嗜好，有些會有時間性、階段性，而有些甚至於終其一生也不會改變，著迷的程度令人稱奇。所謂嗜好，應該是指日常生活中特別的喜好，例如：喝酒、抽菸、運動、打牌、看書、聽音樂等皆是。嗜好大致分為「良」與「不良」二種，但有時不是質的問題，而是量的問題，例如喝酒、喝咖啡便是。聰明的人從其嗜好中找尋快樂，享受自我，愚蠢的人被其嗜好牽著鼻子走，不能自拔。如果因「玩物」而「喪志」的話，顯然已是自討苦吃、自毀前程，根本談不上「良」與「不良」的問題了。有人說，「笑」是人類的專利，在其他動物身上見不到的，那麼「知所節制」，應該也是人類異於其他動物的地方吧！

又何必自尋煩惱

凡事都會因時間的逐漸久遠而趨於平淡，記憶如此，感情如此，節慶如此，企圖心、新鮮感又何嘗不是也如此。隨著年歲增長，對於時序的變化也愈覺敏感，在台灣雖然四季不是那麼分明，但還是感受得到春夏秋冬的存在。這幾天已開始覺得有點涼意，尤其看到庭院櫻花飄落滿地，就意會到時間巨輪不間歇的把你推向歲末，猛回首你又能記憶多少？

回想幾次出國旅遊，在接近寒帶有白雪、有湖泊、有楓葉的地方，才是真正富有詩情畫意的地方，也最容易讓人流連、懷念。每當置身於那情景之中，周遭的一切顯得那麼的協調、美好、醉人。此時，好像生命已靜止似的，不知人間塵囂和煩惱。

最近每遇星期假日，就有不知如何排遣的感覺。現在的「靜」，似乎已取代過往的「動」。不再高談闊論，也不再希罕多彩多姿的日子，凡事自有他人操心，又何必去自尋煩惱？我發覺對於時間的自私，越來越明顯，吝於浪費在海闊天空、不著邊際的事物上，也吝於浪費在別人自以為是的談話觀點上，不耐傾聽也不耐久候，只知自我也寧可忘我。我發覺改變了，那知人間疾苦？那知犧牲和奉獻？

閒暇時候，繼續閱讀ＥＱ二一書，對於情緒能力的重要性不厭其詳的反覆闡述，在書中特別提到，單是聰明，無法使一名科學家攀上巔峰，除非具備影響他人、說服他人的能力，以及追求挑戰性目標的內在紀律。書中又說，一個懶散或拘謹的天才或許空有滿腹才華，但是如果沒人知道、沒人在乎，恐怕一切都無濟於事。

吳東亮的卓越領導能力

我和張德偉每星期三上午固定上陽明山吳東亮的家處理公文，從中可體會到、學習到老闆在企業經營和管理上的精明、果斷、自信和堅持，他同時跨越傳統與新興行業的領域，不斷吸取新知，也不忘世代交誼，針對商情、商機的掌握已能得心應手，決策明快，目標明確，凡此皆已奠定成功基礎，為商界同儕所望塵莫及。

企業的兩大特色是講求績效與追求利潤，顯然與政府部門為民服務的目的有別。所以企業重創新、富彈性，政府較保守、又僵化。講得明確些，政府部門是必須依法規、制度行事，只有法治沒有人治，只有拘泥、刻板印象；而企業有時是不按牌理出牌，甚至走在規章、制度前，人治與法治可以兼治，懂得靈活、變通。企業經營如有政府行政的嚴謹態度，而政府行政如有企業經營的創新思維，必定是穩健的企業和開明的政府，皆可永續經營無可取代，只是違背了兩者的本質。

政府也好，企業也罷，現在講求的是團隊的重要性，包括團隊精神和團隊合作。所謂團隊，簡單地說，是一群拋開個人私欲，為某特定理想或目標，而凝聚結合在一起的人。團隊就是大局意識，因具向心力、凝聚力，而有眾志成城的雄心。

任何企業只要能保持高度的生產力和競爭力，就擁有永續經營的有利條件，傳統行業如此，服務業也如此。所謂「生產力」，可以說就是對內的一種產能要求；所謂「競爭力」，可以說就是與外界優劣勢的比較，除此之外就決定於人才和制度了，人才重在延攬和培養，制度貴在建置和久遠。凡此一切齊備，剩下來的就是機會了，機會有創造出來的，也有爭取而來的，但不會從天上掉下來，必然要把握，否則稍縱即逝。

不服輸是維持動力的來源

一九九九年十一月六日報載，尤清對於從前部屬莊育焜的嚴重貪瀆行為，表示痛心，不但要為監督不週而向台北縣民道歉，也為因而造成嚴重打擊其他守法公務員的士氣，同時向過去的縣府同事致歉。這是尤清首次有這樣的聲明，對於當時絕大多數優質的老同事，雖然有許多現在已分散各地，但聽了之後相信會釋懷不少。

回想當年，尤清夾著高度民意當選縣長，雄霸一方，他本人相當充滿自信，事實上也有過人的聰明智慧和才華，敢抗爭，不服輸，處處表現強勢作風，以致累積了個人的高知名度，而忽略了團隊合作的重要和價值，他忽略了對自己黨的經營和互動，少了集思廣益的認知。很顯然，如果對外不能「廣結善緣」，對內又不能「同舟共濟」，自然容易製造分歧、產生離心，只要有了害群之馬，難免會全盤皆輸。什麼是「害群之馬」？是一粒鼠屎敗壞了一鍋清粥；是一枝竿子打翻了一條船。

不服輸、不服老是維持動力的來源之一。每個人有自己的理想藍圖，雖然沒有幾個能夠真正如願實現，但如果一遇困難就輕言放棄，一切理想也就付之水流。所以先不問結果會如何，至少過程中應該努力嘗試，辦法總是人想出來的，成功和失敗往往就在一念之間。只是遇到死胡同還不知轉折的話，那已註定要失敗。

天生萬物皆有用，無用形同廢物，人類為萬物之靈，何嘗不是如此。從小時候開始就聽長輩教誨要當個有用的人，然而什麼才是「有用」？簡單說，就是有益於社會、對他人有幫助的人。如果連最起碼的都做不到，就失去了你「可用」的價值，別人可以不再需要你，只能可有可無的寄生於群體，任誰都不會去在意。

我常認為，無憂無慮的日子不算是好日子，至少不是有意義的日子，姑且不論沒有「近憂」是否就有「遠慮」，不過可以肯定的是，沒有外來的壓力和挑戰，絕對不會激發內在的潛力，平淡無奇，沒有起落，也就不知快樂和痛苦的差別。

有人說，精神病患最幸福，因為他無憂無慮不曉得什麼是煩惱，可是難道他知道什麼是喜怒哀樂嗎？喜怒哀樂又是人類不同於其他動物對感情的一種獨特表達方式。有人說，平安就是福，其實似乎消極了些，最多只能把它當作「低標」的要求，因為，你可以站在平安的基石上期待得到更多，譬如健康、名譽或成就。

競爭與比較是同義字

人與人之間永遠存在著比較，有善與惡、貧與富、聰明與愚笨、勤勞與懶惰；而國家與國家之間，也永遠存在著競爭，有大與小、強與弱、開放與封閉、民主與極權。無論人或國家，要能維繫彼此的關係，不能只靠利益，更重要的是公理和道義，否則以大吃小、弱肉強食，世界必定混亂。然而現實還是現實，有人不禁要反問，公理是何價？道義在那裡？其實，人總是要厚道些，不能處處太計較，太計較會很痛苦，不過也不能太馬虎，太馬虎就是糊塗、不負責任。所以，評論別人要點到為止，分析事情要深入探討，如果兩者正好相反，那意義就不同了。

「人情」是一種債，所以叫人情債。只要欠債就必須償還，在還沒有償還或無力償還之前，絕對是一種負擔、一種壓力。我們必須時時刻刻回想有誰幫助過你、有誰關心過你、有誰施惠過你，受施慎勿忘，欠了人情要知所回報，這是最起碼的人情世故。人情世故也是衡量人際關係的一種指標，貴在自然流暢，而不良的人際關係，例如冷漠、傲慢、苛求、無情批判或貶低別人以滿足自己的優越感等皆是。除此之外，不能傾聽或學習、不能接受別人意見、不能因應組織文化的變遷等種種，都將把自己推向僵化境界，破壞了原本和諧的人際關係，值得警惕。

人都會犯錯，錯誤和失敗都可以原諒，但對錯誤和失敗的批評，僅止於找藉口作防衛式的反應，那就不能原諒。因為不能承認過錯的人，就不能真心改正過錯。

商場與官場

商場的競爭和官場的鬥爭，如出一轍，雖然沒有劇烈到「你死我活」的地步，但與戰爭無異，只是比較文明罷了。在對方服輸之前，競爭和鬥爭是不會休止的，為求勝算，使用的手段和技巧，自然也是五花八門，只是不明白算不算是殘忍？

為官需要謹言慎行，從商又何嘗不是。一個大而化之的人，很容易在無意中傷害別人，不過凡事瞻前顧後的人，既擔心後遺症，又怕副作用，處處敏感，那必定什麼事都舉棋不定，裹足不前，失去了先機，陷入了躊躇的泥淖，何等的無趣！

無論商場成官場，當你的作為和成就受到別人肯定的時候，相信你會覺得相當的鼓舞，也會帶來內心的喜悅。相反地，如果有人不認同你的想法，甚至質疑你的表現，那定會使你懊惱、怨懟，而有受辱的不平，除非你一開始就已犯了錯誤。

即使再優秀的演員，要有所作為、有所成就，適時需要舞台來展現。才華也好，能力也好，專業也好，如果欠缺機會來催化，深藏到最後還是不露，即使沒有人質疑，但有誰能肯定？更不會有人激賞。懷才不遇是一種孤獨，也是一種悲哀。

所謂「作秀」，並不是罪惡，因為不「秀」又有誰知道你的存在，又有誰知道你的本領，或你在想些什麼、做些什麼？又如何去和別人比較？政治需要「秀」，商場也需要「秀」，只要懂得「藏拙」，不要「秀」過頭，免得惹人煩、惹人厭。

先烈和先進所受待遇不同，前者是「打前鋒但中箭落馬」的人，後者是「搶先機且出類拔萃」的人。我們常聽說，突出的釘子是最容易被拔除掉的，試問你願意當這根釘子？當你自以為比別人能幹的時候，往往是吃虧的開始，因為中間摻雜著面子與尊嚴。我在想，機會平等是所有競賽起跑點的平等，才是真正的平等。

同樣的生日不同的心境

同樣的生日，不同的心境，也許是工作環境的改變，也許是歲月堆積的結果，也許兩種原因都有。多了一年，老了一歲，皺紋增加、白髮增加、煩惱增加、失望事情也增加；信心減少、熱情減少、體力減少、快樂減少、朋友的關懷也減少。不再是千里馬，也不想當伯樂，凡事淡然以對。我不想知道，為什麼人與人之間的距離有時那麼遙遠，有時那麼的貼近？我只是關心，如果人與人之間的關係僅建立在財富和權勢上，必定是脆弱而危險的。我愛寂寞，年紀大了，我已厭煩吵雜和熱鬧！

就在生日那一天，「無病呻吟」說了些感性的真心話，好友李克強透過E-mail說我是「冠蓋滿京華、斯人獨憔悴」；至於他自己，他也說：「我嘛，總是半醉半醒發著呆，放任想念逐漸輕狂。」他是一位記者、多愁善感的文人，他的回應是：

1. 友情是感情的一種，和愛情一樣。
2. 人可以沈浸於感情，也可以把感情從人的自身抽離而視為思考的對象。
3. 沈浸於感情而完全不假思索，是一種單純的美，確信人愛我，我愛人，生活的一切就跟著愉快了。
4. 如果思考感情，先想著我愛了什麼人，我為什麼愛這樣的人，對方是不是也同樣愛著我。這種思考的過程其實也很美，可以檢視內心，知道心靈活動的細微變化。
5. 不過，人通常不願意選擇思考感情，因為會痛苦，會有像你「冠蓋滿京華、斯人獨憔悴」般的感觸。

時間只能混不能偷

時間可以混過去，但不能偷進來。上班族對中午休息時間的利用各有巧妙不同，有喜歡小憩或打盹的；有喜歡閒聊或道人長短的；有喜歡逛街或採購的；有喜歡看報紙或翻閱雜誌的；亦有兩眼直盯著電腦畫面從中作樂的。我喜歡邀約熟識的朋友喝咖啡，利用短短午餐時間談心、敘舊，會覺得時間過得充實而有意義些。

曾讀過一本書，是描述對工作的不同態度。日本人，上班時間未到，人員已全數到齊，各自埋首工作，下班時間已過，辦公室仍然燈火通明，每個人都非常敬業而盡責；美國人，上班時間外完全隨意自由，一旦上班鈴響就丟開身邊事物專心工作，即使早餐麵包啃了一口亦可棄之不顧，而當下班鈴響，縱然寫字寫到最後一個字母S寫了一半，也不會把它寫完，筆一丟就走人，是權利義務極為分明的社會；至於在我國較特殊，通常上班時間過了許久，才陸陸續續看到人員進辦公室，雖然下班時間未到，辦公室人員已寥寥無幾甚或人去樓空，既偷懶又揩油。

在可以預料的將來，資訊勢必主宰下一個世紀的人類活動，由於全球化的轉變，今後對於無形資產的發掘比對有形資產更有決定性，而所有的各種競爭都將建立在資訊上，整個價值觀也都會受到衝擊，誰能夠掌控資訊，誰就是最後的贏家。

資訊快速進步，讓人無法想像，不但改變了做事的方法，也改變了時間的觀念。同時，因為資訊科技的大量使用，使人與人的交往，尤其是思想層次的交通，更加頻繁，但並沒有因此拉近彼此的內心距離，反而加深相互的疏離感。很多家庭的小孩不能一天沒有電腦，但可以好幾天不見到父母親，自然而然就有了代溝。

家庭感情的維繫，不是用機械或工具，是要用真心和關懷。很幸運的，家裡兩個小孩雖然都在這個年代成長，也接觸這個年代所有的新事物，在舊禮教和新思維之間都能平衡適應，而父母能隨時自我調適去關心和接納年輕人想法，或許也是相處和樂的原因。他們都很善良、懂事、能為別人著想，也有自己的人生目標。

新加坡是一個新舊雜陳的地方

一九九九年十一月二十六日，從台北抵達新加坡後，直接赴Sentosa作定點旅遊，雖然曾幾度造訪過這裡，但這次真正是沒有負擔、沒有壓力的純度假，感受自有不同。小島自然生態受到高度保護，遊客雖多，但可以充分享受遠離塵囂的那份寧靜。

新加坡是一個小而美的國家，自從一九六五年獨立後，在國際社會有傲人的成就和地位，若稱之為華人社會的典範並不為過；新加坡是一個多元的社會，有多元的種族、多元的文化、多元的信仰，能夠相互尊重彼此的存在，不對立，不排斥，而且是那麼的協調，一點也不勉強；新加坡在迅速發展進步的同時，並沒有快到把老舊的一切都拋棄，現代固然是看得到的優勢，但傳統才是真正內心的主宰；新加坡是靠苦心經營來的，之所以有今天的規模和耀眼，是一步一腳印的成果，最重要的，不要忘記還有一個廉能和有效率的政府，及一群守法和勤奮的人民。

莊恆雄來此工作數月，已逐漸熟悉此地環境和風土民情，由他導遊幾處名勝，有最新潮的和最古老的，但二者的距離卻是那麼的緊密。新加坡是澈底的綠美化，金融街高樓大廈林立，牛車水傳統建築依舊，這些是新加坡不可少的一部分，而Orchard Road白天是一個超級大商場，每到夜晚又成為年輕人聚集的天堂，燈光金碧輝煌有如不夜城，充滿動感和活力。我享受了不同的美食，日子過得悠閒。

時間總是無情的

一九九九年十二月五日中午時候，在新店與李元簇前副總統、林洋港前院長、邵恩新前縣長有一愉快的餐會，他們三位都是備受人尊敬的「大老」，有獨特的人格和情操，對國家社會都有相當的貢獻，享有清譽和盛名，目前已逐漸過著退隱的日子，相信他們都有比別人豐富的回憶。時間總是無情的，誰也沒辦法去阻擋，在充滿競爭的人生舞台上，往往不是被人擊敗而是被時間淘汰。不過，時間也是最公平的，無論是貧賤富貴，每人一天都同樣享有二十四小時，不能預借也不能透支。

我心中存著一個困惑，幸福的人是否就是快樂？快樂的人是否就是幸福？所謂「快樂」是指歡喜；所謂「幸福」是指「運命安吉，境遇順遂」。簡單說，所謂「快樂」是愉快喜樂，乃發自內心的一種感覺，也是一種情緒反應，可能是針對某特定的事物，在一定時間內所產生的一種喜悅和快感。喜從天降是快樂，但是苦中作樂不是真快樂。有一句話說：「人逢喜事精神爽」，也就是為什麼會有喜不自禁、喜形於色的原因了。所以，歡天喜地、手舞足蹈全都是這種感覺的表徵。

至於「幸福」是指幸運福氣，貴在持續和長遠，而短暫的幸福則不算幸福。但是不是幸福自身的感覺和大家所公認的應該同樣重要，只是不要人在福中不知福，也唯有這樣才是真幸福。我們每個人都有追求幸福的權利，但不能「把自己的幸福建立在別人的痛苦上」。有人曾說，世上所有的幸福家庭都是一個樣子，不幸家庭則有多種。所謂一個樣子，也就是「重複」，重複一個承諾和夢想；重複每天跟自己喜歡的人一起；重複每年同一天慶祝生日；甚至於連吵架也是重複再重複。

忙碌的人是快樂的人，只要你忙碌就表示你有在工作；只要你有在工作你就會有成就；只要你有成就你就有快樂，而快樂就是人人都期待的。常有人開玩笑說，最理想的工作是「錢多事少離家近，位高權重責任輕。」但真正你有了這些，你會感覺很快樂嗎？相信不會的，因為工作與報酬應該是相當的，滿足感與成就感比什麼都重要，而能夠受到別人肯定，對一個人來講，有時候可能更重於一切。

在不屬於自己專長的工作領域裡，會讓你覺得很孤單、不快樂，有時候陌生得可怕，不但人與人有距離，而且人與工作同樣有距離。有一句話說：「一技在身，行遍天下。」意思也就是說，只要你有一技之長，相信你就不會覺得寂寞。所以我很佩服德國的證照制度，在各行各業當你的專技能力達到一定的水準，由國家來認證，之後你可以獲得工作和生活的雙重保障。重要的是經由這樣的定位，每個人都不可能輕易轉換跑道，終生可以從事所熟練的工作，自然就能自鳴得意。

理性與感性之間

理性和感性通常很難一致，理性是用我們的思考能力去做界定，如劃定原則、規矩、範圍；感性指我們的感覺，有對情況的感觸或情緒上的表達，有對某些事情現象作揣測和反應。理性和感性的表達要看時間、場合和事件上，怎麼把理性和感性融合一塊，如何平衡、調和、運作是一種抉擇，須依賴智慧、經驗和習性。

以理性看待事情，是平靜的、分明的，會是真的，但不一定是美的；用感情看待事情，是起伏的、朦朧的，可能是美的，但不一定是真的。完全的理性或過度的客觀，根據的只是冰冷的數字或文字，這樣的決定未必是最好的選擇。當摻雜著少許感性或直覺的時候，往往可以把結果處理得更美好，所受到的阻力就愈小。

我相信自己，所以也相信自己的直覺，第一印象包括談吐、儀態、禮節，最容易留下深刻的記憶，有時候好惡從此開始，友誼之門從此敞開，不必等以後事實的印證。而經驗告訴我，這樣的判斷大致不會離譜太遠，尤其是對人的觀察。直覺最怕落入成見、固執、食古不化，但如何拿捏？我想還是要靠自己的直覺吧！

邁入另一個千禧年

時間的巨輪沒有停止過，很快就要進入另一個千禧年，從一九九九年跨入二〇〇〇年，雖然只是數字上的象徵意義，但也代表揮別過去，迎向將來。尤其舉世為了擔心「千禧蟲」可能帶來的危機，聰明的人類還是非常戒慎恐懼地來因應防範，但誰也沒有絕對把握，只能禱告！所以對這樣的「年」，過著既期待又怕受傷害。

跨年子夜將把謎底揭曉，人定勝天，但願一切平安無慮，更祈禱從此人類不再有衝突、不再有戰爭、不再有飢餓、不再有災難，只有喜樂相處、只有共生與共榮。

幾天的連續假期，可以有較多的時間整理消逝的過去，和安排將臨的未來，或許專屬於你的歲月，就在這樣不知不覺間溜走了。世界各地原先所擔心的Y2K可能帶來的危機，結果並沒有發生，不知是雷大雨小？抑或防範得宜？總之，人類已安然邁入另一個千禧年，逢此「劃時代」的我們，非常慶幸，值得歡欣、慶祝。

假期過後第一天上班，代表台新銀行前往警政署接受頒獎，趁此機會也去拜望了黃丁燦、余玉堂副署長，他們兩位先後曾任台北縣警察局長，大家相處愉快。在晚上，蘇貞昌縣長夫婦邀請晚宴，與幾位教育專長和背景的縣府顧問敘舊，總統大選已成為日常見面時候的談論話題，清談國家大事，也算是一種愉快的消遣。

國人對政治和選舉的強烈參與感，恐怕在其他國家是很少見的，人人對於候選人的好惡表現和支持程度也非常的直接，不必掩飾或禁忌，各有各的想法和意見，偶爾難免爭論一番，好像把自己當成當事人本人似的，無論這些意見或看法是出自傳聞、報導或自身的體驗、解析，抑或以訛傳訛，都表露得很權威。

有人說想要出人頭地，在基層是比能力強，在高層則比缺點少。尤其當一個公眾人物，最好如同把地毯拿到陽光下拍打而不見灰塵一樣潔淨，沒有污點或瑕疵，然而事實可能嗎？最後只好比誰的缺點最少，但又有誰願意承認自己是爛蘋果？

林愷聲和陳嬿琬結婚大喜

二〇〇〇年一月九日，林愷聲和陳嬿琬在這良辰吉日舉行結婚大禮，禮車在中午過後於鞭炮聲中出發，赴三重親家迎娶，下午三點時刻，新郎新娘與車隊返抵家門，親朋好友多人在家幫忙招待，既忙碌又開心。因為喜宴場所難覓，決定明日正式宴賓客，今晚在家先宴請「伴娶」、「伴嫁」及雙方至親，席開四桌，表示祝福。

二〇〇〇年一月十日，林愷聲和陳嬿琬結婚喜宴在晶華酒店三樓宴會廳舉行，場面熱鬧而溫馨，賓客約六百人。邀請陳水扁為證婚人，蘇貞昌、詹秀齡夫婦為介紹人，總幹事范光勳、司儀萬仁煃，而貴賓有蕭萬長、吳敦義、歐晉德、田弘茂、吳東亮、鄭政隆等人。有人說會場帶有政治味，其實，這並不是當初的真正意思。

陳水扁福證致詞表示，他競逐台北市長連任失敗，連帶拖累了我一起失業，還好吳東亮董事長收留了我，但他自信滿滿不久會當選總統，屆時將再借重我幫忙。沒想到「戲言成真」，他的一席話果真使我以後又回任公職，改變了生涯規劃。

我感激老婆把兩個小孩養育長大，而且在我服務台新銀行期間，先後完成了終身大事。婚禮只是一個過程，要走的路很漫長，我們期待的是婚姻的幸福、快樂和美滿。林宇聲和林愷聲兩兄弟都已完婚，很多朋友會羨慕的說，從此可以把擔子放下而過清閒的日子了，果真這樣？我並不以為然，一方面是自認行有餘力還是做事的年齡，另一方面是人在不同階段會有不同的煩惱，逃避不了，我何嘗又能例外。

年齡是代表歲月的累積，而不同的歲月又累積了多少不同的得意和不如意，點點滴滴堆積成為你的一生。我們為了追求更多的順遂，就必須付出更多的時間或代價，所以忙碌和操心會長久伴隨著你、糾纏著你，除非你已是一無所知、一無所求。

尤其是現代生活的節奏和步調，往往快得讓我們跟不上，對於新事物幾乎來不及去吸收、去理解、去反應，就是因為忙碌的生活破壞了自身情緒的韻律和節奏，而沒有給它保留空間和時間，像是旋轉不停的陀螺得不到喘息，當旋轉停止了，陀螺也自然很快倒下。所以有人說：「我們需要心靈小歇，才能聽到心情深處的低聲細語。」休息是要走更遠的路，也唯有這樣才能儲備動力、才有時間反省。

我在台新銀行感到驕傲

台新銀行業績在同業之間一直很受肯定，各項業務都有持續的成長，所推出的新產品也能受到市場與消費者的喜愛和接受，尤其信用卡發卡數一再突破，屢創新高，在新銀行裡頭向有模範生的美譽，於一九九九年（民國八十八年度）就幾項業績評比均排名第一。吳東亮董事長領導著台新衝出亮麗成績，開展光明的大格局。

一個成功的企業自有它比別人優勢的條件，如果要永遠保持領先的地位，就不能失去這樣的優勢。形成優勢的原因很多，這些原因有不變的，也有可變的，如何取捨或填補，完全要看經營者的認知與智慧。但不能否認的，一個好的經營者，對各種問題的想法應該是要比別人有深度、有廣度，甚至必須有足夠的能耐在營運數據仍顯然樂觀的時候，能意識到業績何時可能會下滑，預先做好必要的因應。

服務業的特質在於取得顧客歡心，以客為尊，往往是較低姿態、善體人意，能為顧客創造更多機會和利益。我們常說，在人格上有所謂「零缺點」，在製造業有所謂「零災害」，那麼在服務業也應該有所謂「零抱怨」，這樣才是真正的完美。

台新銀行年終旺年會有一千四百人參加，節目精彩，歡樂聲中慶祝這一年的豐收。每到年終這個時候，在企業界就有所謂發放年終獎金的問題，昔日是老闆對夥計的一種獎賞，現在則是夥計對老闆的一種權利要求，甚至在政府機關及公營事業也不能免俗，顯然僱傭關係改變了。年終獎金的發放，一則以肯定勞工一年來的辛勞，一則以表徵企業一年來的經營績效，有其實質的意義，及其形式的意義。

年關將屆，市面沒有格外活絡，感覺不出過年的氣氛，也許「年」本來就是源於農業社會，是農閒的產物，而工商社會人與人交往都是那麼的倉促而薄情，對於節慶也就比較冷淡。不過，不管人們用什麼態度來對待它，年復一年，歲月不會因此停頓不前。最近股市較前「發燒」，但與景氣與否似無關聯，不過有人喜歡把它拿來和選舉牽涉在一起，無論有心或無心，好像所有身邊的事都可以當選舉話題，當作選舉籌碼似的，實在未免太「政治」了，顯然我們社會還不夠成熟。

經營策略研討會

法律和政治是我比較熟悉的語言，不過自從「轉業」之後開始有意逐漸淡忘它，我期待有時間、有機會學習新事物，調適自己。因為陌生的環境往往是尷尬的處境，當你聽不懂溝通的語言，自然無法了解對方的真正心意，很可能就像在人與人之間豎立了圍牆，不但把你的視野限定了，而且也會影響你的心靈活動空間。

從文字到數字的了解和轉變，我已逐漸習慣像這樣新的表達方式。數字會說話，數字背後也隱藏多層涵意，不僅是數字遊戲而已。我出席一九九九年度業績檢討暨二〇〇〇年度經營策略研討會，熟悉經營理念、企業文化及追求目標。我明瞭：「銀行是百貨業，服務的種類多而複雜。」我學到了：

唯一不變的就是永遠在變。

人如果不能對工作增加價值，很快會被機器取代。

虛擬銀行（指網路上）終究缺少人性的溫暖。

精、準、快是銀行在劇烈競爭下存活和發展的條件。

風險的評估和管控是提高授信品質的第一要務。

衍生性產品和非風險收益（如手續費）亦不可忽視。

有人說二十一世紀是電子資訊的時代，潮流所趨，無可避免，所以在二十世紀末人類已開始預作準備和安排，從此改變了人與人之間的交通方式、消費習慣、作息時間、思維模式、價值觀念等，也對人性、人情和人格帶來不小衝擊。如果想踏實的存活在這個世界，就必須愉快的面對它，抗拒的結果就是落伍、就是被淘汰。

台新銀行獲得「民間機構共同參與建置及營運台北IC卡票證專案團隊」之後，我被指定帶領內部專案工作小組，研議與其他團隊成員的工作重點和方向，將來在IC票證公司，主要負責卡片應用推廣之規劃以及自動加值機之連線處理。對於任何一個工作團隊，專業而敬業乃是基本要求；勝任且愉快才是最高境界。

認真的女人最美麗

二○○○年二月二十一日，林宇聲由台證綜合證券轉換工作到台新租賃，仍在財務管理的專業領域裡，負責產業分析與投資顧問，像所有的父母親，我還是深深的有一種「望子成龍」的期待。對於一位男人來說，事業與家庭應該是生活的全部，事業能夠青雲直上，家庭可以如魚得水，相信那才是絕大多數人所羨慕擁有的。

台新玫瑰信用卡有句打動人心的廣告詞：「認真的女人最美麗。」廣告歸廣告，男人何嘗不是？但在認真的背後，所全神投入和付出的代價又是什麼呢？無疑的必定犧牲了個人所喜愛的一些生活，這可能又要歸結到是幸福或快樂的習題了。生活要有目標，而每一個人的目標各有不同，所選擇要走的路也不一樣，有白手起家的，有克紹箕裘的，有獨闖天下的，有集體造就的，但無論如何，路是一步一腳印走來的。有一句俗語說：「如果你不知道要往哪裡走，就讓道路帶領你。」

在一個地方工作也好，與人一起工作也好，不能匱乏的是人際關係，尤其是人際關係的互動。但人際關係不是工具性、有目的的交往，否則就失去了人與人相處或交往的意義了。每個人都是在不斷學習中、挫敗中成長，有些經驗也會影響或調整你的人生目標，逝去的歲月常會提醒你，當你模糊感覺到有些東西已經失去了的時候，不及內心混亂，你就必須開始卸下你的硬殼，以新的角度看待人生。

有一句話說：「過猶不及」，所以適中最好。在「恆溫」的環境裡，不會知道外面的冷暖，就像自始至終只有單一想法，有可能失去客觀，甚至也失去一切期待；但「冷酷」的結果，不能在人與人之間的互動中得到學習，尤其長期的冷酷，就如同身處冰封的地窖，白茫茫的一片，不但會孤立自己，有時更容易迷失自己。

單打獨鬥的時代已經過去了

人有人格，企業有形象；人不能一夕致富，企業不能一夜成名。企業的形象可以包裝，但由點點滴滴的累積，是長時間的塑造，以及絕大多數人的評價和認同。

商業競爭是極正常的現象，但競爭如在商機或利益的背後隱藏著權力拉扯或明爭暗鬥的情況，而不顧旁人對你「吃相」的觀感如何，是多麼的可怕和悲哀。尤其競爭的過程中，如摻雜不當外力介入，恐將使問題更趨複雜，而不易圓滿收拾。

在企業經營上，有所謂策略聯盟或專案合作，其目的無非是透過互補功能，擴大市場佔有率，追求更高企業利潤，創造雙贏，相互得利。聯盟也好，合作也罷，必須有良好的溝通協調，而溝通協調的捷徑就是開誠佈公面對現實，沒有隱瞞，也沒有投機取巧，否則貌合神離會留下更多後遺症或不決難題。相互得利是聯盟與合作的目的，也是雙贏的結果，而雙贏不在瓜分一塊餅，是在創造更多的餅。單打獨鬥的時代已經過去了，當今人與人的互動，或企業與企業的互動，牽連性更大。農業社會也好，工業社會也好，已不再主導這個時代，唯有網路才是真正能夠牽動時代的脈搏，頻繁的牽扯人與人的關係，而且不管是虛擬的或實際的。

在這個社會存在著許許多多、形形色色的社團、法人或基金會的組織，而且持續增加、朝多元化發展。這些團體因為出發點不同，有以利益而結合者，有以理念而結合者，亦有以人氣而結合者，有曇花一現不久消失無蹤者，亦有永續經營而屹立不搖者。但不論究係何者，成立時需要「人」、「財」兩得而後才有可推展的業務。因此，一些事業有成的企業家，每每「被邀請」加入為團體的重要成員，無非利用其地位、名望甚或經費捐助，以提升或充實這個團體的對外關係和運作能力，而企業家至多僅在名片多印幾行頭銜，事實上與「能者多勞」毫不相干。

來自澀水的鄉親

二〇〇〇年三月十一日下午時候，一輛遊覽車滿載四十多位澀水鄉親來到汐止住家，抵達時正下著濛濛細雨，他們前往北縣「九份」地方觀摩，為九二一災後「澀水」社區重建參考。鄉下人永遠是可愛的，他們永遠洋溢著純樸的笑聲和濃郁的家鄉味。

台灣的農村，尤其離開城市越遠的偏鄉地方，很長時間以來似乎沒有多大改變，包括我的家鄉澀水鄉下也是這樣。農業並沒有隨著經濟的發展而改頭換面；農民也沒有相對得到應有的物質享受；農會仍然不能照顧到需要受照顧的人；許多農產品還是要看天吃飯，脆弱得經不起風吹雨打。最終真正獲得實惠的只有那些因農地一夕之間變成建地的「田僑阿舍」。九二一地震帶來農民災難，希望也是脫胎換骨機會。

在我記憶中，政府為了拉攏農村、拉近農民，先後推出多項農業措施，包括所謂的「八萬農業大軍」、「精緻農業」等，事實上到後來都成了口號罷了，經過很短的時間，大家很快也就淡忘了，甚至已經毫無記憶。台灣農民對土地的真誠非常強烈，有土斯有財，世代賴於生活，但終年耕作往往不敵一次風災或水災，辛勤血汗一夕之間化為烏有。變化再大，農民還是農民，辛苦的守著家、守著土地。

政治使人發燒，選戰使人瘋狂

二〇〇〇年三月十三日，股市破紀錄創下歷年來最大單日跌幅重挫六一七・六五點，有可能是投資人信心不足或受選情政局的影響？相信不是單純市場經濟因素使然。政治使人發燒，選戰使人瘋狂，往往為了得到選民手中的選票，不惜拿鈔票換選票，拿股票綁選票，將所謂的「安定牌」與「恫嚇牌」交叉應用得淋漓盡致。把選民當無知傻子，船過水無痕，鳥飛不留影；把股民變災民，何來長紅、何來利多？

選舉和股市一直是這幾天的熱門話題，有時候，我真的不明瞭二者之間究竟有何牽連關係，但隱約之間感覺得到似有相當程度的密切互動，甚至後者也可能淪為前者的一種可怕工具。誰說政治不應該干預股市，這不是赤裸裸的事實呈現嗎？

股市本來決定於市場機制，但在某特定時候卻由人為力量強力干預，名為護盤或名為維持交易秩序，其實在幫助被套牢的投資大眾或事業體尋求解套機會，從而得到受惠者的喝彩，也得到受惠者的歡心，有利執政行銷；選舉本來決定於選民自由意志的選擇，但卻藉由種種外在壓力誘導或左右你的選擇，很多人雖然明知心不甘情不願，但最後似乎也就麻木的接受了。尤其複雜的兩岸關係，背後像似有一巨大的影子很不友善的在注視著你，當這巨人適時又出聲放話的時候，必然會衝擊到選情。難怪有很多人得了所謂「選舉症候群」，經常急躁、焦慮不安。

選舉消息充斥街頭巷尾，是新聞媒體的最愛，久而久之，多數人也就習以為常。在最後決戰的時候，各組總統候選人不但竭盡所能在「固票」，而且也使出渾身解數在「搶人」，就是捷足先登搶著「大咖」來站台或「相挺」，表態支持，拉抬聲勢，即使經年定居在美國而高齡已一〇三歲的蔣宋美齡夫人，在此時也不得清閒！

選舉是實施民主政治的一種方式，用數人頭來代替拳頭，也是很多不公平中比較公平、文明的方法，相信每一位候選人背後都有一股無形的強大力量驅動著他們往前走，這種力量是來自候選人的毅力、信心和責任，經過這一程的篩選已具有領導人的起碼條件。但選舉如變了質、變了調，自然談不上有公平和文明了。選舉帶來全台沸騰，熱情洋溢，目的只是想利用這樣的過程產生擔當公共事務的掌舵者，雖然未必如你所期待但至少是多數人所期待的，就讓我們拭目以待吧！

二〇〇〇年總統大選

台灣在世人面前可以昂首闊步而感到驕傲的地方，無非是政治民主化與經濟自由化，這也是符合西方國家的生活方式，而與對岸中國大陸形成顯著差異所在，也唯有在這樣的制度和環境下人民才有足夠的機會追求更多的繁榮、富裕和幸福。

二〇〇〇年三月十八日，對台灣今後政局的走向是劃時代的一天，未來領航這塊土地上二千三百萬人民的新總統就在今天投票產生。漫長而劇烈的選戰終於落幕了，投票的過程平和而有秩序，投票的結果卻很新鮮、很圓滿。陳水扁與呂秀蓮得到四九七七三七選票、得票率三十九・三〇%，以三一二八〇五票差距取得領先，在驚濤駭浪中獲選「中華民國第十任總統、副總統」，乃是台灣五十餘年來未曾有過的政局巨變。

選舉已結束，但激情過後並沒能完全冷靜以對，還是發生聚眾抗議事件，讓完美的民主選舉添加了一份隱憂。選舉的結果不是勝利就是失敗，這樣的事實並不能改變，選擇因數「人頭」而失去了勝利的機會，就更不可能用「拳頭」來挽回。所以，落敗或失利的一方，操控任何情緒性的發洩，換來的恐是更多的不諒解。

選舉已經塵埃落定，但在國民黨中央黨部仍聚集不少人持續抗爭，影響鄰近台大醫院以及幾所學校的交通、安寧與上學，這是政黨輪替的代價必須由社會成本來承擔。本來政治就是權力的爭奪和分配，是現實的、赤裸裸的；政爭從頭到尾就是殘酷的，是毫不留情面的，是翻臉不認人的，而翻臉一如翻書般的容易。

選後天氣轉晴，有人戲稱這就是「變天」。首次參加「火獅盃」高爾夫春季賽，大家關心選情遽變和選後政經的可能走勢。我與吳東亮董事長同組擊球，他特別指示籌設文化藝術基金會的事宜；在餐會上，並由吳東進董事長報告最近考察德國光纖科技的觀感和心得，以及今後的合作發展計畫，他身為新光關係企業的龍頭老大，對於整個集團的營運和未來願景，他總是比別人肩負有更多的重擔。

總統大選過後股市、匯市首日開盤，一般預料短暫陰霾心理未能完全消除，果不其然，在最初市場已有人大量兌換美元，而股市交易也一路下滑，深深受到心理因素影響，這是選舉和股、匯市牽扯在一起的後遺症。但政治效應過後不久，在匯市台幣很快「止跌回升」；在股市很快由「慘綠大跌」轉變為「翻紅狂飆」。

不願把自己投入一個真空

總統選舉過後，當一切激情、沸騰、憤怒、發洩都歸於平靜的時候，突然間感覺得到身邊的空氣是靜止的，時間是靜止的，而生命也是靜止的。這個時候，靜得可怕、靜得讓人窒息，渴望能動手找尋新的一個事物、一個想法、一個衝動，就是不願把自己投入一個真空，而成為活木乃伊，因為那會是很殘酷、很寂寞的。

我幾次有出國旅遊的念頭，終於與方政治安排參加優惠行程往香港，但又遇上台新銀行股東常會，不得已延後出門，懊惱又無奈。在股東常會後匆忙前往機場搭機赴香港，匆匆地來，又匆匆地走，真正留下的還是一堆莫名的心思和空虛。

方政治長期服務於國民黨和國民黨的事業，人如其名，對政治有相當的熱衷。他黨性堅強，高度忠誠，迷信權力，也追求權力。在面對多元、多變的社會，他能清楚時局的走勢，接納外界的雜音，他雖有企圖，但少有謀略，亦無心機，始終保持鄉土本色，沒有傳統黨工的固步自封或食古不化。我認識他早在中興新村省政府服務期間，當時他在中廣任台長而後才轉任黨職。他貌似新潮實則拘謹，能保護自己，肯幫助別人，對家庭極細心，對朋友講情義，也勤於經營人際關係。

有一句話說，友誼不是憑空掉下來的，需要培養、澆灌與不斷成長。有的朋友在特定時空中如魚得水，但船過水無痕，唯有知音，歷經歲月而更加燦爛；歲月的更替，可能洗刷掉當年自認不錯的友情，不過人縱然會改變，而每個人的許多特質卻恆久如常。又說，最理想的關係，應該是對彼此的愛大於對彼此的需要。

當你每天需要過的日子與你的預期和安排有落差的時候就是不如意、不順遂，希望越大失望越大。不論自願或被迫修正目標或方向，即使欣然接受改變，但別放棄你的價值準繩。凡事不可能只想堅持己見、遂行己意，唯有這樣才有圓融的可能，才能避免「對撞」、「碰壁」。同樣道理，人與人相處又何嘗不是這樣呢？

銀行人事更迭

二〇〇〇年三月三十一日，台新銀行新舊任總經理交接，陳淮舟退休轉任高鐵財務長，由台新票券王文猷總經理接任。至於其他副總經理的異動，包括陳龍政副總經理升任台新票券總經理，許夢周副總經理申請退休，謝壽夫副總經理改稱呼為首席副總經理，接著將另有下波人事異動，我樂於置身暴風圈外，種種離我很遙遠。

「人」本來就是夠麻煩的動物，「事」本來就是夠複雜的東西，而「人事」相信就是雙層的麻煩與複雜。尤其在金字塔式管理階層的情況下，所謂的「卡位」，往往不僅止於「爭取」，有時甚至名副其實的「爭奪」，只不過方法較文明罷了！

有人說，其實你與別人擠得頭破血流，可是仍然沒有出頭，是否可以想一想你真正潛能可能是在別的方向？你不必受到別人功成名就吸引，你的路與他們同，你也不必陷入與他人競爭泥淖裡。與其分食眾人搶食的大餅，不如創造自己的大餅。

陳淮舟總經理由美國銀行轉任台新銀行服務，文質彬彬，謙沖有禮，做事兢兢業業，穩健保守，具有經營人專業、敬業的特質，他是理想的銀行從業員和管理人才。大家為他舉行歡送茶會，不勝依依，甚有多人為之熱淚盈眶，場面感人。

因有雜誌負面報導此次台新人事搬風較勁過程，而引起許多人的聯想和揣測，對台新形象造成相當程度的影響，吳東亮董事長感觸頗深，因此在一次迎新送舊的筵席上，語重心長，即席苦心澄清，並勉勵大家和諧、打拼，為銀行再創佳績。

泰北山城清邁旅遊

二〇〇〇年四月十二日，利用休假與林新欽、林守俊、陳王正源相約出國旅遊，目的地是泰北山城清邁，主題是打高爾夫球。泰國是佛教國度，寺廟多，人民生活樸素，精神勝於物質，虔誠的信仰是維繫人心和社會秩序的主要力量，在神秘、浩瀚的東方文化裡，泰國有著它獨特的地位和代表性，也是各國人士嚮往旅遊的地方。

四天三夜的旅遊中，先後至Green Valley Golf. Royal Golf. Chiang Mai Lamphun Golf球場打球，天氣酷熱，有異國情調。晚上，品嚐道地風味餐，不是佳餚美食，只是多了傳統歌舞表演。泰國舞蹈典雅細膩，音樂平順緩和，外地人看來，有一種慵懶的感覺。晚餐過後，逛夜市，人擠人，熙來攘往，很是熱鬧。

我們曾往清邁以西參觀苗人聚落，這是泰北九個少數民族之一。苗人樂天友善，個個笑容可掬，近乎明眸皓齒，有比較標緻外貌，但居家簡陋，生活簡單，只是短暫的觀光，不能真正接觸原有的獨特文化。我在苗人村首次看到種植的大麻和罌粟花，聽說是當地山區特產，可供生產毒品使用。除此之外，也參觀此地的手工藝村以及「大象學校」的表演。大象聰明可愛，經過專人訓練之後，可以表演跳舞、倒立、吹口琴、踢足球、堆積木以及其他許許多多逗趣的動作，讓人稱奇，但覺違反自然不「人道」。

我們來的時候，從四月十三日至十五日，是泰國的潑水節（音Songkran），也是泰國的傳統過年，沿路到處看到男女老少個個喜氣洋洋，以水盆、水桶、水槍或其他容器，盛水撥灑來人，表示祝福，而來人不能拒絕或面露不悅，否則表示你拒絕了祝福，推出了好運。在水花四濺當中，潑出歡笑，潑出喜樂，也潑出感情。

政黨輪替的結果

在總統大選前，民間就有一種說法：國民黨沒有下台的經驗，民進黨沒有執政的經驗。事實上，一點也沒錯，對於敗選的國民黨而言，眼看那麼多高官即將下台，突然間從媒體消失，一時又不知何去何從，確實難以調適，相信人情炎涼、酸甜苦澀滋味，絕不是局外人所能體會的。向有所謂「樹倒猢猻散」，或許形容的就是這種景象；相反地，對於勝選的民進黨而言，一時間多出這麼多高位，如何去論功行賞、加冠晉祿，如何適才適所擺平人事，恐怕並不容易，但不容置疑的，卻是大好江山、大好機會。所謂「一人得道，雞犬升天」，或許指的就是這樣的比喻。然而，無論如何，在勝負之間、在輸贏之間、在得失之間，還是各有各的煩惱。

每個人都各有各的願景，而且希望願景早日實現。當你輕易如願以償時，也許會得到短暫的快樂，但相信不會特別去珍惜；相反的，是在你期盼再期盼、努力再努力之後，經過多少波折、艱辛而得到，你會珍惜有加，回味再三，永懷喜悅。凡事不勉強、淡然以對乃是處世哲學，所謂「強摘之瓜不甜，急就之事不美」，一直提醒著我遇事不強求，盡人事，聽天命，不求盡善盡美，但求盡心盡力。

呂秀蓮縣長當選第十任副總統，是女性首次任國家副元首，有標竿作用，「台灣能，很多國家不見得就能」。然而，在呂秀蓮當選副總統之後，卻屢次對外界說話，不會甘願當一個沒有聲音的人，充分顯露倔強好勝的個性，尤其當自覺有被冷落的時候，更自喻是「深宮怨婦」，似乎很不願意看到耀眼的鎂光燈很快地從她身上移走，而想抓住榮耀、抓住尊嚴。因為有人這樣說：被冷落的感覺，不僅是孤單或無奈，重要的是才華與尊嚴的傷害和破損，不是短時間內可以癒合的。

所謂「女強人」通常是比較自負，而自負的原因往往是有傲人的專業才能，不過在獲得專業才能的過程中，相信也會比別人付出更多的辛酸歲月。因為顯得突出而與眾不同，所以才成為眾人心目中的女強人。如果自始至終與大多數人一樣，很自然的融入在這個社會，那也就平淡無奇了，至多只是一位平凡的家庭主婦或優秀的職業婦女罷了，何強之有呢？女強人也有可能是斯文的外表，但必須要有不妥協的性格、剛烈的性情、企圖突破現狀的雄心，而且自我要求高、自我意識強，不可能是唯唯諾諾、乖乖順順的女人家，當你具備了這些特質，再加上事業有成，把你的光芒蓋過周邊多數的男人，那你就變成了大眾心目中的女強人了。

其實女強人也好，柔弱女子也罷，上天創造了你，就賦予了你一個獨特的天賦，也許必須奮鬥一段時間才能發掘出來，但這個天命一定存在。它使你的生命獨特而有意義，生出自信，做什麼事情都讓你覺得快樂、滿足、廢寢忘食也不厭倦！

備位如同備胎

網路經常流傳好故事，有朋友E-mail「第五把鑰匙」一篇好文章，述說一對夫婦的感情世界，丈夫罹患中期骨癌，立好遺囑，連同財物明細等放置於保險箱內，而多出一把鑰匙，引起太太的疑心，認為是否感情出了問題，等到有一天暗中探查，才恍然大悟，原來這都是丈夫對她疼愛有加所做的一切，終於釋懷而感動。

因為「第五把鑰匙」讓我聯想到「第五個輪胎」。如所周知，每一部車子都有五個輪胎，只是其中一個輪胎是備而不用，也就是第五個輪胎即所謂的「備胎」。備胎平時是被收放在行李箱裡面，隱藏著而不顯眼，但並沒有因而減低它的重要性，當緊要關頭被派上用場的時候，不但有急迫性的救助功能，而且也可以維持行車的正常順暢，避免進退維谷，及時收拾混亂局面，誰都不能忽視它的存在。

備位如同備胎，畢竟不是「主角」，也不是「老大」，不必強出頭，需要學習的是多多揣摩「老二哲學」的深奧哲理，知道如何自我定位，如何知曉分際，也知道「穿什麼樣的戲服，就演什麼樣的戲」，不必哀怨，不必期待光環，也不必期待掌聲和喝彩。這樣的角色，在這個社會上是普遍存在的，而我也曾經是過來人。

年輕台灣，活力政府

政治有時候是殘酷的，是不留情面的。古語說：「成者為王，敗者為寇。」有你就沒有我，有我就沒有你，楚河漢界非常分明，沒有模糊地帶；政治有時候是現實的，是可以妥協的，當你的實力無法掌控全局的時候，需要用糖衣來掩飾你的企圖，用仁慈來攏絡你的競爭陣營。然而，所謂妥協不是一味的遷就或無條件的照單全收，事實上僅是有原則的退讓，來換取平衡與和諧，最後仍在顧全大局。

阿扁新政府標榜的是全民政府，所以在新內閣人事上做了跨越政黨的安排，可以看出相當的包容性和柔軟度，把選舉期間壁壘分明的界線給打破了，勝利者猶能放低身段廣結善緣，實在難得。但是否因而引起強烈支持者的不滿或反彈，恐怕都應該在事前的評估範圍內。有句話說「政通人和」，真正說法是「人和政通」。

政治清明與經濟發展，是台灣前途的兩大支撐，遺憾的是，台灣政治領導人必須用很多的心思來處理兩岸關係，也要花費泰半的政府資源和民間力量來因應對付彼岸的言語舉止，致削弱內部發展潛力、壓縮內部革新建樹，實在可惜、可悲！

新政府上台後應持續推動組織改造及平衡南北建設。目前中央政府已過度龐雜，而地方政府又多疊床架屋，未能簡化層級、統合功能，致協調性不足，行政效率不彰，許多階段性的機構或不合時宜的機構仍然存在，繼續消耗國家資源，令人惋惜，恐非現代化的「年輕台灣、活力政府」應有的現象，而有持續推動改造的足夠空間；況且，台灣南北無論在民情或建設方面都有相當程度的差異，尤其在選舉的時候更能突顯它的存在和不滿，深怕久而久之變成無可彌補的鴻溝，相信那絕非人民之福，因此如何平衡南北建設，拉近城鄉差距，為當政者重要課題。

以球會友

二〇〇〇年四月二十九日，從台北到苑裡全國高爾夫球場，與古煥松、羅得村相約打球，他們兩位都是我的好球伴。長時間以來，我一直沒放棄對高爾夫球的喜愛，這種運動不僅容易使人著迷，而且有人為之廢寢忘食，我雖然不致於如此，但已把它當成終身唯一嗜好。

打完球後到華陶窯探視陳文輝，他於日前發生車禍受傷已從醫院返家療養之中。送走古煥松、羅得村，我與粘麗娟再回到球場參加晚上餐會，餐會上有外交部程建人部長、國家政策研究院田弘茂院長、金寶電子公司暨仁寶電腦公司許勝雄董事長夫婦、中央信託局張有惠理事長，以及全國飯店吳和田董事長與公共電視吳豐山董事長兩兄弟，後來華陶窯陳文輝窯主也趕來參加，大家以球會友，彼此聯誼，相談甚歡，話題離不開「球經」以及新政府的人事佈局和往後施政走向。據悉，在未來的新政府，程部長將外放駐美代表，田院長將接任外交部長，而張理事長將轉任政務委員，大家頗關心自身和周遭的一切變化，有祝福、有期盼！

在全國高爾夫球場招待所過了一夜，遠離塵囂，很寧靜，場主吳和田是我在中部服務時結識的好朋友，有經營管理的長才。清晨起床，用過蕃薯米粥早餐，再進球場揮桿，空氣清新，草香、花香撲鼻，難得打球的好天氣，心情也特別愉快。

程建人部長有外交官的涵養和氣質，謙沖親切，知禮儀，有風度，球藝佳，很容易拉近與人的距離。我說：「高爾夫球打得好不僅是一種社交，而且也是身為外交官的必備條件之一。」他則笑說，其實打不好也是一種「外交」？可見外交工作是離不開「人」的關係，尤其必須深諳對方「心」的反應，才是必備條件。

在球場打球的時候，可以眺望周邊山麓，看到片片白雪般的油桐花，非常迷人。油桐花開在四、五月間，台灣許多山區都可以看到它，尤其是在高速公路三義路段沿線，在此季節可以看到如白雪覆蓋山丘般似的美麗景色，斷斷續續一直延伸到北部山區，不由讓人很想多瞧它幾眼。打球同時可以觀賞油桐花，是全國球場的一大特色，我們特別建議吳和田董事長把握此特色，考慮每年此時舉辦油桐花季高爾夫球賽，廣邀喜愛高爾夫運動者參加，想必可以一炮而紅，獲得廣大迴響。午餐後，與田弘茂院長駛車返回汐止綠野山坡社區，他也是我們同社區的鄰居。

五月五日星期五

二〇〇〇年五月五日星期五，參加例行經營決策會議，由吳東亮董事長親自主持，並聽取有關部門的專案報告，包括新投資企劃、新產品評估、新行銷策略、新形象廣告、組織改造說明、業務執行進度及成效檢討等，在企業經營上可以集思廣益。緊接著參加台北智慧卡票證公司董事會，在會議結束後，與神通團隊成員商討與摩托羅拉團隊協調合作事宜，約略提到有以下幾項討論議題，包括：系統建置分工項目及範圍、股權持有比例及取得方式、董事職位席次安排與取得、業務合作的方式與範圍、權利義務的釐清與劃分、協議（或契約）的簽訂與見證等事項。

晚上，新光企業集團於淡水紅毛城舉辦露天晚會，祝賀老董事長夫人吳桂蘭女士榮獲李登輝總統頒贈二等景星勳章，並提前慶祝母親節，吳氏昆仲全員到齊，集團主要幹部也都受邀參加，美麗的夜晚有小型樂團演奏，有民歌、合唱，也有吳女士「樹德之家」幻燈片介紹，加上美食餐飲，可以說喜氣洋洋，賓主盡歡。

紅毛城地處淡水河咽喉，與對岸觀音山遙遙相望，因居高臨下，可監控外海過往船隻，位置重要，尤其黃昏時刻，夕陽西照，餘暉相映，景色宜人，美不勝收，為台灣七大美景之一，馳名於世。紅毛城由西班牙人建於一六二九年，繼由荷蘭佔領及滿清管轄，一度成為英國領事館，現在則為國定古蹟，並為走過歷史作見證。

與陳水扁總統見面

二〇〇〇年五月十日，謝天福夫婦熱心邀請我們夫婦參加「台北北門扶輪社授證一三週年暨社友陳水扁當選總統慶祝晚會」，地點在台北市圓山飯店十二樓大會廳，除了扶輪社例會之外，特別安排音樂及舞蹈演出，全場洋溢喜悅、熱鬧、歡樂氣氛。

阿扁致詞表示，他不是以總統當選人身分蒞臨而是以社友身分回家。在簡短的講話中，他述說新政府內閣組成的辛苦過程，也談到善意處理兩岸的態度，他強調「留給別人機會，就是留給自己機會；留給別人空間，就是留給自己空間。」然後再闡述自己從政歷程，對於「真誠」、「寬容」、「無私」、「簡樸」等扶輪理念的實踐，獲得所有賓客熱烈掌聲喝彩。席間分別安排所有人員與阿扁總統當選人照像留念，他看起來容光煥發、充滿自信，我也趁此機會，再向他祝福、祝賀！

國家領導人如果來自民間、來自民主選舉產生，明顯地與來自世襲、來自威權體制有截然的不同，最大差異性不在於所謂勤政愛民，而在於給人民的那份感覺和氣氛，尤其是自由與自然。我們很高興看到台灣的民主社會日趨成熟、健康，相信也唯有在這樣的環境裡，我們才能得到更多的公平正義與更多的幸福快樂。

球場遇見李登輝總統

二〇〇〇年五月十三日，春天是結婚的季節，尤其在週末假日更不留空閒，狀似「要人」一般的忙碌，其實僅是庸碌罷了。下午趕赴桃園大溪鴻禧球場與吳東亮董事長、王文猷總經理及新到任的廖國棟副總經理打球，球場遇見李總統偕夫人與友人也來運動，特地向他報告去年退休後轉職民間企業的情形。他再過一星期將卸任總統職務，和平轉移政權，對於他繫念國家前景與民眾福祉的苦心，當面表達感佩。

李登輝總統主持國政十二年，用心經營台灣，功過與影響自有歷史評斷，但做為一個國家領導人，他有強烈的使命感，使得國人可以感受到他的強勢作為和權威領導，包括在民主化、本土認同、以及對於主權尊嚴的堅持和執著，公認已超出常人的想像和毅力，有其正面意義也難免有其負面評價。寧靜革命正是他在台灣政治轉型關鍵時刻所扮演的關鍵角色，而信仰力量則幫他度過了政壇不少難關。

打完球晚餐後，台新的同仁移至吳東亮董事長位於鴻禧山莊的別墅，繼續未了的話題，女士們閒話家常，男士們談公事，包括公司經營方針、理念、管理與策略等等，有些有聽沒有懂。就如同往常一樣，我傾聽的時候總是多於開口的時候。

翌日是母親節，來自西洋人的節日。在鴻禧山莊俱樂部與王文猷夫婦、廖國棟夫婦用過早餐後，隨即返回台北，再與林宇聲、王雅瑜、林愷聲、陳嫵琬會合，以日式自助餐作為家庭聚會，並為粘麗娟慶祝母親佳節，而大家一同感受喜悅的氣氛。

溺愛不是愛

對於嬌生慣養的小孩，我們通常會比喻為在溫室中長大的小孩，意思是對外界的適應力不足，不能抗壓，容易被誘惑、被污染、被淘汰。而在所謂溫室中長大的小孩，想法和作為也比較狹隘、疏離，缺乏宏觀，缺乏創見，這些都是在象牙塔裡被過度溺愛的結果。但為人父母的，又有幾人能忍心眼看自己小孩的艱苦學習過程呢？多數的父母親，在不覺中也就重複犯了「愛之反而害之」的相同錯誤。

溺愛不是愛，就如同怕小孩受傷害而保護在無菌室或無塵室，那是何等的愚蠢！因為沒有抗體，又不能與外界接觸，談不上生活，更談不上成長。有一句話說，「不經一事，不長一智」，指很多事物都需要親自體驗，更何況聰明才智也非全然來自天賦，大部分是來自學習和經驗。沒有不勞而獲，也沒有白吃的午餐？

回想從前赤足、陋室、彈珠、漫畫的年代，與今日名牌、華廈、電腦、影集的年代，真是不可同日而語。但在不同階段、不同環境中成長的小孩，日後必然也有不同的理念和道德觀、價值感，孰是？孰非？很難論斷，而這些也就是之所以產生「代溝」的原因。不過，我們所關心的不是「昨是今非」或「今是昨非」的問題，而是中間需要有多少力量來維繫，並且能夠很平順的來接納二者的差異？

每個人對人生的體驗和感受都有不同的心境，而且隨著歲月的增長愈來愈濃烈，也容易有更多的理由來搪塞現實中的不快樂。有人說：「人生不要太圓滿，有個缺口讓福氣流向別人是很美的一件事。」有人要問：「如果你是一個蚌，你願意受盡一生痛苦而凝結一粒珍珠，還是不要珍珠寧願舒舒服服的活著？」面對人生路上各種挑戰或選擇，無論你用什麼心情去對待今天，但願永遠是愉快的一天。

自由不是百無禁忌

在這極度自由的國度裡，處處可以看到侵蝕自由成果的現象，或是種種為人詬病而有著許許多多脫序的行為，並沒有規範，也不及規範，很讓人憂心。自由不是隨心所欲，而是自我主宰。有人說，學不會「自律」，再多的自由只是「放縱」。

自由是一種基本權利，而權利的行使不以損害他人為目的，所以對自由最簡單的界定是不能妨害他人的自由，也就是說，自由不是百無禁忌、為所欲為，而應受法律的規範。如果只圖自己的方便，把麻煩丟給別人，那是自私不是自由。每位學法律的人，最初學到的是：「法律之前，人人平等；法律之內，人人自由。」而且個個都能朗朗上口，都能明白自由與平等相提並論，這也是最起碼的認知。

佛法無邊，自由有界。超越法律的自由，不是真自由，不是受保障的自由；所謂免於恐懼的自由、免於飢餓的自由，則是自由的極高境界，也是人類無私的愛。至於美國革命時的一句口號，派屈克・亨利（Patrick Henry）所說的：「不自由毋寧死」，乃說明爭取自由的艱苦過程與決心，不是指得不到自由的當然結果，其用意在告訴世人自由的可貴價值，往往是凌駕於一切，包括人的生命和愛情。

很遺憾的，我們看到當今的社會自由已被濫用，把個人率性當自由。譬如：坐車不排隊、開車爭先恐後、任意停車、隨意丟棄垃圾、濫墾、濫葬、濫建等，以及隨處設攤販售、講話不負責、媒體報導離譜、不爽就抗議等等，都已超越自由的範圍。時下流行的那一句話：「只要我喜歡，有什麼不可以？」確實害人不淺。

陳水扁就任第十任總統

二〇〇〇年五月二十日，是國人鼓舞的一天也是世人矚目的一天。陳水扁就任民選的中華民國第十任總統，他說，這是一個光榮的時刻，也是一個莊嚴而充滿希望的時刻。不只是為了慶祝一個就職典禮，而是為了見證得來不易的民主價值，見證一個新時代的開始。他說，一個公平競爭、包容信任的民主社會，是國家進步的最大動能。又說，「全民政府、清流共治」是台灣社會未來要跨越斷層、向上提升的重要關鍵。未來的政府並不一定要繼續扮演過去「領導者」和「管理者」的角色，反而應該像民間企業所期待的，政府是「支援者」和「服務者」。他並指出，二十一世紀將是強調「生活者權利」、「精緻化生活」的時代。他承諾所謂的「四不一沒有」，只要中共無意對台動武，保證在任期之內，「不會宣佈獨立，不會更改國號，不會推動兩國論入憲，不會推動改變現狀的統獨公投，沒有廢除國統綱領與國統會的問題。」但也強調維護國家的主權、尊嚴與安全的決心。最後他說：「威權和武力只能讓人一時屈服，民主自由才是永垂不朽的價值。」

我以平常心看待政黨輪替，以歡喜心迎接新總統就職、新內閣組成、新政府正式啟動。嶄新的一切是否意味著新格局的到來？說真的，我有期待也有焦慮。或許最好的觀察是把一切歸「零」，拋開期待和焦慮的包袱，也拋開感情的十字架。讓我睜開眼睛在靜寂的角落裡觀看，舵手換了，船員到齊了，船隊出發了。但願從此看到的是海闊天空，不僅僅是迎向風浪。船開了，我佇立在碼頭，凝望⋯⋯

得天下易，治天下難

很多人對於新、舊政府有何不同作風都非常好奇，其實在政黨輪替初期，不可能有「煥然一新」或「立竿見影」的寄望。因為很顯然的，除了人事搬遷台上台下角色互換之外，短時間是見不到施政上的差異，而制度與行政的延續性，必然也牽制或抵銷想投入的改造力量。不過時間拉得越長，難免心中期待會變成失望！

古話說：「得天下易，治天下難。」又說：「共患難易，同享福難。」或許是在於說明革命感情與共事團隊是需要有相當的區隔，否則角色混淆不清，很容易讓人懷疑究竟是「共治」，還是「均沾」？政黨輪替後論功行賞乃是人之常情，可是公器私用未必是佳，在一官半職和一介平民之間，絕對不是是非題而是選擇題。

政治人物的折損率非常高，沒有所謂的政治長青樹，尤其在民主選舉中被淘汰的比比皆是，而政黨輪替的結果更是整批的更換。不久之前，幾乎每天在媒體可以看到的知名人物，轉眼間就銷聲匿跡，很快的消失，不知蹤影。所謂沉潛、養望或靜觀其變，只不過是一種安慰詞罷了。事實上，久而久之跟真正的失落似乎並沒有兩樣，最多僅是多了一份期待而已。然而悲哀的是，世上多少人就靠著期待走過一生。有一句話說，走對路的原因只有一個，但是走錯路的原因卻有很多！

有一信條說：「健全的組織應建立在法治的精神上。」所以，任何政務的推動或延續都不能偏離法治的範疇。凡事泛政治化或政治掛帥的結果，必然會踐踏行政及法治，乃不容置疑。此外，選舉與法治的關係密不可分，選舉需要有常態法律的規範，也就是說，唯有在法治的基礎下所實施的選舉，才是真正的民主選舉。對於選舉的規範，包括：憲法第一二九至一三六條、總統副總統選舉罷免法、公職人員選舉罷免法等，所揭示者為公平、公正、公開的選舉原則，以及普通、平等、直接、無記名單記法的選舉方法，而選舉應該兼顧「程序正義」及「結果無私」。

每到政治選舉，候選人就會有許許多多的選舉語言，這些選舉語言有以口頭宣示的，有以文宣傳達的，也有以所謂政策白皮書來闡述的，說它是選舉口號也好，選舉承諾也好，選舉政見也好，目的只在於打動選民的心，爭取選民的支持，但選舉過後就算當選，當一切回歸現實環境的時候，這些選舉「支票」能否兌現？恐怕誰也沒把握。候選人主觀的政見究竟能夠落實多少，完全取決於之後的客觀事實而定，對於不能兌現的政見，媒體通常習慣以「跳票」來形容，而跳票是因曲高和寡、錯估情勢或是當初僅在存心騙取選票？最後還是需要靠民意來檢驗。因此，如果把「跳票」當成責任，應該只是政治責任問題，而非法律責任問題。

現在選舉制度在執行上有值得商榷的地方，例如：對於選舉經費最高限額及競選經費捐贈與來源之限制，因競選收支結算申報查核不易，未具強制拘束力，形同虛設；公辦政見會成效不彰，而電視辯論會又無明文，亟待充實；每日競選活動起止時間，如與集會遊行法有不一致時，容易造成執法上的困擾。除此之外，於選舉期間，最容易觸碰到的問題是「行政中立」和「法律假期」的問題，不但因為執政優勢使現職公務人員難為，也讓政務官與事務官的角色產生混淆，更重要的是法律的目的和威信亦受到挑戰，都不是一個成熟的民主法治社會應有的現象。

沒必要在漩渦中迷失自己

我不是一位情緒起伏很大的人，凡事自忖可以冷靜以對，從容不迫，只是剛烈、性急的影子，好像一直也沒離開過我。我們老得太快，聰明得太遲，漫長的歲月未必把人塑造成完美，任何結局都有可能留下缺憾，不必強求也無須刻意營造。有一句話：「無欲則靜，靜則明。」沒有奢求就沒有得失，冷眼旁觀反而會使你得到智慧，沒必要在漩渦中迷失自己。雜念生煩心，凡事就沒必要介入太多了。

在人生道路上，學術也好，事業也好，愛情也好，到達巔峰之前總會遇到瓶頸和十字路口。遇到瓶頸，需要靠毅力和勇氣來突破困難；遇到十字路口，需要靠聰明和智慧來選擇正途；到達巔峰時，需要靠自信和謙卑來堅守成果。如果瓶頸不能突破，那將使一切的努力功虧一簣；如果遇到十字路口不能有正確的選擇，將使你猶豫、觀望而停滯，甚至越走越遠；至於置身巔峰，有如金字塔頂尖，亦有如雲端，當你俯視芸芸眾生，你會覺得高處不勝寒，你也會覺得比誰都寂寞。在人生道路上，平順也好，坎坷也好，當你走過就不必再回頭。淡淡的看待人生百態，又何必那麼慷慨激昂？又何必那麼義憤填膺？天塌了，還是有高人撐著。

人是神秘的，人類行為的目的不似其他動物的直接、單純，很容易觀察，很容易被了解、被接受。在其他動物，當需要覓食、求偶、攻擊的時候，很快以動作來反應、來傳達訊息，無所遁形；但在人類則不然，任何言行舉止，往往隱藏多層不同的意涵，有時候大費周章努力去解讀，仍然還是不明究裡、無從揣摩。所謂人心叵測，聽來嚴重但不無道理。不過，當你不明瞭別人的心思或意圖時，大可往正面、好處去想，不必用負面的看法去尋找答案，因為「人之初，性本善」。

很自然的，陌生人之間相互防禦，熟識人之間相互利用。所謂的形同路人，即指陌生關係而言；至於所謂的謙虛、禮讓、熱情、溫馨，通常只有在熟識關係之間才能看到，才能體認和感受。但若是真心的朋友，彼此想到的只有「付出」，絕對不是「回報」，否則就不算是朋友了。有人說，我們一輩子都會有朋友，但不會有「一輩子」的朋友，朋友是豐富生命中的某個片段。真正的朋友是當你抱頭痛哭的時候，扶著你肩膀的那個人；是當你面對人生挫折時，一直緊握你的那雙手的那個人。人來到這世界上是偶然，也僅是過客而已，在億萬人當中能夠相遇、相聚、相識、相知就是一種緣分，既然是緣分，就應該真情的去珍惜。

環境使人改變

環境使人改變，而我們身處的世界也隨時在改變，有人常掛在嘴上說的，所謂「一路走來，始終如一」只是在自欺欺人罷了。改變、改變、改變，心若改變，你的態度就會改變；態度改變，你的習慣就會改變；習慣改變，你的性格就會改變；性格改變，你的人生就會改變。

有句話說：「此一時，彼一時。」又說：「山不轉，水轉；水不轉，路轉；路不轉，人轉。」真的世事難料、人生無常，縱然人不轉，時空還是在轉，我們周圍本來就存留著太多可變的因素，所以不必預設或是期待相同的狀況會有相同的結果。

因為人類對於宇宙和生命有太多的無知、無助和無奈，所以產生宗教信仰，用以探索人生、寄托人生。有宗教就有傳說，而傳說免不了神化，增添神秘，但最後還是把太多的疑惑留作永遠無解的習題；有信仰就有習俗，而習俗必須是迎合人性化，融入生活，才能源遠而流長。迷信有可能是宗教信仰的產物，不過嚴重的迷信，將蠱惑人的思想、困惑人的行為，但是適可的迷信，只要不悖離人性，應該是無妨的，也是無害的，有時反而可以藉此調劑生活，美化人生，豐富生命。

最近這些日子，總是覺得太過於悠閒，節奏突然放慢許多，不若從前緊湊，這樣的生活步調或許是很多人求之不得的，對我又似乎太奢侈了，換來的是懶散、不積極、缺乏鬥志，好像與外界愈走愈遠，與朋友愈來愈疏離。所謂「無事忙」畢竟也是忙，而無事可忙，那才是真正的寂寞。

有人說，有兩種人最寂寞：其一是，位居頂尖的人，已從人群中無形被隔絕，至多僅能擁抱權柄入眠；其二是，掉落深淵的人，當然不一定是悲傷或痛苦的深淵，就是其他失權、失勢或失去曾擁有一切的人皆屬之。而我既不屬於其中任何一種人，怎麼能有權利說寂寞呢！

在陌生的環境中工作，生澀而退縮，不能盡情放手，更不能有激情上演，嚴格地說，只是存活而已，談不上肯定，也談不上是工作。如果沒有工作，就沒有樂趣，就沒有工作伙伴，就沒有知心朋友，一切平靜得讓人窒息，這是寂寞？還是不甘寂寞？

健康是最大的財富

最近體重增加，或許是飽食終日又缺少運動，加上沒有工作上壓力的原因，這樣「好」過的日子，對我好像是一種浪費，把自己推向不健康。其實，健康於我是最大的財富也是最大的幸福，不必刻意保養就有很好的體質，但隨著年歲的增長，感覺得到容易感冒、疲倦，最近也花較多的時間在電腦螢光幕前，確實也讓視力受到影響，而從前讀書時候不用為戴眼鏡而煩惱，也是我一直最感得意的。

沒有好的健康就不會有好的記憶，而記憶是人類最大的資產，能夠善用記憶則是人類獨有的文明。我們相信，有記憶才有思想，有記憶才有感情，有記憶才有歷史；我們也相信，有記憶才不會食言而肥，有記憶才不會恩將仇報，有記憶才不會重蹈覆轍。然而記憶對歲月也帶來考驗，隨著時光的流逝，腦海清晰的記憶往往是久遠的事物，愈久愈深，而最近發生在身邊的事或物，反而會是記憶模糊，甚或不復記憶。這就是人類「老」化的定律，任誰都沒辦法去逃避，也沒辦法去改變。

有人說，人老了就只剩下三樣珍貴的東西，一是老伴，二是老狗，三是老本。老伴是真正白頭偕老、永浴愛河、長相廝守的伴侶，至死不渝；老狗是最忠心的朋友，不在乎你有多少利用價值，也不會因為你多麼潦倒就離你而去或避之惟恐不及；至於老本，指的應該是最起碼的存活條件，也就是經濟生活上的不匱乏，但如果把它比喻作健康無慮的話，也許更恰當，因為唯有如此才能夠真正快樂安享天年。

政府與商人的思維落差

台北智慧卡票證公司成立之後，因當初投標時所留下的團隊與團隊之間的競爭，迄未和諧了斷，依舊干擾著建置工作和相關業務的進行。如果政府推動的BOT案都會出狀況，那麼該檢討的是人的問題？還是制度的問題？或是兩者都有問題？

政府與商人的想法和做法常會有落差，起因不是公益和私利的衝突，而是立場和本位的問題，也是保守和開放的問題。政府是在國家主權下運作，非但不能逾越權責，更不能逾越疆界，而商人則是沒有國界的，僅在互通有無，只要有生意的地方就會有商人，隨著物流可以通行無阻，所以觀念會是新的、方式會是彈性的，常走在政府之前，有時手段甚至是不近人情的。在這不同的兩個領域，我都有了經歷和體驗，只是當你所站的位置不同，你所看的角度就會有差異，而所得到的整體觀感和結果自然就會南轅北轍，見怪不怪，也就無所謂有孰是孰非的問題了。

商人必須迎合趨勢與潮流，商人的新產品、新市場、新交易都可能打破藩籬，帶領政府新政策的形成，主導新政策的走向。然而最終決定和執行領域內所有的規範者還是回到政府，這樣的遊戲規則不可能盡如人意，可是在商人不滿意也得接受。

記事本是找回記憶的橋樑

人與人的關係靠緣分也靠營造，維持彼此交情就要珍惜、珍藏，否則容易疏遠，很快從記憶中消失。不論在工作上或求學、求知的過程中，甚至在「不打不相識」的情況下，我們都有機會結交許多朋友，活潑生活，充實心靈。少了朋友生活是無趣的，少了朋友心靈是空虛的，其中，通訊是連結感情的工具也是找回記憶的橋樑。

我習慣每天隨身攜帶小記事本，簡單記載行程及朋友聯絡電話，雖然只是薄薄的小本子，就儼然小兵一樣，有不可取代的重要性。習慣成自然，久而久之，小本子就成日常生活中的一部分，如果遺忘了攜帶在身邊，那一天就會很不自在，心神不定，若有所失，既擔心錯過約會，又擔心礙了正事，莫不戒慎恐懼的深怕遺失。

記事本對我的用處有二：其一是，提醒記憶，將未來時間安排詳細記載，提醒屆時不致遺漏或錯失；其二是，幫助回憶，對於經歷過的往事，當印象逐漸褪色、模糊的時候，可以藉著它幫助回憶，將時空拉回到從前，並把自己走過的腳印清楚放大。我不能沒有這本薄薄的小本子，因為沒有它，我的生活就會亂了步調；因為沒有它，我的日子就會變得漫長失序；因為沒有它，我的記憶就會由褪色而後消失。

人生的舞台永遠是熱鬧的

時間過得很快，轉瞬間時光消逝，所謂光陰似箭，從前只掛在嘴上，而現在深記在心中。當已開始感覺生命隨著歲月流逝的時候，面對時光的無情也會特別敏感，不再有度日如年的愁滋味，而是一周、一月、一年悄悄然地從你身邊走過的焦慮。

人生的舞台永遠是熱鬧的，但不會只為一個人搭設。當有機會輪到你上台，務必全力以赴賣力演出，就是沒機會輪到你上演，也需要習慣或學習如何坐冷板凳，戲中人絕非沒有你不可。事實上大家所關心的，只是這齣戲將會是如何的演下去而已，因為劇情往往比演員讓人印象深刻，最出色的演員終了還是要卸下戲服，回首總是空幻一場。所以，你不必受到別人功成名就吸引，你的路與他們不同；你也不必陷入與他人競爭泥淖裡，與其分食眾人搶食的大餅，不如創造自己的大餅。

每個家庭隨著成員個性之不同，而表現出封閉或開放的不同特質，這無關自私或大方，只是一種生活方式罷了。通常在封閉與開放之間也會因關係的深淺而有程度上的差異，很顯然地，對於陌生者自然會排斥，對於熟識者就比較沒有保留而可以接納，這些都僅是人情之常。我們家比較開明、開放，所以常有客人前來，本來人就是一種不甘寂寞的動物，每每靜極思動，但不必期待什麼高朋滿座，也不希罕什麼高談闊論，縱使只有三兩知己朋友，能夠經常在一起海闊天空的閒聊、胡扯些芝麻小事，還是可以排遣時間、發洩情緒，足以讓你心靈充實而平靜。

我們經常說「跟著感覺走」，相信是指接近或如同己意，而不是代表放肆的意思。沒有感覺就沒有快樂和痛苦，沒有感覺就形同麻木不仁。最近看了一本書，提到所謂的「工作」，書上說「良好的工作始於良好的感覺」，而所謂「感覺」，就是動機和情緒，所謂「情緒」，則指推動我們尋求目標的感覺。這樣的感覺點燃我們的動機，激發我們的知覺，塑造我們的行動。在書上又說，如為感覺而工作，心情快樂，興趣盎然；如為酬勞而工作，感到煩悶、乏味、焦躁。同時也說，工作能力幾乎等於工作的適應力，而適應力則意涵創新、自信與開放。所以當你的工作既熟悉又容易時，就必須找到讓你自己投入重新振奮的路。熟能生巧，熟也能生惰。

我的同學莊文樺和周宇嘉

莊文樺和周宇嘉是我大學的同學，前者來自農村，後者是外省第二代，與我都有不錯的交情，兩位不久之前先後過世，英年早逝，令人惋惜，也倍感懷念他們！莊文樺個性爽直、豪邁，聲如洪鐘，辯才無礙，經常未見其人，先聞其聲，他很外向、活躍，有他在絕不會冷場。他求學時名言是「知法玩法，雖惡不罰」，其實他對古文、古書閱覽甚多，尤其鑽研孫子兵法，並把它用於選舉策略上，著作有專書，獨幟一格。他大學畢業後即南下高雄發展，曾為當時楊金虎市長助選，也發行雜誌，亦當選市議員，並獲美國國務院邀請赴美訪問，不過後來參選省議員失利，轉而任職臨海工業區管理中心主任，兼辦幼稚園，以「圖利他人」、「知歸就範」自嘲，生活不盡如意。他的健康狀況不甚理想，如今已不告而別，對這樣一位有才識、懂謀略、講義氣、倔強好勝、玩世不恭的老同學，我是很懷念他！

周宇嘉性溫和、人風趣，是當時班上少數外省同學之一，但他與本地同學之間相處融洽，毫無隔閡。他很隨和，好交遊，穿著講究，斯文有禮，平常很用功，但跳舞打牌也不落人後，有品質也有氣質。畢業之後就在民間外銷企業服務，待遇佳，常出國，讓人稱羨。周宇嘉的夫人曾愛瓊女士，是從前經濟部的同事，任職於常務次長劉師誠辦公室，劉次長轉任台灣銀行董事長她亦隨同前往，之後退休舉家移居加拿大溫哥華。周宇嘉在當地為人申辦移民事務，常往來台灣與加拿大之間，聽說是回到中國山東時不幸逝世，或許是落葉歸根吧！我還是很懷念他。

有一句話說，生死有命，富貴在天。也有人說，你不能決定生命的長度，但你可以控制它的寬度；你不能預知明天，但你可以利用今天。活在當下，就是值得珍惜。

朋友當中爽直、風趣的個性，比較容易親近或受人懷念，但也有剛烈、剛愎個性而時與人碰撞的人。我不禁想起有一則貼切的比喻：每一株玫瑰都有刺，正如每一個人的性格中，都有你不能容忍的部分。愛護一朵玫瑰，並不是得努力把它的刺根除，只能學習如何不被它的刺刺傷，還有如何不讓自己的刺刺傷心愛的人。

人性自私惡質的一面

媒體報導駭人聽聞的消息，有不肖業者亂倒有毒廢溶劑，大量污染河川，影響飲用水源，迫使大高雄地區停止供應自來水，嚴重危害大眾民生安全，惡劣至極。據指出，不但高屏溪流域被發現，北部大園附近溪流，及中部大肚溪、濁水溪同樣也受到傾倒污染，罔顧他人死活，人性自私惡質的一面，表露無遺，令人髮指。

人是群居的動物，但國人經常忽略公眾生活重要的一面，也就是公德心的不足，往往為了圖一己之便而損害他人或公眾利益也在所不惜，很顯明的例子，對於廢土、廢棄物的隨意處理就是。尤其表現在每天開車的習慣上，包括：爭先恐後、行走路肩、任意插隊、任意變換車道、任意丟棄物品，如果有誰想加以勸阻，就擔心自討沒趣，因為你的回報會是惡形惡狀的相向，或是被冷言冷語以對，以致囂張的還是囂張，冷漠的還是冷漠，有如弱肉強食的世界，不見見義勇為的人。

其次，對於環境和生態的維護，國人的觀念也較薄弱，而且人與土地的關係絕對的自私，人與其他動物之間又極其的對立而不尊重，缺少與大地萬物和諧共生的慈悲胸懷，當大地變臉反撲時，當萬物逐漸凋零時，為什麼猶不知警惕、愧疚？

發生在人類社會或其週遭環境的任何事，大家都會心存關心或心存好奇，因此經由媒體廣泛而深入的報導，可以滿足人們知的權利，也深具教育性的價值，但如果報導出於虛擬、膨脹、惡意、誇張或失真，雖能得到某種新聞性、娛樂性、爆炸性的效果，但卻容易偏離事實或傷害他人，這只能說深受輿論影響，不能說輿論的力量，因為真正所謂輿論力量，是來自正義的基礎，否則不過是殺傷力罷了！

交通工具和資訊器材的進步和發明，節省了時間，也縮短了空間的距離，使人與人的接觸愈加頻繁，而大眾媒體也隨之蓬勃發展，監督一切是非與對錯。當原本已經非常複雜的社會，如果再加上媒體的不甘寂寞，自然更會顯得格外的熱鬧，讓人目不暇給，也讓人眼花撩亂。

把完美當標竿

所謂完美，人人想得，但未必唾手可得；追求完美僅是驅動的力量，並非最後的結局。真正的完美是無瑕的、無缺的，因為是無瑕的、無缺的，所以對人包括人格和尊嚴，是圓融的、圓滿的；對事包括過程和成就，則是周全的、周延的。

凡事追求完美，會是痛苦的、殘忍的。因為事與願違，稀鬆平常，而理想與現實的落差，十也有八九。人生本無常，不夠完美，或有缺憾，何必在意？學習寬容，學習釋懷，把完美當標竿，視接近完美為滿足，海闊天空，自由也自在。

擁抱理想是驅動超越現狀的力量，因為有夢最美。如果缺少了願景，就談不上有挑戰也談不上有成就。挑戰是過程，而成就則是結果；挑戰是需要信心和智慧，而成就則不是用金錢可以衡量的，因為財富至多只是戰績的一種代表罷了。如果榮華富貴是依附在他人或他物之上的時候，會很容易得到，同樣會很容易失落。

八掌溪意外事件

二〇〇〇年七月二十二日，發生一件慘絕人寰的悲劇，有四名工人在嘉義八掌溪施工，突然間山洪暴發，在湍急溪水中受困，八隻手掌緊緊相握在一起，驚慌中無助的等候救援，岸邊的人束手無策，緊急對外聯絡支援，奈何時間一分一秒的過去，在二個多小時的痛苦等待中，最後在眾目睽睽下還是被無情的水流沖走，留下悲慘的畫面景象。舉國上下眼睜睜看著發生這樣的不幸，任誰都會傷心、悲痛。

可以避免的災難終究還是發生了，讓人想問政府在哪？很顯然的，我們緊急應變能力不足（僵化），防災救難指揮斷層（本位），溝通協調嚴重缺陷（官僚）。讓人痛恨的是，大家都不能從過去慘痛的經驗中得到教訓，是何等遺憾、悲哀！

每次看到Discovery影片中搜救行動，不論對象是人或是動物，都是那麼生動、溫馨、感人，但這次救援行動卻顯得「零零落落」，或許我們先天就缺乏對生命的尊重，殘酷的把生與死同等對待。發生了，人民對政府再多的批判、譴責、激憤，還是無濟於事；而政府對人民再多的道歉、辭職、請罪，又能挽回什麼呢？

當政府的體質永遠不變，當群眾的想法一如往昔，再多的法規、再好的制度、再優秀的政務官，畢竟功能有限，欠缺著力點。惡質的選舉僅能帶來劣質的政治。八掌溪意外事件打了新政府一巴掌，起初各部門是避之唯恐不及，無人願意表示負責，但在輿論壓力下，後來又爭相請辭下台，最後是戲劇性的由行政院副院長游錫堃辭職負責，令人好奇，也覺錯愕。其實，我們都會遇到錯誤和失敗，錯誤並不可笑，反而是彌足珍貴，因為它是改進和匡正的良好機會；失敗也不可恥，因為它不過是作為下次行動借鏡的一個教訓。只要記取教訓，就不會重蹈覆轍。

整個事件的發生和演變是一連串的意外，意想不到的發生，意想不到的演變，也意想不到的結果。但這些意外，除了造成一片兵慌馬亂，使人措手不及之外，又能說明些什麼？又能證明些什麼？所謂危機處理，我們找不到臨危不亂的人和機制；所謂責任歸屬，我們不明瞭釐清和混淆之間究竟有何區別？民怨依然存在，憤怒未見消除。而媒體主導了輿論和慌亂中決策的走向，讓太多的新手不能不隨之起舞。

莫名的疏離感

我發現偶爾會有一種莫名的疏離感，或許因為不再有伴隨忙碌成長的日子，或許因為不再身陷接觸頻繁的人群，或許因為不再處心積慮追逐非凡，或許因為孤寂的歲月提早降臨，或許，或許，太多的或許，也就是太多的可能和不確定，而不是只有單一理由。姑且不論為什麼，很實在的，我似乎已失去了主動和樂觀。

主動和樂觀乃是邁向成功的途徑。主動的芳鄰是進取，它不畏艱難，接受挑戰，面對壓力，不會把挫折視為自身無法改變的致命缺憾；而樂觀的近親是希望，它掌控情勢，主宰生命，等待收割，不會因感覺無望而放棄理想，甚或放棄自己。

有些人用盡各種可能執意爬上巔峰，但到了峰頂後只有「走下坡」的路，除非你果真是「東方不敗」？不過有人不禁想問，為什麼不只登上山腰就好，至少之後要怎麼走有較多的選擇與機會！其中隱含「見好就收」的道理。然而人各有各的想法和堅持，不過多數人在意的，相信只是那份「曾經擁有過」的滿足和感覺。

我發現每天上下班都要花費很多的時間在交通上，這就是都市人的悲哀。交通上所謂的安全、便捷、舒適，在這個大都會、在這個高所得的國家，很可惜並不能輕易享有，大眾運輸不能廉價普及，交通建設不能滿足車輛快速成長的需求，而交通管理紊亂沒有效率，以致交通成為通勤族每天的痛，也是最大的心理負擔。每天漫長的通勤時間，幾乎都是一樣的路線、一樣的景色、一樣的心情、一樣的緊張，在枯燥乏味的路上，如何打發也是一種考驗、一種耐性、一種藝術。也許聽音樂、聽新聞、聽路況都是一種選擇，不然的話，沉默未嘗不是最好的安排。

日本地下鐵解決了龐大東京的交通問題，交織網絡，高乘載，低消費，零故障，是真正大眾化的公共運輸。在搭乘時間可以看到人手一書，或報紙、或雜誌、或漫畫，充分利用時間埋首閱讀，攝取知識養份，不愧為文化國度。各國大城市的地下鐵往往離不了吵、雜、亂的景象，但各有特色。紐約地下鐵的車廂除座位外到處被塗鴨；倫敦地下鐵使人感覺很沉悶；巴黎地下鐵感覺比較輕快；而莫斯科地下鐵車站的雕塑獨具濃厚藝術氣氛。反觀台北，我們的捷運只是剛開頭而已！

美好只是一種感覺

從前是不甘寂寞，現在是不得不寂寞。因為有意劃地自限，有意壓抑衝動，而能活動的空間不多，可談心的人有限，至於交際應酬有時又是那麼的多餘而虛假。

作家和畫家才真正令人羨慕的行業，可以遨遊世界，四處逍遙，自由自在，不受拘束，不怕沒題材，也不必擔心人與人之間的諸多煩惱。但作家和畫家回到現實生活中，肉體和感情也與常人無異，當有了病痛時、靈感枯竭時、江郎才盡時、創作已經乏人欣賞時、不見陽光已經很久時，相信他（她）們是快樂不起來的。

人人希望擁有美好的人生、美好的事物，但真正的美好是什麼？事實上美好只是一種感覺，而且是出於自己的感覺，就如同所謂滿足一樣，並是別人可以「越俎代庖」的。然而有人麻木，有人敏銳，不同的尺度，當然會有不同的丈量結果。

星期假日沒有出門，從新聞媒體得知，台北一片歌舞昇平，舉辦音樂嘉年華系列活動，忘情的狂歌、狂舞、狂歡、狂笑，套用時下流行的一句話High到最高點。音樂，乃是一種精神糧食，可以使人心靈飛揚，也可以使人心靈沉澱，我們很樂於看到有愈來愈多的人喜愛它，更樂於看到有愈來愈多的人從小就培養對它的喜愛。

政府施政上，兩岸關係耗損太多的能量與資源，以致忽略了民生疾苦及社會治安的重要內政問題。事實上，人民所最關切的，只是誰能把台灣經營成為海上人間樂土，使不再生活在恐懼中，使不再生活在災難中，而能世代和樂，永續繁榮。

文人的袖裡乾坤

早在一九九八年三月八日，台北縣立文化中心首次舉辦情畫春宮展覽，名為「文人的袖裡乾坤」，副題為「由科舉看春宮」，引爆熱潮，轟動一時，所謂的春宮版畫從此得以堂而皇之走入展覽殿堂與世人分享。據稱該次展出，乃以清時冊頁春宮畫居多，有木板印刷，也有手繪本，畫中人物皆取材自「西廂記」、「水滸傳」、「金瓶梅」、「肉蒲團」、「笑林廣記」、「紅樓夢」等，耳熟能詳的歷史章回小說。

楊國柱於文化中心主任任內，突破世俗禁忌，策劃當年的展覽，名噪一時，事隔兩年後的一個夏天，在他好意聯繫安排下，與尤清、邵怡敦、林明華等人，親訪「李躬恆文史古典版畫工作室」，得窺全部珍藏品全貌，觀賞彌足珍貴古代豔情版畫，還有日本浮世繪畫。李躬恆先生親切熱情，喜好收藏古典版畫，包括神像與情色文獻，琳瑯滿目，春色無邊，有莊嚴也有浪漫，尤其平時難得一見的古代枕邊書、壓箱寶、避火圖等春宮版畫，年代久遠，內容之豐富恐無人出其右，他已由收藏成鑑定行家，對每樣珍藏如數家珍，細說分曉，讓來訪客人大開眼界。

古代春宮版畫，或可稱為「情色藝術」，或可稱為「浪漫藝術」，這樣的綺麗文化多少反映當時民間生活景觀及其情慾世界。本來藝術與色情的分野，是長久以來爭論不休的話題，而所謂藝術，其實只是主觀價值的判斷，隨著時空的轉移而有不同的評價。在蠻荒世界，人類裸露乃象徵力與美，但在文明社會，則需要遮遮掩掩才不算色情，其中又有不同的衡量尺度，現代人如此自尋煩惱，何不美其名為情色藝術或浪漫藝術？相信誰也不會去反對，除非你是食古不化的衛道人士。

對生命不能有太多的苛求

平靜而沒有壓力的日子，就像每天都是萬里無雲的晴天，那裡知煙雨濛濛時的迷人樂趣！因此只能說是清而淡之的生活，凡事慵懶不想敏銳以對，而腦細胞的活動也不再是那麼活躍，沒有創意，沒有滿意，也談不上是如意。然而能如此的過活相信是多數人夢寐以求的。而現在的我，就擁有這樣的待遇，還能奢望其他嗎？

楊照雄是我到埔里中學借讀時的同學，他告訴我，親身經歷九二一大地震的災難，讓他精神嚴重受創，足足有一個多月的時間閉口不語，內心的沮喪、失望、憂慮未曾停止過，他怨恨、不滿一切，後來聽勸導去看了心理醫生，才慢慢恢復正常日子，我可以感覺那一段時間他的痛苦、煎熬；黃健一是我在台北就學時候的好朋友，他在電話中告訴我，因為車禍受傷半身癱瘓，全力復健並未見起色，頓覺人生乏味，才充分體認什麼叫做久病厭世，聽了之後，我內心也跟著難過不堪。

人的感情是脆弱的，生命更是脆弱的，失去了健康就失去了支撐和依靠，也失去了希望和期待。身體的受創或內心的挫折，以及長時間壓力的累積不得紓解，都會造成不健康的原因，所以我們應該善待自己的身體，更應該善待自己的心靈。我們不是為他人而活，也不是為他人的觀感而活，因為那樣的話只會失去自己的立場和目標，活得茫然又痛苦。相反地，我們要為自己而活，也要為自己的理想而活，否則活著不是目的只是他人的一種手段或工具，談何人生的意義和價值？

我們要尊重生命，但不能對生命有太多的苛求，所有的名望、財富、健康、感情與快樂，都只是生命中的一部分而不是全部，沒有這些固然是缺憾，有了這些也不過是隨緣、結緣罷了。對自己的委屈和無望，應該學習面對它和接受它，失意時候踹你一腳的人，可能正是那個幫你重新站起來的人。因此，對自己或身邊的一切不如意，不必耿耿於懷，你固然有權利憤怒，但並不是表示你有權利殘忍。

我對節日的省思

每年八月八日被稱作「父親節」，這是自創品牌，不是公認或法定的節日，或許只是商業行銷的手段，如果取其諧音的話，應該稱為「爸爸節」似較貼切。通常節日是具有紀念性質，紀念的不限於偉大人物，有時紀念的是一則感人肺腑的故事。節日有時是具有慶祝性質，例如是嘉年華會，慶祝的往往是眾人翹首仰盼的那份狂歡喜樂。而所謂「爸爸節」，從無中生有，帶有輕鬆意味，事實上多少有點藉機取悅老爸，找到子女感恩孝順的冠冕堂皇理由，是富裕社會有錢又有閒的產物。不過一旦習俗形成，久而久之，未嘗不是子女們表達心意的最佳時刻。

政治人物當權之際每每被神化，被精心塑造成「民族救星」、「革命導師」，當作偶像而受到萬眾膜拜，但當人亡政息的時候又受無情批判，不復昔日崇敬有加，歷史功過自在人心，早知如此又何必當初？威權下的紀念節日，是有被迫的情非得已，只在製造萬眾一心的假象，並非長久真正的深植民心，所以在改朝換代後很快就會無疾而終。蔣緯國將軍說過的一句「哥哥爸爸真偉大」，實在讓人感慨萬千！

活躍於政壇的政治人物，粗略可分為政客與政治家，前者用心機、爾虞我詐，替自己謀利益；後者持理想、瞻前顧後，為群眾造福祉。但在善於掩飾下，何者是政客？何者是政治家？恐怕一時也很難辨別，而選民各護其主，盲目跟從，又有誰能左右！畢竟政治是管理眾人的事，而不是屬於少數知識份子的專利品。無論如何，至少可以加以區別的是，政客為自己塑像，政治家則永遠活在人民心中。

政治是現實的，是多變的，是錯綜複雜的，是糾纏不清的；政治人物相互間，有容忍，有攻擊，有誠信，有虛偽；在政治理念上，沒有永久的朋友，也沒有永久的敵人。不過左右搖擺、左右逢源的人，想的是自己而不是群體。我關心政治，但不熱衷政治，不想成為政治人物，我只是一個凡人，沒有超人的本領和能耐。事實上，我擔任公職三十餘年來，自始至終未依附於任何政黨，自認有能力分辨是非、善惡，唯恐掉入小圈圈或大圈圈後迷失自己，所以仍保持「君子不黨」。當然，沒有強烈的政治企圖也是主要原因，寧可「守身」而不願為五斗米折腰。

台新銀行「轉大人」

為了台新銀行增資發行新股公司變更登記一事，前去經濟部商業司接洽，這裡是我初任公職的地方，回想起來已經是三十幾年前的事了，時光是這麼無情，現在熟人已剩二、三人，但過去點點滴滴種種往事，還有當初朝夕相處的工作伙伴，都還歷歷如昨的清晰記憶。當歲月走過，人事已非，恐怕才是最令人傷感的事。

三十年來台灣的變化很大，由貧窮到富裕，由封閉到開放，由極權到民主，已經脫胎換骨了，雖然處在可能戰爭的陰影下，但卻沒有戰爭的恐懼，反而在困境中破繭而出，造就了經濟奇蹟和傲人的科技成果。在都市裡高樓林立，交通網路忙碌，新聞傳播快速，現代化，資訊化，受到世人矚目。可是就在一切蓬勃發展的同時，伴隨著而來的是，生態受摧殘，人性被污染，為此似乎也付出了相當大的痛苦代價。

為了籌組「台新銀行文化藝術基金會」事宜，林曼麗與劉如容女士特別前來拜訪吳東亮董事長伉儷，推荐基金會執行長人選與之見面，並就成立宗旨、活動主軸、申請流程、組織概況及董事成員等相關事項，交換意見，承諾將續全力協助。根據基金會申請文件中規定，董事任期為三年一任，名額至少七人，至多二十一人，並須為奇數，三分之一以上須具文化藝術專業素養或從事文化藝術工作經驗。經選定名單為吳東亮、彭雪芬、林曼麗、黃進興、張正傑、王文猷、林豐賓等人。

台新銀行文化藝術基金會籌設期間固定會址設於台新銀行總行，另覓適當獨立辦公空間。至於有關基金會執行長一職，在未決定人選之前，為推動各項申請作業手續，暫由企劃部郝名媛兼任執行秘書，負責一切籌備事務，包括通過提撥捐助金額及後續事宜。

我缺少生意敏感度

在競爭非常劇烈、商情瞬間萬變的資訊社會，從商可以致富，但同樣可能挫敗。我們經常質疑，那些累積相當財富的人何以仍然馬不停蹄的辛苦賺錢，有時不及清閒或享受，最後還賠了健康也賠了事業。或許這就是工作的意義和誘惑，或許時間已把當初工作的興趣在無形中轉換成一種責任，而有著一股無法阻擋的力量推著你往前走，就像「人在江湖，身不由已」抽身不得，不能用純理性來探索。

我生活在這個工商社會，但工商不是我的專長，與我存有距離，甚至有時相當的陌生，對於所謂「商機」與「利基」，我毫無敏銳感應，而對於所謂「生意」，仍然停留在很刻板的印象。諷刺的我現在卻終日身處這樣的環境裡，想要從頭學習似乎又太遲了。不過，勤能補拙，我並沒有忘記：「客戶對公司的忠誠度，會在每一次雙方的互動中流失或增加；生意的目的不在於作成一筆交易，而在於創造並維持一個顧客。」

我經常認為「專業」而「敬業」是稱職的工作者，但工作不僅是那份成就的感覺，重要的是從投入當初是否始終「樂業」，否則所謂的工作只不過是一種習慣性的動作罷了，如果不見活力與熱情，難免會覺得無聊、無趣。我們要為工作而生活，不是為生活而工作；我們要主宰工作，不是工作主宰我們。

我常回憶公務生涯諸多讓人懷念的地方，雖然不是很令人羨慕，但比起其他職業還是受人尊重。我不後悔為專職的公務人員，而且奉獻全部黃金歲月，如今回想起來，點點滴滴，林林聰聰，仍有許許多多印象深刻的美好事物。

台灣社會少文化多政治

台灣脫離了貧窮但卻不能遠離髒亂，日常生活只圖實用、方便，而不能滿足視覺上的美感，大到建築物設計不能協調，小至物品擺設不夠美觀，處處覺得擁擠、零亂、不搭稱，不禁讓人懷疑富裕的價值在哪？我們應該從頭學習對於美的事物的喜愛和鑑賞，如果大家都愛美、愛整潔，那麼我們的市容、我們的景觀，再也不叫人難過、難看，而我們的心靈自然跟著潔淨、昇華。

古樸也是美，但也要有幽雅的環境來襯托，每當看到古蹟、古廟夾雜在車水馬龍的街道，被周遭五顏十色、雜亂無章的廣告招牌所遮掩，我有一種痛恨的感覺，痛恨人的自私和無知。事實上古文物的保存與現代文明並不衝突，只要位置沒有擺錯，沒加諸太多現代人愚蠢的想法，是很容易被接受的。

台灣的社會「少文化多政治」，每天可以從媒體看到許多政治性新聞報導，而茶餘飯後又可以聽到許多政治性話題，凡事喜歡泛政治化，自然而然就產生人與人之間的「多對立少和諧」，真不明瞭這是否也是所謂生活富裕的結果？古話說：「為政不在多言。」但今天已變成不善言語或不多說話就不能從政。有人說「官」字有二口，所以能言善道、言辭犀利的人，是最容易成為知名的政治人物，只是「口說」之外，似讓人感覺少了那麼一點「真」與「誠」。

國人對於政治的強烈參與感，正好與鄰近的日本對政治的冷漠，產生明顯的對比。有一年到日本遇地方選舉，有很特別的三種現象：一是投票率極低，反映多數人對政治的冷淡；二是民眾不信賴政黨，把選票投給非政黨人士；三是曝光率高的人容易意外當選，例如新聞主播或戲劇演員等。而且年輕的一代對台面上的「政要」很陌生，能夠直接道出姓名者少之又少一派漠不關心，不像國人如數家珍般的細說與「達官」之間的種種淵源與交情，或其不為人知的種種塵封往事，以攀龍附鳳、趨炎附勢炫耀自己的重要和能耐。

人是群居的動物，公共事務要有人關心，也要有人意願參與，但並非人人皆是「政治動物」，經濟生活才是人類活動最重要的部分，民以食為天，附帶才有各種不同文化層次的形成。所以「經濟動物」

才是人類真正的本質，至於有錢又有閒而追求較高品質的生活和精神意涵，則是人類愈發文明的結果。

迷信超乎理性

在世界各地許多角落，無論蠻荒或文明，經常可以看到對宗教的狂熱已超乎想像。包括與世隔絕、拒絕文明、集體自殺、以死殉教等，令人匪夷所思。信仰是安定社會的力量，然而對於宗教的著迷程度，有時已超乎尋常、超乎理性。迷信並不僅在於未開化落後地區，反而人類是越富裕越迷信、越苦悶越迷信。在台灣經常可以看到這種令人費解的現象，名寺古剎已不足為奇，大街小巷隨處設有簡陋神壇，而在有人的地方就有寺廟存在，尤其大型道場朝聖者眾，分不清是虔誠？是瘋狂？是盲從？除此之外，有人以為金錢可以贖罪，一擲千金，面不改色，錯把「供養」、「行善」和「庇佑」劃上等號。

在我想像中的寺廟應具莊嚴、肅穆的環境和氣氛，因為有些時候神威、畏懼和敬仰是分不開的。寺廟建築從前重風水現在講景觀，不僅是信徒精神寄托的庇護所，也是宗教活動的主要有形空間，必須能夠與社區結合而具人性化的功能，舉凡人類往來中最重要的婚、喪、喜、慶，以及成長過程中所必要的人際關係與學習，皆可以藉此作為活動場所，關懷群體，融入社區，分擔社會教化責任，有消極的出世也要有積極的入世，如此始具宗教真正意義。

信仰的自由應該受到保障，這是人類社會長期以來爭取的結果。但很遺憾的，在現今的世界，我們仍然可以看到不同宗教之間的戰爭。神愛和平，神愛世人，但神的子民卻為所信仰的神而戰、而死，不能民胞物與，不能寬容異己，或許這也是另一種虔誠？一種瘋狂？一種盲從？但絕不是神的本意。

又是人生重大的轉折

二〇〇〇年九月十九日，遊罷美國西岸舊金山、洛杉磯、大峽谷、拉斯維加斯等地於晨間回到台北，走出機場天未亮，但覺空氣清新有寒意，看到的是親切的面孔和熟悉的地方。回家稍事清理後趕赴公司上班，仍有舟車勞頓之苦。

上班後回了在這幾天一些朋友留下的電話，尤清在電話中特別提到，前幾天他和阿扁談起我回任公職的事，新政府似正考量安排中，是驚訝也是驚喜！臨下班前謝天福也捎來訊息，告知總統府方面馬永成主任已約好時間將與我見面，可能邀我接任總統府第一局副局長職務。就像往常一般，當遇到突如其來的意外，我反而出奇的冷靜，因為此時有太多複雜的思緒需要我梳理。

回任公職對我來說，又是人生重大的轉折，畢竟也有太多難以割捨的地方，在短短的一年半時間，我積欠太多情與義，受的多而給的少，一直在冷靜的學習與觀察，卻不及熱情的回報與奉獻，內心自有愧疚，有負擔也有期待。

回想當時轉換工作確實經過一番掙扎，在不同的專業領域隔行如隔山，交集難覓，自然會有不同的強烈感受。首先必須面對陌生、冷漠、苦澀，而後由摸索、意會到熟稔，這樣的歷程有挫折也有成長，是人生難得境遇與精彩。

就這一段期間的體會，要成功經營一個企業體不容易，除了籌措資金、興辦事業、開發業務之外，尚且憂心業績、善待員工等，還必須面對市場的劇烈競爭，及種種法令與政策的規範限制，尤其需要擔負更多風險與憂慮，如果再加外來因素的束縛與衝擊，將磨損經營者雄心，影響投資者的意願。何況遇到事業成長瓶頸，當你不能往上爬的時候，你還是不能忘記要繼續前進。

在成功的企業下可以獲得庇蔭，而優渥的待遇可以解決生活上的諸多不便。然而活潑的企業何忍閉塞以對？高報酬何忍換來低產能？你的專長、定位和產值，尤其追尋的夢，都是你的擔心和憂慮，取捨就在「高薪」與「高官」之間，幾度來回搖擺。逝去的歲月告訴我，每在一個地方不僅止於獲取工作而已，也想得到表現與肯定，並由此獲得友誼與信賴，果真一切皆可如願？

當面對人生重要轉折或抉擇的時候，需要的是智慧而不是聰明或勇氣。當然任何決定過程的思慮和諮商也是必要的，這些都將影響你的決定品質，如果缺少這一些，你會感覺到好像孤寂的站在十字路口上徘徊，進退維谷似的。

商談回任公職

二〇〇〇年九月二十六日，偕同謝天福如約進總統府會見馬永成主任，由於從前與他在台北市政府有一段共事時間，彼此熟識，所以相見親切，相談甚歡。今天主要徵詢我回任公職的意願，事實上「重作馮婦」在我感覺別無牽掛，但情義上必須尊重吳東亮董事長的首肯，如果一切順利可預定十月中旬就任。

離開公職再回任，不在我的生涯規劃，就像當初突然退休一樣。在這中間，固然是阿扁實踐在小兒婚禮上的諾言，但也感激尤清和邱連輝從中「說項」，順利促成。當一切即將成為事實，想的是重操舊業抑是再出發？說真的，我心有點亂。

當自己必須為將來而重新設想規劃的時候，我開始萌生離情，似乎已意識到熟悉而自由的日子已漸遠了，不久將來冰冷寂寞的日子很快就來臨。心想在人生旅途上未必站站華麗，然而即使你只是過客，相信你也是期待能站站豐收。

在台新銀行這段時間，雖然短暫但經驗可貴，所學習最多感觸也最多，點點滴滴足堪回味。如果以敬業、專業和樂業來自評，我確實不是一位稱職的工作伙伴；如果以勝任愉快來衡量，離勝任還有一段距離，只能得到愉快的那部分。不過，想到別人的負擔，只是痛苦的加深自己飲水思源的衝動罷了。人還沒有離開，但腦海裡我已開始意會到什麼才是「任重」？什麼又是「道遠」？

辭職與感恩

當必須面對抉擇的時候，即使所做的決定衝擊原有的價值觀，甚至超出生涯規劃的極限或範疇，真正需要的還是毅然和決然。我在獲得吳東亮董事長勉勵和祝福之後，開始整理近日來的思緒並正式擬就辭呈。

在辭呈中我強調有機緣進入台新銀行服務，雖然時間短暫僅一年七個多月，但受益良多，非常珍惜這段難得的經歷，尤其是在這裡所受優質企業文化的薰陶，點點滴滴足堪回味，而有太多難以割捨的感情。我一直在冷靜的學習與觀察，卻不及熱情的回報與奉獻，內心自有愧疚。對於總統府徵詢回任公職的意願，幾經思慮已答允，面對許許多多不可知的未來，有徬徨也有期待，但求凡事能盡心盡力。事非始料，知遇之恩，永銘肺腑，因而帶來公司的困擾，也致上最誠摯的歉意。

當決定赴任新職我開始有了離情，於是再擬就一份信函致同事及平常關心我的友人。我寫的是：「去年春暖花開的時候，因緣際會投入台新銀行服務，雖然時間短暫但有滿籮筐的收穫。在這樣的環境裡，可以感受得到一個企業文化的形成，可以親身體認一個企業的艱辛成長過程，尤其對於一位卓越領導者的投入、堅持和永續經營的企圖，使人印象深刻並且敬佩有加。」又寫到：「今年這個時候，秋意漸濃，因將轉換工作而生離愁。回任公職對我是人生重大轉折，我已做好心理準備，也有太多難以割捨的地方，或許人生旅途上未必站站華麗，但莫不夢想站站豐收。面對許多不可知的未來，有猶豫也有期待，深盼無論在任何位置上，都能獲得您的支持和鼓勵，這也是我工作上的支撐力量。」最後再寫說：「人生際遇多變化，唯有朋友感情是永恆的⋯⋯」

吳東亮董事長的鼓勵

二〇〇〇年十月三日，昨天立法院為核四廠興廢爭論不休，而行政院唐飛院長與經濟部林信義部長意見相左，各政黨缺乏共識，相互較勁，又不能理出「不滿意但可接受」的解決方案，將經濟議題複雜化、泛政治化。演變最後唐飛院長因健康理由辭職，震驚政壇，一般預料將衝擊股匯市，甚至有認為「扁唐體制」決裂，會造成政局動蕩不安等等，凡此似乎都已超出了想像。

二〇〇〇年十月四日，將近中午與吳東亮董事長見面，從唐飛院長辭職談到目前政經情勢，有憂心也有遠景，主要談到我將回任公職的事，有鼓勵也有期待，他並提起將保留我在文化藝術基金會的董事職務，以便日後有見面聯繫的機會，他說，去了之後如不能適應隨時歡迎返回台新銀行，讓我放心許多而覺得感激與窩心。

在晚間，王文猷總經理夫婦在晶華酒店二十樓俱樂部，宴請台新銀行主管幹部夫婦吃飯，是聯誼也是慰勞，我與粘麗娟也在受邀之列，當大家卸下工作上的面具，無形中距離拉近。王文猷並宣布我將離職的消息，引發大家好奇，但也都真心為我祝福。

官僚文化與企業文化顯然不同，前者屬於行政，較僵化，重權威，講倫理；後者屬於商業，較靈活，重利潤，講競爭。在行政部門有所謂「危機處理」，而企業經營有所謂「風險控管」，但似乎未曾聽人談起行政部門也需要正視風險控管，其實這可以作為一個研究的議題。行政部門的危機處理，例如：救災組織系統的啟動、人員的召集、資源的整合、困難的排除、降低損害程度、突變後回歸常態、檢討成效；至於行政部門的風險控管，例如：可能狀況的虛擬與揣摩、人物容易犯錯性格的防止、對容易造成解讀困難言辭的避免、動作大容易惹反彈的預防、訴求明確精準。兩者之間有差異但也有連結部分。

參加昆明高爾夫之旅

二〇〇〇年十月七日，參加昆明高爾夫旅遊團當作「畢業旅行」，團員熟識者有游國治、陳國世、方政治、曾元一、詹尚德、王文猷夫婦。昆明位處海拔一八九〇米高的美麗山城，種族多、花卉多。俗語云：四季無寒暑，一雨知秋。

翌日，上午前往「昆明鄉村俱樂部」打球，距昆明市區不遠，依山勢開闢，保留自然風光，球場周圍山光水色，位置優越，湖泊環繞，百花爭豔，一路欣賞農村景色，看到以簡單的農具從事農作物耕作，有如時光倒流，對樸素的農民、農舍，留下深刻的印象，也有不少感慨；於下午，遊九鄉溶洞，觀賞大自然偉大傑作，領會大自然神奇力量，洞中有河，洞中有洞，洞中有天；有瀑布，有石橋，有岩壁，有奇石，有奇景；有細膩，有壯觀，也有震撼。

第三天，上午遊石林風景區，有大石林與小石林，方圓廣闊，多少獨立石筍聚集成林，形成奇特景觀，年代久遠，奧秘之極。在當地住民一直流傳著阿斯瑪與阿黑哥的悲情故事；下午，趕到「春城高爾夫俱樂部」打球，這是由新加坡人投資經營的球場，頗具名聲，吸引眾多外來觀光遊客，絕大部分來自台灣。球場設計有三六洞，依山傍水，遍植四季花草，春城無處不飛花。

第四天，上午續在「春城高爾夫俱樂部」打球，而後急忙趕往昆明國際機場搭機經澳門轉機返回台北。一路上想著我的新工作，因為很快就必須面對。

迎新與送舊

二〇〇〇年十月十二日，上午，由林德訓負責安排，再度前往總統府面見游錫堃秘書長、陳哲男副秘書長、簡又新副秘書長、廖勝雄局長等人，他們都是我熟識的朋友，淵源深、交情厚，也曾有共事的經驗，所以相談甚歡。他們給我很多勉勵，我也深盼往後有足夠的團隊默契，而在工作上皆能勝任愉快。

中午時候，由高原平邀約尤清、莊麗珍、陳彩容、葉義生等人，為我即將赴任新職宴請午餐，他們都是我從前多年的同事，可以感受到老朋友的誠意。

二〇〇〇年十月十三日，明後兩天正巧週休二日，所以今天應該是我在台新銀行上班的最後一天，恰好也是十三號星期五，西洋人有禁忌，是離散的日子，但東方人似乎「不信邪」?!

當開始收拾辦公室的時候，好像感覺到真的要離去，或許這只是人生許許多多「必然」的一部分，何須感傷呢?今晚，吳東亮董事長與吳統雄常駐監察人作東設宴國賓大飯店十二樓孔雀廳，邀約張有惠、張景森、張春雄、吳光雄、簡明仁、王聖惠、林楊龍、王文猷、謝壽夫、陳國泰、廖國棟、簡展穎等人特地為我餞行、祝福，倍感親切、溫馨。他們每一位的名字我會永遠的、永遠的銘記在心。

附錄　人物特寫

壹、我最敬愛的父親

父親諱名林阿善，一九一二年出生在魚池鄉澀水地方，鄰近日月潭，是一處寧靜的小農村，山水秀麗，民風純樸。時值日本殖民時代，二戰之後，一夕之間從日本人變成了中國人，但並沒有改變身為台灣人的事實，這是命運的安排，也可以說是命運的捉弄。大時代改變了世界，大環境支配了一切，升斗小民也莫可奈何！

父親的祖父林惟，就像多數的台灣移民，最早從漳州府漳浦縣渡海來台，輾轉落腳澀水，篳路藍縷，以啟山林，胼手胝足，拓墾成家，為澀水林家開基祖先，遺六子承繼家業，聚居一起，相互照應，日出而作，日入而息，大家族感情融洽。我的祖父林銅在六兄弟中排行老二，英年早逝，父親在九歲就必須承受喪父之痛。

我的父親人如其名，永遠是和善待人，樂善好施，關懷鄉里，造福桑梓，甚博得鄉人尊敬。他很開明、慈祥、有幽默感，生長在農村卻少接觸農事，是村裡頭少數見過世面的讀書人，小時候經常看他幫人代寫書信、文稿、陳情書，每到過年還要幫鄰居寫春聯，我在旁磨墨是唯一能做的事，他樂此不疲而且也感到得意。

從前鄉下每戶人家正廳大門上，過年時會貼上「加冠」、「晉祿」字樣的紅紙，也是我父親的手筆，當時小時候似懂非懂，僅略知代代可以升官發財之意，後來才明瞭這是典型農業社會對科舉成名的憧憬，也是鼓勵農家子弟奮發上進的期待。

我父親不甘困守農家當個莊稼漢，他也想到外面世界闖蕩，早期曾在糖廠、役場（公所）服務過，後來嫌收入菲薄改行從商，一方面為了我就讀小學方便，先後在街上開店及經營碾米廠，等到我畢業後就收拾回到鄉下老家。畢竟敦厚老實的人常把營利當救濟，並不適合商場打混。接著他出任農會監事及鄉民代表，成了值得信賴的地方紳士和頭人，鋪路造橋找他，分產分家找他，排難解紛找他，就在我上大學那年村裡才有電燈，也是他努力奔走的結果。我父親平常話不多，但因為有機會從外頭帶回新資訊，不論娛樂、廟會、時事或選舉，都能侃侃而談。

我的父親對母親恩愛有加，只能用最通俗的「琴瑟和鳴」或「鶼鰈情深」來形容；對同母異父的弟弟，亦是兄友弟恭、感情和睦；對子女照顧更是無微不至，偉大的父愛為我們的家撐起一片晴朗溫暖的天空。我們的家只是小康之家，但長輩給我們最大的幸福與快樂。在童年，父親教我愛護動物、辨識植物，甚至家事、砌磚、劈材，幫我理髮、帶我去溪流釣魚，種種場景，歷歷在目，令人記憶深刻。

我在一九五四年小學畢業，很幸運考上中部一所知名中學，親友、鄉民高興，當成一件大事，父親陪我去註冊、開學、住校，母親幫我準備衣物及日常所需，再三叮嚀要好好讀書做人，我能體會天下父母心，尤其望子成龍的那份殷切期盼。我小小年紀必須獨自離家在外就學，從鄉下到都市，陌生而惶恐，思家之情，不言可喻，當時父親偶爾來看我，每每望著他遠去的背影，我感受到了父愛的溫暖。

從中學到大學，我都遠離家鄉在外寄宿，只在寒暑假回家，有時會邀同學一起到鄉下玩，家人格外熱絡招待，擔心在外吃不飽，特別拿出一堆食補。每次回到家，父親會帶我到金天宮燒香禮佛、祈求平安順遂，發覺縱使外面世界變化再快、再大，但是這裡依然封閉、守舊和傳統，時光似停滯，山谷中的小橋、流水、農莊依舊。

我在大學畢業後服完兵役，順利考取留學考試及全國高等考試，並獲分發至中央服務，幾經思量後，決定選擇留在國內工作，父親得意、滿足之情，溢於言表。時隔不久，我結婚生子，為林家傳承了香火，父親含飴弄孫，是人生最大喜樂。

我在政府部門有一份別人羨慕的職業，而且也在工作地有了小家庭，但父母親仍是習慣住鄉下，不能朝夕侍候、噓寒問暖。每想到他們一生為我遮風擋雨，為我分憂解勞，為我擔心受怕，甚至為我賣田產供給就學、成婚、養家，始終無怨無尤，我已深深地感受到，父母無私而偉大的愛，重如山，深似海，我有無比的愧疚。

我在北部自在逍遙、樂在工作，父親仍留鄉下那裡人親、土親，過著山中無歲月的日子。有一次我回去老家，無意間發現一個舊紙箱，盡是從前在外地求學時候父親寄來的家書，親情流露，滿滿的溫馨與感激。我看到父親熟悉、蒼勁有力的字跡，就有想哭的感覺，恨不得時光可以倒流，抓住許多從身旁流失掉的東西。

一九七八年於我是巨變的一年，當年我主辦國際青年商會亞太大會，並蒙蔣經國總統召見嘉勉，又逢雙親在一個月內先後撒手人寰，以及後來的職務調動，由北部到中部，內心承受的「重」與「痛」，很難形容。那時我看到父親骨疾臥病在床，臨終前忍受病痛，勉力親手書寫毛筆經文，贈送左鄰右舍，字體依然端莊俊秀、流暢雅麗，可以想像他當時與死神搏鬥的心境，預期自己生命即將結束前夕，相信在恐懼中有太多的不捨，只好求助於佛祖尋求平靜與寄託，奮力消除內心的痛苦和煎熬，這是多麼令人心酸悲痛的往事，讓我始終有著「子欲養而親不待」的遺憾。

人生舞台上，每個人各有各扮演的角色，來

到世上只是偶然，也只是過客，茫茫人海中能夠相遇、相聚是一種緣分，就應該真情珍惜。我的父親在芸芸眾生中，不過是一位平凡的小人物，但在我心中永遠像一位巨人，他遺留給我最大的資產不是大片的田地，而是善良的心和熱忱的態度。有一個不曾說過我愛你，但卻是最愛我的人，他就是我的父親，樂天知命，惜福知足，我永遠懷念他、敬愛他！

貳、我的屘姑林嬌女

屘姑諱名林嬌女是先父最小的妹妹，同是南投魚池鄉人，嫁在同村但不同社區，與娘家互動較頻繁，是我至親的長輩之一。她能嫻熟農事及烹飪，採茶、種菜、耕作都難不倒她。當鄉下傳來屘姑過世的消息，我形容那是最傷心不快樂的一天。

二〇一二年三月二日，長時間以來，牙病經常陪伴著我，日前經板橋誠品牙醫診所廖克文醫師診斷，必須拔除掉牙齒及植牙才能一勞永逸，並擇定今天開始漫長的療程。診所內病人很多，表示國人已非常注重牙齒保健，實應歸功於教育普及和全民健康保險之賜。我在手術前等候一段時間，並作了必要的準備程序，包括填寫手術同意書、打針吃

藥、照X光片等，而後躺在手術椅上接受「宰割」，醫師動手動刀，護士在旁遞送工具，只聽到儀器吱吱作響，牙齒已被連根拔起，因有注射麻藥所以不覺疼痛，在醫師巧手操作下，經清除血漬後再打入小鋼釘，預作日後植牙基座，如此折騰近一個小時，才完成初步療程，恐怕以後還會有罪受。

拿了藥離開診所，回到家休息，不久鄉下傳來噩耗，我敬愛的尼姑已平靜的走完生命的終點，在山楂腳老家過世，享年九十六歲，是我至親長輩最後離開我們的一人，我們當然很難過、很不捨。

尼姑的婆家與娘家同屬大雁村，徒步約有一小時的路程，小時候我經常去玩，尼姑一臉慈祥，和藹可親，常把最好吃的東西留給我，也常拿零用錢給我，不過從中學以後因為一直離家在外讀書、做事，就比較少有機會與她見面。但我們夫妻每次回到鄉下都不忘去探望她，也曾特地接她來台北汐止住家，我們也以相同的這一份情感教導我們的下一代，以及下一代的下一代，所以林宇聲和在美國的林愷聲，每遇過年過節常會帶家人趨前向尼姑婆噓寒問暖，延續數代濃厚的感情。

自從我有記憶以來，尼姑已經出嫁，沒能看見她在娘家那段少女築夢的日子，不過可以想像，她不會有現代時尚女孩的快樂與逍遙。尼姑生在農村，長在農村，沒受過正規學校教育，讀書不多，在當時年代是很正常的事，但她有才有德，知情達理，絕不是所謂「村姑」可以形容。尼姑育有獨生子葉正吉，以及視同己出的養女葉麗花，一家美滿幸福，而且因姑丈葉萬水在紅茶廠工作的關係，有機會見識到、學習到一般的、粗淺的社交活動，大方的走入人群，和與人處，所以她在大家的心目中，稱得上是一位「見過世面」的人，永遠值得我們尊敬和懷念。

尼姑有台灣傳統婦女的美德，相夫教子，敦睦鄉里，在姑丈過世後，仍然不忘含辛茹苦、勤儉持家。早年她經診斷罹患癌症，但在家人無微不至的照護下，福有福報，奇蹟似的戰勝病魔，意外得到痊癒，而且健康如昔，平日在鄉下家繼續種菜、燒飯、洗衣，她常把菜園裡的菜分享他人，也常把身上的錢接濟貧窮。在晚年，她篤信佛祖，經常到寺廟誦經膜拜，真是寬厚為懷、仁慈佛心。

尼姑走過將近一世紀，歷經日本殖民及中華民國政府時代，隨著社會劇變，國籍身分也跟著更迭，這是生命的安排，誰也無可奈何。但出生在這塊土地上，身為台灣人畢竟還是台灣人，她並沒有改變安身立命的為人道理，平凡如常，這就是她的偉大，也就是那句「平凡中的偉大」。我們隨時都很想念她！敬愛她！

參、大姐林春蓮默默地走完一生

大姐林春蓮是傳統台灣村姑，喜怒哀樂不形諸於色，但人情義理卻永銘於心。她生長在鄉下簡單過活，享受寧靜也享受寂寞；她未曾善待過自己，默默地生活，默默地承擔，也默默地走完一生。

大姐林春蓮多我八歲，是典型的台灣鄉下婦女，並沒有受過正規學校教育，不善言詞，與世無爭，與人無怨，過的是傳統舊式生活，現代化與她非常遙遠。她滿足於周遭自己所熟悉和習慣的一切，能夠容忍所有不幸和傷痛，即使之前姊夫陳春庭因車禍死亡也是如此，究是無助？是無奈？是聽天由命？是逆來順受？抑是自認無能為力？我不知道她內心的真實世界，但我知道她永遠是一位絕對善良的人，從沒有不滿也沒有怨懟，永遠是無私的呵護她的弟妹和親人。

自從父母親在一九七八年相繼過世之後，大姐從頭社回到澀水鄉下房子居住，很少出遠門，每天過著極簡單的生活，但求溫飽，從不奢望享受，也沒有任何期待，只為身邊瑣碎事忙碌，早睡早起，一日復一日，一年復一年，電視和電話可以說是少數她偶爾可接觸到的文明產物，其他外界有再大的變化，她也都不受影響。

她整天在家、在鄉下，可以不知道什麼是流行？什麼是前衛？什麼是國是論壇？什麼又是政黨輪替？更不可能知道什麼是Y2K？就在她小小的生活框框裡頭過著屬於她自己的日子，平淡無奇，平凡庸碌，有時讓我覺得羨慕，但又對她萬分虧欠。

一九九九年九月二十一日凌晨一時四十七分，台灣中部山區發生芮氏規模七・三的強烈地震，稱「九二一大地震」，又稱「集集大地震」。當時天搖地動，加上餘震不斷，且傳出死傷嚴重，大姐身處災區，受到不少驚嚇，起先通訊中斷，後來知她安然無恙，健康如昔，對災情猶能侃侃而談，這才放下心中掛念，遠在台北默默為她祝福！

魚池鄉下老家九二一受創輕微，只有四周圍牆倒塌，屋內水管破損，以及屋頂部分瓦片碎裂，除此之外並無大礙，稍作粉刷、整修，儼然新居模樣，但鄰居房舍則倒塌不少，平常熟悉的景物，忽然消失不見，著實令人感慨。老家簡單、潔淨、舒適，屋後有小山坡，屋前不遠處有小溪流，農田、樹林、山巒盡入眼簾，整體環境帶有綠意與美感，每次回家但覺興奮、開懷、忘憂、無慮，這裡是台灣農村最美的一角。我的大姐繼續居住在這裡，享受天年、享受寧靜也享受寂寞。

澀水社區曾經是九二一災區，可是地震沒有震垮居民，反而是震醒了他們，大家決心重建自己的家園，打造出獨特的社區建築特色，讓這裡變成一座生態教室。斜屋頂房屋座落在翠綠原野上，不論是獨棟或聚落，都能與自然環境搭配，小巧可愛的陶製信箱就像童話故事裡的場景，整個小村莊猶如童話般的地方，愈來愈美。

除原有的山水之美，道路、涼亭、步道兼具實用與美觀；樹木、花卉、竹林更是山谷最佳特色與點綴；陶藝、竹炭、阿薩姆紅茶皆是推廣中的地方產業，每一樣都很吸引人。尤其終年氣候適宜，溪水長流，人人安居樂業，雖然不是夢中桃花源，但處處呈一片祥和靜謐。這正是我的家鄉，唯有來過，才懂得流連忘返。

澀水老家環境雅緻寬敞，配合周邊植栽花卉，

還有遠山近水，確實是很難得找到的漂亮農家，這裡是我未來歸隱的小天地。大姐長年獨自居住鄉下，平淡過日子，幾乎足不出戶，最近幾次返鄉，一次比一次看她越來越老邁，望著她微駝的背影，不禁覺得心酸難過，內心更有幾分疚歉。事實上，在台灣許多角落，社會裡就有很多這種默默的人，默默地生活，默默地工作，也默默地承受。他們沒有聲音，但不代表他們沒有意見，也不代表他們沒有感覺，其實他們內心也有所盼望，而人世間的一切是非利害、人情義理就在他們內心深處。他們懂得尺度、懂得衡量，他們懂得精靈不代表聰明，他們也懂得憨厚不代表愚蠢。

二〇〇九年三月二十日，今天不幸的事情終於發生了，在深夜大姐昏倒由救護車送往埔里基督教醫院急救，病情意外的嚴重。我們夫妻獲悉後趕回探視，看她在加護病房插管維生，雖有心跳但已無意識。診療醫師說，因器官急性衰竭情況並不樂觀，我們聽了都非常難過。這時我突然想到，人類終究不能逃避生、老、病、死的折磨，因為那不僅是過程也是必然的結果，就看用怎麼樣的心情去對待。人往往在生病的時候，才知道健康的重要；但當健康的時候，卻很容易忘卻生病的痛苦。

大姐居住鄉下，生活平靜而規律，從未聞身體有疾病，即使有小病痛也從不輕易啟口，稍微忍受就過去了，或許因為這樣而忽略了身體檢查，在不知不覺間失去了健康也說不定。在最近幾次回濁水，已經可以看到她逐漸年老體弱，聽力和行動也大不如前，我們擔心她需要有人照護，但沒有想像到歲月會是如此的殘酷。

僅隔兩天時間，大姊在醫院還是走了！離開我們了！默默的走完了一生，享年七十七歲，走時想必孤單而寂寞，我們心情都很沉重、難過。大姐的夫家在頭社，生活清苦，人丁單薄，是低收入戶家庭，所以除了年節之外，大姐幾乎都回到濁水娘家居住，並由娘家照顧大部分的生活起居，但自從大姐夫意外車禍死亡之後，她更是孤寂無伴。如今，她已回到頭社，跟隨大姐夫走了，走到另外一個極樂世界。對她而言，或許是解脫；但對我們而言，肯定萬般難捨。

大姐一輩子住在鄉下，小時候因值二戰躲避美軍空襲警報，沒有機會上學校接受正規教育，但不影響她為人處世的道理，更加懂得人情世故。她見識不多，但記憶力超強，記得所有身邊親人的生日和從前發生的瑣碎小事，以及不同節日應有的不同習俗和禮數；她每天吃早齋，數十年如一日，敬天、敬神也尊敬旁人。

大姐木訥寡言，生活樸素，相信宿命，善良順從。她一臉慈祥，溫和待人，喜怒哀樂從不形於色，即使有一點點心願也深藏於內心；她深居簡出，省吃儉用，從未善待過自己，寧可人負我而我不負人；她只知道每天過活，不必去探索什麼才是人生的價值，也不必去追尋什麼才是生命的意義。事實上，她可以沒必要去了解這麼多，因為「平凡就是幸福」，平凡本身就是最大價值、最深意義。

大姐未曾出過國，也幾乎未曾到過都市，家鄉就是她的全世界。她從來沒有坐過飛機，從來沒有見過大海；她不知道有「台灣高鐵」，不知道有「台北一〇一」；她不知道什麼是貓熊？什麼是Casino？她也從不奢求，很平淡、庸碌過一生，最後就這樣默默的走了。平凡是福不是快樂，大姐就在福中寂寞的走完一生，每看到她如此的怯弱、善良，我只能想到「平凡中的偉大」，或許才是最貼切的形容。

二〇〇九年三月三十日，大姐的葬禮是在夫家頭社舉行，全由我們家姊妹費心張羅，儀式簡單、冷清，只是眾多社會底層忽然少了一個人，不會引起太多在意，當然不見達官顯要，也沒有熱鬧場面，只有極少數的朋友、鄰居及親戚前來送行。當送走大姐最後一程，所有的親人都感到悲傷和不捨，大家都會永遠敬愛她！懷念她！

肆、環保老兵粘錫麟老師

粘錫麟是我內人的大哥，生於一九三九年二月八日，彰化鹿港鎮人，鹿港高中畢業後曾任小學教師，後來辭去教職投入環保運動數十年。他擔任「綠色主張工作室」負責人，也是文史自由撰稿者。他晚年疾病纏身，不幸於二〇一三年八月七日病逝於彰化基督教醫院，享陽壽七四歲，家屬遵照遺囑將大體捐贈醫學教學研究。

粘錫麟大哥是「環境貢獻獎」的得主，人稱粘老師，世居鹿港，受到當地文風薰陶，文筆流暢，文學根基厚實，並對地方文史產生興趣，尤其深愛台灣這塊土地，早期毅然放棄穩定的教職工作，全神投入環保運動，當一位無給職的全職環保義工、環保鬥士、環保導師。他從事公民抗爭近三十年，曾經成功地帶領鹿港居民強力反對杜邦公司投資設立二氧化鈦工廠，成為環保社運界的重要人物，在台灣屢次環保運動中，幾乎無役不與，包括高雄後勁反五輕、宜蘭反六輕、新竹反李長榮化工、貢寮反核四，以及現在反對彰濱火力發電廠和國光石化等等，都可以看到他的身影。

他不但經常在媒體雜誌上撰文宣導環保理念，並且能夠身體力行，足跡遍及台灣各地，也為他贏得「環保弘法師」的另一個稱號，深受環保社運界的敬重。大哥已屆七十年齡，堅持對環保議題的主張與熱愛，平常簡樸成性，穿著隨性，不修邊幅，自從數年前喪偶之後，生活過得相當清苦，好像每天都只活在自己的理想裡，至親好友看了皆為他難過，但他卻能心安理得，只是我們都不明瞭他內心深處的真正感情，說真的大家都為他擔心。他在之前曾罹患腎臟癌開刀，也兩度輕微中風，晚年可說長期與病魔纏鬥，但卻不改其女真族人一向的樂觀豁達，自始至終為台灣這塊土地耗盡能量，東奔西跑，南征北討，無私付出，無怨無悔。

於二〇一三年五月二十七日，我們夫妻與粘國西夫婦到彰化基督教醫院探望粘錫麟大哥，他已不省人事臥病中，去的時候姐夫莊嘉樹夫婦在旁照料，王俊秀博士也來探視。隨後到鹿港「永香餐廳」午餐，再到「鹿港銀茶壺」喝茶，然後搭高鐵轉捷運回汐止住家。

林瓊華E-mail陳玉峯寫的一篇文章〈永遠的環保弘法師——粘錫麟〉，他說在二〇一三年五月三日上午，與蔡智豪老師到彰基加護病房探視粘老師，看他像從前一樣灑脫，只是沉睡。他唸《心經》祈福，握著他冰冷的手，喚他、拍他：「粘老師！粘吔！還不是時候啊！我們還有很多未了責任啊！回來啊！您不能讓我悔恨啊！」確實至情感人。

陳玉峯引用粘老師七十自述：「我的工作是無止盡的臨身，工作的過程，只是要提醒社會的思考，從來不曾想過個人的張揚。我是一個殘障人士、獨居老人、低收入戶，但我的生活快樂，我的心靈充實，因為我的『心』擺對了邊。」陳玉峯又說，就世俗眼光而言，粘老師一生窮困潦倒、一無所有；事實上，他全副身心百孔千瘡、體無完膚，但無怨無悔。然而，他「光是台電的彰濱火力電廠，就是那麼的無奈；面對國家機器的蠻橫，又是多麼的無奈」，但他實踐了求仁得仁、行義得義的暢快，他以後半生的歲月，踵繼其父母的楷模，為台灣素民素行寫下了可歌可泣的史詩，立下了「無功用行」的典範。

陳玉峯說，粘老師與他之所以「親而不暱、疏而不離」，最主要的因素之一在於，觀察、探討社會現象，他們在乎的是「事實真相」，且從中解析「因果關係」，進而釐清「結構問題」，並試圖挖掘歷史脈絡，探討深層的解決，因而注重教育的改革，也導致粘老師晚年之致力於社區大學的教化工程；在個性上，他們最重視實事求是、沒有階級的公平、公正原則。他們最討厭沽名釣譽、費盡心機收割利益的假弱勢運動者，偏偏這樣的環保蚊子、弱勢蟑螂，族譜繁多。如今粘老師靠藉呼吸器、維持心跳，健保規定只能供應多少天，接下來得氣切或自費。陳玉峯說，可以體會家屬的兩難，但也沒有權力依其遺志處置。在此，他只能懇求十方神靈完遂粘老師素志；拜請認識、不認識的朋友們，為粘老師祈福、回向、祝禱，但願粘老師的大愛，流佈世間與出世間！更願他能健康起來，繼續為台灣發憤！

二〇一三年六月二十八日，與粘麗娟搭高鐵南下彰化再到基督教醫院探望粘錫麟大哥，並煩請粘國西夫妻到烏日站來接，而粘榮華夫妻也同時趕來。粘錫麟大哥已經轉往原來基督教醫院舊址，仍然昏迷不省人事，醫師判定已到了「安靈」程度，大家心裡焦慮難捨。他從鹿港反杜邦運動開始，為台灣環保打拚了漫長的歲月，使人感動。

離開彰基之後到鹿港「永香餐廳」午餐，連襟莊嘉樹夫妻也趕到，他談到鹿港地方和環保人士及受教學生們，為粘錫麟大哥費心籌辦「生前追思音樂會」，這也是大哥在其著作「環保弘法師」自悼文中所提到的，希望台語歌謠音樂會作為他人生的句點。這場音樂會將於七月四日晚上六點三十分在鹿港鎮文武廟廣場舉行。

午餐後，粘國西提議造訪「粘氏宗祠」，他開車先帶我倆夫妻到彰濱工業區參觀台灣玻璃館及台灣護聖宮玻璃媽祖廟，在艷陽高照下酷熱無比。台灣玻璃館在二〇〇六年五月二十七日開幕，展示各式各樣以玻璃素材創作的生活藝術品；台灣護聖宮玻璃媽祖廟於二〇〇七年三月三十一日入火安座大典，運用高科技隔熱安全玻璃作屋面及外牆材質，進而以木雕以及石雕精品融合彩繪、窯燒、堆疊玻璃裝飾而成。

彰化福興鄉「粘厝庄」，分為「廈粘」與「頂粘」社區及「粘氏宗祠」，乃台灣粘姓的原鄉，也是「生女真族」的後裔。根據史料記載，中國東北吉林附近女真共分兩支，一支為熟女真，西元十七世紀時，大清帝國即為該族所建，另一支為生女真，西元十二世紀時，族長完顏阿骨打率族人南侵，先滅契丹人建的遼國，繼滅北宋，建立了顯赫一百二十年的金國。元朝末年，粘氏子孫南遷福建，福建粘姓祖先名叫博溫察兒，移居於當時普江縣的龍湖鎮，亦稱潯江，今稱衙口村，所以粘姓家譜、族譜多題有潯江、潯海、潯渼的字樣。接著在後來，粘氏族人有的先後再遷至廈門、福州、香港、台灣及國外的馬來西亞、新加坡、菲律賓等地方。

遷往台灣的粘氏族人，自完顏宗翰為第一代，往後數第二十二代粘德尚、粘德粵及粘德恩三兄弟，於清乾隆五十三年（西元一七八八年）由衙口村粘厝埔登舟東渡到台灣彰化鹿港登陸，是為台灣粘氏開基三祖。他們在今福興鄉建立「粘厝庄」，分為廈粘村及頂粘村兩村，現在兩村已繁衍成兩百八十多戶四千多人，還有其他遷往台灣各地約兩百多戶也有四千多人，總計台灣粘氏有五百來戶約八千多人口。

粘厝庄建有一座「粘氏宗祠」，為二樓廟宇式建築，在一九七四年建基第一段，至一九八一年完成第二段工程。一樓為粘氏宗祠桓忠堂，二樓為衍慶宮。祠內有祖先牌位及神像，或許粘氏族人來台後已融入本地習俗。據史料稱「桓忠」是金太祖完顏阿骨打追後粘姓一世祖粘罕的諡封。粘氏宗祠乃是台灣女真族後裔的精神堡壘，在每年農曆的一月四日及十月六日舉辦春秋兩季的祭祖活動，各地族人都會趕回參加。

二〇一三年七月一日，炎炎夏日，靜靜無風的午後，也慵懶、也煩躁，任由時間悄悄地從身旁溜走，一去不回。我不想也不能抓住什麼，不掙扎，不呻吟，也無所謂。我想到在醫院與病魔搏鬪的饒益，嚴重眼疾有可能導致失明，彩色人生突然變黑白，甚至從此黯然無光，殘酷事實果真降臨他身上，是否有足夠的承擔勇氣？我也想到在病房與死神搏鬪的粘錫麟大哥，在他的身上流有女真族人豪情壯志的血液，不畏艱難，衝撞體制。女真族人是很優秀的北方民族，人人充滿太陽般的朝氣，曾經統治中國建立大金帝國與滿清王朝，也是中國歷史上最出色的年代。

粘錫麟大哥是一位受人尊敬的環保老兵，犧牲奉獻，他選擇了一條孤獨的道路，但他認為是理想、是責任也是人生的價值。老兵不死，不必哭泣，他會永遠活在我們每一個人的心中；老兵不死，不必哭泣，他會永遠長伴著我們守護這塊土地，以及居住在這塊土地上的所有人民。我們不必哭泣，我們只有驕傲、感謝與感動。

二〇一三年七月四日，粘錫麟大哥於四月二十三日因腦幹中風昏迷，目前在彰化基督教醫院靠呼吸器維持心跳，之前他在「自悼文」中提及，「生既無喜，死就無悲，如果有場台語歌謠音樂會，讓大家來嬉笑怒罵、調侃鄙薄，就是好句點」。於是就在台灣生態學會及環保團體的串聯下，今晚就在鹿港文祠舉辦一場「粘錫麟老師的台語歌謠音樂會」。這裡是他的故鄉，也曾是當年「反杜邦」的初始集結地方。

我和粘麗娟、林宇聲、粘逸群、粘仕宏搭乘高鐵至台中烏日站，再與粘國西夫婦及粘榮華夫婦會合前往，莊嘉樹夫婦與鄭振溢夫婦及其家人也都參加。會場展示有粘錫麟大哥著作書籍、海報，以及屢次參與環保戰役和戰績的大型相片。在廣場的草坪上搭有露天舞台，並有小型樂團演奏。在會場內，我也遇見了李棟梁、黃俊彥、翁金珠、田秋瑾、蔡智豪、陳玉峰、賴偉傑、林瓊華等熟人及朋友們。

現場湧入包括「要健康婆婆媽媽團」等環保團體成員，以及大哥開課教授台灣歌謠的員林社區大學、集集社區大學學員及民眾等四百多人。莊嘉樹忙著在人群間穿梭，而粘榮華則代表家屬致詞。

他說大哥這些年身子情況不佳，家人都曾勸過他好好休息，但大哥卻說「這輩子最愛的就是環境與文史保護」，堅持不肯停下來；他也感謝大家聚在一起，參與音樂會為大哥圓夢，「大哥一定能感受到」。

今晚的音樂會，現場管樂、國樂結合演奏台語經典歌曲，包括：寶島四季紅、菅芒花、農村曲、孤女的願望、淡水暮色、行船人、望你早歸、車站、思念故鄉、送君珠淚滴、補破網、鑼聲若響、菸酒歌、阮若打開心內的門窗等等，在主持人感性的帶領下，氣氛相當憂愁動人，大家如癡如醉。最後由導演紀文章、陳文彬蒐集粘錫麟大哥參與環保運動的影片，剪輯製成「粘錫麟回憶錄」來播放，看了實在令人動容。今晚大家含淚一起用「祝福」的心情，希望送他平靜走完人生終點。

哈佛大學經典語錄集裡有一句話：「人生旅途中，有人不斷地走來，有人不斷地離去。當新的名字變成老的名字，當老的名字漸漸模糊，又是一個故事的結束和另一個故事的開始。在不斷的相遇和錯開中，終於明白身邊的人只能陪著自己走過或近或遠的一程，而不能伴自己一生；陪伴一生的是自己的名字和那些或清晰或模糊的名字所帶來的感動。」我的大哥粘錫麟，在他《述志詩》裡也寫

道：「莫謂行為類狷狂，繫心環保衛家鄉；敢輕一死歸塵土，身化花肥蕊更香。」
大哥，您已走過崎嶇路，受盡風霜寒，休息吧！我們永遠、永遠懷念您、敬愛您！

伍、我的同學尤清

尤清於一九四二年三月出生，為高雄縣大樹鄉人，畢業於國立政治大學法律學系，並獲得德國海德堡大學法學博士，博覽群書，愛好音樂、繪畫，他是美麗島大審的辯護律師、民主進步黨發起人、國立政治大學兼任副教授，曾為黨外第一位監察委員、中華民國立法委員、民主進步黨第一位台北縣縣長、總統府國策顧問、無任所大使和中華民國駐德代表，學經歷完整，對台灣民主也有相當貢獻。

尤清與我有五十年的交情，其中四年的同學，八年的同事，彼此相知甚深。他個性充滿自信，聰明過人，有智慧和才華，不服輸、敢衝撞；他在監察委員及立法委員任內，經常有「驚人之舉」而轟動一時，後來挾著超高人氣當選台北縣長，展現出他的擘劃及執行能力，屢有「瀝血之作」讓人稱譽。他確實累積了個人的聲望與高知名度，但卻忽略了人際關係的經營，尤其是團隊的精神與價值，最後因部屬「莊育焜事件」成了「一粒鼠屎敗壞了一鍋清粥」，而被「一竿子打翻一船人」，陰影常在，每每揮之不去，從此重挫銳氣並深受其苦。

尤清自從台北縣長卸任以後，在劇變中的台灣政壇似乎不很得意，只好再度執業律師，也繼續在大學兼課，昔日如日當中、眾星拱月的光環已褪色，令人扼腕。他經常說的一句台灣諺語：「甘願做牛，不驚無犁拖。」不過當一位演員失去了舞台，即使再傑出也找不回廣大的觀眾，有朝一日如果不能東山再起，那麼一切熱情、一切掌聲、一切魅力，都將隨著歲月的消逝逐漸遠離，被冷落的感覺不僅是孤單或無奈，而是才華與尊嚴的傷害和破損，相信在短時間是很難癒合的。

尤清曾嘗試回鍋參選立法委員，但受限於板橋小選區而優勢不再，意外敗選，始料未及，政治生命受到挫折，確實忍受不少打擊，也承擔太多不快樂，當年豪情傲氣已逐漸耗損，但他並不輕易向命運低頭，挫折中堅持自信，希望等待雨過天晴，不久終於得到不分區立法委員名額，如願回到所熟悉的立法院。他經常來去倉促，慌忙中侈談悠閒，其實「不靜，焉能安？不安，焉能得？」

尤清事母至孝，在他高堂過世之後，憂鬱很久一段時間。從那時起他開始習畫，寄情油彩，看來消沉許多，不復當年的雄心壯志、意氣風發。他的不如意，或許只能用「形勢比人強」來自我解嘲，相信他會看得開，因為絢爛回歸平淡本是稀鬆平常的事。但老同學受此命運捉弄，我確實感到惋惜又難過。

其實尤清自始至終都沒有改變，而改變的是選民與外在的局勢。他長期奉獻民主運動，歷經民主進步黨創黨前後的最艱難階段，一路伴隨民主進步黨的成長、茁壯，他很率真、很善良、沒有心機，但在黨內卻少了派系的奧援及相挺，有時難免形單影隻、孤芳自賞。他能面對挫折、不懼困難，即使處身逆境，都無損他的高度熱忱；他堅持理念、篤信真理，不背叛自己，也不背叛他人；他的毅力、寬容以及他對事的樂觀、對人的信任，都顯現出是一位有風格的政治人物。但在現實的環境裡，他疏於經營「人情」這一塊，也因為他不投機、不傾斜、不迎合，所以他容易「失敗」。我不禁要懷疑，像這樣的結局就是所謂的公平、公道嗎？

尤清在政黨輪替後，執政的民主進步黨並沒有重用他、眷顧他或善待他，任由他孤軍奮戰政壇，勉強擔任不分區的立法委員，但他仍堅持一貫對黨、對民主的信念，不離不棄，實在令人敬佩。當政黨輪替已過漫長的七年，長江後浪推前浪，此時尤清年歲已漸長，光環已漸失，才突然奉命出使德國拼外交，時候似乎晚了些。但以他留學德國的背景，以及對德國當地民風國情的熟悉，大家相信可以替台灣做更多的事，衷心為他祝福，而事實也證明這項決定是正確的。

在尤清行將出使德國的前夕，我單獨約請他到「大正浪漫」日式料理餐敘，我們細數過往種種幸與不幸，從學校談到家庭、社會、政黨及政治人，也談論及時局與大選選情，他首次提到曾因攝護腺病症而手術，如今老來又要辛苦流浪海外，頗為感傷也覺落寞。尤清很隨和也很簡樸，是一位有遠見、有能力的人，他雄才大略但不拘小節，不徇私、不逢迎，雖有群眾魅力卻少得人緣，很快由一位政治明星而失意於政壇。政治畢竟是現實又殘酷，錦上添花的多，雪中送炭的少。

尤清駐德期間我曾前往探望，在柏林受到他的款待，他還是侃侃而談從音樂談到繪畫，也談到海德堡的回憶、美麗島大審以及出使德國的得意成就，他對國內政經情勢瞭若指掌，所以也談及將來新北市的選舉。在言談之中，發現他一直好學不倦，並博覽群書，從未忘情對政治的熱衷，依舊是雄心萬丈不減當年。他學識淵博、勤儉成性，從政資歷完整但政治途上有起有落，有順遂也有寂寞。他常常自喻經歷千錘百鍊、精益求精；自許維護人性尊嚴、建立公義社會；自命勇往直前、無怨無悔。他就是這麼一位有理想、有良心的政治人物。

尤清最得意的是台北縣八年縣長任內的「豐功偉業」，包括諸多重大建設、充裕縣庫財政、改革教育成就、解決環保垃圾問題、規劃板橋新站特區、興建縣政大樓等等，可以如數家珍，倒背如流。他對台北縣「情有獨鍾」，累積豐富的人脈，深耕地方，熟悉每一鄉鎮的特色和需要，他的確有「滿腔熱血」的理想，但也有「壯志未酬」的焦慮。所有週遭熟識他的人，大家對於他的智慧、才能、膽識、學養、清廉、風度皆讚譽有加，並且都期望他有一天能青雲直上。

尤清相貌堂堂，氣宇軒昂，胸懷磊落，具備領袖的氣質與條件，但他不善行銷和包裝自己，疏於黨務經營，忽略媒體與網路效應，缺乏與年輕族群的互動，尤其部分人士對他非真實的負面攻訐，長時間糾纏著他、困擾著他，不能認真的、有效的、澈底的澄清，人氣漸散，魅力漸失，虎落平陽，龍

陷淺灘，有志難伸，如果想「從逆轉勝」，掌聲再起，或許還須「大費周章」，恐非年歲問題而已。但我相信只要給他機會，絕對有足夠能力擔當「拖大犁」、「挑大樑」。

陸、王世榕大使的眼淚

王世榕一九四〇年出生，台北縣鶯歌鎮人，畢業於台灣大學法律系及政治大學法律研究所，獲得比利時布魯塞爾大學勞工研究所碩士，亦曾至日本早稻田大學研究一年。他長時間在美國亞洲協會服務，並在文化大學勞工系所授課，也曾任國際青年商會中華民國總會會長、英文台灣新聞（Taiwan News）總主筆，以及中華民國駐瑞士代表。他撰寫《和平七雄論》和《直言：駐瑞士六年實錄》兩書，在朝野轟動一時。

二〇一二年十月二十九日，李照光邀約與王世榕餐敘，莊恆雄正巧從新加坡回來，一起受邀參加。他們兩位同是我的摯友，曾是國際青年社團的風雲人物，如今雖然都已經白髮蒼蒼，但依舊是容光煥發，神采奕奕，每天風塵僕僕也不忘享受瀟灑人生。

王世榕長時間除在美國亞洲協會服務之外，也在文化大學授課，桃李滿天下，學問好、有才華、見識廣，聰明靈活，風趣幽默，能文能武，能言能寫，具語言天分，有國際事務經驗，著作兩書言簡意賅，立論宏觀有味。王世榕關心社會弱勢，不畏艱難，很快就能融入陌生的人群與環境，可以說是一位相當傑出的意見領袖。

王世榕奉派出使瑞士，這是他首次出任公職，好朋友為他憂慮能否適應嚴肅刻板的外交生活，但事實不盡然。他駐瑞士期間，夙夜憂勤，折衝尊俎，經歷了拉法葉艦案瑞士帳戶贓款的審理，也努力協助尋求我國成為世界衛生組織（ＷＨＯ）的觀察員，並且完成了台灣與瑞士多項實質合作關係。就在他為外交在前線衝鋒之際，我有機會前往瑞士與他見面相處，這時才發現他在理性之外感性的一面。

我於二〇〇三年夏天帶團參加在瑞士聖嘉倫市（St. Gallen）舉行的第三十七屆國際技能競賽（Worldskills Competition 19-22June 2003 St. Gallen Switzerland），當時台灣因為已經是SARS感染區，所以出國手續有點折騰。我記得，那天是在早晨七點左右就抵達蘇黎士機場，發現王世榕代表不辭辛勞，率同高一心主任、陳海馨秘書專程來接機，熱情相迎，這時也是在王世榕出使瑞士後首次在異國與他相逢。

我和我國技術代表陳文平以及其他教授、裁判，由國際技能競賽大會主辦單位安排投宿於Weinfelden地方的一家Hotel Thurgauerhof小旅館，非常簡單樸素，住在這裡有將近兩星期時間。Weinfelden是一座小城鎮，比想像中寧靜許多，附近教堂鐘聲繞耳，渾厚遠播，仍記憶猶新。我曾走遍這城鎮的大街小巷，熟悉周遭環境，有時沿著鄉間小路，探訪莊嚴肅穆的教堂、眺望孤獨聳立的古堡、欣賞歐式美觀庭園，穿梭曲徑，尋幽訪勝；有時漫步在砌石街道上，不經心地瀏覽店鋪櫥窗，累了坐下來喝一杯路邊咖啡，濃郁撲鼻，口齒留香，享受片刻的悠閒。

國際技能競賽大會會場是在St. Gallen地方，距離Weinfelde有一小時的車程，我們經常搭乘火車往返，這也是一種享受，不但舒適、便捷，而且可以一路欣賞窗外美麗景色和田野風光。St. Gallen是古城，有其宗教、文化上的顯赫歷史，像其他歐洲小城鎮一樣，建築典雅，街道整潔，處處可見樹木花卉，宛若一座大公園。歐洲的歷史文化、音樂藝術、風土民情或生活習慣，都與宗教、信仰產生密切的關係，終其一生都受此影響。我來到St. Gallen後，特地前往鎮上馳名的主教堂參觀，這是建造於一七五五年的偉大巨作，外觀宏偉壯麗，本體建築就是一座藝術品，融和巴洛克與歌德式建築之美，而內部繪畫及彩繪色彩強烈，這又是新古典主義的代表作，陪襯以廣場如茵草坪，肅穆靜謐，流連其間，油然生敬。

有一次，與王世榕相約在蘇黎士（Zurich）見面，我從Weinfelden搭火車前往，他從伯恩（Bern）搭火車來到，大使充當臨時導遊，帶領瀏覽老街及舊市區，不厭其詳介紹有關歷史典故，並在老街一家馳名啤酒老店午餐。之後他參加一項台商聚會，我則繼續逛Bahnhof Strasse購物大街，這條街從火車站直達湖邊，有軌電車行駛其間，街道兩旁商店林立，櫥窗潔亮，有名牌與精品、有服飾與百貨、有銀行與露天咖啡，來往人潮擦肩接踵，而有瑞士香榭大道之美譽。蘇黎士舊城與現代建築相聯結，和諧自然，是瑞士最大的城市，工商發達，經濟活絡，尤其國際貿易、財經金融服務，躍居世界首要中心與地位，成為歐洲最富裕的城市。

又有一次，與王世榕相約在蘇黎士火車站Premier咖啡廳見面喝下午茶，碰巧因星期六休業，遂沿街步行至聞名的兵器房餐廳（Zeughauskeller Restaurant），再與高一心、陳海馨、顏加松與連澤仁等會合，享用歐式晚餐。他鄉相遇，故鄉人談故鄉事，有太多的溫暖和感情。也傾聽駐外人員甘苦談，尤其我國所遭遇的外交處境和亟待突破的瓶頸，弱國無外交，對他們的戮力與辛勞，我由衷敬佩。

後來再有一次，王世榕與陳海馨開車來Hotel Thurgauerhof接我去Konstanz旅遊，經邊界續往德國Meinau參訪。Konstanz位於瑞士與德國交界，為一歷史古城，也是當時宗教要地，至於Meinau則是一大莊園，花團錦簇，草木扶疏，雖在德國境內，但屬於瑞典一位伯爵私有，周邊環湖，湖上帆船點點，遠處山頂白雪依然可見，島上有花圃、巨樹、涼亭、小皇宮，又有不愛江山愛美人的偉大愛情故事頗為美麗感人，遊客絡繹不絕，是一處觀光勝地。離開Meinau之後，回到蘇黎士近郊陳海馨住家晚餐，受到他倆夫婦熱情招待，滿桌台灣鄉土菜餚，大家稱讚不已。

本屆國際技能競賽大會主辦單位一反過去做

法，直接以TAIWAN稱呼我國代表團，而代表團在大會播放台灣民謠「四季紅」聲中，由我國大面國旗引導進場，而在每位團員進入會場時，個個手持小國旗奮力揮舞，抬頭挺胸、揚眉吐氣，並得到在場所有觀眾的熱烈回應，我們每個人內心也跟著澎湃、興奮不已。高一心主任於觀禮後表示，在國外已經很久未曾看到我國國旗在這種公開場合飄揚了，內心跟著感動。

本屆國際技能競賽計有三十六個國家參加，三十八個正式競賽職類，六百六十五位頂尖選手。我國則選派十九位選手，參加十八個職類競賽。最終成績公布，我國總共獲得金牌四面（資訊技術、鈑金、女裝、模具）、銀牌一面（家具木工）、銅牌二面（CNC車床與精密機械製造）以及優勝獎九項，獲獎率達八十九％，優異成績破紀錄。就當大會頒獎唱名TAIWAN時，我國得獎選手即持大型國旗上台受獎，並且於受獎台上揮動，而我國代表團其他團員則在觀禮席上熱情揮舞國旗高聲歡呼，場面十分熱烈感人。

我國與瑞士之間沒有正式外交關係，王世榕是以駐瑞士台北文化經濟代表團代表身分應邀參加大會閉幕典禮，並與各國駐瑞士使節團同坐前排貴賓席，我陪坐在他身旁，他熟識在座各國使節，並趁

機為我介紹，他也感嘆國際社會的現實，以及我國外交的困境，他有很多想法不能實現，有抱負也有委屈，我看出他的倦容與憂心，又沒有可以談心的朋友。

在閉幕典禮之後，我集合所有參與技能競賽的團員，邀請王世榕講話嘉勉代表團的輝煌成果，他發自內心激動地表示，在如此盛大的國際活動舞台上，我國能不受干擾任由國旗飄揚在會場及許多角落，實在得來不易，彌足珍貴，令人感動不已，希望未來能繼續加強國內人才培訓，擴大參與競賽職類及陣容，爭取更多國際活動空間與地位。他說著、說著不自覺的流下了男兒的眼淚，我想這是真正勇者的眼淚、大使的眼淚，我知道他有很多話想說，百感交集一起湧上心頭，是喜悅與感傷交織的眼淚，我當時為之動容、心酸。那一次瑞士之行就在這樣的心情和氣氛下與他揮別，並看著他充滿自信但疲憊的身影漸漸遠去。

柒、我所認識的蔡丁貴

蔡丁貴於一九四九年三月出生，為高雄縣梓官鄉人，他取得美國康乃爾大學環境工程博士，曾擔任美國雪城大學助理教授、副教授，以及為台灣大學土木工程系教授。也曾任行政院研究發展考核委員會副主任委員、環境保護署副署長，並曾出任台灣教授協會會長、公投護台灣聯盟總召集人，勇敢地投身社會運動。

蔡丁貴與我是同事兼好友，他領導下的「公投護台灣聯盟」長期以來在立法院前有一「灘頭堡」，他從二〇〇八年參加「一〇二五反黑心、顧台灣」的大遊行結束後，曾在此絕食靜坐，當時我特地到立法院群賢樓外走廊探視他，看到那種悲涼情景，頓覺心酸難過。一轉眼，迄二〇一四年四月十二日，他已孤單的在這裡守護一千九百八十八天，大無畏的精神實在可敬可佩。

聽說他在這次「三一八太陽花學運」學生佔領立法院議場，以及「三二三攻進行政院」阻擋黑箱服貿闖關的運動中，也扮演了很重要而微妙的角色。不但發揮牽制警力佈署與調配的作用，且盡力從旁協助，讓學生得以更順利搶攻到位，功不可沒。

前天我在立法院廣場曾與他碰面也作短暫交談，但到了翌日上午警方開始驅離在立法院前仍不願散去的學生及民眾時。據報導，蔡丁貴及其支持者也同遭波及被抬離，他卻突然跑向中山南路車道撞車尋死，躺在地上拒絕送醫，後來仍被強行抬上救護車。從電視畫面上，看到這怵目驚心的一幕，對於這一位年邁的「老」朋友，仍舊「偏執」至此，我還是心酸難過。據了解，由於警方違反事先承諾，強制驅離蔡丁貴教授等「公投盟」成員，並且強調所有「公投盟」的路權申請未來都不會通過，引發學生強烈不滿，指其違法違憲、剝奪人民集會自由權利，昨晚號召群眾千人包圍台北中正一分局，要求道歉、下台，使問題更加複雜難解。

蔡丁貴生長於梓官鄉蚵子寮鄉下，勤學苦讀，而於一九八二年時獲得美國康乃爾大學環境工程博士，當時因被列為「黑名單」，被迫滯留美國在雪城大學任教，直至解嚴後才於一九九〇年返回台灣，專長為海岸工程、計算水力學、地下水水力學等。在家庭方面生活相當簡樸，與妻黃蘭蕙鶼鰈情深，同甘共苦，育有兩女在美國，平時聚少離多。

他的性格剛毅、執著、堅持理念，重承諾、重情義，路見不平，仗義執言，忠於工作，也忠於朋友，而且有理想、有膽識，一旦設定人生目標，勇往直前，永不妥協，即使選擇的是一條人煙稀少的孤寂道路，但他不認為是一種犧牲而是一種使命。他有「燃燒自己照亮別人」的熱情與熱血，長期關心台灣社會議題和台灣的未來，他熱愛台灣，曾任台灣教授協會會長，有強烈的本土意識，色彩濃厚，一路走來，始終如一。他曾說，其他事情都可以讓步，唯有台灣獨立不能讓步。

他是一位知名教授，也曾是一位稱職公務人員。他在尤清主政台北縣政府的時候，曾借調出任縣政顧問兼國宅局長，幫忙擘畫縣政建設藍圖，建置典章制度以及完成多項重要工程，績效卓著；在阿扁政府時代，亦先後擔任行政院研究發展考核委員會副主任委員，以及行政院環境保護署副署長，有為有守，有口皆碑。

我與蔡丁貴有兩次一起出國機會，都是去參加「國際地方政府聯合會」的年會和活動，第一次是去以色列，第二次是去模里西斯。去模里西斯那次，當時台北市長陳水扁也率重要幹部參加，並在大會上發表專題演說，會後我與蔡丁貴轉往南非共和國，訪問約翰尼斯堡和開普敦市，並由當地友人陪同至好望角旅遊；而去以色列那次，我內人粘麗娟和他夫人黃蘭蕙也隨行，順道訪問歐洲幾個國家。

那次到了以色列首都特拉維夫，在歡迎晚宴席上，我們被告知中國代表團抗議會場懸掛我國國旗，但主辦國並不予理會，一夜相安無事，可是到了第二天活動改在戶外舉行，各國國旗排排高高掛，在國外看見自己國家國旗隨風飄揚著，是非常令人感動的場景。但沒多久忽然看見整排旗幟中唯獨我國國旗被緩緩降下，我們立即向主辦部門交涉，原來是中國透過外交施壓以色列，侮辱了台灣，我們隨即提出兩點嚴正抗議：第一、在眾多旗幟中，獨自降下我國國旗，是極不尊重的行為，嚴重傷害會員國的權利與尊嚴，將向世界總會提出控訴；第二、為表示我國的抗議與不滿，拒絕出席當天所有的會議議程。最後大會終於決定把所有國家的旗幟一律降下，以示平等對待並化解爭議。這段降旗、護旗風波，在蔡丁貴內心或有矛盾與掙扎，但他確實為了台灣尊嚴，勇敢挺身捍衛「中華民國國旗」。

那天從內塔尼亞離開會場之後，我們租車去了耶路撒冷，造訪這飽經風霜的歷史古城，神秘中帶點緊張氣氛，我們參觀幾處斷垣殘壁，還有教堂、古蹟和名勝，由司機兼導遊一路解說。還特地來到象徵猶太民族心靈寄託的哭牆。在以色列的猶太人若有心願，就會寫在字條上，把它塞到石牆縫裡上傳給神，大都是祈求平安、健康、愛、金錢、原諒等願望，我們也入境隨俗，虔誠地面牆許願，蔡教授最後寫上「台灣建國早日成功」的字條塞到石牆縫裡，但不知神能讀懂中文否？

我記得，晚上回特拉維夫的公路上，舉頭望見一輪明月高懸天空，月明星稀，皎潔的月光灑向荒野大地，優雅、寧靜又有幾分淒涼，彷彿夢幻般的阿拉伯神話世界，讓我印象深刻。從耶路撒冷回來，翌日再度回到議場，有一天特拉維夫市區發生首次公車爆炸事件，有許多人不幸傷亡，街上戒備森嚴，武裝軍警穿梭巡邏其間，有點戰地的恐怖氣氛，當時駐以色列代表鍾振宏擔心我們安全，並且數度來飯店探視，我們非常感激。

鍾振宏代表在擔任省政府新聞處長時我就已熟識，偶爾相約打球，他很誠懇、隨和，精通英日語，聽說也是極少數對希伯來文有研究的國人。我們進出以色列他都親自到機場迎送，非常感動，不過我因錯失了一次在沙漠中打高爾夫球的體驗，至今還是有點遺憾。

以色列是一個「小而美」的國家，在離開之前，有一天傍晚，我們去了瀕臨地中海的港口城市—

海法，在港區一家餐廳吃晚餐後，夜遊海邊一處古堡遺跡，明月如鏡，發思古之幽情，讓我想到「今人不見古時月，今月曾經照古人」那句富有哲理的話。

這幾年來，每次遇見蔡丁貴雖然仍能感受到他那旺盛的意志，可是孤獨歲月容易催人老，從他身上已隱約見到老態與倦容，不過在我心目中他永遠是一位難得的學者、博士，也是勇者、鬥士。縱然他的心臟已經裝有七支支架，但腳步依然未曾停歇。他曾說：「一個人活在世界上，就是看要怎麼結束你的一生。」他效法聖雄甘地「非暴力不合作」精神，為了追求心中的理想國度，捨己為公，甚至生命都可以犧牲。蔡丁貴在「小我」與「大我」之間早有定見，任誰都阻擋不了、影響不了。他的勇敢、堅持、執著，絕對值得尊敬，我也衷心的祝福他。

捌、莊恆雄老當益壯

莊恆雄於一九四二年十月出生，台灣高雄市人，畢業於淡江文理學院，具外語專長，和經營商業頭腦，及國際貿易專才，但從商並非事事順遂，有起有落有波折。他與我結交逾四十年，在他七十

歲生日前夕，我特地寫了一篇小文章，傳給他公子莊絢伊彙整，其實這些也是我的體驗和感慨。

莊恆雄與我是在國際青年商會認識，彼此有一份「革命感情」，濃厚的友誼已超越會友的交情，我們情同手足，有數不盡的往事，以及太多太多的記憶。當時他活躍於社團，氣宇軒昂，心思細膩，觀察力敏銳，熟諳國際事務，富經營管理專才，是一位優雅的紳士、成功的企業家，也是傑出的意見領袖。他有一度想從政，最後不明原因放棄，其實有時候冷眼旁觀反而會使人得到智慧，沒有必要在政治漩渦中迷失自己。他很會安排自己的生活，而且過得多姿多彩。

莊恆雄平常穿著入時，脾氣溫良，和善中帶有幾分剛烈與冷酷，不隨波逐流，也不趨炎附勢，可以談心也可以推心置腹。他喜愛文學、音樂、藝術、骨董，所以也有浪漫、瀟灑、風流、倜儻的一面。他處事圓融，永遠是一位「拼命三郎」，也是一位不可多得的「全方位」人才。人生追逐歲月，歲月更戲弄人生，我和他相識、相交到相惜，一晃逾四十載，如今彩色的年華遠了，繽紛的歲月也遠了，就在轉眼間，我們都已是古稀之年。有人說，生命是一種禮物；又說，活著就是幸福。在無情歲月的摧殘下，我們都還能健康的活著，又能奢求些什麼呢？

有人說「人生七十方開始」，也有人說「人生七十古來稀」，是安慰？是提醒？不同的心境有不同的解讀。雖然我們沒有權利決定生命的長短，但卻可以決定自己生命的內容精采豐富與否。在這個時候談過生日，難免既愛又怕，愛的是能和親友聚首、寒暄、握手、擁抱，有一種真實的幸福感覺；怕的是將面對老成凋謝，擔心什麼也沒留下也沒帶走，來去匆匆，只知忙著生活，卻不及感受生命。我們老得太快，任何結局都有可能留下缺憾，然而有個缺口讓福氣流向別人，又何嘗不是很美的一件事？無論用什麼心情去對待今天，但願今天永遠是愉快的一天。

在台灣社會六十五歲以上就是「法定上」的老人，這只是一項門檻，並沒有性別的差異。至於是否為「實際上」的老人，端看自己的心境來決定，年歲不是唯一的條件，有少年「老」成，也有「老」當益壯。事實上，從體態與心態可以看到老人特徵，前者如傴僂、遲鈍、老態龍鐘等；後者如孤僻、固執、老氣橫秋等。所謂「老驥伏櫪」、「老蠶作繭」、「老蚌生珠」都是「老」；所謂「老馬識途」、「老奸巨滑」、「老成持重」不見得是「老」。不可諱言，歲月催人老，沒有人可以逃避，也沒有人可以例外。老是自然現象，不僅是過程也是結果，有生命就避免不了，我們只能「心不甘情不願」的去面對它、接受它，但也躲不掉它。

我常想，老不可怕，老而寂寞才可怕。在茫茫人海中，其實最後我們又能抓住什麼呢？長命百歲？青春永駐？永浴愛河？超越顛峰？最好的答案就是「不能」也「不是」。除了心靈的慰藉，老了身邊已空無一物，莫非世間一切皆虛假?!

生命就要像綻放的花朵，即使短暫，但也充實，有豐富的人生，才有美麗的回憶。在群居的生活中，不能以冰冷的框架來對待深情的世界，愛和關懷才是人類生活中諸多需求最重要的部分，倘若有一天沒有它，這個世界會失去了色彩和光澤；在人生道路上，難免遇到瓶頸和十字路口，遇到瓶頸時，需要毅力和勇氣來突破困難，遇到十字路口，需要聰明和智慧來選擇正途；人到達巔峰時，需要自信和謙卑來堅守成果。聖嚴法師說，人要能面對逆境，逆境就是我們的貴人。

人是感情動物，只要有感情存在，就無法拋開塵世間一切煩惱與牽掛，有感情就有愛恨，有感情就有思念，有感情就有折磨，而所有的愛恨、思念與折磨，都是刻骨銘心，讓人永難忘懷。人生道路上，平順也好，坎坷也好，當走過就不必再回頭，

淡淡的去看待人生百態，又何必那麼慷慨激昂？又何必那麼義憤填膺？

每個人都有過去、現在和未來，不斷推移，是一生時態的排列組合，可是生命只存在於現在，因為生命是一種狀態、一種活體、一種感覺。每個人的過去、現在和未來不是定格不變，而是漸進的、移動的。現在會成過去，未來會成現在，就像今日成昨日，明日變今日一樣。過去是虛，現在是實，未來是幻；過去是經歷，現在是體驗，未來是想像。短暫的一生，未來式很快成為現在式，現在式又很快成為過去式，所有一切曾經發生過的，或是現在正要發生的，或是將要發生的事，其實都在當下。我們不能讓過去成空白，現在成空洞，未來成空虛。因此就不必計較昨日，不必奢望明日，只有珍惜今日，因為它才是明日的美好回憶！

生命中沒有朋友是最大的殘缺，人生相聚、相送都只是旅途上的偶然境遇，有時平淡無奇，有時激情相待。然而不論是「共船渡」也好「共枕眠」也罷，就把它當成修得的福氣和緣分，也唯有緣分才是與生俱來的欣喜與慰藉。人生旅途中，只要曾經停留過的地方，不論時間長與短，也不論富麗與否，即便是不經意的駐足，或不顯眼的一處小站，都會留下記憶，只是有時模糊，有時深刻。各種記憶的堆積，使人有生命的感覺，也豐富了人生，縱使未必全然絢爛與光芒，然而只要是投緣、結緣的，無論如何，不要忘了用心去珍惜它。祝福您，生日快樂！

玖、我的摯友黃健一

黃健一與我同年，本籍台南後壁鄉，但從小隨父母居住高雄，雙親為藥劑師兼營西藥代理，家庭富裕，生活快樂。我們從外地來台北求學期間，因寄宿與我成為室友，從此交往超過半世紀，情同手足。那時年少輕狂，少年不識愁滋味，人不輕狂枉少年，難免少不了有笨、有糗、有嬉鬧、有荒唐的時候。

黃健一對待朋友有情有義，他從不刻薄自己，但也不放縱自己，雖嗜好美酒與佳餚，卻樂與好友分享。他介紹我參加國際青年商會，我推薦他擔任「巨港國際青年商會」會長，後來也出任全國參議員聯誼會主席、亞太地區參議員聯誼會副主席等職務，結交很多國際友人，經常組團互訪，也維繫很好友誼，過程中不忘邀我一起參與。

黃健一在多年前因車禍腦部開刀，致半身不遂行動不便，這些年幾乎足不出戶，與高齡母親相依為命，平日把「玩」股票當唯一消遣與運動，頗有心得，常把所得捐作公益行善，也能自得其樂。只是突然間的命運捉弄，他失去了健康、失去了自由、失去了歡笑，陽光變畏縮，希望成鬱卒，從前的意氣風發換來今日的百般無奈，內心世界一定非常痛苦，對他又是何等的殘酷！

黃健一把我當摯友，我偶爾去高雄探望他，或在電話中問候他，有一天告訴我，他最近對周遭的事物失去了興趣，覺得情緒低落、空虛、無助，每天只有和孤寂為伍，冷清不堪，沒有從前的動力、期盼，少了友誼也少了愛與激情，生活覺得單調、無聊、迷茫，人生乏味，生不如死。曾經有人說，殺人不眨眼的就是枯燥乏味的光陰，我對於這位原本樂觀、善良、體面的老友，內心有說不盡的難過。

所謂人生乏味，「味」者趣味也，指人生味同嚼蠟一樣的無趣，應是絕望、厭世的代名詞。當一個人覺得人生乏味的時候，意味著對生活的不滿與失望，是人生的灰色期，不甘於平凡，又失去了方向感。其實，人生旅途不會有相同的第二次，不可能每一段人生都很精采，也不可能做得每一件事情都有意義，更不可能每天都如日中天。老子說：「生也有涯，學也無涯。」曹操《短歌行》也說：「對酒當歌，人生幾何？譬如朝露，去日苦多。」事實上，造化弄人，有很

多東西我們無法控制，只能控制自己，縮小自己的慾望，人生雖然乏味，知足就可以常樂。

人生一世，草生一秋，生命如白駒過隙，浮雲朝露，變幻無常，人有悲歡離合，月有陰晴圓缺，此事古難全。人生如寄，生命只有一瞬間，對於名利得失，實在不必斤斤計較。不可否認的，創傷及挫折會使人灰心，而且對生活、對朋友、對事業、對理想都失去信心。但浮生若夢，快樂最重要，沒有人生目標的人，以及不懂得如何安排自己時間的人，人生本身就是乏味的，無法體驗到各種快樂。

美國著名浪漫主義詩人朗法羅（Henry Wadsworth Longfellow）有詩云：「人生是一奮鬥的戰場，到處充滿了血滴與火光，不要作一甘受宰割的牛羊，在戰鬥中，要精神煥發，要步伐昂揚。」怎樣才能讓自己的人生多姿多彩，生活充滿活力？就是下定人生目標，勇往直前，奮力實現。因此必須在工作中尋找樂趣，不斷努力、探索，讓單調乏味的工作充滿生趣，有一技之長，才能使自己無憂無慮；必須使自己成為一個樂觀豁達開朗的人，有夢最美，敢於追求更快樂、更幸福的生活；必須忘記不屬於自己的一切，人生百態，浮雲易散，朝露易乾，即使處處鮮花與溫暖，但無論風景有多美，我們都只能做短暫的欣賞，很快煙消雲散。

人生如戲，光溜溜的來，赤裸裸的去，紅塵俗世好壞同在，可以活得有張力、有質感、精采、美麗，也可以活得痛苦、單調、乏味、平淡，想擁有何種人生，要由自己來選擇，價值決定於自己。但世路崎嶇，艱難坎坷，每一個人有許多不同的境遇，也有許多不同的感受，處世不易，轉變也難，唯有生老病死難料，又無可避免，偶然也好，過程也好，乃人之常情，也是每個人最大的無奈。古人說，人生有四大樂事：「洞房花燭夜、金榜題名時、他鄉遇故知、久旱逢甘霖」，似乎不貪得。人生如夢，滄海桑田，比上不足比下有餘，活在當下，夫復何求？

史地傳記類　PC0775　Viewpoint 37

生涯一片青山：
林豐賓公職生涯回憶錄

作　　者 / 林豐賓
責任編輯 / 杜國維
圖文排版 / 楊家齊
封面設計 / 王嵩賀
封面攝影 / 萬仁奎

發 行 人 / 宋政坤
法律顧問 / 毛國樑　律師
出版發行 / 秀威資訊科技股份有限公司
114台北市內湖區瑞光路76巷65號1樓
電話：+886-2-2796-3638　傳真：+886-2-2796-1377
http://www.showwe.com.tw
劃撥帳號 / 19563868　戶名：秀威資訊科技股份有限公司
讀者服務信箱：service@showwe.com.tw
展售門市 / 國家書店（松江門市）
104台北市中山區松江路209號1樓
電話：+886-2-2518-0207　傳真：+886-2-2518-0778
網路訂購 / 秀威網路書店：https://store.showwe.tw
國家網路書店：https://www.govbooks.com.tw

2018年10月　BOD一版
定價：940元

國家圖書館出版品預行編目

生涯一片青山：林豐賓公職生涯回憶錄 / 林豐賓著. -- 一版. -- 臺北市：秀威資訊科技, 2018.10
面；　公分. -- (史地傳記類；PC0775)
(Viewpoint；37)
BOD版
ISBN 978-986-326-597-9(平裝)

1. 林豐賓 2. 回憶錄 3. 公務人員

783.3886　　107015055

讀者回函卡

感謝您購買本書，為提升服務品質，請填妥以下資料，將讀者回函卡直接寄回或傳真本公司，收到您的寶貴意見後，我們會收藏記錄及檢討，謝謝！如您需要了解本公司最新出版書目、購書優惠或企劃活動，歡迎您上網查詢或下載相關資料：http:// www.showwe.com.tw

您購買的書名：________________________

出生日期：________年________月________日

學歷：□高中（含）以下　□大專　□研究所（含）以上

職業：□製造業　□金融業　□資訊業　□軍警　□傳播業　□自由業
　　　□服務業　□公務員　□教職　□學生　□家管　□其它____

購書地點：□網路書店　□實體書店　□書展　□郵購　□贈閱　□其他

您從何得知本書的消息？

□網路書店　□實體書店　□網路搜尋　□電子報　□書訊　□雜誌
□傳播媒體　□親友推薦　□網站推薦　□部落格　□其他________

您對本書的評價：（請填代號　1.非常滿意　2.滿意　3.尚可　4.再改進）

封面設計____　版面編排____　內容____　文／譯筆____　價格____

讀完書後您覺得：

□很有收穫　□有收穫　□收穫不多　□沒收穫

對我們的建議：________________________

____

____

____

請貼
郵票

11466
台北市內湖區瑞光路 76 巷 65 號 1 樓
秀威資訊科技股份有限公司 收
BOD 數位出版事業部

(請沿線對折寄回，謝謝！)

姓　　名：＿＿＿＿＿＿＿＿　年齡：＿＿＿＿　性別：□女　□男

郵遞區號：□□□□□

地　　址：＿＿＿＿＿＿＿＿＿＿＿＿＿＿＿＿

聯絡電話：(日)＿＿＿＿＿＿＿＿(夜)＿＿＿＿＿＿＿＿

E-mail：＿＿＿＿＿＿＿＿＿＿＿＿＿＿＿＿